Hermann Cremer

Die Paulinische Rechtfertigungslehre

im Zusammenhange ihrer geschichtlichen Voraussetzungen

Hermann Cremer

Die Paulinische Rechtfertigungslehre
im Zusammenhange ihrer geschichtlichen Voraussetzungen

ISBN/EAN: 9783743651746

Hergestellt in Europa, USA, Kanada, Australien, Japan

Cover: Foto ©ninafisch / pixelio.de

Weitere Bücher finden Sie auf **www.hansebooks.com**

Die paulinische Rechtfertigungslehre

im

Zusammenhange ihrer geschichtlichen Voraussetzungen.

Von

Hermann Cremer,
Doktor der Theologie und der Rechte,
ord. Professor der Theologie in Greifswald.

Gütersloh.
Druck und Verlag von C. Bertelsmann.
1899.

Otto Böckler

in herzlicher, dankbarer Liebe.

Teurer Freund!

Dies Buch sollte den Tag feiern helfen, an dem Du fünfundzwanzig Jahre an unserer Fakultät wirktest, und sollte Dir danken für all den Segen, der von Deiner Arbeit ausgegangen ist und von dem die Fakultät zehrt. Du weißt, was mich gehindert hat, es früher zu vollenden. Nimm es jetzt noch freundlich auf als ein Zeichen herzlicher Liebe, engster Gemeinschaft der Arbeit und ernstester Hoffnung auf den Segen, den nicht bloß wir beide erstreben, sondern um den unsere ganze Fakultät für sich und für alle, die zu uns kommen, bittet!

Vorwort.

Daß das Thema dieses Buches einmal bearbeitet werden müsse, stand mir seit Jahren fest. Erst jetzt bin ich dazu gekommen, die schon längst begonnene Arbeit zu Ende zu führen. Daß die paulinische Rechtfertigungspredigt thatsächlich die ganze Schrift für sich habe, haben unsere Väter in dem Satze ausgesprochen, daß der Artikel von der Rechtfertigung allein aus dem Glauben der Schlüssel der ganzen heiligen Schrift sei. Die Aufgabe, dies nachzuweisen, ist uns geblieben. Daß ich das Problem richtig formuliert habe, ist mir zweifellos. Die Richtigkeit der Lösung mögen Andere beurteilen. Daß meine Geschichtsauffassung mit derjenigen Richtung in Widerspruch steht, welche gegenwärtig die wissenschaftliche Alleinberechtigung für ihre Auffassung der alt- und neutestamentlichen Geschichte in Anspruch nimmt, ist mir wohl bewußt. Trotzdem nehme ich die Wissenschaftlichkeit meiner Ausführungen ebenso entschieden in Anspruch, wie die Vertreter der neuesten Observanz die Wissenschaftlichkeit ihrer Hypothesen. Zur Feststellung von Thatsachen haben sie es ja so wie so noch nicht gebracht, wie die Verhandlungen über den „Menschensohn" lehrreich zeigen. Die entwicklungsgeschichtliche Hypothese hängt aufs engste zusammen mit dem Glaubensbegriff. Wir werden nicht eher zu einem wirklichen Verständnis des Evangeliums und der evangelischen Geschichte gelangen, bis wir den Traum vom Glauben als einer „freien Willensthat" ausgeträumt haben. Der Glaube ist ebensowenig eine That des Willens wie ein Ergebnis unsrer Bildung. Er ist eine Entscheidung über unsern Willen. Eine Willensthat wird er erst in der Anfechtung und freut sich, wenn dieselbe vorüber ist und an die Stelle des „ich will glauben" wieder das „ich glaube" tritt. Nur der Unglaube ist von Anfang an eine Willensthat und bleibt dies bis in Ewigkeit, nämlich eine That des Nichtwollens. Auf diese Erkenntnis hinzuwirken, war zugleich mein Bestreben.

Greifswald, 15. Juli 1899.

H. C.

Inhalt.

	Seite
Einleitung	1
I. Die alttestamentlichen Voraussetzungen	6
1. Die Erlösung als Rechtfertigungsthat Gottes	11
2. Objekt der heilbringenden Rechtfertigungsthat Gottes	43
3. Zusammenhang dieser Hoffnung mit dem Gedanken des Königtums Gottes, der Erwählung, der Vaterschaft Gottes und der Gotteskindschaft	71
4. Die Bedeutung des Gesetzes für diese Hoffnung	84
II. Die Hoffnung auf Erlösung durch die richtende Gerechtigkeit Gottes in der Synagoge	95
1. Die Quellen	95
2. Die Hoffnung auf das Reich und Gericht Gottes	103
a) Die Apokryphen	103
b) Die Pseudepigraphen	111
3. Die Hoffnung der Stillen im Lande und die Stimmung im Volke um die Wende der Zeiten	141
III. Die Heilsverkündigung Johannes des Täufers	160
1. Das Reich Gottes und das messianische Gericht	163
2. Die neue Heilsordnung	172
3. Das Rätsel in der Erscheinung des Messias	178
IV. Die Verkündigung Jesu	184
A. Die Verkündigung Jesu nach der synoptischen Überlieferung	187
1. Das Reich Gottes und das Gericht	187
2. Die Vaterschaft Gottes, die Gotteskindschaft und die Erwählung	224
3. Die Heilsordnung	234
B. Die Verkündigung Jesu nach Johannes	247
1. Das Reich Gottes und die Vaterschaft Gottes	247
2. Das Gericht und die Erben des Heils	250
3. Die Heilsordnung. Glaube, Gotteskindschaft, Wiedergeburt	265
V. Die vorpaulinische apostolische Verkündigung	275
A. Die Heilsbezeugung durch Petrus nach der Apostelgeschichte	283
B. Das Zeugnis des Jakobus	288

VI. Das paulinische Evangelium 295
   1. Die erste Fragestellung 295
   2. Pauli Bekehrung als die Voraussetzung seiner Heils-
      erkenntnis und Heilsverkündigung 301
   3. Der Glaube des Apostels 314
   4. Die Rechtfertigung allein durch den Glauben und allein
      aus Gnaden 329
   5. Zusammenhang mit der Hoffnung auf die Wiederkunft Christi 350
   6. Das Gericht nach den Werken 359
   7. Die Erwählung und die Gotteskindschaft . . . 369
   8. Die Bedeutung des Gesetzes 379
   9. Israel und die Völkerwelt 393
  10. Die Rechtfertigung und die Taufe 402
  11. Die Wirksamkeit des heiligen Geistes in der Recht-
      fertigungsgnade oder das Verhältnis von Rechtfertigung
      und Wiedergeburt 410
  12. Zusammenhang der Rechtfertigung mit dem Tode und der
      Auferstehung Christi 426
VII. Schlußergebnis 441

Wie kommt Paulus dazu, den Inhalt des Evangeliums, das Heil Gottes für die Welt, als δικαιοσύνη θεοῦ zu bezeichnen und die Gotteskraft des Evangeliums zur Rettung der sonst rettungslos verlorenen Welt gerade darin zu sehen, daß es diese δικαιοσύνη θεοῦ darbiete? Wie kommt er dazu, in der Rechtfertigung des Sünders, in der Anrechnung des Glaubens als Gerechtigkeit so sehr den Zweck der Sendung Christi und den Mittelpunkt der Erlösung zu sehen, daß alles, was zu derselben gehört bis zur Heilsvollendung in der Auferstehung der Toten, sich darauf gründet? Die Reden Christi selbst geben dazu, wie es scheint, keine Veranlassung, weder in der synoptischen noch in der johanneischen Überlieferung; die Ausdrucksweise der übrigen Apostel in ihrer Heilsverkündigung und Heilsbezeugung an Israel auch nicht, — also gerade in dem, was Paulus vor seiner Bekehrung vom Christentum wissen konnte und wußte, fehlen die Voraussetzungen. Selbst die Apostelgeschichte setzt erst in dem Bericht über die Wirksamkeit des Paulus mit dem Ausdruck Rechtfertigung ein (Act. 13, 38), und so ergiebt sich anscheinend nirgend ein Anhaltspunkt dafür, daß ihm vor seiner Bekehrung das Christentum mit Ansprüchen entgegengetreten sei, welche diese Auffassung enthielten oder wenigstens nahe legten.

Verdankt er dieselbe etwa der ihm zu teil gewordenen Offenbarung, auf die er sich Gal. 1, 11. 12. 15. 16 (vgl. Eph. 3, 3—12) beruft? Allein wir werden hier Begriff und Sache zu unterscheiden haben. Die Sache, d. h. daß in dem von ihm verfolgten Jesus die Rechtfertigungsgnade beschlossen sei, daß Jesus der Messias und der Glaube an Jesus die entscheidende Heilsbedingung sei, diese Erkenntnis verdankte er der ihm zu teil gewordenen Offenbarung. Dagegen den Begriff der Recht fertigung und der δικαιοσύνη θεοῦ hat ihm dieselbe ebensowenig gegeben, wie die Erkenntnis von der alles entscheidenden Bedeutung des Urteils Gottes und seiner Vollziehung für den Menschen. Wie die letztere Anschauung sich für einen dem Gesetze Gottes untergebenen Israeliten von selbst verstand, so entstammt auch die Auffassung der messianischen Erlösung als einer Rechtfertigung Israels, als gnadenvolle Vollziehung eines göttlichen Rechtfertigungsurteils über Israel, oder die Auffassung der Erlösungsgnade als Rechtfertigungsgnade der heiligen Schrift Israels. Δικαιοσύνη θεοῦ μαρτυρουμένη ὑπὸ τοῦ νόμου καὶ τῶν προφητῶν, das ist's, was Paulus verkündigt Röm. 3, 21. Die ihm zu teil gewordene Offenbarung mag seine bisherigen Vorstellungen von dieser nach seinem Ausspruch durch das ganze Alte Testament bezeugten δικαιοσύνη θεοῦ sehr wesentlich geändert haben und hat sie in der That geändert, hat ihm das Verständnis derselben inhaltlich erst erschlossen. Dies hat sie aber doch nur dadurch gethan, daß sie ihm den Glauben an den bisher von ihm verfolgten Jesus als den Weg erschloß, auf dem allein diese Rechtfertigung erlangt werden könne und wirklich erlangt werde. Das Wort für die Sache war ihm längst bekannt, die Sache selbst von ihm schon lange gesucht, Röm. 10, 3; Phil. 3, 6. 9, nur auf verkehrtem Wege und nicht am rechten Ort.

Gerade dadurch aber nun, daß Paulus auf dem Alten Testamente fußt, wird die Frage nur noch verwickelter. Denn nun gestaltet sich dieselbe zunächst so: ist es wirklich alttestamentliche und zwar durch das ganze Alte Testament sich hindurchziehende und damit von ihm bestätigte Anschauung, daß der Glaube es sei, der als Gerechtigkeit in Anrechnung gebracht werde? Und weiter dann: entspricht gerade das den alttestamentlichen Anschauungen und Erwartungen, daß die Heilsoffenbarung eine Offenbarung der δικαιοσύνη θεοῦ im Sinne der Rechtfertigung des Sünders, seiner Begnadigung sei? Oder ist dies nicht doch etwa nur eine an zwei oder drei vereinzelte alttestamentliche Aussprüche angeschlossene durchaus individuelle Auffassung des Apostels? Der Apostel selbst ist vom Gegenteil überzeugt. Nach Röm. 3, 21 ist er sich bewußt, daß seine Heilsverkündigung von der δικαιοσύνη θεοῦ das ganze Alte Testament für sich habe, daß seine Anschauung von derselben das ganze Alte Testament durchdringe und von grundlegender Bedeutung für die Religion Israels sei. Haben wir aber in ihr diese für die Religion Israels grundlegende Anschauung, diejenige Anschauung, welche die Offenbarungsreligion unterscheidet von allem, was sonst Religion heißt, — wie kommt es dann, daß dieselbe sich in den Reden Christi und in den Schriften der übrigen Apostel nicht wiederfindet oder zum mindesten nicht dieselbe alles beherrschende Stelle einnimmt, nicht im Mittelpunkte aller Verkündigung steht, wie bei Paulus? daß sie nicht wenigstens in den für messias= gläubige Juden bestimmten neutestamentlichen Schriften im Mittel= punkte steht? Oder sollte angenommen werden müssen, daß erst Paulus das Christentum völlig erfaßt habe, so erfaßt, daß es Weltreligion werden konnte? Sollte die Verkündigung Christi und der übrigen Apostel eine niedrigere Stufe darstellen? Oder was ja auch möglich wäre — sollte namentlich die Verkündigung Christi eine so hohe Stufe darstellen, daß es der Zurückschraubung durch Paulus bedurfte, damit das Christentum Gemeinglaube und Gemeingut der Menschheit bis auf zukünftige bessere Zeiten werden könne? Letztere Auffassung ist zwar bisher nirgend in dieser Schärfe ausgesprochen, liegt aber nicht allzuweit ab von verschiedenen Aufstellungen in betreff des Verhältnisses der Ver= kündigung Christi zur apostolischen Verkündigung, sowie von der Annahme verschiedener Stufen der apostolischen Verkündigung und ihnen entsprechender Zeitalter der Kirche, z. B. eines ersten petrinischen, eines darauf folgenden paulinischen und eines schließ= lichen johanneischen Zeitalters (Neander u. a.). Die Ansicht von der alle überragenden Bedeutung des Apostels Paulus für das Verständnis des Christentums und seine Ausbildung zur Welt= religion hat Baur vertreten, nach welchem Paulus derjenige ist, „in welchem das durch ihn erst zu seiner lebendigen Gestaltung gekommene Princip des christlichen Bewußtseins zum konkreten Bewußtsein sich entwickelte" (Baur, Paulus, 1. Aufl., S. 659; Gesch. der christl. Kirche I, 3. Aufl., S. 46 f.) Neuerdings da= gegen möchte man bekanntlich mehr und mehr die Verkündigung Christi selbst zum eigentlichen Kanon aller christlichen Ver= kündigung erheben und steht dann bezüglich der paulinischen Heilsverkündigung vor einer außerordentlich schwierigen Frage.

Es erhellt, von welcher Tragweite die Beantwortung der oben aufgeworfenen Fragen ist. Die paulinische Rechtfertigungslehre fordert unabweislich eine Untersuchung des geschichtlichen Zusammenhanges, in welchem sie auftritt. Sie kann gar nicht anders voll begriffen und gewürdigt werden, als bis sie im Zusammenhange ihrer geschichtlichen Voraussetzungen erfaßt ist. Welches diese Voraussetzungen sind, bezw. wo dieselben gesucht werden müssen, ergiebt sich aus den oben aufgeworfenen Fragen, welche nur ausgesprochen zu werden brauchen, um sich nicht bloß als berechtigt, sondern als notwendig zu erweisen und die Wissenschaft zur Inangriffnahme zu verpflichten.

Die Untersuchung muß der Fragestellung entsprechend mit den alttestamentlichen Voraussetzungen beginnen. Bevor dann aber die Verkündigung Christi in ihrem Verhältnis zu diesen Voraussetzungen erörtert werden kann, muß die Gestalt zur Sprache kommen, in der diese alttestamentlichen Anschauungen Christo in Israel entgegengetreten sind. Findet sich dann, daß die Verkündigung Christi zwar nicht dieser Gestalt, aber auch in gewissem Maße den alttestamentlichen Voraussetzungen selbst nicht entspricht, oder daß er die Erfüllung der Verheißung nicht in der diesen Voraussetzungen entsprechenden Form verkündigt, so wird der Grund dieser Abweichung um so notwendiger klar zu legen sein, als Paulus an diese Voraussetzungen wieder anknüpft und sich gegenüber der Synagoge, ihrer Theologie wie ihrem religiösen Gemeinleben und ihrer messianischen Erwartung ausdrücklich auf das Zeugnis des Alten Testamentes stützt. Dann, wenn das Verhältnis der Predigt Christi zu den eigentümlichen Erwartungen Israels in diesem Punkte oder das Schweigen Christi begriffen ist, wird sich auch die Gestalt der apostolischen Verkündigung, abgesehen von Paulus, begreifen. Damit erst sind wir in die Lage versetzt, verstehen zu können, wie Paulus zu der eigenartigen Gestalt seiner Evangeliumsverkündigung nicht bloß kommen konnte, sondern kommen mußte.

Es wird vielleicht von manchen als ein allzu kühner, nicht ganz geziemender Versuch betrachtet werden, geschichtlich begreifen zu wollen, was der Geist Gottes in Paulus gewirkt und ihm gegeben hat. Der Erfolg muß ausweisen, ob es möglich und ob es notwendig ist. Wenn aber beides sich ausweist, so wird sich auch ergeben, ob die geschichtliche Untersuchung auf Gott als Koeffizienten der Geschichte verzichten kann oder nicht, ob das geschichtliche Verfahren das, was der Kirche Gottes als Wirkung des heiligen Geistes erschienen ist, auflöst und umsetzt in das Ergebnis eines rein menschlich-geschichtlichen Prozesses, oder ob nicht vielmehr die Wirkung des heiligen Geistes in der Erleuchtung Pauli um so deutlicher und größer erscheint.

I.
Die alttestamentlichen Voraussetzungen.

Νυνὶ δὲ χωρὶς νόμου δικαιοσύνη θεοῦ πεφανέρωται μαρτυρουμένη ὑπὸ τοῦ νόμου καὶ τῶν προφητῶν sagt der Apostel Röm. 3, 21 und beruft sich damit auf das seine Verkündigung bestätigende Zeugnis des ganzen Alten Testamentes. Denn ὁ νόμος καὶ οἱ προφῆται ist die von der sabbathlichen Schriftverlesung der Paraschen und Haphtharen (Act. 13, 15) hergenommene Bezeichnung der gesamten heiligen Schrift Israels als Autorität für das gottbezogene Leben des Volkes, Matth. 5, 17; 7, 12; 11, 13; 22, 40; Luk. 16, 16; Act. 13, 15; 24, 14; 28, 23 (vgl. Μωϋσῆς καὶ οἱ προφ. Luk. 16, 29. 31; Act. 26, 22; vgl. Luk. 24, 27). Überall, wo diese Formel sich findet, handelt es sich um den Gesamtinhalt des Alten Testamentes, nirgend um Einzelheiten oder einzelne Aussprüche. Demgemäß ist die Aufgabe nicht mit der Erörterung der von dem Apostel selbst angezogenen wenigen alttestamentlichen Aussagen gelöst, sondern seine Anschauung ist die, daß das Alte Testament in seiner Gesamtheit eintrete für die von ihm verkündigte δικαιοσύνη θεοῦ διὰ πίστεως Ἰησοῦ εἰς πάντας τοὺς πιστεύοντας Röm. 3, 22, dafür, daß das δικαιοῦσθαι δωρεὰν τῇ χάριτι τοῦ θεοῦ vermittelt durch die in dem Messias Jesus vorhandene Erlösung das ganze Alte Testament für sich habe und eine durch das ganze Alte Testament sich hindurchziehende Grundanschauung desselben sei. Die von dem Apostel angezogenen alttestamentlichen Citate kommen nur als klassischer Ausdruck dieser alttestamentlichen Anschauung in Betracht und wollen auf dem Grunde und im Einklang mit der Gesamtanschauung des Alten Testamentes verstanden werden.

Demgemäß muß untersucht werden, ob das Alte Testament die Heilsgnabe, auf die Israel wartete und die ihm die Verheißung in Aussicht stellte, als Rechtfertigungsgnabe ansieht. Denn so können wir den Inhalt des Ausdrucks δικαιοσύνη θεοῦ benennen, ohne schon hier auf die Frage nach dem Sinne des Genetivs θεοῦ und auf den Inhalt des Rechtfertigungsbegriffes einzugehen. Paulus meint die Rechtfertigungsgnabe, sei es als von Gott geübte oder von Gott verliehene. Dieser Unterschied ist zunächst für die Sache ohne Belang. Nicht von einer Erkenntnis, die sich jetzt im Unterschiede gegen früher eingestellt habe, sagt er νυνὶ δὲ δικαιοσύνη θεοῦ πεφανέρωται, sondern er hat ein geschichtliches Ereignis im Auge, welches einen seitdem bestehenden Thatbestand eingeführt habe, mit dem nunmehr von allen gerechnet werden müsse, die des Heiles bedürfen und begehren. Das Ereignis ist die Beschaffung der Erlösung durch den, ὃν προέθετο ὁ θεὸς ἱλαστήριον V. 25, der Thatbestand ist die ἔνδειξις τῆς δικαιοσύνης αὐτοῦ ἐν τῷ νῦν καιρῷ εἰς τὸ εἶναι αὐτὸν δίκαιον καὶ δικαιοῦντα τὸν ἐκ πίστεως Ἰησοῦ V. 26, τὸν ἀπερὴν 4, 5, so daß die Sachlage nunmehr die ist, welche 3, 23. 24 so ausdrückt: πάντες ἥμαρτον καὶ ὑστεροῦνται τῆς δόξης τοῦ θεοῦ δικαιούμενοι δωρεὰν τῇ χάριτι τοῦ θεοῦ διὰ τῆς ἀπολυτρώσεως τῆς ἐν Χριστῷ Ἰησοῦ.

Kein Zweifel, daß der Apostel früher das Alte Testament ebenso gut gekannt hat, wie jetzt, nur daß er es anders verstanden hat. Dasjenige Verständnis, aus dem heraus er schreibt: νυνὶ δὲ δικαιοσύνη θεοῦ πεφανέρωται μαρτυρουμένη ὑπὸ τοῦ νόμου καὶ τῶν προφητῶν, ist ihm erst mit der Erkenntnis aufgegangen, daß der von ihm bis dahin verworfene Jesus doch der Messias sei. Hat er denn bis dahin die auch von ihm als Pharisäer vertretene Heilshoffnung, die gerade von den Pharisäern heiß ersehnte Erlösung etwa nicht als Rechtfertigungsgnabe angesehen, so daß sich ihm nunmehr erst durch seine Belehrung das alttestamentliche Heilszeugnis unter diesem ganz neuen Gesichtspunkt erschlossen hat? Schwerlich. Röm. 10, 3 und Phil. 3, 6. 10 lassen das Gegenteil vermuten. Er hat die Erlösung als Rechtfertigung, aber als Rechtfertigung der Gerechten erwartet, als Eintreten Gottes für die Gerechten, nicht als begnadigende Rechtfertigung der Sünder. Da muß der Punkt liegen, in dem er früher das Alte Testament nicht verstanden hat. Er hat nicht begriffen, wer das Objekt der Rechtfertigung sei. Damit ergiebt sich für die Untersuchung eine doppelte Frage: erstlich, ob wirklich die Erlösung als Recht= fertigung, als rechtfertigendes Eintreten Gottes für sein Volk ver= heißen und erwartet worden sei? und zweitens: wer als Objekt dieses rechtfertigenden Eintretens Gottes gedacht sei? Damit wird dann auch die Möglichkeit der schweren pharisäischen Ver= irrung, des pharisäischen Mißverständnisses des Alten Testamentes begriffen werden.

Mit dieser Fragestellung ist zugleich gegeben, wo die Unter= suchung einzusetzen hat, nämlich bei der prophetischen Verkündigung. Dies entspricht auch den Worten νυνὶ δὲ δικαιοσύνη θεοῦ πεφανέρωται μαρτυρουμένη ὑπὸ τοῦ νόμου καὶ τῶν προφητῶν. Der Apostel beruft sich auf das Zeugnis der ganzen heiligen Schrift des Alten Bundes für die geschichtliche Thatsache und den mit derselben eingetretenen Thatbestand des gegenwärtig geworde= nen messianischen Heiles, mit dem nunmehr gerechnet werden müsse. Das νυνὶ δὲ πεφανέρωται weist zunächst für die Be= glaubigung dessen, was als δικαιοσύνη θεοῦ geoffenbart ist, auf die prophetische Verkündigung und die messianische Erwartung und Hoffnung Israels hin. Dort also, bei den Propheten und den Psalmen hat die Untersuchung zu beginnen, nicht lediglich bei den Propheten, sondern demnächst auch bei den Psalmen, weil sie der eigentliche Ausdruck des gottbezogenen Lebens Israels sind, wie es sich als Furcht Gottes, Vertrauen auf Gott und Hoffnung zu Gott in den verschiedensten Lagen der Gemeinde Gottes von der schwersten Anfechtung bis zum friedvollsten Glauben und bis zur getrostesten, schon im voraus triumphieren= den Hoffnung normalen Ausdruck giebt. Die Psalmen stehen in nächster Beziehung gerade zur Prophetie, und man wird sagen können, daß der ganze Psalter wesentlich das Echo der Gemeinde auf das Wort der Prophetie ist. Gemäß dem Unterschiede zwischen der aus dem Geiste Gottes stammenden und Botschaft Gottes bringenden Prophetie und zwischen der heiligen Poesie, die aus dem auf Gottes Botschaft eingehenden Menschengeiste quillt, lassen die Psalmen erkennen, wie sich das innere Leben dort gestaltet und was das innere Leben dort erfüllt, wo das

Wort und der Wille Gottes rückhaltlos im Gehorsam des Glaubens aufgenommen ist. Sie laſſen insbeſondere erkennen, wie die Thaten und Verheißungen Gottes als des lebendigen Gottes, der nicht in ewig unnahbarer Ferne und ewigem Schweigen jenſeits der Welt thront, das Glaubens- und Hoffnungsleben der Gemeinde beſtimmt haben, mit welchen Anſchauungen die glaubende, ringende und hoffende Gemeinde ſich getragen hat. Von den Propheten und Pſalmen aus werden wir dann aber unwillkürlich in das Geſetz zurückgewieſen, denn die Propheten ſind und wollen zugleich nichts anderes ſein, als die Vertreter des Geſetzes, der Rechtsordnung Gottes gegenüber einem ſündigen, bundbrüchigen Volke, dies ſelbſt dort, wo ſie die Aufrichtung eines neuen Bundes an Stelle des bisherigen verkündigen Jer. 31, 31 ff.; 3, 16 ff. An einen Gegenſatz zwiſchen Geſetz und Verheißung iſt gar kein Gedanke; die Heilshoffnung auf Grund des Geſetzes und auf Grund der Verheißung gehen Hand in Hand, und demgemäß wird ſich von ſelbſt die Frage anſchließen, inwiefern die jetzt geoffenbarte $\delta\iota\kappa\alpha\iota\sigma\sigma\acute{\upsilon}\nu\eta\ \vartheta\varepsilon\sigma\tilde{\upsilon}$ auch von dem Geſetze als ſolchem beſtätigt wird, ob die von den Propheten in Ausſicht geſtellte, von Paulus als nunmehr geoffenbart verkündigte $\delta\iota\kappa\alpha\iota\sigma\sigma\acute{\upsilon}\nu\eta\ \vartheta\varepsilon\sigma\tilde{\upsilon}$ der gottgegebenen Rechtsordnung entſpreche, ob ſie das $\delta\iota\kappa\alpha\acute{\iota}\omega\mu\alpha$ des Geſetzes zur Erfüllung bringe oder nicht Röm. 8, 4, ob der Apoſtel berechtigt ſei zu ſagen: $\nu\acute{o}\mu o\nu\ \acute{\iota}\sigma\tau\acute{\alpha}\nu o\mu\varepsilon\nu$ Röm. 3, 31, d. h. es gebe keine ſtärkere und entſcheidendere Geltendmachung des Geſetzes, als durch ſeine Evangeliumsverkündigung, — und ob er berechtigt ſei, den Vorwurf zurückzuweiſen, daß er mit ſeinem Satze $\delta\iota\kappa\alpha\iota o\tilde{\upsilon}\sigma\vartheta\alpha\iota\ \pi\acute{\iota}\sigma\tau\varepsilon\iota$ $\acute{\alpha}\nu\vartheta\rho\omega\pi o\nu\ \chi\omega\rho\grave{\iota}\varsigma\ \acute{\varepsilon}\rho\gamma\omega\nu\ \nu\acute{o}\mu o\upsilon$ zu nichte mache, was doch unverbrüchliche göttliche Rechtsordnung ſei. Man erkennt ſofort, wie viel für Paulus auf dieſe allſeitige Beſtätigung durch die ganze Gottesoffenbarung und die ſie bezeugende und überliefernde ganze heilige Schrift Alten Bundes ankommen mußte, und daß es ſich nicht darum allein handelt, auch in den Schriften der Thorah einzelnen Ausſprüchen zu begegnen, welche gleiches in Ausſicht ſtellen, wie die prophetiſche Verkündigung, ſondern um eine einheitliche gemeinſame Anſchauung des ganzen Alten Teſtamentes. Von dieſem Geſamtzeugnis des Alten Teſtamentes die Schriften der Chokhmah auszuſchließen liegt dann aber um ſo

weniger Grund vor, als sie sich wesentlich auf gesetzlicher Grund=
lage aufbauen und, soweit sie dem Hoffnungsleben Ausdruck
geben, es auf dieser Grundlage, nicht auf der der prophetischen
Verkündigung thun. Sollten sie eine andere Anschauung von der
Gerechtigkeit vertreten, als diejenige, welche Propheten und Gesetz
in Übereinstimmung erkennen lassen, so würden sie allerdings aus=
scheiden aus dem Schriftganzen, auf welches sich Paulus mit der
Formel ὁ νόμος καὶ οἱ προφῆται beruft. Allein dies ist von
vornherein nicht wahrscheinlich.

Die Untersuchung wird nach dem allen so anzulegen sein,
daß nicht von vornherein nach einzelnen Aussagen gesucht wird,
welche mit der paulinischen Verkündigung übereinstimmen, und daß
also auch nicht zunächst die von Paulus angezogenen alttestament=
lichen Aussprüche ins Auge gefaßt werden, sondern daß versucht
wird, die alttestamentliche, zunächst die prophetische Gesamt=
anschauung von der messianischen Heilsoffenbarung als einer
Rechtfertigungsthat Gottes zu erheben. Dann wird sich von selbst
herausstellen, ob die paulinische Berufung auf das Alte Testa=
ment berechtigt oder nur mehr oder weniger künstliche Deutung
bezw. Umdeutung desselben ist. Der Nachweis darüber wird aber
erst bei der Darstellung der paulinischen Verkündigung selbst sich
ergeben.

1.
Die Erlösung als Rechtfertigungsthat Gottes.

Es ist bekannt, daß die Propheten die Erlösung Israels als eine That der Gerechtigkeit Gottes verkündigen und daß dieselbe seitens Israels als eine That der Gerechtigkeit Gottes ersehnt, erbetet und erwartet wurde. Namentlich findet sich dies ausgesprochen bei Jesajah resp. Deuterojesajah und in den Psalmen, denjenigen beiden Bestandteilen des alttestamentlichen Schrifttums, auf welche im Neuen Testament am häufigsten Bezug genommen wird[1]) und deren Sprache den stärksten Einfluß auf die neutestamentliche Anschauungs- und Ausdrucksweise, auf die Sprache der aus Israel stammenden Glieder der ersten Christenheit geübt hat, — ein Zeichen davon, daß diesen Teilen der alttestamentlichen Schrift, wie sich auch anderweitig erweisen läßt, für das religiöse Leben und die Denkweise Israels etwa dieselbe Bedeutung zukommt, welche die paulinischen Schriften für die Christenheit, die Schriften des Heidenapostels für die Heidenkirche und dadurch für die Völkerwelt gewonnen haben.

Deuterojesajah verbindet ausdrücklich Gerechtigkeit Gottes und Heil Gottes; 56, 1: „Nahe ist mein Heil, daß es komme, und meine Gerechtigkeit, daß sie geoffenbaret werde." 45, 8:

---

[1]) Schon die Zahl der ausdrücklichen Citate ist bemerkenswert. So wird aus dem ersten Teil unsres Jesajah 18 mal citiert, aus Deuterojesajah 30 mal, 55 mal aus den Psalmen, dagegen aus Jeremiah 7 mal, aus Sacharjah 6 mal, aus Hosea 5 mal, aus Habakut 4 mal (3 mal dasselbe Wort), aus Maleachi 3 mal, aus Joel und Amos je zweimal, aus Michah, Zephanjah und Haggai je einmal. Auf Daniel wird einmal mit Namen Bezug genommen, auf Ezechiel — abgesehen von den Berührungen der Apokalypse mit ihm — sowie auf Nahum und Obadjah nirgend. Die Summe aller Citate aus der Thorah und den Vorderpropheten erreicht noch nicht die der Citate aus den Psalmen und Deuterojesajah.

„Träufelt ihr Himmel von oben, und ihr Wolken, strömet Gerechtigkeit herab; die Erde öffne sich und trage Heil als Frucht, und Gerechtigkeit sprosse zugleich, — ich Jahveh schaffe es." 45, 21: „es ist kein Gott außer mir, אֵל צַדִּיק וּמוֹשִׁיעַ." 46, 13: „ich habe meine Gerechtigkeit nahe gebracht, nicht ist sie fern, und mein Heil verzieht nicht; ich will in Zion Heil geben, Israel meinen Glanz." 51, 5: „nahe ist meine Gerechtigkeit, mein Heil geht hervor." V. 6: „mein Heil soll für ewig sein und meine Gerechtigkeit nicht aufhören." V. 8: „meine Gerechtigkeit soll für ewig sein und mein Heil für Geschlecht auf Geschlecht." 59, 17: „Jahveh kleidet sich mit Gerechtigkeit, wie mit einem Panzer, und einen Helm des Heiles setzt er auf sein Haupt." (Vgl. Pf. 65, 6: „wunderbar in Gerechtigkeit erhörest du uns, Gott unsres Heiles, du Hoffnung aller Enden der Erde." Mal. 4, 2: „aufgehen soll euch, die ihr meinen Namen fürchtet, Sonne der Gerechtigkeit und Heilung — מַרְפֵּא — unter ihren Flügeln.") Ferner in Beziehung auf den כְּבַד יהוה Jes. 41, 2: „wer hat vom Aufgang her den erweckt, dem begegnet Gerechtigkeit auf seinem Fuß, vor dem er hingiebt die Völker?" V. 10: „fürchte dich nicht, denn ich bin mit dir; schaue dich nicht angstvoll um, denn ich bin dein Gott; ich stärke dich und ich helfe dir, ich halte dich mit der Rechten meiner Gerechtigkeit. Siehe, schämen werden sich und zu schanden werden alle, die auf dich entbrannt sind." (Vgl. 59, 9: „darum ist fern von uns das Recht, und die Gerechtigkeit wird uns nicht erreichen; wir hoffen auf das Licht, und siehe, Finsternis ist da, auf Glanz — in Dunkelheit werden wir wandeln.") 42, 6: „ich Jahveh habe dich gerufen in Gerechtigkeit und werde deine Hand ergreifen und dich bewahren." 45, 13: „ich erwecke ihn in Gerechtigkeit und werde alle seine Wege ebnen; er wird meine Stadt bauen und meine Gefangenschaft entlassen," vgl. V. 17: „Israel wird errettet mit einer Erlösung der Ewigkeiten; ihr werdet euch nicht schämen und nicht zu schanden werden." 63, 1: „wer ist da, der da kommt von Edom her? ... ich, der redet in Gerechtigkeit, der vollmächtig ist zu helfen!" V. 4: „denn der Tag der Rache ist in meinem Herzen, und das Jahr meiner Erlösung kommt."

Bei den übrigen Propheten ist diese Verbindung von Gerechtigkeit und Heil Gottes seltener. Wir finden sie Jer. 9, 23:

„ich Jahveh bin es, der חֶסֶד מִשְׁפָּט וּצְדָקָה übt auf Erden."
23, 5 von dem Sproß Davids, dem Zemach: „er wird Recht und Gerechtigkeit üben auf Erden. In seinen Tagen wird Juda geholfen werden und Israel wird in Frieden wohnen, und dies ist sein Name, damit man ihn nennen wird: יהוה צִדְקֵנוּ."
Mich. 6, 5 werden die Thaten Gottes, die er bei der Erlösung aus Ägypten und während des Wüstenzuges an Israel gethan, צִדְקוֹת יהוה genannt. 7, 7 ff. heißt es: „auf Jahveh will ich schauen, ich will harren auf den Gott meines Heiles: erhören wird mich mein Gott. Nicht freue dich über mich, meine Feindin, wenn ich gefallen bin, ich stehe auf; wenn ich im Finstern sitze, Jahveh ist mein Licht. Den Zorn Jahvehs will ich tragen, denn ich habe wider ihn gesündigt, bis daß er meinen Rechtsstreit austragen wird und mein Recht schaffen; herausführen wird er mich aus Licht, אֶרְאֶה בְּצִדְקָתוֹ." Hos. 2, 20—22: „Bogen und Schwert und Krieg zerbreche ich aus dem Lande und lasse sie sicher wohnen. Und ich verlobe dich mir in Gerechtigkeit und Gericht und in Gnade und Erbarmen, und ich verlobe dich mir in Treue, und du erkennest Jahveh." Mal. 4, 2 f. o. Dies sind, so weit ich sehe, die Stellen bei den übrigen Propheten, welche sich unmittelbar mit der deuterojesajanischen Ausdrucksweise zusammenschließen. Aus dem ersten Teile des Jesajahbuches wird hierher gehören 10, 22, wenn dort שׁוֹטֵף צְדָקָה, wie es wahrscheinlich ist, nicht mit Vitringa und Gesenius auf das Strafgericht über Assur, sondern auf den Zweck desselben, die Erlösung des Restes Israels zu beziehen ist. Außerdem ist an die beiden Weissagungen von dem messianischen König zu zu erinnern: „... auf daß seine Herrschaft groß werde und des Friedens kein Ende auf dem Throne Davids und in seinem Königreich, daß er es befestige und stütze mit Recht und Gerechtigkeit. Der Eifer Jahvehs Zebaoth wird solches thun." 11, 3—5: „er — der Zweig aus der Wurzel Isais — richtet nicht nach dem Ansehn, spricht nicht Recht nach dem, was seine Ohren hören; mit Gerechtigkeit wird er richten die Armen und Recht schaffen nach dem Recht den Elenden im Lande; er schlägt das Land mit dem Stabe seines Mundes, und mit dem Odem seiner Lippen tötet er den Gottlosen. Gerechtigkeit wird der Gurt seiner Hüften sein und Wahrhaftigkeit (אֱמוּנָה) der

Gurt seiner Lenden." Nirgend aber erscheinen diese Aussprüche als ein fremder oder befremdender Zug in dem Zusammenhange, in welchem sie stehen; im Gegenteil, die Grundlagen dieser Anschauung, daß Gerechtigkeitsübung Gottes oder des messianischen Königs das Heil, die Erlösung Israels bewirke, sind überall vorhanden und erkennbar.

Vor allem findet das, was so durch Prophetenmund in Aussicht gestellt ist, sein Echo in dem Glaubens- und Gebetsleben der Gemeinde, wie es in dem Psalter sich Ausdruck giebt, und gerade dieses Echo ist von besonderer Wichtigkeit. Denn der Psalter ist das Gesang- und Gebetbuch der israelitischen Gemeinde, in welches auch die am meisten aus Einzelerfahrungen und Einzelerlebnissen erwachsenen Lieder doch nur Aufnahme gefunden haben, weil sie zugleich dem Gemeinglauben, dem Gemeindeleben und Gemeindebedürfnis entsprechen und Ausdruck gemeinsamer Empfindung und gemeinsamer Äußerung des gottbezogenen Lebens zu sein vermögen. Nur so begreift sich sowohl die Aufnahme solcher Lieder wie Ps. 22. 51 u. a., wie auch die Thatsache, daß der Psalter das Gesang- und Gebetbuch der israelitischen Gemeinde geworden ist und — wenigstens wahrscheinlich — eine ebenso feste und für jede Sabbath- und Festfeier geregelte Verwendung im Gottesdienst der Synagoge gefunden hat, wie das Gesetz und die Propheten in den Paraschen und Haphtharen. Da zeigt sich nun, daß es nicht die Anschauung oder der Gedanke eines oder etlicher Einzelner, dieses oder jenes Propheten ist, wenn die Erlösung von der Gerechtigkeit Gottes erwartet wird, sondern daß die so gestaltete Verheißung der tiefsten Empfindung des israelitischen gottbezogenen Lebens entgegen kommt und wiederum dieselbe bestimmt, und daß wir demgemäß auch aus dieser Empfindung heraus diese Anschauung zu verstehen suchen müssen.

Gottes Gerechtigkeit, auf welche die prophetische Verkündigung verweist, erscheint auch im Psalter als die Zuflucht der Elenden. Ps. 143, 1. 3. 11 heißt es: „in deiner Treue erhöre mich, in deiner Gerechtigkeit, denn verfolgt hat der Feind meine Seele. Mögest du in deiner Gerechtigkeit der Not entheben meine Seele." Ps. 129, 4: „die Pflüger haben auf meinem Rücken die Furchen lang gezogen; Jahveh ist gerecht: er hat zerhauen der Frevler Strick." Wider seine Feinde bittet der Psalmist: „mögen sie nicht eingehen in beine Gerechtigkeit," Pf. 69, 28 vgl. 25, 2 ff.; 71, 2. 3. 15. 16. Ja von berselben Gerechtigkeit Gottes, die er anruft um Hülfe wider die Bedrängung und Vergewaltigung durch seine Feinde, erwartet er die Vergebung der Sünden Pf. 51, 16: „errette mich von den Blutschulden, Gott, bu Gott meines Heiles, so wird meine Zunge jubeln über beine Gerechtigkeit," und daß dies nicht etwa so gemeint ist, als wenn erst nach erfolgter Vergebung eine Freude an Gottes Gerechtigkeit möglich wäre, während sie vorher nur Furcht und Schrecken einflößen könne, ergiebt sich leicht aus der Vergleichung von Pf. 103, 11. 12. 17; Pf. 25, 2. 18. 19 u. a. (f. u.). Die Vergebung, deren Notwendigkeit sich gerade dem Bedrängten und Verfolgten aufdrängt, wird zurückgeführt auf die Gerechtigkeit Gottes, und zwar auf dieselbe Gerechtigkeit Gottes, von der der Psalmist die Rettung aus der Bedrängnis erbittet. Wider dieselben Feinde, wider die er die Rache Gottes anruft — also das Gegenteil der Vergebung — richtet sich die Bitte in Pf. 69, 28. Die Erweisung von Gnade — חֶסֶד — ist zugleich Bethätigung der Gerechtigkeit Gottes Pf. 112, 4: „in Finsternis geht Licht auf den Frommen, — es ist der Gnädige, Barmherzige und Gerechte." Pf. 116, 5: „gnädig ist Jahveh und gerecht, und unser Gott ist barmherzig," und diese Prädikate verhalten sich nicht gegensätzlich zu einander, sondern eher synonym. Nirgend werden Gnade und Gerechtigkeit einander entgegengesetzt, wohl aber parallel, vgl. Pf. 31, 2: „auf dich Jahveh traue ich, in beiner Gerechtigkeit errette mich," mit V. 8: „ich will frohlocken und mich freuen über beine Gnade, der bu angesehen hast mein Elend." 33, 5: „er liebet Gerechtigkeit und Gericht, die Gnade Jahvehs füllet die Erde." 36, 11: „breite beine Gnade aus über die, so bich kennen, und deine Gerechtigkeit über die, die gerades Herzens sind;" vgl. 32, 10. 11: „viel Plage hat der Gottlose; wer auf Jahveh traut, den wird die Gnade umgeben. Freuet euch Jahvehs und frohlocket ihr Gerechten, und jubelt alle, die ihr geraden Herzens seid." 48, 10 ff.: „Wir gedenken Gott an deine Gnade in beinem Tempel . . ., Gerechtigkeit füllet beine rechte Hand; es freue sich der Berg Zion, es jubeln die Töchter Zion über beine Gerichte." 98, 2. 3: „Jahveh läßt kund werden sein Heil; vor den Völkern offenbart er seine Ge=

rechtigkeit. Er gedenket an seine Gnade und an seine Treue dem Hause Israel; es schauen alle Enden der Erde das Heil unsres Gottes." 103, 17. 18: „die Gnade Jahvehs ist von Ewigkeit zu Ewigkeit über die, die ihn fürchten, und seine Gerechtigkeit auf Kindeskinder über die, die seinen Bund bewahren." 116, 5: „gnädig ist Jahveh und gerecht, und unser Gott ist barmherzig." 143, 11. 12: „in deine Gerechtigkeit führe meine Seele aus der Bedrängnis, und in deiner Gnade vertilge meine Feinde und räume hinweg die Dränger meiner Seele, denn ich bin dein Knecht."

Es erscheint daher erklärlich, daß die LXX die den beiden hebräischen Wörtern צְדָקָה und חֶסֶד entsprechenden griechischen Begriffe δικαιοσύνη und ἔλεος unsrem ersten Eindruck nach an mehreren Stellen vertauschen, indem sie חֶסֶד durch δικαιοσύνη und צְדָקָה durch ἔλεος übersetzen, letzteres freilich nur einmal Jes. 56, 1: ἤγγικε τὸ σωτήριόν μου παραγίνεσθαι καὶ τὸ ἔλεός μου ἀποκαλυφθῆναι, ersteres dagegen häufiger und zwar an auffallenden Stellen. So nicht bloß Gen. 19, 19: εὗρεν ὁ παῖς σου ἔλεος (חֵן) ἐναντίον σου καὶ ἐμεγάλυνας τὴν δικαιοσύνην σου (חֶסֶד), wo der Parallelismus dazu veranlassen konnte, da das mit ἔλεος synonyme χάρις noch nicht die Verwendung und Ausprägung gefunden hatte, wie in der neutestamentlichen Gräcität und dafür δικαιοσύνη durch hebräische Ausdrucksweise nahe gelegt erscheinen konnte. Auch an andern Stellen, an welchen solche Erwägungen fern lagen, findet sich δικαιοσύνη = חֶסֶד, wie Gen. 20, 13: ταύτην τὴν δικαιοσύνην ποιήσεις εἰς ἐμέ, vgl. 21, 23; 24, 27: ὁ θεὸς οὐκ ἐγκατέλιπε τὴν δικαιοσύνην αὐτοῦ καὶ τὴν ἀλήθειαν. 32, 10: ἱκανούσθω μοι ἀπὸ πάσης δικαιοσύνης καὶ ἀπὸ πάσης ἀληθείας ἧς ἐποίησας τῷ παιδί σου. Ex. 15, 13: ὡδήγησας τῇ δικαιοσύνῃ σου τὸν λαόν σου τοῦτον ὃν ἐλυτρώσω. 34, 7: δικαιοσύνην διατηρῶν καὶ ἔλεος εἰς χιλιάδας, ὑφαιρῶν ἀνομίας ... καὶ οὐ καθαριεῖ τὸν ἔνοχον. Prov. 20, 28: ἐλεημοσύνη καὶ ἀλήθεια φυλακὴ βασιλεῖ καὶ περικυκλώσουσιν ἐν δικαιοσύνῃ τὸν θρόνον αὐτοῦ. Allein es ist zu beachten, daß unter allen für unsre Frage in Betracht kommenden Aussprüchen bei den Propheten und in den Psalmen nur an einer Stelle חֶסֶד durch δικαιοσύνη wiedergegeben ist, nämlich Jes. 63, 7: κύριος κριτὴς ἀγαθὸς τῷ οἴκῳ

Ἰσραήλ, ἐπάγει ἡμῖν (עָלֵינוּ) κατὰ τὸ ἔλεος αὐτοῦ καὶ κατὰ τὸ πλῆθος τῆς δικαιοσύνης αὐτοῦ. Hier aber lag dieselbe Verbindung von Synonymen der Barmherzigkeit vor, wie in den übrigen angeführten Stellen, bei denen die Übersetzung ebenso sehr bestimmt sein mag durch die griechische Anschauung, wonach die Erweisung von Barmherzigkeit gegen den Armen und den ἱκέτης zur Gerechtigkeit gehört, die dem bedürftigen und dem unter dem Schutze der Götter stehenden ἱκέτης gerecht wird, wie durch den nachbiblischen Gebrauch von צְדָקָה im Sinne von Barmherzigkeitsübung, Wohlthat, Almosen, dem z. B. auch die Lesart ἐλεημοσύνην Matth. 6, 1 ihre Entstehung verdankt. Jedenfalls spricht die Erscheinung, daß in den Propheten und Psalmen außer Jes. 56, 1 und 63, 3 diese Vertauschung von ἔλεος und δικαιοσύνη sich nicht findet, dafür, daß den LXX eine Vermischung beider Begriffe trotz ihrer anscheinenden Verwandtschaft noch fern lag.

Gerade diese anscheinende Verwandtschaft aber der Begriffe Gerechtigkeit, צֶדֶק, צְדָקָה, und Gnade, חֶסֶד, hat für uns etwas in hohem Grade Befremdendes. Uns dünkt es dem ersten Eindruck nach fast unmöglich, zu beten, wie wir Ps. 143, 1. 2 lesen: „erhöre mich in deiner Gerechtigkeit und gehe nicht ins Gericht mit deinem Knecht, denn vor dir ist kein Lebendiger gerecht," ebenso unmöglich, wie das Wort Ps. 62, 13: „die Gewalt ist Gottes, und dein, Jahveh, ist die Gnade, denn du vergiltst einem jeglichen nach seinem Thun." Gnade erscheint uns als Gegenteil der Vergeltung, nicht als Grund derselben, wie es hier gemeint ist. Denn die Auskunft ist unberechtigt, daß die Vergeltung Gott als denjenigen zu erkennen und zu suchen nötige, der um Gnade angerufen werden müsse. Und wie kann derjenige Gottes Gerechtigkeit anrufen, dem selbst die Gerechtigkeit fehlt, und wie kann er vollends von Gottes Gerechtigkeit die Verschonung mit dem Gericht erbitten! Ist wirklich die Gerechtigkeit Gottes das Princip der Erlösung und der Abwendung bezw. Aufhebung des Gerichtes, stellt diese Abwendung Recht und Gerechtigkeit her, wie können die Sünder darauf hoffen? Dann scheint Erlösung als eine gerichtliche Rechtfertigungsthat einfach unmöglich zu sein.

Es ist daher begreiflich, daß angesichts dieser Aussprüche neuerdings der Versuch gemacht worden ist, dem Begriffe der

Gerechtigkeit Gottes im Alten Testament einen andern Sinn abzugewinnen und die wesentliche Beziehung desselben auf das richterliche Walten Gottes oder seine forensische Bestimmtheit zu leugnen. Im Anschluß an Andeutungen Ritschls in seiner „Entstehung der altkatholischen Kirche," 2. Aufl. 1857, S. 50) hat Diestel in den Jahrbüchern für deutsche Theologie V, 1860, S. 173 ff. „die Idee der Gerechtigkeit vorzüglich im Alten Testament" neu zu bestimmen und zu entwickeln versucht, dessen Ergebnisse dann von Ritschl, die christliche Lehre von der Rechtfertigung und Versöhnung II, 2. Aufl., S. 102 ff. und im wesentlichen auch von H. Schultz, alttestamentliche Theologie, 4. Aufl., S. 540. 5. Aufl., S. 424 anerkannt und aufgenommen worden sind (vgl. mein bibl. theol. Wörterbuch der neutestamentlichen Gräcität 8. Aufl., unter δίκαιος und daselbst die Litteratur). Danach soll die Gerechtigkeit Gottes die Folgerichtigkeit des göttlichen Handelns in Beziehung auf die Erreichung seines Weltzweckes resp. auf das Heil als die Vollendung der Bestimmung Israels sein. Sie ist nach Ritschl „die Rechtbeschaffenheit Gottes, die Kongruenz seines Handelns mit seiner inneren Normalität und mit dem, was die Israeliten von der Leitung ihrer Geschicke durch Gott zu erwarten haben." Daraus soll sich dann erklären, daß im Gedankenkreise der alttestamentlichen Prophetie und der ihr entsprechenden Frömmigkeit, deren Dokumente die Psalmen sind, die Gerechtigkeit Gottes zwar in gerichtlicher Bethätigung zu gunsten Israels zum Zweck der Vollendung seiner Bestimmung und also zum Zwecke des Heiles offenbar werde; aber das Gericht sei eben nur Mittel zum Zweck. Es sei nicht die eigentliche und wesentliche Bethätigung der Gerechtigkeit, welche vielmehr in dem zweckentsprechenden, folgerichtigen Walten Gottes in seiner Weltregierung zu suchen sei. Ebensowenig, wie die Beziehung auf das Gericht wesentlich sei für die Anwendung des Begriffs auf Menschen und menschliches Verhalten, ebensowenig sei Gerichtsübung die eigentliche und wesentliche Bethätigung der Gerechtigkeit Gottes. Die Annahme eines unlöslichen Zusammenhanges des Begriffes der Gerechtigkeit mit dem des Gerichtes und damit die uns geläufig gewordene Vorstellung von der Gerechtigkeit Gottes als richtender, vergeltender Gerechtigkeit und daher wesentlich Strafgerechtigkeit entstamme dem Heidentum. Im Alten Testament werde die Gerechtigkeit Gottes auf sein Verhalten gegen die Gerechten bezogen, und zwar nicht im Sinne der Vergeltung, nicht im Sinne des im menschlichen Rechte gesetzten mechanischen Verhältnisses zwischen Lohn (Strafe) und Würdigkeit (Unwürdigkeit), sondern des organischen Verhältnisses von Grund und Folge, nämlich im Sinne gleicher Willensbeziehung auf beiden Seiten. Solche Willensbeziehung sei nur denkbar in Beziehung auf den stetigen Zweck Gottes. Das dem Zwecke Gottes entsprechende folgerichtige Handeln Gottes bethätige sich in der Weltregierung zur Herbeiführung des Heiles der Gerechten, also derer, die den Zweck Gottes ihren Zweck sein lassen und demgemäß sich verhalten. Die Bestrafung der andern sei nur Mittel zum Zweck und sei nicht als die eine Seite einer justitia aufzufassen, welche ihrem Wesen nach distributiva sei. Dies sei die heidnische Vorstellung. Die Herbeiführung des Heiles der Gerechten, d. i. derer, die den Zweck Gottes auch ihren Zweck sein lassen, sei etwas anderes und Höheres als justitia distributiva. In der Anwendung auf Gott wie auf Menschen bezeichne Gerechtigkeit die dem Weltzwecke bezw. dem Offenbarungszwecke Gottes — dem Heile — entsprechende Folgerichtigkeit oder Rechtbeschaffenheit des Verhaltens. Von der Gnade sei die Gerechtigkeit Gottes nur so unterschieden, daß bei der Anwendung dieses Begriffes auf den freien Willen Gottes reflektiert werde, welcher im allgemeinen das Leben und Wohlsein aller Geschöpfe, insbesondere aber das Wohlsein des erwählten Volkes oder seiner würdigen Glieder in der Bundesgemeinschaft verbürge. Ebenso aber könne von der Gerechtigkeit Gottes der Fromme die ihm nötige und zu teil werdende Hülfe ableiten, indem er auf die Ordnung und normale Folgerichtigkeit des göttlichen Handelns reflektiere, welche dem Gerechten oder Frommen die Erreichung des Heilszieles in der Sicherheit gegen die Gottlosen gewährleiste. Dies nach Ritschl die „kanonische" Bestimmung des Begriffsinhaltes, wogegen auf das Vorkommen des Begriffs im Sinne der Strafgerechtigkeit an wenigen Stellen der nachexilischen Bücher (Klagel. 1, 18; Neh. 9, 33; 2 Chron. 12, 5. 6; Dan. 9, 14) kein Gewicht zu legen sein soll. Denn obwohl diese Anwendung der Vorstellung in den griechischen Büchern des alexandrinischen Kanons (Apokryphen) fortgesetzt werde, so stehe doch das Christen=

tum mit demjenigen Judentum, das durch diese Dokumente bezeichnet werde, in keiner Kontinuität, so gewiß es den Gegensatz zum Pharisäismus bilde. Die Auffassung des Begriffs der göttlichen Gerechtigkeit im Sinne der gerichtlichen Vergeltung sei pharisäisch und hellenisch; insbesondere sei es hellenisch resp. heidnisch, die Gerechtigkeit Gottes wesentlich als Strafgerechtigkeit zu fassen.

Abgesehen von der bedenklichen Entdeckung einer pharisäisch-hellenischen Begriffsmischung und von der späterhin zu besprechenden pharisäischen Auffassung der göttlichen Gerechtigkeit als heilbringender Rechtfertigung Israels ist bezüglich des letzten Punktes — der hellenisch sein sollenden Fassung des Begriffs als Strafgerechtigkeit — daran zu erinnern, daß die Griechen zwar die $\delta i \varkappa \eta$ als die rächende Gerechtigkeit ansehen — vgl. Act. 28, 4 und Sap. 1, 8; 11, 20; 14, 31, wo diese Auffassung auf hellenistischen, nicht pharisäischen Boden übertragen wird —, daß aber wiederum die Griechen weit entfernt davon sind, den Göttern $\delta i \varkappa a i o \sigma \acute{v} \nu \eta$ oder gar das Prädikat $\delta i \varkappa a i o \varsigma$ beizulegen, und daß die alttestamentliche Art, von Gottes Gerechtigkeit zu reden, für die Griechen etwas sehr Befremdendes hatte, befremdend, weil gerade sie mit einem dem Ritschlschen Begriff der Gerechtigkeit analogen Begriff rechneten, s. u.

Weiter ist daran zu erinnern, daß Paulus das, was die Heiden von dem $\delta i \varkappa a \iota \omega \mu a \ \tau o \tilde{v} \ \vartheta \epsilon o \tilde{v}$, der Rechtsordnung Gottes wissen, $\ddot{o} \tau \iota \ o i \ \tau o \iota a \tilde{v} \tau a \ \pi \varrho \acute{a} \sigma \sigma o \nu \tau \epsilon \varsigma \ \ddot{a} \xi \iota o \iota \ \vartheta a \nu \acute{a} \tau o \upsilon \ \epsilon i \sigma \acute{\iota} \nu$ Röm. 1, 31, rückhaltlos anerkennt. Wenn aber dieser Satz nicht dem Pharisäer Saul, sondern dem auf dem Grunde des Alten Testamentes stehenden Apostel Paulus angehört, demselben, der 1, 17; 3, 21 geschrieben hat, so wird mindestens die Anwendung des Begriffes der Gerechtigkeit Gottes im Sinne richterlicher bezw. strafrichterlicher Vergeltung nicht als pharisäisch resp. hellenisch und mit dem Alten Testament in Widerspruch stehend abgewiesen werden können. Aus demselben Grunde aber ist dann Röm. 2, 6: $\ddot{o} \varsigma \ \dot{a} \pi o \delta \acute{\omega} \sigma \epsilon \iota \ \dot{\epsilon} \varkappa \acute{a} \sigma \tau \omega \ \varkappa a \tau \grave{a} \ \tau \grave{a} \ \ddot{\epsilon} \varrho \gamma a \ a \dot{v} \tau o \tilde{v}$ nicht, wie Ritschl behauptet, der Grundsatz der pharisäischen und hellenischen Weltanschauung, den Paulus nur ausgesprochen haben soll, um gegenüber seinen jüdisch und hellenisch gebildeten Lesern e concessis zu argumentieren und um die wirkliche Geltung dieses Grundsatzes zu widerlegen (trotz 2 Kor. 5, 9!). Es ist nur der allgemeine Satz für das, was Klagel. 1, 18; Neh. 9, 33; 2 Chron. 12, 5. 6; Dan. 9, 14 nicht im Widerspruch mit dem kanonischen Ausdruck der israelitischen Gotteserkenntnis, sondern durchaus im Einklange mit der israelitischen Sündenerkenntnis ausspricht, welche sich allerdings von Ritschls Wertung der Sünde bedeutend unterscheidet, und die Strafe für den Ungehorsam auf die Gerechtigkeit Gottes zurückführt, die im Strafen ebenso ihr Wort hält und „folgerichtig" verfährt, wie in der Erfüllung der Verheißung. Überdies ist es unrichtig, daß nur an diesen Stellen nachexilischer Bücher der Begriff der Gerechtigkeit Gottes im Sinne der Strafgerechtigkeit vorkomme. Sehen wir von Exod. 9, 27 wegen des Einwandes der kritischen Frage in betreff der Datierung dieses Stückes ab, so ist dies doch Jes. 5, 16; 28, 17; Pf. 50, 6 unzweifelhaft auch der Fall (f. u.), und ebenso liegt Jer. 12, 1 dieselbe Anschauung vor: „du bist zu gerecht, als daß ich mit dir hadern könnte."

So erheben sich schon von hier aus sehr ernste Bedenken gegen diese Auffassung des Begriffs der Gerechtigkeit Gottes. Dieselbe steht vielmehr ihrerseits in bedenklicher Verwandtschaft mit der hellenischen Anschauung von der Gerechtigkeit als der höchsten Tugend und dem Inbegriff aller Tugenden sowie mit philosophischen Versuchen, dieselbe als solche zu erweisen. Zwar können sich Diestel, Ritschl und H. Schultz die Thatsache nicht verbergen, daß die gerichtliche Beschaffung der Hülfe für Israel mit der Gerechtigkeit Gottes zusammengebracht wird. Aber diese gerichtliche Bethätigung derselben ist nach ihnen nicht wesentlich für den Begriff, sondern nur zufällig und durch die jeweilige Lage der Dinge gefordert und bewirkt. Nur weil in der schlechten Welt die Dinge einmal so liegen, soll das Richten mitgehören zu dem auf die Durchführung seiner Zwecke gerichteten folgerichtigen Handeln Gottes, ohne ausschlaggebend zu sein für die Bestimmung des Begriffs. Freilich sieht sich H. Schultz, alttestamentl. Theol., 4. Aufl., S. 540 zu einem gewissen Zugeständnis in der letzteren Richtung genötigt. Er sagt: „die erste Eigenschaft der sittlichen Vollkommenheit Gottes ist die Gerechtigkeit, d. h. diejenige sittliche Bestimmtheit, nach welcher Gott den (in ihm liegenden) Maßstab vollkommner sittlicher Zwecke ohne Furcht, Parteilichkeit und Eigennutz verwirklicht, wo seine Offenbarung zum Ausdruck kommt."¹) Aber so wertvoll dies Zugeständnis auch ist, so ist es doch noch nicht genügend. Der Gedanke des folgerichtigen, zweckmäßigen Handelns gehört einer andern Betrachtungsweise an. Wäre es richtig, daß derselbe für den Begriff der Gerechtigkeit Gottes maßgebend wäre, so stände die Gerechtigkeit in engster Beziehung zur göttlichen Weisheit und würde etwa als die aus der Weisheit sich ergebende Praxis der göttlichen Weltregierung zu bezeichnen sein. Gegen diese Herbeiziehung des Zweckbegriffs und des Begriffes der zweckentsprechenden Folgerichtigkeit des göttlichen Handelns muß aber schon dies sehr bedenklich machen, daß nirgend im Alten Testament die Gerechtigkeit Gottes mit seiner Weisheit in Verbindung gebracht wird. Dort, wo man in philosophischem oder theologischem Interesse auf den letzten Grund des Rechtes reflektiert, mag dieser Zusammenhang der Gerechtigkeit mit dem „in Gott selbst liegenden Maßstab vollkommner Zwecke" in Betracht kommen, — in dem Sprachgebrauch der heiligen Schrift Alten wie Neuen Testamentes ist dies nirgend der Fall. Wenn H. Schultz sich deshalb genötigt sieht, das folgerichtige Handeln umzusetzen in das Handeln „ohne Furcht, Parteilichkeit und Eigennutz" oder auch dies letztere als wesentliche, nicht als zufällige Näherbestimmtheit des folgerichtigen Handelns zu fassen und dieses Handeln nicht durch analytisches, sondern synthetisches Urteil zu erklären, so verbessert er damit nur in etwa die Auffassung Ritschls, wird aber der wirklichen Sachlage immer noch nicht gerecht. Er wird den „Maßstab vollkommner Zwecke" ganz fallen lassen müssen. Die Schwierigkeit, deren Beseitigung auf dem gezeichneten Wege angestrebt worden ist, um den Zusammenhang der Heilsbeschaffung, der Erlösung mit der Gerechtigkeit Gottes zu begreifen, ist auf anderem, weit einfacherem Wege zu lösen.

¹) In der 5. Aufl. seiner alttest. Theol. sagt H. Schultz statt dessen: „die erste Eigenschaft der sittlichen Vollkommenheit ist die Gerechtigkeit, nach der Gott den sittlichen Maßstab in seiner Weltregierung ohne Furcht, Parteilichkeit und Eigennutz verwirklicht." Daß dieser „sittliche Maßstab" aber der „(in ihm liegende) Maßstab vollkommner sittlicher Zwecke" sei und jener Ausdruck nur eine Verkürzung bezweckt, ergiebt der ganze Zusammenhang S. 424—427, welcher überhaupt nur durch unwesentliche Verkürzungen von den Ausführungen der 4. Aufl. abweicht.

Man braucht sich der Thatsache nicht zu verschließen, daß צדק und seine Derivate stets im socialen und forensischen Sinne stehen und sich überall auf ein Verhältnis beziehen, in welchem einer dem andern „gerecht" zu werden hat, und kann trotzdem anerkennen, daß kein Widerstreit zwischen Gerechtigkeit und Gnade Gottes besteht, daß die Gerechtigkeitsübung seitens Gottes Gnade ist, daß seine richtende Gerechtigkeit heilschaffend ist und in engstem Zusammenhange steht mit seiner Güte und Treue, so daß Gerechtigkeit und Treue synonym, Gerechtigkeit und Gnade parallel stehen können. Man muß nur beachten, daß der eigentliche Zweck der Gerechtigkeitsbethätigung Gottes bezw. des Richtens nicht ein negativer, sondern ein durchaus positiver ist, nicht die Strafe, sondern — wie H. Schultz einmal einfließen läßt, ohne dieser Erkenntnis genügend Folge zu geben — der Schutz des Rechtes, also der Schutz derer, die im Rechte sind und zu ihrem Rechte zu kommen begehren gegenüber einer Welt, die sie als rechtlos behandelt, oder wie unser Volk sagt: Richter sollen das Volk hegen und nicht fegen. „Der Glaube an Gott als den Schutz des Rechtes," sagt H. Schultz vortrefflich, „liegt der ganzen Geschichtsauffassung Israels" — und, setzen wir hinzu, seiner Heilsverheißung und Heilsoffenbarung — „zu Grunde." Gerade weil die Gerechtigkeit Gottes in Beziehung gesetzt wird zur Gerechtigkeit der Menschen, so kann der Begriffsinhalt kein verschiedener sein, aber gerade darum darf man auch den hellenischen Begriff der Gerechtigkeit als der höchsten Tugend und Summe aller Tugenden, noch dazu nicht einmal im strengen hellenischen Sinne, sondern im Sinne moderner philosophischer Reflexionen auf die Sprache des Alten Testamentes und die Denkweise Israels nicht übertragen. Die Gerechtigkeit Israels ist seine gerechte Sache, ist das Recht, welches Israel hat und welches vor Gericht gilt und gelten muß, מִשְׁפָּט. Darum kann sich dazu die Gerechtigkeit Gottes nicht anders verhalten, als wie der Richter zur Partei. Der gerechten Sache der Partei entspricht die Gerechtigkeit des Richters. Sie ist sowohl die Eigenschaft, die er als Richter haben muß, wie das Ergebnis, welches von ihm verlangt wird. Die göttliche צְדָקָה, צֶדֶק, ist ebenso unauflöslich mit מִשְׁפָּט verbunden, wie die menschliche; צדק mit seinen Derivaten und משפט, ריב, דין mit ihren Derivaten sind bezüglich Gottes ebenso Korrelatbegriffe, wie bezüglich des Menschen.

Daß es sich in der That so verhält und die Gerechtigkeit Gottes nicht die Folgerichtigkeit seines Verhaltens in Bezug auf seine Zwecke, nämlich in Bezug auf das beabsichtigte Heil bezeichnet, sondern **die auf den Schutz der gerechten Sache gerichtete Art der Selbstbethätigung Gottes** bezw. das Ergebnis solcher Bethätigung, ist unschwer zu erweisen. Es ist kaum nötig, an die so überaus häufige Verbindung von צֶדֶק, צְדָקָה und מִשְׁפָּט, ja an die Gleichsetzung beider, z. B. מֹאזְנֵי מִשְׁפָּט צֶדֶק Prov. 16, 11; Lev. 19, 36 u. a. zu erinnern. Vgl. die Sammlung der Stellen in meinem Wörterbuch der neutest. Gräc. unter δίκαιος II. Diese Korrespondenz der Begriffe Gerechtigkeit, Recht und Gericht gilt nicht bloß in Bezug auf menschliche Rechtspflege, wie Lev. 19, 15: „in Gerechtigkeit sollst du richten deinen Nächsten," V. 35 vgl. mit Zeph. 3, 5; Deut. 1, 16; 16, 18: „sie sollen richten das Volk מִשְׁפַּט־צֶדֶק". 2 Chron. 9, 8: „er hat dich über sie zum Könige gesetzt, Recht und Gerechtigkeit auszuüben." Jer. 22, 3: „**übet Recht und Gerechtigkeit und errettet den Beraubten von der Hand des Gewaltthätigen**," wo es sich also deutlich um den Schutz des Rechtes gegen die Vergewaltigung, gegen das Unrecht handelt. Dieselbe Korrespondenz gilt auch in Bezug auf die göttliche Rechtspflege, und dies wird besonders deutlich, wenn man Zweck und Ergebnis des göttlichen Richtens ins Auge faßt. Denn das Richten Gottes wird nicht bloß gleichermaßen wie die Gerechtigkeit Gottes als heilbringend gedacht, sondern **überall wo die Gerechtigkeit Gottes heilbringend erscheint, ist an eine gerichtliche Bethätigung derselben zu Gunsten Israels gedacht.** Diese Thatsache muß auch Ritschl anerkennen. „Die Gerechtigkeit Gottes," sagt derselbe a. a. O. 2, 105, „kommt zur Anerkennung als Attribut des richterlichen Waltens Gottes über alle Völker," und S. 106: „diese specifische Beziehung des göttlichen Richtens" — nämlich darauf, daß Gott den Gerechten, welche unterdrückt und elend sind, ihr Recht verschafft und sie rettet — „wird regelmäßig unter dem Attribute der Gerechtigkeit vorgestellt." Mag uns diese Anschauung von einer richtenden und dadurch, nicht etwa trotzdem, heilbringenden Gerechtigkeit Gottes auch fremd berühren, sie liegt nun einmal vor und liegt in einem solchen Umfange vor, daß derselbe uns nötigt, darin eine der Grundanschauungen der alttestamentlichen Religion zu erkennen. So heißt es Pf. 43, 1: „richte mich Gott und führe meinen Rechtsstreit wider das unheilige Volk, wider die Leute des Truges." 35, 23. 24: „erwecke dich und wache auf für mein Recht (מִשְׁפָּטִי), mein Gott und Herr, für meine Rechtssache (רִיבִי); richte mich, Jahveh, mein Gott, nach deiner Gerechtigkeit, daß sie sich nicht freuen über mich" — also die göttliche צֶדֶק wird bezogen auf מִשְׁפָּט des Betenden. Pf. 58, 11: „freuen wird sich der Gerechte, denn er schaut Rache . . . und die Menschen werden sagen: ja Frucht findet der Gerechte; ja es ist ein Gott, der da richtet auf Erden." 96, 12. 13: „es frohlocke das Feld und alles, was darauf ist . . . vor Jahveh, denn er kommt zu richten den Erdkreis in Gerechtigkeit und die Völker in seiner Treue." Vgl. Pf. 7, 9. 10; 26, 1; 66, 5; 72, 2; 73, 4; 75, 3; 82, 8. Pf. 9, 5: „Du hast mein Recht und meinen Rechtsstreit hinausgeführt, du sitzest auf dem Throne, ein Richter der Gerechtigkeit," vgl. V. 8; 75, 10: „vom Himmel lässest du hören Gericht; es erschrickt die Erde und wird stille, wenn Gott sich aufmacht zum Gericht, zu helfen allen Elenden des Landes." 119, 84: „wann wirst du Gericht halten über meine Verfolger?" 140, 13: „ich weiß, daß er wird das Gericht der Elenden und das Recht der Armen hinausführen." Vgl. Pf. 1, 5; 25, 9; 33, 5; 35, 23. 24; 94, 2: „erhebe dich, du Richter der Erde, bringe die Vergeltung über die Stolzen;" V. 14. 15: „nicht stößt Jahveh von sich sein Volk und sein Erbe verläßt er nicht, sondern zur Gerechtigkeit muß sich wenden das Recht." 99, 4. Am schneidendsten und befremdlichsten tritt uns diese Hoffnung und Anrufung des Gerichtes Gottes in den sogenannten Rachepsalmen entgegen, die nichts als ein besonders glühender Ausdruck dieser Anschauung sind. Eher meinen wir noch den Appell an die Gerechtigkeit Gottes zu verstehen, die dem Recht zum Rechte verhilft, als die Hoffnung auf das Gericht Gottes, von dem auch Israel wissen muß und weiß, daß es anfangen muß am Hause Gottes (Jer. 25, 29; Ez. 9, 12; 1 Petr. 4, 17). Zwar scheinen der in den

Psalmen ausgedrückten Hoffnung nicht bloß auf das helfende, sondern auf das rächende Gericht Gottes die prophetischen Gerichts= verkündigungen wenigstens zum Teil ebenso zu widersprechen, wie seiner Zeit Johannes der Täufer den auf das Gericht hoffenden Pharisäern widersprach: „wer hat euch gewiesen, daß ihr dem zukünftigen Zorn entrinnen werdet?" Aber dieser Widerspruch ist nicht größer, als der anscheinende Widerspruch in dem Gebet des Psalmisten Ps. 143, 1. 2: „erhöre mich in deiner Gerechtigkeit und gehe nicht ins Gericht mit deinem Knecht, denn vor dir ist kein Lebendiger gerecht." Gottes Gerichte ergehen verdienter= maßen als Strafgerichte über Israel, denn sein Zorn ist über Israel entbrannt und Israel hat ihn zu tragen. Dennoch spricht Israel Mich. 7, 9: „den Zorn Jahvehs will ich tragen, denn ich habe an ihm gesündigt, bis daß er meine Rechtssache austrage und mein Recht schaffe; er wird mich ans Licht bringen; an= schauen werde ich seine Gerechtigkeit; sehen wird es meine Feindin, und Schande wird sie bedecken, die zu mir spricht: wo ist Jahveh, dein Gott? meine Augen werden sie sehen; nun wird sie zur Zertretung sein, wie Kot der Gasse." Obgleich also Israel mit Recht gestraft wird, dennoch hat es gegenüber seinen Feinden und Drängern Recht, und **für dieses Recht tritt die Gerechtigkeit Gottes ein, indem er Gericht hält über die Feinde, die zu Unrecht Israel vergewal= tigen.** Jes. 51, 5: „meine Gerechtigkeit ist nahe, mein Heil geht aus, und meine Arme werden die Völker richten," vgl. V. 6—8. Darum heißt es von dem messianischen König Jes. 11, 4: „er wird mit Gerechtigkeit die Armen richten." 32, 1: „siehe, in Gerechtigkeit wird ein König herrschen, und nach dem Rechte werden die Fürsten walten; jeder ist gleich einer Zuflucht vor dem Winde," vgl. V. 7. Jes. 42, 1: „das geknickte Rohr wird er nicht zerbrechen, und den matten Docht wird er nicht auslöschen; so daß es Bestand hat, wird er ausführen das Gericht," vgl. V. 4; 59, 8. 9. 11: „wir warten auf Recht, und es ist nicht; auf Heil — es ist ferne von uns," vgl. V. 17 ff. Das Gericht über Israels Dränger ist ein Gericht, **durch welches die Gerechtigkeit Gottes Israel Recht schafft und dadurch Heil giebt.** Darum verkündet die Verheißung auch das Jahr der Erlösung aller Bedrängten, Ge=

fangenen und Vergewaltigten als einen Tag der Rache, נָקָם, Jes. 34, 8: „ein Tag der Rache kommt Jahveh, ein Jahr der Vergeltung zu rechten für Zion, לְרִיב צִיּוֹן." 35, 4: „saget den verzagten Herzen: seid getrost, nicht fürchtet euch; siehe, euer Gott, zur Rache kommt er; Vergeltung Gottes kommt und wird euch helfen." 61, 2: „ein Jahr des Wohlgefallens für Jahveh, ein Tag der Rache für unsern Gott, zu trösten alle Traurigen," nämlich nach V. 1 die Vergewaltigten, die Unrechtleidenden. Vgl. Hab. 3, 12. 13; Hagg. 2, 22. 23; Zeph. 2, 8 ff.; Sach. 14; Mal. 4. Pf. 58, 11. 12: „freuen wird sich der Gerechte, wenn er die Rache schaut . . . . und bekennen werden Menschen: ja der Gerechte findet Frucht (vgl. Jes. 49, 4); ja es giebt einen Gott, der da richtet auf Erden," יֵשׁ־אֱלֹהִים שֹׁפְטִים בָּאָרֶץ.

Aber es ist nicht zu verkennen, daß das, was Israels Dränger erleben, von ihnen nicht als Gerechtigkeitserweisung Gottes erfahren wird, während die Hülfe, die Israel erlebt, als Gerechtigkeitserweisung erfahren wird. Es besteht in der vorliegenden Vorstellung ein Unterschied zwischen Gerechtigkeit und Gericht, und dies trotz der Synonymität beider Begriffe, die so weit geht, daß sie füreinander eingesetzt werden können. Die nächste Aufgabe ist deshalb, die Grenzlinie zu finden, die sie voneinander scheidet.

Diese Grenzlinie ist aber im Sprachgebrauch deutlich ausgeprägt. An und für sich erwartet Israel von dem Gerichte Gottes dasselbe, wie von der Gerechtigkeit Gottes, denn die heilbringende Gerechtigkeit wird stets als richtende vorgestellt. Der Zweck des Gerichtes und der Gerechtigkeit ist der gleiche, nämlich dem Rechte bezw. denen, die im Rechte sind, zum Rechte zu verhelfen. Darum können, wie Gerechtigkeit und Heil, so auch die Verba des Richtens und Rettens, הוֹשִׁיעַ Pf. 54, 3; 72, 4; Jes. 49, 25; גָּאַל Pf. 119, 54 parallel stehen, und ebenso wie צֶדֶק, צְדָקָה und חֶסֶד, so auch מִשְׁפָּט אֱמֶת und חֶסֶד וְרַחֲמִים קָשָׁה Sach. 7, 9. Denn einen Richter zu finden, der sich des Rechtes annimmt, ist eine Wohlthat für die Vergewaltigten und Unterdrückten, über die das Unrecht herrscht, und Objekt des Richtens sind eben die, die sonst auf Erden als rechtlos behandelt werden, deren „Zaun niedrig ist", die Witwen und Waisen, die Armen und Schwachen Pf. 82, 3; Jef. 1, 17. 23. Alle drei Verba des Richtens, ריב, דין und שפט stehen vorzugsweise von der für den Unschuldigen, Wehrlosen, Bedrängten bezw. für den in seinem Recht Gekränkten, für den Gerechten bestimmten, ihm Recht schaffenden Thätigkeit des Herrschers oder Richters, und zwar steht דין sowohl mit dem Objekt des Bedrängten Gen. 30, 5; 49, 16; Deut. 32, 36; Pf. 54, 3; 72, 2; 135, 14; Jer. 5, 28; 21, 12; 22, 16, als auch im Sinne von strafen Gen. 15, 14; Hiob 36, 31; Pf. 110, 6, vgl. Kohel. 6, 10; Hiob 36, 17; Prov. 22, 10; Esr 7, 26; ריב steht zuweilen mit dem Objekt des Schuldigen, jedoch so, daß es auch da ein Gericht zu Gunsten des Unschuldigen, des Vergewaltigten ist Jer. 51, 36; 50, 34, vgl. 1 Sam. 24, 16; 25, 39; Pf. 119, 154; Jef. 49, 25; 51, 22; שפט steht zunächst und in den meisten Fällen mit dem Objekt des Unschuldigen, Armen, Verlassenen und Vergewaltigten, vgl. Pf. 7, 9; 10, 18; 26, 1; 35, 24; 37, 33: „der Gottlose lauert auf den Gerechten und sucht ihn zu töten, Jahveh aber überläßt ihn nicht in seine Hand," וְלֹא יַרְשִׁיעֶנּוּ בְּהִשָּׁפְטוֹ, οὐδὲ μὴ καταδικάσαι αὐτὸν ὅταν κρίνηται αὐτῷ. Pf. 43, 1; 72, 4; 82, 3; Jef. 1, 17. 23; 11, 4; Deut. 25, 1; 2 Sam. 18, 19. 31; Sach. 7, 9; Prov. 29, 14. Vgl. Act. 7, 35, wo שׁוֹפֵט durch λυτρωτής wiedergegeben ist. Wo שפט in der Bedeutung herrschen steht, ist die Grundvorstellung die des machtvollen Rechtsschutzes zu Gunsten des Volkes, der Machtübung zu Gunsten des Rechtes der Wehrlosen und Rechtlosen Gen. 18, 25; Richt. 3, 10; 4, 4 u. ö.; 1 Kön. 15, 5 vgl. mit 1 Sam. 8, 20. Wo es wie Pf. 94, 2; 96, 13; Jef. 66, 16 von der Vollziehung eines göttlichen Strafgerichtes steht, ist doch der Zweck die Errettung Israels; nur selten — wie es scheint, nur bei Ezechiel 7, 8; 11, 10; 18, 30; 20, 36; 21, 30; 22, 2; 23, 36; 24, 14; 33, 20; 36, 19; 38, 22 — steht es ohne diese Rücksicht auf die Herstellung des Rechtes anderer von der Bestrafung des Sünders.

In dieser Zweiseitigkeit des Gerichtes ist es nun begründet, daß dasselbe ebenso ersehnt wie gefürchtet werden kann, weil es ebenso Verderben wie Heil bringen kann, und darum finden wir neben der Bitte: „richte mich Gott und führe meine Sache wider das unfromme Volk, errette mich von dem Manne des Truges" Pf. 43, 1 — vgl. Pf. 7, 9; 35, 24; 119, 52; 135, 14; Deut. 32, 33 u. a. — die entgegengesetzte Bitte um Verschonung mit dem Gericht Pf. 143, 1. 2; vgl. 1, 5. Hier liegt der Punkt, wo die Begriffe Gerechtigkeit und Gericht sich scheiden. Um Verschonung mit dem Gericht wird gebetet, aber nicht um Verschonung mit der Gerechtigkeit Gottes. Die Bitte des Pf. 143: „erhöre mich in deiner Gerechtigkeit und gehe nicht ins Gericht mit deinem Knecht" findet ihren denkbar schneidendsten Gegensatz in dem Gebet des Verfolgten wider seine Feinde Pf. 69, 28: „mögen sie nicht eingehen in deine Gerechtigkeit." Während die Verba des Richtens sowohl in bonam wie in malam partem gebraucht werden und ein Richten sowohl zu Gunsten des צַדִּיק wie zu Ungunsten des רָשָׁע bezeichnen, bezeichnet הַצְדִּיק nur ein Gericht zu Gunsten seines Objektes gegenüber הַרְשִׁיעַ. Das Gericht wendet sich nach beiden Seiten, Pf. 94, 2: „erhebe dich, du Richter der Erde, bringe die Vergeltung über die Stolzen"; Mich. 6, 2: „höret, ihr Berge אֶת־רִיב יהוה, denn einen Rechtsstreit hat Jahveh mit seinem Volke, und mit Israel wird er hadern"; Jef. 42, 1 (f. o.), dessen לֶאֱמֶת יוֹצִיא מִשְׁפָּט Matth. 12, 20 durch ἐκβάλλειν εἰς νῖκος τὴν κρίσιν wiedergegeben und dadurch in seiner heilbringenden Bedeutung für „das zerstoßene Rohr und den glimmenden Docht" verstärkt wird. Die Gerechtigkeit dagegen wendet sich nur nach einer Seite und hilft denen zum Recht, die es bedürfen. Die Gerechtigkeit bedient sich des Gerichtes als Mittel zum Zweck, und zwar nicht als eines der möglichen Mittel, sondern als des Mittels zum Zweck, nämlich zu ihrem bestimmten Zweck, für den sie da ist. Ihr Zweck aber ist, durch Gericht Recht zu schaffen und dadurch Hülfe zu bringen.

Aber spricht dagegen nicht die Thatsache, daß doch auch an mehreren Stellen die Gerechtigkeit Gottes es ist, welche Strafe verhängt und vollzieht, also nicht überall nur als heilbringend aufgefaßt wird? Denn es steht in der That nicht so, wie Ritschl behauptet, daß nur an wenigen Stellen der nacherilischen Bücher und darum an nicht maßgebenden Stellen der Begriff der Gerechtigkeit Gottes im strafgerichtlichen Sinne gebraucht werde.

Dies ist nicht bloß der Fall Klagel. 1, 18: „gerecht ist er, Jahveh, denn ich bin seinem Munde ungehorsam gewesen"; Neh. 9, 33: „du bist gerecht in allem, was über uns gekommen ist, denn Wahrheit hast du geübt, und wir, wir haben gefrevelt"; 2 Chron. 12, 5. 6: „so spricht Jahveh: ihr habt mich verlassen, so habe ich euch auch verlassen in die Hand Schischaks. Und es demütigten sich die Obersten Israels und der König und sprachen: Jahveh ist gerecht"; Dan. 9, 14: „gerecht ist Jahveh in allen seinen Werken, die er gethan hat, und wir haben nicht gehört auf seine Stimme." Denn der hier vorliegende Gebrauch von צדיק als Prädikat Gottes deckt sich völlig mit Jes. 5, 15. 16: „da werden die Menschen gebeugt und die Männer erniedrigt werden und die Augen der Hohen gedemütigt, und erhaben ist Jahveh Zebaoth durch Gericht und der heilige Gott geheiligt durch Gerechtigkeit." Hier, wo es sich noch dazu um ein Gericht über Israel handelt und wo in dem ganzen Zusammenhange vorher und nachher nur von Strafgerichten die Rede ist, ist die Sachlage so klar, die Zurückführung des Strafgerichtes auf die Gerechtigkeit Gottes so unzweideutig, daß Ritschl auf Zustimmung für die von ihm gesuchte Auskunft nicht rechnen kann, nämlich daß der Satz: „erhaben ist Jahveh durch Gericht und der heilige Gott geheiligt durch Gerechtigkeit" eine Antithese enthalte und in dieser Antithese eine Anspielung auf die Herstellung des Rechtes der Frommen V. 23. Eine Antithese zwischen Gerechtigkeit und Gericht liegt z. B. Pf. 143, 1. 2 vor, hier aber eine Parallele, und daß beides möglich ist, Gerechtigkeit und Gericht ebenso einander entgegen wie parallel zu setzen, ergiebt sich aus der oben angestellten Erörterung. Ebenso liegt die Sache Jes. 28, 17, wo das Strafgericht über die Spötter und Lügner auf die Gerechtigkeit Gottes zurückgeführt wird: „ich habe das Recht zur Richtschnur und die Gerechtigkeit zur Wage gemacht; wegraffen soll der Hagel der Lügen Zuflucht und Fluten sollen ihren Berg wegschwemmen." Allerdings ist die Rückbeziehung der ersten Vershälfte auf V. 5. 6. 16 nicht abzuweisen, aber ebensowenig ist zu verkennen, daß gerade durch diese den Eckstein in Zion fest gründende צדקה und משפט das Strafgericht vollzogen wird, letzteres also hier nicht als Mittel zu einem andern Zweck erscheint, s. u. Auch Pf. 50, 6: „die Himmel verkündigen seine

Gerechtigkeit, denn Gott, er richtet" läßt angesichts der nun folgenden Gerichtsverhandlung nicht zu, Gerechtigkeit und Gericht hier einander gegenübergestellt zu fassen. Jer. 12, 1 ff. appelliert der Prophet an die Gerechtigkeit Gottes, obwohl er es nicht wagen kann, mit ihm zu rechten. Aber mit der Bestrafung der Frevler verzieht auch die Errettung der Bedrängten, und so ist hier die Gerechtigkeit Quell für beides, für das Gericht über die Gottlosen wie für die Erlösung der Bedrängten. Endlich stimmt Exod. 9, 27 das Bekenntnis Pharaos: „ich habe auch diesmal gesündigt, Jahveh ist der gerechte, und ich und mein Volk sind Frevler" viel zu sehr mit Klagel. 1, 18, als daß man nicht, wie es am nächsten liegt, die Gerechtigkeit Jahvehs als in dem Straf=gericht V. 28 sich offenbarend fassen sollte, nicht aber wie Deut. 32, 4 — der einzigen Stelle des Pentateuchs, wo außerdem noch von Gottes Gerechtigkeit die Rede ist, — an die in Treue gegen Israel sich bewährende Gerechtigkeit. Wie wenig aber die von Ritschl angezogenen Stellen der nachexilischen Bücher für eine veränderte Auffassung zeugen, ergiebt sich schließlich daraus, daß gerade Dan. 9, 14 sich eng zusammenschließt mit V. 16: „Jahveh, gemäß all deiner Gerechtigkeitserweisungen wende doch ab deinen Zorn und Grimm von deiner Stadt Jerusalem und dem Berge deiner Heiligkeit, denn um unsrer Sünden willen . . . ist Jeru=salem und dein Volk zur Schmach für alle, die rings um uns sind." Israel ist mit Recht gestraft, und doch soll dieselbe Ge=rechtigkeit Gottes, die es gestraft hat, ihm zu Hülfe kommen wider die Feinde, die es verhöhnen. Wir werden im folgenden Abschnitt die ganze Tragweite dieser Anschauung kennen lernen.

So wird also in der That auch die Strafe auf die Ge=rechtigkeit Gottes zurückgeführt. Aber damit ist immer noch nicht ein andrer Begriff von derselben gewonnen, als der oben dar=gelegte, am wenigsten der einer justitia distributiva. Es ist doch zunächst beachtenswert, daß mit den angeführten Stellen auch die Aussprüche erschöpft sind, in denen die Gerechtigkeit Gottes in strafrichterlicher Bethätigung vorgestellt wird. Vorwiegend bleibt doch immer, wie namentlich auch Dan. 9, 14. 16 zeigt, der Gedanke an die rettende Gerechtigkeit. Sodann aber lautet auch keine einzige Stelle so, als wenn nur der Gedanke an die Lohn und Strafe abwägende Gerechtigkeit vorläge, oder als wenn ausgleichende Gerichtsübung der Zweck der Gerechtigkeit wäre. Überall handelt es sich um eine überraschende, unerwartete Erfahrung von der Gerechtigkeit Gottes, um eine nicht in Berechnung gezogene Kehrseite derselben, wie z. B. Pf. 65, 6 ff.: „in furchtbaren Gerechtigkeitsthaten" oder „mit Wunderthaten in Gerechtigkeit erhörest du uns, Gott unsres Heiles," נוֹרָאוֹת = נִפְלָאוֹת, „du Hoffnung aller Enden der Erde . . . und es entsetzen sich die Bewohner der Enden vor deinen Zeichen." Dies ist das Eigentümliche dieses Gebrauchs von צְדָקָה, צֶדֶק, daß es sich an all diesen Stellen nicht wie sonst, wo Gerechtigkeit und Gericht unterschieden werden, um Gerichte handelt, welche Mittel zum Zwecke sind, sondern um Gerichte, welche die Kehrseite derselben Gerechtigkeit sind, die Israel als rettende Gerechtigkeit kennt. Besonders deutlich ist dies Jes. 28, 17, wo das Verhältnis des Strafgerichts zu der Heilswirksamkeit Gottes gerade das umgekehrte ist, wie sonst; es wird nicht als Voraussetzung, sondern als begleitende Folge gedacht. In dieser Anschauung, daß die Gerechtigkeit Gottes auch in dem Unheil zur Erscheinung kommt, welches mit ihrer Offenbarung verbunden ist, liegt das eigentümliche Gewicht dieser Aussagen. Es verhält sich damit nicht anders, als mit der Heiligkeit Gottes, in welcher er, der Heilige Israels, sein גֹּאֵל ist, und doch wird einmal wider Erwarten gelten Jes. 10, 17: „das Licht Israels wird zum Feuer, und sein Heiliger wird zur Flamme und setzt in Brand und frißt seine Dornen und Disteln auf einen Tag." Wollte man dagegen geltend machen, daß doch auch sonst die Heiligkeit Gottes in entgegengesetzten Wirkungen sich erweise, so kann doch nicht das Gleiche von dem hier verwendeten Bilde des Lichtes gesagt werden. Eine andere Analogie liegt vor Jer. 17, 18, wo derselbe Gott, der Israels Zuflucht ist, gebeten wird: „sei du mir nicht zum Schrecken, mein Bergungsort du am Tage des Gerichtes." Denn, um in dem Bilde fortzufahren, welches hier מַחְסֶה an die Hand giebt, der durch seine Abgeschlossenheit Zuflucht bietende Ort kann leicht durch eben dieselbe Abgeschlossenheit nach außen zum Verderben bringenden Verhängnis werden für den, der ihn sucht. Ebenso kann der Segen selbst zum Fluch werden. Die in Thätigkeit gedachte richtende Gerechtigkeit, der das Gericht nicht Mittel zum Zweck, sondern selbst Zweck ist, muß benen zum Verberben gereichen, benen sie nicht recht geben kann und die doch bei ihr Zuflucht suchen, auf sie hoffen, — genau, wie es sich später verwirklicht hat!

So erklärt sich die Zurückführung der Strafe an diesen Stellen auf die Gerechtigkeit Gottes, welche benen nicht recht geben und beistehen kann, die nicht recht haben, ohne daß damit ein andrer Begriff von Gerechtigkeit als der sonst im Alten Testament vorliegende eingeführt werde. Gerechtigkeit ist und bleibt die Bestimmtheit desjenigen göttlichen Handelns, welches denen recht giebt, die es haben und bedürfen, gerade darum aber zum Unheil ausschlägt für diejenigen, die das Recht und die Gerechten vergewaltigen. Es verhält sich genau so, wie im neutestamentlichen Sprachgebrauch, in welchem Aussprüche wie 2 Theff. 1, 6: δίκαιον παρὰ τῷ θεῷ ἀνταποδοῦναι τοῖς θλίβουσιν ὑμᾶς· θλῖψιν καὶ ὑμῖν τοῖς θλιβομένοις ἄνεσιν ebenso vereinzelt vorkommen, ohne ihrerseits mit einem andern Begriff der Gerechtigkeit als dem der justitia salvifica zu rechnen. An eine Herabdrückung dieses Begriffs zu dem der justitia distributiva ist nicht zu denken. Im ganzen Alten Testament ist und bleibt die Gerechtigkeit Gottes justitia salutifera. weil sie ihrem Wesen nach justitia justificatoria ist, d. h. weil es ihr Wesen ist, Recht zu schaffen denen, die es bedürfen oder das Recht zu Gunsten des Volkes Gottes auszuüben und ihm dadurch zu helfen.

In dieser Ausübung des Rechtes zu Gunsten derer, die es bedürfen, liegt auch der Einheitspunkt zwischen der Anwendung des Begriffes auf göttliches und menschliches Verhalten. Daß Gott dieses Recht als Richter ausübt, ist mit den zwischen ihm und seinem Volke bestehenden Verhältnissen gegeben, so daß die Gerechtigkeit Gottes als des Königs seines Volkes nur gerichtlich sich bethätigen kann, während in der Anwendung auf Menschen der forensische Gebrauch nur eine Verengerung des Begriffs im socialen Sinne ist. Es ist nämlich vollständig richtig, daß Gerechtigkeit nicht schon an und für sich eine Bestimmtheit oder ein Ergebnis richterlichen Verhaltens ist, sondern daß der Begriff ursprünglich weiter greift. Aber es ist nicht richtig, die Einheit zwischen göttlicher und menschlicher Gerechtigkeit mit Ritschl und Schultz durch die Einschiebung des Zweckbegriffs und durch die

Umdeutung in den Begriff der Folgerichtigkeit herzustellen. Ebensowenig aber ist es richtig, diese Einheit darin zu finden, daß man wie Kautzsch in seiner umfassenden Untersuchung über die Derivate des Stammes צדק im alttestamentlichen Sprachgebrauch (Tübingen 1881) als Grundbegriff den der Normalmäßigkeit annimmt, wobei das Normierende „teils eine objektive (physische) Norm, teils ein geistiger Maßstab der Beurteilung, wie er durch die Idee Gottes, sowie durch die Idee und Bestimmung des Menschen von selbst gegeben ist," sein soll (S. 39). Der Gedanke einer irgendwie zu bestimmenden idealen Normalmäßigkeit ist ein viel zu abstrakter, als daß er als Grundbegriff angesehen werden könnte. Eher könnte man sich versucht sehen, dies als Grundbegriff des Guten anzusehen, wenn nicht auch hier die Sache anders läge. Überdies aber verschiebt diese Auffassung die Sachlage völlig, denn צדק ist durchaus **Verhältnisbegriff**, sich auf ein **wirkliches Verhältnis zwischen zweien**, zwischen Objekt und Subjekt beziehend, zwischen einem Subjekt, welches Ansprüche macht und hat, und einem Objekt, welches sie erfüllt, oder zwischen einem Subjekt, welches recht hat, und einem Objekt, welches demselben gerecht wird, nicht aber auf das Verhältnis eines Objektes, das der Beurteilung unterzogen wird, zu einer Idee oder zu seiner Idee.

Es ist ja vollständig richtig, daß der sinnliche Grundbegriff nicht nachzuweisen ist. In solchem Falle ist aber in erster Linie der Versuch zu machen, den Grundbegriff aus dem Gegensatze zu erheben, in welchem das Wort im Sprachgebrauch erscheint. Dies hat Kautzsch bei seiner sonst überaus sorgfältig und scharfsinnig ausgeführten Untersuchung übersehen. Nun ist aber der Gegensatz zu צדק ein durch den gesamten alttestamentlichen Sprachgebrauch so einheitlich sich hindurchziehender, daß er kaum zu verkennen ist. Den Gegensatz zu dem צַדִּיק bildet der רָשָׁע, der Frevler, sei es der Feind oder der Volksgenosse. Der רָשָׁע ist aber, wie die folgende Untersuchung über den צַדִּיק als Objekt der göttlichen Rechtfertigungsthat zeigen wird, derjenige, der die Ansprüche Gottes und der Menschen mit Füßen tritt, die Hülflosen und Elenden vergewaltigt ꝛc., der שֶׁקֶר, עָוֶל ꝛc. übt. Damit stimmt nun die Anwendung des Begriffes צדק zunächst auf Sachen vollständig überein, wie die Ausdrücke מֹאזְנֵי, מִשְׁקְלֵי

אַבְנֵי צֶדֶק, אֵיפַת, Lev. 19, 36; Ezech. 45, 10; Hiob 31, 6; Pf. 23, 6 deutlich zeigen. Denn gerade sie weisen nicht auf die Idee einer objektiven Norm, auf den Grundbegriff der Normalmäßigkeit hin, sondern auf den Gegensatz zu שֶׁקֶר, כָּזָב, also auf den Gegensatz zum trügerischen, welches den Ansprüchen, die das Subjekt stellt, nicht genügt, nicht „gerecht wird". Dies ist nicht bloß bei den Ausdrücken des Maßes und Gewichtes der Fall; auch die מַעְגְּלֵי צֶדֶק Pf. 23, 3: „er führet mich auf Pfaden der Gerechtigkeit," oder wie Luther wirklich verdeutschend übersetzt, „auf rechter Straße," sind nicht „Pfade des rechten ethischen Verhaltens," sondern Pfade, die nicht falsch führen und den nicht trügen, der auf ihnen wandelt, der sie geht, vgl. B. 2. 3ª. 4. Man erinnere sich nur an diejenigen Stellen, in welchen dasselbe Bild vorliegt, wie Pf. 119, 176: „ich irre wie ein verlornes Schaf, suche deinen Knecht"; ferner Ezech. 34, 4. 12; Jes. 53, 6; Pf. 1, 6: „der Gottlosen Weg vergehet," sowie an ἄδικος 1 Esr. 4, 37. Ganz entsprechend sind auch die Verbindungen זִבְחֵי צֶדֶק Deut. 33, 19; Pf. 4, 6; 51, 21, und מִשְׁפַּט צֶדֶק Deut. 6, 18 zu erklären, nämlich als Gegensatz zu dem, was den Ansprüchen Gottes bezw. der Rechtsuchenden nicht gerecht wird. Vgl. das arab. rumḥ ṣadq, eine gerechte Lanze. Eine Lanze kann noch so sehr eine „richtige" oder gar eine „gerade" Lanze sein und allen Anforderungen an „die Idee" einer Lanze genügen und ist trotzdem noch immer nicht sofort auch eine gerechte Lanze,[1]) d. h. eine solche, mit der man trifft, die nicht versagt, denn eine solche muß den Ansprüchen dessen, der sie führen will, entsprechen; sie muß ihm handgerecht sein, was noch lange nicht jede „richtige" Lanze ist. Wo צֶדֶק den Inhalt oder die Beschaffenheit göttlicher oder menschlicher Rede bildet, ist an den Gegensatz zur täuschenden, trügenden und betrügenden Rede gedacht, Pf. 52, 5; Prov. 8, 8; Jes. 59, 4; vgl.

---

[1]) Diese dem alttestamentlichen Sprachgebrauch entnommene Auffassung von צדק als dem Gegensatz des Trügerischen finde ich nachträglich bestätigt durch eine Anmerkung Wellhausens (Mohammed in Medina, S. 122) wonach צדק im Arabischen immer der Gegensatz zu כזב ist. „Wie man von einer gerechten Lanze redet, so auch von einer Lügenlanze, und wie man von einem tapferen Manne sagt צדק (man kann sich auf ihn verlassen), so von einem feigen כזב (er hält nicht stich)."

Jef. 45, 19: „nicht habe ich zum Samen Jakobs gesagt: umsonst sollt ihr mich suchen; ich bin Jahveh, דֹּבֵר צֶדֶק מַגִּיד מֵישָׁרִים."

Das Verhältnis zu dem Anspruch, den jemand hat, das Verhältnis des mit צדק gewerteten Objektes zu den Ansprüchen des Subjektes ist der Grundgedanke. Wird nun צדק von Menschen ausgesagt, so besagt es, daß dieselben dem Anspruch entsprechen oder gerecht werden, den andere, Gott oder Menschen an sie haben. Daß diese Ansprüche nicht willkürlich erhobene sind, ist selbstverständlich; aber welches sind diese Ansprüche? wie und wonach bestimmen sich dieselben? Sie sind einfach mit dem bestehenden Verhältnisse gegeben, welches als solches ganz bestimmte Forderungen einschließt. Es liegt also auch nach dieser Seite hin kein Anlaß vor, an eine objektive, sei es in dem mit צדק gewerteten Objekt liegende, sei es in der Idee Gottes oder des Menschen enthaltene Norm zu denken. Das Verhältnis selbst ist die Norm. So ist also der Grundbegriff von צדק der, daß etwas oder jemand den Ansprüchen entspricht, welche mit dem bestehenden Verhältnisse, in dem er sich zu einem andern oder zu andern befindet, gesetzt sind.

So wird verständlich, daß der Begriff von צדק zunächst der der Gerechtigkeit im socialen Sinne ist, — das, was dem Verhältnisse der Menschen untereinander bezw. den darin begründeten Ansprüchen aneinander gemäß ist. Unmittelbar damit aber ist schon die specielle Verwendung dieser Wortreihe im forensischen Sinne gegeben und wird um so verständlicher, wenn man erwägt, daß die Rechtspflege es wesentlich mit dem Schutze derer zu thun hat, deren Ansprüche von andern mit Füßen getreten werden. Von hier aus werden alle weiteren Erscheinungen des Sprachgebrauchs verständlich, sowohl die Anwendung des Begriffs auf das Gesamtgebiet des religiös-sittlichen Verhaltens, indem dasselbe unter dem Gesichtspunkte der Ansprüche betrachtet wird, denen der Mensch gerecht zu werden hat, als auch die eigentümliche Erscheinung, daß das Verbum צדק uns nur noch im forensischen Sinne erhalten ist, — was angesichts der reichen Verwendung seiner Derivate nicht zu erklären wäre, wenn nicht der Grundbegriff der

der Befriedigung der Ansprüche wäre, welche ein Verhältnis als solches mit sich bringt.¹) Nicht weniger verständlich wird aber auch die scheinbar entgegengesetzte Erscheinung, daß auch die Barmherzigkeitsübung als צְדָקָה bezeichnet wird, denn dieselbe steht der Vergewaltigung des Armen und Hilfsbedürftigen, der Behandlung desselben als eines Rechtlosen gegenüber. Des Richters Rechtsspruch ist ebenso Erbarmen mit dem Elende des Armen und Vergewaltigten, wie des Nächsten Barmherzigkeit ihm und seinen Ansprüchen Gerechtigkeit widerfahren läßt, seine Ansprüche achtet und ehrt, anstatt sie mit Füßen zu treten.

So kommt die Gerechtigkeit, die jemanden eignet oder die er übt, immer denen zu gute, zu denen er in Verhältnis steht, und darum bethätigt sich auch die Gerechtigkeit des Richters denen zu gute, die sie anrufen oder ihrer bedürfen. Es ist schon daran erinnert, daß dies auch heute noch die vielleicht in der Jurisprudenz, nicht aber im Volksbewußtsein verlorene Anschauung

---

¹) Das Verbum צָדַק kommt nie in anderem als forensischem Sinne vor, auch nicht an den von Kautzsch, S. 12 f., angeführten Stellen, an denen es die Bedeutung haben soll: „in einem Zustande sittlicher Rechtsbeschaffenheit stehen." Das Kal steht in den Bedeutungen justam causam habere und justam causam obtinere, vincere, Recht haben und Recht erhalten, Gen. 38, 26; Ez. 31, 13; Pf. 19, 10; 51, 6 (vgl. Jes. 42, 21); Jes. 43, 9. 26; 45, 25; Pf. 143, 2; Hiob 4, 17; 9, 2. 15. 20; 10, 15; 13, 18; 15, 14; 25, 4; 40, 8. In Hiphil und Piel bedeutet es rechtfertigen, Recht verschaffen, durch Gericht oder vor Gericht als gerecht darstellen, auch Ezech. 16, 51. 52: „du hast deiner Greuel mehr gemacht als sie, und hast deine Schwester gerecht dargestellt durch alle deine Greuel, welche du gethan hast. Nun schäme auch du dich und trage deine Schande, indem daß du deine Schwester gerecht dargestellt hast." Vgl. das Piel Jer. 3, 11; Hiob 32, 2; 33, 32; das Hiphil Exod. 23, 7; Deut. 25, 1; 2 Sam. 15, 4; 1 Kön. 8, 32; 2 Chron. 6, 23; Jes. 5, 23; 50, 8; 53, 11; Pf. 82, 3; Hiob 27, 5. Das Hithpael — sich rechtfertigen (von dem Verdacht) Gen. 44, 16. Bei dieser Beständigkeit des Sprachgebrauchs ist es nicht wahrscheinlich, daß das Niphal Dan. 8, 14 von den Septuaginta und Theodotion zu Unrecht mit καθαρισθήσεται τὸ ἅγιον übersetzt sei, wenn man sich nur gegenwärtig hält, daß die Entsündigung des Heiligtums zum Zwecke des δίκαιον εἶναι τῷ θεῷ erfolgt. Ebenso ist es nicht wahrscheinlich, daß das Hiphil Dan. 12, 2: מַצְדִּיקֵי הָרַבִּים anders als Jes. 53, 11 zu erklären sei und etwas anderes bedeute als: „vielen zum Rechte verhelfen".

von dem Amt und der Aufgabe des Richters ist. Die verkümmerte Anschauung von der Gerechtigkeit als ihrem Wesen nach distributiva ohne Rücksicht auf den Erfolg hängt mit dem übermächtigen Einfluß des römischen Rechtes und der gelehrten Richter auf das Bewußtsein der gebildeten Stände zusammen. Denn das römische Recht kennt kein Interesse für die Person, sondern nur für die sogenannte „Sache". Das Rechtsgefühl der Volksseele schreit nach Recht als einer Wohlthat für die Person.[1])

Weshalb nun gerade die Gerechtigkeit Gottes als Bestimmtheit oder Ergebnis seines richterlichen Verhaltens erscheint, ist schon gesagt. Es hängt dies mit dem zwischen ihm und Israel bestehenden Verhältnisse, mit der Idee des Königtums Gottes zusammen, mit welcher der dritte Abschnitt dieser Untersuchung sich zu beschäftigen haben wird. Die Anforderungen, um deren Erfüllung es sich überall in dem Begriff der Gerechtigkeit handelt, sind nicht irgend welche willkürliche, sondern mit dem bestehenden Verhältnisse gegeben. Dies ist aber für Jahveh sein Königtum über Israel, und dem entspricht die richtende Gerechtigkeit, also die Gerechtigkeit im forensischen Sinne. Israels Recht an Gott ist in diesem Verhältnisse das Recht des Volkes an seinem Könige und beruht dem Wesen des alttestamentlichen Bundesbegriffs entsprechend in erster Linie auf den von Gott ihm verliehenen Ansprüchen, in zweiter Linie auf der Erfüllung der Bundesanlage, woraus sich wiederum die im zweiten Abschnitt zur Sprache kommende Anschauung erklärt.

[1]) Wenn in das religiöse Bewußtsein eine andere Vorstellung von der Gerechtigkeit Gottes als die bisher aus dem Alten Testament erkannte eingedrungen ist, nämlich die Vorstellung, daß die Gerechtigkeit Gottes wesentlich Strafgerechtigkeit sei, so hängt auch dies teilweise wenigstens damit zusammen, daß das Christentum seinen Weg zu den germanischen Völkern teils über Rom genommen hat, teils in dem Geiste Roms bei ihnen zur Herrschaft gelangt ist. Inwiefern noch andere Einflüsse maßgebend gewesen sind, bleibt anderweitiger Erörterung vorbehalten. Schwerlich ist dies mit Ritschl daraus zu erklären, daß heidnische Ideen in die christliche Gottesvorstellung eingedrungen seien. Denn nicht Gerechtigkeit legt das klassische Heidentum der Gottheit bei, wenn es entsprechend seinem Satze γάρεχόν ἐστι τὸ θεῖον durch Opfer und Gaben ihre Gunst zu gewinnen sucht (ἱλάσκεσθαι). Was aber das Heidentum von der Nemesis und den Erinnyen sagt, kann nicht als Quelle dieser verkümmerten Vorstellung angesehen werden.

So erweist sich nach allen Seiten hin die gewonnene Erkenntnis über den Grundbegriff von צדק als richtig und vollkommen ausreichend für das Verständnis des gesamten Sprachgebrauchs. Wenn Kautzsch meint (S. 34), daß an den Stellen, an welchen צדק die Bethätigung des göttlichen Erbarmens bezeichne, die Anwendung des forensischen Begriffs ausgeschlossen sei, so liegt dies an seiner irrigen Auffassung dieses Begriffs als justitia distributiva, „die einen jeden nach Verdienst behandelt und den Frommen nicht zu schanden werden läßt gegenüber den Gottlosen." Die obigen Ausführungen, sowie die nachfolgende Erörterung der Frage nach den Objekten der göttlichen Rechtfertigungsthat ergeben ein anderes Resultat. Es sei hier nur noch daran erinnert, daß die göttliche צְדָקָה als Bestimmtheit des göttlichen Verhaltens nicht in anderem Sinne gemeint sein kann, als in welchem צְדָקָה Ergebnis dieses Verhaltens ist, vgl. Jes. 56, 1 mit 45, 8; 59, 17 mit 61, 10 u. a. (s. o. S. 23 ff.). Ist dort, wo Gerechtigkeit das Ergebnis der erlösenden Selbstbethätigung Gottes ist, die ans Licht, zur Anerkennung oder zum Siege gebrachte gerechte Sache derer gemeint, für die Gott eingetreten ist, so kann die Gerechtigkeit, in der er machtvoll für sie eingetreten ist, nur die Gerechtigkeit seiner richterlichen Selbstbethätigung sein, mit andern Worten, die Gerechtigkeit Gottes ist diejenige Bestimmtheit des Verhaltens Gottes, welche in dem Gericht zu Gunsten seines Volkes zum Ausdruck kommt. Sie ist die Eigenschaft Gottes als des Richters. Von welcher Bedeutung die Zusammengehörigkeit der Gerechtigkeit als Ergebnis und der Gerechtigkeit als Bestimmtheit des göttlichen Richtens ist, liegt nahe. Verschafft Gottes Gerechtigkeit denen Recht, die es bedürfen, so ist der dadurch herbeigeführte Zustand Gottes Gabe und Wirkung, und diejenige Kombination, welche Ritschl zwischen göttlicher und menschlicher Gerechtigkeit versucht und welche für seine eigene Rechtfertigungslehre so verhängnisvoll ist, wird durchaus hinfällig. Die Tragweite dieser Erkenntnis wird sich bei der Erörterung der paulinischen Rechtfertigungslehre herausstellen, wo zugleich klar werden wird, weshalb die Einschiebung des Zweckbegriffs und die Umdeutung des Verhältnisbegriffs in den der Folgerichtigkeit durchaus nicht so unerheblich ist für die Sache, um die es sich handelt, wie es vielleicht scheinen möchte. Der anscheinende Gewinn, den Ritschls Deutung einträgt, indem er eine sachliche Grundlage für den Begriff der Gerechtigkeit zu geben scheint, schlägt um in eine folgenschwere Verderbnis der Rechtfertigungslehre.

Freilich scheint eine andere mit der bisher besprochenen in Verbindung stehende Anschauung des Alten Testaments doch zu dem Begriff einer justitia distributiva hinzudrängen, nämlich die Anschauung, welche das durch die Gerechtigkeit Gottes beschaffte Heil unter dem Gesichtspunkte der Vergeltung, des Lohnes ansieht. So heißt es Jes. 40, 10: „siehe, der Herr, Jahveh, kommt mit Macht, und sein Arm herrscht für ihn; siehe, sein Lohn ist mit ihm und seine Vergeltung vor ihm," vgl. V. 27; 62, 11: „saget der Tochter Zion: siehe, dein Heil kommt; siehe, sein Lohn ist mit ihm und seine Vergeltung vor ihm." Jer. 31, 16: „so spricht Jahveh: laß ab deine Stimme vom Weinen und deine Augen von den Thränen, denn Lohn ist für deine Mühe, spricht Jahveh, und zurückkehren sollen sie aus dem Lande des Feindes." Gen. 15, 1: „ich bin dein Schild und sehr groß wird sein dein Lohn." Jes. 35, 4: „saget den verzagten Herzen: seid stark, fürchtet euch nicht, siehe, euer Gott! Rache kommt, Vergeltung Gottes, er kommt und wird euch helfen." Prov. 13, 21: „Unglück verfolgt die Sünder, dem Gerechten vergilt er mit Gutem." (Vgl. auch Ruth 2, 12; Prov. 11, 21). Es ist dies aber nicht ein andrer, etwa gar niedrerer Gesichtspunkt, als der der Gerechtigkeit, wie Ritschl meint, wenn er die heilschaffende Gerechtigkeit Gottes nicht im Sinne der richtenden Vergeltung, nicht „im Sinne des im menschlichen Rechte gesetzten mechanischen Verhältnisses zwischen Lohn (Strafe) und Würdigkeit (Unwürdigkeit)" fassen will. Das „mechanische" Verhältnis ist nur zum Zwecke leichterer Bestreitung in den Begriff einer richtenden und darum vergeltenden Gerechtigkeit hineingetragen. Gerichtliche Vergeltung ist auch im menschlichen Recht nichts mechanisch Gedachtes, wie das Verhältnis von Arbeitsleistung und Lohnzahlung im modernen Kulturstaat oder wie die Strafzumessung in verschiedenen Strafgesetzbüchern. Lohn und Strafe können mechanisch abgemessen werden — denn die Mechanik beherrscht nur zu leicht die Quantität und Qualität der Vergeltung — sind aber darum noch lange nicht auch an und für sich Ausdruck eines mechanischen Verhältnisses, und noch weniger ist dies der ihnen zu Grunde liegende Begriff der gerichtlichen Vergeltung. Oder rechnen etwa Paulus und Petrus mit dem Gedanken eines mechanischen, d. h. nicht sittlichen Verhältnisses zwischen Obrigkeit und Unterthanen, wenn wir bei ihnen lesen Röm. 13, 4: $\vartheta\epsilon o\tilde{v}$ γὰρ διάκονός ἐστίν σοι εἰς τὸ ἀγαθόν· ἐὰν δὲ τὸ κακὸν ποιῇς, φοβοῦ· οὐ γὰρ εἰκῆ τὴν μάχαιραν φορεῖ· θεοῦ γὰρ διάκονός ἐστιν ἔκδικος εἰς ὀργὴν τῷ τὸ κακὸν πράσσοντι, und 1 Petr. 2, 14: ἡγεμόνες διὰ τοῦ κυρίου πεμπόμενοι εἰς ἐκδίκησιν κακοποιῶν, ἔπαινον δὲ ἀγαθοποιῶν? Oder vertritt der Verfasser des Hebräerbriefes eine mechanische Auffassung des Verhältnisses Gottes zu den Menschen, die darum tiefer steht als die alttestamentliche, wenn er nicht bloß 2, 2 von der strafgerichtlichen Vergeltung sagt: πᾶσα παράβασις καὶ παρακοὴ ἔλαβεν ἔκδικον μισθαποδοσίαν, sondern genau wie das Alte Testament von der heilbringenden Vergeltung redet 10, 35: μὴ ἀποβάλητε τὴν παῤῥησίαν ὑμῶν, ἥτις ἔχει μεγάλην μισθαποδοσίαν, und 11, 6: πιστεῦσαι δεῖ τὸν προσερχόμενον θεῷ, ὅτι ἐστί καὶ τοῖς ἐκζητοῦσιν αὐτὸν μισθαποδότης γίνεται? Es war dem späteren Judentum vorbehalten, die Vergeltung Gottes mechanisch zu fassen, aber eben diese mechanische Auffassung war sein Unrecht und trug ihm das Gericht Gottes ein. Diese Auffassung aber in das Alte Testament einzutragen liegt um so weniger Veranlassung vor, als gerade die Hoffnung auf die vergeltende Gerechtigkeit Gottes unauflöslich verknüpft ist mit der ernstesten sittlichen Selbstkritik, wie oben dargethan. Gerichtliche Vergeltung ist ein ethischer Begriff und eine ethische Forderung, und die heilschaffende Gerechtigkeit Gottes ist ebenso vergeltende Gerechtigkeit für die Gerechten, wie gerade sie es ist, die die strafgerichtliche Vergeltung über die andern bringt, vgl. Jes. 59, 17. 18: „er kleidet sich mit Gerechtigkeit wie mit einem Panzer, und einen Helm des Heils setzt er auf sein Haupt; er zieht an Gewänder der Rache als Kleid und hüllt sich in Eifer wie in einen Mantel; nach den Thaten, danach wird er vergelten, Grimm seinen Widersachern, Vergeltung seinen Feinden." Pf. 31, 24: „Treue bewahrt Jahveh und vergilt reichlich denen, welche Hochmut üben." Prov. 13, 21: „Unglück verfolgt die Sünder, dem Gerechten vergilt er mit Gutem." Jer. 16, 18; 32, 18. Es ist namentlich nach Jes. 59, 17. 18 klar, daß der Begriff der Gerechtigkeit den der Vergeltung nicht ausschließt, sondern einschließt, daß es also nicht eine andere Gedankenreihe sein kann, welcher die Begriffe Lohn und Vergeltung angehören. Damit wird aber der Gedanke der ihrem Wesen nach heilbringenden Gerechtigkeit nicht verwandelt in den der justitia distributiva, welche nur unter Umständen Heil, unter andern Umständen Unheil bringt. Der Begriff des Lohnes, der Vergeltung bringt nur die Begründetheit oder Nichtbegründetheit des Anspruchs an die Bethätigung der heilbringenden Gerechtigkeit Gottes zum Ausdruck, und wenn die über die Bösen kommende Vergeltung auch als Lohn bezeichnet wird, welchen sie empfangen, so entspricht dies der oben schon zur Sprache gekommenen Beziehung der Gerechtigkeit Gottes auf die Bestrafung der Frevler.

So ergiebt sich, daß allerdings nach alttestamentlicher Anschauung das Heil von der richtenden Gerechtigkeit Gottes erwartet wird oder als eine That der durch Gericht Israel rechtfertigenden, ihm Recht verschaffenden Gerechtigkeit Gottes, also als eine Rechtfertigungsthat Gottes. Wie sehr dies der Fall ist und wie wenig dabei an einen andern Begriff der Gerechtigkeit als den forensischen zu denken ist, ergiebt sich abschließend aus der Erwägung, wer als Objekt dieser göttlichen Rechtfertigungsthat erscheint.

2.
Objekt der heilbringenden Rechtfertigungsthat Gottes.

Wären es bloß die Armen und Geringen, die Bedrängten und Unterdrückten, die Vergewaltigten, die als rechtlos behandelten Verlassenen und Elenden, die עֲנִיִּים אֶבְיוֹנִים, עֲנָוִים, דַּלִּים, der נְכֵה־רוּחַ, נִשְׁבַּר־לֵב, רַשׁ, יָשָׁר, דַּכָּא, die אַלְמָנוֹת und יְתוֹמִים, welche als Objekt der göttlichen, ihnen Recht schaffenden Rechtfertigungsthat erscheinen, weil Gott für sie als Richter und Rächer des ihnen widerfahrenen Unrechtes eintritt, so würde die Vorstellung einen großen Teil des Befremdens verlieren, mit dem sie uns anmutet. Aber Israel und Zion ist es, dem das heilbringende Gericht der Gerechtigkeit verheißen ist; die israelitische Gemeinde ist es, die in den Psalmen an das Gericht der Gerechtigkeit Gottes appelliert, und dieses Israel ist das um seiner Sünden willen gestrafte, dem Gerichte anheimgefallene Volk. Zu ihm spricht Gott Jes. 40, 27: „warum sprichst du, Jakob, und du Israel sagst: verborgen ist mein Weg vor Jahveh, und vor meinem Gott gehet mein Recht vorüber?" Dieses Israel spricht Mich. 7, 9: den Zorn Jahvehs will ich tragen, denn ich habe wider ihn gesündigt, bis daß er ausführe meinen Rechtsstreit und mein Recht schaffe." In einem Atem betet Israel Pf. 65, 4: „unsre Missethaten sind zu stark für uns; unsre Sünden wirst du bedecken," und V. 6: „furchtbar in Gerechtigkeit erhörest du uns, Gott unsres Heiles." Nicht als Gebet eines Einzelnen nur, sondern zugleich der ganzen Gemeinde ist der große Bußpsalm 51 uns erhalten, und eben ein Bußpsalm ist dieser Psalm, in welchem gebetet wird V. 16: „errette mich von den Blutschulden, Gott, du Gott meines Heiles; rühmen soll meine Zunge deine Gerechtigkeit." Fast noch befremdender klingt Pf. 143, 1. 2: „erhöre mich in deiner Gerechtigkeit und gehe nicht ins Gericht mit deinem Knecht, denn vor dir ist kein Lebendiger gerecht." Ein sündiges, ja überaus sündiges Volk ist es, welches von der richtenden Gerechtigkeit Gottes das Heil erwartet und welchem die Rechtfertigungsthat Gottes das Heil bringen soll Pf. 69, 6. 28. 29. 36 f., und es steht nicht etwa so, daß wir eine zwiefache Gedankenreihe vor uns hätten, die eine, welche das Heil von der Vergebungsgnade, die andere, welche es von der Gerechtigkeit Gottes erwartete. Nirgend finden wir eine Spur davon, daß es als ein Widerspruch empfunden worden wäre, zu beten, wie wir es Dan. 9, 18 lesen: "nicht auf unsre Gerechtigkeit hin legen wir unser Flehen vor dir nieder, sondern auf deine große Barmherzigkeit," und trotzdem auch wie Pf. 7, 9: "richte mich Jahveh nach meiner Gerechtigkeit, nach meiner Unschuld bei mir." Daß Dan. 9, 18 nicht aus diesem Gedankenkreise heraustritt, ergiebt V. 16, wo von der Gerechtigkeit Gottes das Heil erwartet wird. Pf. 69, 28. 29 betet der Psalmist wider die Feinde: "füge Schuld zu ihrer Schuld und nicht mögen sie kommen in deine Gerechtigkeit; sie mögen ausgelöscht werden aus dem Buch der Lebendigen und mit den Gerechten nicht angeschrieben werden," während er V. 6 gesprochen: "Gott, du weißt um meine Bosheit, und meine Verschuldungen sind dir nicht verborgen." Pf. 103, 6 heißt es: "Gerechtigkeit schafft Jahveh und Recht allen Unterdrückten" — dies im engsten Zusammenhange mit dem Preise der Vergebung der Sünden vorher und nachher, und mit dem ausdrücklichen Bekenntnis V. 11: "nicht nach unsren Sünden handelt er an uns, und nicht nach unsren Missethaten vergilt er über uns." Vergeltung und doch nicht Vergeltung, das ist das Rätsel, welches nicht durch einen von Vergeltung weit abliegenden Begriff von Gerechtigkeit zu lösen ist. Denn — und dadurch wird die Schwierigkeit erst recht groß: nur der Gerechte kann einen Anspruch auf die Gerechtigkeit Gottes erheben; nur wer auf seine Gerechtigkeit sich berufen kann, kann an die Gerechtigkeit Gottes appellieren. Das οὐ δικαιώσεις τὸν ἀσεβῆ Ex. 23, 7 gilt auch für die Bethätigung Gottes in seiner richtenden Gerechtigkeit. Darum betet Salomo 1 Kön. 8, 32: "Du wollest hören im Himmel und wirken und beinen Knechten Recht schaffen (שפט), לְהַרְשִׁיעַ רָשָׁע דַּרְכּוֹ

בְּרֹאשׁוֹ׃ וּלְהַצְדִּיק צַדִּיק לָתֶת לוֹ כְּצִדְקָתוֹ, und wenn Jes. 50, 8 der Knecht Jahvehs spricht: קָרוֹב מַצְדִּיקִי מִי יָרִיב אִתִּי, so weiß er sich als צַדִּיק, denn das eigentliche Objekt des הַצַּדִּיק ist ebenso der Gerechte, wie das eigentliche Objekt des הָרָשִׁיעַ der רָשָׁע. Wie bei diesem Sachverhalt Paulus seine Verkündigung: τῷ δὲ μὴ ἐργαζομένῳ πιστεύοντι δὲ ἐπὶ τὸν δικαιοῦντα τὸν ἀσεβῆ, λογίζεται ἡ πίστις αὐτοῦ εἰς δικαιοσύνην (Röm. 4, 5) als vom ganzen Alten Testament bestätigt ansehen kann, bleibt freilich zunächst ein Rätsel. Die Lösung desselben wird abhängig sein von dem Verständnis der Thatsache, daß unbeschadet der Berufung auf die eigne Gerechtigkeit auch die Vergebung der Sünden von der Gerechtigkeit Gottes erwartet wird. Die Frage ist die: kann ein Sünder zugleich ein צַדִּיק sein, oder muß er dies erst werden, um die Gerechtigkeit Gottes für sich in Anspruch nehmen zu können?

Diese Frage aber scheint sich leicht zu erledigen. Vorhandene Gerechtigkeit ist gemeint Pf. 37, 5. 6: „befiehl Jahveh deine Wege und traue auf ihn, er wird es machen; hervorführen wird er wie das Licht deine Gerechtigkeit und dein Recht wie Mittagshelle." Jer. 51, 10: „Jahveh hat unsre Gerechtigkeit — צִדְקֹתֵינוּ — hervorgeführt; kommt, laßt uns in Zion erzählen das Werk Jahvehs unsres Gottes." Pf. 7, 9: „Jahveh wird richten die Völker; richte mich Jahveh nach meiner Gerechtigkeit, nach meiner Unschuld bei mir." V. 10: „. . . richte auf den Gerechten, du bist ja Prüfer der Herzen und Nieren, ein gerechter Gott." Pf. 34, 16 ff.: „die Augen Jahvehs sind auf die Gerechten gerichtet und seine Ohren auf ihr Schreien. Das Angesicht Jahvehs ist wider die Übelthäter, ihr Gedächtnis auszutilgen von der Erde. Sie (die Gerechten) schreien und Jahveh hört; aus allen ihren Bedrängnissen errettet er sie. Nahe ist Jahveh denen, die zerbrochenen Herzens sind, und denen, die zerschlagenen Geistes sind, hilft er. Viel sind der Leiden des Gerechten, und aus ihnen allen rettet ihn Jahveh. Er bewahret alle seine Gebeine, nicht eins von ihnen wird zerbrochen werden. Töten wird den Gottlosen Unglück, und die den Gerechten hassen, werden ihre Schuld tragen. Es erlöset Jahveh die Seele seiner Knechte, und nicht Schuld zu tragen haben alle, die auf ihn trauen." Es ist hier und anderwärts nicht irgend ein idealer

Gerechter, etwa der Messias, sondern es sind die thatsächlich vorhandenen Gerechten, die allein die Gemeinde Gottes bilden, Pf. 1, 5. 6: „nicht werden bestehen die Gottlosen im Gericht, noch die Sünder in der Gemeinde der Gerechten. Denn es kennt Jahveh den Weg der Gerechten, und der Weg der Gottlosen wird vergehen." Jahveh segnet den Gerechten Pf. 5, 13; er umgiebt ihn mit Wohlgefallen, mit Huld, wie mit einem Schilde, — dies die Zuversicht dessen, der da betet V. 9: „Jahveh leite mich in deiner Gerechtigkeit wegen meiner Feinde," V. 11: „laß sie schuldig sein, ihre Schuld tragen, o Gott, — in der Menge ihrer Frevel verstoße sie, denn sie trotzen dir." Pf. 11, 5; 14, 4. 5; 31, 16—19; 32, 10—11; 33, 1; 37, 17. 25. 29. 39; 55, 23; 75, 11; 92, 13; 94, 21. Die thatsächlich vorhandene Gemeinde Gottes, Zion, Juda ist es, die sich dessen getröstet: „Licht geht auf dem Gerechten und Freude denen, die rechtschaffenen Herzens sind; freuet euch, ihr Gerechten, über Jahveh und preiset das Gedächtnis seiner Heiligkeit." Vgl. noch Pf. 112, 6; 118, 20; 125, 3; 140, 14; 146, 8; Prov. 15, 29; 18, 10; Jes. 3, 10; 26, 2. 7.

Wer ist denn nun gerecht? was besagt צַדִּיק? Durchaus abzuweisen ist selbstverständlich die Auskunft, daß die Armen und Unterdrückten als gerecht, die Reichen als gottlos angesehen werden, oder wie Hupfeld (zu Pf. 9, 13) besser sagt, daß die Armen und Bedrängten „stillschweigend als unschuldig leidende, als fromme Dulder vorausgesetzt werden." Denn auf der einen Seite gehört es zu den Grundanschauungen des Alten Testaments, daß in der schlechten Wirklichkeit des Lebens und der Welt die Armen und Elenden, die Witwen und Waisen ganz abgesehen von ihrer sittlichen Haltung in einer Lage sich befinden, in welcher sie als rechtlos behandelt werden und der Vergewaltigung unterliegen, ohne widerstreben zu können, so daß Gott und seine Gerechtigkeit ihre Zuflucht ist. Sie leiden unrecht — das ist ihre Unschuld. Auf der andern Seite aber rechnet das Alte Testament mit der ebenso der schlechten Wirklichkeit angehörigen Erscheinung, daß die יִשְׁרֵי־לֵב, die צַדִּיקִים der Welt gegenüber in der gleichen Lage sich befinden, ja daß die Weltstellung des Volkes, der Gemeinde Gottes, Israels die der עֲנָיִים ist, woraus sich der Parallelismus der אֶבְיוֹנִים,

und des Volkes Gottes Pf. 72, 2; 149, 4; Jef. 49, 13; 54, 11 erklärt. Nicht der Arme ist rechtschaffen, — er ist nur gegenüber seinen Unterdrückern im Recht. Aber der Gerechte ist arm, wird unterdrückt, vergewaltigt und kann nicht widerstreben; er hat und findet außer Gott niemanden, der sich seiner und seines Rechtes annimmt. Vgl. mein Wörterb. der neutest. Gräc. unter πτωχός, πραΰς, ταπεινός. Auf diesem Wege kann also die Frage nach dem Begriff des צדיק nicht erledigt werden. Der צדיק hat recht gegenüber seinen Unterdrückern, aber er hat recht, weil er gerecht ist; er hat nicht bloß recht gegenüber dem Unrecht, das ihm widerfährt, wie die Armen, die Witwen und Waisen, sondern er hat recht auf Grund seines Verhaltens.

Gerade dadurch wird nun die Frage schwierig. Denn wo ist unter den Sündern ein Gerechter? „Vor dir ist kein Lebendiger gerecht" Pf. 143, 2. „So du, Jahveh, willst Sünde behalten, Herr, wer wird bestehen?" Pf. 130, 3. Also der Begriff des צדיק schließt nicht aus, daß der, dem er zukommt, gesündigt hat und der Vergebung bedarf, wie dies ja auch schon aus den o. a. St. sich ergiebt. Hiob leugnet seine Sündigkeit nicht 9, 2; 14, 2. Dennoch erwartet er von Gott die Anerkennung seiner Gerechtigkeit 13, 18; 16, 20 f.; 17, 8. 9), welche ihm auch zu teil wird 42, 7. Auf den schärfsten und klarsten Ausdruck ist dies gebracht Jer. 12, 1 ff.: „gerecht bist du Jahveh, wenn ich mit dir hadern will," d. h. du bist zu gerecht, als daß ich mit dir hadern könnte; „dennoch will ich mit dir rechten, אַךְ מִשְׁפָּטִים אֲדַבֵּר אוֹתָךְ (derselbe Ausdruck wie 1, 16; 4, 12 ꝛc.). Warum hat der Weg der Gottlosen Fortgang? sicher sind alle, die treulos abfallen! Du pflanzest sie, sie wurzeln auch, sie gedeihen, auch bringen sie Frucht; nahe bist du in ihrem Munde, aber fern von ihrem Innersten. Und du Jahveh kennest mich, du siehst mich und prüfest mein Herz gegen dich." Also auf der einen Seite das Bewußtsein, vor der Gerechtigkeit Gottes nicht bestehen zu können, und auf der andern Seite doch das Bewußtsein, daß der gerechte Richter ihn bewährt erfinden und darum nicht dem Übermut der Abtrünnigen überlassen müsse. Demgemäß kann die Gerechtigkeit nicht in sittlicher Fehllosigkeit bestehen; nicht darum ist einer erst gerecht, weil er all seinen Pflichten gegen Gott und Menschen nachgekommen ist und keine Anklage wider ihn erhoben werden kann. So spitzt sich die Frage denn dahin zu: worin besteht die Gerechtigkeit des Sünders oder des sündigen Volkes, derentwegen an die Gerechtigkeit des richtenden Gottes appelliert werden kann? welches ist die gerechte Sache des Sünders oder Israels, um derentwillen Gott für ihn eintreten wird, ohne seiner Sünden zu gedenken, ja sogar die Sünden vergeben wird?

Diese Gerechtigkeit des Sünders bezw. des sündigen Volkes, seine gerechte Sache ist die, daß er im Unterschiede von seinen gottvergessenen, treulosen und alles Recht mit Füßen tretenden Bedrängern Gott fürchtet, an Gott festhält, obwohl man ihn höhnend fragt: wo ist nun dein Gott? daß er auf Gott vertraut und auf seine Verheißungen hofft, daß er sich beugt unter Gottes Gericht, seine Sünden nicht verbirgt, sondern erkennt und bekennt, um Vergebung bittet und durch Vergebung Heil begehrt und erwartet. Darauf weist der Zusammenhang an allen angeführten Stellen hin, vgl. z. B. Mich. 7, 7—9; Jes. 57, 12. 13; Ps. 5, 12. 13: „freuen werden sich alle, die auf dich trauen, jubeln werden über dich, die deinen Namen lieben, denn du segnest den Gerechten." Ps. 33, 18 sind die Gerechten die, die nicht auf Macht und Stärke und Rosse trauen, sondern die Jahveh fürchten, auf seinen heiligen Namen trauen und auf seine Güte hoffen, während Ps. 52, 8. 9 den Gerechten gegenüber der Mann steht, der nicht nach Gott fragt, Gott nicht zu seiner Stärke machte, sondern sich auf seinen großen Reichtum verließ und stark war in seiner Bosheit. Ebenso vgl. Ps. 31, 18—20; 36, 9—12. Außerordentlich instruktiv hierfür ist der 32. Psalm. Er beginnt mit der Seligpreisung dessen, dem seine Sünden vergeben sind und schließt V. 10. 11: „viel Schmerzen hat der Gottlose, wer aber auf Jahveh baut, den umgiebt er mit Gnade. Freuet euch und frohlocket, ihr Gerechten, und jubelt alle, die ihr geraden Herzens seid!" Die Gerechten also sind es, die jener großen Vergebungsgnade sich getrösten dürfen, zu deren erschöpfendem Ausdruck der Psalmist die Häufung der Segnungen V. 1. 2 bedarf. Weshalb aber der Gerechte diese reiche Vergebung empfängt, erhellt V. 2 bis 5: in seinem Herzen ist nicht Trug. „Als ich schwieg, verfielen meine Gebeine durch mein Wehklagen den ganzen Tag. Denn tags und nachts lag schwer auf mir deine Hand, mein Lebenssaft wurde verwandelt in Sommergluten. Meine Sünde that ich dir kund und meine Missethat verbarg ich nicht. Ich sprach: ich will bekennen wegen meiner Sünden Jahveh, und du hast vergeben die Missethat meiner Sünde. Darum soll jeder חָסִיד zu dir flehen." Also das sind die Gerechten, die ihre Sünden bekennen; das bußfertige und vertrauensvolle gläubige Bekenntnis ihrer Sünden, oder, wie wir sagen würden, Buße und Glaube ist ihre gerechte Sache, und nun wird verständlich, daß und warum es Pf. 51, 16 heißen kann: „errette mich von den Blutschulden, Gott du Gott meines Heiles; rühmen soll meine Zunge deine Gerechtigkeit," oder warum der Pf. 69, 6 seine Verschuldungen bekennende Psalmist V. 28. 29 wider die Feinde betet: „füge Schuld zu ihrer Schuld (oder wie Luther übersetzt: laß sie in eine Sünde über die andere fallen) und nicht mögen sie kommen in deine Gerechtigkeit." So kann Israel sich beugen unter das verdiente Gericht Gottes und doch auf die Offenbarung seiner gerechten Sache hoffen Micha 7, 9 und der Psalmist Pf. 118, 18 ff. die Bedrängnis durch die Feinde als eine Züchtigung Gottes ansehen und sprechen: „mit Züchtigung züchtigt mich Jahveh, aber dem Tode übergibt er mich nicht. Öffnet mir die Thore der Gerechtigkeit; ich werde darin eingehen, ich werde Jahveh danken. Dies ist das Thor für Jahveh, die Gerechten werden dadurch eingehen." Vgl. Pf. 103, 10—13. 17—19; 143, 1. 2. Darum kann es von dem geretteten Jerusalem heißen Jef. 33, 15: „nicht wird sprechen ein Einwohner: ich bin schwach; das Volk, das darin wohnt, wird Vergebung der Sünden haben," und Jef. 60, 61: „dein Volk, sie alle sind Gerechte."

Es kommt aber noch eins hinzu. Das Israel, welches Gott fürchtet, seine Sünde erkennt und bekennt und auf Gott und seine Verheißungen traut, hat nicht bloß subjektiv eine gerechte Sache (vgl. Pf. 35, 27: „jubeln und sich freuen werden, die Lust haben an meiner gerechten Sache," צִדְקִי, vgl. V. 23. 24, Gegensatz zu V. 26: die sich meines Unglücks freuen), sondern auch objektiv. Diese objektive gerechte Sache ist Gott, auf den es traut, ist die Verheißung, welche Gott gegeben, und um derentwillen Gottes Gerechtigkeit für Israel eintritt, so daß mit der Gerechtigkeit sich die אֱמֶת Gottes verbindet, seine Zuverlässigkeit und Bewährung in seinen Thaten, Pf. 40, 11; 71, 19. 22; 85, 11. 12; 89, 9. 15; 111, 7 ff.; 119, 43. 160; Sach. 8, 8; vgl. Jes. 16, 5. Darum heißt es Dan. 9, 16 im engsten Zusammenhange mit dem Gebet um Vergebung: „Jahveh, um all deiner Gerechtigkeit willen wende ab deinen Zorn und deinen Grimm von deiner Stadt Jerusalem und deinem heiligen Berge." Vgl. Pf. 94, 14. 15; Jes. 42, 21. Allerdings wird Israel deshalb nicht צַדִּיק genannt, wohl aber wird von צֶדֶק, צְדָקָה, מִשְׁפָּט Israels in Rücksicht auf die Verheißung, auf den Bund geredet, in dem Gott ihm seine Verheißung gelobt hat, Mich. 7, 9; Jer. 51, 10. Vgl. Jer. 23, 6: יְהוָה צִדְקֵנוּ. 31, 23. S. u. S. 59 ff.

Es ist nach diesem allen nicht richtig, wenn Ritschl sagt, daß der Begriff der göttlichen Gerechtigkeit seine ursprüngliche Beziehung auf diejenige menschliche Gerechtigkeit habe, welche auf dem Boden des Alten Bundes erwachsen sich zugleich auf die Aufgaben idealer sittlicher Gesinnung und darauf richte, das ganze Leben des Volkes Gottes mit demselben zu durchdringen. „Wenn man sich eine ausführliche Vorstellung machen will von dem überall geltenden Gegenstande der prophetischen Hoffnung, nämlich von der Bekehrung des Volkes oder wenigstens eines Bruchteiles, eines Restes desselben aus dem Abfall vom Bunde, so ist die hergestellte Bundestreue nicht ohne einen bestimmten sittlichen Entschluß, ohne die specifisch sittliche Absicht aller einzelnen Glieder des Volkes denkbar." Dafür verweist Ritschl auf die Verheißung Jer. 31, 33 sowie auf Pf. 37, 31; 40, 9; 112, 1; 1, 2; 18, 23; 19, 8 f.; 119, 33—36, und behauptet, diese sittliche Wiedergeburt sei vorausgesetzt, indem Hof. 2, 18—21 dem Volke das Bekenntnis in den Mund gelegt werde, daß Gott sein Eheherr sei, worauf der Prophet im Namen Gottes ausspreche: „ich verlobe mich dir in Gerechtigkeit und Recht, in Gnade und Erbarmen; ich verlobe mich dir in Treue." Gott verfahre folgerecht, nach seiner Absicht und nach der Qualität, in der das Bundesvolk vorausgesetzt wurde. Demgemäß trete die Gerechtigkeit Gottes in die nächste Analogie mit seiner Treue d. i. mit der Stetigkeit seiner Gnadenabsicht gegen das erwählte

Volk, Pf. 143, 1; Sach. 8, 8. Ebensogut hätte auf Jes. 58 verwiesen werden können, beginnend B. 1. 2 mit der Strafpredigt: „verkündige meinem Volke ihren Abfall und dem Hause Jakobs ihre Sünden: Tag für Tag forschen sie mich und begehren meine Wege zu erfahren. Wie ein Volk, welches Gerechtigkeit geübt und das Recht seines Gottes nicht verlassen, fordern sie von mir Gerichte der Gerechtigkeit; das Nahen Gottes begehren sie." Nun folgen die Vorwürfe wegen des Fastens, das Israel übt, und übt doch zugleich Bedrückung und Vergewaltigung und begegnet den Armen und Elenden mit Unbarmherzigkeit. Hier soll Israel einsetzen, auflösen Fesseln der Bosheit, abstreifen Bande der Unterjochung, Unterdrückte frei geben, den Hungrigen Brot brechen ꝛc., „dann bricht wie Morgenröte dein Licht hervor und deine Heilung wird eilends sprossen, und es wird hergehen vor dir deine Gerechtigkeit, die Herrlichkeit Jahvehs wird deinen Zug beschließen" ꝛc. V. 8 ff. Was ist aber diese Gerechtigkeit anders, als die gerechte Sache, die Israel hat, so daß Gott richtend in Gerechtigkeit für Israel eintreten kann? Es ist doch sehr bedeutsam, daß hier wie auch anderwärts, z. B. Jes. 1, 17; Pf. 5, 5 ff.; 7, 4 ff.; 11, 5; 15, 1 ff.; 24, 3—5; 26, 4 ff.; 31, 19. 24; 34, 13—16; 37, 21. 25—27 u. a. die Gerechtigkeit, welche Gott fordert und dem Gerechten eignet, in Gegensatz steht gegen das Unrecht, welches die Gottlosen durch Vergewaltigung, Unterdrückung, Treulosigkeit, Trug und Hinterlist üben, und daß gerade in diesem Gegensatz so großes Gewicht gelegt wird auf die Übung der Barmherzigkeit und Treue seitens der Gerechten. Wenn irgend etwas, so bezeugt dies, daß der Begriff der Gerechtigkeit in der That ein Rechtsbegriff ist, und daß man kein Recht hat, vom Griechentum her den der „idealen Gesinnung" hineinzutragen. Damit wird aber die für die heilschaffende Gerechtigkeitsoffenbarung Jahvehs „vorausgesetzte sittliche Wiedergeburt" des Volkes, welche von verhängnisvollem Einfluß für die Rechtfertigungslehre Ritschls ist, völlig hinfällig.

Es soll damit nicht geleugnet werden, daß bei dem צדיק die entsprechende Gesinnung vorausgesetzt wird. Das Alte Testament giebt keinen Anhalt für die Meinung, daß die rein formale Erfüllung der „Rechtspflicht" Anspruch auf den Namen eines Gerechten verleihe. Aber auch nicht die Gesinnung ist es, welche

diesen Anspruch verleiht, sondern das bestimmte Verhalten inner=
halb des Verhältnisses zu Gott und Menschen, welches den in
diesem Verhältnis liegenden Ansprüchen gerecht wird, im Gegen=
satz zu denen, welche diese Ansprüche mit Füßen treten. Gerecht
ist der, welcher Gott und Menschen giebt, was das Verhältnis zu
ihnen, die Gemeinschaft mit ihnen erheischt. Außerordentlich
instruktiv hierfür ist Ezech. 18, 21 ff. vgl. mit V. 5 ff. Dort
besteht die צְדָקָה dessen, der ein רָשָׁע war, darin, daß er das
Gegenteil von dem thut, was er als רָשָׁע that, nicht mehr sich
hinwegsetzt über die Ansprüche Gottes und der Menschen. Nur
durch Sinnesänderung, durch Bekehrung wird er aus einem רָשָׁע
ein צַדִּיק, aber nicht um seiner neuen Gesinnung willen, sondern
um der צְדָקָה willen, die er nun übt, um seines dem früheren
entgegengesetzten Verhaltens willen zu den Ansprüchen Gottes und
der Menschen heißt und ist er ein צַדִּיק, der nunmehr auch das
Urteil Gottes für sich hat. Genau so liegt die Sache in den
Proverbien und Koheleth. Der חָכָם ist צַדִּיק. Warum? Weil
er weder den Menschen unrecht thut, noch gegen Gott sich ver=
schuldet. Man vergleiche nur den Gegensatz gegen den רָשָׁע,
חוֹטֵא, חָנֵף, רַע, בּוֹגֵד und die Schilderung der so Benannten,
deren Art es ist, Unrecht und Vergewaltigung zu üben, Prov.
1, 10 ff.; 2, 12 ff.; 3, 25 ff.; 4, 14 ff.; 10, 2 ff.; Kap. 11 2c.
Den חָכָם nötigt und befähigt die חָכְמָה, gerecht zu sein, den
Ansprüchen, die Gott und Menschen an ihn haben, gerecht zu
werden, um so das Urteil Gottes für sich zu haben, Prov.
3, 23—26. 33. Dieselbe Beziehung auf das Urteil Gottes liegt
vor Kohel. 3, 16. 17; 7, 15; 8, 6. 8. 10. 14; 9, 2. Der Ge=
rechte, der niemanden unrecht thut und Gott fürchtet, hat zu
leiden in einer Welt, in der das Unrecht regiert und das Recht
unterdrückt wird, bis das Urteil Gottes zu seiner Zeit für ihn
eintreten und ihm recht geben wird. Wenn Kautzsch sagt, daß
die צַדִּיקִים diejenigen seien, „die nach That und Gesinnung in
den Wegen Gottes wandeln und demgemäß in Gemeinschaft mit
ihm stehen," wobei „überall an den Gegensatz zu denen gedacht
ist, die nicht in demselben Pietätsverhältnis stehen," so hätte
dieser Gegensatz ihn zu der Erkenntnis führen müssen, weshalb sie
צַדִּיקִים heißen, nämlich weil sie das Gegenteil thun, weil sie es
nicht vermögen, sich über die Ansprüche Gottes und der Menschen

hinwegzusetzen, weil sie den mit dem Verhältnis gesetzten An=
sprüchen gerecht werden. Man muß nur keinen bösen Unterschied
machen zwischen Recht und Sittlichkeit, als lege die Betrachtung
des Verhältnisses zu Gott und des Verhältnisses der Menschen
untereinander unter dem Gesichtspunkte des Rechtsverhältnisses
einen mechanischen Maßstab an. Das Rechtsverhältnis kann
mechanisch werden, ist es aber an und für sich so wenig, daß
vielmehr die sittliche Gesinnung in erster Linie mit dem Rechte
rechnet, welches die andern an uns haben. Es war dem späteren
Nomismus vorbehalten, diese Verkehrung der Gerechtigkeit in den
Mechanismus formaler Erfüllung der Rechtspflicht umzusetzen.
Aber gerade diese Verkehrung erklärt sich auch wieder nur
daraus, daß der Begriff der Gerechtigkeit in der That ein Ver=
hältnisbegriff ist, sich nicht auf das Verhältnis zu einer idealen
Norm, sondern auf das Verhältnis zwischen zweien beziehend,
welches Ansprüche mit sich bringt, deren Erfüllung die Gerechtig=
keit ist.

So liegt dieser Sprachgebrauch bei Ezechiel, in den Pro=
verbien und Koheleth in der Verlängerung derselben Linie, wie
Gen. 18, 23. 24. 26. 28; 20, 4; 2 Sam. 4, 11; 1 Kön. 2, 32;
Am. 2, 6; Thren. 4, 13, wo der Gerechte der Unschuldige ist,
und deckt sich mit dem des B. Hiob 9, 20; 10, 15 ꝛc. Es bleibt
nur noch die Frage, ob nicht die Anschauung der Psalmen und
Propheten, wie sie oben dargelegt ist, und die der Proverbien,
Koheleth und Ezechiels doch noch einen bedeutsamen Unterschied,
wo nicht Widerspruch enthalten, sofern dort die gerechte Sache
eines Gerechten seine Furcht Gottes, die Erkenntnis und das
Bekenntnis seiner Sünden, sein Vertrauen und seine Hoffnung
auf Gott ist, hier dagegen die Erfüllung der Ansprüche, welche
Gott und Menschen zu stellen haben. Indes ist daran zu er=
innern, daß beides einander ebensowenig ausschließt, wie Ps. 103,
17. 18 einerseits: „seine Gerechtigkeit waltet über Kindeskinder,
über die, die seinen Bund halten und an seine Gebote denken,
sie zu thun," und V. 9. 10 andrerseits: „nicht immerdar fordert
er vor Gericht und nicht in Ewigkeit zürnt er; nicht nach unsren
Sünden handelt er an uns und nicht nach unsren Missethaten
vergilt er über uns." Man darf ein zwiefaches nicht vergessen,
einmal, daß die Erkenntnis und das Bekenntnis der Sünden

selbstverständlich die Selbstuntergebung unter die göttliche Rechtsordnung einschließt, vgl. Pf. 25, 10 ff.; 39, 2. 9 u. a.; sodann daß Israels Gesetz in der Opferthorah den Weg darbot, um die Übertretungen auszugleichen, und daß von hier aus bekanntlich neutestamentliche Aussagen wie Luc. 1, 6; Phil. 3, 6. 9 sich erklären. Man wird sagen müssen: je energischer das Gesetz und das Bundesverhältnis das Bewußtsein Israels bestimmte und sich in demselben durchsetzte, desto mehr mußte der Begriff der Gerechtigkeit in den Vordergrund treten.[1]

So ist also die gerechte Sache derer, für die Gott richtend eintritt, nicht die ideale sittliche Gesinnung und die ihr entsprechende Lebensgerechtigkeit, und nicht unter Voraussetzung einer „sittlichen Wiedergeburt" wird dem Volke durch das mit der eignen Absicht übereinstimmende folgerechte Verhalten Gottes oder durch die Treue und Stetigkeit des göttlichen Verhaltens das Heil zu teil. Die Sache liegt nicht bloß einfacher, sondern auch inhaltlich anders. Die gerechte Sache des sündigen Volkes ist Buße und Glaube oder, alttestamentlich zu reden, Furcht Gottes und Vertrauen auf seine Verheißungen, Erkenntnis und Bekenntnis der Sünden und willige Unterwerfung unter Gottes Gesetz, deren erste That die Unterwerfung unter Gottes Gericht

---

[1] Damit dürfte denn eine für die gegenwärtigen Verhandlungen über das zeitliche Verhältnis von Gesetz und Propheten bedeutsame Beobachtung verständlich werden, daß צדק und seine Derivate im ganzen Pentateuch nur äußerst selten vorkommen, das Verbum nur Gen. 38, 26; 44, 16; Deut. 25, 1. צדק Lev. 19, 15. 36; Deut. 1, 16; 16, 18. 20; 33, 19. צדקה Gen. 15, 6; 18, 19; 30, 33; Deut. 6, 25; 9, 4—6; 24, 13. חיים Gen. 6, 9; 18, 23—28; Ex. 9, 27; 23, 8; Deut. 4, 8; 16, 19; 25, 1; 32, 4, während z. B. משפט synon. חק vom Gesetz sich öfter findet. Daß das Gesetz mit seiner Forderung, seiner Verheißung und seinem Fluch ein Rätsel enthält, an dem später der Pharisäismus gescheitert ist, — vgl. II, 2 — soll nicht verkannt werden. Die Gerechtigkeit des Gesetzes scheint allerdings, sobald die Bedeutung des Kultusgesetzes verkannt wird, in Widerspruch zu stehen mit dem Begriff des Gerechten, mit dem die Propheten rechnen. Diese Beobachtung wird verstärkt durch die andere, daß Israel die Folgen der Gesetzestreue wie der Gesetzesübertretung schon gegenwärtig in seinem Lande und seinem Bestande als freies und im Frieden wohnendes Volk, nicht erst in der endlichen Zukunft erleben soll. Ob darin in der That eine der Prophetie widersprechende Anschauung liegt, oder in welchem Verhältnis dies zu den Anschauungen der Prophetie steht, wird sich später zeigen.

ist, — also genau das, was das sündige Volk als solches leisten kann, wenngleich für die um ihrer Sünden willen Gestraften ebenso wie für die, die der schlechten Wirklichkeit der Welt preisgegeben sind, dieses Hoffen auf Gott und dieses Festhalten an ihm und seinen Verheißungen etwas unendlich Schweres hatte, wie uns dies die aus der tiefsten Anfechtung heraus geborenen Lieder Pf. 22. 23. 68. 69. 73. 89 und das Trostbuch des Deuterojesajah zeigen.

Von hier aus ergiebt sich nun das Verständnis des abschließenden Punktes dieser Anschauung in betreff der göttlichen Rechtfertigungsthat und ihrer Objekte.

Gerecht ist nicht bloß der, der eine gerechte Sache hat und der das Recht ausübt und darum für sich hat, also der recht hat, sei's in seinem Verhalten oder gegenüber dem Unrecht, das ihm angethan wird, sondern gerecht heißt auch der, der Recht bekommen hat, dem zum Rechte verholfen ist, dem sein Recht geworden ist, dessen Recht dargethan ist, der nicht mehr als der Rechtlose, in seinem Recht Vergewaltigte, sondern als der Gerechtfertigte dasteht, so daß wir unterscheiden können צדיק 1. der Gerechte, a) der den Ansprüchen des andern entspricht, also recht thut, b) der recht hat, namentlich gegenüber denen, die ihm unrecht thun; 2. der Gerechtfertigte, der recht bekommen hat.[1]) Darauf führt schon Gen. 38, 26: צָדְקָה מִמֶּנִּי, wo die LXX dem griechischen Sprachgefühl gemäß mit Recht übersetzen: δεδικαίωται Θαμὰρ ἢ ἐγώ. Gen. 44, 16: מַה־נִּצְטַדָּק, τί δικαιωθῶμεν; Vgl. Hiob 9, 15. 20; 13, 18; 40, 8; Jes. 43, 26 und den Gebrauch des Hiphil von צדק. Wer gerechtfertigt ist oder Recht bekommen hat, befindet sich im Gegensatz zu seiner früheren rechtlosen Lage in der Lage eines Gerechten, δίκαιος ἀναφαίνεται, Hiob 40, 8: „solltest du mein Urteil schelten und mich verdammen, damit du als gerecht dastehst, תִּצְדָּק לְמַעַן

---

[1]) Vgl. Wellhausen, Geschichte Israels, 1. Aufl., S. 432: „das eigentliche Problem, der Gebrauch von צדק in Jes. 40—66 ist sehr einfach zu lösen; es bedeutet 1. Recht haben, 2. Recht kriegen. Der Streit wird geführt zwischen Israel und den Heiden um die Sache Jahvehs, die Israel, wenn auch noch so sündig, dennoch dem Heidentum gegenüber vertritt. Die forense Anschauung durchbringt den Sprachgebrauch völlig; man muß nur bedenken, daß צדק im Hebräischen nichts Schreckliches ist, sondern etwas höchst Erwünschtes (Recht schaffen)."

צִדְקֵֽךְ?" So ist Jes. 60, 21 gemeint: „dein Volk, sie alle sind Gerechte," stehen als Gerechte da, nämlich Gerechtfertigte, כֻּלָּם צַדִּיקִים, vgl. V. 18. 20: „nicht mehr soll gehört werden Frevel und Verderben in deinem Lande, Verheerung und Verwüstung in deinen Grenzen . . . Jahveh wird dir zum Licht sein ewiglich, und geendet sollen sein die Tage deines Leidens." Dies ist dasselbe wie Jes. 45, 23—25: „mir soll jedes Knie sich beugen, jede Zunge schwören: nur in Jahveh ist Gerechtigkeit (צְדָקוֹת wie Jerem. 51, 10, f. u.) und Stärke; zu ihm kommt man, und zu schanden werden alle, die wider ihn entbrannt sind; in Jahveh werden gerecht (יִצְדְּקוּ) und werden sich rühmen aller Same Israels," ἀπὸ κυρίου δικαιωθήσονται καὶ ἐν τῷ θεῷ ἐνδοξασθήσονται, vgl. V. 13. 17. 21, wo erhellt, daß sich dies auf die Erlösung aus der Bedrängnis bezieht. Auch Jes. 26, 7 dürfte צַדִּיק vgl. mit V. 1—6 der Gerechtfertigte, bis dahin aber Unterdrückte sein, dem nun zum Rechte verholfen worden ist (nicht wird), wie Sach. 9, 9: „freue dich sehr, du Tochter Zion, jauchze, du Tochter Jerusalem; siehe, dein König kommt zu dir, צַדִּיק וְנוֹשָׁע הוּא," wo wegen des gleich folgenden עָנִי und des mit צַדִּיק verbundenen נוֹשָׁע, welches nur σωζόμενος, nicht σώζων heißen kann, צַדִּיק den עָנִי als einen solchen bezeichnet, dem Recht geworden und dadurch geholfen ist, nicht „der darum richtig beschaffen ist, weil er sein ganzes Sein und Thun durch Jahvehs Willen normiert sein läßt" (Köhler). Vgl. dafür Jes. 41, 10: „fürchte dich nicht, . . . ich stärke dich, auch helfe ich dir, auch halte ich dich aufrecht durch die rechte Hand meiner Gerechtigkeit." So wird auch der צַדִּיק Jes. 53, 11, welcher vielen Gerechtigkeit verschafft (יַצְדִּיק צַדִּיק עַבְדִּי לָרַבִּים), der nach V. 8 aus der Verhaftung und dem Gericht errettete Knecht Jahvehs sein, der nunmehr auch die in die Lage von Gerechten setzt, um deren Sünden willen er stellvertretend gelitten hat, deren Sünden er getragen. (Vgl. auch die מַצְדִּיקֵי הָרַבִּים, die vielen Gerechtigkeit verschaffen Dan. 12, 3, und 9, 24: „Verschuldung zu sühnen und zu bringen Gerechtigkeit für ewig.")

Dem entspricht dann, daß צֶדֶק und צְדָקָה von dieser von Jahveh durch seine Rechtfertigungsthat erlangten Gerechtigkeit stehen Hof. 10, 12: „säet euch zur Gerechtigkeit, erntet gemäß Liebe, machet urbar Neubruch, denn es ist Zeit, Jahveh zu suchen, bis daß er komme und lasse euch Gerechtigkeit regnen. Frevel habt ihr gepflügt, Übelthat habt ihr geerntet." Der Zusammenhang zeigt, wie auch Kautzsch anerkennt, daß וְיֹרֶה צֶדֶק לָכֶם nicht mit Hitzig, Keil u. a. von der in den Menschen zu wirkenden Gerechtigkeit im sittlichen Sinne (also justitia infusa) zu verstehen ist, sondern von der ihnen durch Gericht zu teil gewordenen, zuerkannten Gerechtigkeit. Ebenso Jes. 45, 8: „die Wolken sollen Gerechtigkeit regnen lassen, die Erde sich öffnen und Heil erblühen, und Gerechtigkeit soll sie sprossen lassen zugleich." 48, 18: „o daß du doch merktest auf meine Gebote, so würde wie ein Strom sein dein Friede und deine Gerechtigkeit wie Wellen des Meeres," vgl. V. 19. Derselbe Parallelismus, wie zwischen Gerechtigkeit Gottes und Heil Gottes, besteht zwischen Gerechtigkeit und Heil, die er verschafft. Indem er Israel Gerechtigkeit zu teil werden läßt, es durch sein heilbringendes Richten in die Lage von Gerechten setzt, ist diese erlangte Gerechtigkeit, das erlangte Recht auch Israels Heil, sein Friede. In diesem Gedankenzusammenhang steht dann auch Jes. 58, 8: „dann bricht wie Morgenröte dein Licht hervor, und deine Heilung wird eilends sprossen und es wird hergehen vor dir deine Gerechtigkeit, die Herrlichkeit Jahvehs wird deinen Zug beschließen." Diese Gerechtigkeit ist die durch Gottes Urteil und Gericht beschaffte Rechtfertigung Israels, justitia nicht sowohl imputata — die Anwendung dieses Begriffs (Kautzsch) ist noch verfrüht, — als addicta, adjudicata, derentwegen der Psalmist Ps. 69, 28 wider die Feinde betet: „füge Schuld zu ihrer Schuld, und nicht mögen sie kommen in deine Gerechtigkeit." Diese justitia addicta, adjudicata, diese durch die Gerechtigkeit Gottes in seinem Gericht ans Licht, zur Erscheinung gebrachte Gerechtigkeit, diese Rechtfertigung oder gerechtfertigte Gerechtigkeit ist es, deren Ausbleiben Jes. 59, 9 beklagt: „darum ist Recht ferne von uns und Gerechtigkeit erfaßt uns nicht; auf Licht warten wir, und siehe Finsternis." Nach 61, 3 bringt das Gnadenjahr Jahvehs und der Rachetag Gottes es mit sich, „daß man Israel heißt: Terebinthen der Gerechtigkeit, eine Pflanzung Jahvehs zur Verherrlichung," vgl. V. 10. 11: „er hat mich bekleidet mit Gewändern des Heiles und mit dem Mantel der Gerechtigkeit mich umhüllt, . . . denn wie die Erde hervorgehen läßt ihre Saat und wie ein Garten seinen Samen sprossen läßt, so läßt Jahveh sprossen Gerechtigkeit und Ruhm vor allen Völkern." 62, 2: „um Zions willen werde ich nicht schweigen und um Jerusalems willen nicht ruhen, bis hervorbricht wie Lichtglanz ihre Gerechtigkeit und ihr Heil wie eine Fackel brenne. Völker werden deine Gerechtigkeit sehen und alle Könige deine Herrlichkeit, und man wird dich nennen mit einem neuen Namen, welchen der Mund Jahvehs bestimmen wird." In dem ersten Teil unsres Jesajah findet sich dieselbe Ausdrucksweise 32, 16. 17: „dann (wenn über uns ausgegossen sein wird Geist aus der Höhe und Wüste zum Fruchtgefilde wird und das Fruchtgefilde dem Walde gleich V. 15) dann wird das Recht in der Wüste lagern und Gerechtigkeit im Fruchtgefilde wohnen, und das Werk der Gerechtigkeit wird Friede sein und die Wirkung der Gerechtigkeit Ruhe und Sicherheit ewiglich." Nach dem Zusammenhang ist nicht an Recht und Gerechtigkeit, welche das Volk ausübt, sondern welche ihm zu teil geworden ist, zu denken, und zwar zu teil geworden an Stelle der bisher erfahrenen Bedrückung V. 7. 8. 18. In diesem Sinne ist die Verheißung 33, 5 gemeint: „Jahveh ist erhöht, denn in der Höhe wohnend hat er Zion erfüllt mit מִשְׁפָּט צְדָקָה," vgl. V. 6. Nicht bloß wahrscheinlich, sondern sicher ist auch hiernach Pf. 35, 27 zu erklären: „jubeln werden und sich freuen, die Lust haben an meiner Gerechtigkeit," im Gegensatz zu V. 26: „die sich meines Unglücks freuen." Die Übersetzung von צְדָקָה, צֶדֶק durch Heil (Gesenius u. a.) verwischt die all diesen Aussprüchen zu Grunde liegende Anschauung bis zur Unkenntlichkeit, während sie dem lebhaften und unmittelbar empfindenden Bewußtsein des Volkes auch heute noch verständlich sind. Flacius hat in seiner clavis scr. scr. s. v. justitia das Richtige gesehen, wenn er sagt: educere aut proferre dicitur Deus justitiam nostram, cum causas nostras justas et nos ipsos ab oppressoribus liberat ac victores facit cumque sic nobis testimonium innocentiae et justitiae coram orbe terrarum tribuit, unter Verweisung auf Jer. 51, 10: „Jahveh hat hervorgehen lassen unsre Gerechtigkeit (צִדְקוֹתֵינוּ, s. o. Jes. 45, 23); kommet, wir wollen in Zion erzählen das Werk Jahvehs, unsres Gottes." Vgl. auch aus dem sonstigen Sprachgebrauch noch Jes. 5, 23; 2 Sam. 19, 29; 1 Kön. 8, 32; 2 Chron. 6, 23; Neh. 2, 20.

So ergiebt sich denn der Gedanke einer von Gott stammenden Gerechtigkeit, hergestellt durch göttliche Rechtfertigungsthat, wie er seinen gedrängtesten Ausdruck findet Jes. 54, 17: „jede Waffe, die wider dich geformt ist, hat kein Glück, und jede Zunge, die wider dich auftritt, wirst du verdammen; dies ist das Erbe der Knechte Jahvehs וְצִדְקָתָם מֵאִתִּי, und ihre Gerechtigkeit von mir her, spricht Jahveh" (vgl. Neh. 2, 20). Dieser Ausdrucksweise entspricht Jer. 31, 23: „noch werden sie sagen dies Wort im Lande Juda und in seinen Städten, wenn ich ihr Gefängnis wenden werde: es segne dich Jahveh, du Wohnung der Gerechtigkeit, Berg der Heiligkeit," wo nicht auf Jes. 1, 21 zu verweisen und danach zu erklären ist: eine Stadt, darin Recht und Gerechtigkeit geübt wird, sondern eine Stadt, welcher durch das Eintreten Gottes für sie Gerechtigkeit verschafft ist, die gerechtfertigt und der dadurch geholfen ist, vgl. 50, 7, wo Jahveh selbst als der, in dem Israels Heil beschlossen ist, mit demselben Ausdruck bezeichnet wird als נְוֵה צֶדֶק und Hoffnung ihrer Väter. Die Gerechtigkeit, welche 31, 23 gemeint ist, ist das Produkt der 50, 7 vor Augen stehenden.

Geradeso verhält es sich — und damit kommen wir zu dem eigenartigsten und höchsten Ausdruck, den sich diese Anschauung gegeben — mit Jer. 33, 16: יהוה צִדְקֵנוּ, dem Namen Jerusalems, wenn der Sproß Davids, der König, gekommen ist, der Recht und Gerechtigkeit auf Erden herstellen wird, wodurch Juda geholfen wird, so daß Jerusalem in Sicherheit wohnen wird. In demselben Verhältnis, wie Jer. 50, 7 zu 31, 23, steht diese Aussage zu 23, 6, wo יהוה צִדְקֵנוּ Name dieses Sprosses Davids selbst in seiner Bedeutung für Israel ist. Jahveh selbst, auf den es gehofft und der sich selbst ihm zugesagt hat, ist für Israel eingetreten, ist nicht bloß der Vertreter der gerechten Sache Israels, sondern ist selbst die nun herrlich geoffenbarte gerechte Sache Israels. Jahveh für Israel, das ist Israels gerechte Sache und Rechtfertigung derselben zugleich. Dies ist die oben angedeutete objektive Gerechtigkeit des Volkes, dessen subjektive Gerechtigkeit seine Gottesfurcht, seine Buße und sein Glaube d. h. sein Festhalten an Gott ist. Der Gott, auf den es gehofft und den es vertreten hat vor den Völkern, ist für Israel eingetreten und in Israel gegenwärtig; das ist nun seine an

Licht und zur Anerkennung gebrachte gerechte Sache. Israel ist gerechtfertigt; die Antwort auf das Gebet Jer. 12, 1 ff. ist gegeben, — Israel ist erlöst. Die Weissagung Mal. 3, 20 ist erfüllt: „euch, die ihr meinen Namen fürchtet, soll aufgehen die Sonne der Gerechtigkeit und Heilung auf ihren Flügeln," denn Jahveh selbst ist ihr Licht, ihre Sonne Jes. 60, 19 ff.

So ergiebt sich, daß die von Paulus angezogenen Stellen des Alten Testamentes, die eine aus der Thorah Gen. 15, 6, die andere aus den Propheten Hab. 2, 4, nicht vereinzelt auftauchende Lichtblitze sind, sondern in dem großen geschlossenen Zusammenhange einer durch das ganze Alte Testament vertretenen Grundanschauung stehen, deren zusammenfassender, zugespitzter Ausdruck sie nur sind. Was zunächst den Ausspruch Hab. 2, 4 betrifft: וְצַדִּיק בֶּאֱמוּנָתוֹ יִחְיֶה, so steht dort der Gerechte dem Chaldäer gegenüber, von dem das erste Hemistich sagt: עֻפְּלָה לֹא־יָשְׁרָה נַפְשׁוֹ בּוֹ, „der durch das Glück, welches er als Eroberer hat, bis zur Selbstvergötterung stolz geworden ist" (Delitzsch), als dessen Charakterzüge V. 5 Völlerei, Prahlerei und unersättliche Eroberungssucht angegeben sind, die ihm dasselbe Schicksal bereiten werden, welches er andern bereitet hat. Ihm gegenüber ist der Gerechte der Unterdrückte, Vergewaltigte, und befindet sich in derselben Lage, wie schon vorher unter den Gottlosen seines eigenen Volkes 1, 4, um deren Frevel willen Gott das Gericht durch die Chaldäer gesandt hat. Da aber diese wiederum sich allen Frevel erlauben, so bleibt die Lage des Gerechten dieselbe. Ja sie hat sich insofern verschlimmert, als der Übermut und die Gewaltthat der Chaldäer unterschiedslos das ganze Volk mit seinem Anspruch, Gottes Volk zu sein, trifft. Der Chaldäer ist zugleich Feind der Religion Israels, während der רָשָׁע in Israel nur gegen den sich wendet, der mit seiner Religion Ernst macht. Darum dürfte Hitzig recht haben, wenn er zwischen dem צַדִּיק 1, 4 und V. 13 einen gewissen Unterschied macht und in V. 13 den Judäer sieht, der „nicht überhaupt, sondern nur bezüglich auf den Heiden ein צַדִּיק ist." In jedem Falle ist der Gerechte 1, 4. 13; 2, 4 der, dessen gerechte Sache unterdrückt ist, der unrecht leidende, vergewaltigte Gerechte; seine gerechte Sache ist keine andere, als überall in den Propheten und Psalmen, nämlich seine Furcht Gottes und seine Hoffnung zu Gott, kurz seine

Religion, sei's im subjektiven, sei's im objektiven Sinne. Es fragt sich nur, ob das בֶּאֱמֻנָתוֹ יִחְיֶה dazu berechtigt und verpflichtet, den Begriff noch näher zu bestimmen. Was ist die אֱמוּנָה, durch die er leben bezw. gerettet werden wird? Anderwärts Ez. 18, 22 heißt es einmal von dem Gottlosen, der sich bekehrt von allen seinen Sünden und alle Gebote Gottes bewahrt und Recht und Gerechtigkeit übt: בְּצִדְקָתוֹ אֲשֶׁר־עָשָׂה יִחְיֶה. Wie nah die Begriffe צְדָקָה und אֱמוּנָה zusammenliegen, erhellt 1 Sam. 26, 23: Jahveh wird einem Manne vergelten אֶת־צִדְקָתוֹ וְאֶת־אֱמֻנָתוֹ, vgl. Prov. 12, 17. Daß an unsrer Stelle nicht בְּצִדְקָתוֹ gesetzt ist, liegt wohl nicht, wie Hitzig meint, lediglich daran, daß der eigentliche Gegensatz zu בּוֹגֵד V. 5 bezweckt wird, zu dem Treulosen, der Gott und ein göttliches Gesetz nicht anerkennt, vgl. Jer. 5, 1; Pf. 37, 3; 12, 2. Es kommt zunächst darauf an, den Begriff von אֱמוּנָה richtig zu bestimmen, welcher mit צֶדֶק, צְדָקָה ebenso verwandt ist, wie אֱמֶת. Daß derselbe mindestens nicht ohne weiteres = πίστις im specifisch neutestamentlichen, nämlich aktivischen Sinne = Glaube ist, sondern ihm das passivische πίστις entspricht, ist zweifellos. Die Wortbildung geht nicht auf das Hiphil הֶאֱמִין zurück, sondern auf das passive Participium Kal und entspricht deshalb wie auch im Sprachgebrauch diesem und dem Niphal von אמן, festsein bezw. festigen. Das Participium אָמוּן findet sich Pf. 12, 2; 31, 24; 2 Sam. 20, 19 = zuverlässig, πιστός, πιστόν, woran man sich halten kann, daher treu, gewissenhaft; vorzugsweise נֶאֱמָן, worauf Verlaß ist, von Gott in seiner Bundestreue, vom Zeugen, und speciell Bezeichnung des Frommen, der fest und treu sich an Gott und Gottes Gesetz hält, dessen voller Name in den Pirke Aboth צַדִּיק חָסִיד יָשָׁר וְנֶאֱמָן ist, des צַדִּיק, den die LXX Hiob 17, 4 durch πιστός wiedergeben. Das Substantiv אֱמוּנָה bz. das Festsein, Festigkeit, Beständigkeit, daher Verläßlichkeit, Zuverlässigkeit und daher Treue, von dem, der „Treue und Glauben hält" (vgl. die Untersuchung über אמן und seine Derivate in meinem biblisch-theolog. Wörterbuch der neutest. Gräcität unter ἀλήθεια, πιστός, πίστις), ist also nicht eigentlich Bezeichnung eines Verhaltens, sondern eines Zustandes, einer Beschaffenheit, einer im Verhalten sich kundgebenden Eigenschaft von Personen oder Sachen. Von letzteren nur Exod. 17, 12

Jef. 33, 6. Von den Ratschlüssen und Gerichten Gottes Jef. 25, 1; Pf. 119, 138. Sonst nur von Personen als Bezeichnung der Zuverläffigkeit, Beständigkeit und daher Treue, die fie in ihrem Verhalten beweifen, nicht als Bezeichnung des Verhaltens felbft. So von Menschen 2 Kön. 12, 16; 22, 7; 1 Chron. 9, 22. 26. 31; 2 Chron. 19, 6; 31, 12. 15. 18; 34, 12; Jer. 5, 1. 3; 7, 27. 28; Prov. 12, 17. 22. In der Anwendung auf Gott bezeichnet es die Zuverläffigkeit, Wahrhaftigkeit und Treue, die in der Erfüllung feiner Verheißungen, wie in feinen Gerichten fich beweift und bewährt, fo daß man fich alfo auf ihn fchlechterdings verlaffen kann, häufig verbunden mit חֶסֶד und mehrfach mit צֶדֶק, und wird in diefem Falle von den LXX meift durch ἀλήθεια wiedergegeben Pf. 40, 11; 36, 6; 88, 12; 89, 2. 3. 6. 9. 25. 34; 92, 3; 96, 13; 98, 3; 100, 5. Nur Hof. 2, 22; Pf. 33, 4; Thren. 3, 22 = πίστις. Von dem meffianifchen König und feiner Zuverläffigkeit und Treue in Befchützung des Rechtes der Rechtlofen Jef. 11, 5, wo es die LXX ebenfo wie 2 Chron. 19, 9 durch ἀλήθεια wiedergeben, während fie es fonft in der Anwendung auf Menfchen durch πίστις — natürlich im paffiwifchen Sinne — überfetzen. In der Verbindung Jef. 11, 5 und 2 Chron. 19, 9 würde πίστις für das griechifche Ohr die Beb. Anfehn, δόξα καὶ τιμή gehabt haben; vom Richter, der über die πίστις zu befinden hat, wurde nicht felbft πίστις ausgefagt. Die nahe Verwandtfchaft mit צֶדֶק, צְדָקָה liegt auf der Hand, vgl. auch die Verbindung beider Pf. 89, 6. 9. 25; 96, 16; Hof. 2, 22, fowie צֶדֶק = πίστις Hiob 17, 4 und die Verbindung von נֶאֱמָן mit צַדִּיק וְיָשָׁר Deut. 32, 4. Es gehört zur Zuverläffigkeit, ja es bedingt diefelbe, daß man den Anfprüchen des andern gerecht wird. Als Eigenfchaft rückfichtlich des religiöffittlichen Verhaltens findet fich אֱמוּנָה außer Hab. 2, 4 nur Jer. 5, 1. 3; 7, 28; 1 Sam. 26, 23; 2 Chron. 19, 9, ohne daß damit gefagt fein foll, daß fie nicht überall religiös gewertet werde. 2 Chron. 19, 9 bezieht fich der Begriff auf die Bewährung der Gottesfurcht bezw. der Gerechtigkeit in dem befonderen Beruf der Rechtspflege, vgl. 34, 12; 31, 18. In Jer. 5, 1—3 vgl. mit B. 5 giebt fich die Gottvergeffenheit des Volkes in dem Mangel von aller Zuverläffigkeit und Treue im Gemeinleben kund, vgl. Hof. 4, 1; Mich. 7, 2 ff. In ähnlich umfaffendem Sinne fteht es

1 Sam. 26, 23. Man kann sagen, אֱמוּנָה und צְדָקָה gehören unauflöslich zusammen. Der צַדִּיק und nur er ist נֶאֱמָן, und umgekehrt, die צְדָקָה ist Erweisung der אֱמוּנָה; der נֶאֱמָן ist צַדִּיק, die אֱמוּנָה ist die Grundlage der צְדָקָה, beide reichen gleich weit. Die angeführten Stellen zeigen, daß der Zusammen=
hang das Gebiet ergiebt, auf welchem die אמונה sich zu erkennen giebt, sich bewährt, vgl. 2 Kön. 12, 16; 22, 7, sei es nun das Gebiet des Gemeinlebens überhaupt, sei es das des besonderen Berufes. Meist ist es naturgemäß die Zuverlässigkeit auf dem socialen Gebiete. Dagegen Jer. 7, 28: „so sprich benn zu ihnen: dies ist das Volk, welches nicht hört auf die Stimme Jahvehs, seines Gottes, und die nicht Zucht annehmen; untergegangen ist die Treue, ausgerottet aus ihrem Munde," ist es dem ganzen Zusammenhange V. 16—28 entsprechend mindestens zugleich, wenn nicht vorwiegend auf das Verhältnis bezw. das Verhalten zu Gott bezogen. Es ist die Gott schuldige Treue, die צדקה in Beziehung auf Gott, welche das Volk gebrochen hat, vgl. V. 9. 23, so daß also אמונה hier steht wie Deut. 32, 20 אֱמֻן, nach Ewald, hebr. Gramm., 7. Aufl., § 135, a, 2 dichterische Form für אמונה. Die Beantwortung der Frage, ob אמונה im specifisch religiösen Sinne der auf Gott bezogenen Treue, der Beständigkeit und Festigkeit in dem sich halten an Gott stehen könne, kann angesichts des Gebrauchs von נאמן nicht zweifelhaft sein. Für Hab. 2, 4 aber ist die Antwort zweifellos. Der Zu=
sammenhang daselbst führt, wie Hitzig es allgemein und modern ausdrückt, auf „die ehrliche Gesinnung, wenn man so will, die Überzeugungstreue," richtiger darauf, daß der Gerechte durch alles Leid, welches ihm widerfährt, durch alle Anfechtung, die dasselbe ihm bereitet, sich nicht abwendig machen läßt von seinem Gott, auf den er hofft. Entscheidend hierfür ist erstlich der Gesichts=
punkt, unter dem der צַדִּיק hier in Betracht kommt, sowie zweitens der Zusammenhang mit V. 2. 3. Bisher ist der Ge=
rechte gar nicht nach seiten seines socialen Verhaltens, sondern nur nach seiner Lage in Betracht gekommen, in der ihm nichts übrig bleibt, als auf Gott zu hoffen. Insbesondere ist 1, 13 ber צַדִּיק, wie schon oben bemerkt, der, der dies nicht sowohl überhaupt, sondern gegenüber den Heiden im Unterschiede von ihnen ist, dessen gerechte Sache also, wenn man so will, seine

Religion ist, sein Halten an Gott, seine Hoffnung auf Gott, um derentwillen er die Anfechtung erdulbet. In dieser Anfechtung soll er aushalten, denn die Weissagung soll trotz anscheinenden Ausbleibens dennoch unzweideutig erfüllt werden. So bezieht sich die אֱמוּנָה auf seine Bewährung in der Anfechtung und ist die Eigenschaft des נֶאֱמָן Ps. 78, 8: „daß sie nicht seien wie ihre Väter, ein abtrünniges und ungehorsames Geschlecht, deren Herz nicht fest war וְלֹא נֶאֶמְנָה אֶת־אֵל רוּחוֹ" (vgl. V. 7 und Deut. 32, 20). In diesem Sinne wird Abraham נֶאֱמָן genannt Neh. 9, 8, welchem Prädikat dann auf seiten Gottes צַדִּיק entspricht: „du hast sein Herz נֶאֱמָן vor dir gefunden und einen Bund mit ihm gemacht ... und hast dein Wort gehalten, denn du bist gerecht." Bestätigt wird diese Erklärung in etwa dadurch, daß so sich am leichtesten die von Hieronymus bezeugte Lesart בֶּאֱמוּנָתִי erklärt, nach welcher die LXX übersetzt haben: ὁ δὲ δίκαιος ἐκ πίστεώς μου ζήσεται. Denn da der Gerechte vorwiegend nicht nach seinem Verhalten, sondern nach seiner Lage, nach seiner Anfechtung in Betracht kommt, so lag es nahe, ihn statt auf seine Treue und Festigkeit vielmehr auf die Treue Gottes zu verweisen, entsprechend der Lesart נַפְשִׁי statt נַפְשׁוֹ im ersten Hemistich. Außerdem fällt für die Richtigkeit der obigen Erklärung sehr ins Gewicht, daß die synagogale Exegese, wie Delitzsch ausführt, sogar so weit gegangen ist, אֱמוּנָה durch Glaubenszuversicht zu erklären, wie z. B. Mose und David Kimchi es durch בְּטָחוֹן glossieren, und Abravanel darunter die zweifellose, nicht grübelnde und spekulierende, sondern in Gottes Führungen beruhende Glaubenszuversicht verstanden wissen will, vgl. Delitzsch, der Prophet Habakuk, S. 53. Auch darf auf Hebr. 10, 38 verwiesen werden, wo die beiden Hemistiche umgestellt werden und die πίστις des Gerechten — entsprechend dem Begriff des hebr. הֶאֱמִין — in Gegensatz zur ὑποστολή gestellt wird, zu der die Versuchung vorliegt, und wo in dieser Weise durch das Citat die Ermahnung V. 35 zur Bewahrung der παῤῥησία und zur ὑπομονή begründet wird. Der Verfasser denkt somit an die Bewährung des Glaubens in der Anfechtung, an die Glaubenstreue, entsprechend der dem Hebräerbrief eigentümlichen Schattierung des Glaubensbegriffs, wovon später zu handeln sein wird.

So ergiebt sich, daß Hab. 2, 4 keine andere Anschauung ausspricht als die bisher gewonnene. Objekt der göttlichen Heilsthat ist der Gerechte. Seine gerechte Sache ist seine Religion, das subjektive Rettungsmittel seine Festigkeit, seine Treue und Beständigkeit im Festhalten an Gott und in der Hoffnung auf Gott. (Wie diese πίστις im pass. Sinne sich zu der aktivischen πίστις des Neuen Testaments verhält, kann erst bei der Darstellung der neutestamentlichen Verkündigung zur Sprache kommen.) Die göttliche Heilsthat, der Inhalt der Weissagung, auf deren Erfüllung er hofft, ist demgemäß seine Rechtfertigung, welche ihm Recht schafft. Gott ist für ihn, wo die Menschen wider ihn sind, und wird dies seiner Zeit beweisen. Es gilt nur fest bleiben.

Von hier aus ist nun zu der Aussage Gen. 15, 6 über Abrahams Glauben und das Urteil Gottes über ihn: וְהֶאֱמִן בַּיהוָה וַיַּחְשְׁבֶהָ לּוֹ צְדָקָה kein größerer Schritt, als wiederum von diesem Satze zu der o. a. Aussage Neh. 9, 8: מָצָאתָ אֶת־לְבָבוֹ נֶאֱמָן לְפָנֶיךָ. Das Neue ist nur das, daß hier das mit הֶאֱמִין bezeichnete Verhalten selbst als das bezeichnet wird, was ihm als seine gerechte Sache in Anrechnung gebracht wird, nicht wie Hab. 2, 4 (und Neh. 9, 8) eine Eigenschaft, die er in seinem Verhalten bewährt. הֶאֱמִין verhält sich zu אֱמֻנָה so, daß letztere ebenso durch das הֶאֱמִין zustande kommt, wie sie sich in demselben erweist und bewährt. So ist הֶאֱמִין das der אֱמוּנָה entsprechende Verbum, wenn auch das Verhältnis beider nicht das gleiche ist wie bei den neutestamentlichen Ausdrücken πίστις und πιστεύειν. הֶאֱמִין bezeichnet dasjenige Verhalten, welches in entscheidender Zeit, die Versuchung und Anfechtung überwindend oder allem Entgegenstehenden Trotz bietend festhält an Gott, ihn ergreift, hält und so ihn hat, sich auf ihn verläßt und selbst fest bleibt. So ergiebt sich das gleiche Verhältnis zu צְדָקָה, wie bei אֱמוּנָה und נֶאֱמָן. Bekanntlich wird im Alten Testament sehr wenig vom Glauben geredet, so wenig, daß sich daraus erklärt, weshalb das Bedürfnis nach einem dem הֶאֱמִין entsprechenden Verbalsubstantivum nicht vorlag. Das Gesamtverhalten gegen Gott wird vorwiegend als Furcht Gottes bezeichnet. Es gilt seinen Willen zu thun, in seinen Geboten zu wandeln, seinen Bund zu halten und seiner treu zu gedenken (Exod. 3, 15) und so auf ihn zu hoffen, zu harren und zu trauen, בטח, חסה, חכה, הוחיל, יחל, קוה. Es sind bedeutsame Stellen, an denen האמין bezw. das häufigere לא האמין erscheint, ersteres Er. 4, 1. 5. 8. 9. 31; 14, 31; 19, 9; Pf. 106, 12; 116, 1; 119, 66; Jon. 3, 5; Jef. 28, 16; 43, 10; 2 Chron. 20, 20; Dan. 6, 23; letzteres Er. 4, 8; Num. 14, 11; 20, 12; Deut. 1, 31; 9, 23; 2 Kön. 17, 14; Pf. 78, 22. 32; 106, 24; Jef. 7, 9; 53, 1. Vgl. Jer. 25, 8, wo die LXX לא שמע durch οὐκ ἐπιστεύσατε übersetzen. Überall handelt es sich um das Verhalten gegenüber entscheidenden Gottesthaten und Gottesbotschaften und zwar um ein Verhalten, welches mit der Versuchung zum Wanken, zum Abfall ꝛc. rechnet und dieselbe besteht. So ist es zur Zeit des Auszugs aus Ägypten oder als Josaphat das Volk wider die Ammoniter und Moabiter führen wollte, oder wo das Warten auf eine entscheidende Gottesoffenbarung und das Erleben derselben in Frage steht, wie Pf. 27, 13; Jef. 7, 9; 28, 16; 43, 10; 53, 1 und bei den Niniviten Jon. 3, 5. האמין hat, wie Schlatter sagt, immer etwas von der bestandenen Versuchung in sich. Es ist nicht das ständige Wort für das täglich zu bethätigende Vertrauen auf Gott und Harren auf ihn in allen Lagen, sondern für das feste Ergreifen, Halten und Haben Gottes in kritischer Zeit und Lage, darum das Wort für den Entscheidungsglauben, welches deshalb auch den Begriff grundlegender Anerkennung in sich aufnimmt und darin übergeht, indem es den Glauben, die gläubige Aufnahme und Hinnahme des Wortes und der Boten Gottes bezeichnet (daher die Verbindung mit לְ) Jef. 53, 1; 2 Chron. 20, 20. Vgl. das neutestamentliche τηρεῖν, συντηρεῖν καὶ συμβάλλειν τὸν λόγον, τοὺς λόγους ἐν τῇ καρδίᾳ, z. B. Luc. 2, 19; Joh. 14, 23. 24; μένειν ἐν τῷ λόγῳ Joh. 8, 31, Ausdrücke, welche sich aus dem hebr. האמין unschwer ergeben. Namentlich ist dies der Fall bei לא האמין, denn in entscheidender Zeit handelt es sich den Botschaften wie den Forderungen Gottes gegenüber in Widerstreit gegen Versuchung und Anfechtung um die einfache Anerkennung, um ein Ja oder Nein, um wahr oder nicht wahr des Willens und der Verheißung Gottes (daher der Ausdruck ὑπακοὴ πίστεως bei Paulus; vgl. das dem לא האמין synonyme לא שמע Jer. 25, 8, LXX: οὐκ ἐπιστεύσατε). Daß dieses Verhalten Gotte gerecht wird und von dem gerechten Gotte (Neh.

9, 8) als צְדָקָה in Anrechnung gebracht wird, ist nach dem Bisherigen verständlich. Ebenso begreift sich auch, daß, so wenig verhältnismäßig von Glauben bezw. Nichtglauben im Alten Testament die Rede ist, so selbstverständlich dennoch der Glaube das grundlegende Verhalten ist, ohne welches der Gerechte nicht einmal gedacht werden kann. Wie wichtig dies für den Begriff des Gerechten ist, liegt auf der Hand. Der Grund, auf dem er steht, ist objektiv die Gottesoffenbarung, Gottes Wort und Gottes That, bezw. die Erkürung Israels und die damit unauflöslich verbundene Verheißung, subjektiv der Glaube. Die fest ergriffene und fest gehaltene Gottesthat der Vergangenheit, Gegenwart oder Zukunft ist objektiv seine gerechte Sache, das Festhalten, der Glaube subjektiv. Darauf baut sich erst alles Weitere auf. Gegenüber den Heiden ist der Gerechte der, der Recht hat mit seinem Glauben, gegenüber seinen Volksgenossen der, der Ernst macht mit seinem Glauben. In der Anfechtung bewahrt und bewährt er seinen Glauben, indem er nicht abläßt von dem Wege, den er wandelt. So ist der Gerechte das eine Mal ganz Israel, die israelitische Gemeinde, das andere Mal sind es die Vereinzelten in Israel, welche in in ihrem eigenen Volke vereinsamt stehen, eine Unterscheidung, welche, wie sich zeigen wird, äußerst wichtig ist für die Weissagung und ihre Erfüllung.

Ist so der Glaube das als selbstverständlich vorausgesetzte Verhalten, wie es jedesmal in entscheidender Zeit von neuem in Anspruch genommen wird und sich entweder bethätigt oder nicht bethätigt und auf welches dann alles ankommt, so ist es demgemäß auch nicht in das Alte Testament hineingelesen, sondern entspricht durchaus den Voraussetzungen desselben, wenn der Verfasser des Hebräerbriefs Kap. 11 die Wolke alttestamentlicher Glaubenszeugen aufführt, von denen doch im Alten Testament selbst mit der einzigen Ausnahme Abrahams nicht betont ist, daß sie geglaubt haben. Daß dies auch der Synagoge nicht fremd ist, wird sich später zeigen.

So ergiebt sich, daß das Wort Gen. 15, 6 durchaus der Gesamtanschauung des Alten Testaments entspricht. Derjenige, von welchem הֶאֱמִין ausgesagt wird, ist dadurch נֶאֱמָן und als solcher צַדִּיק und gegen ihn erweist sich Gott als צַדִּיק. Abrahams Glaube ist die gerechte Sache, die er hat und die ihm Gott als solche in Anrechnung bringt, die das Urteil Gottes für sich hat und den verheißenen Lohn empfängt. Darauf beruht die Erfüllung der ihm gegebenen Verheißung, die ihm durch die Bundschließung verbürgt wird. Daß er als צַדִּיק nunmehr in Gottes Wegen wandelt und seinen Kindern und seinem Hause nach ihm befehlen wird, daß sie Jahvehs Wege inne halten ·und thun, was recht und gut ist, damit Jahveh über Abraham alles kommen lasse, was er ihm geredet hat (18, 19), ist nicht ein andrer, davon abweichender Grund der Verheißungserfüllung, sondern ist für die alttestamentliche Anschauung vom Gerechten — und nicht für diese.allein — die selbstverständliche Konsequenz, die Fortsetzung und Bewährung seines grundlegenden, entscheiden= den Verhaltens. Darum ist es auch keine entgegengesetzte An= schauung, die wir Ez. 18, 22 finden, wenn es dort von dem Gottlosen, dem Frevler heißt, der sich bekehrt von seinen Sünden und alle Gebote Gottes bewahrt und Recht und Gerechtigkeit übt: בִּצְדָקָתוֹ אֲשֶׁר־עָשָׂה יִחְיֶה. Denn vorausgesetzt ist, daß er, der bisher nicht Ernst gemacht hat mit seinem Glauben — von Israeliten ist ja die Rede — nunmehr Ernst damit macht und darum sich zurückwendet zu den verachteten Geboten Gottes, damit das Gericht nicht über ihn komme, vgl. Ezech. 33, 7 ff. Ebensowenig aber steht es in Widerspruch mit dieser Anschauung, wenn es Deut. 9, 4 ff. heißt: „nicht sprich in deinem Herzen: durch meine Gerechtigkeit hat mich Jahveh geführt, zu ererben dieses Land, sondern wegen der Gottlosigkeit dieser Völker hat Jahveh sie vertrieben vor dir. Nicht wegen deiner Gerechtigkeit und der Geradheit deines Herzens kommst du, zu ererben ihr Land, denn um der Gottlosigkeit dieser Völker willen hat Jahveh dein Gott sie vertrieben vor dir und damit er auf= richte das Wort, welches geschworen hat Jahveh deinen Vätern." Denn dies schließt die Forderung des Glaubens V. 23 und der= jenigen Gerechtigkeit 24, 13 nicht aus, welche eine Bewährung des Glaubens, Glaubensgehorsam ist, sondern stellt nun erst recht diese Forderung, damit Israel die Bundesverheißungen ererbe 27, 16 ff. Es darf nur nicht vergessen werden, was dem alt= testamentlichen Bundesbegriff eigentümlich ist, daß nämlich Gott es ist, der den Bund eingeht und in denselben aufnimmt, wonach die Selbstverpflichtung Gottes bezw. die Verheißung das erste, die Bundesauflage das zweite ist, so daß die gläubige Hinnahme und das gläubige Festhalten der Verheißung die Grundlage und den Ausgangspunkt bildet für die Erfüllung der Bundespflichten. Vgl. mein bibl.-theol. Wörterb. unter διαϑήκη.

Demgemäß spricht nun Jesajah 7, 9: אִם לֹא תַאֲמִינוּ כִּי לֹא תֵאָמֵנוּ einen für Israel selbstverständlichen Satz aus, und Jes. 28, 16: הַמַּאֲמִין לֹא יָחִישׁ erhält durch die Verbindung, in der es mit der Drohung der strafenden Gerechtigkeit Gottes V. 17 steht, welche das Gericht vollzieht über die Ungläubigen, den Sinn, daß es vollkommen gleichwertig wird mit Gen. 15, 6, so daß das ὁ πιστεύων ἐπ᾽ αὐτῷ οὐ μὴ καταισχυνϑῇ der LXX die Ergänzung fordert: ἀλλὰ δικαιωϑήσεται.

Also: das Heil kommt durch die richtende Gerechtigkeit Gottes für den Gerechten als Vergeltung seiner Gerechtigkeit und Offenbarung seiner gerechten Sache und rechtfertigt ihn. Der Recht hat, bekommt Recht. Recht aber hat der Gerechte nicht, weil er sittlich fehllos ist, sondern seine gerechte Sache ist seine Furcht Gottes, die Erkenntnis und das Bekenntnis seiner Sünden, seine Beugung unter das Gericht Gottes, sein Festhalten an Gott und Gottes Gesetz unter einem Volke, welches alles Recht mit Füßen tritt, dem Bruder die Treue nicht hält und den Armen und Geringen ebenso wie den, der Ernst macht mit seiner Religion, vergewaltigt. Israel hat Recht mit seiner Religion, und darum wird Gott einst für Israel eintreten, wenn er seine Verheißung erfüllt, und so richtend Israel rechtfertigen. Wieder aber sind es in Israel die Gerechten, die Ernst machen mit ihrer Religion, welche durch diese göttliche Gerichts- und Rechtfertigungsthat das Heil empfangen. Die gerechte Sache des Gerechten ist diese seine Hoffnung auf Gott, sein Festhalten an Gott inmitten seiner Anfechtung, sein Glaube, der dem Worte Gottes traut und seiner Forderung gehorcht. Eben dieser Glaube ist in erster und letzter Instanz seine Gerechtigkeit, denn er ist das entscheidende Verhalten sowohl für die Zugehörigkeit zum Bundesvolk, als für das endliche Erleben der erlösenden Heilsthat Gottes, wie er in allen kritischen Lagen und Zeiten das entscheidende grundlegende Verhalten ist. An und für sich ist der Gerechte ein Sünder, wie jeder andere, und hat allen

Grund, zu beten: gehe nicht ins Gericht mit deinem Knecht, denn vor dir ist kein Lebendiger gerecht. Aber er verbirgt seine Sünde nicht und Trug ist nicht in seinem Herzen. Darum empfängt er durch die Gerechtigkeit Gottes die Vergebung seiner Sünden und kann diese Gerechtigkeit für sich und seine gerechte Sache wider alle Feinde anrufen. Wenn dann endlich Gott für ihn eingetreten ist und ihn thatsächlich durch seine Gerichtsthat gerechtfertigt hat, ist er nicht mehr wie bis dahin der Rechtlose, Vergewaltigte, Leidende und Unterdrückte, sondern er steht da als der triumphierende Gerechte, dessen gerechte Sache und mit ihr er selbst in sein Recht und Erbe eingesetzt ist. Ihm ist endlich Recht und Gerechtigkeit geworden, — das ist seine Gerechtigkeit von Jahveh her, und in diesem Sinne gilt: „dein Volk, sie alle sind Gerechte," gerechtfertigt durch das Gericht Jahvehs, dessen Kehrseite die Bestrafung der Gegner ist. Daß sie gesündigt haben, hindert daran nicht, denn nicht verfährt Gott mit ihnen wie mit den Feinden, wider die sie gebetet haben: „füge Schuld zu ihrer Schuld und nicht mögen sie kommen in deine Gerechtigkeit," sondern nach dem Wort: „kein Einwohner wird sagen: ich bin schwach, sondern das Volk, das darin wohnt, wird Vergebung der Sünden haben." Jahveh ist für sie, Jahveh ist ihre Gerechtigkeit, in der sie in und vor der Welt dastehen.

Das ist Israels Hoffnung, die Hoffnung des Volkes Gottes gegenüber den Heiden, — die Hoffnung derer im Volke, die Ernst machen mit ihrer Religion gegenüber ihren eignen Volksgenossen.

3.
Zusammenhang dieser Hoffnung mit dem Gedanken des Königtums Gottes, der Erwählung, der Vaterschaft Gottes und der Gotteskindschaft.

Nicht auf dem Gedanken der justitia Dei distributiva beruht diese wunderbare Hoffnung Israels auf Erlösung durch eine gerichtliche Rechtfertigungsthat Gottes. Freilich nicht, als wenn der Gedanke einer solchen justitia distributiva Israel fremd gewesen wäre. Wohl aber stand ihm fest, daß von der abstrakten justitia distributiva nichts zu hoffen sei für ein Volk, für eine Welt von Sündern, in der jeder in die Klage Hiobs einstimmen muß: „ach, daß ein Reiner vom Unreinen käme! ach, nicht einer!" Darum betet ja der Psalmist: „gehe nicht ins Gericht mit deinem Knecht, denn vor dir ist kein Lebendiger gerecht." Aus dem Grundgedanken einer justitia Dei distributiva kann sich für Sünder nie eine justitia Dei salutifera, justificatoria ergeben. Umgekehrt wird die justitia salutifera zur justitia distributiva, indem sie nicht bloß justificatoria, sondern zugleich damnatoria ist und das verdiente Strafgericht über die Feinde vollzieht. Wir haben gesehen, daß die Zurückführung des Strafgerichts auf die Gerechtigkeit Gottes nicht abzuweisen ist, denn die Gerechtigkeit ist Eigenschaft Gottes des Richters. Wie kommt nun Israel dazu, trotz seiner Wertung der Sünde und trotz der Erkenntnis der Allgemeinheit der Sünde dennoch zu glauben, daß die Gerechtigkeit Gottes heilbringend sei für sein Volk? Von dem Grundgedanken aus, daß es das Amt des Richters sei, dem Rechte und darum dem Gerechten zum Recht zu verhelfen, konnte sich diese Erkenntnis dort nicht ergeben, wo es feststand: „vor dir ist kein Lebendiger gerecht." Derselbe Grund spricht gegen die Annahme, daß angesichts der schlechten

Wirklichkeit der Begriff der Gerechtigkeit ein relativer geworden sei und daß man demgemäß unterschieden habe zwischen Sündern, welche relativ d. h. im Verhältnis zu andern, die es mit der Religion und dem Leben nicht so ernst nehmen, gerecht seien und solchen, die es diesen gegenüber nicht seien. Denn es handelt sich um das Verhältnis zum Urteil Gottes, wie der Psalmist sagt: „an dir allein habe ich gesündigt, und was böse in deinen Augen gethan, damit du gerecht erscheinest in deinem Spruch, rein erscheinest in deinem Richten" (51, 6). Oder sollte etwa die Anschauung vorliegen, daß das Verhältnis eines Sünders zu Gott durch Anerkennung und Festhalten seines Wortes, der Glaube und der Gehorsam des Glaubens, die Erkenntnis und das Bekenntnis der Sünden, die Furcht Gottes und die Beugung unter sein Gesetz und Gericht ein Äquivalent sei für die mangelnde Gerechtigkeit, so daß dieses Verhalten der mangelnden Gerechtigkeit substituiert werde und daß dann auf dieser Grundlage unterschieden werde zwischen Gerechten und Sündern? Dieser Gedanke liegt nahe; ob er schon die Aussage Gen. 15, 6: הֶאֱמִן בַּיהוָה וַיַּחְשְׁבֶהָ לּוֹ צְדָקָה bestimmt, muß für jetzt noch dahingestellt bleiben. Er könnte zu den unausgesprochenen Voraussetzungen der Religion Israels, der Offenbarungsreligion gehören, ohne welche das volle Verständnis derselben nicht möglich wäre. Aber woher hätte dann Israel diese Anschauung, die, wenn sie berechtigt ist, doch unbedingt auf Offenbarung zurückgeführt werden oder, um es anders auszudrücken, aus dem israelitischen Gottesbewußtsein abzuleiten sein müßte? Wie dem auch sei, in jedem Falle ist zu fragen, woher Israel die Erkenntnis kommt, daß die richtende Gerechtigkeit Gottes sich ihm zum Heile erweisen werde? Das kann bei der im Alten Testament bezeugten Sündenerkenntnis, bei der Energie des religiös-sittlichen Bewußtseins, welche sich im Alten Testament ausspricht, nur zusammenhängen mit der Vorstellung oder Thatsache des besonderen Verhältnisses Gottes zu Israel.

Dies ist in der That der Fall und ergiebt sich durch Untersuchung der Frage, in welcher Eigenschaft Gott als der Richter und Retter Israels gedacht wird. Zu richten, Recht und dadurch Hülfe zu schaffen, ist das Amt des Königs, Hos. 13, 10:

„wo ist dein König, daß er dir helfe in all deinen Städten und dir Recht schaffe? wovon du sagtest: gieb mir König und Fürsten?" Vgl. Pf. 72, 1 ff.: „Gott, gieb dein Gericht dem Könige und deine Gerechtigkeit dem Königssohne, daß er dein Volk mit Gerechtigkeit richte und deine Elenden nach Recht." V. 4: „Er schaffe den Elenden im Volke Recht, er helfe den Armen und zermalme den Bedrücker," vgl. V. 7. 12 ff. Gott aber ist Israels König, und als solcher ist er Richter und Retter, Pf. 10, 16 ff.: „Jahveh ist König immer und ewig, geschwunden sind die Heiden aus seinem Lande. Das Begehren der Elenden hast du gehört, Jahveh; du hast ihr Herz gefestigt; du hast dein Ohr achtsam gemacht, Recht zu schaffen dem Verwaisten und Bedrückten; nicht wird ferner in Schrecken setzen ein Mensch, der von Erden her ist." Es ist irrig, wenn Diestel behauptet, daß diese Aussage im Alten Testament sehr selten auf Jahvehs theokratische Stellung zu Israel, vorwiegend auf seine Weltherrschaft bezogen werde. Das Gegenteil ist richtig, wie auch ebenso Wellhausen und H. Schultz wie Oehler anerkennen. Jahveh ist Israels König und der König Israels ist es, der aller Welt mächtig ist und seine Übermacht erweisen wird, so daß Israel, Zion der Mittelpunkt für alle Völker sein wird. Es ist wie bei aller Weltherrschaft; der Weltherrscher ist in erster Stelle König eines bestimmten Volkes, wie der Perserkönig. Ohne dies Volk wird er nicht gedacht. Als dieses Volkes König breitet er seine Herrschaft aus und sein Volk nimmt dann die führende Stelle ein. Seine Herrschaft ist zugleich seines Volkes Herrschaft. Vgl. Pf. 47, 3—5: „Jahveh ist der Höchste, furchtbar, ein großer König über die ganze Erde; er zwingt Völker unter uns, Nationen unter unsere Füße, er erwählt uns unser Erbe, den Stolz Jakobs, den er geliebt hat." „Sein Herrschaftsgebiet," sagt Delitzsch z. d. St., „hat Israel zum Mittelpunkt, aber nicht zur Schranke." Das ist das Große, nicht, daß der, der alle Welt unter sich hat und einst über sie triumphieren wird, auch über Israel König ist und von Israel als solcher erkannt und anerkannt wird, sondern daß Israels König mächtig ist über alle Welt. Das ist Israels Ehre, darauf beruht des bedrängten Volkes Hoffnung, dadurch ist Israels Zukunft verbürgt. Der Tag wird kommen, da alle Völker erfahren werden, daß Gott es ist, der über Jakob herrscht bis an die Enden der Erde Pf. 59, 14. Wie es damals hieß, als er Israel aus Ägypten erlöset und hingeführt zur Stätte seiner heiligen Wohnung: „Jahveh ist König immer und ewig" Ex. 15, 18, so wird es heißen, wenn Babel gefallen ist Jes. 52, 7: „wie lieblich sind auf den Bergen die Füße der Freudenboten, die da Frieden verkünden, Gutes melden, Heil verkünden, die zu Zion sagen: dein Gott ist König." Denn die Völker erfahren Gottes Übermacht, indem er sie bezwingt und Israel befreit und Frieden giebt. Die Zeit wird kommen, da Zion der Mittelpunkt der Welt sein wird, dahin alle Völker zusammenströmen, um von dort ihr Gesetz zu empfangen Mich. 4, 1 ff.; Jes. 2, 2 ff.; Sach. 14, 9. 16. Aber bis dahin erfahren die Völker das Königtum Jahvehs dadurch, daß sie seine Gewalt erleiden und inne werden, daß er zu fürchten ist 2 Kön. 19, 15. Jer. 10, 7. 10: „Jahveh ist Gott in Wahrheit, er ist lebendiger Gott und ewiger König; vor seinem Zürnen erbebt die Erde, und die Völker ertragen nicht seinen Grimm." Dagegen von Israel gilt Num. 23, 21: „nicht erblickt man Unheil in Jakob, noch sieht man Ungemach in Israel; Jahveh sein Gott ist mit ihm und Jubelschall des Königs ist unter ihm," denn Israel ist sein geliebtes und erkorenes Volk, zu dessen Gunsten er seine Gewalt ausübt. Zion ist die Stadt eines großen Königs, die Stätte seiner Herrlichkeit, Pf. 48, 3. 4; vgl. V. 11. 12: „so wie dein Name Gott, so ist dein Ruhm bis an die Enden der Erde; deine Rechte ist voller Gerechtigkeit, der Berg Zion freuet sich, die Töchter Judas frohlocken wegen deiner Gerichte." Darauf, daß Jahveh Israels König ist, beruht das Mißfallen Gottes an dem von Israel geforderten Königtum Sauls, denn eigentlich sollte es keinen andern König haben, vgl. 1 Sam. 8, 7; 12, 12; Richt. 8, 23; Israel selbst ist der erstgeborene Königssohn Exod. 4, 22; Hos. 11, 1; Deut. 1, 31, bestimmt zum Herrschen, nicht zum Beherrschtwerden. eine מַמְלֶכֶת כֹּהֲנִים, Exod. 19, 6 (vgl. Apok. 5, 10 nach dem Vat.). Darum sollte es nicht begehren, einen König zu haben wie andere Völker. Ebenso aber beruht darauf das Wohlgefallen Gottes an dem von ihm selbst erkorenen König, die Gottessohnschaft des davidischen Sprosses, der darum teil hat an dem Throne Gottes 2 Sam. 7, 13. 14; Pf. 2, 6. 7; 45, 7; 110, 1, denn Jahveh der

König ist es, der ihn zum Sohn erkiest und ihn zu seiner Rechten setzt. Darum wird von dem messianischen König, dessen Geburt der Prophet Jes. 9, 6 schaut, dasselbe erwartet, was von dem Königtum Jahvehs erwartet wird, Jes. 11, 3—5: „er — der Zweig aus der Wurzel Isais — richtet nicht nach dem Ansehn, spricht nicht Recht nach dem, was seine Ohren hören; mit Gerechtigkeit wird er richten die Armen und Recht schaffen nach dem Recht den Elenden im Lande; er schlägt das Land mit dem Stabe seines Mundes und mit dem Odem seiner Lippen tötet er den Gottlosen. Gerechtigkeit wird der Gurt seiner Hüften sein und Wahrheit, Bewährtheit der Gurt seiner Lenden."

Dies dürfte schon genügen, um den engen Zusammenhang der Hoffnung Israels auf die göttliche Gerichtsthat, die es rechtfertigen und ihm die Erlösung bringen soll, mit dem Gedanken des Königtums Jahvehs über Israel außer Zweifel zu stellen. Das Königtum Jahvehs über Israel ist der alles beherrschende Gedanke, nicht bloß ein Gesichtspunkt neben andern, wie auch aus dem Namen Jahveh Zebaoth sich ergiebt. Denn dieser Name schließt das Königtum ein und ist, wie Ewald sagt, der königliche Eigenname Gottes, von dem Psalmen und Propheten (außer Ezechiel und Daniel) überall Gebrauch machen, wo es sich um „Reichsthaten" Gottes handelt. (Vgl. Prot. Real=Encykl. Art. Zebaoth von Oehler, 2. Aufl. von Kautzsch.) Fügen wir noch eine Reihe anderer Stellen hinzu. Jes. 24 heißt es in der Beschreibung des großen Gerichtes V. 21 ff.: „es geschieht an jenem Tage, heimsuchen wird Jahveh das Heer der Höhe in der Höhe und die Könige der Erde auf der Erde, und sie werden eingekerkert, wie man Gefangene einkerkert in der Grube — — und es errötet der Mond und die Sonne schämt sich, denn königlich herrscht Jahveh der Heerscharen auf dem Berge Zion und in Jerusalem und angesichts seiner Ältesten in Herrlichkeit;" vgl. V. 16: „vom Saume der Erde hören wir Lieder: Preis dem Gerechten." 41, 21: „bringt herbei eure Rechtssache, spricht Jahveh; laßt anrücken eure Beweise, spricht der König Jakobs" zu den Götzen, wozu Delitzsch bemerkt: „absichtlich heißt Jahveh als Schutzgott Israels im Gegensatz zu den Schutzgöttern der Heiden König Jakobs." 43, 14. 15: „so spricht Jahveh euer

Erlöser, der Heilige Israels: um euretwillen habe ich gesandt nach Babel und treibe hinab als Flüchtlinge sie alle und die Chaldäer auf die Schiffe ihres Jubels. Ich Jahveh bin euer Heiliger, Israels Schöpfer, euer König," vgl. V. 21 ff. 44, 6: „So spricht Jahveh, Israels König und sein Erlöser, Jahveh der Heerscharen." Obadj. 15. 21: „nahe ist der Tag Jahvehs über alle Völker, רְדִיתָהּ לִיהוה הַמְּלוּכָה." Dazu kommen die zahlreichen Aussprüche in den Psalmen, z. B. Pf. 22, 29, wo es der Trost des Gottverlassenen ist, daß Jahveh die Herrschaft gehört, der nicht verschmäht und verachtet des Elenden Elend. Pf. 24, 7 ff.; 68, 25. 31; 74, 12: „Gott ist mein König von alters her, der Heilsthaten vollbringt mitten auf der Erde," vgl. V. 21: „laß den Bedrängten nicht beschämt zurückkehren; laß den Elenden und Armen deinen Namen preisen." Pf. 89, 17 ff. und namentlich die Psalmen 93—100, welche alle das Königtum Gottes (Delitzsch: „das in seiner Herrlichkeit offenbare Reich Gottes") preisen, vgl. 93, 1. 2; 94, 1. 2. 5—7. 14 ff.; 95, 3; 96, 10 ff.: „saget unter den Heiden: Jahveh ist König geworden, — — er kommt, er kommt die Erde zu richten. Er wird den Erdkreis richten in Gerechtigkeit und die Völker in Bewährtheit." 97, 1. 2: „Jahveh ist König geworden . . . Gerechtigkeit und Gericht sind die Stützen seines Thrones." V. 11. 12: „Licht geht auf den Gerechten und Freude den frommen Herzen; freuet euch in Jahveh, ihr Gerechten, und preiset seinen heiligen Namen." Pf. 99, 1—4; 100, 3; 103, 17—19; 145, 11—13. Vgl. Pf. 9, 5 ff.: „du hast mein Recht und meinen Streit aus= geführt, du hast dich auf den Thron gesetzt, ein gerechter Richter; du hast die Heiden gescholten," vgl. V. 9 ff.

Man wird hiernach sagen müssen, daß alle Gerichts= und Heilsthaten Gottes, alle Erweisungen seiner durch Gericht retten= den Gerechtigkeit als Erweisungen seines Königtums über Israel angesehen werden, als Erweisungen des Königtums, welches, sobald er will, über alle Völker triumphiert. Der „Tag Jahvehs", „jener Tag", der den Abschluß des prophetischen Gesichtsfeldes bildet, ist der Tag seiner königlichen Selbstoffen= barung und Bethätigung — vgl. oben Obadj. 15. 21 — und die Herrlichkeit Jahvehs, die Jes. 60 über Israel aufgeht, ist die Herrlichkeit dessen, der sich machtvoll als Israels König in rettendem Gericht erweist. Wird dies erkannt und anerkannt, namentlich daß der Tag Jahvehs unauflöslich mit dem Gedanken des Königtums Gottes verbunden ist (vgl. Matth. 25, 31. 34), so ergiebt sich, daß wie die Prophetie, so überhaupt die Religion Israels und speciell die Hoffnung und das Gebetsleben des Volkes in weit höherem Maße mit der Idee des Königtums Gottes rechnen, als wir anzunehmen gewohnt sind. Diese Anschauung steht im Mittelpunkte der Religion Israels. **Gericht, Rechtfertigung, Gerechtigkeit, Heil, Erlösung, — messianische Zukunft und Königtum Gottes sind unzertrennlich verbundene Vorstellungen.**[1]

Worauf beruht nun dieses Königtum Gottes über Israel mit seiner so einzigartigen Bedeutung? Wie kommt Israel dazu, von dem Königtum Gottes etwas ganz anderes zu erwarten, als die Heiden davon erfahren werden? Es genügt nicht, darauf zu verweisen, daß das Amt des Königs sei, Recht zu schaffen, zu richten und zu schützen, denn Israel weiß, daß es nicht seine Gerechtigkeit gewesen ist, um derentwillen es nach Kanaan gebracht ist und errettet ist von den Ägyptern und Kanaanitern. Israel betet ja: „gehe nicht ins Gericht mit deinem Knecht, denn vor dir ist kein Lebendiger gerecht," und „so du willst Sünde zurechnen, wer wird vor dir bestehen? An dir allein habe ich gesündigt und was böse in deinen Augen gethan, damit du gerecht erscheinest in deinem Spruch, rein erscheinest in deinem Richten." Wie kann es da von seinem König anderes erwarten, als was die Heiden erfahren? Müßte nicht gefolgert werden, daß Israel noch viel weniger als die Heiden von Gottes richtender Gerechtigkeit Heil erwarten könne? Gewiß, es ist ein Unterschied zwischen dem Volk, welches seine Sünde erkennt und bekennt, sich unter Gottes Urteil und Gericht bußfertig beugt und damit eine gerechte Sache hat, und zwischen den Heiden, welche dies nicht thun und überhaupt den Gott Israels nicht anerkennen. Aber diese Erkenntnis und dies Bekenntnis sind doch nicht die Voraussetzungen des heilschaffenden Königtums Gottes über Israel, sondern Konsequenz und Forderung; das Königtum

---

[1] Vgl. Eines ungenannten Schriftforschers (Ph. M. Hahn) vermischte theologische Schriften. 2. Band. Winterthur 1779.

Gottes ist früher als die Forderung Gottes an sein Volk; die Bundesauflage, das Gesetz ist nicht Begründung, sondern Ausfluß dieses Königtums, und anders ist auch Deut. 33, 5 vgl. V. 3 nicht gemeint. Um so notwendiger ist die Frage, worauf denn das Königtum Gottes über Israel beruht.

Das Königtum Gottes über Israel mit all seinen Gütern und Verheißungen beruht **auf freier göttlicher Erwählung**, und eben mit dieser Erwählung hängt ebenso die geschehene Erlösung aus Ägypten wie die zukünftige verheißene und ersehnte Erlösung zusammen. „Ich will euch erlösen durch einen ausgereckten Arm und große Gerichte und ich will euch mir annehmen (לקח) zum Volk," spricht Jahveh Ex. 6, 6. 7, vgl. 3, 10; 7, 16; 15, 16; 19, 5. 6: „ihr sollt mir sein ein Eigentum vor allen Völkern, denn die ganze Erde ist mein, und ihr sollt mir sein ein Königreich von Priestern und ein heiliges Volk." Deut. 7, 6 ff.: „ein heiliges Volk bist du Jahveh deinem Gott. Dich hat erwählt (בחר) Jahveh dein Gott, ihm zu sein ein Volk des Eigentums aus allen Völkern, die auf der Erde sind. Nicht weil ihr zahlreicher als alle Völker hat Jahveh euch geliebt (sich an euch gebunden, חשק) und euch erwählt, denn ihr seid das geringste von allen Völkern, sondern wegen der Liebe Jahvehs zu euch und weil er den Eid hält euren Vätern geschworen," vgl. 9, 44 ff.: „nicht wegen deiner Gerechtigkeit und der Geradheit deines Herzens," s. o. S. 68. Ferner vgl. 4, 37; 10, 15; 14, 2. Überall steht der Gedanke der Erwählung mit dem der Erlösung, der Errettung durch Gericht und aus dem Gericht, und darum mit dem des Königtums Jahvehs in unauflöslichem Zusammenhange, vgl. Ps. 33, 12; 47, 3 ff.; 78, 67. 68; 132, 14; 135, 4; Jes. 14, 1; 41, 8 ff.; 43, 7 ff.; 44, 1 ff.; 49, 7; Jer. 33, 24; Ez. 20, 5; Sach. 1, 17; 2, 16; Ps. 105, 6. 7. 43. 44; 106, 5; Jes. 65, 9. 22. 23. Die Erwählung Israels ist die Erwählung Zions und die Erwählung Zions und Jerusalems weist auf das Königtum Jahvehs hin, Sach. 1, 17; 2, 16; Ps. 132, 14; Jes. 49, 7. 14; vgl. 51, 3. 11; 35, 10.

Dieser Zusammenhang zwischen Erwählung und Erlösung findet seinen höchsten Ausdruck in der Anschauung von der

Gotteskindschaft Israels und der Vaterschaft Gottes im Verhältnis zu Israel. Was Israel ist, verdankt es Jahveh, es ist Thon in seiner Hand Jes. 64, 7; aber nicht dies, nicht die Macht, der gegenüber man willenlos ist, sondern Liebe ist es, die Israel erwählt hat, und darum ist es Sohn, ja erstgeborner Sohn Jahvehs. Jer. 31, 7 heißt es: „Jahveh hat sein Volk gerettet," oder „Jahveh, hilf deinem Volk," und dieser Bezeichnung Israels liegt der Gedanke des Königtums Jahvehs zu Grunde. Sofort aber in V. 9 tritt dafür der Gedanke der Vaterschaft Gottes und der Gotteskindschaft ein, der die Innigkeit des Bandes zwischen Gott und seinem Volk auf ihren höchsten Ausdruck bringt: „ich will sie führen zu Wasserbächen auf ebenem Wege, sie sollen nicht straucheln, denn ich bin für Israel Vater, und Ephraim, mein Erstgeborner ist er." Ebenso liegen Deut. 14, 1. 2 die Vorstellungen Volk Gottes — also Königtum Gottes — und Kinder Gottes — also Vaterschaft Gottes — unmittelbar zusammen. Auf der Vaterschaft Gottes beruht Ex. 4, 22 f.; Hos. 11, 1 die Errettung aus Ägypten, und so schreiend deshalb das Mißverhältnis ist, in welchem Israels Untreue zu seiner Gotteskindschaft und Gottes Vaterschaft steht — Deut. 32, 5. 6; Jes. 1, 2—4; 30, 9; Jer. 3, 14. 22; Mal. 1, 6; 2, 10 — um so leuchtender und anbetungswürdiger ist Gottes Treue gegen die, die er zu seinen Kindern gemacht hat und darum nicht aufgeben, sondern auch jetzt noch erretten und erlösen will. Jes. 43, 6: „bringe meine Söhne von ferne und meine Töchter vom Ende der Erde, alles, was mit meinem Namen genannt ist und was ich zu meiner Herrlichkeit geschaffen habe;" 45, 11; Jer. 31, 20: „ist nicht Ephraim mir ein teurer Sohn, ein Lieblingskind? denn so oft ich auch gegen ihn geredet, gedenke ich seiner wieder, darum bewegt sich mein Innerstes ihm entgegen, ich erbarme mich seiner, spricht Jahveh." So über und wider alles Denken und Erwarten ist dies, daß nur in den dunkelsten Stunden des Gerichtselendes Israel wagt, sich daran anzuklammern und zu sprechen: „du bist unser Vater, denn Abraham weiß von uns nicht und Israel kennt uns nicht; du Jahveh bist unser Vater und unser Erlöser, von alters her ist das dein Name" Jes. 63, 16; vgl. V. 19: „wir sind wie solche, über die du nicht von alters her herrschtest;" 64, 7: „nur Jahveh unser Vater bist du," V. 8: „schaue doch, dein Volk sind wir alle."

Das ist die freie, lediglich in dem Liebeswillen Gottes gegründete, jeden Rechtsanspruch an eine Pflicht Gottes ausschließende (Jes. 64, 7; Mal. 1, 2) Erwählung, die Grundlage des Königtums und der Vaterschaft Gottes und der Gotteskindschaft Israels. Sie, nicht die Gerechtigkeit Israels oder irgend ein anderes Gut ist der einzige Grund und Rechtstitel Israels, das Recht, welches Israel gegenüber seinen Feinden und Bedrängern, überhaupt gegenüber den Heiden hat, seine einzige gerechte Sache oder, wie wir sagen würden, das ihm verliehene Recht, vgl. oben S. 49 f. 59. Israel hat nur ein objektives, nicht ein subjektives Recht auf Erlösung, und dieses Recht ist eben seine Erwählung. Wie dies der Fall war bei der Erlösung aus Ägypten, so ist es auch noch später der Fall. Denn zwar setzt dieses Verhältnis zu Gott Pflichten voraus, welche Israel zu erfüllen hat, damit seine Erwählung nicht hinfällig werde und sich wandle in Verwerfung, מאס, welches nicht von dem nicht erwählten Objekt gilt, sondern die Aufhebung der Erwählung für das erwählte Objekt bezeichnet, vgl. Jer. 33, 24; Ps. 78, 67 f. vgl. mit V. 59; Exod. 32, 32 f.; Jes. 14, 1 vgl. 41, 49; Sach. 1, 17; 2, 16. Aber nicht die Erfüllung der Forderungen Gottes ist schließlich der Grund, daß Gott die Erwählung aufrecht erhält (בחר בו, ἔτι ἐκλέγεσθαι Jes. 14, 1), sondern nur die Erwählung selbst, in der sich Gott seinem Volke nicht bloß zum König, sondern zum Vater gegeben. Um ihretwillen vergiebt Gott seinem Volke in der entscheidenden Zeit die Sünden, Jes. 43, 20 ff.: „ich gebe in der Wüste Wasser, Ströme in der Einöde, zu tränken mein Volk, meinen Erwählten. Das Volk, welches ich mir gebildet habe, meinen Ruhm soll es erzählen. Und nicht hast du mich angerufen, Jakob, daß du dich abgemüht hättest um mich, Israel . . . nein, du hast mich abgemüht mit deinen Sünden, mich geplagt mit deinen Missethaten. Ich, ich bin es, der tilgt deine Übertretungen um meinetwillen, und deiner Sünden gedenke ich nicht. Erinnere mich, und wir wollen rechten miteinander. Dein erster Vater hat gesündigt, und deine Mittler sind mir untreu geworden, und ich habe entweiht Fürsten des Heiligtums und habe dem Banne preisgegeben Jakob und Israel den Lästerungen. Und nun höre Jakob mein Knecht und Israel, den ich erwählt habe, so spricht Jahveh, der dich gemacht und dich bereitet hat von Mutterleibe und dir geholfen: nicht fürchte dich, mein Knecht Jakob und Jeschurun, den ich erwählet." Stärker kann es nicht zum Ausdruck gebracht werden, daß der letzte und einzig übrig bleibende Grund der göttlichen Heils= that lediglich die Erwählung ist, und diese Erwählung fordert Glauben; הַאֲמִין ist das ihr entsprechende grund= legende Verhalten, Deut. 1, 31 ff.; 9, 23; Jef. 28, 16. Vgl. oben S. 69 f.

Allerdings gilt es für Israel, in dem durch die Erwählung gesetzten Verhältnis zu Gott auch dem Willen seines Königs gemäß zu leben, den Bund, — welcher Begriff hier einsetzt und so ebenfalls mit dem des Königtums zusammenhängt — zu halten, die Bundesauflage, das Gesetz zu erfüllen, Deut. 33, 2—4; 7, 1 ff. Aber der Zweck des Gesetzes und seiner Beobachtung ist nicht der, die Erwählung zu begründen, sondern zu erhalten, vgl. Deut. 7, 9—11. Bedeutsam dafür ist auch die Institution der Sühne, deren Zweck nicht wie bei der Sühne auf profanem Gebiet der ist, die Gesinnung Gottes zu wandeln, sondern einer Wandlung der Gesinnung Gottes in heilversagenden Zorn vor= zubeugen und im Bunde der Gnade zu bleiben (vgl. mein Wörterbuch, 8. Aufl. S. 472 unter $\iota\lambda\acute{a}\sigma\kappa\epsilon\sigma\vartheta\alpha\iota$, sowie unter $\acute{o}\rho\gamma\acute{\eta}$ S. 715 ff.). Darum wird diese Bewahrung des Bundes als צְדָקָה Deut. 6, 25 (vgl. זִבְחֵי־צֶדֶק Deut. 33, 19) gefordert, aber sie ist nicht das grundlegende Verhalten. Dies ist und bleibt הַאֲמִין, und es dürfte wohl darauf Gewicht zu legen sein, daß die Derivate von צדק in diesem Sinne im Pentateuch nur ganz sporadisch erscheinen — Deut. 6, 25; 9, 4—6; 33, 19 — während für הַאֲמִין bezw. לֹא הֶאֱמִין die Hälfte aller Stellen, in denen es sich findet, auf den Pentateuch fällt. Das Gesetz hat offenbar — und dies ist eine für die geschichtliche Frage ganz gewiß nicht unwichtige Thatsache — den Begriff der Ge= rechtigkeit noch nicht so fixiert, wie das spätere nachexilische Judentum.

Wenn nun die Glauben fordernde Erwählung und sie allein, nicht die Gerechtigkeit, welche dem Gesetz Gottes entspricht, die Grundlage aller Heilsthaten Gottes ist und dies so sehr, daß sie Jes. 43, 20 ff. die Vergebung der Sünden begründet und in derselben sich bethätigt und beweist, so ergiebt sich für Gen. 15, 6, **daß der Glaube im Sinne der Substitution zur Gerechtigkeit gerechnet wird.** Nicht als wenn dadurch die Gerechtigkeit des Gehorsams gegen das Gesetz überflüssig gemacht würde. Sie steht vielmehr zu der Glaubensgerechtigkeit in demselben Verhältnis, wie Gen. 18, 19 und 22, 18 zu 15, 6. Nimmt man noch dazu, was sonst das Alte Testament, speciell Propheten und Psalmen von der Vergebung der Sünden sagen, so ergiebt sich, daß die Hoffnung Israels auf die rechtfertigende und dadurch rettende Gnade Gottes den Glauben an die jeden Rechtsanspruch ausschließende Erwählung zum Volke Gottes, den Glauben an die die Sünden nicht zurechnende Liebe Gottes zum Grunde hat, oder den **Glauben an ein**, wie wir sagen würden, **aus Gnaden verliehenes, aus Gnaden belassenes, weder durch vorgängiges noch durch nachfolgendes Verhalten erworbenes Recht.** Das subjektive Recht Israels kann dann nur darin bestehen, daß es zur göttlichen Erwählung sich so verhält, wie es durch האמין bezeichnet wird **und infolgedessen auch seine Erwählung und damit auch den Bund, das Gesetz bewahrt** (vgl. z. B. Jes. 58). Es ist nicht ein zwiefaches Verhalten, noch ist es ein Entweder — oder, entweder האמין, אמונה, oder צדקה, welches erfordert wird — eine Gegenüberstellung, welche dem Israeliten gar nicht in den Sinn kommen konnte. Glaube und Gesetzesgehorsam gehören naturnotwendig zusammen, aber obwohl der Gesetzesgehorsam, die Bundestreue als Bewährung des האמין zur Bewahrung der Erwählung erfordert wurde, so ist er doch thatsächlich nicht das Mittel gewesen, sich die Heilshoffnung zu erhalten. Denn Israel hat ihn immer wieder ebenso versagt, wie es in den entscheidenden Zeiten den Glauben versagte. Das über das Volk ergangene Gericht der Wegführung in die Gefangenschaft ist nicht bloß ein Gericht über seinen Ungehorsam, sondern über seinen Unglauben. Es fragt sich deshalb, ob es unter dem Gericht Glauben lernen wird — vgl. Jef. 7, 9; Hab. 2, 4 — denn der Glaube ist seine Bekehrung, in der es dann auch Ernst machen wird mit dem Gesetz, denn der Glaube macht Ernst mit der Religion. Ja, wenn Gott in seiner Treue um der den Vätern gegebenen Verheißung, um der geschehenen Erwählung willen die Ver= heißung erfüllt, so wird es sich wieder wie immer, wenn er seine Boten sandte, darum handeln, **ob er Glauben finden werde in Israel.**

4.
Die Bedeutung des Gesetzes für diese Hoffnung.

In dem ganzen Vorstellungskreise, in dem wir uns bisher bewegt haben, ist der Begriff der Gerechtigkeit und der Rechtfertigung durch das Gericht des gerechten Gottes, des Königs seines erwählten Volkes, des Vaters seiner Kinder durchaus unabhängig von der Rücksicht auf das Gesetz Israels. Allerdings wer gerecht ist, hat Lust zum Gesetze Jahvehs (Pf. 1, 2. 5. 6), aber dies ist ein Ausfluß, eine Bethätigung seiner Gerechtigkeit, begründet dieselbe nicht. „Jahveh wird mir vergelten nach meiner Gerechtigkeit, denn ich bewahre die Wege Jahvehs und frevle nicht an meinem Gott, denn all seine Rechte sind vor mir und seine Gebote werfe ich nicht von mir" (Pf. 18, 21 ff.), aber der Weg, den er die בָּנָיו leitet, die Pfade Jahvehs, welche Güte und Wahrheit sind für die, die seinen Bund und Zeugnis bewahren (Pf. 25, 8 ff.), sind doch nicht enthalten in den Vorschriften des Gesetzes. Zur Gerechtigkeit des Israeliten gehört der Gehorsam gegen das Gesetz, aber sie besteht nicht in diesem Gehorsam, am allerwenigsten nur in ihm. Dies ist besonders klar Jes. 58, 2 ff. Gerecht ist, wer Recht thut, Recht hat oder Recht bekommt bezw. bekommen hat. Das Recht thun richtet sich nach dem Verhältnis, in welchem einer steht, und was dieses Verhältnis von ihm erfordert. Recht thut, wer dem andern keinen Grund giebt, sich über ihn zu beklagen oder wer das Verhältnis, in welchem er steht, richtig ausfüllt. Die Anforderungen, die es zu erfüllen gilt, ergeben sich aus dem Verhältnisse. Recht hat der, dem Unrecht geschieht, auch wenn er in andrer Beziehung sich selbst der Sünde zeihen muß. Recht bekommt von Gott der, der zu ihm sich hält, auf ihn sich verläßt und darum seine Sünde erkennt und bekennt.

Wozu ist nun das Gesetz da? Welches ist sein Zweck und seine Bedeutung?

Diese Frage darf nicht verwechselt werden mit der Frage nach dem Zweck, welchen das nachexilische Judentum bezw. die theologische Schule desselben und der Pharisäismus ihm beilegten, und wonach derselbe darin bestehen sollte, daß es erst lehren sollte, was Gerechtigkeit sei und was zu ihr gehöre, um dadurch ihre Verwirklichung zu erzeugen. Diese Aufgabe hat das Gesetz im Talmud, dem Buch der Jubiläen u. s. w. Es selbst redet aber nicht so von sich und giebt auch sonst keinen Anlaß, dies als seinen Zweck und seine Bedeutung zu bezeichnen. Unsere Frage ist verwandt mit der Frage, ob das Gesetz Produkt des Judentums d. i. „der Sekte" sei, „welche das von den Assyrern und Chaldäern vernichtete Volk überlebte" (Wellhausen), aber auch nur verwandt, nicht identisch mit ihr. Denn in dieser Fragestellung ist schon ein Urteil über Zweck und Bedeutung des Gesetzes enthalten, welche wir erst zu erkennen suchen. Ein anderes ist die Bedeutung, welche das Gesetz im nachexilischen Judentum geschichtlich nachweisbar gewonnen hat, ein anderes die Bedeutung, welche ihm eigentlich zukommt. Ebenso ist unsere Frage auch unverworren zu halten mit der anderen, was und wieviel vom Gesetze mosaisch, was nachexilisch sei, — eine wesentlich litterargeschichtliche Frage, von der die Frage nach dem Zweck und der Bedeutung des Gesetzes zunächst wenigstens unabhängig ist.

Man kann sich die Beantwortung dieser Frage nicht schlimmer verbauen, als wenn man unter Anwendung des supranaturalistischen Begriffs der Offenbarung auf die Gesetzgebung das Gesetz im Unterschiede vom sogenannten Gewissensgesetz als „geoffenbartes Gesetz" bezeichnet und dabei unwillkürlich an die Kundmachung eines den Menschen sonst unbekannten Inhaltes denkt. Nun enthält aber weder der Dekalog noch das Kultusgesetz solchen sonst unbekannten Inhalt. Dies ergiebt eine Vergleichung mit dem Heidentum unzweifelhaft, — es sei denn, daß man an eine geschichtlich nicht nachweisbare allmähliche Entstehung des sittlichen bezw. sittlich-religiösen Bewußtseins, an seine Entwicklung, sei es aus dem Zustande der Unbildung und Rohheit, sei es aus dem Zustande der Indifferenz, glaubte. Ein anderes ist es, die Wahrheit kennen, ein anderes sie thun. Wo man sie kennt und nicht thut, setzt man sich über sie hinweg, vergißt sie, aber es bedarf nur der Erinnerung, um sie als selbstverständliches Gericht gegenwärtig zu haben. Dies gilt ebenso in Beziehung auf die Gotteskunde, Gottesfurcht und Gottesverehrung, wie in Bezug auf unser Verhalten zu einander. Daß dem Heidentum nicht Unkunde, sondern Gottvergessenheit, Nichtachtung Gottes und schließlich Gottesverachtung zu Grunde liegt, wie dies Paulus Röm. 1 ausführt und Deut. 4, 19 ausspricht, und daß die Verkehrung der sittlichen Begriffe Hand in Hand geht mit der religiösen Verkehrung, ist weit begreiflicher, als daß der Monotheismus sich aus dem Polytheismus, die wahre Religion aus der Irreligion entwickelt habe, und wird durch Israels immer wiederholten Abfall nur bestätigt. Darum sehen wir auch in der Gesetzgebung nicht eine Mitteilung neuer Erkenntnis. Der Dekalog enthält nicht bloß in seiner zweiten Tafel nichts Neues, sondern auch in der ersten nicht. Denn ein Volk, welches weiß oder erfahren hat, daß Jahveh sein Gott ist, braucht nicht erst eine Unterweisung darüber, daß und wie er zu ehren und zu fürchten ist, sondern nur der Erinnerungen, welche die ersten Gebote geben. Selbst die Feier seines Tages versteht sich von selbst, vgl. Exod. 20, 8—11 bezw. Deut. 5, 15 mit Exod. 16, 25. **In der Formulierung der Forderung, in ihrer Aufstellung kann die Bedeutung des Dekalogs nicht liegen.**

Genau das Gleiche gilt vom Kultusgesetz. Man hat das Gesetz vom Opfer und Priestertum das heidnische Element im israelitischen Kultus genannt, — nicht ganz mit Unrecht, denn überall im Heidentum, im ägyptischen erst recht, finden wir Opfer und Priestertum. Freilich — die Bedeutung ist eine durchaus verschiedene. Im Heidentum gilt es, die Gottheit durch Opfergaben — den schuldigen Tribut — erst geneigt zu machen, denn φθονερὸν ἀεί τὸ θεῖον, sagt Herodot. Das Wohlwollen der Gottheit denkt man sich, wie Nägelsbach sagt, nicht als den ursprünglichen Zustand, sondern als ein Gut, das immer erst erworben werden muß mit schweren Opfern. Wenn nun das Gesetz des gnädigen Gottes, dem niemand etwas zuvorgegeben und der dennoch Israel aus Ägypten und aus dem Diensthause geführt hat, auch seinerseits die Opfer fordert, so versteht es sich von selbst, daß sie nicht dazu bienen sollen, die Geneigtheit der Gottheit zu gewinnen, sondern daß sie nur dazu bienen können und sollen, einer Wandlung der Gesinnung Gottes um der Sünde und Sünden seines Volkes willen vorzubeugen (vgl. mein Wörterbuch unter ἱλάσκομαι und ὀργή). Mit dem Opfer aber hängt das Priestertum zusammen. Auch dies ist keine neue Einrichtung des Gesetzes. Neu ist nur die Ordnung eines besonderen bleibenden, sich vererbenden Priesterstandes, dessen ständige Aufgabe der Opferdienst in dem angegebenen Sinne ist, — wenn man will eine Verschlechterung gegen früher (vgl. Gen. 14. 15), aber eine Verbesserung gegen das Heidentum und dem Zweck der israelitischen Opfer allein angemessen.

So enthält das Gesetz nirgend absolut Neues und kann deshalb nicht als Offenbarungsgesetz im Sinne einer Kundmachung sonst unbekannten Inhaltes bezeichnet werden. Israel braucht allerdings nicht mehr zu fragen, was Gott von ihm fordert, und in diesem Sinne ist es belehrt (Deut. 4, 5. 14; 30, 11. 14); aber diese Belehrung ist weder der eigentliche Inhalt noch Zweck und Bedeutung des Gesetzes. Das Gesetz enthält noch etwas ganz anderes, als diese Erinnerungen und Forderungen. Könnten wir auch die Anweisungen, die es giebt z. B. über das Verfahren beim Aussatz, bei den verschiedenen Opfern, dahin rechnen, — es will doch mehr und thut mehr damit, als Anweisungen geben. Es setzt nicht bloß die Forderungen fest, welche ebenso von den Proselyten und Fremden wie von den Volksgenossen zu erfüllen sein sollen (vgl. z. B. Exod. 12, 49; Num. 15, 15. 26), sondern regelt auch das Verfahren, welches mit ihnen eingeschlagen werden soll, Num. 15, 16. Das Gesetz geht nicht auf in seinen Vorschriften. Ebenso wie die Verordnungen und Vorschriften in ihrem ganzen Umfange, so gehören auch Fluch und Segen zum Gesetz, also die Ankündigung dessen, was Gott thun will, der Folgen, welche das Verhalten oder Mißverhalten des Volkes haben soll.

Es ist nicht bloß in Bezug auf das Gesetz Israels, sondern überhaupt falsch, das Wesen des Gesetzes in der Formulierung der Forderung zu sehen. Gesetz ist die in Kraft gesetzte, mit Rechtskraft ausgestattete, in einem Gemeinwesen geltende Ordnung. Das Gesetz erhebt eine Forderung zur geltenden, thatsächlichen

Ordnung eines Gemeinwesens. Darum gehört zu ihm Verheißung und Drohung, und zwar so, daß es der Verheißung kaum bedarf, weil sie selbstverständlich ist, denn die innegehaltene Ordnung verbürgt das Leben, wohl aber die Drohung, wie denn auch ein Gesetz ohne Strafbestimmungen eine unanwendbare, unausführbare lex imperfecta ist. Die Drohung aber ist nicht eine bloße Formel, sondern ist die Straffestsetzung für den Übertreter, welche mit der Gesetzgebung selbst in Wirksamkeit tritt. **Gesetz ist die in Kraft gesetzte und sich durchsetzende Ordnung eines Gemeinwesens**, deren Wirksamkeit zwar aufgehalten werden kann, immer aber nur in der Form des Aufschubs. Darum ist die Gesetzgebung so bedeutsam, denn von dem Tage der Gesetzgebung ab regiert das Gesetz, während eine Bestrafung der Übertretung unmöglich ist, solange keine gesetzliche Ordnung der Verhältnisse eingetreten ist.

Dies ist nun auch die Bedeutung der Gesetzgebung und damit des Gesetzes in Israel. Israels Gesetz ist die in ihm, in seiner Mitte in Kraft gesetzte Ordnung seiner gesamten Lebensverhältnisse, nicht der ihm kundgemachte Inbegriff aller menschlichen Pflichten gegen Gott und Menschen, sondern Ordnung seines, des israelitischen Volkslebens in religiöser, sittlicher und socialer Beziehung. Danach hat es sich nicht bloß zu richten, **sondern danach richtet sich sein Geschick**. Darauf kommt es an und dadurch wird die Bedeutung der Gesetzgebung klar; vgl. Lev. 25, 18 f.; 26, 4 ff.; V. 20. 32 ff.; Deut. 5, 16; Kap. 29. 30. Von hier aus erklärt sich auch die bedeutsame Erscheinung, daß aller gedrohte Fluch und Segen sich, wie man es ausdrückt, auf das Diesseits beschränkt. Man meint, gerade weil das Gesetz göttlichen Ursprungs sein wolle, müsse auch die ewige Vergeltung betont werden, und findet nun darin, daß dies nicht geschieht, einen wesentlichen Mangel, den man dann günstigenfalls der unvollendeten alttestamentlichen Offenbarungsstufe zuschreibt. Im Gegenteil aber liegt darin das Wesen der Gesetzgebung, daß sie Israels Bestand und seine Zukunft an die Gesetzeserfüllung bindet. Die ewige Vergeltung ist eine Sache für sich und kommt mit dem Messias. Aber aller gedrohte Fluch und aller verheißene Segen soll auf Erden erlebt werden, — dafür ist es Gesetz, welches Fluch und Segen ausspricht. Es kann nicht anders, und weil es Gottes Gesetz ist, so kann es Fluch und Segen in dem Maße und in der Weise aussprechen, wie es das thut. Gott, der die Sünde zugelassen und sie in der Welt walten läßt, läßt alle anderen Völker ihre eigenen Wege gehen, daß sie ihn suchen sollen, ob sie ihn fühlen und finden möchten (vgl. Act. 17, 26. 27); Israel aber hat er erwählt und giebt ihm nun Ordnungen, an die sein Bestand, seine Hoffnung und seine Zukunft gebunden ist. Die ganze „Vergeltungslehre" des Gesetzes, wie man sie genannt hat, muß diesseitig und irdisch sein, ohne damit über das schließliche Geschick, über die ewige Vergeltung, über das Leben nach dem Tode u. s. w. etwas auszusagen. Dies liegt über den Rahmen des Gesetzes hinaus; nicht als wenn es in Israel jemals eine Zeit gegeben hätte, in der man nicht an ein Leben nach dem Tode gedacht hätte, aber für das Gesetz, welches das israelitische Gemeinwesen ordnen sollte, kam nicht diese Zukunft, sondern das irdische Geschick als das vom Gesetz beherrschte und von Gott nach seinem Gesetz gestaltete Leben in Betracht. Der Zweck dieses Lebens war das Erleben des Heiles Gottes.

Deshalb tritt auch dem Dekalog als dem Hauptbestandteil des Gesetzes, dem eigentlichen Ausdruck des göttlichen Willens (Exod. 34, 28; Deut. 5, 22; 10, 4), das Gesetz über Opfer und Priestertum zur Seite. Denn die unabwendbare tägliche Übertretung würde sonst Israels Bestand gefährden und Gott nötigen, seine Gnade, in der er Israel erwählt, geleitet und getragen hat, in Zorn zu wandeln. Die regelmäßigen täglichen und sabbathlichen Opfer wie die besonderen Opfer des Einzelnen, insonderheit die Sünd- und Schuldopfer, aber auch die Brand- und Heilsopfer erhalten dem Volke und dem Einzelnen die Gnade Gottes, und nur die Sünden בְּיָד רָמָה, ἐν χειρί ὑπερηφανίας, ἑκουσίως werden unnachsichtlich gestraft; die sie begangen, werden ausgerottet aus dem Volke. An und für sich bedarf Gott der Opfer und des Priestertums nicht, letzteres nicht, weil das ganze Volk ihm eine מַמְלֶכֶת כֹּהֲנִים, ein Königreich von Priestern sein soll, der Opfer nicht, denn die Opfer, die er verlangt, sind anderer Art, Pf. 50, 8 ff.; 51, 18; 40, 7; 34, 19; aber damit das Volk seiner Sünde inne werde und bleibe, wird der Opferkultus geordnet, dessen sühnende Bedeutung auch bezüglich der

Dank- und Brandopfer erkannt werden will. „Denn die Seele des Fleisches im Blute ist sie, und ich habe es euch gegeben auf den Altar zu versöhnen über eure Seelen, כִּי־הַדָּם הוּא בַּנֶּפֶשׁ יְכַפֵּר", Lev. 17, 11.

Damit ist nun eine Geschichte des von Gott erwählten Volkes ermöglicht, aber eine Geschichte ganz eigener Art. Israels Geschichte ist nicht wie die Geschichte der übrigen Völker, die Gott hat ihre eigenen Wege gehen lassen (Act. 14, 16), bis daß auf die Zeit des Aufsteigens und der Blüte die Zeit des unaufhaltsamen Verfalls folgte, aus dem noch kein Volk sich wieder erhoben hat. Israels Geschichte weist im Zusammenhange mit seinem Verhalten eine Bethätigung Gottes in Gericht und Gnade auf, wie sie nirgend anders wiederzufinden ist, und zwar ist es ganz besonders die Bethätigung Gottes im Gericht, welche immer wieder von den Zeiten der Richter an in stetem Zusammenhang mit der Gottvergessenheit und Abgötterei des Volkes eintritt und mehr wie alles andere das besondere Walten Gottes in diesem Volke und damit die Thatsache der Gesetzesoffenbarung beweist. Nicht bloß die Thatsache der Gerichte, sondern die Eigenart derselben ist das, was der israelitischen Geschichte von der Richterzeit an eigentümlich ist, jene Art, welche Ezech. 39, 28 für seine Zeit so beschrieben wird: „sie werden erkennen, daß ich Jahveh ihr Gott bin, der sie unter die Völker in die Verbannung führte, und sie nun in ihrem Lande versammle."

Nun aber liegt es auf der Hand, daß die Herbeiführung „besserer Zeiten" nicht der eigentliche Zweck des Gesetzes sein kann, denn obwohl die Sündenerkenntnis des Volkes und seine Beugung unter die Hand Gottes bessere Zeiten herbeigeführt hat, — so viel besser sind sie nie gewesen, daß nunmehr der Zweck Gottes als erreicht hätte gelten können. Es ist ein Unterschied zwischen der Zeit, da Gottes Hand schwer auf dem Volke liegt und das Wort gilt: „o daß du auf meine Gebote merktest, so würde dein Friede sein wie ein Wasserstrom und deine Gerechtigkeit wie des Meeres Wellen," und zwischen der Zeit, da Gottes Gnade dem Volk geholfen hat, vgl. Ps. 81, 10 ff.; Jes. 22, 24 f.; 48, 17—19; 57, 17 u. a. Aber statt daß in den besseren Zeiten nun Glaube und Gottesfurcht geblüht hätten, machte sich der Gegensatz geltend zwischen denen, die bloß Recht hatten mit ihrer Religion und denen, die Ernst damit machten. Hatte wegen der durch das Gesetz bewirkten Verbindung von Sünde und Gericht, Gehorsam und Heil schon immer der Verzug des Gerichtes über die Gottlosen und Frevler eine der schwersten Anfechtungen gebildet, — in diesen Zeiten wurde die Anfechtung noch schwerer, Ps. 73, um so schwerer, je weniger man verkennen konnte, daß das göttliche Zorngericht noch nicht vorüber sei (Joh. 3, 36).

Zweck des Gesetzes ist die Herstellung einer Volksgemeinschaft, welche imstande ist, das ganze Heil Gottes zu erleben, und zwar diese Herstellung vermittels der Wirkung des Gesetzes, welche den Gehorsam und den Wandel in allen Geboten und Rechten Jahvehs erzielt, Deut. 28; 30, 1 ff. Ein bekehrtes Volk, welches von ganzem Herzen und von ganzer Seele sich zu Jahveh hält und in seinen Wegen wandelt, — dazu soll es kommen vermittels der Erfahrung des Fluches, daß die Sünde der Leute Verderben ist. Das Gesetz verlangt Gehorsam und bestraft den Ungehorsam. Obwohl es nun den Ausdruck צֶדֶק, צְדָקָה, צַדִּיק wenig oder gar nicht gebraucht, am allerwenigsten zur Beschreibung oder Bezeichnung der Erfüllung des Gesetzes, so wird man doch sagen müssen, daß somit das Gesetz Gerechtigkeit fordert, und zwar eine Gerechtigkeit, welche spricht: „verflucht sei, wer nicht alle Worte dieses Gesetzes erfüllet, daß er danach thue," Deut. 27, 26.

Dies stimmt nun nicht mit dem Begriff des Gerechten, den wir oben (S. 43 ff., insbesondere 53) gefunden haben, auch nicht mit dem Begriff der Gerechtigkeit, wie er Gen. 15, 6 vorliegt. Wir können uns nicht mit der bei den jüdischen Auslegern schon seit der ältesten Zeit beliebten Auskunft begnügen, daß diese Anrechnung des Glaubens als Gerechtigkeit vor der Beschneidung und damit erst recht vor der Gesetzgebung liege, vor welcher es nur möglich gewesen sei, durch Beweisung eines Glaubens gerecht zu werden, aus dem sich ein neues Leben (Ps. 106, 31) ergebe. Davon, daß der Glaube hier als Triebkraft eines neuen Lebens in Betracht kommt, ist entfernt nicht die Rede. Es ist der Glaube, der im entscheidenden Moment, wo alles auf dem Spiele steht, Gottes Wort und Zusage ergreift und festhält, sich daran aufrichtet, obwohl von der diesem Worte entsprechenden Wirklichkeit nichts wahrzunehmen ist. Anders liegt auch die Sache Pf. 106, 31 nicht und ebensowenig 2 Chron. 20, 20; Jef. 7, 9; Hab. 2, 4.

Noch wird dieser Widerspruch nicht schmerzlich empfunden. Denn der Glaube ist seiner Natur nach willig, in Gottes und seines Gesetzes Wegen zu wandeln, sich zu beugen in der Erkenntnis der geschehenen Versündigung und sich von ganzem Herzen und von ganzer Seele zu bekehren zu dem lebendigen Gott. Der Glaube an Gottes Verheißung und die Achtung vor Gottes Gesetz gehen nicht bloß nebeneinander her, sondern gehen Hand in Hand. Aber — nur solange das Gesetz seinen Zweck noch nicht erreicht hat, nur so lange, als der Gehorsam von ganzem Herzen und von ganzer Seele erstrebtes Gut, noch nicht Wirklichkeit ist. Und auch nur so lange gehen sie Hand in Hand, als eine naive Frömmigkeit noch nicht reflektiert über die Verträglichkeit oder Unverträglichkeit beider Anschauungen. Erkennt aber der Glaube erst die völlige Bekehrung als die Aufgabe, die er zu lösen hat, und damit den Gehorsam gegen alle Gottesordnungen des Gesetzes als das Erfordernis, um den Segen des Gesetzes zu erleben, so wird die Sache anders. Bis dahin gilt ihm das Kultusgesetz als die heilbringende Ergänzung des Moralgesetzes. Er muß sich der Übertretung des letzteren schuldig geben, — das Kultusgesetz zeigt ihm den Weg, seine Schuld los zu werden. So giebt es für ihn eine Gerechtigkeit nach dem Gesetz, in der er so weit wenigstens unsträflich ist. Es kommt nun nur darauf an, daß er die so erlangte Unsträflichkeit auch bewahrt und bethätigt, damit er des ganzen vom Gesetz verheißenen Segens teilhaftig werde, — und hier setzt nun die pharisäische Verkehrung des Gesetzes ein.

Das Gesetz hat eine zwiefache Wirkung; es wirkt Heil und wirkt Gericht. Freilich Heil wirkt es nur teilweise und vorläufig, indem es die Geduld Gottes dem erhält, der es übertreten hat, bis daß eine Zeit des vollendeten Gehorsams und damit des voll verwirklichten Heiles eintritt. Ob sie eintreten wird, ist freilich die Frage. Denn das Gesetz kann eigentlich nichts anders, als wenigstens schließlich Gericht wirken. Oftmals und immer wieder ist das Volk des Gesetzes in Kraft des Gesetzes dem Gericht übergeben worden, und immer wieder ist das Gericht aufgehoben, weil das Volk umkehrte, aber ob es zu einer Umkehr kommen wird, welche eine gründliche Bekehrung, eine volle Verwirklichung des Gesetzes zur Folge hat, das ist doch die Frage.

Nun tritt der Pharisäismus ein. Auch er rechnet damit, daß die Wirklichkeit Israels nicht dem im Gesetze verheißenen, von den Propheten verkündeten Segen entspricht. Aber indem er die Schuld an diesem Zustande Israels auf sich nimmt, will er für die bessere Zukunft leben und wird so die Vertretung des Gesetzes und der Prophetie Israels. Das Gesetz ist für ihn die Enthüllung dessen, was Gottes Wille und ewige Forderung ist. Gerecht ist nur der Bewahrer des Gesetzes, welcher alle Befehle desselben, alle מִצְוֹת erfüllt hat. Der Mensch aber wird gerichtet nach dem, was überwiegt; „wenn die gesetzlichen Leistungen überwiegen, gilt er als צַדִּיק, im anderen Falle als רָשָׁע, einen Mittelweg giebt es nicht" (Weber a. a. O. S. 270). Daher auch die stete Angst vor dem gehofften Gericht, von der wir später hören werden.

Daß der Pharisäismus weder den Zweck des Gesetzes richtig erkannt noch seine Bedeutung richtig gewürdigt hat, versteht sich von selbst. Aber welches ist nun Zweck und Bedeutung eines Gesetzes, welches anscheinend so in Einklang steht mit der Hoffnung Israels und in Wirklichkeit doch so wenig geeignet ist, diese Hoffnung in Erfüllung gehen zu lassen? Zunächst ist zu sagen, daß diese Wirklichkeit doch erst heraustreten kann in der Erfüllungszeit. Dann wird sich's zeigen, ob die Erfüllung durch das Gesetz oder trotz des Gesetzes und ohne das Gesetz gekommen ist. Bis dahin aber hat das Gesetz die große Bedeutung, dem Volke die Geltung des göttlichen Willens an seinem eigenen Geschick zu zeigen und dadurch es auf die Wege Gottes zu nötigen. Es wirkt Erkenntnis Gottes und Erkenntnis der Sünde und damit zugleich Gottesfurcht und Glauben an Gott, Bekenntnis der Sünde und Hoffnung zu Gott. Solange es regiert, verträgt es sich mit dem Glauben, welcher sich an Gott klammert und auf seine Hilfe hofft. Weiter aber reicht seine Bedeutung nicht. Dieselbe ist nur zeitweilig, denn es lehrt ja selbst, auf eine bessere Zeit hoffen und warten, wo das

Verhalten vollkommen sein wird und ebenso der Segen Gottes vollkommen. Wenn diese Zeit jemals kommen wird, so wird sich's ausweisen, ob dies dem Gesetze zu danken ist.

So ist das Buch des Gesetzes סֵפֶר הַבְּרִית Exod. 24, 7 vgl. 2 Kön. 23, 2, und seine Worte דִּבְרֵי הַבְּרִית Exod. 34, 28 (von den zehn Worten); Deut. 28, 69, vgl. 9, 9; Num. 10, 33 u. a. Es ist die Israel auferlegte und von Israel übernommene Bundesverpflichtung, welche sich erst in einem langen geschichtlichen Zeitraum so weit durchsetzt, daß wenigstens ihre Gültigkeit schließlich allgemein anerkannt wird. Ob aber ihre Wirksamkeit die schließliche Herbeiführung des Heiles sein wird, das freilich ist eine andere Frage.

II.
Die Hoffnung auf Erlösung durch die richtende Gerechtigkeit Gottes in der Synagoge.

1.
Die Quellen.

Unter dem Gericht sollte Israel hoffen auf eine Erlösung durch Gericht, — anscheinend eine Paradoxie sondergleichen, nur zu begreifen von den Grundlagen der Religion Israels aus, also im Zusammenhange mit der Erwählung und dem Königtum Gottes über Israel. Gott will richtend für das Volk seiner Wahl eintreten. Damit er es aber kann, muß sein Volk lernen Ernst machen mit seiner Religion, und um es dazu zu bringen, ist Gottes Gericht über Israel ergangen.

Israel hat Gottes Gerichte nicht umsonst an sich erfahren. „Unser Herr Gott — wie Luther unnachahmlich übersetzt — siehet uns nicht so lang zu als den andern Völkern, die er läßt hingehen, bis sie ihr Maß der Sünden erfüllt haben" 2 Makk. 6, 14 (vgl. 1 Kor. 11, 32). Es hat gelernt Ernst machen mit seiner Religion, wenigstens in gewisser Beziehung, — ob vollkommen, wird sich später ausweisen. Zwiefach ist nach dem Exil die Versuchung zum Abfall an Israel herangetreten, durch die reiche griechische Bildung und durch die Verfolgung unter Antiochus Epiphanes; aber wenn auch manche der Versuchung erlagen, — es war doch anders als zur Zeit des Elias. Es waren nicht wie früher nur einzelne, hin und her in der Gesamtheit versprengt, die bei der Religion ihrer Väter verblieben, sondern es waren einzelne, die abfielen. Die Gesamtheit hielt fest am Gesetz und an der Verheißung und wartete auf das rettende Gericht Gottes. In welchem Sinne, wird sich ergeben. Zunächst ist nur die Thatsache festzustellen.

Zeugnis dafür ist in erster Linie die Entstehung des Kanon (Sir. Vorrede 3 ff. Kap. 44—49; 33, 17) und im Kanon insbesondere der Psalter, die Sammlung der Psalmen zum Gesang- und Gebetbuch der israelitischen Gemeinde. Wenn jemals ein Gesangbuch der Ausdruck des Gemeindeglaubens gewesen ist, dann ist es der Psalter als das Gesang- und Gebetbuch Israels. Die Frage nach der Entstehungszeit und Autorschaft sowie nach dem Subjekt der einzelnen Psalmen ist für unsere Frage unerheblich gegenüber der Thatsache, daß der Psalter als Sammlung, seine Aufnahme in den Kanon wie seine Einführung in den gottesdienstlichen Gebrauch und damit seine Einführung in das Glaubens- und Gebetsleben des Volkes der nachexilischen Zeit angehört. Denn diese Thatsache ist bedeutsam für den Stand und Inhalt des Gemeinglaubens in Israel in der nachexilischen Zeit oder, wie man sich vielleicht gegenwärtig ausdrücken würde, für das, was damals dem Gemeinglauben zugemutet werden konnte und wurde. Die Psalmen — um hier früher Gesagtes zu wiederholen — bringen gemäß dem Unterschiede zwischen Prophetie und Poesie zum Ausdruck, wie die Thaten, Worte und Verheißungen Gottes das Glaubens-, Gebets- und Hoffnungsleben der Gemeinde bestimmt haben, mit welchen Anschauungen und Aussichten die glaubende, ringende und hoffende Gemeinde sich getragen hat. Der Psalter ist sozusagen die Antwort der Gemeinde auf das Gesetz und die Propheten.

Bei den bisherigen Erörterungen über die Voraussetzungen der neutestamentlichen Heilsverkündigung ist das Gewicht dieser Thatsache meist nicht genügend gewürdigt. Man hat die Voraussetzungen, mit denen die neutestamentliche Verkündigung rechnet, sowie die Anschauungen, welche „das Selbstbewußtsein Jesu", sein und seiner Jünger Zeugnis beeinflußt haben, viel mehr anderwärts gesucht. Und doch liegt es auf der Hand, daß die Herstellung des Kanon und die Einführung des Psalters in das religiöse Gemeinleben uns viel deutlicher und reiner die das Gemeindeleben beherrschenden Grundanschauungen und Stimmungen zeigt, als alle anderen uns noch zu Gebote stehenden litterarischen Dokumente des palästinensischen wie des hellenistischen Judentums. Die Bedeutung jener Thatsache wird noch verstärkt durch die in ihren Anfängen wahrscheinlich bis auf Esra zurückreichende regelmäßige sabbathliche Schriftlesung in den Lehrhäusern, den Synagogen (s. Schürer, Geschichte des jüdischen Volkes im Zeitalter Jesu Christi, 2, 375 ff.), aus der später die Einteilung des Pentateuchs in Paraschen, die Feststellung der prophetischen Lektionen oder Haphtharen (Luk. 4, 17; Act. 13, 15), sowie endlich die Auswahl bestimmter Psalmen für jeden Sabbath sich entwickelte. Dazu kommt die Anknüpfung der bis in sehr alte Zeit zurückreichenden großen liturgischen Gebete des Kaddisch und Schmone=Esre (s. u.), namentlich des letzteren an die Psalmen und Propheten. Täglich betete Israel mit den Worten derselben und hielt sich so seine Hoffnung gegenwärtig. So begreift sich die für die neutestamentlichen Schriften charakteristische unmittelbare Anknüpfung an das Alte Testament, welche sich nicht etwa bloß bei dem einzigen schulmäßig oder theologisch gebildeten Apostel Paulus, sondern bei allen neutestamentlichen Schriftstellern findet und darum auf eine großartige Vertrautheit nicht bloß der Gemeinde, für die sie schreiben, sondern in erster Linie der Gemeinde, der sie entstammen, der Volksgemeinde Israels mit dem Alten Testament, hinweist. Ziehen wir nun noch in Betracht, wie entschieden die neutestamentliche Verkündigung namentlich auf die Psalmen und Deuterojesajah zurückgreift, die Hauptfundstätten für die im ersten Teil dieser Untersuchungen ausgeführte Anschauung, so ergiebt sich, daß in der That das Warten auf die Erlösung durch das Gericht der rettenden Gerechtigkeit Gottes den Grundzug des Hoffnungslebens der israelitischen Volksgemeinde in der synagogalen Zeit bildete.

Dies wird bestätigt durch die synagogale Litteratur. Jedoch nicht bloß bestätigt. Dieselbe giebt uns vielmehr zugleich Zeugnis von einigen nicht unbedeutsamen Abwandlungen der in Betracht kommenden Vorstellungen, wobei jedoch in Betracht zu ziehen ist, daß **diese Litteratur uns durchaus nicht in die Anschauungen des religiösen Volkslebens, sondern nur gewisser Kreise einführt**, namentlich solcher Kreise, in denen israelitische Religion und griechische Bildung sich berührte, sowie solcher, in denen die Hoffnung Israels den

Ausgangspunkt abgab für die Ausbildung eschatologischer Schul=
meinungen und Sonderbestrebungen. Es wird sich fragen, ob
und inwieweit die neutestamentliche Verkündigung mit diesen
Abwandlungen rechnet. Ergiebt sich, daß sie dieselben verneint,
so kann von einer positiven Beeinflussung der Evangeliums=
verkündigung durch die in dieser Litteratur vertretenen An=
schauungen nicht die Rede sein, womit den neueren Versuchen
der Erklärung des „Selbstbewußtseins" Jesu und seiner Ver=
kündigung der Boden entzogen ist. Jesus selbst appelliert nur
an die Schrift und an die Schriftkenntnis seines Volkes: „sie
haben Mosen und die Propheten, laß sie dieselben hören." Und
wie Jesus, so auch sämtliche neutestamentliche Schriftsteller.

Jene litterarischen Dokumente der synagogalen Zeit liegen
uns vor in den alttestamentlichen Apokryphen und Pseudepigraphen,
sowie in Targum, Midrasch und Talmud. Zwischen den Apo=
kryphen, durch deren Zufügung sich der alexandrinische Kanon
von dem palästinensischen unterscheidet, und den Pseudepigraphen
besteht ein auch für unsere Frage bedeutsamer Unterschied, sofern
die letzteren sich an die alttestamentliche Prophetie anschließen und
dieselbe weiterführen wollen, die Apokryphen dagegen an die
historische Litteratur und an die Schriften der Chokmah. Daraus
begreift sich zunächst der äußerst geringe Ertrag, den die alt=
testamentlichen Apokryphen für unsere Frage bieten. Dann aber
— und dies ist das wichtigste — verhält sich die palästinensische
Synagoge ebenso spröde gegen die pseudepigraphische Litteratur,
wie gegen die Apokryphen, und dies trotzdem, daß die Pseud=
epigraphen gerade das Hoffnungsleben Israels vertreten. Gerade
daß nur das Buch Daniel, das eigentliche Vorbild der doch
ziemlich reichen pseudepigraphischen Apokalyptik, Aufnahme in den
Kanon gefunden hat, spricht für diese Sprödigkeit. Daraus aber
ergiebt sich, daß diese Litteratur uns wohl einen Einblick gewährt
in die Anschauungen gewisser Kreise und Richtungen innerhalb
Israels, ähnlich den chiliastischen Kreisen namentlich des acht=
zehnten Jahrhunderts in der evangelischen Kirche, nicht aber in
den Vorstellungskreis der israelitischen Gemeinde überhaupt. Viel
eher würden uns die Targumim, Midraschim und der Talmud
in diesen Vorstellungskreis einführen, sofern sie der so zu sagen
offizielle Ausdruck des jüdischen Schriftverständnisses und der

Schriftbehandlung sind. Allein sie gehören in der uns vorliegenden Gestalt einer viel zu späten Zeit an, als daß sie uns einen richtigen Einblick auch nur in die Anschauungen gewährten, mit denen Jesus und seine Jünger in Israel zu rechnen hatten, geschweige denn in die Anschauungen voraufliegender Zeiten, und es ist bisher nicht gelungen, die älteren Bestandteile von den jüngeren zu sondern. Dazu kommt die auch von jüdischen Gelehrten zugestandene Thatsache einer „Reaktion gegen die Schriftdeutungen der messianischen Sekten" (Hamburger, Realencyklopädie für Bibel und Talmud II, Art. Messias, S. 760), welche dieses Schrifttum beeinflußt hat und z. B. den Ausdruck Reich Gottes, Himmelreich im messianischen Sinne bis auf ganz versprengte Reste und mit ihm noch manches andere ausgemerzt, anderes dagegen aufgenommen hat, um Jesu keinen Vorsprung vor Hillel zu lassen (vgl. Wellhausen, Israelitische und jüdische Geschichte, S. 317). Soweit die Sprache der Schule die des religiösen Gemeinlebens beeinflußt hat, sind sie für uns von größerer Bedeutung, als für das Verständnis dieses Gemeinlebens selbst, obwohl auch in dieser Beziehung der Einfluß leicht für größer gehalten wird, als er in Wirklichkeit gewesen ist. Wieviel von der theologischen Schule in die Denkweise der Gemeinde übergegangen ist, läßt sich nur in sehr unbestimmten Umrissen angeben.

Für unsere specielle Frage aber nach der Erwartung eines erlösenden Gerichtes oder nach der Hoffnung auf die Israel rechtfertigende Gerechtigkeit Gottes gewinnt dieses Schrifttum doch, wie es scheinen könnte, eine größere Bedeutung durch eine mit ihm in besonders engem Zusammenhange stehende Erscheinung, den Pharisäismus. Wenn Targum, Midrasch und Talmud die eigentlichen Denkmale der jüdischen Schriftgelehrsamkeit und offiziellen Pflege des religiösen Lebens und Denkens in der Synagoge sind, so sind die Pharisäer die Vertreter ihrer Übersetzung in das Leben, und das Ansehen, welches sie im ganzen Volke genossen und von welchem gerade die evangelischen Berichte das reichste lebensvollste Zeugnis geben, verleiht den Anschauungen, die sie vertreten, eine über ihren eignen Kreis hinausgehende Bedeutung. „Was sie euch sagen, das thut," sagt Jesus selbst von ihnen. Sie sind die „klassischen Repräsentanten derjenigen Richtung, welche die innere Entwicklung Israels in der nachexilischen Zeit überhaupt eingeschlagen hat" (Schürer). Nun ist gerade die Gerechtigkeit, die vor Gott gilt, ihr Ideal, auf dessen Verwirklichung all ihr Streben im Denken und Leben gerichtet ist, und das mit dem Gericht über dies Weltreich kommende Reich Gottes ist ihre Hoffnung (vgl. Wellhausen a. a. O. S. 242; Schürer 2, § 26 und daselbst die Litteratur). Somit beweist der Pharisäismus und das Ansehn, in welchem er stand, die Thatsache der Erwartung eines die Gerechten rechtfertigenden und erlösenden Gerichtes, und wir müssen bei ihm die Gestalt suchen, die diese Hoffnung in den letzten Jahrhunderten vor Christus angenommen hat. Unter diesem Gesichtspunkt würde die genannte Litteratur vom größten Werte sein, wenn sie uns einen richtigen Einblick in den Pharisäismus verschaffte, mit dem es Jesus zu thun hatte. Allein dazu ist sie wieder ungeeignet, weil sie ganz unter dem Einfluß der Verwerfung der Messianität Jesu steht. An und für sich konnte aus einem Pharisäer wie aus einem Schriftgelehrten beides werden, ein messiasgläubiger Jünger Jesu oder ein Gegner Jesu. Thatsächlich sind sie die Führer des den Glauben versagenden Volkes geworden. Was sie waren, eh Jesus kam und wie er sie vorfand, ist darum nicht aus dieser Litteratur, sondern am reinsten aus den neutestamentlichen Schriften zu erkennen, deren Zeugnis um so wertvoller ist, als sie noch deutlich diese doppelte Möglichkeit der Entwicklung in der Zeit der Entscheidung erkennen lassen. Trotz des Gegensatzes enthält das Neue Testament, sowohl die Evangelien und Apostelgeschichte, wie die Schriften des Paulus, das gerechteste Bild des Pharisäismus. Außerdem haben wir nur noch eine durchaus zuverlässige Quelle für die Anschauungen, die ihn beseelten, das psalterium Salomonis aus der Zeit nach der Eroberung Jerusalems durch Pompejus (vgl. Wellhausen, Pharis. u. Sadd., S. 131 ff.).

Es ist aber nicht zu vergessen, daß der Pharisäismus trotz des Ansehens, in dem er im Volke stand, doch nicht Volksreligion gewesen ist. Jesus handelt zwar mit den Pharisäern, aber das Evangelium predigt er dem Volke, und er identifiziert so wenig das Volk, wie dieses sich selbst mit den Pharisäern. Diese vertreten die Religion Israels, aber ihre Religionsübung ist nicht Volksreligion. Vielleicht weist schon der Name Pharisäer =

Separatisten darauf hin, vgl. Act. 26, 5. Sie sind wenigstens in der That Separatisten, wenn auch nicht im Sinne des christlichen Sprachgebrauchs, sondern, wie mit Recht gesagt worden ist, nur eine ecclesiola in ecclesia; sie sondern sich „im Interesse ihrer besonderen Reinheit von der Masse des Volkes ab", von dem עַם הָאָרֶץ, Joh. 7, 49, bei welchem man die sorgfältige und genaue Kenntnis und Beobachtung des Gesetzes, geschützt durch die Befolgung der παραδόσεις τῶν πατέρων, vergeblich sucht. Sie halten sich allein wegen dieser ihrer Gesetzestreue für das eigentliche Israel und verachten die andern, die ihnen trotzdem diese Verachtung mit desto größerer Achtung lohnen. Man giebt ihnen um so mehr in thesi Recht, als man daran verzweifelt, es ihnen gleichthun zu können und doch sich nicht auf den Standpunkt der Sadducäer zu stellen vermag, der Aristokraten, die, wie Josephus sagt, nur die Wohlhabenden für sich gewinnen, das Volk aber nicht auf ihrer Seite haben. Darum würde es von dem größten Interesse sein, einen Einblick thun zu können in das religiöse Leben dieses von den Pharisäern verachteten und doch zu ihnen mit dem größten Respekt hinaufsehenden Volkes. Dafür aber haben wir eine Quelle, die an Zuverlässigkeit ihresgleichen sucht und deren Nichtbeachtung gerade in dieser Beziehung der verhängnisvollste Fehler der neueren Evangelienforschung und neutestamentlichen Theologie ist, nämlich unsere Evangelien. Sie sind es, die uns ein deutliches Bild von dem selbständigen religiösen Leben der Kreise geben, in denen man, ohne zu den Pharisäern zu gehören, Ernst machte mit der Religion, und auf diese kommt es an, auf die „Stillen im Lande", wie wir sie nach Pf. 35, 20 nennen würden und nennen müssen. Es sind die Kreise, denen die Jünger Jesu entstammen, die wir im Unterschiede von Paulus als Normal-Israeliten bezeichnen können, während dann Paulus Normaljude war. Zacharias und Elisabeth, alle beide „gerecht vor Gott, wandelnd in allen Geboten und Ordnungen des Herrn untadelig", Maria und Joseph, Simeon, Hannah, die Hirten zu Bethlehem, dann weiter die Armen, denen das Evangelium gepredigt wird, diejenigen, die Jesus selig preist im Anfang der Bergpredigt, die „auf das Reich Gottes", „auf den Trost Israels" warten, — das sind ihre Repräsentanten. Das wertvollste Dokument, das die Anschauungen dieser Kreise zum Ausdruck bringt, sind die beiden Psalmen in Luk. 1, deren historische Treue in dieser Hinsicht — ganz abgesehen von der Frage nach der Autorschaft — um so unzweifelhafter ist, als sie noch nichts specifisch Christliches enthalten und auf der vollen, man möchte fast sagen idealen Höhe der alttestamentlichen Religion stehen.

Hiernach kann nun die Frage nach der Erwartung eines erlösenden Gerichtes Gottes in der Zeit der Synagoge beantwortet werden. Der Inhalt der alttestamentlichen Psalmen ist schon zur Sprache gekommen. Wir haben es zunächst zu thun mit dem, was die Apokryphen, die pseudepigraphischen Apokalypsen und der salomonische Psalter, diese echte Urkunde des Pharisäismus, uns bieten. Danach wird dann erst zur Darstellung kommen können, was die neutestamentlichen Schriften in betreff der Stillen im Lande und der Stimmung im Volke erkennen lassen.

2.
Die Hoffnung auf das Reich und Gericht Gottes.

a) Die Apokryphen.

Daß und weshalb die alttestamentlichen Apokryphen nur wenig auf unsere Frage Bezügliches bieten, ist schon oben bemerkt. Allein wenn auch die Messiashoffnung selbst in ihnen keinen Ausdruck findet, — es wäre doch geradezu unbegreiflich, wenn die Sache, die nach den bisherigen Ergebnissen für Israels Glaubens- und Hoffnungsleben unentbehrliche Hoffnung oder sagen wir allgemeiner die Aussicht auf gerichtliches Eingreifen Gottes zu Gunsten seines erwählten Volkes nirgend herporträte. Israels Bestand und Israels Glaube an seine gerechte Sache sind viel zu unzertrennlich mit seiner Religion verbunden, als daß es jemals von dem Glauben an Gottes gerichtliches Eintreten für sein Volk wider dessen Feinde lassen könnte. Dieser Glaube aber ist Israels Hoffnung.

So finden wir denn auch beim Siraciden 32 (35), 12 ff. die Zuversicht, daß der Herr nicht verziehen wird, ἕως κρίνῃ τὴν κρίσιν τοῦ λαοῦ αὐτοῦ V. 19 (vgl. Pf. 119, 154: κρῖνον τὴν κρίσιν μου καὶ λύτρωσαί με. Prov. 22, 23; 23, 11; Jes. 49, 25: ἐγὼ τὴν κρίσιν σου κρινῶ καὶ ἐγὼ τοὺς υἱούς σου ῥύσομαι. Jer. 22, 16; 27 (50), 34; 37 (30), 13; Thren. 3, 59; 1 Sam. 24, 16; 25, 39: רִיב רִיב, Thren. 3, 59: שָׁפְטָה שָׁפְטָ, f. oben S. 26 ff.): „Der Herr ist Richter und nicht gilt bei ihm Ansehen der Person. Nicht nimmt er Partei wider die Armen, und das Gebet des Unrechtleidenden erhört er. Nicht übersieht er das Flehen der Waise und die Witwe, wenn sie ihre Rede ergießt ... Das Gebet des Ohnmächtigen bringt durch die Wolken, und derselbe wird nicht getröstet, bis er sich genähert hat, und steht nicht ab, bis der Höchste Einsehen hat, und der wird für die

Gerechten richten und ihnen Recht schaffen (κρινεῖ δικαίοις καὶ ποιήσει κρίσιν). Und der Herr wird nicht verziehen, auch nicht Geduld über sie haben, bis er die Hüfte der Unbarmherzigen zerschmettert und den Weltvölkern Rache vergilt, bis er vertilgt die Menge der Lästerer und die Scepter der Ungerechten zerschmettert, bis daß er dem Menschen vergilt nach seinen Thaten, und die Werke der Menschen nach ihren Anschlägen, bis daß er das Recht seines Volkes richte und sie in seinem Erbarmen erfreut." Nun folgt Kap. 33 das Gebet wider die Feinde (vgl. V. 4: wie du vor ihnen dich heilig erweisest an uns, so vor uns groß an ihnen) und für das Volk, das nach seinem Namen genannt ist, das er einem Erstgebornen gleich gemacht hat: „gieb Lohn denen, die auf dich harren, und deine Propheten werden zuverlässig erfunden werden, ... und alle auf Erden werden erkennen, daß du der Herr bist, der Gott der Armen." Daß auch für den Siraciden Gerechtigkeit und Gericht in dem den kanonischen Schriften eigenen Sinne zusammengehören, ergiebt 45, 25 der Wunsch für die Inhaber des hohenpriesterlichen Erbes: δῴη ὑμῖν σοφίαν ἐν καρδίᾳ ὑμῶν κρίνειν τὸν λαὸν αὐτοῦ ἐν δικαιοσύνῃ.

Ebenso liegt ganz auf der alttestamentlichen Linie Baruch 5, 1 ff.: Ziehe aus Jerusalem das Kleid deiner Trauer und Bedrängnis und ziehe an den Schmuck τῆς παρὰ τοῦ θεοῦ δόξης auf ewig, περιβαλοῦ τὴν διπλοΐδα τῆς παρὰ τοῦ θεοῦ δικαιοσύνης, wo δικαιοσύνη für den, der mit der Sprache des Alten Testaments vertraut ist, sich deckt mit Jef. 54, 17: וְצִדְקָתָם מֵאִתִּי. Es ist die durch Gottes gerichtliches Eintreten ans Licht gebrachte, gerechtfertigte gerechte Sache Israels, Israels Gerechtfertigtsein, vgl. S. 59. Ebenso V. 9: Gott wird Israel führen mit Freuden durch das Licht seiner Herrlichkeit mit Barmherzigkeit καὶ δικαιοσύνῃ τῇ παρ' αὐτοῦ, wonach dann auch V. 4 leicht zu verstehen ist: κληθήσεταί σου τὸ ὄνομα παρὰ τοῦ θεοῦ εἰς τὸν αἰῶνα εἰρήνη δικαιοσύνης καὶ δόξα θεοσεβείας. „Friede der Gerechtigkeit" ist Israels Name, wenn seine Erlösung gekommen ist, denn dann ist ihm zum Recht verholfen; Gott ist für seine gerechte Sache eingetreten, hat es gerechtfertigt, und nun hat es Frieden vor seinen Feinden. Dem steht nicht entgegen, daß auch das über Israel ergangene Strafgericht auf Gottes

Gerechtigkeit zurückgeführt wird 1, 15 ff.; 2, 6. 9, wie Pf. 119, 75, benn dies Gericht ist nur der Beweis dafür, daß Gottes Gerechtigkeit es anders vorhatte mit dem Volke, dem er seine Rechte kundgethan und seine Verheißungen gegeben 1, 20, über dem sein Name genannt ist 2, 15. Darum heißt es auch 1, 15; 2, 6: τῷ κυρίῳ θεῷ ἡμῶν ἡ δικαιοσύνη, ἡμῶν δὲ καὶ τοῖς πατράσιν ἡμῶν ἡ αἰσχύνη τῶν προσώπων, und 2, 9: ἐγρήγορε κύριος ἐπὶ τοῖς κακοῖς καὶ ἐπήγαγε κύριος ἐφ᾽ ἡμᾶς, ὅτι δίκαιος ὁ κύριος ἐπὶ πάντα τὰ ἔργα αὐτοῦ ἃ ἐνετείλατο ἡμῖν. Das abtrünnige Volk (vgl. 6, 73 im Brief Jeremias: κρείσσων οὖν ἄνθρωπος δίκαιος οὐκ ἔχων εἴδωλα) hat keine gerechte Sache 2, 19, für die Gott eintreten und ihr zum Rechte verhelfen könne. Aber das Volk hat sie, das nun seine Sünde erkennt und bußfertig umkehrt von seinen Wegen, und nun betet um Barmherzigkeit und Gerechtigkeit, wenn es spricht: „erhöre Herr unser Gebet und Flehen und befreie uns um deinetwillen und laß uns Gnade finden angesichts derer, die uns weggeführt haben, damit die ganze Welt erkenne, daß du Herr unser Gott bist, weil dein Name über Israel und sein Geschlecht genannt ist . . . öffne Herr deine Augen und siehe, denn nicht die Toten im Scheol δώσουσι δόξαν καὶ δικαίωμα τῷ κυρίῳ (vgl. Pf. 88, 11—13; Jef. 38, 18. 19), sondern die Seele, die betrübt ist, die Augen, die vom Weinen erblindet sind, die hungrige Seele, δώσουσί σοι δόξαν καὶ δικαιοσύνην, κύριε, 2, 14—18; vgl. V. 31 ff.; 3, 4 ff. So ist und bleibt doch die Gerechtigkeit Gottes die Hoffnung des Volkes, das sich bekehrt, und dessen gerechter Sache dann der Herr zum Rechte verhelfen wird, so daß es erlöst als gerechtfertigt dastehen und die heilbringende Gerechtigkeit Gottes preisen wird.

So steht die Anschauung des Buches Baruch ebenso wie die des Siraciden derjenigen, die in den kanonischen Büchern vorliegt, so nahe, daß es schon aus diesem Grunde nicht möglich sein wird, die Entstehungszeit des Buches so weit hinabzurücken, wie Schürer will, der es in die Zeit Vespasians setzt. Wir haben es nicht mit bloßen Reminiscenzen aus den Psalmen und Propheten zu thun, — auch nicht in dem dem 2. Teile der Schrift angehörigen Kap. 5 —, sondern mit einer durchaus selbständigen Reproduktion dieser Anschauung, für die sich in dieser späten Zeit kein Analogon findet. Man wird daher mit Fritzsche, Schrader, Reuß u. a. bei der Zeit der ersten Ptolemäer, also etwa bei der Mitte des 2. Jahrhunderts v. Chr., stehen bleiben müssen. Denn um diese Zeit bahnte sich schon eine andere Auffassung von der richtenden Gerechtigkeit Gottes an, die zunächst namentlich im Buch der Weisheit ihren Ausdruck gefunden hat, während von jener sich nur noch vereinzelte Spuren finden.

Das Buch der Weisheit, vielleicht das späteste unter den alttestamentlichen Apokryphen, hält fest an der Hoffnung auf ein gerichtliches Eingreifen Gottes zu Gunsten seines erwählten Volkes, dessen König er ist. Was für die Vergangenheit gilt, wie es 18, 7. 8 von Israel in Ägypten heißt: „Dein Volk wartete auf das Heil der Gerechten und auf das Verderben der Feinde, denn womit du die Widersacher straftest, eben damit hast du uns, die du zu dir gerufen, herrlich gemacht," das ist und bleibt auch die Hoffnung des Volkes in allen Bedrängnissen der Gegenwart. So heißt es 5, 16 ff.: „Die Gerechten werden ewig leben und bei dem Herrn ist ihr Lohn. Sie werden das Reich der Herrlichkeit (τὸ βασίλειον τῆς εὐπρεπείας) und die Krone der Schönheit von der Hand des Herrn empfangen, denn mit der Rechten wird er sie bedecken und mit dem Arm sie beschirmen; ... er wird anziehen Gerechtigkeit als Panzer und als Helm auf= setzen wahrhaftiges Gericht; er wird Heiligkeit (Bundestreue, ὁσιότητα) nehmen als unüberwindlichen Schild, unerbittlichen Zorn wetzen als Schwert." Denn recht zu richten ist die Auf= gabe und Bewährung des Königtums Gottes 6, 5, in welchem alles Heil beschlossen ist 10, 10 (ἔδειξεν τῷ δικαίῳ ἡ σοφία βασιλείαν θεοῦ), und eben darum wird er ein unerbitt= liches Gericht herbeiführen über die gewaltthätigen Herrscher, die nicht recht gerichtet haben, obwohl sie ihre Gewalt von ihm haben und als seine Diener handeln sollen 6, 4—10. „Die Gerechten werden die Weltvölker richten und über Nationen herrschen, und ihr König wird sein der Herr in Ewigkeit (βασιλεύσει αὐτῶν κύριος εἰς τοὺς αἰῶνας). Die auf ihn trauen, werden Wahrheit inne werden, und die Treue halten in der Liebe, werden bei ihm bleiben, aber die Gottlosen werden Strafe empfangen gemäß dem, was sie dachten, die den Gerechten verachteten und vom Herrn abfielen" 3, 8 ff.

Indes obwohl die richtende Gerechtigkeit Gottes des Königs die Hoffnung der Gerechten ist und einmal sogar δικαιοσύνη ganz wie das alttestamentliche צְדָקָה als Synonymum von יְשׁוּעָה erscheint (14, 7 von der Arche Noahs: ξύλον δι' οὗ γίνεται δικαιοσύνη¹)), — ein ganz bestimmter Unterschied von der Anschauung der kanonischen Schriften ist trotzdem nicht zu verkennen. Der Verfasser wagt es nämlich doch nicht, wie im folgenden Abschnitt noch deutlicher hervortreten wird, die Rettung der Gerechten als ihnen widerfahrende Gerechtigkeit oder als ihre Rechtfertigung anzusehen. Außer in dem Ausdruck dieser letzten Stelle und in den Stellen vom Lohn 2, 22; 5, 15; 10, 17 ist überall das, was den Gerechten widerfährt, Gnade, Geduld, Freundlichkeit, Barmherzigkeit, nie wie im Alten Testament Gerechtigkeit. **Denn die Gerechtigkeit Gottes ist für den Verfasser wesentlich Strafgerechtigkeit**, und sie beweist die Rettung der Gerechten nicht dadurch, daß diesen, sondern dadurch, daß den Gottlosen Recht widerfährt. Gott ist König und darum Richter. Als solcher ist er gerecht und richtet auch seine Kinder 12, 19 ff., deren Vätern er Eide und Bundesverheißungen gegeben hat, — so hängt auch hier der Gerichtsgedanke mit der Idee des Königtums Gottes, der Kindschaft und der Erwählung eng zusammen. Aber — und das ist die Wendung, die der Gedanke nimmt — **auch das Gericht über die Seinen ist Strafgericht**, nicht rechtfertigendes Gericht, nur daß es über sie Strafe verhängt, welche Besserung bezweckt, also wesentlich Züchtigung ist. „Weil du gerecht bist, verwaltest du alle Dinge gerecht, indem du es nicht für deiner Macht gemäß achtest, den zu verurteilen, der nicht schuldig ist gestraft zu werden. Denn deine Stärke ist Grund (ἀρχή) der Gerechtigkeit, und daß du aller Herr bist, macht, daß du aller schonest. Denn Stärke beweisest du, wenn die Vollkommenheit deiner Macht bezweifelt wird, und an denen, die dich kennen, strafest du die Verwegenheit. Aber deiner Kraft gebietend richtest du mit Billigkeit und regierest uns mit großer Schonung, denn wenn du willst, steht dir das Können zu Gebote. Du hast aber

---

¹) Dies die nächstliegende Erklärung dieser crux interpretum.

durch solche Werke (vgl. 12, 1—11) dein Volk gelehrt, daß der Gerechte menschenfreundlich sein muß, und hast deinen Kindern gute Hoffnung gegeben, denn du gewährst bei Versündigungen Buße. Denn wenn du deiner Knechte Feinde und die des Todes Schuldigen mit solcher Geduld und Nachsicht gestraft hast, indem du Zeit und Raum gewährtest, sich von ihrer Bosheit abzuwenden, mit welcher Sorgfalt richtest du deine Kinder, deren Vätern du Eide geschworen und Bündnis guter Verheißungen gegeben hast! **Uns also züchtigend strafst du unsre Feinde tausendfältig,** ἵνα σου τὴν ἀγαθότητα μεριμνῶμεν κρίνοντες, κρινόμενοι δὲ προσδοκῶμεν ἔλεος," 12, 15—22, vgl. V. 26. 27. Man sieht deutlich, wie die Reflexion sich der Verheißung und Hoffnung auf die Gerechtigkeit Gottes bemächtigt hat. Gott als der gerechte Richter kann sein Volk nicht ungestraft lassen. Dann könnte aber das Gericht nimmermehr Hoffnung des Volkes sein. Wie kommt es demnach, daß Israel nicht zu Grunde gerichtet wird? Gottes absolute Macht ist so groß, daß er ohne Schaden Geduld üben kann. Darum verfährt er überall so, daß er zunächst straft, um Buße zu wirken. Indem er diesen Zweck bei seinem Volke erreicht, kann er dann Barmherzigkeit an ihm üben. Diese Barmherzigkeitserweisung als Gerechtigkeitserweisung anzusehen, kann nun der Verfasser nicht mehr wagen. Denn die Gerechtigkeit hat ja die Züchtigung über Israel verhängt. Darum nimmt er seine Zuflucht zur absoluten Macht Gottes, vermöge deren Gott imstande ist, gütig zu sein, ohne sich selbst zu gefährden. Seine Hoheit bringt es mit sich, daß er schonen kann, denn „wenn du willst, steht dir das Können zu Gebote". So geht denn die Gerechtigkeit auf im strafrichterlichen Handeln. Vgl. noch 11, 9. 10: „da sie versucht wurden, obwohl in Barmherzigkeit gezüchtigt, erkannten sie, wie die mit Zorn gerichteten Gottlosen gequält wurden, denn diese hast du als Vater zurechtweisend geprüft, jene aber als unerbittlicher König verurteilend gestraft." Ferner vgl. V. 23; 12, 2; 16, 11. Die Gerechtigkeit Gottes ist strafrichterliche Gerechtigkeit, nur straft sie verschieden; sein Volk, die Gerechten, seine Knechte, seine Kinder züchtigt er, damit sie lernen an seine Worte gedenken und nicht in tiefe Vergessenheit verfallen, sondern „unabgewendet werden von seiner Wohlthat (ἵνα ἀπερίσπαστοι γένωνται τῆς σῆς εὐεργεσίας 16, 11)", die Feinde dagegen werden unerbittlich gestraft.

Die Wandlung des Begriffs ist unverkennbar. Der Verfasser wagt es nicht mehr, für die Gerechten die Gerechtigkeit Gottes in Anspruch zu nehmen. Das Objekt des richterlichen Handelns Gottes verschiebt sich; die Gerechten sind nicht mehr Objekt des heilbringenden Gerichtes, sondern, wie im folgenden Abschnitt zur Sprache kommen wird, nur noch Subjekt der Hoffnung auf Gottes Gericht; Objekt des Gerichtes sind die Feinde, die Ungerechten und Unbußfertigen. Man kann nicht sagen, daß dies auf dem Eindringen hellenischer Anschauung beruht, denn von einer solchen in betreff des Gerichtes Gottes oder gar in betreff des Gerechten, der so gut wie andere Gottes Strafgericht erleiden muß, wissen wir nichts. Es ist einfach eine einseitig geratene Weiterbildung des Pf. 143, 2 sich aussprechenden Bewußtseins im Anschluß an die bei dem alttestamentlichen שפט, κρίνειν auch sich findende (Pf. 94, 2; 96, 13; Jef. 2, 4; 66, 16) und namentlich bei Ezechiel vertretene Verwendung des Begriffs im strafgerichtlichen Sinn (Ez. 7, 8; 11, 10; 18, 30; 20, 36; 21, 30; 22, 2; 23, 36; 24, 14; 33, 20; 36, 19; 38, 22), also eine Weiterbildung in pejus. Nur das Anfangen des Gerichts am Hause Gottes (Jer. 25, 29; 49, 12; Ez. 9, 6; Mich. 7, 18; 1 Petr. 4, 17), nicht aber die Errettung wird auf die Gerechtigkeit Gottes zurückgeführt. Der Nomismus und die von ihm unabtrennliche Reflexion werden als Ursache dieser Wandlung und als Ausgangspunkt dieser Verschiebung anzusehen sein, wie dies auch durch das Ergebnis des folgenden Abschnittes über das Subjekt der Hoffnung auf das Gericht bestätigt werden wird.

Im Buch Tobit klingt 3, 2 ganz alttestamentlich: „Herr, du bist gerecht, und alle deine Werke und alle deine Wege sind Barmherzigkeit und Wahrheit, und ein wahrhaftiges und gerechtes Gericht richtest du in Ewigkeit" und die daran sich anschließende, damit begründete Bitte um Verschonung (μή με ἐκδικήσῃς ταῖς ἁμαρτίαις μου) würde nichts Besonderes haben, wenn nicht sofort die Gerichte und das Wohlgefallen Gottes einander entgegengesetzt würden, V. 6.

Der gewöhnliche Text des Buches Judith bietet für unsere Frage nichts dar, als daß κρίσις an den wenigen Stellen, an

denen es vorkommt (9, 6; 16, 17) im strafgerichtlichen Sinne
steht. In den Zusätzen zu Esther (3, 6) und im Gebet
Asarja V. 3 wird die Gerechtigkeit Gottes im Gegensatze zur
Barmherzigkeit (V. 11) als Strafgerechtigkeit gefaßt.

Im 2. Buch der Makkabäer dagegen begegnet uns
wieder die echte Auffassung der heilschaffenden Gerechtigkeit Gottes
im Zusammenhange mit dem Gedanken des Königtums Gottes
und der Erwählung Israels 1, 24 ff.: „Herr Herr Gott, Aller
Schöpfer, furchtbar und mächtig und gerecht und barmherzig
(vgl. Pf. 65, 6; 112, 4), allein König und gütig, allein Helfer,
allein gerecht und allmächtig und ewig, der Israel errettet hat
von allem Übel, der die Väter auserwählt und geheiligt hat,
nimm an das Opfer für dein ganzes Volk Israel und bewahre
und heilige dein Erbteil; führe unsre Zerstreuten wieder herzu;
befreie dir die Deinen unter den Heiden, blicke auf die, so ver=
achtet und als Greuel angesehen sind, und die Heiden sollen
erkennen, daß du unser Gott bist. Strafe die uns vergewaltigen
und in Überhebung uns schmähen; pflanze dein Volk wieder an
deinen heiligen Ort, wie Moses gesagt hat." Hier liegt deutlich
der Gedanke der Rechtfertigung Israels durch die richtende
Gerechtigkeit Gottes vor, welche Israel Heil schafft und die
Feinde straft. Beides, Wohlthat an Israel und Strafe seiner
Unterdrücker wird auf die Gerechtigkeit Gottes zurückgeführt, und
zwar, wie nicht übersehen werden darf, auf die Gerechtigkeit
Gottes als des Königs Israels, der sich seines bedrängten Volkes
annimmt. Sie ist nicht Eigenschaft Gottes als des Weltrichters,
sondern als des Königs, der als solcher für Recht und Gerechtig=
keit zu sorgen hat und sorgt. Er ist Richter, weil er König ist,
und weil er als König Richter ist, ist er der gerechte Richter, die
Hoffnung der Bedrückten. Damit ist nicht ausgeschlossen, daß,
wenn es der Zusammenhang mit sich bringt, wie 12, 6. 41 auch
bloß von der Erweisung seiner Gerechtigkeit im Strafgericht
sowohl über die Feinde wie über die geheime Abgötterei in Israel
geredet wird. Denn wie 1, 24 ff. zeigen, ist dies nicht die einzige
Bethätigung derselben, die der Verfasser kennt.

So ergiebt sich für die apokryphische Litteratur in diesem
Punkte die nicht unwichtige Thatsache einer doppelten Strömung.
Ein Teil — und zwar der größere, dem palästinensischen Judentum

am nächsten stehende — vertritt noch die kanonische Anschauung von der ihrem Wesen nach heilschaffenden Gerechtigkeit Gottes, die sich dadurch zugleich als Barmherzigkeit bethätigt. Denn der Richter, der den Bedrängten Recht schafft, übt dadurch Barmherzigkeit. Ein anderer Teil vertritt eine Auffassung, die schon nicht mehr imstande ist, diese Identität von Gerechtigkeit und Barmherzigkeit Gottes zu verstehen. Man erwartet das Heil auch noch von der Gerechtigkeit Gottes, kann sich aber dieselbe — auch für Israel — nur als Strafgerechtigkeit denken, welche Israel wie die Feinde straft, nur beide mit verschiedenem Zwecke und verschiedenem Erfolge. Wenn sie bei Israel ihren Zweck erreicht hat, wird sie abgelöst durch die Barmherzigkeit, während sie über die Feinde das Strafgericht zu Ende bringt und so Israel von seinen Drängern befreit. Sie wirkt sich über die Feinde aus und schafft so der Barmherzigkeit über Israel Raum. Daß bei dieser Anschauung die Hoffnung nicht als Hoffnung auf Rechtfertigung Israels bestehen bleiben kann, liegt auf der Hand. Denn von dem Gott, dessen Gerechtigkeit in der Ausübung des Strafgerichts besteht, kann ein Volk, das seine Sünde nicht leugnen kann, keine Rechtfertigung erwarten. Der Gedanke ist ihm zu groß, zu paradox geworden. Man wagt nicht mehr zu glauben, was paradox ist. Die Gerechtigkeit muß sich erst Genüge thun und ihr muß Genüge geschehen, damit für die Barmherzigkeit Raum werde. Wie verhängnisvoll dadurch der Grundcharakter der Religion Israels verkehrt wird, zeigt dann später der Pharisäismus, der die Religion der Reflexion unterstellt.

b) Die Pseudepigraphen.

Auch in der pseudepigraphischen Litteratur ist diese doppelte Strömung wahrnehmbar, jedoch, wie sich zeigen wird, in umgekehrtem Stärkeverhältnis. Wohl findet sich noch die Hoffnung als Erwartung einer Rechtfertigung Israels durch das Gericht der Gerechtigkeit Gottes. Aber diese Gestalt der Hoffnung tritt schließlich ganz zurück und im Vordergrunde steht die Hoffnung auf Barmherzigkeit beim Vollzug des Strafgerichts der göttlichen Gerechtigkeit über die Feinde. Barmherzigkeit und Gerechtigkeit verteilen sich auf verschiedene Objekte.

Allen Pseudepigraphen gemeinsam, ja ihr eigentlicher einziger Inhalt ist **die Gerichtshoffnung im Glauben an das Königtum Gottes.** Die Hoffnung ist Reichs- und Gerichtshoffnung. Damit schließen sie unmittelbar an an den Grundgedanken der Religion Israels und geben sich als Fortführung der Prophetie und Poesie des Volkes Gottes. Der Herr ist König, Israel sein Volk, darum wird er sich aufmachen und in Gerechtigkeit richten, um seinem Volke Rettung und Heil zu schaffen, indem er den König Messias, seinen Vertreter sendet, der das Gericht ausführt zum Siege, — dies ist das feststehende Dogma und der allen Pseudepigraphen gemeinsame Ausgangspunkt. All ihre Zukunftsbilder sind nichts als Ausmalungen dieses einen Satzes. Der Herr ist König, das ist der Glaube Israels, das sichert seine Hoffnung, darum ist Israels Hoffnung Gerichtshoffnung, Hoffnung auf die Offenbarung oder Bethätigung der Gerechtigkeit Gottes. So im Buch Henoch, dem ältesten der Pseudepigraphen,[1]) im Psalter Salomos, der assumptio Mosis,

---

[1]) Dies gilt wenigstens — von einigen Einschaltungen abgesehen — unbedingt von Kap. 1—36; 72—108. Ist die von mir (Wörterb. der Neutest. Gräc., 8. Aufl., S. 958 ff.) gegebene Erklärung des Ausdrucks „Menschensohn" richtig, so fällt zwar der Hauptgrund Schürers gegen den christlichen Ursprung der Bilderreden Kap. 37—71 fort, denn dann ist in der That in diesem Teile nicht bloß von der Erscheinung des Messias in der Herrlichkeit die Rede, sondern auch von einer vorausliegenden Verkennung desselben. Trotzdem aber kann ich mich nicht von dem christlichen Ursprung dieses Teiles überzeugen. Denn der Gebrauch des Ausdrucks „Menschensohn" ist nicht derart, daß er als irgend wie und wo gebräuchlicher Messiasname erscheint. Im Gegenteil: an allen Stellen erscheint er als inadäquate Bezeichnung dessen, den die Gegner nicht eher erkennen, als bis der Herr der Geister, das Haupt der Tage sie nötigt, ihn auf dem Throne seiner Herrlichkeit zu schauen. Diese Gegner aber, die ihn verkennen, — und dies ist entscheidend — sind nicht die Juden, sondern die Heiden 46, 7, die Könige der Erde 48, 8; 53, 5; 55, 4; 62, 1 ff. u. a., die Auserwählten und Gerechten sind Israel, ihr Land das heilige Land und ihre Stadt Jerusalem 56, 5 ff. Es ist also der alte Gegensatz: Israel und die Weltmacht, nicht die Christenheit und ihre heidnischen Verfolger. Ein Judenchrist aber, welcher seine Parusiehoffnung so zum Ausdruck gebracht hätte, ist bei der Spannung zwischen den messiasgläubigen Israeliten und dem ungläubigen Israel nicht denkbar. Die Anschauung von der Verkennung des Messias, des von Gott gesetzten Königs (62, 1), die an Dan. 7 anschließt, geht nicht über den Gesichtskreis eines frommen Israeliten hinaus. Damit bekommt nun freilich

der Apokalypse Baruchs, der Esraprophetie (4. Esr.), — so auch in den hier anzuschließenden sibyllinischen Orakeln und dem Buch der Jubiläen. Überall steht im Mittelpunkte das Königtum Gottes und seines Gesalbten, Israel aber ist sein Volk, zu dessen Gunsten er sich aufmacht zu richten und seine Gerechtigkeit zu offenbaren.

Das Gericht Gottes die Hoffnung der Gerechten und Auserwählten, — damit beginnt das Buch Henoch. Den Gerechten wird er, der Heilige und Große, Frieden schaffen, wenn er erscheinen wird mit seinen Heerscharen (vgl. oben S. 75), der Herr der Herrlichkeit, der ewige König. Auf ihn haben sie gehofft, daß er ihnen Recht schaffen werde, 9, 3. 4; 25, 3. Gnade wird dann über ihnen walten, und sie werden gesegnet sein. „Und siehe, er kommt mit Myriaden von Heiligen, um Gericht über sie zu halten, und wird die Gottlosen vernichten, und rechten mit allem Fleisch über alles, was die Sünder und Gottlosen gegen ihn gethan und begangen haben" (1, 8. 9). Das Gericht wird alle Gewaltthat von der Erde vernichten, und es wird erscheinen die Pflanze der Gerechtigkeit und des Rechts, und das Thun wird zum Segen gereichen. Gerechtigkeit und Recht wird man voll Freude pflanzen in Ewigkeit (10, 16 ff.). Ebenso ist im 3. Teile des Buches das Königtum Gottes in Verbindung mit dem Gericht die Hoffnung der Gerechten und Bedrängten (81, 3; 91, 13 ff.), „die nach dem Gerichte schreien", durch welches all ihre Drangsal gerächt werden wird an den Herrschenden und an den Helfern derer, welche die Gerechten beraubten. „Hoffet und gebet eure Hoffnung nicht auf."

Dieses Königtum Gottes und des Messias, und damit die Gerichtshoffnung bildet nun den Inhalt des eigentlich messianischen Teiles des Buches Henoch, des oben besprochenen zweiten Teiles. Das erste der himmlischen Geheimnisse, die Henoch schaut, ist die „Zuteilung des Reiches" an die Heiligen und Auserwählten, während alle Sünder von dort vertrieben werden 71, 1. 2. In

---

das Buch Henoch und speciell dieser Teil eine besondere Wichtigkeit, sofern er ein Zeugnis dafür ist, daß für den an der heiligen Schrift Israels genährten Israeliten die Erscheinung Jesu an und für sich kein Hemmnis des Glaubens zu sein brauchte. Von hier aus dürfte sich auch die Wertschätzung gerade dieses Buches in der alten Kirche erklären.

der 2. Bilderrede schaut er den Messias selbst, den Auserwählten, der auf dem Thron der Herrlichkeit des Herrn der Geister sitzt (55, 4; 61, 8; 62, 5). Er ist es, der die Gerechtigkeit hat und die Könige und Mächtigen aufregen wird von ihren Lagern und die Gewaltigen von ihren Thronen, und wird die Zäume der Gewaltigen lösen und ihre Zähne zermalmen, 45; 46, 3 ff. „In jenen Tagen steigt das Gebet der Gerechten und das Blut der Gerechten von der Erde auf vor den Herrn der Geister, daß ihnen das Gericht vollzogen werde und sie nicht ewiglich zu warten haben," 47, 1 ff. Bis dahin ist der von Gott erwählte Messias bei ihm verborgen gewesen. Nun hat ihn seine Weisheit den Heiligen und Gerechten geoffenbart, denn er bewahrt das Los der Gerechten und wird der Rächer ihres Lebens sein, der sie rettet 48, 7. Das Gericht über die Könige und Mächtigen der Erde wird gehalten, und „nach diesem wird der Gerechte und Auserwählte das Haus seiner Gemeindeversammlung erscheinen lassen, die von nun an nicht mehr gehindert werden soll, und die Gerechten werden Ruhe haben vor der Bedrückung der Sünder 51; 53, 6. 7. Sie werden Gerechtigkeit finden bei dem Herrn der Geister, der ihnen zum Rechte verhilft eben durch den Messias, und werden Frieden haben 58, 4. Der Tag des Gerichtes ist den Auserwählten eine Verteidigung, den Sündern eine Untersuchung 60, 6. Alle Könige und Mächtigen werden ihn sehen, wie er auf dem Throne seiner Herrlichkeit sitzet und die Gerechten in Gerechtigkeit vor ihm gerichtet werden und keine eitle Rede vor ihm gesprochen wird 62, 3; jene aber werden Vergeltung empfangen dafür, daß sie seine Kinder und Auserwählten mißhandelt haben, und sie werden ein Schauspiel sein für die Gerechten und für seine Auserwählten 62, 10. 11. Die Gerechten und Auserwählten werden gerettet werden an jenem Tage und werden das Angesicht der Sünder und Ungerechten von nun an nicht mehr schauen. Und der Herr der Geister wird über ihnen wohnen, und mit jenem Menschensohne werden sie zusammenwohnen 62, 13. 14.

Es ist so weit also die kanonische Anschauung von der rettenden Gerechtigkeit Gottes, welche handelnd für die bedrängten Gerechten eintreten und ihnen zum Rechte verhelfen wird. Daß zuletzt die Vorstellung von einem forensischen Akte eintritt, liegt nahe; damit ist aber nicht gesagt, daß die Anschauung darin aufgehe. Es ist nur eine Wendung des Bildes. Die eigentliche Vorstellung ist die alttestamentliche von dem Königtum Gottes und dem Richteramt des Königs, nicht bloß Recht zu sprechen, sondern handelnd einzutreten für die, die Recht haben, aber es in der Welt nicht bekommen.

Die gleiche Anschauung liegt vor im 3. Buch der **sibyllinischen Orakel**, dessen größter Teil von einem in Ägypten lebenden hellenistischen Juden etwa um die Mitte des 2. Jahrhunderts v. Chr. verfaßt ist, während die Verse 36—92 von einem alexandrinischen Juden aus der Zeit des 2. Triumvirats oder der Schlacht bei Aktium herrühren. Das 5. Buch, ebenfalls jüdischen Ursprungs aus der Zeit nach der Zerstörung Jerusalems, zeigt dagegen sehr abgeblaßte Vorstellungen, die nur insofern interessant sind, als sie ein Seitenstück zu den nachher zur Sprache kommenden Versuchen des Pharisäismus bilden, sich in das Rätsel der Zerstörung Jerusalems und in das Scheitern der damaligen messianischen Erwartungen zu finden. Für unsre Frage hat nur das 3. Buch Interesse. Gemäß der deutlichen Tendenz, der Propaganda unter den Griechen zu dienen (vgl. V. 732 ff.), werden wir von vornherein nicht erwarten dürfen, reichere Blicke in das innere Leben derjenigen jüdischen Kreise zu thun, deren Trieb zur Propaganda nicht auf einem tief innerlichen Missionstriebe beruhte, sondern auf der Sympathie des gebildeten Alexandriners mit dem Volke der Bildung. Außerdem eignete sich dazu nicht die für das echte Judentum trotz Bileam unmögliche Gestalt der heidnischen Sibylle. Darum tritt die Hoffnung auf das Recht und Gericht der Armen und Unterdrückten in den Hintergrund, während die Hoffnung auf ein Recht schaffendes Gericht zu Gunsten der Gerechten bleibt. Auch der hellenistische Jude fühlt sich im Recht gegenüber den Griechen mit seiner Gotteserkenntnis und seinem Gottesdienst. Das ist's, was den Griechen fehlt. Darum soll der Grieche, an dem er so vieles bewundert, dies von dem Juden annehmen, damit er einst dem Gerichte entgehe und die Herrlichkeit der messianischen Zeit an seinem Teile mit erfahre in der Weise, wie es Jes. 2 und Kap. 60 in Aussicht gestellt ist (V. 710 ff.). Israels Hoffnung ist Reichs- und Gerichtshoffnung. Alle Weltmacht, die Macht der Götzen-

diener wird einem schrecklichen Gericht anheimfallen, und dies
Gericht wird darthun, daß allein Israel mit seiner Religion und
seinem Anspruch, Gottes Volk zu sein, im Rechte ist, daß es das
Volk der Kinder Gottes ist, V. 702. Vom Aufgange her wird
er einen König senden, welcher den schrecklichen Krieg auf der
ganzen Erde beschwichtigt, indem er die einen vertilgt, den andern
ὅρκια πιστὰ τελέσσας, 652 f. (vgl. ob. S. 49 f.). Das ist der
Messias, der dem Volke Gottes Heil bringt, vgl. 46 ff.: „Wenn
aber Rom dereinst auch herrschet über Ägypten und es zusammen
regiert, τότε δὴ βασιλεία μεγίστη ἀθανάτου βασιλῆος ἐπ'
ἀνθρωποῖσι φανεῖται. Ἥξει ἁγνὸς ἄναξ, πάσης γῆς σκῆπτρα
κρατήσων εἰς αἰῶνας πάντας." Dann kommt der Tag des
Gerichtes, des unsterblichen Gottes, des großen Königs V. 56.
Wider den Messias scharen sich mehrmals die Herrscher der
Völker zusammen, um Gottes Haus und die Trefflichen zu
Grunde zu richten. Dann aber wird Gott sich aufmachen wider
die, die sein Gericht nicht erkennen, und wird alle richten durch
Krieg, Feuer, Pestilenz u. s. w. Um seinen Tempel werden
endlich „all seine Kinder in Ruh dann leben, erfreut darüber,
was der Schöpfer verleiht, ὁ δικαιοκρίτης τε μονάρχος, denn er
selber beschützt sie allein mit mächtigem Beistand wie eine Mauer
ringsum von brennendem Feuer umgeben", V. 702 ff. Er wird
ein Reich für ewige Zeiten errichten, ἐξεγερεῖ βασιλήϊον εἰς
αἰῶνας πάντας ἐπ' ἀνθρώπους, da er ein heiliges Gesetz den
Frommen verliehen und ihnen allen versprochen, Erde und Welt
und der Seligen Thore zu öffnen u. s. w. Lauter Friede der
Guten wird dann auf die Erde kommen, und die Propheten des
großen Gottes nehmen das Schwert weg, denn sie sind Richter
der Menschen und gerechte Könige, und auch wird sein bei den
Menschen ein rechtlich erworbener Reichtum. Das ist das Gericht
und die Herrschaft des großen Gottes V. 766 ff.

Der religiöse Gehalt ist gering: Israels Religion ist das
monotheistische Dogma und das demselben entsprechende Gesetz.
Zum Dogma gehört auch der schließliche Triumph Gottes und
Israels. Das Ganze liest sich wie eine Apologie dieses Dogmas
durch die Geschichte, die in der Form von Visionen vorgeführt
wird, um in gleicher Weise mit dem Ausblick in die erwartete
messianische Zukunft schließen zu können. Die Töne tieferer

Sehnsucht, heißeren Empfindens, ringenden und betenden Glaubens fehlen. Die Gestalt der Sibylle eignete sich weder für die Poesie der Psalmen noch für die Klage und den Trost der heiligen Prophetie, sondern nur für die Apologetik eines Vertreters der religiösen Geschichtsbetrachtung, der nicht ohne schmerzliches Mitgefühl die Welt der Bildung untergehen sieht und ihr auf einem ihr sympathischen Wege die Augen öffnen möchte. In dieser für den Ausdruck tieferen religiösen Empfindens ungeeigneten Form vertritt der Dichter aber noch ganz den Grundgedanken der Prophetie und Poesie Israels: Gottes Königtum der Schutz seines Volkes, Gottes Gericht seine Rechtfertigung und seine Rettung. Das Gericht aber ist nicht eine abstrakte Rechtsprechung, sondern ist Gerichtsvollziehung zum Heil seines Volkes, welches einst sich bekehrt hat, als es das durch Abfall verschuldete Gottesgericht erlebte, nun aber Unrecht leidet unter den Völkern, die Unrecht thun.

Ganz anders — um dies gleich hier anzuschließen — in einem der spätesten Produkte der pseudepigraphischen Litteratur, dem sogenannten vierten Buch Esra, welches wie die unten zur Sprache kommende Apokalypse Baruchs sich mit dem Rätsel befaßt, wie die Zerstörung Jerusalems durch die Römer sich vertrage mit der messianischen Hoffnung Israels. Der Messias wird doch endlich kommen und die Weltmacht vernichten, und damit Israel erlösen und wieder herstellen; jedoch dieses Gericht über die Weltvölker durch den Messias, den Sohn Gottes, und die Wiederherstellung Israels ist nur eine Episode, nicht der Abschluß, auf den sich die Erwartung richtet. Vierhundert Jahre soll der Messias und sein Reich bauern. Dann wird er sterben, und danach tritt das allgemeine Ende ein; der Höchste selbst erscheint, um in rein forensischen Formen Gericht zu halten. Der Endzweck dieses Gerichtes ist nicht mehr der, daß den Bedrängten und Unterdrückten zum Recht verholfen werden soll (vgl. Matth. 25, 34 ff.). Vielmehr wird das Verhältnis zwischen Gott und Menschen und ebenso zwischen Gott und Israel als ein reines Rechtsverhältnis angesehen, das irgend wann einmal am Ende der Geschichte zum Austrage kommen muß. Man muß also in anderer Weise als das Buch Henoch und die Sibyllinen unterscheiden zwischen der Hoffnung auf das messianische Gericht und der Aussicht auf das Endgericht. Jene ist Erlösungshoffnung, aber in sehr verkümmerter Gestalt, ein dürftiger Rest der eigentlichen Hoffnung Israels, — diese, die Aussicht auf das Endgericht, trägt ein anderes Gesicht. Der Gedanke einer Erlösung Israels durch Gericht wird noch festgehalten, wenn von der Abrechnung die Rede ist „mit denen, die ungerecht geschädigt haben mit ihrem Unrecht, wenn vollendet sein wird die Erniedrigung Zions" 5, 18, aber das Endgericht ist es nicht, welches die Erniedrigung Zions wandelt. Das Endgericht bringt einfach Vergeltung für die Vielen, die gottlos gewesen, und für die wenigen Gerechten, denen ein Schatz guter Werke hinterlegt ist beim Höchsten, der ihnen aber vor dem jüngsten Tage nicht gezeigt wird (7, 77). Für sie ist die zukünftige Welt geschaffen. Sie kennen sich selbst nicht und zählen sich nicht zu den Gerechten (8, 47 f.); der Trost, mit dem sie sich gegenwärtig trösten, ist der, daß Gott der Richter genannt wird, „weil, wenn er den durch sein Wort Geschaffenen nicht verziehe und die Menge der Übertretungen nicht tilgte, gewiß nur höchst wenige von einer unzählbaren Menge übrig bleiben würden" (8, 139 f.). Aber gerade, daß sie so demütig in ihrer Selbstbeurteilung sind und infolgedessen sich nie genug thun können in der Erfüllung des Gesetzes, gehört wesentlich dazu, das Urteil Gottes zu bestimmen. Das ist der dürftige Rest, der von der alttestamentlichen Antwort auf die Frage: wie kann ein Sünder gerecht sein bezw. gerecht werden? übrig geblieben ist. Ihre Gerechtigkeit wird im Endgericht ihnen selbst zum Verwundern ans Licht gebracht; es ist aber nicht mehr die gerechte Sache des um seiner Sünden willen geplagten Israel, von der die Propheten und Psalmen Zeugnis geben, und das Recht, mit welchem Israel auf seinen Gott hofft, ist nicht mehr das Recht, mit welchem es durch die Erwählung begnadet ist, — seine Hoffnung ist nur noch Dogma, nicht mehr Leben, nur noch Lehrsatz, aber nicht Glaube; sie ist nicht Hoffnung im objektiven und subjektiven Sinne, sondern nur noch Hoffnung im objektiven Sinne, der Zukunft angehöriges Gut, $\tau \grave{\alpha}$ $\dot{\epsilon}\lambda\pi\iota\zeta\acute{o}\mu\epsilon\nu\alpha$ ohne $\dot{\upsilon}\pi\acute{o}\sigma\tau\alpha\sigma\iota\varsigma$ $\tau\tilde{\omega}\nu$ $\dot{\epsilon}\lambda\pi\iota\zeta\omicron\mu\acute{\epsilon}\nu\omega\nu$. An die Stelle der subjektiven Hoffnung, ihrer Geduld und Ungeduld und ihrer Zuversicht ist die Verzweiflung derer getreten, die „durch Furcht des Todes im ganzen Leben Knechte" sein müssen und in ihrer

Verzweiflung — — Adam verklagen: „Adam, was hast du gethan? Denn da du sündigtest, bist du doch nicht allein gefallen, sondern auch wir, deine Nachkommen. Denn was hilft es uns, daß unsterbliches Leben uns verheißen ist, wenn wir Werke gethan, die uns den Tod bringen?" (7, 111 f.)

Woher stammt diese Anschauung, diese Verkümmerung der Hoffnung auf die richtende und rechtfertigende Gerechtigkeit Gottes? In der fast gleichzeitigen Apokalypse Baruchs finden wir noch keine Spur davon. Auch sie hat es mit dem Rätsel der Zerstörung Jerusalems und der dadurch so grausam getäuschten messianischen Hoffnung zu thun, welche mächtiger und glühender als je auflobernd das eigentliche Motiv und die treibende Kraft des jüdischen Krieges gewesen war. Aber der Verfasser dieser Apokalypse ist weit entfernt davon, sich so mit ihr abzufinden, wie es der Verfasser des 4. Esrabuches gethan. Zwar ist auch ihm die Herrschaft des Messias, wie es scheint, nur von bestimmter, begrenzter Dauer, nämlich bis die vergängliche Welt ein Ende hat (40, 3: et erit principatus ejus stans in saeculum, donec finiatur mundus corruptionis et donec impleantur tempora praedicta), aber sie ist ihm offenbar keine Episode mit angstvollem Ausblick auf das, was darauf folgt, sondern nur der Übergang zu noch größerer Herrlichkeit, vielleicht gedacht als das Mittel zum Zweck, nämlich damit dann eine neue Welt voll Heil und Leben an die Stelle dieser Welt treten könne, also verwandter mit dem paulinischen Wort 1 Kor. 15, 24 ff., als mit der Aussicht des 4. Buches Esra auf den Tod des Messias. Dies wird deutlich Kap. 73. 74, wo die Herrlichkeit der messianischen Zeit beschrieben und gesagt wird: quia tempus illud finis est illius quod corrumpitur et initium illius quod non corrumpitur ... ideo longe est a malis, et prope iis quae non moriuntur. Nur so erklärt sich, daß alle Hoffnung und nichts als Hoffnung sich konzentriert auf den Messias und sein Reich. Es ist etwas Entsetzliches, was Israel erlebt hat, aber es wird noch entsetzlicher kommen, wenn erst der Messias selbst erscheint und Gericht hält, um für Israel Frieden zu schaffen: „und es wird geschehen, wer dem Kriege entronnen ist, wird im Erdbeben umkommen, und wer dem Erdbeben entronnen ist, wird durch Feuer verzehrt werden, und wer dem Feuer entronnen ist, wird durch Hunger umkommen, und es wird geschehen, wer alle dem entgangen ist, wird in die Hände meines Knechtes, des Messias, überliefert werden .... Es wird kommen die Zeit meines Gesalbten, und nachdem er alles in der Welt erniedrigt hat und ewiglich in Frieden sitzen wird auf dem Thron seines Reiches, dann wird Ruhe werden, Not und Seufzer werden ein Ende haben" u. s. w. Kap. 71—74. Die Ausführungen in Kap. 82. 83 zeigen deutlich, daß zwischen dem messianischen Gericht über die Feinde und der endlichen Herstellung einer neuen Welt kein solcher Hiatus klafft, wie im 4. Buch Esra. Die wahrscheinlich dem ersten Jahrzehnt der christlichen Zeitrechnung angehörige assumptio Mosis (vgl. Schürer a. a. O. § 32, 3) zeichnet das gleiche Zukunftsbild vom Reiche Gottes und dem dazu gehörigen, damit verbundenen Gerichte, nur daß dieses Bild in Rücksicht auf den Messiasgedanken systematisch geordnet ist. V. 10 ff. heißt es: „dann wird erscheinen das Reich des Herrn, des Gottes unsrer Väter, unter aller Kreatur. Dann wird der Teufel ein Ende haben und die Traurigkeit wird mit ihm dahin sein .... denn es wird der Himmlische aufstehen von dem Thronsitz seines Reiches und wird ausgehen von seiner heiligen Wohnung mit Unwillen und Zorn wegen seiner Kinder, und die Erde wird erzittern ..., denn der Höchste steht auf, der allein Ewige, und kommt offenbar, daß er die Völker strafe. Dann wirst du glücklich sein, Israel, und Gott wird dich erhöhen, und wirst von oben herab schauen und deine Feinde auf Erden sehen und dich freuen und danken und deinen Schöpfer preisen."

Wir haben es im 4. Buch Esra offenbar nicht mit einer anderen messianischen Dogmatik zu thun, — diese ist dieselbe: zuerst der Messias und das messianische Gericht und die Begründung der Weltherrschaft Israels, dann das Weltende, das Schlußgericht und die neue, unvergängliche Welt. Die Streitfrage, ob die Tage des Messias dem gegenwärtigen oder dem zukünftigen Äon angehören, beeinflußt die Verschiedenheit zwischen beiden Schriften nicht. Eher könnte man annehmen, daß die assumptio Mosis mit der Anschauung rechne, daß die Tage des Messias dem zukünftigen Äon angehören, dagegen die Apokalypse Baruchs und das 4. Buch Esra mit der entgegengesetzten. Also die Dogmatik beider ist dieselbe, aber die religiöse Stimmung, die Anwendung des Dogmas auf das Leben ist eine verschiedene, die Empfindung, mit der der abschließlichen Zukunft entgegengesehen wird, ist im Buch Baruch eine andere. Das aber erklärte sich, wenn man auf Grund der sonstigen großen Übereinstimmung beider Schriften — ganz abgesehen von der Frage nach der Benutzung der einen in der andern — nach der gemeinsamen Wurzel fragt, aus der sie erwachsen sind. Diese Wurzel ist, wie namentlich aus der Zionsvision 4 Esr. 10, 45 erhellt, der Pharisäismus.[1]) Er ist es, der die Aufgabe zu lösen hatte, sich in die Täuschung der messianischen Hoffnung durch die Zerstörung Jerusalems zu finden, sie in das System zu bringen. Beide Schriften zeigen, wie er das versucht hat. Aber der Verfasser der Apokalypse Baruchs ist aus härterem Holze geschnitzt, als der des 4. Buches Esra. Seine Selbstzuversicht ist nicht erschüttert, — das Gottesgericht über Jerusalem und Israel stellt ihm nur ein dogmatisches Problem; es veranlaßt ihn nicht zur Revision seiner Selbstbeurteilung, sondern höchstens seiner Dogmatik. Der Verfasser des 4. Buches Esra kann sich zu dieser Selbstzuversicht nicht aufschwingen oder sie nicht mehr behaupten. Der Eindruck des Gottesgerichtes ist zu gewaltig. Er sieht nur Gericht vor sich. Der Glaube im Sinne des Festhaltens am ganzen Dogma ist unerschüttert, desto erschütterter ist der Glaube an sich selbst. Die Theorie der Anforderungen, welche das Dogma stellt, ist dieselbe geblieben, — die Wirkung dieser Theorie im Zusammenhange mit den Ereignissen ist eine andere geworden. Die Religion geht auf in Furcht und Sorge. Das ist die Gestalt, welche die Religion Israels nach der Verwerfung des wirklichen Messias, Jesus von Nazareth, und nach der großen Täuschung im Jahre 70 annehmen mußte und angenommen hat. Die Apokalypse Baruchs

---

[1]) Daran ändert auch der Widerspruch nichts zwischen 4 Esr. 8, 47: „du hast dich selbst oft den Ungerechten zugezählt, den Gerechten dagegen niemals" und Luk. 18, 9: „er sagte zu etlichen, die sich auf sich selbst verließen, daß sie gerecht seien". Denn was es mit dieser Selbsterniedrigung auf sich hat, erhellt 4 Esr. 8, 48. 49: „aber darin bist du bewundernswert beim Höchsten, daß du dich erniedrigst, wie es sich geziemt und dich nicht zu den Gerechten gerechnet hast, um hohen Ruhm zu erlangen." Es ist eine Demut, die sich selbst mit geheimer Angst ihre Tugend bescheinigt.

und das 4. Buch Esra verhalten sich zu einander und klaffen auseinander wie Dogma und Religion in der nachchristlichen Synagoge. Die Hoffnung klammert sich im 4. Buch Esra nur noch an die zugleich als sehr entfernt empfundene Möglichkeit eines unverhofft günstigen Ausfalls des Endgerichts.

Ist nun etwa auch schon zu Jesu Zeit wenigstens in einzelnen Kreisen so gehofft, so gedacht und gefürchtet worden? Zwar die direkten Zeugen fehlen. Daß der Verfasser des Hebräerbriefes 2, 15 das „durch Furcht des Todes im ganzen Leben Knechte sein" nicht als eine neue Erscheinung ansieht, ist nicht beweiskräftig. Denn Todesfurcht ist von der alttestamentlichen Religion überhaupt unabtrennbar, wenn sie sich auch nicht in der Art äußert, wie im späteren und gegenwärtigen Judentum. Aber die paulinische Selbstbiographie Röm. 7 spricht dafür und der charakterisierende Ausdruck διώκειν τὴν δικαιοσύνην Röm. 9, 30. 31 statt des sonstigen ζητεῖν nicht dagegen (vgl. Röm. 2, 7; 10, 3; Matth. 6, 33; Gal. 2, 17; Luk. 13, 24). Geht man aber von der Thatsache aus, welche durch Röm. 7, ganz abgesehen von der dadurch nicht berührten Frage, ob diese Selbstaussagen des Apostels auch vom Stande des „Wiedergebornen" gelten, namentlich durch V. 7—13 festgestellt ist, so begreift man die Verwunderung über die „holdseligen Worte", die λόγοι τῆς χάριτος, die aus Jesu Munde kamen; man erkennt, wodurch der Boden bereitet war bei denen, die sein Wort aufnahmen, und man versteht, wie tief das Wort von der Erquickung der Mühseligen und Beladenen, von der Ruhe der Seelen bei ihm als „Wort des ewigen Lebens" bringen konnte und empfunden werden mußte bei diesen geängsteten Seelen, denen ein unerträgliches Joch auferlegt wurde (Matth. 23, 4), durch dessen Übernahme sie sich trotzdem nicht die Anerkennung der Führer erwerben konnten (Joh. 7, 49). Freilich allgemein war diese Stimmung, dieser Zustand des inneren Lebens nicht, wie gerade die große Wirkungslosigkeit der Verkündigung Jesu zeigt. Aber vorhanden war sie, und daß wir ihr in den litterarischen Denkmalen der Synagoge, insbesondere denen des Pharisäismus, so selten begegnen, ist erklärlich. Denn wer hätte sich wohl entschließen können, dieser Stimmung ehrlich Ausdruck zu geben, bevor sie infolge der Ereignisse in das System aufgenommen war? Zu solcher ehrlichen Offenheit auch nur gegen sich selbst, geschweige vor anderen, gehörte das, was bei Paulus dazu gehört hat, um sein eigenes inneres Leben erst zu verstehen, — eine Bekehrung wie die seine. Solange System, Theorie, Dogma und das innere Leben so schmerzvoll auseinander klafften und das System keine Stelle hatte für diese schlechte Wirklichkeit, so lange war sie für die Vertreter des Systems in Wort und Schrift nicht vorhanden, wie sie denn auch in den übrigen Denkmalen der theologischen Schule Israels, dem Talmud, den Midraschim nur selten Ausdruck gefunden hat, desto allgemeiner freilich sich zeigt im religiösen Leben des altgläubigen Judentums. Aus diesem Grunde enthält auch die Notiz Luk. 18, 9 von solchen, die sich auf sich selbst verließen, daß sie gerecht seien, keinen Widerspruch gegen diese Annahme. Mochten es Pharisäer sein oder nicht, pharisäische Gesinnung soll damit gezeichnet werden, und daß dieselbe mit jener geheimen Angst gepart sein kann, beweist das Beispiel Pauli aus seinem eignen Leben, vgl. Röm. 7, 7 ff. mit Phil. 3, 6.

Äußerst lehrreich ist auch in dieser Beziehung das älteste Denkmal des Pharisäismus, welches wir nun noch in Betracht zu ziehen haben, der salomonische Psalter, um so wichtiger auch für unsere Frage, als er der reinste und treuste Ausdruck des Pharisäismus ist, den Christus vorfand, noch nicht beeinflußt weder von der Opposition gegen Jesus und die „Sekte der Nazarener", noch von der im ersten Jahrzehnt unserer Zeitrechnung stattgefundenen Trennung der Zeloten von den Pharisäern. Welch ein Unterschied besteht doch zwischen dem Wort des kanonischen Psalters Pf. 130, 4: „bei dir ist die Vergebung, damit man dich fürchte", wo die Gottesfurcht der Zweck der Vergebung ist (vgl. Ezech. 16, 62. 63; Mich. 7, 18), und der die geheime Unsicherheit nur zu deutlich verratenden Reflexion Pf. Sal. 9, 7 ff.: „o Gott, unser Handeln steht in freier Wahl und Vollmacht unsrer Seele, zu üben Gerechtigkeit und Ungerechtigkeit in den Werken unsrer Hände, und in deiner Gerechtigkeit suchst du heim die Menschenkinder. Wer Gerechtigkeit übt, schatzsammelt sich Leben bei dem Herrn; wer Ungerechtes thut, ist selbst Ursächer des Verderbens seiner Seele. Denn die Gerichte des Herrn sind in Gerechtigkeit gegen Mann und Haus. Wem wolltest du gnädig sein, Gott, wenn nicht denen, die den Herrn anrufen? Im Falle von Sünden wird er die Seele reinigen, wenn sie bekennt und beichtet. Denn Scham ist unser und unsres Angesichtes Teil wegen alles Vorgefallenen. Und wem wollte er Sünde vergeben, wenn nicht denen, die gesündigt haben? Die Gerechten wirst du segnen und es nicht genau nehmen wegen dessen, was sie ge= sündigt haben, und deine Güte nimmt Rücksicht auf solche Sünder, welche bereuen." Der Glaube an Israels Erwählung und Israels Hoffnung ist nicht geschwunden. V. 16 ff. heißt es: "und nun, du bist Gott und wir das Volk, das du lieb hast; schau her und erbarme dich, Gott Israels, denn dein sind wir, und wende deine Barmherzigkeit nicht von uns ab, damit man uns nicht übermöge. Denn du hast den Samen Abrahams erwählt vor allen Völkern, und deinen Namen auf uns gelegt, Herr, und wirst nicht ewiglich unthätig zusehen. Einen Bund hast du gemacht mit unsern Vätern unserthalben, und wir hoffen auf dich, indem wir uns von Herzen bekehren. Der Herr ist die Barmherzigkeit (ἐλεημοσύνη = צְדָקָה? vgl. 11, 9: τὸ ἔλεος wie Pf. 130, 7 = חֶסֶד) über Israel immer und ewiglich." Aber dieser Glaube wird als Hoffnung nur noch festgehalten vermittelst einer Theorie; er lebt nicht mehr sein ureigenes Leben in Kraft seines Objektes, sondern fristet vermittelst der Theorie sein kümmerliches Dasein. Diese Theorie aber hat wenig oder nichts gemein mit jener Glaubenszuversicht, die das Wort Habakuks aufnehmend spricht: wir sind nicht von denen, die da weichen und verloren gehen, sondern die da glauben und die Seele erretten (Hebr. 10, 39), oder mit dem 130. Psalm: bei Jahveh ist die Gnade und viel Erlösung bei ihm, und er wird Israel erlösen von allen seinen Sünden!

So ist es eine in ihren Wellenbewegungen des Schwankens zwischen Furcht und Hoffnung doch ununterbrochene Linie vom salomonischen Psalter bis zum 4. Buch Esra. Was der Pharisäismus sich und anderen nicht gestehen wollte, was Paulus erst gestand und rückhaltlos bekannte auf Grund und infolge seiner Bekehrung, als er es nicht mehr zu verbergen brauchte, das sieht sich der Verfasser des 4. Buches Esra anzuerkennen und auszusprechen gezwungen durch die Brutalität der Geschichte und rettet sich von den Folgerungen, die er hätte ziehen müssen, nur dadurch, daß er nun auch diese Erkenntnis dem System anpaßt bezw. so ausführt, wie sie eigentlich von Anfang an darin enthalten war. Gerade dafür ist der salomonische Psalter so lehrreich, daß er uns den Schluß ermöglicht von der Theorie auf das innere Leben.

Von hier aus wird nun auch eine andere für unsere Frage bedeutsame Erscheinung im salomonischen Psalter verständlich. Er ist in einem Maße, wie nur noch die Bilderreden des Buches Henoch, beherrscht von dem Gedanken des Königtums und Priesteramtes Gottes. Er handelt eigentlich von nichts anderem. Das Königtum Gottes und das Gericht, das sind nicht bloß die Lichtpunkte, die das Auge des Psalmisten immer wieder aufsucht, um nicht zu verzagen, sie sind die Warte, von der aus er das beängstigende Getriebe der Angriffe der Heiden und das Schalten und Walten der Gottlosen in Israel, speciell der Sadducäer und ihres Anhangs überschaut und weiß ganz klar, welches Ende das alles nimmt und nehmen wird. Ganz alttestamentlich klingt Ps. 2, 23 ff.: „Gott ist König im Himmel und richtet Könige und Mächte, indem er mich aufrichtet zur Herrlichkeit und die übermütig sind schmachvoll ins ewige Verderben stürzt, weil sie ihn nicht erkannten. Und nun sehet, ihr Großen der Erde, das Gericht des Herrn, daß ein Größerer König ist und gerecht richtet, was unter dem Himmel ist. Preiset Gott, die ihr den Herrn fürchtet, und kommt, denn die Gnade des Herrn äußert sich über die, so ihn fürchten, im Gericht, zu entscheiden zwischen Gerechten und Sündern, zu vergelten den Sündern in Ewigkeit nach ihren Werken, und des Gerechten sich zu erbarmen gegen die Unterdrückung von seiten des Sünders und dem Sünder zu vergelten für das, was er dem Gerechten angethan. Denn gütig ist der Herr denen, die ihn anrufen in Geduld, zu handeln nach seiner Barmherzigkeit mit denen, die ihm anhangen, damit sie immerdar vor ihm stehen in Kraft." Und ähnlich Ps. 10, 6 ff.: „Gerecht und fromm (צַדִּיק וְחָסִיד) ist unser Gott in seinen Gerichten immerdar und Israel lobe den Herrn in Freuden, und die Frommen sollen danken in der Versammlung des Volkes, denn der Armen erbarmet sich Gott zur Freude Israels. Denn gütig und barmherzig ist Gott in Ewigkeit und die Versammlungen Israels sollen den Namen des

Herrn preisen. Von dem Herrn kommt die Rettung über das Haus Israels zur ewigen Freude." Es ist ein heiliger Krieg, den er zur Rettung Israels hinausführt zum Siege, wie es die Propheten geweissagt (Pf. 11, 2). „Der Herr ist unser König immer und ewiglich," heißt es Pf. 17, 51, er wird den Sohn Davids Israel zum König erstehen lassen zu der Zeit, die ihm bewußt ist, und mit Kraft ihn gürten, daß er unrechtmäßige Herrscher fälle, daß er Jerusalem reinige von den Heiden, die es zertreten, durch Vernichtung, durch Weisheit, durch Gerechtigkeit, und zusammenbringe ein heiliges Volk, das er regiert mit Gerechtigkeit und richtet die Stämme des Volkes. Er richtet die Völker und Stämme in Weisheit und Gerechtigkeit und hat die Nationen der Heiden unter seinem Joch, ihm zu dienen. Er ist ein gerechter König über sie, von Gott unterwiesen, und kein Unrecht findet sich in seinen Tagen unter ihnen, denn sie alle sind heilig und ihr König ist der Gesalbte des Herrn. Denn nicht auf Roß und Bogen vertraut er; „der Herr ist König", das ist sein Vertrauen, V. 23 ff. Das ist Gerichtshoffnung so unzweideutig und zuversichtlich wie möglich, Gerichtshoffnung in der Gewißheit des Königtums Gottes.

Aber eins ist es, was dieser Gerichtshoffnung fehlt. Wohl kennt der Psalmist ein Richten, wie es des Königs Amt in seinem Reiche ist, als Fürsorge für Recht und Gerechtigkeit, daß niemanden Unrecht geschehe, daß jeder sein Recht finde. Aber dieses Richten übt der Messias erst in dem wieder hergestellten Israel, Pf. 18, 8 f.: „An Stelle der Zuchtrute tritt der Gesalbte des Herrn in der Furcht seines Gottes, in geisterfüllter Weisheit und Gerechtigkeit und Stärke, zu leiten den Mann in Werken der Gerechtigkeit in Gottesfurcht, sie alle mit Furcht des Herrn zu erfüllen." Der Gedanke dagegen, daß dem **Volke Gottes sein Recht werde durch das Gericht über die Feinde**, oder die Gerichtshoffnung als Hoffnung auf die Rechtfertigung Israels ist hier völlig verloren gegangen. Wohl findet noch der Gedanke der **Gotteskindschaft Israels und der Erwählung Ausdruck** (17, 30; 11, 3; 9, 17; 7, 5), aber darauf gründet sich nicht mehr das Recht, die gerechte Sache Israels. Ebenso wird die Gottesfurcht, die Reue, das Bekenntnis der Sünde betont; das

Bekennen ist die Bedingung der Verschonung, bewirkt aber nicht mehr, daß die Gottesfürchtigen eine gerechte Sache haben und behalten, wegen deren sie gerechtfertigt werden durch das Gericht Gottes, obwohl sie mit ihren Sünden Unrecht haben. **Man kennt das Gericht Gottes nur als Strafgericht.** Als solches hat es Israel erlebt, als solches werden es die Dränger Israels und die Gottlosen in Israel, die Menschendiener, erleben. Es lautet noch ganz alttestamentlich, wenn es 18, 3. 4 heißt: „deine Ohren hören auf die Bitte des Armen, der da hofft; deine Gerichte gehen über das ganze Land in Barmherzigkeit, und deine Liebe waltet über dem Samen Abrahams, den Kindern Israels," aber diese Gerichte sind nicht deshalb barmherzige Gerichte, weil sie dem Bedrängten Recht schaffen, sondern weil sie Züchtigungen sind, wie über den erstgebornen, den einzigen Sohn, abzuwenden folgsame Seelen von unbewußter Thorheit, und Israel zu reinigen für den Tag der Gnade und des Segens, für die $\dot{\eta}\mu\dot{\epsilon}\rho\alpha$ $\dot{\epsilon}\kappa\lambda o\gamma\tilde{\eta}\varsigma$ (vgl. 17, 23), wenn sein Gesalbter die Herrschaft antritt, 18, 4 ff. Die Gottesfürchtigen, die ihre Sünden bekennen, die reuigen Sünder sind die Gerechten, aber das Gericht schafft ihnen nicht Recht, sondern thut nur ihren Gegnern ihr Recht an. Was jenen Gerechten widerfährt, ist nur Gnade, nur Barmherzigkeit dessen, der es nicht genau nimmt mit ihren Sünden 9, 15. Wenn wirklich 15, 15: „die den Herrn fürchten, finden Gnade am Tage des Gerichts und werden leben in Kraft der $\dot{\epsilon}\lambda\epsilon\eta\mu o\sigma\acute{v}\nu\eta$ ihres Gottes," $\dot{\epsilon}\lambda\epsilon\eta\mu o\sigma\acute{v}\nu\eta$ Übersetzung des hebräischen צְדָקָה und nicht חֶסֶד wäre, so wäre dies die einzige Stelle, die diesen alttestamentlichen Ausdruck aufgenommen hätte, nicht aber die alttestamentliche Anschauung, wie angesichts der obigen Anschauung nicht zweifelhaft sein kann, und die Übersetzung durch $\dot{\epsilon}\lambda\epsilon\eta\mu o\sigma\acute{v}\nu\eta$ entspricht dann der Beobachtung, daß schon bei den LXX $\dot{\epsilon}\lambda\epsilon\eta\mu o\sigma\acute{v}\nu\eta$ und $\delta\iota\kappa\alpha\iota o\sigma\acute{v}\nu\eta$ nicht mehr gleichwertige Übersetzung von צְדָקָה sind, und daß eine צְדָקָה, welche sich in Wohlthaten erweist, im späteren Sprachgebrauch unterschieden wird von der צְדָקָה, welche richtet und straft. Es galt eben angesichts der Thatsache des verdienten Leidens unter den Gerichten Gottes, angesichts also der Thatsache, daß Israel wie so oft schon das gerechte Gericht Gottes, die Gerechtigkeit Gottes, als Strafgericht erfahren hatte, die Vermittlung dafür zu finden, daß Israel hoffen dürfe auf Gottes Gericht. Daß Gott richten werde, richten müsse, stand fest. Israel hatte es ja selbst wieder erlebt. Da bietet sich der Weg dar, der auch im Buch der Weisheit betreten ist. Gottes Gericht ist immer Strafgericht. Aber er straft Israel bezw. die Gottesfürchtigen in Israel nicht mit demselben Zweck, wie die andern gestraft werden. „Du hast uns, o Gott, dein Gericht gezeigt in deiner Gerechtigkeit; unsere Augen sahen deine Gerichte, Gott, wir rechtfertigten deinen ewig herrlichen Namen, daß du der Gott der Gerechtigkeit bist, der da richtet Israel in Züchtigung. Wende deine Gnade uns wieder zu und erbarme dich unser; bringe das zerstreute Israel zusammen mit Gnade und Güte, denn deine Treue bleibt uns. Wir waren halsstarrig, und du bist unser Zuchtmeister. Übersieh uns nicht, o unser Gott, damit die Heiden uns nicht verschlingen, weil kein Rächer und Retter da ist. Du bist unser Gott von Anfang an, und auf dich haben wir gehofft, Herr, und wir lassen nicht von dir, denn gütig sind deine Gerichte über uns" 8, 30 ff. „Da Israel weggeführt wurde in Verbannung in ein fremdes Land, da sie abgefallen waren von dem Herrn, der sie erlöset hatte, wurden sie vertrieben aus dem Erbe, das ihnen der Herr gegeben hatte, unter alle Völker in der Zerstreuung Israels nach dem Wort des Herrn, damit du dich gerecht erwiesest an unsern Sünden in deiner Gerechtigkeit, denn du bist ein gerechter Richter über alle Völker der Erde. Denn keiner, der Übels thut, kann sich vor dir verbergen" 9, 1—4. Der Zweck der Gerichte über Israel ist die Zurechtweisung Ps. 10, 1—3: „Wohl dem Manne, des der Herr in Züchtigung gedenkt und den er mit der Rute abwendet vom bösen Wege, ihn zu reinigen von Sünde, damit sein Maß nicht voll werde. Wer den Rücken der Rute darbietet, wird gereinigt werden (Vergebung empfangen), denn der Herr ist gütig denen, die die Züchtigung erdulden. Denn er macht richtig die Wege der Gerechten und wird sie nicht verkehren, wenn er züchtigt (Wellhausen: und beugt der Verirrung vor durch Züchtigung)." Darum verliert der Gerechte den Mut nicht, wenn der Herr ihn züchtigt; er erkennt die Gerechtigkeit der über ihn ergehenden Gerichte an und bleibt in Gnaden, denn er lernt aufmerken, durchforscht sein Haus, um die Schuld zu tilgen, wenn er übertreten hat, und sühnt die unabsichtliche Sünde durch Fasten und demütigt seine Seele: der Herr aber absolviert ihn 3, 4 ff. (vgl. Luk. 18, 12). Er weiß, daß er Vergebung bedarf, — es giebt keinen, der ihrer nicht bedürfe, aber sie muß verdient werden 17, 10 f.: „nach ihren Sünden vergiltst du ihnen, Gott, ihnen wird zu teil, was sie verdient haben; nach ihren Werken erbarmt sich Gott ihrer; er prüft ihr Geschlecht und ließ sie nicht gänzlich." So kann allerdings von Rechtfertigung der Gerechten nicht die Rede sein. Sie finden Vergebung, Gnade, Barmherzigkeit; Gerechtigkeit wäre Strafe. Als Zweck des Gesetzes erscheint der, daß der Gerechte erfahre, was er zu thun habe, um Gnade zu finden, und man begreift, welchen Wert gerade der kultische Teil desselben bekommt.

Hiermit hängt es nun zusammen, daß nicht bloß die Gerichtshoffnung nie als Hoffnung auf ein rechtfertigendes Gericht erscheint. Im Gegenteil, obwohl die Hoffnung immer als die Hoffnung der Gerechten auftritt, sind doch nicht diese es, die gerechtfertigt werden, sondern an Stelle ihrer Rechtfertigung bezw. der Rechtfertigung Israels tritt vielmehr die Rechtfertigung Gottes. Gott rechtfertigt sich, erweist sich als gerecht rücksichtlich der Sünden Israels (9, 3) und ebenso rechtfertigt er sich gegenüber den Sünden der Heiden, und wird gerechtfertigt, als gerecht anerkannt und gepriesen von Israel 2, 16; 3, 3. 5; 4, 9; 8, 7. 27. 31. Objekt von $\delta\iota\kappa\alpha\iota o\tilde{v}\nu$ ist stets Gott. Die Thatsachen der Geschichte, gedeutet durch das Gesetz, scheinen nichts anderes übrig zu lassen, wenn man an der Wahrheit der Verheißung und an der Thatsache der Erwählung Israels festhalten wollte. Ein anderer Zweck des Gesetzes schien nicht denkbar, als der eine, daß es den Weg zeige, wie man einerseits sich hüten könne und müsse vor Sünden, und andrerseits, wie man aus seiner Sünde wieder herauskommen könne, um Gnade zu finden oder das Gericht der Gerechtigkeit Gottes zu wandeln in Gnade. Daß die Gerechtigkeit im Gegensatz zur Gnade stehe, daß Gerechtigkeit nimmermehr Gnade sei für den, an dem sie sich erweise, sondern günstigenfalls nur abgelöst werden könne von der Gnade, sobald sie ihren Zweck erreicht habe, kurz die Anschauung, daß es einer Ausgleichung bedürfe, um die Spannung zwischen Gerechtigkeit und Gnade zu beseitigen, das ist die Anschauung des Pharisäismus, der so die Rätsel zu lösen glaubt, welche die Geschichte, der Glaube Israels und das Gesetz aufgab. Gerechtigkeit für die Feinde und die Abtrünnigen, Gnade für Israel, für die Gerechten, denn Gerechtigkeit für die Gerechten, — der Gedanke war ihnen trotz ihrer Vorliebe für den Titel „Gerechte" doch zu kühn, der Gedanke aber erst, daß Gottes Gerechtigkeit Sünder rechtfertigen könne, ganz unvollziehbar. Der Gedanke, daß Israel ein aus Gnaden ihm verliehenes Recht habe, war untergegangen in dem Bewußtsein des Vorzugs, den Israel durch den Besitz, die Kenntnis des Gesetzes habe, durch dessen Erfüllung es Gott selbst einen Dienst leiste, 4 Esr. 10, 45 ff. Gerade dies aber, daß man trotz des Titels „Gerechte" nicht wagte, auf Gerechtigkeit für sich zu hoffen, zeigt, daß dem Pharisäismus schon in dieser Zeit die Empfindung nicht fremd war, auf die die Aussagen des 4. Buches Esra hinweisen, — nur daß man, statt der inneren Not ehrlich Ausdruck zu geben und dennoch auf das Wort Gottes, auf das Heil, auf das Königtum Gottes zu hoffen, an dies aus Gnaden verliehene Recht und so an die Gerechtigkeit Gottes zu appellieren, wie noch im Buch Daniel, vielmehr die Not zu heilen versuchte durch ein System, und da das nicht ging, sie verbarg unter dem System, bis die Zuckungen der armen Seele ein Ende genommen. So begreift sich, um dies schon hier zu bemerken, daß aus einem Pharisäer beides werden konnte, ein Jünger Jesu und ein Gegner Jesu, die Wagschale aber von vornherein nach der Seite der Gegnerschaft neigte.

Das gleiche Bild des auf die Zukunft, auf Gericht und Erlösung wartenden inneren Lebens, und ebenso das gleiche, nur um einen Zug verschärfte Bild des Pharisäismus empfangen wir aus dem Buch der Jubiläen oder der kleinen Genesis. Die Anlage dieser Schrift, welche nach Dillmann in das erste christliche Jahrhundert, vielleicht schon in den Anfang desselben oder etwas früher zu setzen ist, ist den Apokalypsen entgegengesetzt, indem sie weder die Geschichte noch die Zukunft in der Form prophetischer Visionen darstellt, sondern auf Grund der Urgeschichte und durch dieselbe zu dem rechten Verhalten unterweisen will, welches erforderlich ist, um das Heil Gottes zu erleben. „Es wird diese Rede, wenn alle die Strafgerichte kommen, gegen sie zeugen, und sie werden erkennen, daß ich gerechter bin als sie nach all ihrem Rechte und allem ihrem Thun, und erkennen, daß ich mit ihnen gewesen bin. Und du schreibe dir auf alle die Worte, die ich dir heute kund thue (denn ich kenne ihre Widerspenstigkeit und Halsstarrigkeit), ehe denn ich sie in das Land bringe, von dem ich dem Abraham, Isaak und Jakob geschworen habe," Kap. 1. Daß Israel Gottes Volk ist, beruht auf der Erwählung; der Gott Israels und Vater aller Kinder Jakobs wird König sein auf dem Berge Zion, wenn alles neu werden wird; wenn erst Israel sich wieder zu ihm bekehren wird, dann wird er beschneiden die Vorhaut ihres Herzens und die Vorhaut des Herzens ihres Samens, und wird ihnen einen heiligen Geist schaffen und sie reinigen, „damit sie nicht mehr von mir sich abwenden von jenem Tage an bis in Ewigkeit. Und ihre Seele wird an mir und an allen meinen Geboten hangen, und sie werden meine Gebote thun, und ich werde ihr Vater sein und sie werden mein Sohn sein und werden alle Söhne Gottes genannt werden und alle Söhne des Geistes. Und man wird erkennen, daß sie meine Söhne sind und ich ihr Vater in Rechtschaffenheit und Gerechtigkeit, und daß ich sie liebe." So finden wir die alttestamentlichen Grundanschauungen der Religion Israels wieder: Königtum Gottes über Israel, Erwählung und Kindschaft. Die Gerechtigkeit Gottes aber ist nur justitia distributiva; „ein Gott der Gerechtigkeit ist er, der die Strafe übt an allen, die seine Gebote übertreten und seinen Bund brechen," 21, 4. Darum haben nur die Gerechten etwas von ihm zu hoffen. Der Weg zur Gerechtigkeit aber ist der des Kultus, Kap. 21. Auf diesem Wege kann es gelingen. Freilich bedarf auch der Gerechte Vergebung, aber — nur weil und wenn er unwissentlich sündigt. Isaak spricht zu Jakob Kap. 22: „es segne dich der Gott aller Dinge und mache dich stark, zu thun Gerechtigkeit und seinen Willen vor ihm, und erwähle dich und deinen Samen, daß ihr ihm ein Volk werdet zu seinem Erbe, nach seinem Willen . . . Der Herr gebe dir einen Samen der Gerechtigkeit von deinen Söhnen, der ihn heilige inmitten der ganzen Erde . . . Und indem du in allem dem Samen Seths gleichest, sollen deine Wege und deiner Söhne Wege gerecht sein, daß dein Volk heilig sei . . . Und der Herr erhalte dich rein von aller unreinen

Befleckung, daß du Verzeihung erhaltest für alle Schuld, die du
unwissentlich begangen, und er mache dich stark und segne dich,
daß du die ganze Erde ererbest." Damit hängt es zusammen,
daß Gericht und Gnade sich verteilen; der Herr hält Gericht
über die Feinde Israels und übt Gnade an allen, die ihn
lieben. Ganz freilich verschwindet der Gedanke nicht, daß den
Gerechten Gerechtigkeit widerfährt; so heißt es Kap. 31: „Isaak
segnete den Gott seines Vaters Abraham, der mit seiner Barm=
herzigkeit und Gerechtigkeit nicht abgelassen von dem Sohne
seines Knechtes Isaak." Weiteres aber in betreff der Zukunfts=
hoffnung als Gerichtshoffnung läßt sich aus dem Buche nicht
erkennen, da dasselbe ja nicht die Zukunftshoffnung selbst dar=
stellen will. Nur das wird hier fast noch deutlicher, als in den
oben besprochenen Schriften, — und das ist der hier verschärfte
Zug des Bildes, — daß die Gerechtigkeit der Gerechten zu einem
rein kultischen Begriff geworden ist. Durch die Gerechtigkeit in
der Beobachtung der Absonderung von allem Unreinen, des
Sabbaths u. s. w. kommt die Heiligkeit zustande. Wir sehen
deutlich jenes pharisäische διώκειν τὴν δικαιοσύνην, welches das
Wort Deut. 33, 9. 10 so zu verkehren imstande ist, wie wir es
Mark. 7, 10. 11 lesen. Welch ein Abstand nicht bloß von den
Propheten, sondern auch vom Gesetz, in welchem der Begriff der
Gerechtigkeit kaum hie und da (außer Num. 23, 10 nur in der
Gen. 15, 6; 7, 1; 18, 23 f. sowie im Deut. 6, 25; 9, 4. 5; 24, 13;
33, 19. 21; vgl. 4, 8 und Exod. 9, 27; Deut. 32, 4) eine Stelle
findet, während er die Anschauung des Pharisäismus beherrscht.
Allerdings hängt diese beherrschende Stellung, die der Begriff der
Gerechtigkeit in Anwendung auf das religiöse Verhalten oder auf
das Verhältnis zum Urteil und Gericht Gottes gewinnt, mit der
Verkündigung der Propheten zusammen, wie der kanonische Psalter
zeigt. Die pharisäische Verkehrung aber besteht darin, daß der=
selbe sich ganz und gar auf die kultischen Leistungen konzentriert
und die Religion im Kultus aufgeht. Das ist nicht bloß bei
den Propheten, sondern auch im Gesetze nicht der Fall. Der
Begriff hört auf, ein religiöser zu sein und wird ein kultischer;
die religiöse Wertung des sittlichen Verhaltens ist erst recht das
letzte, woran man dachte, und selbst die „unwissentlichen Sünden"
liegen — wie Luk. 18, 11 f. bestätigt — rein auf kultischem

Gebiet, auf welchem sie bei dieser Gesinnung nicht bloß allein liegen konnten, sondern fast unvermeidlich waren.

Es ist ein merkwürdiges Doppelleben, das sich uns so erschlossen. Auf der einen Seite die Überordnung der Religion über alle Lebensäußerungen, im Zusammenhange damit das hochragende Selbstbewußtsein, den rechten Gott und die rechte Weise zu kennen, in der man ihm zu dienen hat; dazu das Bewußtsein, daß mit dem Verhältnis und Verhalten zu Gott und an seiner Bewährung im Leben die Erwählung und mit der Erwählung die Hoffnung steht und fällt, welche Israel als das erwählte Volk auf die Machtbethätigung Gottes seines Königs setzt. Auf der andern Seite neben diesem hochfahrenden Selbstbewußtsein, dem ein rigoroses Pflichtbewußtsein nur zur Steigerung des eigenen Selbstgefühls dient, ein tiefes Bangen, eine geheime Angst vor dem, was man hofft. Der Israelit muß hoffen, das ist seine Religion, nicht der bloße Monotheismus, sondern der Glaube an den Gott, der an Israel etwas Besonderes gethan hat und thun wird, an den Gott der Verheißung und der Erfüllung. Er muß hoffen auf das gerechte Gericht Gottes; das bringt seine Zugehörigkeit zu dem von Gott erwählten Volke mit sich. Er muß hoffen auf die Machtbethätigung dessen, der als König für sein erwähltes Volk richtend eintreten wird, und der so beweisen wird, daß Israel Recht hat, wenn es sich auf ihn verläßt, und daß es nicht umsonst ihm traut. Ohne diese Hoffnung hat Israels Religion keinen Zweck. Gerade darum muß auch Ernst, voller Ernst gemacht werden mit der Religion, ebenso wie Gott einst Ernst machen wird, wenn er sich aufmachen wird, um sein und Israels Recht zu beweisen. Aber dieser Ernst — und hier setzt nun die Abbiegung von der Religion der Propheten und Psalmen im Anschluß an das Rätsel des Gesetzes ein — führt nun nicht zu dem demütigen und dankbaren Glauben, der sich lediglich hält und aufrichtet an dem aus Gnaden verliehenen Rechte und davon lebt in der Erkenntnis und dem Bekenntnis der eignen Sünde, wie Mich. 7, 9. 18; Pf. 103, 1 ff. Er führt vielmehr zu einem Eifer in der Rechtsbehauptung, in welchem das aus Gnaden verliehene Recht umgesetzt wird in ein erworbenes Recht, und gerade darum dem Bewußtsein des eigenen Rechtes insgeheim die Angst sich beimischt, ob man in der endlichen großen Entscheidung auch wirklich Recht bekommen werde. Den inneren Mangel soll eine desto größere Geschäftigkeit in der Beobachtung der Pflichten ersetzen, welche das Verhältnis zu Gott auflegt. Recht haben, Recht thun und Recht bekommen klafft auseinander, und man weiß diese drei Momente nicht anders als mechanisch zu verbinden. Das eigentliche Geheimnis des israelitischen Hoffnungslebens ist verloren gegangen. Israel hat Recht; wie es aber von diesem Rechte etwas haben könne, wenn man mit dem Psalmisten sprechen muß: „meine Sünde ist immerdar vor mir", und wie man vollends dabei Recht bekommen könne, das ist dunkel geworden. Man sucht sich mit einer Theorie zu behelfen, aber sie hilft nicht.

Der ganze große Abstand, der Widerspruch schließlich, in dem sich diese Vertretung der Religion Israels mit der wirklichen Religion der Verheißung und Hoffnung befindet, tritt aufs klarste zu Tage, wenn wir uns zum Schluß noch die Verschiebung vergegenwärtigen, welche in betreff des Objektes des Gerichtes und des Subjektes der Gerichtshoffnung eingetreten ist und mit der eine verhängnisvolle Verkehrung zusammenhängt, die bisher noch nicht zur Sprache kommen konnte.

Das eine Objekt der Gerichtsbethätigung Gottes ist geblieben, Israels Feinde und Dränger, deren Hauptsünde der Götzendienst ist. Auch die Gewißheit, daß Israel selbst Objekt des Gerichtes sei, ist nicht geschwunden. Aber daß es Objekt des rechtfertigenden und darum heilbringenden Gerichtes und so zugleich Subjekt der Gerichtshoffnung sei, dies mit aller Zuversicht festzustellen, war diesen Vertretern der Religion Israels und unter ihrem Einfluß auch wohl den meisten in Israel (vgl. Matth. 23, 4. 13) nicht möglich. Das Strafgericht über die Feinde und Dränger Israels ist nicht mehr bloß die Kehrseite des Israel rechtfertigenden Gerichtes. Denn man kann sich Gericht nur noch als Strafgericht denken, weil die schirmende und rettende Gerechtigkeit dessen, der Israels König ist, gewandelt ist in die Idee der justitia distributiva. Darum sind die Gerechten im Grunde nicht mehr Objekt des Gerichtes, wenn man es heimlich auch

noch hoffen möchte. Sie sind nur noch das Subjekt der Gerichts=
hoffnung. Objekt des Gerichtes sind die andern, deren Leich=
name den Wall bilden, hinter dem man furchtsam Deckung sucht.
Was noch übrig geblieben ist von dem Gedanken eines recht=
fertigenden Gerichtes, ist --- — die Rechtfertigung Gottes selbst,
vgl. oben S. 129. Daß die Hoffnung auf Rechtfertigung, nämlich
Selbstrechtfertigung Gottes statt des δικαιοῦν τὸν θεόν durch
die lobpreisende Gemeinde auch zum πιστεύειν καὶ φρίσσειν,
glauben und zittern gebeihen könne, wagt man nicht sich zu
gestehen, obgleich man es nicht ganz verschweigen kann, s. oben
S. 122 f. Im Zusammenhange damit ändert sich der Begriff des
Gerechten ganz bedeutend. Daß ein Gerechter auch noch sündigt,
muß ja leider zugestanden werden. Man macht deshalb von der
Wohlthat des Gesetzes in betreff der „unwissentlichen Sünde"
Gebrauch, aber nicht im Sinne des Psalmisten Pf. 19, 13, dem
dieser Gedanke nur zur noch tieferen Beugung dient. Man
schützt sich durch den Begriff und giebt das Urteil über die
Sache preis. Das Beneficium, das man für sich in Anspruch
nimmt, betrachtet man als Privilegium und entzieht es dem Volke,
„das nichts vom Gesetz weiß", dem עַם הָאָרֶץ, Joh. 7, 49.

Damit hängt weiter zusammen, daß die אֶבְיוֹנִים, כָּנִים,
עֲנִיִּים u. s. w., die πτωχοί, πραεῖς fast ganz aus dem Gesichts=
felde verschwinden. Im Buch Henoch ist wohl von dem un=
schuldigen Leiden der Gerechten die Rede, von dem vergossenen
Blute, das Sühnung heißt (Kap. 47), von den Armen und
Geringen aber nie. Im salomonischen Psalter erscheinen sie noch
5, 2. 13; 10, 7; 15, 2; 18, 3, wenn auch nicht als solche, deren
Recht Gott vertritt, sondern denen der Reichtum Gottes zu gute
kommt. „Könige und Fürsten und Völker erwählest du, Gott,
und des Armen und Geringen Hoffnung (πτωχοῦ καὶ πένητος
ἡ ἐλπίς, vgl. Pf. 34, 10; 71, 12. 13; 73, 21) — wer ist es,
wenn nicht du, Herr?" 5, 13. In den späteren pseudepigraphischen
Schriften aber ist so gut wie gar nicht von ihnen die Rede.
Man hätte ja auch dem עַם הָאָרֶץ zu große Konzessionen machen
müssen.

Damit aber nicht genug. Am bedenklichsten ist die unaus=
bleibliche Wandlung, die mit dem Begriff des Glaubens

vorgeht. In den Apokryphen liegt der Grundbegriff des Fest=
haltens, sich Festhaltens an Gott bezw. Gottes Wort und Zusage,
des ausharrenden Vertrauens in kritischer Lage noch deutlich vor.
Der Siracide redet in einer Weise vom Glauben, welche noch
ein fast volles Verständnis für das Wesen desselben bekundet,
wie z. B. 1, 24: σοφία καὶ παιδεία φόβος κυρίου, καὶ ἡ
εὐδοκία αὐτοῦ πίστις καὶ πραΰτης· der Glaube der Dulder ist
es, den der Herr erwählt, vgl. 45, 4, wo es von Moses heißt:
ἐν πίστει καὶ πραΰτητι αὐτοῦ ἡγίασεν αὐτὸν (sc. ὁ κύριος),
ἐξελέξατο αὐτὸν ἐκ πάσης σαρκός. Ebenso 15, 15: „es ist
Sache deines Willens, die Gebote zu halten, und Sache deiner
Wahl, πίστιν, אֱמוּנָה zu üben. Besonders bedeutsam ist hierfür
auch noch der Gebrauch des Verbums πιστεύειν 2, 6. 8; 11, 19,
absolut 2, 13 = ausharren im Vertrauen auf Gott, vgl. das mit
πεποιθέναι κυρίῳ parallele πιστεύειν νόμῳ, sich halten am
Gesetz 45, 23. Ferner vgl. πιστός im Sinne von נֶאֱמָן als
Bezeichnung dessen, von dem הֶאֱמִין gilt, 1, 14. 24; 44, 19. 20.
Ebenso redet noch vom Glauben Sap. 12, 2; 6, 26; 18, 6;
1 Makk. 2, 59; vgl. πιστός Sap. 3, 9; 1 Makk. 3, 13; 2 Makk. 1,
12. Überall liegt hier die Anschauung vor, daß dieser namentlich
in der Versuchung und Anfechtung ausharrende Glaube es ist,
dem als Lohn, als Vergeltung die rettende, Hilfe bringende
Selbstbethätigung Gottes entsprechen wird, also daß der Glaube
schließlich das für die Erfüllung der Hoffnung entscheidende Ver=
halten ist, wenn auch sein Verhältnis zu der Gerechtigkeit, die
erfordert wird, keinen anderen Ausdruck findet als in dem
πιστεύειν νόμῳ Sir. 45, 23. Der Glaube ist das, worauf die
Elenden angewiesen sind, darum gehören πίστις und πραΰτης,
אֱמוּנָה und עֲנָוָה zusammen. Glaube ist das Grundverhalten
des Israeliten, der Ernst macht und darauf angewiesen ist, Ernst
zu machen mit seiner Religion, und dieser Ernst bringt alles
Weitere mit sich. Ganz ist diese Erkenntnis und diese Über=
zeugung auch im späteren Judentum nie verloren gegangen,
allein sehr bald verschiebt sich das Verhältnis des Glaubens zu
seiner Bewährung und Bethätigung einerseits, zu Wort und
That Gottes andrerseits. Das, was Äußerung und Bethätigung
des Glaubens ist, wird von demselben mehr oder weniger ab=

gelöst; das Werk tritt an die Stelle des Glaubens, der Glaube selbst wird im Werk gesehen, das Werk dadurch, wie wir etwa sagen würden, Grundlage des Glaubens (vgl. Weber a. a. O. S. 295 ff.). So namentlich im Buch der Jubiläen Kap. 17—19; solches Werk wird dann als Gerechtigkeit in Anrechnung gebracht (vgl. Kap. 31), und diese Gerechtigkeitsthaten bewirken, "daß du Verzeihung erhaltest für alle Schuld, die du unwissentlich begangen" Kap. 22.

In engster Verbindung mit dieser Verschiebung und schließlichen Verkehrung steht aber eine noch verhängnisvollere Entleerung des Glaubensbegriffes. Glaube ist im Alten Testament ein Verhalten, welches von Israel gefordert wird, nicht von den Heiden, die die ὅρκοι Gottes nicht haben (Sap. 18, 6). Nur Israel erscheint im Alten Testament auch als Subjekt der Aussagen, die vom Unglauben handeln. Der Glaube setzt das Verhältnis Gottes zu Israel voraus und ist dasjenige Verhalten Israels zu Gott, welches diesem Verhältnis Gottes zu ihm entspricht. Insofern ist es noch die alttestamentliche Anschauung, die 1 Makk. 2, 25 aufgenommen wird: Ἀβραὰμ οὐχὶ ἐν πειρασμῷ εὑρέθη πιστός καὶ ἐλογίσθη αὐτῷ εἰς δικαιοσύνην (vgl. Röm. 4, 18. 22; Jak. 2, 21 f.), wobei festzuhalten ist, daß dieses passivische πιστός zwar nicht das neutestamentliche aktivische πιστός ist, aber doch den bezeichnet, der eben im Glauben, im Festhalten als fest erfunden ist. Eine Abwandlung des Glaubensbegriffes aber beginnt schon mit dem Gebrauch von ἀπιστεῖν von den Heiden Sap. 18, 13 (vgl. 12, 17), während es 1, 2; 10, 7 noch völlig dem alttestamentlichen לֹא הֶאֱמִין entspricht. Wenn es Judith 14, 10 von Achior heißt: "da er sah alles, was der Gott Israels gethan hatte, ἐπίστευσε τῷ θεῷ (σφόδρα) und ließ sich beschneiden und wurde hinzugethan zu dem Hause Israels bis auf diesen Tag," so scheint dies schon auf einer Linie zu liegen mit dem neutestamentlichen πιστεῦσαι von denen, die an Christus gläubig werden, ist aber nicht aus einer der neutestamentlichen verwandten Vorstellung hervorgegangen. Eher dürfte der handschriftliche Zusatz σφόδρα aus der Empfindung hervorgegangen sein, daß dieses bloße πιστεύειν von der Anerkennung des Gottes Israels doch nicht dem alttestamentlichen

הָאֱמִין entspreche. Nach richtiger, in der Sache begründeter
alttestamentlicher Anschauung ist es unmöglich, Israel und die
Heiden als Gläubige und Ungläubige zu unterscheiden. Von
Glauben und Unglauben kann nur dort die Rede sein, wo die
Möglichkeit und die Pflicht des Glaubens vorliegt, nur im
Bereiche der göttlichen Erwählung. Bund und Glaube gehören
zusammen. Darum scheiden sich Glaube und Unglaube nur
innerhalb Israels. Nur Israel kann glauben und kann nicht
glauben. Die „Religion" oder nach israelitischer Anschauung
die Irreligion der Heiden als Unglaube zu bezeichnen, ist nicht
alttestamentlich. „Ungläubige" sind nicht die, die etwa nicht den
richtigen Glauben haben, sondern die den Glauben versagen.
In der Synagoge aber und namentlich in der pseudepigraphischen
Litteratur tritt in Zusammenhang mit der von Christo so
schneidend verurteilten Propaganda die Anschauung in den
Vordergrund, daß der Glaube der Besitz der richtigen Gottes=
erkenntnis sei, der Unglaube der Mangel derselben. Das Objekt
der fides qua creditur ist, wie wir sagen würden, eine fides
quae creditur geworden, wenn auch der Ausdruck noch fehlt.
Dies ist die Abschwächung und Veräußerlichung des ursprünglich
tief innerlichen Glaubensverhaltens, die auch Jak. 2, 14 ff. nicht
als eine specifisch christliche Verirrung erscheint.

Schon im Buch Henoch finden wir neben Aussagen,
welche vom Glauben im Sinne der alttestamentlichen אֲמִינָה
reden (39, 6; 58, 5; 61, 4. 11) andern, welche den Glauben
der Gerechten, die an den Namen des Herrn der Geister
glauben, unterscheiden von dem Glauben der Heiden an Götter,
die sie mit ihren Händen gemacht haben, 43, 4; 46, 7. 8;
67, 8. 13; 83, 8. Glaube an Gott ist nicht mehr die Eigenart
des weltüberwindenden Haltens an Gott, die nur dem gegen=
über möglich ist, der auch wirklich und allein Gott ist und sich
Israel dargeboten hat durch Wort und That, sondern ist der
Besitz der rechten Lehre von Gott und des richtigen Kultus
(vgl. Röm. 2, 17 ff.), — dies die im 3. Buch der Sibyllinen
ganz unverhüllt hervortretende Grundanschauung, nur daß dort
das Wort selbst noch nicht umgeprägt ist (vgl. 3, 282: μίμνε
πιστεύων θεοῦ ἀγνοῖσι νόμοισιν). Dagegen ist dies in ganz

hervorragendem Maße in der Esraprophetie der Fall.
Israel kennt Gott und die rechte Weise des Gottesdienstes, wie
denn auch die Gesetzgebung im Grunde nur die Bedeutung hat,
Gottes Ansprüche auf rechten d. i. richtigen Dienst zu befriedigen.
Darin besteht Israels Vernunft und Weisheit. Es werden
Tage kommen, da die Erdenbewohner von großer Unvernunft be=
troffen werden, und da verborgen sein wird der Weg der Wahr=
heit und arm an Glauben das Land, 5, 1. Dagegen wird blühen
der Glaube, wenn gestürzt wird das Vergängliche und ans Licht
kommt die Wahrheit 5, 27. Die rechte Weise des Gottesdienstes
zu kennen und zu üben, ist Glaube; auf diesem Wege sammelt
man sich Glaubensschätze 6, 5; 7, 89; vgl. 9, 7: omnis qui salvus
factus fuerit et qui poterit per opera sua vel per fidem,
in qua credidit. Das soll nicht heißen: entweder Werke oder
Glaube, auch nicht: die einen durch Werke, die andern durch
Glauben, und noch weniger, daß der Glaube denen als Ge=
rechtigkeit in Anrechnung gebracht werde, die auf Barmherzigkeit
angewiesen sind, weil sie „keinen Vorrat guter Werke haben",
im Unterschiede von den Gerechten, „denen viele Werke bei dir
aufbehalten sind" und „die auf Grund ihrer eigenen Werke
(nicht des Vorrats anderer) Lohn empfangen", 8, 36. 31. Was
es mit diesen Gerechten wie mit denen, die sich nicht dazu zu
zählen wagen, sowie mit der Barmherzigkeit Gottes auf sich
hat, haben wir ja früher gesehen. Glaube ist Gottesdienst,
Kultus, und darum Werk; nicht der Glaube, sondern das Werk
macht die Gerechtigkeit. Und trotzdem, — oder vielmehr des=
halb keine Hoffnung auf Gottes Gericht. Und dabei verbleibt
es erst recht im talmudischen Judentum: „Durch Furcht des
Todes im ganzen Leben Knechte". Vgl. Weber, a. a. O.
S. 273: „Nach Beresch. rabba c. 76 fürchtete sich Jakob
trotz der göttlichen Verheißung vor der Rückkehr aus Meso=
potamien in die Heimat, denn — dies wird dreimal wieder=
holt — es giebt keine Zuversicht, הבטחה, für den Gerechten
in dieser Welt." Sobald der Begriff des Glaubens in Theorie
und Praxis so entartet, ist es unmöglich, den Glauben
und die Hoffnung, vor allem die Gerichts=
hoffnung, noch zusammen zu bringen. Gerechtigkeit

und Gerichtshoffnung — ja, denn Gerechtigkeit und Gericht gehören zusammen; aber was man für Gerechtigkeit hält, wird doch unwillkürlich vom bösen Gewissen nicht als Gerechtigkeit empfunden, dort am wenigsten, wo sie das hochgehaltene Ideal ist und das Gewissen noch nicht ersetzt ist durch die Sophistik. Man fühlt sich unwillkürlich an das Wort 1 Petr. 1, 21 erinnert und bekommt einen Eindruck davon, wie neu das für viele sein mußte, „Glaube, der auch Hoffnung zu Gott ist."

3.
Die Hoffnung der Stillen im Lande und die Stimmung im Volke um die Wende der Zeiten.

Der Pharisäismus fühlt sich als die eigentliche Vertretung der Religion Israels, und diesem Selbstgefühl entspricht die Anerkennung, ja Ehrerbietung, mit der das Volk ihm begegnet. Denn das Israel der Zeit, mit der wir es hier zu thun haben, ist ein durch und durch religiöses Volk. Aber es gewinnt nichts durch die Anerkennung, die es den Pharisäern zollt. Der Pharisäismus bietet ihm als Entgelt keinerlei Förderung und Pflege, denn eine Beobachtung des Gesetzes, wie er sie fordert, ist für die Allgemeinheit ein Ding der Unmöglichkeit. Es ist wie in der mittelalterlichen Kirche mit der Unterscheidung zwischen der vita spiritualis und vita communis. Er lohnt die Achtung, die er findet, mit Verachtung, und nur, wo er die Volksstimmung bedarf, beeinflußt er sie und fanatisiert die Massen, den von ihm verachteten הָאָרֶץ עַם, f. S. 101. Er wird so schließlich der Führer des den Glauben an die Messianität Jesu versagenden Volkes, der Führer des Unglaubens, aber auf Erziehung und Förderung des religiösen Lebens verzichtet er von vornherein. Dafür ist das Volk und insbesondere der gemeine Mann auf sich selbst angewiesen. Allerdings sammeln die mit ihnen eng verbundenen Schriftgelehrten am Sabbath das Volk um ihre an die Schriftlesung anschließenden Lehrvorträge, deren Reste uns in den Midraschim, der Haggada, den Targumim und den Pirke Aboth aufbehalten sind. Aber bei jener Stellung zu dem הָאָרֶץ עַם, dem Volke, welches das Gesetz nicht versteht, Joh. 7, 49, liegt es nahe, daß die Pflege und Förderung, welche das religiöse Leben des Volkes dort fand, wesentlich ausging von der Schriftlesung und den Gebeten, nicht von der Predigt.

Was wir davon noch besitzen, rechtfertigt nicht die Überschätzung, die wir bei jüdischen Gelehrten finden (z. B. Zunz, die gottesdienstlichen Vorträge der Juden, Berlin 1832. Hamburger a. a. O. S. 19 ff. 921 ff., vgl. Pressel in PRE.[1] 15, 657 ff., Strack in PRE.[2] 9, 748 ff; Weber a. a. O. Einleitung § 2), wohl aber wird uns dadurch das Urteil des Volkes über die Bergpredigt Jesu Matth. 7, 29 sowie Luk. 4, 22, und das Urteil Jesu Matth. 23, 4 verständlich. Daß aber auch von seinen Priestern trotz Mal. 2, 7 das Volk wenig oder nichts hatte, begreifen wir, wenn wir Luk. 1, 6 von Zacharias und Elisabeth lesen: „sie waren beide fromm vor Gott und wandelten in den Geboten und Satzungen des Herrn untadelig," ein Wort, welches sie als Ausnahmen ihres Standes und Stammes charakterisiert. Denn nur dann erklärt sich die Hervorhebung ihrer Frömmigkeit, wenn sie einsam dastanden in ihrem Geschlecht. Ja, es bedurfte eines neuen Zeugen, um dem Herrn zuzurichten ein bereites Volk, Luk. 1, 17, denn die vorhandenen Zeugen versagten. Israel war ein durch und durch religiöses Volk und drängte sich nachher zu Tausenden um Jesus, das Wort Gottes zu hören, aber es war bis dahin mißhandelt und vernachlässigt wie Schafe, die keinen Hirten haben, Matth. 9, 36.

Daß innerhalb eines so religiös interessierten, aber vernachlässigten Volkes sich ein heiliger Same erhalten, zeigt die evangelische Geschichte. Es wäre wunderbar, wenn es anders wäre. Aber nicht die Pharisäer, nicht die Schriftgelehrten waren dieser Same, obwohl sie sich dafür hielten, sondern in Gestalten wie Zacharias und Elisabeth, Simeon und Hannah, Maria und Joseph, Nathanael treten sie uns entgegen, und Männer wie Nikodemus und Joseph von Arimathia (Luk. 23, 50 f.; Joh. 19, 38. 39; 7, 50 ff.) stehen einsam unter ihren Genossen. Sie warteten wie jene auf die Erlösung Jerusalems, auf den Trost Israels, auf das Reich Gottes, aber sie konnten von dem nicht leben, was jene ihnen boten und worin jene aufgingen. Mochten jene, die zugleich die Vertreter der Wissenschaft waren, geistig über ihnen stehen, für ihr geistliches Leben waren sie angewiesen, aus der Quelle zu schöpfen, die jene unter dem Vorgeben, sie zu fassen verdeckten. Da die Lehrvorträge, die Predigten ihnen nicht oder doch nur selten boten, was sie bedurften, so blieb ihnen nichts übrig als die sabbathliche Schriftlesung und die Gebete der Synagoge. Davon lebten diese „Stillen im Lande," und wie sie davon und darin lebten, davon zeugt die evangelische Geschichte und die ganze Behandlung des Alten Testaments im Neuen, dafür sprechen insbesondere diejenigen Schriften des Neuen Testaments, die für Gläubige aus Israel bestimmt sind, wie das Evangelium Matthäi, der Brief Jakobi und der Brief an die Hebräer. Denn was man auch sagen mag von rabbinisierender Behandlung des Alten Testaments, der wir in den apostolischen Schriften begegnen sollen, — wer einen Blick in die uns aufbehaltene Litteratur der synagogalen Schriftbehandlung gethan hat, kann sich den himmelweiten Abstand gar nicht verbergen.[1]) Hat auch die Sicherheit in der Handhabung des Alten Testaments und das Verständnis, welches die Zeugen Jesu bethätigen, sich ihnen erst aus der Erfüllung ergeben, die sie erlebten, aus dem vollen Verständnis Christi, welches ihnen aufgegangen war, — die Schriftbehandlung, die sie aus der Synagoge kannten, hatte ihnen jedenfalls nicht dazu geholfen und war von da ab für sie auch abgethan. Vorbereitet waren sie auf dies Verständnis nur durch den Schriftgebrauch für das innere Leben und durch die Schriftkenntnis, die sie den Eltern (2 Tim. 1, 5; 3, 15) verdankten und die durch die sabbathliche Schriftlesung gepflegt und gefördert wurde. Es ist dies eine Erscheinung, die sich ja auch in der Kirche der Reformation oft genug wiederholt hat und noch wiederholt. Wo die Predigt versagte, hat die Schrift und haben die Lieder und Gebete der Kirche das innere Leben wach erhalten und die Überwinterung desselben bewirkt.

Mit der Schrift schlossen sich die Gebete der Synagoge zusammen, um das innere Leben in diesen Kreisen zu erhalten. Wir haben noch einige synagogale Gebete, das sogen. Schma, das Kabbisch und das Schmone Esre, deren Grundbestandteile weit in die vorchristliche Zeit hinaufreichen und die um so wertvoller für uns sind, als sie zugleich Zeugnis geben für die Macht, welche das Schriftwort ausübte, denn sie sind im Grunde nichts anderes als vom Gebet aufgenommenes oder in

---

[1]) Vgl. z. B. die Regeln für die Schriftauslegung bei Pressel, Art. Thalmud in PRE.¹ 15, S. 651. 658.

Gebet verwandeltes Schriftwort. Das Schma, eine Kombination aus Deut. 6, 4—9; 11, 13—21; Num. 15, 37—41 ist ein Bekenntnis zu dem Gott, der Israel aus Ägypten geführt hat, und soll nach rabbinischer Satzung von jedem erwachsenen Israeliten morgens und abends gebetet werden.[1]) Das Kaddisch[2]) ist ein wesentlich gottesdienstliches, stets am Schlusse des synagogalen Gottesdienstes zu haltendes Gebet messianischen Charakters, beginnend mit den Worten: „verherrlicht und geheiligt werde sein großer Name in der Welt, die er nach seinem Wohlgefallen geschaffen hat. Er wolle herbeiführen sein Reich in den Tagen eures Lebens und in denen des ganzen Hauses Israel bald und in naher Zeit," oder nach Maimonides: „er wolle herbeiführen sein Reich und wachsen lassen seine Erlösung und nahe bringen seinen Messias und erlösen sein Volk 2c." Zu diesen beiden kommt das Schmone Esre oder das Gebet der achtzehn Benediktionen, „das Gebet" schlechthin, הַתְּפִלָּה, welches jeder Israelit täglich dreimal beten soll.[3]) Gerade dieses Gebet zeigt sich in seinen wesentlichsten und ältesten Bestandteilen unberührt von den Anschauungen des Pharisäismus und der Schule, nur beeinflußt von der heiligen Schrift Israels. Es ist eine fortgesetzte, stets sich wiederholende Bitte um die endliche Erlösung, deren jede mit einer Lobpreisung des nach dem Inhalte der Bitte gewählten Namens Gottes schließt, und bewegt sich ganz in den Ausdrücken und Anschauungen, die wir aus den Propheten und Psalmen kennen. Es ist wirklich Ausdruck des religiösen Lebens, des Lebens in und aus der Schrift, nicht des schulmäßigen Denkens, der schulmäßigen und schulmeisterlichen Reflexion. Das Königtum Gottes ist die Hoffnung des Betenden, denn es ist die Erfüllung der Verheißung. Von dem Königtume Jahvehs erbittet und erwartet das betende Volk Vergebung und Rechtfertigung durch Gerechtigkeit und Gericht. Von Reflexion über das Verhältnis von Ver-

---

[1]) Cf. Vitringa, de synag. vet. p. 1052—1061. Schürer a. a. O. 2, 382.

[2]) Vitringa l. c. p. 962, 1102. Hamburger, Realencyklop. für Bibel u. Talmud 2, 603 ff. Cremer, bibl.-theol. Wörterb. der neutest. Gräc. unter ἁγιάζειν.

[3]) Vitringa p. 1031—1051. Schürer 2, 384 ff. Hamburger 2, 1092 ff.

gebung und Gericht findet sich noch keine Spur; das Gericht wird noch nicht gefürchtet als alle Aussicht verdunkelndes Strafgericht. Die für unsere Frage bedeutsamsten Benediktionen lauten: „1. Gebenedeiet seiest du Herr unser Gott und Gott unsrer Väter und Gott Abrahams, Isaaks und Jakobs, du großer, mächtiger und furchtbarer Gott. Gott du Allerhöchster, der du reiche Gnaden spendest und schaffest alle Dinge und gedenkest der Gnadenverheißungen der Väter (חסדי אבות, vgl. חסדי דוד Jef. 55, 3) und bringest einen Erlöser ihren Kindeskindern um deines Namens willen in Liebe. O König, der du bist Helfer und Heiland und Schild, gebenedeit seiest du Herr, Schild Abrahams. 2. Du bist allmächtig in Ewigkeit, Herr, der du Tote lebendig machst. Du bist mächtig zu helfen, der du Lebende erhältst aus Gnaden, Tote lebendig machst aus viel Erbarmen, Fallende stützest und Kranke heilest, und dein Wort getreulich hältst denen, die im Staube schlafen. Wer ist wie du, Herr der Stärke, und wer gleicht dir o König, der du tötest und lebendig machest und sprossen lässest Hülfe . . . 5. Führe uns zurück, unser Vater, zu deinem Gesetz, und bringe uns, unser König, zu deinem Dienst, und laß uns zurückkehren in vollkommner Buße vor dein Angesicht. Gelobet seiest du Herr, der du Wohlgefallen hast an Buße. 6. Vergieb uns, unser Vater, denn wir haben gesündigt; verzeihe uns, unser König, denn wir haben vor dir gefrevelt. Du vergiebst und verzeihest ja gern. Gebenedeit seiest du, Herr, Gnädiger, der du viel verzeihest. 7. Schaue doch unser Elend und führe unsre Sache (ראה נא בעניינו וריבה ריבינו ודן דיננו), und erlöse uns bald um deines Namens willen, denn ein starker Gott, König und mächtiger Erlöser bist du. Gebenedeit seiest du Herr, Erlöser Israels. 11. Setze wieder ein unsre Richter wie vormals, und unsre Räte wie von Anfang, und nimm von uns Kummer und Seufzen, und sei König über uns (מלוך עלינו), du Herr allein in Gnade und Erbarmen, und rechtfertige uns im Gericht (וצדקנו במשפט). Gebenedeit seist du Herr, König, der du liebest Gerechtigkeit und Gericht. 13. . . . gieb reichen Lohn allen, die wahrhaftig vertrauen auf deinen Namen, und laß unser Teil bei ihnen sein in Ewigkeit, auf daß wir nicht zu schanden werden, denn auf dich haben wir vertrauet. Gebenedeiet seist du Herr, Stütze und Zuversicht der Gerechten." Ähnliche Art tragen z. B. die Gebete, die wir beim Siraciden finden (Sir. 33, 1 ff.; 36, 17 ff.), nirgend aber finden wir — abgesehen von den gleich zur Sprache kommenden neutestamentlichen Stücken — die alttestamentlichen Grundgedanken der Verheißung des Glaubens und der Hoffnung Israels so rein wiedergegeben, wie in diesen Benediktionen. Israels Recht ist sein Vertrauen auf Jahveh, den Gott seiner Väter. Er ist Israels König und Helfer durch seine richtende Gerechtigkeit, durch welche er seinem Volke Recht schafft, und erlöst es aus seinem Elende, indem er Israels Sache führt als richtender König, der vergiebt und rechtfertigt zugleich alle, die auf ihn trauen. Zwischen solchem Gebet und dem Glauben, Denken und Leben der führenden Richtung des Pharisäismus bestand eine so große Differenz, daß dieselbe die Anhänger entweder tief unglücklich machen oder die Regungen des Gewissens bei denen ersticken mußte, die es verstanden, sich über dieselben hinwegzutäuschen. Diese uns selbst nur zu gut bekannten Versuche der Selbstdispensation und Selbstabsolution in betreff des Widerspruchs zwischen der Wahrheit Gottes und der Wirklichkeit des Lebens forderten dann das vernichtende Urteil Jesu heraus, mit welchem er die Anklage des Propheten Jes. 29, 13 von neuem erhob Matth. 15, 7 ff. Mag aber auch das so formulierte Gebet nicht so alt sein, wie angenommen wird, — daß in Wirklichkeit so im Geiste der Propheten und Psalmen in Israel mit dem Herzen, nicht bloß mit den Lippen gebetet worden ist, das erkennen wir an dem Bilde, welches uns am Anfang der evangelischen Geschichte von den Stillen im Lande entgegentritt. Mußten wir früher uns schon sagen, daß sogar aus einem Pharisäer nach dem Bilde, welches das Neue Testament entwirft, beides werden konnte, ein überzeugter, gläubiger Jünger Jesu und ein fanatischer Gegner Jesu, wievielmehr werden wir in dem auf die Schrift, den Sabbath und den Gottesdienst angewiesenen Volke, dem der systematische Betrieb der Religion nach der Weise des Pharisäismus und des Schriftgelehrtentums verschlossen war, solche finden, die durch Theologie nicht gehindert waren, noch sich hindern ließen, zu beten, zu glauben und zu hoffen, wie die Väter gebetet, geglaubt und gehofft hatten.

Wie diese Stillen im Lande geglaubt, gehofft und gebetet haben, wie sie ihrem Glaubens-, Hoffnungs- und Gebetsleben freien Ausdruck gegeben haben, das zeigen uns die beiden Psalmen in Luk. 1, 67 ff. 46 ff. Die Thatsache, daß Zacharias wie Maria dem, was sie nach solchen Erlebnissen und Erfahrungen innerlich erfüllte und bewegte, in Lob und Anbetung Gottes einen Ausdruck gegeben haben, wie wir ihn so voll Jubel auch in den gehobensten Lob- und Dankliedern des Alten Bundes nicht finden, hat nichts Befremdendes. Im Gegenteil, es müßte befremden, wenn es anders wäre. Denn das, was sie erlebt hatten, — der Anfang der Erfüllung, daß die Zukunft zur Gegenwart ward, — war noch nie erlebt worden. Eine andere Frage aber ist es, ob die schriftliche Fixierung ihres Lobpreises Gottes denkbar sei, oder die Frage nach der Übereinstimmung dessen, was der Evangelist sie sagen läßt, mit dem, was sie gesagt haben. Daß die sachliche, inhaltliche Übereinstimmung nicht die wörtliche Übereinstimmung fordert, versteht sich von selbst. Immerhin aber muß die Frage beantwortet werden, wie eine Überlieferung dessen, was hier als unmittelbarer Ausdruck des zu Lob und Anbetung getriebenen Herzens erscheint, denkbar sei. Daß die Formulierung nicht auf Rechnung des Evangelisten zu setzen ist, sondern daß er einer Überlieferung folgt, ist nicht bloß nach dem, was er selbst über seine Quellen 1, 1. 2 angiebt, wahrscheinlich, sondern dürfte sich auch aus dem Inhalt ergeben. Denn derselbe steht noch so sehr auf der vollen Höhe alttestamentlichen Glaubens- und Hoffnungslebens und ist noch so wenig beeinflußt von dem Ergebnis der evangelischen Geschichte und der eigenartigen Gestalt, welche die Erfüllung der Hoffnung Israels in dieser Geschichte angenommen hat, kurz, trägt noch so wenig specifisch neutestamentliche, christliche Züge, daß in der Zeit, der das Evangelium des Lukas entstammt, kein Raum ist für die Befähigung zu so vollkommner Nachdichtung der Empfindung einer vergangenen Generation. Es würde dazu ein so völliges Leben und Empfinden im Geiste des Alten Bundes gehören, wie wir es höchstens den Aposteln selbst, nicht aber der von ihnen gesammelten und schon so früh wesentlich heidenchristlich gewordenen Gemeinde zutrauen können. Hat nun Lukas die Überlieferung aufgenommen, so weist zunächst diese Überlieferung auf den israelitischen Grundstock der messiasgläubigen Gemeinde hin. Dann ist die Frage, ob diese Psalmen inmitten dieser Gemeinde erst entstanden oder auch ihr überliefert seien. Das schon erwähnte Fehlen jeglicher Beeinflussung durch den Verlauf und das Ergebnis der evangelischen Geschichte spricht für das letztere. Solche Überlieferung aber wird verständlich, wenn man sich vergegenwärtigt, wie gerade im Gebetsleben der einmal in ernster Stunde gefundene Ausdruck für das, was die Seele sucht und was sie von Gottes Gnaden erlebt hat und erlebt, sich täglich von neuem darbietet, so daß auch das tägliche sogenannte freie Gebet trotz der Beweglichkeit des Ausdrucks wesentlich sich gleich bleibt, dies umsomehr, je weniger vergessen werden kann, was man von Gott und seiner Gnade erlebt hat. Wird dies erwogen, so verliert der Gedanke einer Überlieferung dieser Psalmen sein Befremdendes, wenn man nur erst Ernst macht mit der Anerkennung der Thatsache solcher „Stillen im Lande" und nicht unerfüllbare Anforderungen an die Nachweisbarkeit und Buchstäblichkeit der Überlieferung stellt. Je kleiner naturgemäß der Kreis war, in dem es solche Erinnerungen gab, desto treuer wurden sie gepflegt.

Beide Psalmen, der der Maria sowohl wie der des Zacharias, geben der Freude über die nun begonnene Erfüllung der Hoffnung auf Erlösung durch die richtende Gerechtigkeit Gottes Ausdruck. Maria preist den Herrn, Gott ihren Heiland (Jes. 45, 15. 21), der sie in ihrer aussichtslosen Niedrigkeit gnadenvoll heimgesucht hat (Ps. 31, 8), den Mächtigen und Heiligen (1 Sam. 2, 2), der sich derer, die ihn fürchten, für ewig erbarmt. Denn was er an ihr gethan hat, ist Bethätigung der Macht seines Armes, mit der er die Übermütigen, die sich wider sein Volk zusammenthun, zerstreut (Ps. 59, 12; 68, 31), die Machthaber vom Throne stößt und die Niedrigen und Bedrückten erhöht, die Hungernden mit Gutem sättigt und die Reichen leer von sich weist (Ps. 107, 9; Hiob 22, 9; 1 Sam. 2, 4. 5). Der ist es, der sich seines Knechtes Israel jetzt angenommen hat und nun auf ewig Abraham und seinem Samen des Erbarmens gemäß seinem zu den Vätern geredeten Wort eingedenk sein wird. Denn was sie erlebt hat, die Heimsuchung, deren sie gewürdigt ist, ist der Beginn der Erfüllung aller Verheißung.

Erlebt hat sie an ihrem Teile nur, daß sie in ihrer aussichts=
losen Niedrigkeit heimgesucht ist zum Zweck der Verheißungs=
erfüllung für Israel. Dies aber ist für sie Bethätigung der richten=
den, den Armen und Geringen gerecht werdenden und Recht
schaffenden Gerechtigkeit Gottes. Denn die Aussagen V. 51—53
sind, wenn wir uns der Erörterung S. 43 ff. erinnern, nichts als
eine Beschreibung der richtenden Gerechtigkeit Gottes, und es ist
schlechterdings unzulässig, durch Umdeutung der Objekte göttlicher
Machtbethätigung und durch Übertragung der Lage, des Zu=
standes auf das geistig sittliche Verhalten die justitia justificatoria et salvifica zu verwandeln in justitia distributiva.
Die Erfüllung der Verheißung und Hoffnung Israels erscheint
als machtvolle Bethätigung der richtenden Gerechtigkeit Gottes zu
Gunsten derer, die in der Welt rechtlos sind. Der Lobpreis der
Macht Gottes und seines Armes gedenkt in dieser Form des
Königtums Gottes; der Hinweis auf Israel als den Knecht
Gottes und auf Abraham und Abrahams Samen weist zurück
auf die Erwählung. Der Lobpreis selbst aber, der in dem
eignen Erlebnis die Heilszukunft zur Gegenwart geworden sieht,
bezeugt jene Glaubensgewißheit und jenes zuversichtliche Ver=
trauen, welches Elisabeth an Maria gepriesen hat V. 45:
μακαρία ἡ πιστεύσασα, ὅτι ἔσται τελείωσις τοῖς λελαλημένοις
αὐτῇ παρὰ κυρίου, einen Glauben, wie wir ihn in den zuletzt
in Betracht gezogenen Äußerungen des synagogalen Schrifttums
vergeblich suchen. Dieses μακαρία ἡ πιστεύσασα im Munde
der Elisabeth ist selbst ein Bekenntnis des Glaubens und beweist
ebenso wie der gegen Zacharias 1, 20 erhobene Vorwurf, daß
das Verständnis für das, wodurch Israel sich zu bewähren hatte,
doch nicht völlig geschwunden war, sondern in dieser Gemeinde
der Stillen im Lande sich erhalten hatte. Das ganze Magnificat
der Maria ist Bethätigung und Bezeugung dieses Glaubens und
bewegt sich durchaus in den Anschauungen und Ausdrücken des
Alten Testaments, — neutestamentlich ist die zur Erfüllung
gediehene Verheißung und Hoffnung. Es ist eine vollendete
Reproduktion des alttestamentlichen Glaubenslebens auf seinen
Höhepunkten an der Schwelle des Neuen Bundes.

Nicht anders steht es mit dem Lobgesang des Zacharias.
Jahveh, der Gott Israels ist es, den er preist und der gepriesen

werden soll, weil er sein Volk in Gnaden heimgesucht und ihm Erlösung aus seiner gerichtlichen Bedrängnis beschafft hat (Pf. 111, 9; 130, 7. 8), denn er hat ihm ein Horn des Heils, einen machtvollen Helfer (Pf. 18, 3; 132, 17) in dem Hause seines Knechtes David erweckt, also den verheißenen messianischen König, den andern David, in Gemäßheit dessen, was er durch den Mund der Propheten geredet hat. Das Heil, welches er bringt, ist die verheißene und ersehnte Rettung von den Feinden und von der Hand aller, die Gottes Volk hassen, denn es ist Gottes Absicht, durch solche Gnadenerweisung seine Bundestreue gemäß dem dem Abraham geleisteten Eide zu bewähren und seinem Volke zu helfen, daß es, von der Hand der Feinde errettet, furchtlos (vgl. Pf. 34, 5; 46, 3; Ez. 34, 28; Zeph. 3, 13), unbedrängt, unverfolgt seines Gottes froh werde und im Frieden ihm diene ἐν ὁσιότητι καὶ δικαιοσύνῃ, so daß Gott und sein Volk sich in Bundestreue und Gerechtigkeit begegnen. Das ist die Erfüllung der Hoffnung auf die richtende und rettende Gerechtigkeit Gottes, der sich machtvoll seines Volkes annimmt. Zacharias schaut und preist sie anbetend in Ausdrücken, die dorther entnommen sind, woher er mit seinem Volke die Hoffnung hatte. Sie geben uns die Vorstellungen, in denen er gelebt hat und lebt; sie bezeugen, woran er sich bis dahin gehalten, — die heilige Schrift Israels, — und sind der Ausdruck eines makellosen, stillen Glaubens, wie wir ihn in den dieser Zeit entstammenden Schrift= denkmalen der Synagoge so zuversichtlich und zugleich so lauter und still vergebens suchen, während ihn das schon angeführte Wort Elisabeths über Maria μακαρία ἡ πιστεύσασα zugleich als ihn und ihres Mannes eignes innerstes Leben bezeugt. Denn nur wenn sie selbst wußte, was Glaube ist, und wenn sie selbst den Glauben lebte, konnte sie ihn so werten, wie sie es hier that. Die Verbindung der Messiashoffnung mit der Hoff= nung auf die Endschaft der Bedrückung durch die Feinde ist für einen Israeliten selbstverständlich. Der Lobgesang enthält noch keine Spur von Auseinandersetzung mit der Thatsache der Glaubensversagung seitens Israels, und zeigt ebensowenig auch nur die leiseste Beeinflussung durch die Hoffnung der nach= maligen messiasgläubigen Gemeinde, der ersten Christenheit auf die Parusie. Noch decken sich in diesem Psalm Verheißung,

Hoffnung und Erfüllung, denn noch wird nichts von den Rätseln empfunden, welche die letztere aufgiebt. Alttestamentlich wie beim Magnificat Marias ist Wort und Ton, neutestamentlich nur das, daß die verheißene Zukunft begonnen hat, Gegenwart zu sein. Darum bietet auch die Verheißung und Hoffnung das Wort, um die nun beginnende Erfüllung zu preisen. Denn wie sich die Erfüllung in der Wirklichkeit gestaltete, welches Aussehen sie in ihrem geschichtlichen Verlauf tragen würde, dies war noch verborgen. Wie sollte sie anders beschrieben werden, als mit den Worten, die der glaubenden und harrenden Gemeinde bis dahin gedient hatten, nicht zu ermatten und zu verzagen? Daraus ergiebt sich, daß von einem christlichen Ursprung des Lobgesangs nicht die Rede sein kann. Ebenso ist es unmöglich, den Psalm auf jene Gestalt der Hoffnung zurückzuführen, der wir in den Denkmalen des Pharisäismus, speciell im salomonischen Psalter begegnen. Denn dort steht das Gericht über die Feinde im Vordergrunde, hier im Gegenteil das, was Israel selbst Heilvolles erlebt. Nicht die Vergeltung, die über die Feinde kommt, wird gepriesen, sondern die Hülfe, die Befreiung, die Israel zu teil wird, und zwar kommt sie in Betracht nach ihrer Bedeutung für die Pflege und Ausübung des religiösen Lebens. Wie sehr dies die Hauptsache ist, durchaus entsprechend dem Bedürfnis solcher Stillen im Lande, denen wir auch später bei der Verkündigung Jesu, z. B. gleich im Anfang der Bergpredigt und sonst mehrfach begegnen, erhellt aus einem ganz besonders charakteristischen Zuge, nämlich aus der Weglassung des Ausdrucks, den die Abraham gegebene Verheißung Gen. 22, 17 bietet: „dein Same soll besitzen die Thore seiner Feinde." Gerade deshalb ist es auch unzulässig, die Worte des Zacharias geringschätzig unter die Rubrik der „fleischlichen Messiashoffnungen" zu verweisen. Hat doch auch für die erste Christengemeinde — um von späteren Zeiten und Lagen der Christenheit abzusehen — der Eintritt einer Zeit, in der sie sich im Frieden bauen und erbauen kann, so große Bedeutung, daß solches Act. 9, 31 der Aufzeichnung wert erachtet worden ist, und lehrt doch auch Jesus selbst Matth. 6, 13 (vgl. Apok. 3, 10) darum beten.

Dazu kommt nun noch der Schluß des Lobgesangs, mit welchem sich Zacharias zu seinem Kinde wendet. Auch dieser sein

Sohn soll in besonderer Weise beteiligt sein an der Erfüllung als der Prophet, der als Wegbereiter dem zu seinem Volke kommenden Jahveh vorangeht (Jes. 40, 3; Mal. 3, 1). Er soll das Heil kund machen, welches in Kraft der Vergebung der Sünden kommt, um der herzlichen Barmherzigkeit Gottes willen, in der uns gnadenvoll heimgesucht hat Sonnenaufgang aus der Höhe (Mal. 3, 20; Jes. 60, 1), zu scheinen denen, die in Finsternis und Todesschatten sitzen (Jes. 9, 1), und zu richten ihre Füße auf den Weg des Friedens (Pf. 72, 7; 85, 11. 12; Jes. 52, 7 u. a.). Sündenvergebung und dadurch Aufhebung des auf Israel lastenden Gerichtszorns (Joh. 3, 36), der bisher das Heil versagt hat, das ist's, was Zacharias ersehnte mit allen, die wie er glaubten und hofften und auf die Erlösung, auf das Reich Gottes warteten, — Sündenvergebung die Voraussetzung und Bedingung des Heils. Dafür sollte dies Kind einst eintreten, damit sie Israel zu teil werden könne. Denn dafür bedarf Israel der Bereitung, damit das Gericht nicht ausschlage zum Verderben, und welcher Art diese Bereitung sein soll, hat das Wort des Engels Luk. 1, 17 gemäß der Weissagung Mal. 3, 23. 24 gesagt.

Indem sich dieser Schluß des Lobgesangs des Zacharias zusammenschließt mit dem Wort, in welchem der Engel die Erklärung und Bestimmung des Kindes ausspricht, ergiebt sich dieselbe Gestalt der Hoffnung, der nur noch unzweideutiger Simeon Ausdruck giebt. Simeon und Hannah treten Luk. 2, 25—38 aus den Kreisen dieser Stillen hervor, die bezeichnet werden als solche, die auf die παράκλησις τοῦ Ἰσραήλ, λύτρωσις Ἰερουσαλήμ warten (2, 25. 38), Ausdrücke, welche auf Weissagungen wie Jes. 61, 2 (vgl. Luk. 4, 18 ff.) zurückweisen und Zeugnis dafür geben, daß die messianische Hoffnung Gerichtshoffnung war in dem Sinne, den wir vom Alten Testamente her kennen, Hoffnung auf die richtende und durch Gericht rettende Gerechtigkeit Gottes, der seinem Volke Recht schafft und dadurch das Heil vor allen Völkern offenbar macht. Aber es ist ein Unterschied zwischen dem Hoffnungsleben dieser Kreise und derjenigen, denen wir in der pseudepigraphischen Litteratur begegnen. Dieser Unterschied und der unmittelbare Anschluß an die Prophetie kann nicht schärfer zum Ausdruck gebracht werden, als durch die Worte, in denen

Simeon in Kraft des Geistes sein Verständnis für die Bestimmung des messianischen Kindes ausspricht: „zum Fall und Auferstehen Vieler in Israel, zu einem Zeichen, dem widersprochen wird," sowie dazu, „daß die Herzensgedanken Vieler in Israel offenbar werden." Denn ihm ist nicht verborgen, daß der alte Unterschied noch besteht, der Unterschied zwischen denen, die bloß Recht haben, und denen, die Ernst machen mit ihrer Religion. Israel hat Recht gegenüber seinen Drängern, den Weltvölkern. Aber Recht bekommen können nur diejenigen in Israel, die Ernst machen mit ihrer Religion im Leben, und darum muß Israel bereitet werden durch den, der die Ungehorsamen bekehren soll zur Klugheit der Gerechten. Das ist der Grund, weshalb bei der starken Empfindung für die eigne Vereinsamung inmitten ihres Volkes das Bild des Strafgerichts über die Feinde als Bestandteil der Hoffnung zurücktritt. Aber nicht allein dies. Was ihre Seele erfüllt, woran sie sich halten und worauf ihnen alles ankommt, ist das Heil, der Friedensstand, der den Treuen in Israel geschafft wird und auf den sie hoffen als auf eine Gabe der vergebenden Gnade. Denn der Lage, in der sich Israel befindet, kann nur Vergebung ein Ende machen, und zwar eine Vergebung, deren ganz Israel bedarf, auch die Treuen. Dies nicht vergessen zu können, liegt im Wesen der Hoffnung, welche Gerichtshoffnung ist. Sie kann als solche auch für Israel nicht unbedingt heilbringend sein. Wenn Israels Lage, der Druck, unter dem es seufzt, ein Gericht ist, das Gott über sein Volk verhängt hat (vgl. Joh. 3, 36: „über dem bleibt der Zorn Gottes"), dann fragt es sich, ob nicht das Gericht, welches über Israels Feinde ergeht, auch das Zorngericht über Israel vollenden werde. Dies ist die Empfindung, die in den pharisäisch gerichteten und bestimmten Kreisen vorherrscht. Sie betrachten und geben sich als die eigentlichen Träger und Vertreter der Hoffnung Israels, der Gerichtshoffnung. Aber die Freude an dem Geschick der Feinde ist der einzige Genuß, den sie davon haben. Sie freuen sich am credo, aber die fiducia, den Mut, für sich selbst zu hoffen, können sie nicht finden. Sie wissen, daß das Gericht nur heilbringend sein kann, wenn es Vergebung bringt. Wie man aber Vergebung erlangt, wissen sie nicht. Unsere Stillen dagegen hielten sich in ihrer Vereinsamung aufrecht an der Verheißung der Vergebung. Die Verheißung der Vergebung, die Hoffnung auf Vergebung war ihr Halt. Sie verbergen sich ihre Sünde und Schuld nicht; sie begehren sie auch nicht zu bedecken durch Gerechtigkeitsleistungen; an beiden hindert sie der Blick auf die Pharisäer. Jeder Pharisäer mit seinem Eifer im Gesetzesgehorsam (Phil. 3, 6) ist eine Anklage wider sie, und wiederum — was ein Pharisäer kann, kann nicht jeder. Darum bleibt ihnen nichts, als der Glaube an Gottes Verheißung und die Hoffnung auf Vergebung. Das Motiv ihres Wandels „in allen Geboten und Satzungen des Herrn" ist nicht der Erwerb der Vergebung, sondern der Glaube an Vergebung, der Glaube an die Verheißung. Der macht sie treu, und die auf diesem Grunde erwachsene Treue giebt den Äußerungen ihres inneren Lebens den Charakter stiller und getroster Glaubenszuversicht, die wir bei den andern vergebens suchen. Damit aber hängt es zusammen, daß die Freude am Gericht sofort zurücktritt, sobald der Blick sich auf Israel selbst lenkt. Während das Magnificat — ganz entsprechend dem Erlebnis der Maria und seiner Bedeutung für das davidische Haus und Reich — dieser Freude über das Gericht noch vollen und rückhaltlosen Ausdruck giebt, verstummt dieser Ton schon vorher in dem Lobgesang des Zacharias und völlig in dem Schwanengesang Simeons. Sie können sich — wie auch später Paulus Röm. 9, 1 ff. — nicht an dem Gedanken des Strafgerichts über ihr eigenes Volk erfreuen. Aber verbergen können sie sich ihn auch nicht. Was sie erfreut, ist das Wort von der verheißenen Gnade, dem sie trauen. Dies Trauen ist ihre Gerechtigkeit, die sie nicht zu schanden werden läßt. Von da aus begreift sich z. B., daß und weshalb Joseph, weil er „gerecht" war, sich nicht überwinden kann, Maria der Strafe ihrer vermeintlichen Versündigung zu übergeben. Denn zur Gerechtigkeit der Gerechten, die auf Barmherzigkeit und Vergebung hoffen, gehört Barmherzigkeit. Hungern und dürsten nach Gerechtigkeit, daß Gott der gerechten Sache zum Siege verhelfe, und Barmherzigkeitsübung gehören für die auf dem Boden des Alten Testaments erwachsene Religion zusammen. So erklärt sich, daß die strafgerichtliche Kehrseite der verheißenen Rettung zurücktritt, ohne aber vergessen werden zu können.

Zacharias und Elisabeth, Maria und Joseph, Simeon und Hannah sind nur einzelne aus den Kreisen der Stillen im Lande hervortretende Gestalten. Aus diesen Kreisen kamen auch die ersten Jünger Jesu; ebenso gehören zu ihnen Leute, wie Joseph von Arimathia. Daß außer dem Neuen Testament die Geschichte nicht von ihnen spricht, ist begreiflich, denn eine Partei wie die Pharisäer bildeten sie nicht, und die landläufige Geschichts= schreibung zieht nur in Betracht, was sich mit einer gewissen äußerlich wahrnehmbaren Gewalt Beachtung erzwingt und Gel= tung verschafft. Das aber liegt gerade im Wesen dieser Frömmigkeit, still zu halten, still zu harren und zu warten. Gewiß waren sie auch unter Pharisäern und Schriftgelehrten ver= treten, — die Stellung aber, die sie dort einnahmen, wird uns an der Behandlung klar, die Nikodemus von seinen Zunftgenossen widerfuhr. Sie setzen sich zusammen aus den $\pi\tau\omega\chi o\iota$, denen ihre Lage wie dem Sänger des 73. Psalms zur schweren An= fechtung im Innersten ihres gottbezogenen Personlebens wird, sie sind $\pi\tau\omega\chi o\iota\ \tau\tilde{\omega}\ \pi\nu\varepsilon\acute{\nu}\mu\alpha\tau\iota$, רוּחַ רְכֵי; sie sind die $\pi\rho\alpha\varepsilon\tilde{\iota}\varsigma$, die nicht in der Lage sind, sich zu wehren und Recht zu verschaffen, sondern sie können nur widerstandslos duldend auf den HErrn harren; ihre Klagen können die $\pi\varepsilon\nu\vartheta o\tilde{\nu}\nu\tau\varepsilon\varsigma$ nur vor Gott aus= schütten, sie **hungern und dürsten nach der Offen= barung der ihnen Recht schaffenden Gerechtigkeit Gottes**. Sie sind es, die Jesus im Anfang der Bergpredigt selig preist, denn für sie zuerst ist die Erfüllungszeit angebrochen. Sie stehen einsam da mit ihrem inneren Leben, — wie einsam, das läßt sich am besten ermessen aus der Notiz über Zacharias und Elisabeth, Luk. 1, 6. Denn wie mußte es in Israel aus= sehen, wenn der im Grunde doch selbstverständliche Wandel dieser Priesterfamilie als etwas so Besonderes erscheint, daß die That= sache ihrer Frömmigkeit hervorgehoben werden muß! Solche Leute bilden eine Ausnahme von der Regel. Sie sind nicht das Volk, so wenig wie die Pharisäer das Volk waren. Während diese es aber verstanden, ihrem Eifer in der Erfüllung des Gesetzes einen offensichtlichen Ausdruck zu geben und dadurch als die zielbewußten Vertreter der Interessen ganz Israels, nämlich seiner Hoffnung, sich allgemeine Beachtung zu erzwingen, können jene das nicht. Ihnen verbietet ihre Religion, ihre Hoffnung auf Vergebung, solches Auftreten, denn ihre Hoffnung, ihr Glaube, von dem sie zehren, nötigt sie zur Stille und zwingt ihnen das Leiden der Verkennung auf. Sie gehören mit zu dem von jenen verachteten עַם הָאָרֶץ und warten auf die ihnen Recht schaffende Gerechtigkeit Gottes.

Hat die Verheißung Recht, so sind sie selbstverständlich diejenigen, für die die Erfüllung eintritt, an die das Evangelium sich wendet, an deren Hoffnungen die messianische Verkündigung anknüpft. Was die messianische Zeit bringt, ist die Erfüllung der Hoffnung Ganz=Israels, aber unbedingt nicht in der Gestalt, welche diese Hoffnung in den Kreisen des Pharisäismus und des Schriftgelehrtentums angenommen, und ebensowenig in der Gestalt, welche sie im Volksleben trug. Denn zwar war und ist Israel das Volk der Religion, — das unterschied und unterscheidet es von allen Völkern, und das war die Frucht der Geschichte, die es durchlebt hatte, die Frucht der Gebundenheit seines irdischen Geschickes an das Gesetz Gottes. Aber wenn schon die berufenen Pfleger der Religion, die Priesterschaft, und die freiwilligen Vertreter derselben, Pharisäer und Schriftgelehrte, so weit entfernt waren von dem „Thun der Wahrheit", — wer sollte es nicht begreiflich finden, daß das „Volk" seine Wege ging „wie Schafe, die keinen Hirten haben" (Matth. 9, 36), und nun sehnlich hoffte auf einen König, der sich seiner Not annähme, wie einst Moses, und es von allem irdischen Druck befreite (Joh. 6, 15. 26. 31). Daß es trotzdem nicht fehlte an solchen, welche „still vor sich hin und unbemerkt Gottes Wege gehen" (Delitzsch zu Pf. 35, 20), ist die Frucht des Sabbaths und des an jedem Sabbath gelesenen Wortes des Gesetzes und der Verheißung, und die Wirkung des Gottes, der schon zu Elias Zeiten sich solche hatte übrig bleiben lassen, die ihre Kniee nicht vor Baal gebeugt hatten.

So wartete ganz Israel mit Ausnahme der sabbuzäischen Priesteraristokratie und ihres Anhanges um die Wende der Zeiten darauf, daß Gott endlich durch Erfüllung der Verheißung dem Recht zum Siege, dem Rechtlosen zum Recht verhelfen sollte. Dies ist nicht etwas nur von der messianischen Hoffnung, nicht ein Zug nur in dem Zukunftsbilde, mit dem sich Israel trug, —

der Grundzug, der Grundgedanke, die Seele der messianischen Hoffnung, ein und alles ist die Hoffnung auf Recht und Gerechtigkeit, auf Erlösung durch Gericht. Darin sind sie alle eins, die theologisierenden und politisierenden Schriftgelehrten und Pharisäer, die Stillen im Lande und das Volk, die Masse, der ὄχλος oder עַם הָאָרֶץ. In der Hoffnung, daß endlich Recht und Gerechtigkeit im Lande und auf Erden regieren werde, beruht das Interesse Israels an seiner Religion, an Gesetz und Verheißung. Bedürfte es nach allem Bisherigen noch eines Beweises, die elektrisierende Wirkung des Auftretens Johannes des Täufers, die Scharen, die Jesu folgten, gefesselt von den holdseligen Worten seines Mundes, liefern ihn. Nicht das „Bedürfnis nach Schutz des Geistes wider die Hemmungen der Natur" ist das eigentliche und erste Motiv der Religion Israels seit der Erlösung aus Ägypten und Babel. Das „sorget nicht für euer Leben" kommt an zweiter Stelle; an erster Stelle steht das Bedürfnis nach Rettung vor der brutalen Macht des Geschichtszusammenhanges, vor der Macht der Sünde, vor den Menschen. Dies erfüllt Israel. Dem ist die Verheißung entgegengekommen, und der Glaube an diese Verheißung ist die treibende Kraft in dem Glaubens- und Hoffnungsleben des Volkes. Jeder Blick in die Verkündigung der Propheten läßt dies erkennen, die heißesten Gebete des Psalters sprechen dies aus, die pseudepigraphische Litteratur und der Einblick, den uns die neutestamentlichen Schriften gewähren, bestätigt es. Die Eschatologie würden wir sagen, beherrscht nicht bloß die Dogmatik, sondern auch, ja an erster Stelle die Ethik. Das Volk in seinem Unverstand, die Schriftgelehrten und Pharisäer als die Inhaber der Erkenntnis, die Stillen im Lande, die gar keine führende Stelle beanspruchen, sie alle warten auf Gottes Gericht, auf Erlösung durch Gottes Gericht, das ihnen Recht schaffen und Frieden bringen soll, auf den König Messias, der Recht und Gerechtigkeit auf Erden anrichten soll. Nur wie sie warten, ist verschieden und je nach der socialen Lage, dem Bildungsstande und dem religiösen Ernste, der Weite des Blickes, der Wahrhaftigkeit und Keuschheit des gottbezogenen Lebens ist auch das Zukunftsbild verschieden, das sie sich ausgehend von der Weissagung entwerfen. Sehr bedeutsam aber ist die von unserer Theologie vollständig übersehene

Thatsache, daß die ausgebildetste Eschatologie sich bei den Schrift=
gelehrten und Pharisäern findet, die schließlich vor lauter Es=
chatologie den Heiland nicht erkannten, während das wenigst aus=
geführte Bild uns in den Äußerungen der Stillen im Lande
entgegentritt, — eine Thatsache, welche für die Versuche, die
neutestamentlichen Schriften von der pseudepigraphischen Litteratur
aus zu verstehen, von vornherein kein günstiges Vorurteil er=
wecken kann. Der Pharisäismus giebt sich als die einzig echte
Vertretung der Hoffnung auf Recht und Gerechtigkeit Gottes,
und darauf, daß er unentwegt und zäh an dieser Gerichts=
hoffnung festhält, beruht die Achtung, die er genießt auch bei
denen, die er verachtet. Die Stillen im Lande aber sind das in
Wirklichkeit, wofür die Pharisäer sich nur halten und gehalten
werden. Ihre Wahrhaftigkeit, ihr Ernst, ihre Selbstkritik ist im
Unterschiede von diesen so groß, daß sie sich weder genug thun
können mit der μόρφωσις τῆς εὐσεβείας und der Verwandlung
der Ethik in Kasuistik, noch daß sie sich mit mehr oder minder
großem Behagen die Zukunft ausmalen können. Dazu ist die
Sache zu ernst. Sie wissen, daß das Gericht anfangen muß am
Hause Gottes (Jer. 25, 29; 1 Petr. 4, 17). Das bringt den
Pharisäer zur Verzweiflung, wenn er daran gedenkt (vgl.
S. 106 ff.). Die Stillen im Lande aber suchen und warten auf
Vergebung der Sünden, denn nur Vergebungsgnade kann ihnen
Recht verschaffen wider die, von denen sie Unrecht leiden.
Darum ist ihr Glaubens= und Gebetsleben stiller, tiefer, wahr=
haftiger und eben darum weniger in die Augen fallend. Sie
halten fest am messianischen, am eschatologischen Dogma. Aber
was sie glauben und hoffen, ist so ernst und groß, daß sie nicht
in der Lage sind, eine messianische Dogmatik auszubilden. Es
hängt mit dem Glauben und der Hoffnung auf Vergebung der
Sünden zusammen, daß die Erfüllung der Hoffnung nicht eher
beschrieben werden kann, als bis sie da ist. Genug, daß sie
glauben und wissen, wir warten nicht vergebens. So sind sie
imstande, die Erfüllung zu sehen, deren Aussehen so ganz anders
ist, als jene andern es sich gedacht haben.

So wird es verständlich, daß und weshalb das Evangelium,
die Botschaft von der Verheißungserfüllung — denn das ist der
Sinn von εὐαγγέλιον als Korrelat von ἐπαγγελία — sich

zuerst an die Stillen im Lande wendet und ihre ersten Jünger unter denen findet, die Vergebung suchen, אֲשֶׁר בְּרוּחָם לֹא רְמִיָּה, ἐν οἷς δόλος οὐκ ἐστίν. Zugleich aber wird auch begreiflich, daß die Evangeliumspredigt Jesu und seiner Zeugen gerade so wie das Glaubens- und Hoffnungsleben dieser echten Kinder der Propheten und des Bundes unmittelbar an das Alte Testament anknüpft und keinen Zweifel läßt über den Gegensatz, in welchem sie zu den andern steht.

III.
Die Heilsverkündigung Johannes des Täufers.

„Nicht thut der Herr Jahveh ein Ding, er habe denn geoffenbart sein Geheimnis, seinen Ratschluß den Propheten, seinen Knechten" (Am. 3, 7), denn er will in Gnade und Gericht sein Volk nicht ungerüstet finden. Das ist der Grund, weshalb auch die endliche Erlösung, der Messias, nicht anders kommt als so, daß ihm der Prediger in der Wüste (Jes. 40, 3), der wegbereitende Bote (Mal. 3, 1) voraufgegangen sein wird. Es ist die Treue Gottes, die so verfährt und die Israel in seiner Geschichte reichlich erfahren hat. Was der Prophet Jes. 40, 3 ff., was Amos und Maleachi für ihre Zeit waren, das wird erst recht sich wiederholen in der אַחֲרִית הַיָּמִים, wenn die ἔσχαται ἡμέραι kommen oder τὸ ἔσχατον τῶν ἡμερῶν τούτων, und Jahveh sich aufmacht sein Wort zu erfüllen und sein Volk heimzusuchen (vgl. auch Apok. 11, 3). Dem entspricht beim Ausgange der Prophetie die Weissagung vom zweiten Elias Mal. 3, 23 (vgl. die Weissagung vom zweiten David Jer. 30, 9; Ez. 34, 23; 37, 24). Dieselbe ist nicht, wie z. B. Holtzmann und Baldensperger behaupten, „eine untrügliche Anzeige des erlahmten religiösen Bewußtseins," weil es „weniger Anstrengung kostete, an den Propheten, als an den Messias zu glauben,"[1]) sondern nur ein Zeichen des gewaltigen religiös-sittlichen Ernstes der Messiashoffnung und des Einblicks der Prophetie in die Wege

---
[1]) Vgl. die Äußerungen Baldenspergers über die „Eliastücke" in dessen „Selbstbewußtsein Jesu", 2. Aufl. S. 71.

der Treue Gottes. Das ergiebt sich auch aus der Rechtfertigung dieser Weissagung durch ihre Erfüllung.

Denn „Elias ist gekommen, so ihr es wollt annehmen," sagt Jesus Matth. 11, 14. Johannes der Täufer ist der andere Elias, den Gott erweckt und gegeben in einer Zeit, welche durch die Forderung allgemeiner Buße, die Johannes verkündigte, als eine solche gekennzeichnet wird, in der die Erfüllung zwar nicht der Verheißung, aber der Hoffnung aufs ernsteste in Frage steht. Johannes der Täufer ist der größte unter den vom Weibe Gebornen Matth. 11, 11; eine größere Aufgabe hat noch keiner zu lösen gehabt, für eine größere Aufgabe ist noch keiner ausgerüstet gewesen. Denn er soll vor dem Herrn hergehen und ihm zurichten ein bereitetes Volk, an dem bisher die Arbeit Gottes und seiner Boten, Gesetz und Prophetie vergebens gewesen. Er ist aber auch noch nach einer andern Seite hin die bedeutsamste Erscheinung unter den Propheten. Keine psychologische Analyse seines Seelenlebens, auch wenn dazu — was nicht der Fall ist — irgend welches urkundliche Material vorläge, wird es jemals erreichen, sein Auftreten, seine Verkündigung und sein Handeln als eine aus seinem eigenen innern Leben hervorgegangene That begreiflich zu machen. Denn er stellte ja nicht bloß die Forderung der μετάνοια, — er begründete sie auch, und gerade diese Begründung ist die Hauptsache. Er begründete sie damit, daß der Messias vor der Thür sei. Woher konnte ihm diese Gewißheit gekommen sein? Aus welchen Erscheinungen im Volksleben hätte er dieselbe schöpfen können? oder was in der Lage Israels hätte ihn darauf führen können? Nichts von dem, was vor Augen lag, nichts von dem, was der Blick des Bußpredigers wahrnahm, berechtigte ihn zu sagen, was er sagte, und zu thun, was er that, mit Wort und Symbol die unmittelbar bevorstehende Nähe des Heils verkündigen. Das Gegenteil allein lag nahe. Auch wenn man an das „trotzdem" und „dennoch" des Glaubens appelliert, womit die Knechte Gottes und die Treuen im Volke sich festhielten an Gott und seiner Verheißung, — damit wäre Johannes höchstens zu einem Wort gekommen, wie jenes Wort Gottes an den Propheten Habakuk: „noch ist dem Gesicht eine Frist bestimmt, aber es strebt dem Ende zu und trügt nicht; wenn es verzieht, so harre sein, denn es kommt gewiß und bleibt nicht aus" (Hab. 2, 3), oder mit Luther zu reden: „die Weissagung wird ja noch erfüllt werden zu seiner Zeit und wird endlich frei an den Tag kommen und nicht außen bleiben; ob sie aber verzieht, so harre ihrer, sie wird gewißlich kommen und nicht verziehen." Das aber war nicht seine Aufgabe. Im Gegenteil: kein Verzug, sondern jetzt, jetzt bricht der Tag des Heiles an. Woher kam ihm diese Kunde? Soll sie etwa die „Verdichtung" derjenigen Gestalt des Hoffnungslebens sein, welcher die litterarischen Denkmale, die wir kennen gelernt, entstammen? Woher dann sein Gegensatz gegen ihre Pfleger und Träger? Und woher kam ihm dann Mut und Recht, an die Stelle der Heilsordnung des Alten Bundes, die ihren Zweck nicht erreicht hatte, eine neue zu setzen, wenn auch wiederum nur in der Form eines Symbols? Ja, wäre sein Auftreten nicht legitimiert durch die Erfüllung! Das aber ist gerade die Schwierigkeit, und der Ernst der Sache schließt jede Erklärung durch eine glückliche Vereinigung von Umständen, die er am wenigsten in der Hand hatte, ebenso aus, wie die Erklärung durch den Zufall oder die ebenso nichtssagende Erklärung durch seinen religiösen Instinkt. Die Erfüllung legitimiert ihn und verwehrt zugleich die Erklärung seiner Weissagung $\iota\delta\iota\varphi\ \vartheta\epsilon\lambda\eta\mu\alpha\tau\iota$ (2 Petr. 1, 21). Jeder derartige Versuch scheitert an dem Verhältnis der Erfüllung zu seiner sonderlichen Weissagung. Bleibt also nur übrig, was Lukas 3, 2 berichtet: „das Wort Gottes geschah zu Johannes, dem Sohne des Zacharias, in der Wüste."

1.
Das Reich Gottes und das messianische Gericht.

Hat das Auftreten und die Verkündigung des Täufers diesen Ursprung, so erhält die Thatsache für uns ein besonderes Gewicht, daß auch er den Grundgedanken der alttestamentlichen Weissagung und Hoffnung aufnimmt und damit bestätigt, was wir bisher gefunden, daß die Hoffnung auf die endliche Offenbarung der richtenden Gerechtigkeit Gottes, des Königtums Gottes in Gerechtigkeit und Gericht die thatsächliche und eigentliche, göttlich berechtigte Grundgestalt der messianischen Hoffnung war. Wenn die Erfüllung nicht mit dieser Bejahung einsetzte, wenn sie Gott den Herrn und seinen Gesalbten nicht erkennen und erleben ließ als die Zuflucht der Rechtlosen und die Hoffnung der Gerechten, so konnte sie nicht nur nicht als Erfüllung erkannt werden, sondern sie war es auch nicht.

Wir müssen nun, um den Täufer zu verstehen, verbinden, was er sagte und was er that. Denn erst im Zusammenhange mit der Taufe, die er ausübte, erhält seine Verkündigung ihren eigentümlichen Inhalt und ihre sonderliche Bedeutung. Μετανοεῖτε, ἤγγικε γὰρ ἡ βασιλεία τῶν οὐρανῶν ist nach Matthäus (3, 2) der Inhalt seiner Botschaft, die er zu bringen hat. Daß nur Matthäus diese Begründung der Bußforderung giebt, ist kein Grund, ihre Geschichtlichkeit zu bezweifeln. Sehen wir aber zunächst von ihr ab, so ergiebt sich aus dem, was er sonst sagt, als Motiv der Bußforderung die Hinweisung auf den Stärkeren, der nach ihm kommen wird, um Gericht zu halten. Damit knüpft er an an die uns bekannten Erwartungen Israels. Er meint den Messias, der als Richter kommt, und spricht dies nicht bloß in den von Matthäus 3, 12 und Lukas 3, 17 berichteten Worten von der Worfschaufel in seiner Hand und der bem

Feuer zu übergebenden Spreu aus, sondern auch durch das allen Evangelisten gemeinsame Wort von seiner und des Messias Taufe. Denn sowohl die Aufforderung, zu ihm zur Taufe zu kommen, wie die Verheißung der durch den Messias zu vollziehenden Taufe hängen mit dem Bewußtsein zusammen, daß das erwartete Heil nicht anders als auf dem Wege des Gerichts komme. So viel aber wurde von allen erkannt und empfunden, daß das Gericht doch nicht bloß für die Bedränger und Feinde Israels und für die Bundbrüchigen in Israel selbst, sondern daß es für jedermann verhängnisvoll sei. Heilbringend könne es nur für diejenigen sein, die Vergebung ihrer Sünden fänden. So verschiedenen Ausdruck sich auch dieses Bewußtsein und diese Empfindung gab, anders bei den Pharisäern und denen, die ihnen folgten, anders bei den Stillen im Lande, wie wir oben gesehen haben, — gemeinsam war ihnen allen die Erkenntnis, der ja auch Prophetie und Psalmen genugsam Ausdruck gegeben hatten, daß die Heilshoffnung als Gerichtshoffnung die Fürsorge für die Vergebung erheische oder daß die Gerichtshoffnung sich zur Hoffnung auf Vergebung, auf Wendung des göttlichen Zornes gestaltete. Nie sind die Gerechten, denen das Gericht Recht schaffen und so Erlösung bringen soll, als solche angesehen worden, die der Vergebung nicht bedürfen, auch von dem Pharisäismus nicht, sondern als solche, die Vergebung empfangen. Darum ist die Verkündigung des Täufers von dem Taufen des Messias Gerichtsverkündigung. Wenn er sagt: ἐγὼ μὲν βαπτίζω ἐν ὕδατι, ὁ δὲ ὀπίσω μου ἐρχόμενος βαπτίσει ἐν πνεύματι ἁγίῳ καὶ πυρί — vgl. Matth. 3, 11. 12; Mark. 1, 8; Luk. 3, 16; Joh. 1, 33 — so heißt das nichts anders, als daß der Messias das in Wirklichkeit thun wird, was er, der Täufer, symbolisiere, nämlich die Sünden wegnehmen. Βαπτίζειν ist Waschen behufs Entsündigung, von Sünden abwaschen, und ist die thatsächliche Antwort auf das Bekenntnis der Sünden. Ἐν ὕδατι und ἐν πνεύματι verhalten sich zu einander wie Symbol und Wirklichkeit. Was Johannes symbolisiert und durch das Symbol verheißt und verbürgt, das wird der, der nach ihm kommt, in der Kraft des heiligen Geistes, durch den alle Gotteswirkungen geschehen, als Wirklichkeit bringen. So schließt dieses Wort an Jes. 4, 4. 5; Ez. 36, 25 ff. an und Israel wußte, wie auch aus Joh. 1, 25 hervorgeht, ganz genau, was Johannes meinte.

Dazu kommt nun, daß Johannes das, was er verhieß und verbürgend symbolisierte, denen in Aussicht stellte, die zu ihm kamen und seine Taufe begehrten, so daß der Bericht bei Matthäus: ἐγὼ μὲν ὑμᾶς βαπτίζω . . . αὐτὸς ὑμᾶς βαπτίσει inhaltlich durchaus richtig berichtet. Die ihn hören und erleben, werden auch den Messias und das messianische Gericht erleben. Eine Zwischenzeit zwischen Verheißung und Erfüllung, eine Wartezeit wie früher und bis hierher giebt es nicht mehr. Das lag schon in der Thatsache seines symbolischen Handelns. Es war ja doch eine neue Heilsordnung, die er aufrichtete, wenn er den Anspruch erhob, daß der Weg zum messianischen Heil durch seine Taufe ginge. Nur wenn das unmittelbar bevorstand, was er symbolisierte, hatte er ein Recht dazu, und nur dahin konnte sein Handeln verstanden werden, daß dies unmittelbar bevorstehe. So ergiebt sich als sonderlicher Inhalt seiner Verkündigung in Wort und That und als Zweck seines Auftretens die nunmehr bevorstehende Erfüllung der Gerichtsverheißung und Gerichts= hoffnung Israels. Die Verbindung von Gericht und Vergebung auf der einen Seite, Gericht und Verderben auf der andern, findet durch ihn ihren schärfsten Ausdruck, der jede Selbst= täuschung unmöglich machen soll — vgl. Matth. 3, 7, — und es ist von der größten Bedeutung, daß er nicht Gericht und Ver= gebung einander entgegensetzt. Im Gegenteil: der das Gericht ausführt, ist es, der die Vergebung bringt. Niemand ist aus= genommen, der der Vergebung nicht bedürfte, auch der Täufer nicht, wie er selbst ausspricht, als Jesus zur Taufe kommt: „ich bedarf von dir getauft, von Sünden gewaschen zu werden" Matth. 3, 14. Aber nicht jedem bringt das Gericht Vergebung.

Bedürfte es noch einer Bestätigung, daß Johannes die un= mittelbar bevorstehende Erfüllung der Gerichtshoffnung in ihrem ganzen Umfange im Auge hat, so würde die Anfechtung sie uns geben, in die er geriet Matth. 11, 2 ff.; Luk. 7, 18 ff. Daß er auch vor Herodes nicht Halt gemacht und zu dessen Sünde nicht geschwiegen, hat ihm Gefängnis eingetragen. Dort liegt er, — sein Werk ist zu Ende; die Bosheit triumphiert. Der, den er gesalbt und zu dem er seine Jünger gewiesen hat, hat die Ver=

kündigung von der Nähe des Himmelreichs aufgenommen, zieht umher im Lande, heilt die Kranken, hilft allen, die zu ihm kommen, aber von Gericht keine Spur! Wo bleibt die Worfschaufel in seiner Hand? denn die Tenne wird nicht gefegt. Wenn irgend jemand, so durfte der Täufer erwarten, daß nunmehr das Gericht anbrechen würde, nicht bloß ihm zu gut, sondern damit die nicht irre würden, die ihm geglaubt hatten. Jetzt wäre es Zeit für das Gericht, Zeit, dem Rechte zum Siege zu verhelfen. Was ist's, daß der Richter verzieht? Darum sendet Johannes seine Jünger zu Jesu und läßt ihn fragen: „bist du, der kommen soll, der Verheißene und Ersehnte, oder sollen wir eines andern warten?" Was Johannes fehlt, ist das Gericht, — alles andere genügt ihm nicht; das hat er in Aussicht gestellt und von Jesu erwartet und erwarten gelehrt. Von dem Gericht allein ist Rettung zu erwarten, wie sein eignes Unrechtleiden beweist, und wenn das Gericht den nicht rettet, den Gott gesandt, dem Messias den Weg zu bereiten, wo bleibt dann die Verheißung? Es ist eine Lage wie die, die hernach Jesus selbst schildert in dem Gleichnis vom ungerechten Richter Luk. 18, 7.

Aus dem allen ergiebt sich nun das Verständnis der Begründung seiner Bußforderung: $\eta\gamma\gamma\iota\varkappa\epsilon\ \gamma\grave{\alpha}\varrho\ \eta\ \beta\alpha\sigma\iota\lambda\epsilon\acute{\iota}\alpha\ \tau\tilde{\omega}\nu\ o\vec{v}\varrho\alpha\nu\tilde{\omega}\nu$, zunächst des $\eta\gamma\gamma\iota\varkappa\epsilon\nu$, und sodann des Subjektes $\eta\ \beta\alpha\sigma\iota\lambda\epsilon\acute{\iota}\alpha\ \tau\tilde{\omega}\nu\ o\vec{v}\varrho\alpha\nu\tilde{\omega}\nu$. An und für sich ist das $\eta\gamma\gamma\iota\varkappa\epsilon\nu$ im Verhältnis zur alttestamentlichen Prophetie so wenig etwas Neues, wie die Forderung $\mu\epsilon\tau\alpha\nu o\epsilon\tilde{\iota}\tau\epsilon$. Es nimmt die prophetische Verkündigung von der Nähe des Tages Jahvehs oder von der Nähe des Heiles auf Joel 2, 1; Obadj. 15; Zeph. 1, 7. 14, und rückt das, was als nah verkündigt wird, unmittelbar in das Gesichtsfeld der Hörer als dasjenige, worauf es jetzt gilt sich zu rüsten, vgl. Jes. 50, 8; 51, 5; 56, 1; Ez. 7, 7. Im Zusammenhange aber mit der Taufe, die Johannes an denen vollzieht, die nun ihre Sünden bekennen, mit ihrer symbolisierenden und verbürgenden Bedeutung ergiebt sich, daß die Möglichkeit eines Verzugs der Erfüllung seinen Gedanken vollständig fern liegt. Jedoch nicht dies allein. Im Zusammenhange seiner Taufe mit der Gerichtshoffnung und ihrer Erfüllung legt sich sofort nahe, daß die $\beta\alpha\sigma\iota\lambda\epsilon\acute{\iota}\alpha\ \tau\tilde{\omega}\nu\ o\vec{v}\varrho\alpha\nu\tilde{\omega}\nu$, deren Eintreten oder Anbruch er als unmittelbar bevorstehend verkündigt, nichts anderes ist, als was die alttestamentliche Weissagung und Hoffnung von dem Königtum Gottes erwartet. Diese βασιλεία τῶν οὐρανῶν **ist die Verwirklichung oder Erfüllung der Gerichts-hoffnung oder der Hoffnung auf Erlösung durch Gericht.** An etwas anderes kann im Zusammenhange des Auftretens des Täufers, seiner Verkündigung, seines Handelns und seines eigenen Verhaltens nicht gedacht werden. Ob der Begriff in der Verkündigung Jesu dasselbe oder etwas anderes besagt, kann und muß hier noch dahingestellt bleiben. Wir haben es hier nur zu thun mit dem Vorstellungskreise des Täufers und mit den Erwartungen, die er erweckte oder denen er entgegenkam, und diese führen mit Notwendigkeit auf die Auffassung, daß in der βασιλεία τῶν οὐρανῶν sich die Hoffnung auf das messianische heilbringende Gericht, also auf die Bethätigung und Offenbarung des Königtums Gottes verwirkliche. So ist auch selbstverständlich die βασιλεία τῶν οὐρανῶν nichts andres als die βασιλεία τοῦ θεοῦ. Die βασιλεία τῶν οὐρανῶν ist die βασιλεία Gottes; in ihr ist Gott βασιλεύς, und was das für Israel bedeutet, haben wir gesehen (s. oben S. 71 ff.). Sie ist zusammenfassende Bezeichnung des Objektes der Verheißung und Hoffnung, welche sehnlichst verlangt nach dem Tage, an dem es heißt יְהוָה מָלָךְ, ὁ κύριος ἐβασίλευσεν, Ps. 93, 1; 96, 10; 97, 1; 99, 1; vgl. Jes. 52, 7. Ist dies richtig, so ergiebt sich auch von hier aus wiederum, daß der unmittelbare Eindruck des ἤγγικεν ἡ βασιλεία τῶν οὐρανῶν nur der sein konnte, daß nunmehr alle Verheißung und Hoffnung Israels zu ihrer Erfüllung komme.

Dies alles wird bestätigt durch die Beobachtung, daß βασιλεία τῶν οὐρανῶν, βασιλεία τοῦ θεοῦ kein erst vom Täufer geprägter Ausdruck ist. Allerdings ist namentlich der Ausdruck βασιλεία τῶν οὐρανῶν in der synagogalen Litteratur, so häufig er auch verwendet wird, doch im messianischen Sinne ungewöhnlich, indem er für gewöhnlich diejenige Herrschaft Gottes bezeichnet, welche er durch das Gesetz ausübt, קִבֵּל עֹל מַלְכוּת שָׁמַיִם „das Joch der Herrschaft des Himmels auf sich nehmen" als Bezeichnung der Gottesfurcht, welche sich beugt unter die Oberhoheit Gottes (vgl. mein bibl.-theol. Wörterb. der neutest. Gräcität unter βασιλεία). Allein es sind uns doch Stellen er-

halten, in denen er in meſſianiſchem Sinne ſteht; ſo in dem
Midraſch zum Hohenliede 2, 12: „gekommen iſt die Zeit Israels,
daß es erlöſt werde; gekommen iſt die Zeit der Vorhaut, daß ſie
abgeſchnitten werde (nämlich durch Joſua); gekommen iſt die Zeit
des Reiches der Kuthim b. i. der Römer, daß es vertilgt werde;
gekommen iſt die Zeit der מלכות שמים, des Himmelreichs, daß
es ſich offenbare." Peſikta 51ᵃ: „gekommen iſt die Zeit der
מַלְכִית הָרְשָׁעָה, daß ſie ausgerottet werde aus der Welt; ge=
kommen iſt die Zeit der מלכות שמים, daß ſie geoffenbaret
werde." Ebenſo ſelten iſt der Ausdruck מַלְכוּתָא דַיי, מלכותא
דאלהא, Reich Jahvehs, Reich Gottes, der nur noch an zwei
Stellen in den Targumim im meſſianiſchen Sinne aufbehalten iſt.
Dazu kommen noch orac. Sibyll. 3, 46: τότε δὴ βασιλεία
μεγίστη ἀθανάτου βασιλῆος ἐπ' ἀνθρώποισι φανεῖται, cf.
v. 55: πότ' ἐλεύσεται ἦμαρ ἐκεῖνο, καὶ κρίσις ἀθανάτοιο
θεοῦ μεγάλου βασιλῆος; 286: καὶ τότε δὴ θεὸς οὐρανόθεν
πέμψει βασιλῆα, κρινεῖ δ' ἄνδρα ἕκαστον κτέ. — nach Fried=
lieb, die ſibyll. Weisſagungen, S. XXVI, nicht lange vor der
Schlacht bei Actium von einem Juden verfaßt. Cf. assumpt.
Mos. 10: et tunc parebit regnum illius in omni creatura et
tunc zabulus (i. e. diabolus) finem habebit et tristitia cum
eo abducetur. Dieſe Stellen beweiſen, daß beide Ausdrücke in
Gebrauch waren und zwar beide als zuſammenfaſſende Be=
zeichnungen des Objektes der meſſianiſchen Hoffnung. Daß ſie
in der offiziellen ſynagogalen Litteratur ſich ſo ſelten finden,
während ſie in den ſynoptiſchen Evangelien als ganz bekannt und
gemeinverſtändlich erſcheinen (vgl. Luk. 17, 20), kann nur auf der
auch von jüdiſchen Gelehrten (vgl. Hamburger, Realencykl. für
Bibel und Talmud II, S. 760 ff.) anerkannten Thatſache der
„Reaktion gegen die Schriftdeutungen der meſſianiſchen Sekten"
beruhen, welche bei der Redaktion der talmudiſchen und tar=
gumiſchen Litteratur wie ſo vieles andere, ſo auch dieſen
Ausdruck ausgemerzt hat, der das Schibboleth des Chriſten=
tums war.

Ob der Täufer den Ausdruck βασιλεία τῶν οὐρανῶν oder
βασιλεία τοῦ θεοῦ gebraucht hat, läßt ſich nicht mit Sicherheit
entſcheiden. Wahrſcheinlich iſt das erſtere; denn daraus, daß das
für israelitiſche Leſer berechnete Evangelium Matthäi für gewöhn=

lich βασιλεία τῶν οὐρανῶν sagt, τοῦ θεοῦ nur 12, 28; 19, 24; 21, 31. 43, scheint sich zu ergeben, daß βασιλεία τῶν οὐρανῶν im jüdischen Gemeinleben die geläufigere Bezeichnung war. Ebenfalls dafür spricht das den Charakter der Deformation an sich tragende rabbinische מלכות שמים im allgemein religiösen oder gesetzlichen Sinne, dessen Zusammenhang mit dem eschatologischen oder messianischen Sinne noch in der Bezeichnung der Märtyrer als הֲרוּגֵי מלכות vorliegen dürfte. Indes wichtiger ist die Frage nach dem Sinn der Bezeichnung des messianischen Reiches als βασιλεία τῶν οὐρανῶν. Unhaltbar ist die von Schürer wieder aufgenommene Ansicht Buxtorfs, daß οὐρανοί = שמים als Gottesname gedacht sei. Denn selbst wenn οὐρανός — der Singular — Luk. 15, 18. 21 als Gottesname gedacht wäre, statt daß man zu dieser Stelle richtiger an Gen. 4, 10; Röm. 1, 18 erinnern sollte, so ist doch bedeutsam, daß der Sprachtakt es vermieden hat, jemals שמים in diesem Sinne durch den Plural οὐρανοί wiederzugeben (vgl. 1 Makk. 4, 10. 55; 2 Makk. 3, 15; 10, 20). Durch Matth. 5, 34 aber dürfte wider jeden Zweifel sicher gestellt sein, daß Matthäus weder den Singular noch den Plural als Gottesnamen gedacht hat.[1]) Wichtiger ist die Frage, weshalb und in welchem Sinne das messianische Reich oder die βασιλεία τοῦ θεοῦ als βασιλεία τῶν οὐρανῶν bezeichnet worden ist. Für die Entscheidung dieser Frage fallen ins Gewicht erstlich die in den oben angeführten Versen aus den sibyllinischen Orakeln enthaltene Anschauung III, 286: καὶ τότε δὴ θεὸς οὐρανόθεν πέμψει βασιλῆα, und V. 46: τότε δὴ βασιλεία μεγίστη ἀθανάτου βασιλῆος ἐπ' ἀνθρώποισι φανεῖται. Sodann Dan. 2, 44. 45 das Bild von dem ohne Hände vom Berge abgerissenen Steine, der dem von Nebukadnezar geschauten Monarchienbilde an die Füße schlug und es zermalmte, von Daniel gedeutet: „in der Zeit jener Könige wird der Gott des Himmels ein Königreich aufrichten, das in Ewigkeit nicht zerstört wird, und sein Königreich wird auf ein

---

[1]) Vollends daß Jesus οὐρανοί als Gottesnamen gebraucht habe, ist der Widerlegung nicht wert. Jedenfalls hat Lipsius recht, wenn er es als undenkbar bezeichnet, daß Jesus „die Himmel" metonymisch von Gott verstanden habe, nachdem er die stehende Bezeichnung Gottes als „Vater in den Himmeln" gewählt habe.

anderes Volk nicht übergehen; es wird alle jene Reiche zer=
trümmern und ihnen ein Ende bereiten, selbst aber in Ewigkeit
bestehen." Vgl. auch 7, 13. 14. Endlich aber die Bezeichnung
Gottes als βασιλεύς τοῦ οὐρανοῦ Tob. 13, 7. 11; 1 Esr. 4,
46. 58, um die absolute Übermacht Gottes über die Welt zu
betonen, vgl. 3 Makk. 2, 2: κύριε, κύριε, βασιλεῖ τῶν οὐρανῶν
καὶ δέσποτα πάσης κτίσεως. 1 Esr. 6, 15: ὁ κύριος τοῦ
Ἰσραήλ ὁ οὐράνιος. 3 Makk. 6, 28; 7, 6; Dan. 4, 23:
ἡ ἐξουσία ἡ ἐπουράνιος im Gegensatze zu den Königreichen der
Menschen, über welche der Höchste Gewalt hat. Man wird auch
an den Ausdruck „Jahveh Zebaoth" (S. 75 ff.) und an die
στρατιὰ οὐράνιος Luc. 2, 13 erinnern dürfen. Ist Gott
βασιλεὺς τοῦ οὐρανοῦ, τῶν οὐρανῶν, so ist auch seine βασιλεία
eine βασιλεία τῶν οὐρανῶν, erhaben über alle irdische Gewalt
und über die irdischen Gewalthaber, eine βασιλεία, gegen welche
diese nicht mehr aufkommen können und in der jene Freiheit und
jener Friede waltet, die Israel von der königlichen Macht=
bethätigung Gottes im Gericht erwartet. Diesen machtvollen
Gegensatz zur irdischen Malkuth, von der das Volk Gottes erlöst
zu werden begehrt, bringt die Bezeichnung βασιλεία τῶν οὐρανῶν
zum Ausdruck, und die Vorliebe für denselben ist in einer Zeit,
welche sich gern die Zukunft in apokalyptischen Bildern ausmalen
ließ, verständlich. Man wird vielleicht sagen können, daß das
ἤγγικεν ἡ βασιλεία τῶν οὐρανῶν für ein israelitisches Ohr fast
noch deutlicher als βασιλεία τοῦ θεοῦ die Thatsache zum Aus=
druck brachte, daß die sehnlichst erwartete Zukunft des machtvoll
richtenden Gottes nunmehr zur Gegenwart werde. Denn der
Genetiv τῶν οὐρανῶν, שמים charakterisiert ebenso die βασιλεία
Gottes, wie Gott selbst, den βασιλεύς, nach seiten seiner Macht
und Gewalt, die in seinem richtenden Walten offenbar wird.

Ist dies richtig, so ist ἤγγικεν ἡ βασιλεία τῶν οὐρανῶν
nur die Zusammenfassung dessen, was Johannes sonst von dem
bevorstehenden und demnächst anhebenden messianischen Gericht
sagt. Alles übrige ist Ausführung dieses Themas, und wenn der
Ausdruck als zusammenfassende Bezeichnung des Objektes der
Verheißung und Hoffnung Israels in Gebrauch war, so konnte
nicht bloß der Inhalt seiner Verkündigung nicht anders kurz an=
gegeben werden, sondern es liegt auch kein Grund vor, den Be=

richt des ersten Evangelisten von dieser Begründung des $\mu\varepsilon\tau\alpha\nu o\varepsilon\tilde{\iota}\tau\varepsilon$ in Zweifel zu ziehen. Der Bericht des Lukas 3, 18: $\pi o \lambda\lambda\grave{\alpha}\ \mu\grave{\varepsilon}\nu\ o\mathring{v}\nu\ \varkappa\alpha\grave{\iota}\ \H{\varepsilon}\tau\varepsilon\rho\alpha\ \pi\alpha\rho\alpha\varkappa\alpha\lambda\tilde{\omega}\nu\ \varepsilon\mathring{v}\eta\gamma\gamma\varepsilon\lambda\acute{\iota}\zeta\varepsilon\tau o\ \tau\grave{o}\nu\ \lambda\alpha\acute{o}\nu$ erkennt überdies auch seinerseits die Verkündigung der $\beta\alpha\sigma\iota\lambda\varepsilon\acute{\iota}\alpha\ \tau o\tilde{v}\ \vartheta\varepsilon o\tilde{v}$ als den Inhalt der Predigt des Täufers an, denn $\varepsilon\mathring{v}\alpha\gamma\gamma\varepsilon\lambda\acute{\iota}\zeta\varepsilon\sigma\vartheta\alpha\iota$, $\varepsilon\mathring{v}\alpha\gamma\gamma\acute{\varepsilon}\lambda\iota o\nu$ und $\beta\alpha\sigma\iota\lambda\varepsilon\acute{\iota}\alpha$ gehören, wie wir später sehen werden, unabtrennbar zusammen. Das $\varepsilon\mathring{v}\alpha\gamma\gamma\acute{\varepsilon}\lambda\iota o\nu$ ist die Erfüllung der $\grave{\varepsilon}\pi\alpha\gamma\gamma\varepsilon\lambda\acute{\iota}\alpha$, und $\varepsilon\mathring{v}\alpha\gamma\gamma\acute{\varepsilon}\lambda\iota o\nu$ giebt es nur, wenn und weil die $\beta\alpha\sigma\iota\lambda\varepsilon\acute{\iota}\alpha\ \tau o\tilde{v}\ \vartheta\varepsilon o\tilde{v}$ als Erfüllung der $\grave{\varepsilon}\pi\alpha\gamma\gamma\varepsilon\lambda\acute{\iota}\alpha$ verkündigt werden kann. Wenn darum die Thätigkeit des Johannes als $\varepsilon\mathring{v}\alpha\gamma\gamma\varepsilon\lambda\acute{\iota}\zeta\varepsilon\sigma\vartheta\alpha\iota$ beschrieben werden kann und muß, so muß er die $\beta\alpha\sigma\iota\lambda\varepsilon\acute{\iota}\alpha\ \tau o\tilde{v}\ \vartheta\varepsilon o\tilde{v}$ oder $\tau\tilde{\omega}\nu\ o\mathring{v}\rho\alpha\nu\tilde{\omega}\nu$ verkündigt haben und es wäre geradezu unbegreiflich, wenn der, der den $\grave{\varepsilon}\rho\chi\acute{o}\mu\varepsilon\nu o\varsigma$ bezeugte, von der $\beta\alpha\sigma\iota\lambda\varepsilon\acute{\iota}\alpha\ \grave{\varepsilon}\rho\chi o\mu\acute{\varepsilon}\nu\eta$ geschwiegen hätte.

2.
Die neue Heilsordnung.

Wem aber wird nun Gottes Richten, wem wird der richtende König Messias das Heil bringen? Wem wird er Recht schaffen? Wem wird er Freiheit und Frieden bringen? Die Antwort finden wir zunächst in der Forderung des Täufers an die, die seine Taufe begehren und fragen: was sollen wir thun? Warten sie auf Befreiung vom Druck, so sollen auch sie nicht bedrücken: „thut niemanden Gewalt noch Unrecht"; „fordert nicht mehr, denn gesetzt ist"; „wer zwei Röcke hat, der gebe dem, der keinen hat, und wer Speise hat, thue auch also", denn solche Barmherzigkeit ist das Gegenteil der Vergewaltigung des Armen und Schutzlosen. Die Forderung gilt denen, die Israels Hoffnung zu erleben begehren. Denn Israels Verheißung und Hoffnung ist es, die der Täufer in Erfüllung gehen sieht, und die Frage, mit der er in der Stunde der Anfechtung zwei seiner Jünger zu Jesu sendet, zeigt, daß er als Israelit auf Israels Erlösung harrt, denn das „oder sollen wir eines andern warten" faßt doch nicht bloß, wie auch die Antwort Jesu zeigt, ihn und seine Jünger, sondern ihn und sein Volk, zu dem er gesandt ist, zusammen.

Also Israel ist es, dem er die Nähe des rettenden Gerichts verkündigt, und doch auch wieder nicht. Denn zu den Scharen, die zu ihm kamen, sich taufen zu lassen (Luk. 3, 7 ff.), sprach er die nach Matthäus auf die darunter sich befindenden Pharisäer und Sadducäer gemünzten Worte der Warnung vor dem Versuche, ihre geheime Angst vor dem Gerichte (f. o. S. 106 ff.) damit zu beschwichtigen, daß sie Abraham zum Vater hätten: „Denn ich sage euch: Gott vermag aus diesen Steinen dem Abraham Kinder zu erwecken." Die Verheißung wird erfüllt, auch wenn sie darüber zu Grunde gehen. Darum gilt es, würdige Früchte der Buße zu bringen, wie sie Jes. 58, 6 ff. gefordert sind, eben jene Früchte, die da zeigen, daß sie nichts gemein haben mit denen, die Gewalt und Bedrückung üben. Es ist also dieselbe Anschauung, die wir bei den Propheten gefunden haben: Israel gilt die Verheißung und ihre Erfüllung, denn es hat Recht gegenüber seinen Drängern, es hat Recht mit seiner Religion, mit seiner Hoffnung auf Gottes Gericht. Aber wiederum haben in Israel nur diejenigen Recht, die Ernst machen mit ihrer Religion, also insbesondere nicht die Sabbucäer und auch nicht die Pharisäer, die „die andern verachteten" (Luk. 18, 9). Es ist nicht nötig anzunehmen, daß diese Kritik der Pharisäer aus den Reden Jesu zurückdatiert sei, um sie — bewußt oder unbewußt — schon dem Vorläufer in den Mund zu legen. Denn ebenso, wie das an Jesus gerichtete Wort: „ich bedarf wohl von dir getauft zu werden, und du kommst zu mir?" hängt auch diese Kritik mit dem prophetischen Berufe des Täufers zusammen, der ihm das Verständnis für die Personen verlieh, die zu ihm kamen. Überdies aber zeigt Matth. 21, 25—32, daß ihm die innere Stellung der führenden Personen und Stände zu seiner Aufgabe nicht wohl verborgen bleiben konnte.

Indes es ist doch wieder nicht ganz wie bei den Propheten. Es ist zwar das rettende Gericht, das auch er verkündigt, das lange ersehnte Gericht, dessen Anbruch er schaut; der Richter ist vor der Thür, er selbst geht ihm voran, „und alles Fleisch wird das Heil Gottes sehen" Jes. 40, 3—5; Luk. 3, 6. Aber Israel ist so beschaffen, daß es der allgemeinen Buße und Bekehrung, der μετάνοια, bedarf. In dieser Forderung ist das keiner weiteren Begründung bedürfende Urteil enthalten, daß das Volk, daß Israel sich in Widerspruch mit seinem Gesetz befindet, daß die Gesamthaltung Israels dem bekannten und anerkannten Willen und Gesetze Gottes nicht entspricht. Die Sünde Israels ist Gesamtsünde, Gesamtschuld. Die dafür am ersten Verständnis haben, sind einerseits die Stillen im Lande, diejenigen, die zwar nicht eine Profession aus der Religion, aber wahrhaftigen Ernst mit ihr machen. Andrerseits sind es diejenigen, denen schon das öffentliche Urteil das Bewußtsein um ihre Sünde aufdrängte, die Zöllner und Huren, Matth. 21, 32. Jene Stillen im Lande aber sind innerlich eins mit denen, die schon vor ihnen auf das rettende Gericht gewartet, aber nicht bloß gebetet haben: „richte mich, Jahveh, nach meiner Gerechtigkeit" (Pf. 7, 9), und „richte mich nach deiner Gerechtigkeit, daß die Feinde sich nicht über mich freuen" (Pf. 35, 24), sondern zugleich auch: „erhöre mich um deiner Gerechtigkeit willen, und gehe nicht ins Gericht mit deinem Knecht, denn vor dir ist kein Lebendiger gerecht" (Pf. 143, 1. 2). Nur tritt in der Verkündigung des Täufers und in seinem symbolisierenden Handeln, seinem Taufen noch schärfer zu Tage, was wir schon oben S. 147 ff. bei Besprechung der lukanischen Psalmen wahrnehmen mußten. Der Gedanke an die eigne Rechtfertigung durch das heilbringende Gericht ist zurückgetreten. Der so lange schon auf Israel lastende Zorn hat die Wirkung gehabt, daß die einen nur mit Grauen an den ersehnten Tag des Gerichtes denken konnten und sich abmühten, mit tausend Gründen ihre Furcht zu stillen und sich Hoffnung einzureden, die andern aber ernst und ehrlich ihre ganze Hoffnung auf die Vergebung stellten. Vergebung —, nur das ist es, was ihnen helfen kann und was sie suchen. Vergebung soll das ganze Volk suchen, — das ist es, wozu Johannes sein Volk bringen will und soll. Das ist der Zweck seiner Bußpredigt. Dann kann das Gericht, — dann kann der Richter ihnen Erlösung bringen, und er wird sie bringen.

Die Stunde ist entscheidend. Es ist der letzte Prophet, den Gott seinem Volke gesandt hat, der Vorläufer und Wegbereiter für die Erfüllung der Verheißung. Ist das Urteil berechtigt, welches er mit seiner Bußforderung ausspricht, dann ist die Vergebung eine neue Gnadenbarbietung Gottes für das Volk, das trotz der Verheißung kein Anrecht hat auf ihre Erfüllung, denn die Verheißung des erlösenden Gerichts ist eine Verheißung für die, die Recht haben und endlich Recht bekommen sollen. Von Recht haben kann aber nach der bisherigen Heilsordnung, die wider sie zeugt, keine Rede sein. Das ist die jetzt mit unerbittlicher Klarheit geschaute und in der That mit einem einzigen Wort gezeichnete Lage der Dinge. Geht die Verheißung wirklich in Erfüllung, dann muß etwas ganz Besonderes geschehen, wenn sie den ersehnten Frieden bringen soll. Und dies Besondere ist das, was der Täufer bietet. Das geht über die bisherige Heilsordnung, über das Gesetz hinaus. Wäre es nicht Gottes Wort, das an ihn ergangen, er könnte überhaupt die Erfüllung der alten Verheißung, die Erfüllung aller Sehnsucht und Hoffnung nicht in Aussicht stellen. Aber es ist Gottes Wort und Auftrag, den er erfüllt, und es ist Gottes Gnade, die sich neu darbietet. Darin liegt das Recht der neuen Heilsordnung, die er aufrichtet. Denn eine neue Heilsordnung, ein neuer Heilsweg ist die Taufe, durch die er die Vergebung denen, die sie begehren, nicht bloß versinnbildet, sondern verbürgend zueignet. Er, der Priestersohn, übt sein Priesteramt nicht nach der Ordnung des ererbten Berufs, sondern in neuer Weise, und kann das, weil seine Sendung selbst schon die Gnade verbürgt, die er verkündet, und weil der Stärkere, der nach ihm kommt, in Kraft des Geistes wahr halten wird, was er gesagt und gethan.

Damit gewinnen wir erst die Antwort auf die Frage, wer diejenigen sind, die im Gericht des kommenden Richters Recht bekommen werden. Diejenigen sind es, die dem Täufer glauben, wie Jesus es ausdrückt Matth. 21, 32, und wie die Priester und Ältesten es selbst bezeichnen V. 26, also diejenigen, die sein Wort und Thun als Gottes Willen anerkennen, daran sich halten und danach sich richten, oder wie es bedeutsam Luk. 7, 29. 30 heißt, die „Gott Recht geben": „alles Volk, das ihn hörte, und die Zöllner gaben Gott Recht — $\dot{\varepsilon}\delta\iota\varkappa\alpha\iota\omega\sigma\alpha\nu$ $\tau\dot{o}\nu$ $\vartheta\varepsilon\acute{o}\nu$ —, indem sie sich taufen ließen mit der Taufe Johannes. Die Pharisäer aber und die Gesetzeskundigen — $\nu o\mu\iota\varkappa o\acute{\iota}$ — verwarfen den Willen Gottes als ungültig für sie — $\tau\dot{\eta}\nu$ $\beta o\upsilon\lambda\dot{\eta}\nu$ $\tau o\tilde{\upsilon}$ $\vartheta\varepsilon o\tilde{\upsilon}$ $\dot{\eta}\vartheta\acute{\varepsilon}\tau\eta\sigma\alpha\nu$ $\varepsilon\dot{\iota}\varsigma$ $\dot{\varepsilon}\alpha\upsilon\tau o\acute{\upsilon}\varsigma$ — und ließen sich nicht von ihm taufen." Vgl. Matth. 21, 32: „Johannes kam zu euch $\dot{\varepsilon}\nu$ $\dot{o}\delta\tilde{\omega}$ $\delta\iota\varkappa\alpha\iota o\sigma\acute{\upsilon}\nu\eta\varsigma$ $\varkappa\alpha\grave{\iota}$ $o\dot{\upsilon}\varkappa$ $\dot{\varepsilon}\pi\iota\sigma\tau\varepsilon\acute{\upsilon}\sigma\alpha\tau\varepsilon$ $\alpha\dot{\upsilon}\tau\tilde{\omega}$, die Zöllner aber und Huren glaubten ihm, ihr aber, da ihr es sahet, ließet es euch auch nachher nicht reuen, um ihm zu glauben."

Also der Glaube giebt Gott Recht, und darum hat er Recht und bekommt Recht, nämlich der Glaube, der in dem Täufer den Boten Gottes, den Vorläufer des Messias erkennt, der erkennt, daß Gott sich seinem Volke zuwendet und mit ihm redet, der dem Urteil Gottes, wie es der Täufer ausspricht, sich unterwirft, der die Forderung zu erfüllen bereit ist und die Gnade, so wie sie sich ihm darbietet, hinnimmt. Es ist Glaube „auf Hoffnung, da nichts zu hoffen ist," auf Grund der Gottesbotschaft und Gnadendarbietung.

So bleibt die Verheißung und damit die Treue Gottes gewahrt. Aber die Geschichte und die Treue Gottes hat es so gefügt, daß dort, wo die Verheißung sich zu erfüllen beginnt, sich auch sofort unzweideutig herausstellt, wer die Erben der Verheißung von dem Recht schaffenden Gericht sind. Die Verheißung wird nur erfüllt für die, die Vergebung bedürfen und begehren. Sie haben Recht gegenüber denen, unter deren Druck sie gelitten haben, aber sie bekommen Recht nur in der Form der Vergebung ihrer eignen Sünde und Schuld. Dagegen — und das ist nun ganz besonders wichtig — für die andern in Israel, die nicht wie sie Ernst gemacht haben und von denen sie verachtet worden, wird das Gericht zum Strafgericht, weil sie die letzte Gnadendarbietung Gottes nicht angenommen, die Rettung, die sich ihnen nochmals darbot, nicht erkannt haben. Ihr Unglaube trägt die Schuld, daß das Gericht wider die Feinde und Dränger des Volkes Gottes auch für sie zum Strafgericht wird. Es liegt nur zu nahe, daß das Gericht wider die Feinde in den Hintergrund tritt, denn die Frage ist zuerst, wer von Israel im Gericht und durch das Gericht errettet wird. Ganz Israel ist schuldig; dem ganzen Israel wird Vergebung dargeboten, aber — nicht das ganze Israel wird ihrer teilhaftig.

Es ist freilich nicht eine schlechthin neue Lage der Dinge, welche die beginnende Verheißungserfüllung vorfindet. Im Gegenteil — die Prophetie hat ebenso wie das Gebetsleben Israels alles Ernstes damit gerechnet, daß das Gericht Vergebung bringen müsse und Vergebung nur denen bringe, die Ernst machen mit der Buße und dem Bekenntnis der Sünden. Aber unerwartet war es, daß die Erfüllungszeit beginnen mußte mit dem in dem Bußruf des Täufers enthaltenen Urteil über die Gesamtsünde und Gesamtschuld des ganzen Volkes, und daß es wie einer neuen Gnadenanbietung, so auch einer neuen Heilsordnung bedurfte, um der Erfüllung teilhaftig zu werden. Der Glaube an das Gesetz und an die Verheißung mußte sich nun gestalten zu dem Glauben an das Wort, an die Forderung und

Verheißung Gottes durch den Täufer. Das war jetzt die einzig mögliche Bejahung des Rechtes Gottes; die Anerkennung des Täufers als des gottgesandten Vorläufers war diejenige Anerkennung des Gesetzes und der Propheten, die jetzt allein noch möglich war und allein noch Rettung bringen konnte. In dieser Weise war der dem Täufer geleistete Glaubensgehorsam die einzige echte Fortsetzung derjenigen alttestamentlichen Frömmigkeit, als deren Repräsentanten wir die Stillen im Lande kennen gelernt haben.

3.
Das Rätsel in der Erscheinung des Messias.

Noch ehe das dem Vorläufer und Wegbereiter aufgetragene Werk ausgerichtet ist, kommt der Messias. Nur unvollkommen hat der Bußruf des Täufers bis dahin gewirkt, nur zum Teil hat sich Israel in die neue Heilsordnung gefügt. Gerade die Autoritäten auf dem Gebiete des Gesetzes und der messianischen Hoffnung, sowie die berufenen Hüter und Pfleger des Volkes der Verheißung und seiner Gottesordnung stehen abseits. Da kommt der Messias zu Johannes.

Aber er kommt nicht als Richter, sondern als einer von denen, die auf das Gericht warten und Vergebung begehren. Johannes ist aufs höchste befremdet. Ob er seinen Verwandten gekannt hat, wissen wir nicht; wahrscheinlich ist es nicht. Das aber steht nach seinem eigenen Zeugnis fest, daß er um die Messianität Jesu nicht gewußt hat. Die dagegen aus der Verwandtschaft beider hergenommenen Bedenken übersehen, daß auch das Schweigen von großen Offenbarungen und Erlebnissen seine bestimmte Stelle hat im religiösen Leben, vgl. 2 Kön. 2, 3. 5; 2 Kor. 12, 1 ff.; Matth. 16, 20; Mark. 8, 30; Luk. 9, 21; Matth. 8, 4; 9, 30; 12, 16; Mark. 7, 36 u. a., und wenn irgendwem, so galt es Zacharias und Elisabeth, Maria und Joseph, zu schweigen von dem, was sie erlebt, bis etwa die Stunde kommen würde, wo sie Johannes oder Jesus davon Mitteilung machen könnten. Wann aber sollte die Stunde gewesen sein, bevor Gottes Wort an sie ergangen? Es liegt also kein Grund vor, entweder das Wort des Täufers: „ich kannte ihn nicht" Joh. 1, 33 auf Grund der Vorgeschichte zu bezweifeln oder aus diesem Wort einen der Gründe gegen die Vorgeschichte zu entnehmen.

Der den Täufer gerufen, daß er dem Messias den Weg bereite, sorgt auch, daß er ihn erkennt. Es gehört zum Beruf des Täufers, daß ihm die Augen geöffnet werden gerade für diesen einen unter allen, die zu ihm kommen.[1]) Sofort aber ist es ihm ein Rätsel, daß der die Taufe begehrt, von dem er selbst getauft zu werden bedarf. Jesus widerspricht dem nicht, daß er es ist, der an die Stelle des Symbols die Wirklichkeit in Kraft des Geistes zu setzen berufen ist. Trotzdem und darum gehört es zu seinem Beruf, sich von Johannes taufen zu lassen, wie zu Johannes Beruf, ihn zu taufen. „Es gebühret uns, alle Gerechtigkeit zu erfüllen," damit die Verheißung in Erfüllung gehen könne. Der Messias sagt es, und dem Wort des Messias muß Johannes sich fügen, so dunkel und rätselvoll ihm dies Begehren auch ist. Denn was hat der für Teil an der Gesamtsünde und Schuld Israels, der gekommen ist, sie wegzunehmen? Indes hier gilt kein Fragen, hier gilt Gehorsam. Johannes tauft ihn. Und nun spricht der Vater sein Ja und Amen zu dem, was beide gethan, zu der um die Erlösung betenden Selbstuntergebung Jesu unter die neue Heilsordnung, und zu der Verheißung und Verbürgung durch die Taufe Johannis. Johannes vernimmt das Wort des Vaters zu dem, den er zum Messias erkoren, und sieht, wie derselbe ausgerüstet wird, nicht wie bisher alle Knechte Gottes zu zeitweiligem und beschränktem Beruf, sondern mit dem Geist ohne Maß zu bleibendem Beruf und zur Ausrichtung des ganzen Werkes und Willens Gottes, Joh. 1, 33. 34; 3, 28—35. So steht nun der Messias da inmitten eines Volkes, das nicht bloß seine Gegenwart noch gar nicht ahnt, sondern das wenigstens, soweit es von seinen Führern abhängig ist, gar nicht fähig ist, das rettende Gericht zu erleben. Was wird er thun? Wird er richten? Aber was bedeutet es, daß er sich hat taufen lassen wie einer von den Sündern?

Der offiziellen Gesandtschaft, die an Johannes abgeordnet ist, um ihn um sein formelles Recht zu befragen — denn das

---

[1]) Ein Widerspruch zwischen Matth. 3, 14 und Joh. 1, 33 besteht nicht, sobald man sich nur vergegenwärtigt, daß zur Erfüllung der dem Täufer gewordenen Verheißung der ganze Vorgang der Taufe Jesu gehört, und daß diese Erfüllung nicht erst eintritt, sondern abschließt mit der Geistesausrüstung Jesu.

sachliche Recht gilt ihnen nichts, die Form ist alles, was sie haben —, bezeugt der Täufer nun auf Grund seines Erlebnisses die Gegenwart des Messias mit Worten, die zugleich ein Stachel für ihr Gewissen sein sollen: „er steht mitten unter euch, den ihr nicht kennt," Joh. 1, 26. Den andern aber, die um der Taufe willen zu ihm gekommen, sowie den Jüngern, die sich ihm angeschlossen, zeigt er Jesum, der aus der Wüste zurückkehrt, mit den Worten: „siehe das Lamm Gottes, δ $\alpha\check{\iota}\varrho\omega\nu$ $\tau\dot{\eta}\nu$ $\dot{\alpha}\mu\alpha\varrho\tau\dot{\iota}\alpha\nu$ $\tau o\tilde{\nu}$ $\varkappa\acute{o}\sigma\mu o\nu$," Joh. 1, 29. 36. Aus der Art, wie nach dem Bericht des Evangelisten dies Wort begründet ist durch das, was der Täufer daran anschließt von der Taufe und der Ausrüstung Jesu zu seinem Beruf, $\dot{\epsilon}\nu$ $\pi\nu\epsilon\acute{\upsilon}\mu\alpha\tau\iota$ zu taufen (1, 30 ff.), müssen wir abnehmen, daß diese Bezeichnung des Messias Ergebnis der Taufe Jesu ist. Jesus ist der messianische Richter, dabei bleibt es. Dadurch ist das Wort: „er steht mitten unter euch, den ihr nicht kennt," so scharf und schneidend. Auch das Wort: „der Vater hat alles in seine Hand gegeben" 3, 35, und das andere: „wer dem Sohne widerstrebt, statt ihn anzuerkennen (δ $\dot{\alpha}\pi\epsilon\iota\vartheta\tilde{\omega}\nu$ $\tau\tilde{\omega}$ $\upsilon\dot{\iota}\tilde{\omega}$), wird das Leben nicht sehen, sondern der Zorn Gottes bleibt über ihm" enthält dieselbe Anschauung. Auf das Gericht wartet der Täufer noch im Gefängnis, wie wir schon gesehen haben. Aber — der Messias ist zugleich das Lamm Gottes δ $\alpha\check{\iota}\varrho\omega\nu$ $\tau\dot{\eta}\nu$ $\dot{\alpha}\mu\alpha\varrho\tau\dot{\iota}\alpha\nu$ $\tau o\tilde{\nu}$ $\varkappa\acute{o}\sigma\mu o\nu$. Wie hängt beides zusammen? Sohn Gottes, messianischer König, Richter und Lamm Gottes, welches ist die Verbindungslinie?

$\dot{O}$ $\alpha\check{\iota}\varrho\omega\nu$ $\tau\dot{\eta}\nu$ $\dot{\alpha}\mu\alpha\varrho\tau\dot{\iota}\alpha\nu$ $\tau o\tilde{\nu}$ $\varkappa\acute{o}\sigma\mu o\nu$ könnte zunächst als synonym mit δ $\beta\alpha\pi\tau\dot{\iota}\zeta\omega\nu$ $\dot{\epsilon}\nu$ $\pi\nu\epsilon\acute{\upsilon}\mu\alpha\tau\iota$ $\dot{\alpha}\gamma\dot{\iota}\omega$ gelten, zu dem es sich dann verhielte wie die Sache zum Bilde, wenn es besagen sollte, daß er die Sünde der Welt hinwegnimmt. Allein gegen diese Auffassung spricht wieder die bildliche Subjektsbezeichnung δ $\dot{\alpha}\mu\nu\dot{o}\varsigma$ $\tau o\tilde{\nu}$ $\vartheta\epsilon o\tilde{\nu}$, welche nicht geeignet ist, den Messias als handelnde Person zu bezeichnen, wie 1 Sam. 15, 25; Exod. 28, 38 $\alpha\check{\iota}\varrho\epsilon\iota\nu$, $\dot{\epsilon}\xi\alpha\dot{\iota}\varrho\epsilon\iota\nu$ $\tau\dot{\alpha}$ $\dot{\alpha}\mu\alpha\varrho\tau\dot{\eta}\mu\alpha\tau\alpha$ = נשא עון vom priesterlichen Handeln steht. In einem Zusammenhange, in welchem es sich um Entsündigung, um Schuldbefreiung handelt, paßt zu $\dot{\alpha}\mu\nu\acute{o}\varsigma$ nur die Opfervorstellung. Dann entspricht δ $\alpha\check{\iota}\varrho\omega\nu$ $\tau\dot{\eta}\nu$ $\dot{\alpha}\mu\alpha\varrho\tau\dot{\iota}\alpha\nu$ $\tau o\tilde{\nu}$ $\varkappa\acute{o}\sigma\mu o\nu$ dem hebr. נשא עון in der Bedeutung die Sünde tragen und zwar nicht sowohl dort, wo es von der Büßung eigner Sünde steht, sondern von dem Leiden unter der Sünde andrer, wie Jes. 53, 12; Ez. 4, 4. 5; 18, 19 f. Wird dies beachtet, so kann das Bild von dem die Sünde, die Schuld tragenden Lamme — denn stets handelt es sich bei diesem Ausdruck um die Sünde als Schuld — nicht durch die bei der Taufe erfolgte Ausrüstung Jesu hervorgerufen sein. Auf diese führt sich nur die Bezeugung zurück, daß er das, was er ist, von Gottes wegen und von Gott her ist. Das Bild selbst muß sich zurückführen auf die Selbstuntergebung Jesu unter die Taufe, durch die er erscheint wie einer von denen, die ihre Schuld auf sich liegen haben und begehren, daß sie ihnen abgenommen wird. Dann verhält sich ὁ ἀμνὸς τοῦ θεοῦ ὁ αἴρων τὴν ἁμαρτίαν τοῦ κόσμου zu ὁ βαπτίζων ἐν πνεύματι ἁγίῳ wie das Mittel zum Zweck. Um zu entsündigen, trägt er die Sünde, das ist es, was dies Wort ausspricht. Das Mittel ist ein Opfer, — er selbst ist das Opfer, durch welches er die Schuld sühnend hinwegnimmt. Gewiß ein Gedanke, den wir beim Täufer nicht erwarten, ein neuer Zug in dem Messiasbilde, das ihm bis dahin vor Augen stand, und der mit dem Bilde des richtenden Königs sich nicht leicht einheitlich zusammenzuschließen scheint. Von einer Entlehnung irgend woher kann nicht die Rede sein, denn so charakteristisch die Verbindung der beiden Vorstellungen des geschlachteten Lammes und des königlichen Richters für die neutestamentliche Apokalypse sind, so fremd ist diese Kombination nicht bloß der talmudischen, sondern vor allem der pseudepigraphischen Litteratur der Synagoge. Nur in dem Jes. 53 gezeichneten Bilde des Knechtes Jahvehs treffen beide Züge zusammen: das Leiden unter der Sünde des Volkes und um der Sünde willen und das Recht schaffende Walten des עֶבֶד יְהוָה, wovon es V. 11 heißt: יַצְדִּיק צַדִּיק עַבְדִּי לָרַבִּים. Das Messiasbild der Apokalypse schließt sich unverkennbar hieran an. Aber die V. 7 enthaltene Beschreibung des wehrlos und willig leidenden Knechtes, „wie ein Lamm, das zur Schlachtung geführt wird, und wie ein Schaf, das verstummt ist vor seinem Scherer" enthält nichts von der in dem Wort des Täufers enthaltenen Opfervorstellung, die auch V. 6 nicht ausspricht: „Jahveh ließ ihn treffen unser aller Schuld." Das Opferlamm, welches von Gottes wegen und von Gott her dies ist und dem verderbenden

Gerichte entnimmt, läßt nur denken an das Paſſahlamm, worauf auch des Evangeliſten Erinnerung 19, 36 hinweiſt. Aber wiederum wird man nicht ſagen können, daß der Täufer dies Wort von ſeinem Verſtändnis des Paſſahopfers hergenommen habe. Des Evangeliſten Wort 19, 36 iſt ebenſo wie das des Apoſtels Paulus 1 Kor. 5, 7 und das des Petrus 1 Petr. 1, 19 Ergebnis der erlebten und danach verſtandenen Geſchichte, und ebenſo ſteht es mit dem Meſſiasbilde der Apokalypſe, ſowie mit dem anderwärts im Neuen Teſtament bezeugten Verſtändnis von Jeſ. 53. Nachdem dies Verſtändnis gewonnen war, verſchmelzen mit faſt unabweisbarer Notwendigkeit die Züge des wehrlos duldenden Lammes und des ſühnenden Opfers und verbinden ſich mit dem Bilde des von Gott gerechtfertigten Retters und Richters, und ebenmäßig ergiebt die Geſchichte des Meſſias das Verſtändnis des Täuferwortes in dieſem Sinne. Der Täufer ſelbſt aber hat ſein Wort nicht von irgendwoher entlehnt oder als Produkt ſeiner Reflexion über altteſtamentliche Weisſagung oder Typen ausgeſprochen. Vielmehr ſchaut, wie es oft geſchieht, ſein Glaube zuſammen, was für die Reflexion ſich ſchwer zu=
ſammenfügt, geſchweige denn von ihr gefunden wird, und erſt nachher löſt ſich das Rätſel. Der Täufer ſpricht aus, was er geſehen und Gott ihm gezeigt hat, unbekümmert um die Aus=
gleichung ſeiner Ausſagen untereinander. Es geht ihm ſelbſt wie den alten Propheten, die des Forſchens nach dem Verſtändnis der ihnen gezeigten und von ihnen kund zu machenden Rätſel nicht überhoben waren (vgl. 1 Petr. 1, 10—12). Was er erlebt, daß Jeſus zu ihm kam und von ihm die Taufe verlangte, war ihm ein Rätſel. Im Gehorſam aber fügt er ſich dem Wort deſſen, den er als den Meſſias erkannt hat und dem er ſich un=
bedingt unterzuordnen hat. Er fügt ſich dem rätſelhaften Ver=
langen, aber ebenſo rätſelhaft iſt ihm, was er damit an dem Meſſias thut. Es iſt eine Handlung, eine That des Glaubens. Daß es hat ſo ſein und geſchehen müſſen, wird ihm beſtätigt durch das nun folgende Ja und Amen Gottes. Nun iſt es ihm gewiß: das gehört dazu, damit der Meſſias ἐν πνεύματι taufen, von aller Schuld entbinden, an die Stelle des Symbols die Wirklichkeit, an die Stelle der Verheißung die Erfüllung ſetzen kann. Wie das aber zuſammenhängt, wie das königliche Richten

und dies auf sühnendes Leiden deutende Verhalten zusammen=
gehören, darüber sagt er nichts und kann er nichts sagen. Er
schaut nur, daß es zusammengehört und spricht aus, was er
gesehen und was ihm dadurch gewiß geworden; sein Wort aber
ist ebenso, wie vorher sein Taufen, ein Glaubenswort, dessen
Verständnis allein die Zukunft bringen kann. Es bezeugt, es
konstatiert, es sagt, daß es so ist, nicht aber, weshalb es so ist;
es spricht den Zweck, aber nicht den Grund aus.

Somit löst der Ausspruch das Rätsel nicht. Das kann erst
die Erfüllung, wenn beim Rückwärtsschauen die Bedeutung und
der Zusammenhang dessen, was geschehen ist, klar wird. Es ist
aber dasselbe Rätsel, an welches schon Simeons Worte von dem
Zeichen, dem widersprochen wird, anklingen, das Rätsel: εἰ
παθητὸς ὁ Χριστός; (Act. 26, 23). Παθητός, antwortet der
Täufer, παθητὸς ὁ Χριστός, Gottes Lamm und Richter. So
wird er Recht schaffen, in Gerechtigkeit richtend in der Kraft
Gottes als der verheißene und ersehnte König und — vergeben.
Um jenes zu können und dies zu thun, ist er das Lamm Gottes.
Das ist alles, was wir hier erfahren. Allerdings ein Rätsel.

IV.
Die Verkündigung Jesu.

Ein neues Rätsel bildet die Verkündigung Jesu, und zwar zunächst noch ganz abgesehen von ihrem Inhalt, allein schon durch die einfache Thatsache seines Auftretens als Prophet. Er ist doch der Messias, der von Gott erkorene König, der Recht schaffende Richter, aber — er richtet nicht und schafft niemanden Recht, nicht einmal dem Täufer selbst. Als seinen Vorläufer hat sich Johannes bezeichnet und durch Verweisung auf Jes. 40 alle, die ihm glaubten, nicht nur berechtigt, sondern verpflichtet, nunmehr nicht wieder einen Propheten, sondern den Messias selbst zu erwarten. Jesus aber wirkt neben Johannes ganz wie dieser selbst, Buße predigend und taufend, als wäre er nur sein Mitarbeiter, ein zweiter Prophet der anbrechenden Heilszeit. Es entsteht Verwirrung (Joh. 3, 25 f.). Nur der Täufer selbst wird dadurch nicht irre, sondern tritt der Verwirrung entgegen mit dem Wort von dem Bräutigam und dem Freunde des Bräutigams (Joh. 3, 29 f.) und mit dem toderusten Zeugnis, daß dieser Jesus der Sohn — der König Messias — sei, dem der Vater alles in seine Hand gegeben (2 Sam. 7, 14; Pf. 2, 7; 89, 27 ff.); darum „wer an den Sohn glaubet, der hat das ewige Leben; wer dem Sohne nicht glaubet, der wird das Leben nicht sehen, sondern der Zorn Gottes bleibet über ihm." Indes die Verwirrung wird nicht gehoben. Die Gegner benutzen sie (Joh. 4, 1—3) und — fruchtlos ist dieses erste Auftreten des Messias, so fruchtlos, daß Jesus Judäa verlassen muß und sich in den Schutz seiner galiläischen Heimat begeben, denn dort ist er nach der Regel, daß ein Prophet nichts gilt in seiner Heimat, wenigstens sicher vor Beachtung und darum auch vor Nachstellung. Als aber Johannes erst ins Gefängnis geworfen ist, ist für Jesus die Zeit gekommen, daß er nicht mehr verborgen bleiben darf. Er nimmt nun die Verkündigung des Täufers wörtlich auf und — erscheint so für den ersten Eindruck als Amtsnachfolger des Johannes. Zwar thut er Wunder, die Johannes nicht gethan (vgl. Joh. 10, 41), Wunder, welche erwarten lassen, daß er die Macht hat, das Gericht in die Hand zu nehmen und dem Rechte zum Siege zu verhelfen. Aber wiederum gerade das thut er nicht. Über Johannes selbst kommt in seinem Gefängnis die Stunde der Anfechtung und er sendet zwei seiner Jünger mit der Frage zu Jesus: „bist du, der da kommen soll, oder sollen wir eines andern warten?" Johannes muß ja an sich selbst irre werden, wenn jetzt nicht der, den er als den Messias bezeugt hat, dem Rechte zum Rechte verhilft. Die Antwort, die er empfängt, bewahrt ihn vor der Verzweiflung, vor dem Verluste des Glaubens, denn „selig ist, der sich nicht an mir ärgert." Sie hilft ihm überwinden, das Unrecht erleiden, auf die Hülfe verzichten und — sterben. Was hat das zu bedeuten? Wie ist das zu erklären? Wo bleibt die Messianität Jesu?

Hat dieses Auftreten Jesu, sein sogenanntes prophetisches Amt, seinen Grund etwa darin, daß Jesus das „Reich Gottes" anders versteht, als Johannes und ganz Israel? darin, daß er zu einer andern, besseren Erkenntnis seiner messianischen Aufgabe, überhaupt seiner Messianität gekommen ist? So meint man und versucht nun psychologisch die Entstehung und allmähliche Läuterung und Wandlung der Anschauungen Jesu selbst zu begreifen, den Weg zu erkennen, auf welchem Jesus, das Kind Israels, seinem ganzen Volke vorkommt. Was Israel nicht erreicht hat, was all seine Propheten nicht erreicht haben, auch Johannes nicht, und was doch erreicht werden mußte, wenn Vernunft in der Geschichte walten soll, das erreicht er; er findet Gott, sagt man, und Gott läßt sich von ihm finden, und nun muß er verkünden, was ihm geschenkt ist und er ergriffen hat. So soll sich dies Auftreten Jesu, der Widerspruch gegen die Erwartungen auch des Täufers erklären.

Aber — unsre einzigen Quellen wissen davon nichts, und es dürfte nicht einmal den Anforderungen wissenschaftlicher Ge-

schichtsforschung entsprechen, die Rätsel, welche die evangelische
Geschichtschreibung bietet, durch ein mit ihr von Anfang bis zu
Ende in Widerspruch stehendes, lediglich durch Hypothesen ge=
wonnenes Bild Jesu nicht zu lösen, sondern zu ersetzen. Dazu
kommt, daß alle Hypothesen über die vermeintliche psychologische
Entwicklung Jesu, seiner Erkenntnis und seiner Religion von
vornherein schon an unsrer Unfähigkeit scheitern, uns die Ent=
wicklung eines so vollkommenen und sündlosen Lebens vorstellig
zu machen, sowie daß alle diese Hypothesen mit einer Auffassung
der Bedeutung Jesu für die Menschheit zusammenhängen, die
mindestens eine ganz andere ist, als seine Jünger uns verkündigt,
ja als er selbst nach ihrer Überlieferung, unsrer einzigen Quelle,
bezeugt und seine Gemeinde bis dahin geglaubt und erlebt hat.
Unsre Aufgabe ist, das Rätsel, welches die Verkündigung Jesu
bietet, nicht einfach auf ein Mißverständnis seiner ersten Zeugen
und Gemeinde zurückzuführen und so aus der Welt zu schaffen,
sondern seine Lösung zu suchen, zuzusehen, ob nicht doch die
Lösung richtig ist, die seine Jünger selbst gefunden haben. Sie
haben ganz anders unter den mannigfachen Rätseln der Geschichte
gelitten, als wir. Denn ihnen gingen sie noch anders als uns
ans Leben, und die Lösung, die ihnen zu teil geworden, hat sie
aus einer Nacht gerettet, in der nicht mehr als alles zu versinken
drohte, in der sie auf etwas ganz anderes, als auf Verständnis —
in der sie auf Person und Sache, auf den Heiland und das Heil
selbst glaubten verzichten zu müssen. Je deutlicher unsre Quellen
uns in dieses Erleben — sagen wir in diese Entwicklung der
Jünger und Zeugen Jesu hineinblicken lassen, desto näher liegt
es uns, uns in das Werden ihres Glaubens zu versenken anstatt
in das vermeintliche Werden Jesu. Versuchen wir daher, unseren
Quellen zu folgen. Es versteht sich von selbst, daß die Dar=
stellung der Verkündigung Jesu nach den Synoptikern und nach
Johannes gesondert zu erfolgen hat.

A. Die Verkündigung Jesu nach der synoptischen Überlieferung.

1.
Das Reich Gottes und das Gericht.

Von Anfang bis zu Ende (Act. 1, 13) bildet das Kommen des Reiches Gottes das Thema der Verkündigung Jesu. Nach der Gefangensetzung des Täufers nimmt er das Werk desselben auf und predigt wie dieser: μετανοεῖτε, ἤγγικε γὰρ ἡ βασιλεία τῶν οὐρανῶν Matth. 4, 17; nach Markus 1, 15 verkündet er τὸ εὐαγγέλιον τοῦ θεοῦ, zusammengefaßt in die Worte: πεπλήρωται ὁ καιρὸς καὶ ἤγγικεν ἡ βασιλεία τοῦ θεοῦ· μετανοεῖτε καὶ πιστεύετε ἐν τῷ εὐαγγελίῳ. Nach Lukas bezeichnet Jesus selbst 4, 43 als seine Aufgabe: εὐαγγελίσασθαι τὴν βασιλείαν τοῦ θεοῦ, ὅτι ἐπὶ τοῦτο ἀπεστάλην. Die Fassung bei Lukas und Markus läßt nicht auf einen Unterschied zwischen der Verkündigung Jesu und der des Täufers schließen. Denn auch von der Verkündigung des Täufers sagt Lukas 3, 18 εὐηγγελίζετο, er verkündigte die Erfüllung der Verheißung, und so gut Jesus den Täufer selbst als Beginn der Erfüllung bezeichnen — Matth. 11, 13. 14 — und sagen kann: von Johannes ab ἡ βασιλεία τοῦ θεοῦ εὐαγγελίζεται Luk. 16, 16, so gut konnte er, ohne sich damit schon vom Täufer zu unterscheiden, zu dem μετανοεῖτε hinzusetzen: καὶ πιστεύετε ἐν τῷ εὐαγγελίῳ. Auch Johannes verlangte ja, wie wir gesehen haben und wie die Gegner Johannis und Jesu selbst aussprechen, Glauben, auch wenn er etwa das Wort nicht brauchte, das freilich — aus gutem Grunde — erst bei Jesus häufiger erscheint. An und für sich berechtigt der Bericht des Markusevangeliums nicht zu der

Annahme, daß der genannte Zusatz den Unterschied zwischen dem Größten aller vom Weibe Geborenen und dem Kleinsten im Himmelreich, zwischen Weissagung und Erfüllung durchschimmern lassen solle. Der Unterschied liegt anderswo, als in dem *ἤγγικεν ἡ βασιλεία τοῦ θεοῦ* und in der damit begründeten Forderung.

Denn unter dem Reiche Gottes, dem Himmelreich, versteht auch Jesus nichts anderes, als was Johannes darunter verstand und was bisher darunter in Israel verstanden wurde. Dies ergiebt sofort die Bergpredigt, und daß dies auch später nicht anders geworden, wird sich zeigen. Wenn irgendwo, so ist es in der Bergpredigt und zwar gleich bei den Seligpreisungen klar, daß **auch für Jesus mit dem Gedanken des Reiches Gottes sich der Gerichtsgedanke, die Gerichtshoffnung unauflöslich verbindet**. „Nahe gekommen ist das Reich Gottes" besagt im Munde Jesu wie des Täufers, daß die lange und heiß ersehnte Zeit der Offenbarung der richtenden Gerechtigkeit Gottes gekommen sei. Denn wer sind die, die Jesus im Anfange der Bergpredigt selig preist? Dieselben, die wir oben I, 2 (S. 43 ff.) als Objekt der rettenden Gerechtigkeit Gottes, des heilbringenden, Recht und Gerechtigkeit schaffenden Gerichtes kennen gelernt haben, die Armen, die Unterdrückten, die Vergewaltigten und Rechtlosen. In dieser Beziehung besteht kein Unterschied zwischen der Überlieferung bei Lukas 6, 20 ff. und Matthäus 5, 3 ff. So wenig die direkte Anrede an die Jünger bei Lukas den Begriff der *πτωχοί*, der *πεινῶντες νῦν*, *κλαίοντες νῦν* beeinflußt und ihm durch Beschränkung auf die Jünger einen andern Inhalt als sonst verleiht, so wenig wird durch den Zusatz *τῷ πνεύματι* zu *οἱ πτωχοί* Matth. 5, 3 eine Beschränkung der als allgemein geltend ausgesprochenen Seligpreisung auf eine bestimmte Klasse von Armen erreicht. Denn dieses *τῷ πνεύματι* besagt — wie bei der Übertragung in die Sprache des Alten Testamentes sofort klar wird — nichts anderes, als was רוּחַ in den Verbindungen דַּכָּא, כְּנֵי יַנְכְהֵ־רוּחַ, דַּכָּא רוּחַ, שְׁפַל־רוּחַ ausdrückt Ps. 34, 19; Jes. 66, 2; 57, 15 (vgl. an letzterer Stelle im zweiten Gliede שָׁפָל und דַּכָּא ohne רוּחַ).[1]) Es überträgt den Begriff weder auf das geistig-sittliche noch auf

---

[1]) Salkinson und Delitzsch übersetzen übereinstimmend 5, 3 durch כְּנֵי רוּחַ und *πραεῖς* V. 5 durch כְּנֵרִים.

das geistliche Gebiet, sondern bringt die Tiefe des Leidens zum
Ausdruck, welches die Armen in ihrem Innersten, ja bis in das
Centrum ihres gottbezogenen Lebens schmerzt und bedrückt.
Darum aber sind die πτωχοί τῷ πνεύματι = בְּנֵי־רָשׁ noch
lange nicht solche, die auf einer gewissen Stufe, wenn auch
Anfangsstufe des gottbezogenen Lebens stehen, indem sie ihrer
„geistlichen" Armut, ihrer Hülflosigkeit im religiös=sittlichen Sinne
etwa nach dem Bilde von Röm. 7 inne geworden und dadurch
innerlich schon geförderter sind als die Mehrzahl der andern.
Der Ausdruck besagt dies ebensowenig, wie er im Sinne von
πτωχός Apok. 3, 17 steht. Er kann solche bezeichnen, die unter
ihrer Armut, unter Mangel und Entbehrung so leiden, daß es
wie bei Assaph Pf. 73 sich bis zur Anfechtung steigern kann, und
auf der andern Seite solche, bei denen die Armut es gar nicht
zum religiösen, zum geistlichen Leben, zum Hören auf Gottes
Wort und zum Harren auf Gott kommen läßt. Er umfaßt die
ganze Reihe von Exod. 6, 9: „sie hörten nicht auf Moses מִקֹּצֶר
רוּחַ und vor harter Arbeit," bis Pf. 73. Immer ist es wirk=
liche äußere Armut, die sie drückt, und die einen nicht einmal
bis zum Fragen nach Gott kommen läßt, während die andern in
vollster Empfindung ihrer Not sich durchringen bis zu dem:
„Herr, wenn ich nur dich habe!" Die πτωχοί τῷ πνεύματι
sind keine andern als die πτωχοί Matth. 11, 5: πτωχοί
εὐαγγελίζονται, und diese sind selbstverständlich ebensowenig
„geistlich Arme" im Unterschiede von andern Armen, wie die
dort genannten Kranken und Toten „geistlich" Kranke, Lahme,
Blinde, Aussätzige, Tote sind. Denn die Armut an irdischem
Gut oder Not und Mangel können ebenso ein Hindernis des
gottbezogenen Lebens, des Glaubens, des Gebetes, der Hoffnung
sein oder dazu werden und — sind es thatsächlich, wie andern
der Reichtum zum Hindernis des Eingehens in das Reich Gottes
wird (Matth. 19, 23. 24; Mark. 10, 23; Luk. 18, 24. 25).
Während aber die Armut die einen entschuldigt, die „nicht hören
vor Seufzen und Angst und harter Arbeit," und andern die Be=
hauptung und Bewahrung ihres Glaubens schwer und mühselig
macht, hat der reiche Mann keine Entschuldigung. Gerade
darum ist die Verheißung so groß, weil sie keine Bedingung aus=
spricht, sondern allen πτωχοῖς ein Verständnis ihrer Lage ent=

gegenbringt, wie sie es sonst nicht finden. Daß Jesus Matth. 11, 5 sagt: πτωχοί εὐαγγελίζονται, besagt gemäß dem Begriff von εὐαγγέλιον als dem Korrelat von ἐπαγγελία nichts anderes, als an unsrer Stelle die Worte: αὐτῶν ἐστιν ἡ βασιλεία τῶν οὐρανῶν, — ihnen gehört die Erfüllung der Verheißung.

Bestätigt wird dieses Verständnis durch die in V. 4. 5 folgenden Seligpreisungen, die nichts von einer Übertragung der Leidenszustände auf das geistig=sittliche oder gar geistliche Gebiet erkennen lassen. Die πενθοῦντες sind nicht etwa solche, die Leid tragen über ihre Sünde — dazu ist das Wort sprachgebräuchlich nicht geeignet —, sondern solche, die zu klagen haben über widerfahrenes Leid. Die Seligpreisung gilt den πενθοῦντες ἐν Σιών Sir. 48, 24, denen sie die Erfüllung der Weissagung Jes. 61, 2. 3 nicht bloß zusagt, sondern ankündigt. Die πραεῖς V. 5 sind die wehrlosen Dulder, die nicht in der Lage sind, dem Bösen, das ihnen angethan wird, zu widerstreben, Matth. 5, 39, und es deshalb auch nicht thun.[1]) Sie alle, die πτωχοί, πενθοῦντες, πραεῖς sind die Armen und die Gewalt leiden, die wehrlosen Dulder, die keine andere Hoffnung und Zuflucht haben, als Gott, auf dessen gerechtes Gericht sie warten, zu dem sie schreien, daß er ihnen Recht schaffe. Danach ergiebt sich sofort das Verständnis des folgenden V. 6: μακάριοι οἱ πεινῶντες καὶ διψῶντες τὴν δικαιοσύνην, ὅτι αὐτοὶ χορτασθήσονται. Sind die πραεῖς diejenigen, die ihre Vergewaltigung, das Unrecht, das ihnen angethan wird, wehrlos leiden müssen und wehrlos leiden, dann kann das sofort darauf folgende πεινῶντες καὶ διψῶντες τὴν δικαιοσύνην im unabweisbaren Zusammenhange der Vorstellungen nichts anderes besagen, als das heiße Verlangen nach Recht und Gerechtigkeit, oder danach, daß Gott endlich sich aufmache, dem Rechte zum Rechte zu helfen, also das Verlangen nach der richtenden und rettenden Gerechtigkeit Gottes. Nicht mit dem διώκειν δικαιοσύνην Röm. 9, 30 ist der Ausdruck synonym, sondern er bezeichnet jenes Dürsten nach Gott, dem der Psalmist Ps. 42, 3 und ebenso der Sänger des 63. Psalms V. 2. 3 in

---

[1]) Vgl. meine Untersuchungen über πενθεῖν, πραΰς, πτωχός in meinem bibl.=theol. Wörterbuch der neutest. Gräcität, 8. Aufl. S. 817 ff. 853 ff. 859 f.

ihrer Bedrängnis durch die Feinde Ausdruck geben. Wir haben uns an das Gebet um das rächende und rettende Gericht Gottes, z. B. Pf. 43, 1; 7, 9; 35, 24, zu erinnern, an die Hoffnung auf den messianischen König Jef. 11, 4: „er richtet mit Gerechtigkeit die Armen (דַּלִּים) und spricht Recht mit Geradheit den Duldern im Lande (עַנְוֵי־אָרֶץ)," an Verheißungen wie Jef. 61, 1—3. Jesus preist in der That die Armen, die Unrechtleidenden, die Dulder selig, weil für sie die Verheißung sich erfüllt. Ihnen sagt er das Reich Gottes zu — nicht auf Grund ihres Verhaltens, sondern um der Lage willen, in der sie sich befinden, genau wie er in der Synagoge zu Nazareth von der Weissagung Jef. 61, 1 ff. sagt: „heute ist diese Schrift erfüllt vor euren Ohren," und wie er Matth. 11, 5 redet. Freilich setzt er voraus, daß ihnen nicht, wie ihren Unterdrückern, das, was er kündet und bringt, gleichgültig sei, sondern daß es ihnen die Augen für ihn öffnen wird, aber wie gerade der Zusatz τῷ πνεύματι 5, 3 zeigt, mehr auch nicht. Er ist, wie Luk. 4, 21 vgl. mit V. 25 ff. zeigt, weit entfernt davon, „Arme" und „Gerechte" zu identifizieren. Sie haben Recht als die, die für rechtlos geachtet werden in der Welt. Ob sie „rechtbeschaffen" sind, oder vielmehr sein werden, — denn auf ihr Verhalten gegen Jesus wird es ankommen, — ist eine andere Frage. Jedenfalls ist das Evangelium, die Zusage des Heilsgutes, hier nicht an irgendwelche unausgesprochene Voraussetzung geknüpft. Die Erfüllung der Verheißung gilt so weit, wie das Elend in der Welt reicht. Diesem Eindruck der Worte Jesu haben sich auch die Ausleger nie entziehen können. Die Frage aber, die bei diesem Verständnis der Seligpreisungen sich erhebt, wird weder durch Umdeutung und Übertragung auf das sittlich-religiöse Gebiet, noch durch Annahme einer selbstverständlichen Voraussetzung gelöst. Man darf nicht sagen, daß mit den עֲנִיִּים, עֲנָוִים, אֲבֵלִים die צַדִּיקִים und nur sie gemeint seien, als wenn עָנִי, דַּל, אָבֵל, אֶבְיוֹן nur andere Ausdrücke für צַדִּיק wären. Ob denen, die Jesus nennt, das Gut, der Trost und das Gericht genügen wird, welches er verheißt und bringt, das ist es, woran sich's entscheidet, ob der Trost haftet und ob die Armen reich werden. So weit sie als צַדִּיקִים sich unter dem Druck befinden, ist die Gabe für sie da und sind sie bereit, die Gabe zu

erhalten; soweit sie durch Jesu Wort sich die Augen erst für
sich und für ihn öffnen lassen, werden sie צדיקים sein, — und
hier wolle man sich erinnern, daß das Prädikat צדיק nicht
sittlich-religiöse Fehllosigkeit voraussetzt, sondern daß diejenigen
gerecht sind, die auf Gott hoffen, auf seine Verheißungen harren,
bis dahin sich beugen unter Gottes Gericht, ihre Sünden bekennen, um Vergebung bitten und so auf das Heil warten (vgl.
S. 49 ff. 69 f.)

So begreift sich nun auch der Anschluß der folgenden Seligpreisungen, welche weder an verschiedene Seiten des religiös-
sittlichen Verhaltens anknüpfen, noch auch der vermeintlich bisher
unausgesprochenen Voraussetzung Ausdruck geben. Jesu Blick
haftet auf all den Armen und Elenden, für die er gekommen ist,
auf allen denen, deren Lage zu Gott schreit, und darum kann er
erst recht weder der ἐλεήμονες; noch der καθαροί τῇ καρδίᾳ vergessen. Jener nicht, denn wenn das Himmelreich, die Bethätigung Gottes in seinem königlichen Walten in richtender
Gerechtigkeit den Elenden und Unterdrückten Recht schafft, dann
wird er auch derer gedenken, die an Stelle der Gewalt und des
Unrechts den Bedrückten und Wehrlosen Barmherzigkeit erwiesen
haben. Denn wer Barmherzigkeit übt an denen, die dem
Unrechtleiden ausgesetzt sind, der haßt das Unrecht und liebt
Recht und Gerechtigkeit (s. o. S. 27 ff.), vgl. Ps. 37, 21. 26 ff.;
41, 2 ff.; 112, 4 ff.; Jes. 58, 6 ff. Dieselbe Anschauung liegt der
Darstellung des Endgerichts Matth. 25, 34 ff. zu Grunde. Der
καθαροί τῇ καρδίᾳ aber, der בָּרֵי לֵבָב muß er gedenken, wenn
er von denen redet, die Gewalt und Unrecht leiden und der verheißenen und ersehnten Erlösung sich freuen sollen, denn wenn
irgend jemand, so sind sie die Vergewaltigten, Bedrängten und
Unterdrückten, — sie sind es, die lange schon das Lied der
Korachiten, den 42. Psalm, gebetet haben: „wann werde ich
dahin kommen, daß ich Gottes Angesicht schaue?" Nicht einer
vermeintlichen sittlich-religiösen Voraussetzung, nicht ihrer Beschaffenheit, sondern der Lage, in der sie sich befinden, ihrem
Bedürfen und Begehren entspricht die Verheißung, und wenn es
irgendwo deutlich ist, daß Jesus hier nicht Bedingungen der
Verheißungserfüllung im Auge hat, so ist es gerade bei diesem
Makarismus. An ihn schließt sich die Seligpreisung der

εἰρηνοποιοί an. Diese εἰρηνοποιοί, die mitten zwischen den bisher benannten und den um Gerechtigkeit willen Verfolgten stehen, müssen ebenso wie die ἐλεήμονες nach dem Zusammenhang der Vorstellungen verstanden werden, um zu begreifen, daß und weshalb sie hier genannt werden. Daß auch hier nicht an ein Verhalten zu denken ist, welches auf der Linie der allgemein geforderten religiös-sittlichen Bewährung oder Bethätigung liegt, wird dadurch unterstützt, daß die Bedeutung friedfertig für das Wort nicht nachzuweisen ist. Der εἰρηνοποιός ist nicht der, der Frieden hält, sondern der Frieden schafft, daher nicht mit Delitzsch durch רֹדְפֵי שָׁלוֹם, sondern mit Salkinson durch עֹשֵׂי שָׁלוֹם zu übersetzen. Erinnern wir uns nun an Sach. 8, 16: „redet Wahrheit, ein jeder mit seinem Nächsten; Wahrheit und Gericht des Friedens richtet in euren Thoren" (אֱמֶת וּמִשְׁפַּט שָׁלוֹם), d. h. nicht sowohl ein Gericht, welches zum Frieden zwischen den streitenden Parteien führt, ein Gericht „nach unverletztem Recht", sondern ein Gericht, welches nicht das Unrecht sanktioniert, welches dem Verletzten und Unterdrückten zum Rechte verhilft und so ihm Frieden schafft. Hiernach verstanden sind die εἰρηνοποιοί solche, die sich des Rechtes der Unterdrückten annehmen, ihr Recht vertreten, ihnen Recht schaffen, unterschieden von den ἐλεήμονες, die ihr Unrechtleiden jammert und sich ihrer Not annehmen. Es sind namentlich die δίκαιοι κριταί, die so selten sich finden gegenüber der Menge der κριταί τῆς ἀδικίας (Luk. 18, 2. 6), und die darum auch ihrerseits einen so schweren Stand in der Welt, im αἰὼν οὗτος haben, daß Jesus Grund hat, sich auch ihrer in dieser Reihe von Makarismen anzunehmen. So entspricht nun auch wieder dem ersten Gliede der Seligpreisung die Verheißung: υἱοὶ θεοῦ κληθήσονται, denn den Richtern, die für Recht und Gerechtigkeit einzutreten haben, gilt das Prädikat בְּנֵי עֶלְיוֹן אֱלֹהִים, welches nichts helfen wird denen, die unrecht richten und die Person der Gottlosen vorziehen, die dem Armen und Waisen nicht Recht schaffen und dem Elenden und Dürftigen nicht zum Recht verhelfen, Pf. 82, 6. 7.

Wenn Jesus schon die Armen und Unterdrückten alle selig preist um deswillen, was er ihnen zu bringen hat, wie muß dann die Verheißung erst recht denen zu gut erfüllt werden, die nicht bloß wie jene kaum je einen Richter finden, der nicht das

Recht zu Gunsten ihrer Unterdrücker beugt, sondern denen gegenüber auch nicht einmal mehr der Schein des Rechtes gewahrt wird! Die δεδιωγμένοι ἕνεκεν δικαιοσύνης V. 10 sind nicht solche, die ihrer Armut, ihrer Wehrlosigkeit wegen Gewalt und Unrecht leiden müssen, sondern die deshalb gehaßt und verfolgt werden, weil sie Recht haben und nicht bloß Recht haben, sondern zugleich Ernst machen mit dem, was vor Gottes Gericht besteht, wofür Gott eintreten kann und wird. So ergiebt sich ein enger Anschluß an V. 9, denn in solche Lage werden auch die, ja die am ersten kommen, die für Recht und Gerechtigkeit zu Gunsten derer eintreten, die Gewalt und Unrecht leiden. Das ist der höchste irdische Triumph des Unrechtes und darum der Tiefpunkt des Unrechtleidens — damit kommt's aber auch für ewig zu Ende, wenn die Verheißung erfüllt wird. Ihnen gehört das Reich, denn „er stößet die Gewaltigen vom Thron und erhöht die Niedrigen." Hier hat keine andere Verheißung ihre Stelle, als die, mit der Jesus angefangen: „ihrer ist das Himmelreich."

Was heißt das aber nun anders, als daß auch bei Jesus wie im Alten Testament mit dem Gedanken des Königtums Gottes, des Reiches Gottes, der Gerichtsgedanke, die Gerichtshoffnung, unabtrennbar verbunden ist. Nicht um die Bedingungen handelt es sich, unter denen das Erbe des Himmelreiches zuerkannt wird. Von denen ist nachher die Rede, und zwar wesentlich in der Form, daß der Nachdruck darauf liegt, wem das Himmelreich versagt wird. Hier aber in den Seligpreisungen ist es nicht die Leistung, das Verhalten, sondern die Lage, das Bedürfnis, worauf Jesu Auge haftet und wonach er die tröstende und ermutigende Verheißung gestaltet, um die Kongruenz zwischen dem schmerzlichen Bedürfnis und der gnadenvollen Befriedigung zum Ausdruck zu bringen. Da es nun die Lage solcher ist, die Gewalt und Unrecht leiden müssen, und deren einzige Hoffnung darum die Recht schaffende Gerechtigkeit Gottes, also Gerichtshoffnung, ist, so ist es der Gerichtsgedanke, der der Verheißung zu Grunde liegt. Gerade die Einordnung der ἐλεήμονες und εἰρηνοποιοί in diesen Zusammenhang, also der einzigen, deren Verhalten die Veranlassung der Verheißung ist, sowie die Gestalt der ihnen gegebenen Verheißung, bestätigt dies.

Die Seligpreisungen entsprechen genau der Verbindung von Gericht und Königtum Gottes, die wir z. B. im 103. Psalm finden. Dort heißt es V. 6: „Jahveh schaffet Gerechtigkeit und Gericht allen Vergewaltigten." Das sind die Wege, die er Moses kund gethan und Israel geführt hat. Dessen getröstet sich der Psalmist und mit ihm die betende und dankende Gemeinde, und preist V. 19 das Königtum Gottes. Wie sehr die ganze Bergpredigt von dem Gerichtsgedanken bestimmt ist und an die Gerichtshoffnung anschließt, wird sich weiter unten ergeben.

Wie in der Bergpredigt, so bejaht Jesus auch bei seinem Auftreten in der Synagoge zu Nazareth die Gerichtshoffnung, indem er Jes. 61, 1 ff. auf sich bezieht und spricht: „heute ist diese Schrift erfüllt vor euren Ohren" (Luk. 4, 16 ff.). Denn den Gefangenen Entlassung, den im Dunkel des Kerkers Gefesselten das Erblicken des Lichtes verkündigen und den Mißhandelten die Freiheit wiedergeben, ist nichts anderes, als Recht schaffen denen, die Unrecht leiden, weshalb auch Jes. 61, 3 der Tag des Heils, an dem dies geschieht, יוֹם נָקָם לֵאלֹהֵינוּ heißt, ein Rachetag unseres Gottes. Das Reich Gottes verkündigen und darbieten heißt nichts anderes, als verkündigen, daß Gott nun richtend und rettend eintritt für die Bedrängten und Bedrückten.

Derselben Vorstellung vom Reiche Gottes, dem damit unablöslich verbundenen Gerichtsgedanken begegnen wir Matth. 19, 28 in der Verheißung Jesu an seine Jünger: „wenn des Menschen Sohn sitzen wird auf dem Thron seiner Herrlichkeit, werdet auch ihr sitzen auf zwölf Thronen und richten die zwölf Stämme Israels," wo κρίνειν = שָׁפַט von der Verwaltung des Rechtes zu Gunsten des Volkes steht. Auch das daran anschließende Wort von dem hundertfältigen Ersatz dessen, was man um des Himmelreiches willen aufgegeben hat, wird von da aus verstanden werden müssen und entspricht der Seligpreisung derer, die um Gerechtigkeit willen verfolgt werden Matth. 5, 10 vgl. mit 10, 35 ff. Deshalb wird dadurch, daß der Bericht bei Markus 10, 28 ff. und Luk. 18, 28 ff. nur dies letztere Wort hat, an dem Grundgedanken der Gerichtshoffnung nichts geändert (vgl. Luk. 22, 30). Das Gleichnis vom ungerechten Richter Luk. 18, 1 ff. wäre nicht möglich gewesen, wenn nicht die Hoffnung auf Erlösung als Gerichtshoffnung auch von Jesu anerkannt wäre, und die Verheißung der Verkürzung der Tage der Bedrängnis und der Rettung der Auserwählten in der großen eschatologischen Rede (Matth. 24, 22. 31 vgl. mit V. 9 ff.; Mark. 13, 20) enthält dieselbe Anschauung, die in der Gestalt der Aussagen bei Lukas 21, 22. 28 einen besonders scharfen Ausdruck findet. Dort wird V. 28 die Verwüstung Jerusalems als „die Tage der Rache" bezeichnet für das V. 12 ff. geschilderte Unrecht, und im Zusammenhange damit gilt den Jüngern in betreff der Vorzeichen der Parusie des Menschensohnes, wenn er mit großer Kraft und Herrlichkeit kommen wird, V. 28: „wenn aber dies anfängt zu geschehen, so sehet auf und hebet eure Häupter auf, weil sich eure Erlösung — V. 31: das Reich Gottes — naht," während die andern (V. 26) vergehen vor Furcht und Erwartung dessen, was der Welt bevorsteht. Das Kommen des Menschensohnes in großer Kraft und Herrlichkeit ist das Kommen in seinem Reiche (Matth. 16, 28) zum Gericht, den Seinen zu gut, die in Not und Bedrängnis sind (Matth. 25, 31 ff.). Das giebt dem Bekenntnis Jesu vor dem Synedrium Matth. 26, 64 seine besondere Schärfe, wo Jesus, angeschworen von dem Vorsitzenden des entscheidenden Gerichtshofes Israels, daß er sage, ob er der Messias, der Sohn Gottes sei, erwidert: „du sagest es; doch ich sage euch: von jetzt ab werdet ihr sehen des Menschen Sohn sitzen zur Rechten der Kraft und kommen in den Wolken des Himmels." Seinen Richtern steht er, der Richter, gegenüber. Ebenso erhält hierdurch die Bitte des Schächers Licht: „gedenke an mich, wenn du in deinem Reiche kommst," denn Reich und Gericht gehören zusammen und deshalb ruft er die Barmherzigkeit des Richters an (Luk. 23, 42). Nicht minder deutlich wird durch diese Wahrnehmung die Verheißung Jesu Luk. 12, 32: „fürchte dich nicht, du kleine Herde, denn der Vater hat beschlossen, euch das Reich zu geben" und in dem Reiche Ersatz für alle irdische aufgenötigte wie freiwillige Entbehrung.

Ja, wir dürfen noch einen Schritt weiter gehen. Wenn Jesus aus der durch ihn vollzogenen Heilung der Dämonischen die unwiderlegbare Folgerung zieht: „wenn ich durch Gottes Geist die Dämonen austreibe, so ist das Reich Gottes schon zu euch gekommen" (Matth. 12, 28; Luk. 11, 20), so ergibt das Wort Jesu von der durch den Satan achtzehn Jahre lang gebundenen Tochter Abrahams (Luk. 13, 16), sowie die Bezeichnung des Satans als des Starken, des $ἰσχυρός$ (Matth. 12, 29; Mark. 3, 27), daß die Besessenheit als die ärgste und unerträglichste Vergewaltigung erscheint, der eben, weil sie satanische Vergewaltigung ist, nur der ein Ende machen kann, der in Kraft des Geistes Gottes zu rettendem Gericht kommt. So besteht der engste Zusammenhang zwischen der Heilung der Dämonischen und der Messianität Jesu, vermittelt durch den Gedanken des Königtums und des Gerichts, ein Zusammenhang, der uns z. B. in dem weiter gegriffenen Wort 1 Joh. 3, 8 wieder begegnet.

Reich und Gericht, Gericht zu Gunsten der Bedrückten oder rettendes, erlösendes Gericht gehören in der Verkündigung Jesu ebenso unzertrennlich zusammen, wie in der alttestamentlichen Verheißung und Hoffnung, und das Wort des Evangelisten von der Erfüllung der Weissagung Jes. 42, 1 f. (Matth. 12, 18 f.) spricht das richtige Verständnis des Willens und Wirkens Jesu aus. „Die wahre Religion als Lebensnorm" bezeichnet $κρίσις$ = מִשְׁפָּט weder V. 18: $κρίσιν\ τοῖς\ ἔθνεσιν\ ἀπαγγελεῖ$, noch V. 20: $ἕως\ ἂν\ ἐκβάλῃ\ εἰς\ νῖκος\ τὴν\ κρίσιν$, sondern beide Male ist das messianische, Heil und Rettung bringende Gericht gemeint.

Indes scheint sich gegen dieses Verständnis der Verkündigung Jesu vom Reiche Gottes oder von seinem, des Menschensohnes Reiche ein zwiefaches Bedenken zu erheben, das eine von den Gleichnissen her, die doch, wie es scheint, wenigstens in ihrer Mehrzahl eine andere Vorstellung vom Reiche Gottes zum Ausdruck bringen, das andere von der Thatsache her, daß in den Reden Jesu der Begriff des Richtens, selbst das Wort $κρίνειν$ und seine Derivate nicht bloß einen geringen Raum einnehmen, sondern mit wenigen Ausnahmen im strafgerichtlichen Sinne verwendet werden. Man denke nur z. B. an Matth. 7, 1: $μὴ\ κρίνετε,\ ἵνα\ μὴ\ κριθῆτε$, an die $ἡμέρα\ κρίσεως$; Matth. 10, 15; 11, 22.

In betreff der Gleichnisse ist die Mehrzahl der heutigen Exegeten und Biographen Jesu darin einig, daß sie von niemanden irriger aufgefaßt seien, als von den Evangelisten, ohne doch die Entstehung dieser jedenfalls merkwürdigen Auffassung genügend erklären zu können. Einstimmig berichten die Synoptiker — alſo ohne irgend welchen Anſtoß an dieſer Mitteilung ihrer „Quelle" oder „Quellen" zu nehmen, daß Jeſus ſelbſt dieſer Lehrweiſe ſtrafgerichtlichen Zweck beigelegt habe (Matth. 13, 10—15; Mark. 4, 11 ff.; Luk. 8, 10), daß alſo nicht in erſter Linie pädagogiſche Weisheit und erfinderiſche Liebe ihn veranlaßt habe, dieſe Form zu wählen, um der Faſſungskraft ſeiner Hörer aufs weiteſte entgegen zu kommen und ſeine Lehre auf einen möglichſt deutlichen und unauslöſchlich ſich einprägenden Ausdruck zu bringen. Dies widerſpricht allerdings unſern Vor= ſtellungen von Pädagogik und Methodik, von Poeſie und Regeln der Rhetorik vollkommen. Trotzdem wird die evangeliſche Über= lieferung Recht haben.[1])

Es iſt zunächſt Thatſache, daß Jeſus ſich nicht von Anfang, ſondern erſt von einem beſtimmten Zeitpunkte an dieſer Lehrweiſe bedient hat. Nicht als wenn er bis dahin überhaupt auf den Gebrauch von Bildern und Beiſpielen verzichtet hätte. Im Gegenteil, Matth. 5, 14 f.; 6, 25—30; 7, 3 ff. 13 f. 24 ff.; 9, 12; 11, 16 f. 30; Luk. 6, 39 u. a. zeigen, welcher Reichtum in dieſer Beziehung ihm zu Gebote ſtand, wie ungeſucht ſich ihm Bilder und Beiſpiele von überall her barboten und mit wie durch= ſchlagender Deutlichkeit er ſie verwendete. Aber dieſe Art zu reden war nichts ihm Eigentümliches und hat nie jemanden befremdet. Der tiefe Eindruck, die Macht ſeiner Worte wird nirgend auf die Form, am wenigſten hierauf zurückgeführt (vgl. Matth. 7, 28 f.). Noch weniger hören wir etwas von Befremden über dieſe ſeine Art, ſich auszudrücken. Dies wird aber anders, ſobald er beginnt in Gleichniſſen zu reden. Das ſind nicht mehr Bilder und Beiſpiele, wie er ſie ſonſt herbeigezogen hat. Merk= würdigerweiſe ſind gerade diejenigen davon befremdet, die ihn

---

[1]) Es iſt geradezu unbegreiflich, wie Jülicher, die Gleichnisreden Jeſu I, 2. neu bearbeitete Aufl., Freiburg 1899, S. 137 hiergegen einzuwenden vermag, „daß dieſe Theorie mit der Theorie vom mehrfachen Schriftſinn gleichwertig, daß ſie weder ſchrift= noch vernunftmäßig iſt." Hat denn ein Gleichnis einen mehrfachen Sinn, wenn die einen es nicht verſtehen, die andern es verſtehen? Oder kann ſich Jülicher nicht denken, daß der Herr abſichtlich für die einen unverſtändlich, für die andern verſtändlich geredet habe? Bei dieſem Unvermögen lohnt es ſich nicht, auf eine weitere Aus= einanderſetzung einzugehen, welche nur eine noch weit tiefere Differenz als in dieſem Punkte aufzeigen müßte.

am besten kennen und von denen er selbst erwartet, daß sie ihn verstehen. Gerade diese Thatsache ist bedeutsam, um so bedeutsamer, als die Kritik schlechthin außer stande ist, sie aus der Welt zu schaffen. Denn was sollte die Überlieferung der apostolischen Zeit — eine spätere hätte kaum den Mut dazu gefunden — veranlaßt haben, den Jüngern gerade in Bezug auf die Gleichnisse einen Mangel an Verständnis zuzuschreiben, wenn er nicht ganz im Gegensatze zu aller sonstigen Erfahrung in betreff der Unterweisung durch Bilder und Beispiele wirklich vorgelegen hätte? Ist aber beides Thatsache, sowohl daß Jesus erst von einem der Erinnerung deutlich sich einprägenden Zeitpunkt ab diese Lehrweise gewählt hat, als daß seine Jünger davon befremdet waren und vor Rätseln standen, bis Jesus ihnen den Schlüssel zum Verständnis reichte, so wird auch zuzugeben sein, daß Jesus einen andern Zweck als den der Verdeutlichung damit verband, und daß am Ende doch die Quellen Recht haben, welche die Veranlassung dazu in dem Mißverhalten Israels und den Zweck in dem Gericht über Israel sehen.

Ist die Schwerverständlichkeit der Gleichnisse selbst für die Jünger Thatsache, gehört zum Verständnis derselben ein ganz bestimmter Gesichtspunkt, unter dem sie alle angesehen werden wollen, ist es genug, sich diesen zeigen zu lassen, wie den Jüngern die Deutung der ersten beiden Gleichnisse genügte, um später Matth. 13, 51 auf die Frage: habt ihr das alles verstanden? mit Ja zu antworten, so muß davon auch heute noch etwas zu bemerken sein. Es wird dann für das Verständnis der Gleichnisse erforderlich sein, daß man den dunklen Punkt in jedem Gleichnis herausfindet, an dem die Gemeinverständlichkeit damals scheitern mußte und heute noch scheitert, der nur denen klar wird, die den Schlüssel zum Verständnis aller Gleichnisse haben. Welches ist der?

Die Jünger treten an Jesus heran mit der Frage und Bitte, ihnen das Gleichnis vom Säemann und vierfachen Acker zu deuten. Jesus erwidert ihnen zunächst: „euch ist es gegeben, die Geheimnisse des Himmelreichs, des Reiches Gottes zu kennen," oder nach Markus (4, 11): „euch ist das Geheimnis des Reiches Gottes gegeben." Dann fügt er nach Markus, wohl nicht im Tone des Vorwurfs, aber sehr ernster Mahnung hinzu: „ihr versteht dies Gleichnis nicht, — wie wollt ihr die Gleichnisse alle verstehen?" Denn er muß und wird fortfahren, in Gleichnissen das Geheimnis des Himmelreichs auszusprechen. Unbedingt müssen wir uns fragen, was denn eigentlich an diesem scheinbar so einfachen und jedem Kinde verständlichen oder verständlich zu machenden Gleichnis so dunkel war? Daß nicht jedes Samenkorn aufgeht, daß auch nicht jedes aufgegangene Samenkorn zur Frucht gedeiht, je nach dem Boden, in den es gefallen ist, und daß es geradeso mit den Worten Jesu wie auch mit jedem andern Weisheits- und Wahrheitsworte gehe, sollte ihnen das so fern gelegen haben? Schwerlich; hatten sie doch bis dahin schon genugsam erfahren, wie erfolglos die Worte Jesu geblieben waren trotz der tiefen Ergriffenheit, von der z. B. Matth. 7, 28 f. Zeugnis giebt, und waren ihnen doch Beobachtungen wie die Matth. 8, 19—22; Luk. 9, 57—62 geschilderten gewiß nicht fremd geblieben! Was hinderte sie, den Sämann auf Jesus, den Samen auf das Wort, das Land auf die Hörer, das Ganze auf das in dem Messias Jesus gegenwärtig gewordene Reich Gottes zu beziehen? Und gerade das war es, woran sie nicht im entferntesten dachten. Wenn das ihnen aber schon so fern lag, wie sollten andere ihn verstehen?

Unmöglich kann das Befremden der Jünger in der Form der Gleichnisrede begründet sein; es muß im Inhalte liegen. Gerade die Thatsache, daß es nur der Deutung der beiden ersten Gleichnisse bedurfte, um ihnen zum Verständnis aller zu verhelfen, spricht dafür. Die Geheimnisse des Himmelreichs oder das Geheimnis des Reiches Gottes will Jesus darstellen. Das Reich Gottes, welches er bringt, hat eine Art an sich, welche bewirkt, daß es vielen verborgen bleiben muß. Ja wie der Jünger Verständnislosigkeit zeigt: auch für sie ist es noch ein Geheimnis, nur daß es ihnen nicht verschlossen bleibt. Daß man Jesu Worte hören und thun muß, um an dem Reiche Gottes Anteil zu haben oder zu erhalten, das verstand sich für die Jünger von selbst. Darin kann das Geheimnis also nicht liegen. Was wußten sie vom Reiche Gottes? was glaubten sie davon? was war an dem in Jesu gegenwärtig gewordenen Reiche Gottes dasjenige, worin sie sich noch nicht oder nicht völlig gefunden hatten, oder worin sie von jetzt ab sich zu finden lernen mußten?

War das es, daß das Reich Gottes annoch beschlossen ist und bleibt in der Verkündigung des Wortes, bis der Tag kommt, daß des Wortes Wirkung offenbar wird? Das war es: Jesus der Messias und doch nur ein Säemann, dessen Arbeit wie oft vergeblich ist! Das Reich Gottes da, aber nur im Worte! Das Reich Gottes auf Erden, in der Welt, und doch die Welt nicht bloß noch, sondern nun erst recht voll von Kindern der Bosheit. Das Reich Gottes gegenwärtig, aber seine gegenwärtige Gestalt zur erwarteten und vollendeten sich verhaltend wie das unscheinbarste aller Samenkörner, das Senfkorn, zu dem Baum, in dessen Zweigen die Vögel des Himmels wohnen. Die Jünger erwarteten etwas anderes; — daß dies die Gestalt sei, in der das ersehnte Reich Gottes gegenwärtig sei, eine Ge= stalt, die nicht danach aussieht, Reich Gottes zu sein und es dennoch ist, und daß gerade dies mit zum Reiche Gottes, zur Erfüllung aller Verheißungen Gottes gehöre, das war es, was die Gleichnisse zum Aus= druck bringen sollten.

Das war etwas Unerwartetes, wenn auch nicht mehr Un= verständliches für die Jünger. Die Zeit der Entscheidung schien gekommen. Hatte doch Jesus sie schon ausgesandt, die Botschaft von der Erfüllung der Verheißung, vom Reiche Gottes durch ganz Israel zu tragen, Matth. 10. War es doch so weit ge= diehen, daß Erfolg und Mißerfolg der Wirksamkeit Jesu schon mit unzweifelhafter Sicherheit zu erkennen war und daß eine endliche machtvolle Offenbarung Jesu unmöglich länger auf= geschoben werden zu können schien. Johannes der Täufer im Gefängnis getötet, das Volk weder von ihm, noch von Jesu für die Botschaft und Forderung Gottes gewonnen, die Gnadenoffen= barung Gottes, des so lange und oft in schmerzvollem Ringen gesuchten und angerufenen Vaters vollständig unerkannt gerade von denen, die sie hätten erkennen müssen, nur erkannt von den Unmündigen, deren Urteil nichts gilt in der Welt (Matth. 11, 25 ff.). Immer breiter und tiefer klafft der Riß zwischen den Führern Israels und Jesus und wird unüberbrückbar, denn als die Erkenntnis der Messianität Jesu sich Bahn zu brechen droht (Matth. 12, 22 f.), da erklären sie für satanisch, was, wie sie selbst ebenso wie jeder andere besser wissen, nur durch den

Geist Gottes geschehen kann, so daß Jesus nicht anders kann, als
antworten mit dem Wort von der unvergeblichen Sünde der
Lästerung des Geistes, welche jede Aussicht auf die Erlösung, auf
das Reich Gottes abschneidet. Denn zwar wird es noch ver=
geben, wenn jemand ein Wort wider den Menschensohn redet,
weil er nicht fassen kann, daß ein Mensch von Menschen her zum
Tode geboren der Sohn Gottes, der Messias für ewig sein
könne. Aber es giebt eine Grenze, über die hinaus Gottes
Geduld und Vergebung ein Ende hat, und deren Überschreitung
liegt nahe, wenn sie nicht schon überschritten ist (Matth. 12,
24 ff.; Mark. 3, 22 ff.). Ein entscheidendes Zeichen verlangt man
von ihm, ein Zeichen, welches allem Widerspruch zu nichte, allem
Schwanken und Zweifel ein Ende machen soll, — er muß es
versagen, denn sie würden doch nicht Buße thun (Matth.
12, 38 ff.). Was soll nun werden?

Das war die Lage der Dinge, als Jesus begann in Gleich=
nissen zu reden, nicht weil er noch deutlicher werden mußte als
bisher, sondern weil er nicht deutlicher werden konnte. Er giebt
sein Volk noch nicht auf, aber es ist nur die Rücksicht auf jene
Unmündigen und auf die Mühseligen und Beladenen, die er zu
sich geladen, die ihn in seiner bisherigen Wirksamkeit durch Wort
und Wunder fortfahren läßt. Freilich muß er sich dann noch
weiter die Verkennung gefallen lassen, deren Endergebnis er von
Anfang an vorausgesehen hat, und nur so kann er seinem Volke
zum Heile gereichen, wenn er sich gefallen läßt, was seine Ver=
kennung und Verwerfung mit sich bringt. Aber zugleich hat er
dann auch die ernste Aufgabe zu lösen, seinen Jüngern und
allen, denen er noch Hülfe bringen kann, gerade das deutlich zu
machen, was den andern notwendig unbegreiflich bleiben muß, die
von Anfang an, ja schon von dem Auftreten des Täufers an
Schritt für Schritt immer entschiedener seine Gegner geworden
sind. Denn gerade dadurch, daß er, um sein Volk nicht auf=
zugeben, diesen Widerspruch erträgt, statt ihn machtvoll zu brechen
und alle in den Unglauben Verflochtenen zu vernichten, bekommt
das Reich Gottes, die Erfüllung der Verheißungen, eine andere
Gestalt, als man sich gedacht hat. Dies deutlich zu machen, da=
für Verständnis zu wirken, daß und weshalb diese Erfüllung,
das Reich Gottes, eine Gestalt habe, in der es nicht nach dem

Reiche Gottes, nach Erlösung, aussehe, das war die Aufgabe, die es nun zu lösen galt, und die er doch nicht für seine Gegner, sondern nur für diejenigen lösen konnte, die an ihn glaubten oder an ihn zu glauben, ihn aufzunehmen noch bereit waren.

Nicht die bleibende, ewige Gestalt des Reiches Gottes legt er in den Gleichnissen dar. Nicht für immer ist es nur so gegenwärtig, daß es nicht nach sich selbst aussieht. Es kommt ein Tag, an dem alles anders wird. Diese Verweisung auf das Ende in den Gleichnissen vom Säemann, vom Unkraut unter dem Weizen, vom Netz, vom ungerechten Richter, von der königlichen Hochzeit, von den Arbeitern im Weinberge 2c. ist wichtig dafür, daß Jesus in den Gleichnissen nicht einen andern Begriff des Reiches Gottes einführt, als den er bisher vertreten, nicht eine Korrektur weder seiner eigenen bisherigen Anschauungen, noch der in der alttestamentlichen Verheißung begründeten Vorstellungen vornimmt. Das Reich Gottes ist und bleibt ihm der Inbegriff der Erfüllung aller Verheißungen Gottes, der Hoffnung Israels auf die machtvolle Bethätigung Gottes als des Königs Israels in Gerechtigkeit und Gericht. Mit diesem Begriff des Reiches Gottes rechnet er in den Makarismen der Bergpredigt zu Anfang seiner Verkündigung und am Ende derselben in der großen eschatologischen Rede, bei der Feier des letzten Passah und der Stiftung des heiligen Abendmahls und noch in seinem Bekenntnis vor dem Synedrium. Auch nimmt er nicht eine zweite, ethische Vorstellung vom Reiche Gottes als einer bestimmten Gestalt des Gemeinschaftslebens in seinen Gedankenkreis auf, der er dann in den Gleichnissen Ausdruck gäbe und die dann mehr oder weniger vermittelt oder unvermittelt neben der bisherigen sogenannten eschatologischen hergehen soll. Das Reich Gottes ist und bleibt die gottgewirkte Erfüllung seiner Verheißungen, die Erscheinung des Königtums des Gottes Israels, der machtvoll richtend in Gerechtigkeit seinem Volke Frieden schafft. Den Ausdrücken: zu Tische liegen im Reiche Gottes (Matth. 8, 11; Luk. 13, 28), das Brot essen im Reiche Gottes (Luk. 14, 15), das Reich Gottes wird gesucht, gegeben, weggenommen, empfangen, ererbt (Matth. 6, 33; 13, 11; Mark. 4, 11; Luk. 8, 10; 12, 32; Matth. 21, 43; 25, 34; vgl. Matth.

5, 3. 10; 19, 14; Mark. 10, 14; Luk. 6, 20), eingehen in das Reich Gottes (Matth. 5, 20; Mark. 10, 25) synonym gerettet werden (Mark. 10, 26), Schlüssel des Himmelreichs (Matth. 16, 19), gehen durchaus keine andern zur Seite, welche auf die Vorstellung einer nach dem Willen Gottes lebenden Gemeinschaft führen könnten. Das Reich Gottes ist die Verwirklichung des Willens Gottes, aber nicht dadurch wird es verwirklicht, daß die Menschen Gottes Willen thun, sondern dadurch, daß Gott machtvoll seinen Willen, nämlich seinen Heilswillen, verwirklicht. Das Reich Gottes ist da, ἔφθασεν ἐφ᾽ ὑμᾶς ἡ βασιλεία τοῦ θεοῦ (Matth. 12, 28), die Machtthaten Jesu, die Dämonenaustreibungen in Kraft des heiligen Geistes beweisen es. Aber trotzdem sieht es nicht danach aus, denn noch ist und wird die Bosheit nicht ausgerottet aus der Welt; ja selbst der es gebracht hat und in dem es gegenwärtig ist, muß sich's noch gefallen lassen und läßt sich's gefallen, verkannt zu werden. Man kann das Reich Gottes haben und muß doch noch darauf warten. Es ist zu unterscheiden zwischen seiner gegenwärtigen und seiner zukünftigen Gestalt. Οὐκ ἔρχεται μετὰ παρατηρήσεως, es kommt nicht so, daß es beobachtet werden kann nach der Weise sonstiger Beobachtungen, unverkennbar für jeden; auch wird man nicht sagen: siehe hier oder dort, ἀλλὰ ἐντὸς ὑμῶν ἐστίν (Luk. 17, 20), das heißt nicht: inwendig in euch, denn es waren die Pharisäer, die Jesum gefragt hatten und denen er doch nicht antworten konnte: ihr tragt ja längst in euch, worauf ihr noch wartet. Vielmehr heißt es: es ist mitten unter euch, in eurem Bereich, gleichwie Johannes von Jesu sagte: μέσος ὑμῶν στήκει, ὃν ὑμεῖς οὐκ οἴδατε (Joh. 1, 26). Daß und weshalb das Reich Gottes so da ist, daß und warum es eine so befremdende Gestalt in der Gegenwart hat, befremdend selbst noch am Tage der Parusie (Matth. 25, 1 ff.), das bildet den Inhalt der Gleichnisse. Das ist „das Geheimnis des Reiches Gottes", den Jüngern gegeben zu verstehen, denn sie, die in Jesus den Messias erkannt haben und alle, die noch in ihm, dem Menschensohn (Matth. 13, 41; Luk. 18, 8), den Messias erkennen werden, sie können es verstehen, daß in dieser Gestalt wirklich das Reich Gottes da ist, und daß die gegenwärtige Weltgegenwart des Himmelreichs oder die Gegenwart des Reiches

Gottes in der Welt annoch nicht anders sein kann, wenngleich auch sie nicht bloß zuerst davon befremdet sind, sondern noch manchesmal befremdet sein werden (Matth. 13, 27). Jenen aber, die draußen sind (Mark. 4, 12), weil sie fertig sind mit dem Manne, der als ein Mensch von Menschen her nicht danach aus= sieht, der Messias zu sein, der das Reich Gottes bringt, ihnen verbirgt diese Lehrweise Jesu, was sie wegen ihres Unglaubens auch dann nicht verstehen würden, wenn er es ihnen ohne Gleichnis, unverhüllt sagen würde. Was für die Jünger eine Gabe ist, ist für die andern ein Gericht und muß es sein nach der Regel: wer da hat, dem wird gegeben werden, daß er die Fülle habe; wer aber nicht hat, von dem wird auch genommen werden, was er hat — nicht etwa bloß, was er vermeintlich hat, während er in Wirklichkeit nichts hat, sondern was er wirklich hat und als unverlierbaren Besitz zu haben glaubt, nun aber verliert (zu Mark. 4, 18 vgl. Matth. 3, 7—9; 8, 12). Jesus kann nicht anders, er muß den andern versagen, was er den Jüngern ge= währt, denn die andern, die ihn nicht wollen, nötigen ihn, sich auf die Jünger, auf die „Unmündigen" zu beschränken.

Es wäre leicht zu zeigen, daß die Gleichnisse alle ausnahms= los es mit dieser unerwarteten Erscheinung bezw. Verborgenheit des Reiches Gottes in der Welt zu thun haben. Nicht sowohl die Bergpredigt, als die Gleichnisse und zwar zunächst die Matth. 13 berichtete Reihe enthalten das Programm des Reiches Gottes auf Erden. Allen Gleichnissen eignet eine gewaltige Schärfe und Schneide, denn sie alle treten nicht etwa bloß den landläufigen Erwartungen und Hoffnungen, sondern dem Miß= verhalten Israels entgegen, welches die Schuld trägt, daß das Reich Gottes nicht anders erscheinen kann. Sie alle haben etwas auch für die Jünger Befremdendes und sollen ihnen zugleich das Verständnis dafür erschließen, daß es wirklich das Reich Gottes ist, welches so gegenwärtig ist, dasselbe Reich Gottes, auf welches die göttliche Erwählung und Verheißung Israel zu hoffen gelehrt hat, das Reich, welches die Hoffnung der Armen und Elenden, der Unterdrückten und Dulder sein sollte. Es ist nicht an dem, daß der Begriff des Reiches Gottes in den Gleichnissen umgesetzt wurde in ein Reich geistiger oder vielmehr geistlicher Güter, so wenig wie es jemals erscheint als ein Reich sittlicher Zwecke.

Dieser Gedanke ist unvereinbar mit dem Gedanken des Königtums Gottes, und jener Umsetzung bedurfte es um so weniger, als die Weltgestalt, welche durch die Bethätigung des Königtums Gottes bewirkt wird, die gemeinten geistlichen Güter einschließt, nur daß der Begriff des Reiches Gottes sich nicht auf diese beschränkt. Jesus hat nie die mit der Religion Israels gesetzte und durch die Verheißung genährte und lebendig erhaltene Hoffnung auf Erlösung von dem Übel verworfen. Im Gegenteil, das Gebet um das Kommen des Reiches Gottes lehrt er schließen mit der Bitte: $\varrho\tilde{v}\sigma\alpha\iota\ \dot{\eta}\mu\tilde{\alpha}\varsigma\ \dot{\alpha}\pi\dot{o}\ \tau o\tilde{v}\ \pi o\nu\eta\varrho o\tilde{v}$, rette uns von dem Übel, d. h. von dem Bösen, das uns die Bösen anthun. Das aber ist das Befremdliche, das Unerwartete, das Neue, daß das Reich Gottes nun da ist und dennoch das Übel, das Unrechtleiden bleibt und keine Macht tritt ihm entgegen, wie dort bei Johannes dem Täufer, der den Tod erleiden mußte, und wie bei den Jüngern, denen Jesus Matth. 10, 22 voraussagte, daß sie von jedermann würden gehaßt werden um seines Namens willen und ausharren müßten bis zu Ende, um dann erst gerettet zu werden. Auf Boten wartet Israel, die Frieden verkündigen und Zion ansagen: dein Gott ist König (Jes. 51, 7). Nun ist das Reich Gottes da, der König Messias ist gekommen, hat mit jenen Seligpreisungen der Bergpredigt begonnen, die auf das allerentschiedenste und unzweideutigste die Verheißungen und Hoffnungen des Alten Bundes aufnehmen und rückhaltlos bejahen, — wo aber bleibt der Friede für die Bedrängten und Elenden, deren einzige Hoffnung das Königtum und Reich Gottes bis dahin gewesen ist? Denn Jesus spricht: „denket nicht, daß ich gekommen sei, Frieden zu bringen auf Erden; nicht bin ich gekommen Frieden zu bringen, sondern das Schwert, und des Menschen Feinde werden seine Hausgenossen sein" (Matth. 10, 34 ff.). Es bleibt beim Unrechtleiden, nicht etwa bloß, so weit das Reich Gottes noch nicht durchgedrungen und offenbar geworden ist, sondern erst recht dort und bei denen, die des Reiches schon teilhaftig geworden sind und in diesem Äon seiner noch teilhaftig werden. Woher kommt das? worin hat das seinen Grund?

Ehe wir aber die Antwort auf diese unabweisbare Frage suchen, gilt es die andere Frage zu beantworten, inwiefern dieses so gegenwärtige Reich Gottes doch das Verlangen der Elenden, der Mühseligen und Beladenen stillt und der Trost der Leidtragenden ist, obwohl ihren Leiden kein Ende gemacht wird? Nach dem, was wir von den Stillen im Lande vernommen haben, ist diese Frage nicht zu schwierig zu beantworten. Die Antwort aber hängt zusammen mit der eigentümlichen Erscheinung, daß das Reich Gottes, welches so ganz anders da ist, als man es erwartet hat, auch für ganz andere Leute da ist, nicht für die Gerechten, sondern für die Sünder (Mark. 2, 17).

Nicht ohne Grund hat der Täufer seine Verkündigung mit der Forderung der Buße begonnen, dieselbe mit der Nähe der Verheißungserfüllung begründet und durch die symbolisierende Entsündigung durch die Taufe denen, die ihre Sünden bekannten, die Teilnahme an dem Reiche Gottes in Kraft der Vergebung verbürgt. Anders können die Elenden, kann ganz Israel der Erfüllung nicht teilhaftig werden, als in Kraft der Vergebung der Sünden. Wer Unrecht und Gewalt leidet, bedarf doch, obgleich er seinen Drängern und Widersachern gegenüber im Rechte ist, der Vergebung, wenn Gott für ihn und seine gerechte Sache eintreten soll. Erst wenn er Gottes Vergebung hat, liegt nichts mehr wider ihn vor und Gott kann richtend für ihn wider seine Feinde eintreten. Wie sich schon bei der Erörterung der alttestamentlichen Anschauung ergeben: es ist nicht genug, daß Israel Recht hat mit seiner Religion, — es muß auch Ernst machen damit, und gerade dazu gehört für das Volk, auf welchem Gottes Gericht lastet, das Bekenntnis der Sünden. „Wohl dem, dem Jahveh die Schuld nicht zurechnet, in des Geist kein Falsch ist," d. h. der seine Sünde bekennt und seine Verschuldung nicht verbirgt (Pf. 32, 2. 5). Dem entspricht die Hoffnung der Stillen im Lande, für welche, wie der Lobgesang des Zacharias zeigt (vgl. S. 147 ff.), die Vergebung der Sünden im Vordergrunde steht (Luk. 1, 77), denn sie erst ermöglicht es, ohne Furcht und errettet von der Hand der Feinde Gott zu dienen in Heiligkeit und Gerechtigkeit. Der innere Zusammenhang zwischen Vergebung und Errettung oder Wandlung der Lage steht dort fest; daß beides nicht zeitlich zusammenfällt, bleibt der Erfahrung vorbehalten und wird erfahren in der Verbindung mit Jesus. Was die von ihm empfangen, die ihn erkennen und das aufnehmen, was er giebt, ist die Vergebung der Sünden. Denn nicht bloß symbolisch, sondern wirklich in der Kraft des heiligen Geistes von Sünden abzuwaschen, ist sein, des Messias Werk, Matth. 3, 11; Mark. 1, 8; Luk. 3, 16. Was Johannes symbolisiert, giebt er wirklich, und damit hängt es zusammen, daß er dann auch vorgeht gegen die andern. Darum weist er seine Jünger an, der Bitte um Errettung von dem Bösen, von all dem Unrecht, das sie zu leiden haben, die Bitte um Vergebung der Schuld vorausgehen zu lassen. Darum spricht er zu dem Gichtbrüchigen, „da er ihren Glauben sah: sei getrost, mein Sohn, deine Sünden sind dir vergeben," und erst, als man ihm Recht und Macht dazu nicht zuerkennt, heilt er ihn wunderbar von seiner Krankheit, so daß sich herausstellt, daß Gott sich zu dem Wort der Vergebung aus dem Munde Jesu bekennt. Und wie hier die Befreiung von des Leibes Not, ebenso verhält sich die Errettung aus Elend und Bedrängnis, aus Anfechtung und Versuchung zur Vergebung: diese ist die sachliche Voraussetzung für jene. Darum trotz seiner Forderung μετανοεῖτε und gerade weil er so predigt, bleibt er dabei, sich barmherzig zu den Zöllnern und Sündern zu halten, weil nicht die Gesunden des Arztes bedürfen, sondern die Kranken, und weil er gekommen ist, die Sünder zu rufen und nicht die Gerechten (Matth. 9, 11—13; Mark. 2, 17). Gerechte, wie man sie jetzt meint — nicht im alttestamentlichen Sinne, — giebt es gar nicht, nur Sünder. Wer das nicht sein will, versteht ihn nicht. Das sollte die Frucht sein der ganzen göttlichen Leitung und Führung des Volkes Israel, daß es in der Erkenntnis seiner Sünde erkännte: wir sind der Messiashoffnung und Erfüllung gar nicht wert. Wer seine Boten aufnimmt, wird des Friedens teilhaftig, mit dem sie ihn grüßen (10, 13); wer sie nicht annimmt, verfällt im jüngsten Gericht einer schwereren Strafe als Sodom und Gomorrha, denn Vergebung hat er nicht und findet er nicht. Vergebung ist es, womit er die Mühseligen und Beladenen erquickt, denn sanftmütig nimmt er sie auf, statt sie den Zorn der Heilsversagung erfahren zu lassen (Matth. 11, 28). Alle Sünde und Lästerung wird vergeben, auch wer etwas wider des Menschen Sohn redet, dem wird es vergeben; wer aber etwas redet wider den heiligen Geist, der in Jesu Wort und Wirken zu erfahren ist, dem wird es nicht vergeben, denn wo dieser Geist wirkt, da ist das Heil Gottes und darum Vergebung (vgl. oben Matth. 3, 11 und Parall.); wo man ihn von sich weist, kann man keine Vergebung erlangen, weil sie zurückgewiesen wird. Zurückweisung, Verwerfung, Lästerung des in Jesu gegenwärtigen, in ihm und durch ihn wirksamen heiligen Geistes ist Zurückweisung, Lästerung der vergebenden Gnade. Überall ist es die Vergebung der Sünden, die Jesus voranstellt, die er bringt und mitteilt, denn ohne sie ist alles nichts, ist das Reich Gottes, die Erfüllung der Verheißung für niemanden da. Darum sollen seine Jünger bedenken, daß das Himmelreich gleich einem Könige ist, der mit seinen Knechten rechnen wollte und dem Knechte, der darum bat und flehte, die Schuld von zehntausend Talenten erließ, statt ihn und die Seinen in die Sklaverei zu verkaufen, dann aber den Erlaß zurücknahm, als der Knecht seinerseits nicht seinem Mitknecht vergeben wollte. Diejenigen verstehen nichts von Gottes und seines Reiches Art, die wider die Messianität Jesu seine Gemeinschaft mit den Zöllnern und Sündern geltend machen, Luk. 15, 2. Sie begreifen zwar, daß ein Hirte sein verlorenes Schaf sucht, obwohl er ihrer noch neunundneunzig hat, und daß er das wiedergefundene mit treuester Sorgfalt heimträgt mit einer Freude, wie er sie über alle, die ihm geblieben waren, nicht hatte; sie begreifen, daß ein Weib den verlorenen Groschen mit ernstlicher Sorgfalt wiedersucht und sich des wiedergefundenen so sehr freut, daß sie vor Freude nicht schweigen kann. Aber den Vater begreifen sie nicht, dessen Herz und Haus auch für den verlorenen Sohn noch offen steht, sondern gleichen dem Bruder, der von dem Bruder nichts mehr wissen will. Noch viel weniger begreifen sie die Freude, die man im Himmel hat über einen Sünder, der Buße thut und Vergebung begehrt. Sie begreifen die Begnadigung, die Rechtfertigung des Zöllners und die Verwerfung des Pharisäers nicht, weil sie zwar darauf warten und hoffen, daß endlich dem Rechte zum Recht verholfen und das zerstoßene Rohr nicht zerbrochen werde, aber trotz Johannis und Jesu Bußforderung nicht ahnen, daß die Scham und das Bekenntnis des Zöllners gerechter sei als die Gerechtigkeit oder Gerechtigkeiten des Pharisäers. Hat aber schon Johannes Recht mit seiner Forderung der Buße und Darbietung der Taufe, hat

Jesus Recht, wenn er des Täufers Verkündigung aufnahm, so kann auch nur Vergebung den Eingang gewähren in das Reich Gottes, und so muß Vergebung das sein, was jeder bei Jesus findet, der ihn erkennt und anerkennt, der ihm sich anschließt. Vergebung hat, wer ihn hat, und kann darum von nun an ebenso sicher wie geduldig auf alles Übrige warten.

Wir werden nachher noch reicher und deutlicher das Gewicht erkennen, das Jesus selbst auf diese Bethätigung seiner Messianität legt. Hier gilt es zunächst nur festzustellen, daß der Inhalt der Gleichnisse Jesu von der Gestalt des in der Welt gegenwärtig gewordenen Reiches Gottes nicht in Widerspruch stehe mit dem, was er anderweitig von der Bergpredigt ab bis zur großen eschatologischen Rede und bis zu seinem Bekenntnis vor dem Synedrium sagt von dem Reiche Gottes als dem Reiche der durch das gerechte Gericht Gottes Geretteten.

Ebensowenig steht damit seine Weise, vom messianischen Gericht zu reden, in Widerspruch. Es muß ja auffallen, daß Jesus das Gericht, welches er einst halten wird, so sehr als Strafgericht darstellt, daß kaum noch Raum zu bleiben scheint für die Vorstellung eines rettenden Gerichts. Selten verwendet er überhaupt den Begriff des Richtens im Sinne der Verwaltung und Handhabung des Rechtes zum Schutze derer, die es angeht, im Sinne von richten = Recht schaffen. Nur Luk. 11, 12: παρέρχεσθε τὴν κρίσιν καὶ τὴν ἀγάπην τοῦ θεοῦ und Matth. 23, 23: ἀφήκατε τὰ βαρύτερα τοῦ νόμου, τὴν κρίσιν καὶ τὸ ἔλεος καὶ τὴν πίστιν (vgl. 9, 13) nehmen die alttestamentliche Ausdrucksweise in mehr formelhafter Verbindung von Synonymen auf (vgl. Jer. 9, 23; Pf. 33, 5) und enthalten nicht bloß die Anschauung, daß Gericht und Erbarmen nicht widereinander sind, sondern daß Barmherzigkeit die eigentliche Ausübung des Gerichtes ist. Im soteriologischen Sinne verwendet Jesus den Begriff des Richtens nur Matth. 19, 28, wenn er seinen Jüngern verheißt: „wenn des Menschen Sohn sitzt auf dem Thron seiner Herrlichkeit, werdet ihr auch sitzen auf zwölf Thronen und richten (κρίνειν, Delitzsch und Salkinson = שפט) die zwölf Stämme Israels. Aber während der Evangelist Matth. 12, 18. 20 die Worte der Weissagung vom Knechte Jahvehs Jes. 42, 1 ff. auf

Jesus und sein Verhalten deutet, daß er τοῖς ἔθνεσιν κρίσιν verkündigen, das zerstoßene Rohr nicht zerbrechen und den glimmenden Docht nicht auslöschen werde, bis er dem Rechte zum Siege verholfen habe (ἕως ἂν ἐκβάλῃ εἰς νῖκος τὴν κρίσιν), redet er selbst von seinem Richten und von dem Gerichtstage, den er halten werde, von „jenem Tage", auf den ganz Israel der Verheißung gemäß wartet, ganz anders. Die ἡμέρα κρίσεως Matth. 10, 15; 11, 22; 24, 12. 36. 41. 42; Luk. 11, 31. 32 ist der Tag des Strafgerichts; κρίμα Mark. 12, 40; Luk. 20, 47 und κρίνεσθαι Matth. 7, 1. 2; Luk. 6, 37 sind in strafgerichtlichem Sinne gemeint; namentlich aber Matth. 7, 22 ff.; Luk. 6, 46; 13, 24 ff., sowie in der großen eschatologischen Rede am Ende seines irdischen Wirkens wiegt die Vorstellung vom Strafgericht so stark vor, daß der Gedanke der rettenden Gerechtigkeit kaum noch festgehalten werden zu können scheint. Denn der Gerichtstag ist in der Darstellung Jesu so selbstverständlich Tag des großen über die ganze Welt ergehenden Strafgerichtes, daß die Errettung der Auserwählten (Matth. 24, 22. 31; Mark. 13, 20. 27) kaum mehr als „Erlösung" (Luk. 21, 28) im bisherigen Sinne der Befreiung von Druck und Not erscheint. An die Stelle der Erlösung durch Gericht tritt fast unabweisbar der Gedanke an eine Rettung vor dem Gericht (Luk. 21, 36), und damit wäre dann die ganze bisher auch in der Verkündigung Jesu wiedergefundene alttestamentliche Vorstellung und nicht bloß diese Vorstellung aufgegeben, — es ergäbe sich eine von Grund aus verschiedene, ja entgegengesetzte Gestalt des auf Gott gerichteten inneren Lebens. An die Stelle des vertrauenden und hoffenden Glaubens an die Treue Gottes, des Vertrauens auf die Gerechtigkeit Gottes träte und müßte treten die Furcht vor derselben. Kaum würde es auch möglich sein, sich des Tages Jahvehs, des großen Gerichtstages und der richtenden Gerechtigkeit Gottes zu getrösten, und eine Zusammenstellung wie Jes. 61, 2: „Rachetag unseres Gottes, zu trösten alle Traurigen" erschiene unfaßbar.

Wie kommt Jesus zu einer solchen Umbiegung des alttestamentlichen Gerichtsgedankens, welche die Gerichtshoffnung im Grunde genommen ausschließt und die Gestalt des gottbezogenen Lebens, die Religion von Grund aus ändert? Denn eine solche

Umbiegung scheint seine Art vom Gerichtstage zu reden doch zu enthalten.

Zunächst ist darauf zu erwidern, daß nicht Jesus es ist, der diese Umbiegung vornimmt. Er findet sie als längst vollzogen vor und — geht darauf ein, bejaht sie, erkennt sie als berechtigt an, ja mehr als das; er fordert und fördert sie, er bestärkt die, zu denen er also redet, in der Furcht und Angst, die sie sowieso schon verzehrt. Das ist eben das Merkwürdige und Bedeutsame, daß Jesus an diesem einzigen Punkte die von den Autoritäten in Israel vertretene und wenn auch ungern bezeugte Anschauung aufnimmt und bejaht. Wir wissen ja aus dem Psalterium Salomonis und der Esra-Apokalypse (s. oben S. 117 ff.), — und das Selbstbekenntnis des Apostels Paulus bestätigt es uns —, wie sehr man in diesen Kreisen trotz aller zur Schau getragenen Hoffnung auf den Messias doch dem Tage desselben, dem Gerichtstage, der die Rettung bringen sollte, mit Angst und Grauen entgegensah, und wie daraus jenes rast- und ruhelose διώκειν τὴν δικαιοσύνην geboren wurde, welches nie zum Ziele kam und doch stets umschlug in das bekannte gehobene Selbstgefühl, wider das Jesus nicht bloß im Gleichnis vom Pharisäer und Zöllner immer wieder mit vernichtendem Ernste sich wendet. „O Adam, was hast du gethan? Was hilft es uns, daß unsterbliches Leben uns verheißen ist?" heißt es in der Esra-Apokalypse. In der Theorie, in der Dogmatik, im politischen Programm ist der Messias noch der Erlöser Israels, sein Gericht die Errettung des Volkes Gottes von seinen Feinden, die Erlösung der Gerechten. In der „Religion im Leben" aber, in der Wirklichkeit des in Israel unabweisbar auf die Zukunft gerichteten inneren Lebens wird er so sehr schon im voraus als der strafende Richter, sein Tag als der Tag des großen Strafgerichtes über die ganze Welt empfunden, daß man das Dogma nur mit Mühe noch retten kann, indem man sich die entfernte Möglichkeit einer Erlösung konstruiert und mit Gründen zu stützen versucht, an die man selbst nicht wirklich glaubt. Die Verkündigung der Propheten vom Tage Jahvehs und vom rettenden Gericht, ein Schrecken für Israels Feinde und für die Bundbrüchigen im Volke Gottes, ist zum Schrecken geworden für Israel selbst, für die, die sich für die Treuen im

Lande halten und sich bemühen, es zu sein. Und das bestätigt Jesus!

An und für sich brauchte das noch nicht zu befremden, denn Jesus erkennt damit nicht von ferne das Recht ihrer aus dieser Furcht geborenen Haltung als die rechte Religionsübung an, sondern bestätigt ihnen nur, was sie am liebsten nicht bestätigt hörten, daß sie allen Grund haben sich zu ängsten vor dem Tage, der ihre Hoffnung sein sollte. Was er so sagt, ist nichts anderes, als was die Anklage und Frage des Täufers längst ausgesprochen: „ihr Otterngezüchte, wer hat euch gewiesen, daß ihr dem zukünftigen Zorn entrinnen würdet?" Aber — und das ist so bedeutsam — er betont den furchtbaren Ernst des Gerichtstages nicht bloß denen gegenüber, die sich weder vom Täufer noch von ihm selbst haben weisen lassen. Er schärft auch den Seinen ein, daß sie alles daran zu setzen haben, um zu entfliehen alle dem, das geschehen soll und zu stehen vor des Menschen Sohn, Luk. 21, 36. Auf diesen drohenden Charakter des Gerichtstages weist er seine Jünger hin in der immer wiederholten Mahnung zur Wachsamkeit, zur Bereitschaft für die unbekannte Stunde seines Kommens, durch das warnende Beispiel der Menschen zur Zeit Noahs, über die das lange schon drohende Gericht unvermutet kam, des bösen Knechtes, den sein Herr mitten in seinem Unwesen heimsucht und zerscheitert ihn und giebt ihm sein Teil bei den Heuchlern, da wird sein Heulen und Zähnklappen, Matth. 24, 36—51; Mark. 13, 32—37; Luk. 12, 35—48; 17, 26 ff. Sein Tag ist ein Tag des Gerichtes für die zehn Jungfrauen, die das Reich Gottes in der Endzeit abbilden, für die Knechte, von denen er Rechenschaft über die anvertrauten Pfunde fordert; das Gericht beginnt bei den Seinen und endet mit dem Schlußgericht über alle Völker. Wie paßt da hinein die Ermunterung: „wenn dies — die Zeichen des Weltunterganges — anfängt zu geschehen, so richtet euch auf und hebet eure Häupter auf, weil sich eure Erlösung nahet"? Damit scheint vielmehr die Anschauung von dem rettenden Gericht eigentlich aufgegeben zu sein und nur noch die Rettung vor dem Gericht übrig zu bleiben.

Dennoch liegt es Jesu durchaus fern, den Tag des Gerichtes wesentlich als Tag der Furcht und des Schreckens wie der

Pharisäismus zu bezeugen und ihn wie dieser unter dem Gesichtspunkt der justitia distributiva als den notwendigen Abschluß der Geschichte durch gerichtliche Vergeltung nach dem Maßstabe des ewigen, unwandelbaren Rechtes anzusehen. Dies erhellt schon daraus, daß er ihn als den „Tag des Menschensohnes" oder der Offenbarung des Menschensohnes (Luk. 17, 22—30) bezeichnet, also als den Tag, an welchem offenbar wird, daß er, ὁ υἱὸς τοῦ ἀνθρώπου, der verkannte Messias, dem man das Messiasprädikat ὁ υἱὸς τοῦ θεοῦ nicht zugesteht, wirklich der Messias, der Sohn des lebendigen Gottes ist (vgl. Matth. 26, 64). Das ist, was Israel nicht geglaubt, ja als Gotteslästerung verurteilt hat, und was dann unwidersprechlich offenbar wird, wenn er kommt in seinem Reiche (Matth. 26, 64; Luk. 21, 27. 31). Nirgend aber sieht er seinen messianischen Beruf in der gerichtlichen Ausübung der justitia distributiva. Im Gegenteil, so wenig diese das Höchste ist, was die Welt bedarf, so wenig sieht es Jesus als seinen eigentlichen Beruf und Zweck an. Vielmehr bezeichnet er als den Zweck seines Kommens die Vergebung der Sünden (Mark. 10, 45; Matth. 26, 28; Luk. 24, 46. 47; vgl. das βαπτίζειν ἐν πνεύματι Matth. 3, 11), also das gerade Gegenteil von justitia distributiva. Wenn sein Tag, der Tag seiner Offenbarung, ein Tag des Gerichtes ist, so kann dies Gericht als Strafgericht nur angesehen werden im Blick auf jene, unter deren Druck die, die an ihn glauben, bis dahin ebenso haben leiden müssen wie er selbst (Matth. 10, 24. 25. 38). Zweck des Tages aber ist und bleibt derselbe mit dem Zweck des Messias, Erlösung zu bringen denen, die sie bedürfen, die mit dem Glauben an ihn Recht haben gegenüber der Welt, die ihn verwirft, und die in diesem Glauben auf den Tag der Erlösung und der Freiheit gewartet haben. Wenn nun dennoch auch diese es beherzigen sollen, daß der Tag Jesu ein Tag des Gerichts im Sinne des Strafgerichts ist, an das auch sie mit Scheu denken sollen, so hat das einen andern Grund als den, daß sie der Erlösung nur nach dem Maßstabe der justitia distributiva teilhaftig werden könnten, oder daß ihr Geschick dem Gesetz der justitia distributiva unterworfen wäre. Jesus verkündet das Gericht als abschließendes Strafgericht denen, die ihn nicht angenommen haben, — seine Jünger warnt er vor dem

Gericht angesichts der Versuchung und Anfechtung, in der sie sich inmitten der Welt und angesichts des Verzugs seiner Parusie und ihrer Erlösung befinden. Das aber kann denen nicht unverständlich sein, die um der Erfüllung der Verheißung willen Vergebung der Sünden begehrt haben und die Jesus selbst gelehrt hat, mit der Bitte um das Kommen des Reiches Gottes und der Bitte um Bewahrung vor dem Gericht und Erlösung von dem Übel die Bitte um Vergebung der Sünden täglich zu verbinden. Für sie gilt es, daß sie Sorge tragen, zu bleiben, was sie sind, und zu behalten, was sie haben, denn ob der Tag ihnen bringt, was sie von demselben erwarten, entscheidet sich nach der im Reiche Gottes geltenden Regel: „wer da hat, dem wird gegeben, und er wird die Fülle haben; wer aber nicht hat, von dem wird auch genommen, was er hat" (Matth. 25, 29). Wer das Reich Gottes nicht schon hat, wenn des Menschen Sohn kommt, der wird es auch nicht ererben. Darum kann auch für ihn das erlösende Gericht, das ihn von aller Bedrängnis befreien soll, statt dessen zum Strafgericht werden, — genau entsprechend der früher gefundenen alttestamentlichen Anschauung (s. S. 67 ff.), daß der Gerechte, dem die Verheißung des Heil und Rettung bringenden Gerichtes gilt, der ist, der nicht bloß den Heiden gegenüber Recht hat mit seinem Glauben, sondern auch seinen eigenen Volksgenossen gegenüber Ernst macht mit demselben, ihn in der Anfechtung und Versuchung bewahrt und bewährt, indem er nicht abläßt von dem Wege, den er wandelt. Die eigentliche Bedeutung und Bestimmung des Gerichtes des Messias am Tage seiner Offenbarung ist und bleibt diese Rettung der Seinen.

Das geht deutlich hervor gerade aus den eschatologischen Redestücken. Luk. 17, 22 berichtigt Jesus durchaus nicht die Vorstellung der Jünger, daß der Tag des Menschensohnes all ihrem Druck und Elend ein Ende machen werde, sondern erinnert nur ernstlich daran, daß dieser Tag nicht für jeden heilbringend sei, sondern die Nächsten voneinander scheiden werde. Vor allem aber wird dies in der Darstellung des großen Völkergerichtes Matth. 25, 31 ff. klar. Man hat sich zu vergegenwärtigen, daß, bevor dieser Abschluß eintritt, das Evangelium vom Reich in der ganzen Welt zu einem Zeugnis allen Völkern gepredigt sein wird, Matth. 24, 14. Die aber, die es verkündigen und die es glauben, bleiben unter dem Druck bis zur Parusie, entsprechend der in den Gleichnissen gezeichneten Gestalt des Reiches Gottes in der Gegenwart der Welt, im $αἰὼν οὗτος$, — eine Thatsache, mit der Jesus schon in den Makarismen der Bergpredigt seine Jünger rechnen lehrt, vgl. Matth. 5, 11 ff.; Luk. 6, 22. Wenn dann aber der Menschensohn, der verkannte Messias, als König kommen wird in seinem Reiche (vgl. Matth. 25, 31: $καθίσει ἐπὶ θρόνον τῆς δόξης$ mit Luk. 21, 31: $ἐγγύς ἐστιν ἡ βασιλεία τοῦ θεοῦ$, und V. 36: $σταθῆναι ἔμπροσθεν τοῦ υἱοῦ τοῦ ἀνθρώπου$), so wird er das Gericht über die Völkerwelt in die Hand nehmen, und dann hängt Annahme oder Verwerfung von dem Verhalten gegen diejenigen ab, die als Brüder Jesu (vgl. Matth. 12, 48—50; 5, 11) Druck und Elend haben erleiden müssen. Es sind nicht „Werke der Barmherzigkeit" im allgemeinen, nach denen er richten wird, sondern Werke jener Barmherzigkeit, die wir schon bei Erörterung der Makarismen (Matth. 5, 7) kennen gelernt haben als das Gegenteil desjenigen Verhaltens, unter dem die Gerechten, hier die „Brüder Jesu", gelitten haben. Wer in der abschließlich evangelisierten Völkerwelt sich derer angenommen, die als Brüder und Genossen Jesu Gewalt und Unrecht haben leiden müssen und aller Not und allem Elend hülflos preisgegeben gewesen sind, für den wird Jesus als Richter ebenso in Gnaden eintreten, wie er wider diejenigen entscheiden wird, die die Seinen bedrückt oder unter solchem Druck haben leiden lassen, statt ihnen wenigstens ihr Leid tragen zu helfen und zu erleichtern. Die Werke dieser Barmherzigkeit sind nichts anderes, als Ausdruck der Stellung zu dem den Völkern verkündeten Evangelium, zu dem Messias. Es ist der Menschensohn, der bis zu seiner Parusie überall verkannte Messias (Luk. 18, 8), dessen Evangelium verkündigt worden ist und der als der Messias dann vor aller Welt offenbar wird und das Gericht ausführt. Selbstverständlich ist es, daß der Glaube an ihn bei solcher Lage seiner Diener und Jünger gar nicht anders kann, als in diesen Werken sich äußern, so daß, wo sie fehlen, thatsächlich auch keine Gemeinschaft mit Jesus, keine Anerkennung Jesu vorhanden ist; man vgl. wie Matth. 10, 32 das Bekenntnis des Namens Jesu und V. 41. 42 die den Propheten, den Gerechten gewährte Aufnahme, der Becher kalten Wassers zur

Labung „eines dieser Kleinen in eines Jüngers Namen" zusammengehören.

Es bleibt also dabei, daß dem Begriffe des Reiches Gottes, des Kommens Jesu als König in seinem Reiche in den Reden Jesu von Anfang bis zu Ende der Gedanke des rettenden Gerichts zu Grunde liegt, und daß das $ἤγγικεν\ ἡ\ βασιλεία\ τοῦ\ θεοῦ$ oder $ἔρχεται\ ὁ\ υἱὸς\ τοῦ\ ἀνθρώπου\ ἐν\ τῇ\ δόξῃ\ τοῦ\ πατρός,\ ἐν\ τῇ\ βασιλείᾳ\ αὐτοῦ,\ καθίσει\ ἐπὶ\ θρόνου\ δόξης\ αὐτοῦ$ nichts anderes besagen will und soll, als die Erfüllung der alttestamentlichen Verheißung und Hoffnung auf das gerechte Gericht Gottes.

Die Frage ist nur noch die, weshalb die Lage derer, die auf das Reich Gottes gewartet haben, unverändert bleibt, warum die, die in Jesu den Messias erkannt und deshalb sich ihm angeschlossen haben, noch aushalten müssen in ihrer Vereinsamung und unter dem Druck, weshalb auch sie noch, wie einst die Dulder des Alten Bundes warten müssen auf die verheißene Erlösung, weshalb die Wirklichkeit nichts aufweist von dem, was Marias Magnificat rühmt: „er stürzte Gewaltige vom Throne und erhob die Niedrigen, Hungrige füllte er mit Gütern und Reiche entließ er leer"? Hier muß zugleich die Lösung des Rätsels liegen, warum Jesus, obgleich er die Macht hat, zu thun, was seines Amtes ist, nämlich in unwiderstehlicher göttlicher Allgewalt königlich Gericht zu halten und zu retten, die auf ihn gewartet haben, gerade dies nicht thut, sondern einen Weg geht, als wäre er nicht der König Messias, sondern ein Prophet, und als hätte er keine andere Aufgabe, als zu zeugen, zu leiden und zu dulden, wie alle die andern vor ihm bis auf Johannes, und wie alle die, deren einzige Hoffnung seine Erscheinung gewesen. Nicht, als wenn er überhaupt nicht wollte, — er bejaht ja, wie wir gesehen haben, alle Hoffnungen auf das Königtum Jahvehs und seines Gesalbten, auf das Reich und Gericht Gottes, und stellt sich selbst im Anfang wie am Ende seiner Verkündigung als Richter dar, den man erwarten, hoffen und fürchten soll. Wird dies festgehalten, daß er die ersehnte und erwartete Messiasthat nicht abweist und die Hoffnung darauf, statt sie zurückzuweisen, erst recht belebt und stärkt, nur daß er sie auf seine Parusie verweist, so stellt sich die Frage so: warum schiebt Jesus das rettende Gericht hinaus?

Erinnern wir uns, wie die Hoffnung auf das Gericht zur Furcht geworden ist, und wie Jesus selbst nicht bloß bestätigt, daß Israel Ursache hat, sich zu fürchten, sondern auch seine Jünger mahnt, Sorge zu tragen, daß sie dem Gericht entgehen möchten, so legt sich der Gedanke nahe, daß der Zweck der Hinausschiebung die Rettung ist. Wie dereinst das Gericht, so soll jetzt die Hinausschiebung des Gerichtes dem Zweck der Rettung dienen. Freilich ist damit gegeben, daß, wie die πτωχοί, πραεῖς, πενθοῦντες, δεδιωγμένοι ἕνεκεν δικαιοσύνης sich noch gedulden und weiter tragen müssen, so nun auch Jesus selbst es dulden und leiden muß, daß man ihn verkennt und sich wider ihn setzt. Aber gerade dies, daß er unter der Nichtachtung und Verkennung leidet und daß er nicht mit richtender Gewalt die Wahrheit seiner Worte die Widerstrebenden fühlen läßt, gerade dies gehört zu der Vergebungsgnade, die zu bringen und auszuüben er gekommen ist. Lieber leiden und sterben, als das Verderben über die Sünder führen, — das ist die Bedeutung seiner Fürbitte am Kreuz: „Vater, vergieb ihnen, denn sie wissen nicht, was sie thun" (Luk. 23, 34). Er wird verhöhnt: „andern hat er geholfen, er helfe sich selbst, wenn er der Messias Gottes, der Auserwählte ist, — er steige jetzt herab vom Kreuze, damit wir sehen und glauben" (Luk. 23, 35; Mark. 15, 29 ff.; Matth. 27, 38 ff.). Er hätte es vermocht, der Vater hätte für ihn eintreten können (Matth. 26, 53), — das wäre die Rettung des Gerechten, aber das Verderben aller gewesen. Die Jünger haben die Leidensverkündigung Jesu nicht begriffen, das Leiden und Sterben noch weniger, bis ihnen danach das Licht aufging, daß das δεῖ αὐτὸν πολλὰ παθεῖν καὶ ἀποκτανθῆναι Matth. 16, 21 wirklich notwendig war, um die Gedanken Gottes zu verwirklichen (V. 23). Ὁ γὰρ υἱὸς τοῦ ἀνθρώπου οὐκ ἦλθε ψυχὰς ἀνθρώπων ἀπολέσαι ἀλλὰ σῶσαι — mag sich's mit der Authentie dieses in der gegenwärtigen Gestalt des Lukasevangeliums 9, 56 fehlenden Wortes verhalten wie es will, daß es den Sinn, das Motiv ausspricht für Jesu Dulden, für seine Verzichtleistung auf eine Durchsetzung seiner Ansprüche und der Ansprüche des, der ihn gesandt, die notwendig zum Strafgericht sich gestalten würde, ist unverkennbar. Hier liegt die Lösung des Rätsels in dem Gesamtverhalten dessen, von dessen Messianität seine Jünger überzeugt waren und warteten von Tag zu Tage, daß er sie endlich nicht bloß in Zeichen bethätigen werde. Vergebung bedarf Israel, nur durch Vergebung kann ihm die Offenbarung der richtenden Gerechtigkeit Gottes, kann ihm der König Messias die Erlösung bringen. Gerade die „Treuen im Lande" (Pf. 101, 6) sprechen es aus, nicht als Urteil über die andern, sondern als ihre Hoffnung für sich selbst (Luk. 1, 76 ff.). Schon das Auftreten des Täufers infolge des zu ihm geschehenen Wortes Gottes ist ja einerseits eine Versicherung der Gnade und Treue Gottes, den sein Bund und seine Verheißungen nicht gereuen und der in der entscheidenden Stunde durch die Sendung des Propheten selbst Sorge dafür trägt, daß seinem Volke die bevorstehende Erfüllung der Weissagung zum Heile gedeihen möge. Andrerseits aber bestätigt die dem Täufer aufgetragene Predigt des βάπτισμα μετανοίας εἰς ἄφεσιν ἁμαρτιῶν mit ihrer Begründung durch die Nähe des Reiches Gottes, was jene Treuen, die Stillen im Lande, stets gewußt, die Autoritäten aber und Virtuosen der Religion sich zu verbergen gesucht und die große Menge des הָאָרֶץ עַם gar nicht bedacht hat, daß nämlich Vergebung der Sünden dazu gehört, um der Erfüllung der Verheißung und Hoffnung sich freuen zu können. Hat Israel die Vergebung nicht gesucht oder verschmäht, so muß das Gericht, das seine Rettung sein sollte, zu seinem Verderben ausschlagen. Der Messias kommt, während Johannes noch in seinem Berufe wirkt. Was bringt er? Er soll und will Vergebung bringen, βαπτίσει ἐν πνεύματι καὶ πυρί, nicht mehr symbolisch durch Waschung mit Wasser sie verbürgend, sondern in Kraft des heiligen Geistes durch wirkliche Austilgung der Sünde und Schuld (Jef. 4, 3). Sein Kommen gilt dem ganzen Volke, das die Verheißung hat, und ist Vergebungsgnade für ein Volk, dessen beste Glieder bestätigen, was der Herr sein Gott ihn noch einmal hat bezeugen lassen, daß nur Vergebung ihm helfen kann. Damit hängt es zusammen, daß er nicht erscheint in der Herrlichkeit unwiderstehlicher göttlicher Machtfülle, um das Recht geltend zu machen wider alle, die Unrecht haben und Unrecht thun und nicht Ernst machen mit dem, was Gott von ihnen fordert. Dann könnte ganz Israel nicht anders als rufen zu den Bergen: fallet über uns, und zu den Hügeln: bedecket uns (Luk. 23, 30; Hos. 10, 8; Apok. 6, 16). Weil das Gericht für ein Volk, das Vergebung bedarf, nur Strafgericht sein kann, erscheint er nicht als König und Richter, und daher kommt es, daß man ihm den Messias nicht ansieht. Was daraus folgt, die Verkennung, unter der er deshalb zu leiden hat, muß er auf sich nehmen und nimmt er auf sich, weil er nicht für die Gerechten, sondern für die Sünder gekommen ist (Matth. 9, 13; Mark. 2, 17; Luk. 5, 32), das Verlorene zu retten (Luk. 19, 10). So kommt es, daß man ihm das Prädikat des Messias, ὁ υἱὸς τοῦ θεοῦ, versagt, und für Gotteslästerung hält, wenn er die Vergebung ausspricht (Mark. 2, 7; Matth. 9, 3; Luk. 5, 21), für todeswürdige Gotteslästerung erklärt, daß er den Anspruch erhebt, der Messias, der Sohn des lebendigen Gottes zu sein, er, der nur das Urteil rechtfertigt, daß er ein Mensch von Menschen her, υἱὸς ἀνθρώπου, wie jeder andere auch sei, mehr nicht (Matth. 26, 63 f. u. Parall.).

Bevor sie von der Auferstehung her rückwärts schauend es verstanden, haben seine Jünger nicht begriffen, weshalb Jesus einen Weg ging, der zum Kreuze führte. Sie hatten erkannt, daß er der Messias sei, und alle Verkennung hatte sie nicht daran irre gemacht. Sie hatten sich darin gefunden, daß er verzog, sich in seiner Herrlichkeit zu offenbaren, und mit ihm sein Los geteilt, nicht zu haben, wo er sein Haupt hinlege, geschweige denn auf dem Throne seiner Herrlichkeit zu sitzen. Daß er der Zöllner und Sünder sich erbarmte, gehörte für sie zu seinem messianischen Beruf, während die Schriftgelehrten und Pharisäer gerade daraus gegen ihn argumentierten, denn wie stimmte das zu dem königlichen Richter, als den sie den Messias erwarteten? Aber das begriffen sie nicht, daß er gerade, um der Zöllner und Sünder sich zu erbarmen, um zu vergeben, diesen Weg ging und auf diesem Wege blieb, ihn gehen und auf ihm bleiben mußte. So unbedingt fest stand seinen Gegnern, er sei nicht der verheißene Messias, der Sohn Gottes, könne es nicht sein, daß er sich selbst mit Rücksicht auf dieses so begründete Urteil ὁ υἱὸς τοῦ ἀνθρώπου nannte, d. i. der, der nicht der Sohn Gottes sein soll. Daß er trotzdem der Messias, ὁ υἱὸς τοῦ θεοῦ, sei, das stand den Jüngern fest und darin waren sie durch alle Verkennung nicht irre geworden. Als es so weit gekommen war, daß auf einen Umschwung im Verhalten Israels nicht mehr zu rechnen und das Ende, das Kreuz unausweichlich geworden war, fragte sie Jesus: „wer sagen die Leute, daß ich sei?" (Mark. 8, 27; Luk. 9, 18), oder: „daß des Menschen Sohn sei?" (Matth. 16, 13).¹) Trotz des allgemeinen Urteils, daß er zwar etwas Besonderes sei, einer der Propheten, der aus der andern Welt zurückgekommen sei, nur nicht der Messias, steht ihnen fest: ὁ υἱὸς τοῦ ἀνθρώπου ἐστὶν ὁ υἱὸς τοῦ θεοῦ. „Du bist der Messias, der Sohn des lebendigen Gottes," bekennt Petrus für sich und alle Jünger, und daraufhin spricht Jesus nun das Wort von seiner Gemeinde, die er an Stelle des Volkes, das ihn verwirft, gründen werde, und die des Hades Pforten nicht überwältigen sollen. Doch der Messias, — aber daß er gerade so der Messias sei, daß er deshalb der Messias sei, wie Jesus selbst es im johanneischen Evangelium ausdrückt, ὅτι υἱὸς ἀνθρώπου ἐστίν (Joh. 5, 27), das fassen sie nicht. Sie denken nur: nun muß der Tag der Offenbarung des Menschensohnes endlich kommen! Sie fügen sich in sein Verbot, irgend jemandem zu sagen, daß eben er der Messias sei (Matth. 16, 20, vgl. 17, 9), — weshalb er es verbietet, verstehen sie nicht. Darum als er nun beginnt, ihnen zu zeigen, „daß er müsse nach Jerusalem gehen und viel leiden von den Ältesten und Hohenpriestern und Schriftgelehrten und getötet werden" (Matth. 16, 21), ὅτι δεῖ τὸν υἱὸν τοῦ ἀνθρώπου . . . . ἀποδοκιμασθῆναι (Mark. 9, 31) da bedroht ihn Petrus. Jesus aber sieht die Vollendung seiner Verkennung so sehr als zu seinem göttlichen Berufe gehörig an, daß er ihn mit dem Namen des Feindes der

---

¹) Es ist ganz unerheblich, daß der Bericht bei Markus und Lukas lautet: τίνα με λέγουσιν οἱ ἄνθρωποι εἶναι; (Luk.: τίνα με οἱ ὄχλοι λέγουσιν εἶναι;), bei Matthäus: τίνα λέγουσιν οἱ ἄνθρωποι εἶναι τὸν υἱὸν τοῦ ἀνθρώπου; denn Jesus fragt so mit Rücksicht auf seine allgemeine Verkennung, und die Bedeutung der Selbstbezeichnung Jesu als ὁ υἱὸς τοῦ ἀνθρώπου ist ja, wie ich anderwärts (Wörterb. 7. Aufl., S. 909 ff., 8. Aufl. S. 958 ff.) nachgewiesen habe, die, daß er damit das öffentliche Urteil über sich aufnimmt.

Menschen und ihres Heiles belegt, der sich den Heilsabsichten Gottes in den Weg stellt, und spricht zu ihm: „gehe hinter mich, Satan! Du bist mir ein Ärgernis, denn du denkest nicht, was Gottes, sondern was der Menschen ist."

So löst sich das Rätsel des „Menschensohnes". Was sein ganzes Auftreten von der Taufe im Jordan bis zur Übernahme des Kreuzes kennzeichnet, ist die Differenz, zwischen dem, was er ist, oder zwischen seiner Messianität, seiner Gottessohnschaft, und zwischen seiner Erscheinung. Daß er vermag, was der Messias vermögen muß, das beweisen seine Wunder, die sich von allem, was Israel sonst von Wundern weiß, deutlich abheben und im Zusammenhange mit dem „Evangelium", das er redet, nicht bloß im allgemeinen bezeugen, daß Gott mit ihm ist (Joh. 3, 2), sondern daß er der ist, der kommen sollte (Matth. 11, 3—5). Er könnte anders handeln an den Menschen, als er thut; er könnte mehr als „ein Zeichen vom Himmel" zeigen (Matth. 16, 1), aber er thut es nicht, er will es nicht, denn das wäre das Gegenteil von Vergebung, von Rettung. Von der Jordanflut bis Gethsemaneh und Golgatha geht er klar und bewußt den Weg, der nichts als ein Leidensweg für ihn ist, denn nur so kann er vergeben, das gehört zum Vergeben. Seine Erniedrigung, sein Dulden ist nicht nur eine Illustration seiner Gesinnung, sondern geschieht zur Vergebung, ist die Ausübung der Vergebung, und darum endet der Weg, den er ohne jemals abzubiegen geht, mit der Vergießung seines Blutes $\varepsilon\dot{\iota}\varsigma$ $\ddot{\alpha}\varphi\varepsilon\sigma\iota\nu$ $\dot{\alpha}\mu\alpha\rho\tau\iota\tilde{\omega}\nu$. Von der Wüste an, wo der Feind unsres Heiles ihn versuchte, sich selbst zu helfen, bis zu jenem Wort des Hohnes: „andern hat er geholfen und kann sich selbst nicht helfen" (Mark. 15, 31) hat er auf alle Selbsthülfe verzichtet, um nicht wider sein Volk und seine Feinde seine Macht zu gebrauchen. Die Zumutung, von der Zinne des Tempels herab getragen von den Engeln zu dem Volk zu kommen, das von dorther seine Hülfe erwartete, hat der von sich gewiesen, der nach seinem eigenen Wort einst kommen wird in seiner Herrlichkeit und alle Engel mit ihm, denn er wollte nicht mit Gewalt seine Anerkennung erzwingen und richten, sondern ertragen, daß man ihn nicht erkannte und ihm widerstrebte. Da hat er den Weg des Leidens und Duldens zum Zweck der Vergebung erwählt. Das war die

Bedeutung der Versuchung für den, der die Vergebung bringen und zugleich die Tenne fegen, Gnade und Gericht üben sollte. Nun kann er die, die ihn erkannt und an ihn geglaubt und Vergebung aus seiner Fülle genommen haben, auch einst retten, wenn der Tag des Gerichtes gekommen ist.

So wird es klar, warum er den Elenden und Armen, den Leidtragenden und Duldern die Erfüllung ihrer Sehnsucht und Hoffnung verkündet und doch sie anweist, mit ihm und um seinetwillen weiter zu leiden und zu dulden, bis die Erlösung komme, ja warum er nicht für die Gerechten, sondern für die Zöllner und Sünder gekommen ist. Nun erhalten all die Makarismen ihr besonderes Gewicht, denn jedes seiner λόγοι τῆς χάριτος (Luk. 4, 22), die aus seinem Munde kamen, trug in sich die Vergebung, die Bedingung aller Erlösung. Nun wird auch klar, warum das Reich Gottes bis zum Tage des Gerichtes jene in den Gleichnissen gezeichnete Gestalt hat, in der es allen, die es finden, ein Ersatz ist für alles, was sie ἐν τῷ αἰῶνι τούτῳ erleiden oder lassen müssen, ohne daß das Gericht des Königs ihrem Elend ein Ende macht. Das Reich Gottes und der Menschensohn gehören zusammen. Nur die in dem Menschensohn den Sohn Gottes erkennen und an ihn glauben, sehen auch das Reich und sind imstande, seine Geheimnisse zu verstehen, — zu verstehen, daß „das prophetische Amt des Messias", wie die Dogmatiker es leider nennen, eine That seiner selbsterniedrigenden Liebe ist und nicht den Zweck hat, Geheimnisse zu künden, die bis dahin verborgen waren, sondern zu dem Menschensohn gehört εἰς ἄφεσιν ἁμαρτιῶν, nicht um von ihr zu zeugen, sondern sie auszuüben.

So wird auch die Heilsordnung verständlich, an die er das Heil, das Reich Gottes bindet. Doch ehe wir dazu übergehen, gilt es noch einen Punkt ins Auge zu fassen, der in seiner Verkündigung ebenso wie in der alttestamentlichen Verheißung und Hoffnung eng mit dem Königtum Gottes zusammengehört, und nur in dieser Zusammengehörigkeit voll verstanden werden kann, während man neuerdings begonnen hat, von ihm aus gegen die Erfüllung der alttestamentlichen Reichs- und Gerichtshoffnung durch Jesus zu argumentieren. Dies ist die Vaterschaft Gottes und die Gotteskindschaft.

2.
Die Vaterschaft Gottes, die Gotteskindschaft und die Erwählung.

Königtum Gottes, Vaterschaft Gottes und Gotteskindschaft Israels liegen in dem Gedankenkreise des alttestamentlichen Glaubens- und Hoffnungslebens untrennbar nah zusammen und gehören zusammen durch den Begriff der Erwählung (f. S. 78). Israel weiß sich als Gottes Volk, Jahveh ist sein König. Jahvehs Volk ist es durch Erwählung, erwählt aber ist es von ihm in freier Liebe, die es aus dem Diensthause geführt hat und der es alles verdankt, was es ist. „Ich, Jahveh, bin dein Gott," hat er zu Israel gesagt, du kannst dich fest auf mich verlassen, auf mich allein! Darum schließt sich in dem Glaubens= bewußtsein Israels, Gottes erwähltes Volk, von Gott geliebt zu sein, mit dem Gedanken des Königtums der der Vaterschaft Gottes, mit dem Glauben an die Erwählung der Glaube an die Gotteskindschaft Israels zusammen. Um so schwerer wiegt Israels Sünde, um so vernichtender lauten die Anklagen, die Gott durch seine Boten erhebt. „Kinder habe ich großgezogen und empor= gebracht, aber sie sind von mir abgefallen; es kennt ein Ochs seinen Besitzer und der Esel die Krippe seines Herrn, — Israel weiß nicht, mein Volk merkt nicht auf" (Jes. 1, 2. 3). „Ein Sohn ehrt seinen Vater und ein Knecht seinen Herrn; bin Vater ich, wo ist meine Ehre? bin Herr ich, wo ist die Furcht vor mir? spricht Jahveh Zebaoth" (Mal. 1, 6), also Israels König (f. S. 75 f.). Israel wagt es deshalb kaum, den Vaternamen in den Mund zu nehmen, aber in den dunkelsten Stunden ver= zehrender Angst drängt er sich doch auf die Lippen: „Du bist unser Vater, denn Abraham weiß von uns nicht und Israel kennet uns nicht; du Jahveh bist unser Vater und unser Erlöser, von alters her ist das dein Name" (Jes. 63, 16; vgl. 64, 7. 8). Denn nur darauf kann die Hoffnung des unter dem Gericht seufzenden Volkes Gottes beruhen, daß Jahveh in Barmherzigkeit des Sohnes gedenkt, den er erwählt hat (Jer. 31, 20; vgl. Pf. 98, 3).

Auf die Abschwächung des Begriffs der Vaterschaft Gottes und des Glaubens an die Erwählung, wie sie uns infolge der Berührung mit dem gebildeten Heidentum in einigen der apokryphischen Schriften in der verblaßten Vorstellung von der göttlichen Vorsehung, πρόνοια = εὔνοια begegnen, ist die Synagoge nicht eingegangen. Während Sap. 14, 3; Sir. 21, 1. 4 an die Stelle der auf Israel gerichteten Erwählungsliebe (Deut. 33, 3) das allgemeine πατρικόν τι der Gottheit[1]) setzen und darin nichts anderes erblicken, als die mit der Schöpfung gegebene φροντίς καὶ εὔνοια πρὸς ἅπαντα;[2]) der allgemeinen, alles durchwaltenden πρόνοια (Sap. 14, 3), lassen 2 Makk. 5, 7; 6, 3 wenigstens noch einen Nachklang israelitischen Erwählungsglaubens erkennen, der in Tob. 13, 4 und namentlich in der berühmten Stelle Sap. 2, 16 ff. seinen vollen Ausdruck findet: „der Gerechte preist selig das Endgeschick der Gerechten und prahlt, daß Gott sein Vater sei, ἀλαζονεύεται πατέρα θεόν. Laßt uns sehen, ob seine Worte wahr sind, und erproben, was für einen Ausgang es mit ihm nehmen wird. Denn wenn der Gerechte Gottes Sohn (υἱὸς θεοῦ) ist, wird er ihm helfen und aus der Hand der Widersacher ihn erretten." „Der Gerechte" ist der Israelit, der Ernst macht mit der Religion in Gottesfurcht und Glauben gegenüber denen, die da sprechen: „lasset uns vergewaltigen den armen Gerechten, der Witwe nicht verschonen noch scheuen das altersgraue Haupt des Greises; unsere Stärke soll das Gesetz der Gerechtigkeit sein, denn was schwach ist, das ist unnütz" (V. 10 f.). Solange in Israel noch ein Rest dieses von seiner Religion unabtrennbaren Selbstbewußtseins, ein Rest von Glauben an seine Erwählung und von Hoffnung auf

---

[1]) Plut. de superstit. 6 (167, D): οἱ ἄθεοι οὐχ ὁρῶσι τοὺς θεοὺς τὸ παράπαν, οἱ δὲ δεισιδαίμονες ὑπάρχειν κακοὺς νομίζουσιν· οἱ μὲν παρορῶσιν, οἱ δὲ δοξάζουσι φοβερὸν τὸ εὐμενὲς καὶ τυραννικὸν τὸ πατρικόν.

[2]) Diod. Sic. bibl. 5, 72.

Gott um seiner Verheißung willen lebte, konnte es den Gedanken
der Vaterschaft Jahvehs nicht ohne weiteres um der allgemeinen
Überordnung Gottes oder seiner Weltregierung willen auf die
ganze Welt ausdehnen und dadurch entleeren. Denn an dieser
Israel geltenden Vaterschaft Gottes wie an dem Königtum
Jahvehs über Israel, an der Erwählung Israels zum Volke
und zum erstgebornen Sohne Gottes hing die Hoffnung auf die
verheißene und ersehnte Erlösung, — wie sehr, zeigt das Kaddisch-
Gebet und das Schmone Esre-Gebet (s. oben S. 143 ff.). Am
Schlusse jenes fast zwei Jahrtausende zurück zu verfolgenden, am
Schlusse jedes Synagogendienstes zu betenden Gebetes um das
Kommen des Reiches Gottes und seines Messias heißt es: „möge
angenommen werden das Gebet und Verlangen des ganzen Hauses
Israels vor ihrem Vater, der in den Himmeln ist." Ebenso ist
in dem täglichen Gebet Schmone Esre Königtum und Vaterschaft
Gottes über Israel verbunden, indem es in der 5. Bitte heißt:
„Führe uns zurück o Vater zu deinem Gesetz, und bringe uns,
du unser König, zu deinem Dienst," und in der 6.: „vergieb
uns, unser Vater, denn wir haben gesündigt; verzeihe uns, unser
König, denn wir haben gefrevelt." Es will aber beachtet sein,
daß diese beiden Gebete, die so bedeutungsvoll für das religiöse
Leben Israels sind, gerade in dieser Verbindung der Vaterschaft
und des Königtums Gottes durchaus den Jes. 63, 16; 64, 7. 8
angeschlagenen Ton festhalten. Selbst wenn man die beiden
genannten Gebete jüngeren Datums sein lassen wollte, — eine
Beeinflussung etwa durch den Gebrauch des Vaternamens Gottes
im Christentum ist völlig ausgeschlossen, um so mehr, als wir in
den Evangelien keine Spur von Befremden über diese Benennung
Gottes seitens Jesu wahrnehmen. Was die Juden befremdet
und den Widerspruch herausfordert, ist nur, daß Jesus die
Vaterschaft Gottes in besonderer Weise für sich in Anspruch
nimmt. Wenn der Targumist Jer. 3, 4. 9 das אָבִי nur durch
רִבּוֹנִי wiedergiebt, und Jes. 63, 16 umschreibt: „du bist unser
Herr und deine Wohlthaten sind so reichlich über uns, wie eines
Vaters über seine Kinder,"[1]) so beweist dies nur etwas für sein
beschränktes Verständnis, nichts aber gegen den Gebrauch des

---

[1]) Vgl. Tholuck, Bergpredigt, zu Matth. 6, 9.

Vaternamens Gottes — wenn auch seltener, wo man von Gott redet, so doch namentlich, wo man mit ihm redet, zu ihm betet. Ist es auch zu viel behauptet, wenn Lightfoot von den Hörern der Bergpredigt sagt: edocti fuerant ab incunabulis, Deum vocare patrem in coelis, — denn dazu war der Vatername für Gott doch zu groß und ernst —, so ist das doch richtig, daß wir dem אבינו שבשמים, unser Vater in den Himmeln, oft in den talmudischen Traktaten begegnen,[1]) und zwar stets mit Beziehung auf die Erwählung Israels zum Eigentumsvolke, also im Zusammenhange mit dem Gedanken des Königtums Gottes.

Steht aber der Vatername Gottes in dieser engen Verbindung mit dem Glauben Israels an seine Erwählung und mit seiner Hoffnung auf das Königtum, auf das Reich und Gericht Gottes, so begreift sich's, daß er in der Verkündigung Jesu von der βασιλεία τοῦ θεοῦ nicht fehlen kann. Hat das יהוה מלך der Weissagung Jes. 24, 23; 52, 7 ff., des Glaubens und der Hoffnung Ps. 93—100 Gegenwart gewonnen wie nie zuvor, so wäre es wunderbar, wenn nicht die Vaterschaft und der Vatername Gottes in gleichem Maße wie das Reich Gottes im Mittelpunkt alles dessen stände, was Jesus zu sagen hat und sagt. Es steht nicht so, daß der Gedanke des Königtums Gottes abgelöst würde von dem der Vaterschaft, oder auch nur unmerklich dazu vertieft würde. Im Gegenteil, wie fest derselbe gehalten wird, wie selbstverständlich zusammengehörig beide, Königtum und Vaterschaft Gottes, erscheinen, ergiebt die Bezeichnung des Reiches Gottes, des Himmelreichs als Reich des Vaters, und zwar so, daß die für den Begriff des Reiches Gottes kennzeichnenden Züge der Verheißungserfüllung und des rettenden, erlösenden Gerichtes auch für diese Verbindung maßgebend sind. „Des Menschen Sohn," heißt es in der Deutung des Gleichnisses vom Unkraut unter dem Weizen, „wird am Ende der Weltzeit seine Engel senden und sie werden aus seinem Reiche sammeln alle Ärgernisse und die da Unrecht thun … dann werden die Gerechten leuchten wie die Sonne in dem Reiche ihres Vaters" Matth. 13, 43. „Sorget nicht, was ihr essen und was ihr trinken werdet, … euer Vater weiß, daß

---

[1]) cf. Lightfoot, hor. hebr., ad Matth. 6, 9.

ihr dessen bedürfet; nur sein Reich suchet, so wird jenes euch gegeben werden; fürchte dich nicht, du kleine Herde, denn es ist eures Vaters Wohlgefallen, euch das Reich zu geben," heißt es Luk. 12, 30 ff. im Zusammenhange eschatologischer Weisung. In der entsprechenden Parallele in der Bergpredigt bei Matthäus 6, 33: ζητεῖτε πρῶτον τὴν βασιλείαν καὶ τὴν δικαιοσύνην αὐτοῦ, wo das eschatologische Moment sich in den Begriffen der βασιλεία und δικαιοσύνη konzentriert, — bezieht sich das Pronomen αὐτοῦ zurück auf ὁ πατὴρ ὑμῶν V. 32. Mag man δικαιοσύνη von der Gerechtigkeit des den Gerechten zum Recht verhelfenden Gottes oder von der Gerechtigkeit derer verstehen, die eine gerechte Sache zu haben begehren und erstreben müssen, — in jedem Falle verbindet dieser Zusatz den Gedanken des Reiches und Gerichts, also des Königtums so eng mit dem der Vaterschaft Gottes, daß es unmöglich ist, dem letzteren einen entgegengesetzten oder auch nur abweichenden Inhalt zu geben. Es ist nicht so, daß der Gerichtsgedanke den der Vaterschaft Gottes ausschließt, — im Gegenteil: gerade in dem königlichen Gericht zu Gunsten Israels, zur Erlösung desselben erscheint Gott als Vater seines Volkes, der die lange ersehnte und erbetene Barmherzigkeit an ihm übt; — denn wie wir von früher her wissen: Gericht und Barmherzigkeit schließen einander nicht bloß nicht aus, sondern das ersehnte und angerufene Gericht ist Barmherzigkeit.[1])

Wenn an diesem denkbar engsten Zusammenhang zwischen Königtum und Vaterschaft Gottes noch irgend ein Zweifel bestehen könnte, das Gebet, welches Jesus seine Jünger lehrte, würde denselben endgültig ausschließen. Weshalb begehren die Jünger, daß Jesus sie beten lehren soll „wie auch Johannes seine Jünger gelehrt hat" (Luk. 11, 1)? Ein Israelit, einer von den Stillen und Treuen im Lande, der nicht zu beten gewußt hätte, ist ein unvollziehbarer Gedanke. Dafür bedarf es bloß der Erinnerung an das Gesang- und Gebetbuch Israels, das auch der Christenheit noch dienen muß, um das rechte Wort für des Herzens Begehren zu finden. Der Grund für diese Bitte der Jünger muß ein

---

[1]) Es mag hier schon an 1 Petr. 1, 17 erinnert werden: „sintemal ihr als Vater anrufet den, der ohne Ansehn der Person richtet" u. s. w.

anderer als der gewesen sein, nur eine wo möglich vollkommene
Gebetsformel oder Anweisung zum Gebet zu erhalten. Wir
haben ihn in der Lage zu suchen, in der sie waren, in dem, was
ihr Innerstes so bewegte, daß sie es nicht auszudrücken wußten,
nicht wußten, was sie bitten sollten. Sie glauben an Jesus;
ihm haben sie sich angeschlossen in der Überzeugung und Zu=
versicht: er ist der König Messias. Aber wo bleibt sein Reich,
das Reich Gottes? Ja, sie verstehen das Geheimnis des Reiches
Gottes, daß und weshalb es da ist, ohne daß man es sieht.
Sie fragen nicht mehr, wie später die Pharisäer (Luk. 17, 20):
wann kommt das Reich Gottes? Aber ihr ganzes Sehnen geht
doch darauf, daß die Wartezeit der Stillen und Dulder, die auch
Jesus noch nicht beendet, sie aber zu beenden verheißt, ein Ende
nehmen möge. Den Messias haben sie und haben doch nicht,
worauf sie mit ihrem Volk und ihren Vätern gehofft und worauf
zu hoffen sie nicht aufgeben können, zumal auch Jesus sie nicht
dazu nötigt. Wie sollen sie jetzt ihr Herz ausschütten und im
Gebet sagen, was sie begehren? Erfüllte und doch nicht erfüllte
Verheißung, verwirklichte und doch nicht verwirklichte Hoffnung,
Erfüllungszeit und doch Wartezeit, Glaube an die Gegenwart des
verheißenen und ersehnten Helfers und doch Sehnsucht nach der
verheißenen Hülfe, — wie sollen sie so beten, daß beides zu=
sammen seinen Ausdruck findet und das eine nicht durch das
andere geschädigt wird? daß Glaube und Hoffnung miteinander
ihr Recht bekommen?¹) Uns erscheint diese Verbindung so selbst=
verständlich, daß wir bei einer Aussage wie Röm. 8, 24: τῇ
ἐλπίδι ἐσώθημεν, oder wie in der eben angeführten petrinischen
Stelle, oder wie Hebr. 11, 1 fast nur an das „ohne Hoffnung
und ohne Gott in der Welt" der Heiden (Eph. 2, 12) denken,
während es damals die ernsteste Aufgabe für die Jünger war,
sich darin zu finden und das zu verstehen, daß das Haben des
Messias das Hoffen und Harren nicht aufhob. Alttestamentlich
ist glauben und hoffen; daß es auch in der angebrochenen
Erfüllungszeit des Neuen Bundes noch dabei verbliebe, erfuhren
zwar die Jünger, aber verstanden es nicht. Begreifen wir erst,

---

¹) Vgl. 1 Petr. 1, 21: ὥστε τὴν πίστιν ὑμῶν καὶ ἐλπίδα εἶναι
εἰς θεόν.

wie das die Jünger innerlich in Anspruch nehmen mußte, dann verstehen wir ebenso ihre Bitte, wie das Entgegenkommen Jesu, indem er ihnen nach Matthäus in der Bergpredigt mit seiner Unterweisung entgegenkam (Matth. 6, 9 ff.) und ihnen zeigte, welcher Art ihr Beten sein solle und welchen Inhalt es haben solle. Sie sollen beten, wie Israel in den Stunden seines heißesten Ringens (Jes. 63, 16; Jer. 3, 4) und wie es ihm für die Zeit der Erhörung in Aussicht gestellt ist (Jer. 3, 19): „Vater", „unser Vater in den Himmeln", und daran die Bitten knüpfen, die nun alle fünf oder sieben in engster Beziehung stehen zu der Reichs= und Gerichtshoffnung, die zu erfüllen Jesus gekommen ist. Wie eng zusammen die Bitten gehören: dein Name werde geheiligt, dein Reich komme, lehrt ein Blick in die Weissagungen Ezechiels 36, 23 ff.; 39, 7. 25, und daß die bei Matthäus folgende Bitte: „es geschehe dein Wille wie im Himmel auch auf Erden" sich inhaltlich davon nicht entfernt, geschweige denn daß sie als Bitte um Ergebung zu verstehen wäre, ergiebt die nähere Bestimmung „wie im Himmel", wobei man sich an Pf. 103, 19. 20 erinnern mag. Bevor diese Bitten ihre abschließende Erhörung finden und solange deshalb der bisherige Stand der Jünger in der Welt währet, — man denke an die Makarismen — bedürfen sie in der Welt und von der Welt nichts weiter als das tägliche Brot; im Blick auf die Heilszukunft aber, auf das erlösende Gericht sollen sie mit ebenso= viel Ernst wie Zuversicht und Vertrauen täglich wieder bitten um Vergebung ihrer Sünden anstatt der gerichtlichen Hingabe an die Versuchung (vgl. Apok. 3, 10). Daß dies der Inhalt der (nach lukanischer Überlieferung) fünften Bitte ist, ergiebt der Zusatz bei Matthäus: „sondern errette uns von dem Bösen", dem Unrecht, das sie zu leiden und still und geduldig betend zu tragen haben, bis „die letzte Stunde" kommt. So kehrt das Gebet zu seinem Anfang, zu dem Vaternamen Gottes zurück, in den sich alle Erlösungshoffnung, alle Sehnsucht und aller Glaube zusammen= drängt.[1]) Inniger kann die Reichs= und Gerichtshoffnung, die

---

[1]) Vgl. die Gabe des πνεῦμα ἅγιον Luk. 11, 13 als Erhörung solchen Gebetes. Das πνεῦμα ἅγιον aber — vgl. Jes. 44, 3; 57, 15. 16 — benennt ebenso die Verheißungserfüllung wie die βασιλεία τοῦ θεοῦ, τῶν οὐρανῶν.

Vaterschaft Gottes und der Kindschaftsglaube nicht in Verbindung gesetzt werden, als in diesem Gebet geschieht, welches so durch und durch israelitisch ist, daß nicht einmal die Anrede, wie das Kaddisch zeigt, specifisch christlich ist. Das „christliche" liegt weder in den Worten, die Jesus seinen Jüngern in den Mund legt, noch etwa in einem anderen Sinn, den sie damit verbinden sollen und von dem wir nirgend etwas erfahren. Es liegt nur in den Betern selbst, darin, daß sie glauben an die Messianität Jesu und nicht bloß dennoch, sondern nun erst recht und deshalb so beten sollen.

Aus allem erhellt, daß gar keine Veranlassung vorliegt, an eine Jesu aufgegangene und von ihm bezeugte neue Gotteserkenntnis zu denken, welche an die Stelle des Richters den Vater setzte. Im Gegenteil: so wenig aus dem Begriff der $\beta\alpha\sigma\iota\lambda\varepsilon\iota\alpha$ die Gerichtshoffnung entfernt werden kann, so wenig schließt, wie wir schon oben sahen, die Vaterschaft Gottes das Gericht aus. „Nicht jeder," spricht Jesus Matth. 7, 21, „der zu mir sagt Herr, Herr, wird in das Himmelreich eingehen, sondern wer den Willen thut meines Vaters in den Himmeln." Diese letztere Bezeichnung verbindet gerade durch den Zusatz $\dot{\varepsilon}\nu\ \tau o\tilde{\iota}\varsigma\ o\dot{\upsilon}\varrho\alpha\nu o\tilde{\iota}\varsigma$ mit dem Gedanken der Vaterschaft Gottes den des Königtums und damit den des Gerichts. Sie ist dem ersten Evangelisten ebenso eigentümlich,[1]) wie seine Benennung des Reiches Gottes als $\beta\alpha\sigma\iota\lambda\varepsilon\iota\alpha\ \tau\tilde{\omega}\nu\ o\dot{\upsilon}\varrho\alpha\nu\tilde{\omega}\nu$. Beide entsprechen um so mehr einander, als es sich in dem Begriff der Vaterschaft ebenso wie in dem des Reiches Gottes um die Erlösungsverheißung und ihre Erfüllung handelt. Dieselbe Bedeutung, welche der Himmel oder die Himmel für das Königtum Gottes und die darauf gerichtete Hoffnung seines Volkes haben (s. oben S. 166 ff.), haben sie für die Vaterschaft Gottes und ihre Bethätigung. Vom Himmel her und nur von dorther kann das Heil kommen; alle Heilshoffnung schaut aufwärts; die $\beta\alpha\sigma\iota\lambda\varepsilon\iota\alpha\ \tau o\tilde{\upsilon}\ \vartheta\varepsilon o\tilde{\upsilon}$ ist $\beta\alpha\sigma\iota\lambda\varepsilon\iota\alpha\ \tau o\tilde{\upsilon}\ \pi\alpha\tau\varrho\acute{o}\varsigma$, und wie diese eine $\beta\alpha\sigma\iota\lambda\varepsilon\iota\alpha$

---

[1]) Außerdem hat nur noch Mark. 11, 25 diese Benennung Gottes: $\dot{\alpha}\varphi\acute{\iota}\varepsilon\tau\varepsilon,\ \ddot{\iota}\nu\alpha\ \kappa\alpha\grave{\iota}\ \dot{o}\ \pi\alpha\tau\grave{\eta}\varrho\ \dot{\upsilon}\mu\tilde{\omega}\nu\ \dot{o}\ \dot{\varepsilon}\nu\ \tau o\tilde{\iota}\varsigma\ o\dot{\upsilon}\varrho\alpha\nu o\tilde{\iota}\varsigma\ \dot{\alpha}\varphi\tilde{\eta}\ \dot{\upsilon}\mu\tilde{\iota}\nu\ \tau\grave{\alpha}\ \pi\alpha\varrho\alpha\pi\tau\acute{\omega}\mu\alpha\tau\alpha\ \dot{\upsilon}\mu\tilde{\omega}\nu$, wobei man sich zu erinnern hat, daß die Vergebung der Sünden von der richtenden Gerechtigkeit Gottes erbeten und gegeben wird.

τῶν οὐρανῶν ist, so ist der Vater ὁ πατὴρ ὁ ἐν τοῖς οὐρανοῖς, der in der Erfüllung der Verheißung sich als ὁ πατὴρ ὁ ἐξ οὐρανοῦ bethätigt, wie der Ausdruck Luk. 11, 13 lautet, b. i. als der Vater, der vom Himmel her handelt, der als solcher δώσει πνεῦμα ἅγιον τοῖς αἰτοῦσιν αὐτόν, vgl. Jes. 4, 4; 44, 3; Joel 3, 1. Vom Himmel her zu handeln, vom Himmel her das Heil zu geben, die Verheißung zu erfüllen, das ist die Bethätigung wie des Königtums so der Vaterschaft Gottes. Beide Ausdrücke, Reich Gottes oder Himmelreich und Vater, Vater in den Himmeln, weisen rückwärts, und indem sie den ganzen Inhalt des Glaubens und der Hoffnung Israels aufnehmen, sollen sie die Erfüllung aller Verheißungen Gottes für das Volk, das er erwählt hat, zum Ausdruck bringen. Gott ist Israels König, Israel sein erwähltes Volk. Durch die Erwählung ist er Israels Vater, Israel sein Sohn, sein Kind. Königtum und Vaterschaft Gottes über Israel unterscheiden sich und gehören zusammen, wie Macht und Liebe. Auf die Bethätigung der Macht seines Königs in Gerechtigkeit und Gericht hat Israel gewartet, — jetzt heißt es: ἤγγικεν ἡ βασιλεία τοῦ θεοῦ. „Du bist unser Vater und unser Erlöser, von alters her ist das dein Name," hat Israel gebetet, — das Gebet ist jetzt erhört, und was vom Reiche Gottes jetzt schon erlebt wird, ist Anfang und Bürgschaft der Vollendung.

So ergiebt sich, daß Jesus, wie er nicht anders konnte, als von dem Anbruch bezw. der Gegenwart der βασιλεία τοῦ θεοῦ zu zeugen, ebenso auch nicht anders konnte, als den Vaternamen Gottes an Stelle aller Gottesnamen, auch des Jahvehnamens zu gebrauchen, da gerade der Vatername sowohl die ganze Sehnsucht Israels als das ganze selige Glück der eingetretenen Verheißungserfüllung und Gebetserhörung zum Ausdruck bringt. Im Munde Jesu und im Zusammenhange mit der Verheißungserfüllung spricht der Name nicht bloß eine Gesinnung Gottes aus, sondern er bezeichnet Gott als den, der eine Liebesthat gethan hat, die That, um die sein Volk so lange schon ihn angefleht, daß er sich derer, die er zu seinen Kindern erwählt hat, annehmen und erbarmen soll. Das ist geschehen. Gott ist Vater, denn er hat den Messias, den Erretter, den Befreier, den Erlöser gegeben. Um des Messias, um Christi willen gebührt ihm der Name Vater. In diesem Vaternamen liegt alles, was er für uns, für sein Volk, für seine Kinder ist. Er erzeugt nachher das Wort: „Gott ist Liebe," — ein Wort, dessen Inhalt und Bedeutung beschlossen liegt in Jesus, den seine Liebe uns gegeben, in dem, mit dem er alles teilt, seine ganze Macht, die Fülle seiner Herrlichkeit, die nun für uns in Christo sich offenbart. Sind die, die auf diese Offenbarung Gottes warten und an sie glauben, υἱοί θεοῦ oder ἐκλεκτοί, so ist — und daran ist zugleich die Größe dieser Liebe zu ermessen — Jesus ὁ ἐκλελεγμένος, ὁ υἱὸς τοῦ θεοῦ, Luk. 9, 53; Matth. 3, 17; Mark. 1, 11; Luk. 3, 22; er ist der, den Gott sich erkoren hat — ἐν ᾧ εὐδόκησεν — daß er sein Werk, das Werk der verheißenen Erlösung ausführe, für den er sich zu sonderlicher Gemeinschaft und in derselben bestimmt hat, der messianische König (2 Sam. 7, 12—14; Pf. 2, 7; 89, 27). Jesus ist der Erwählte, durch den unsre Erwählung erst zustande kommt; er ist der, dem der Vater alles übergeben hat (Matth. 11, 27), der Sohn Gottes, obgleich er nur wie jedes andre Menschenkind, wie ein υἱὸς ἀνθρώπου aussieht. Aber obwohl man ihm die Anerkennung als Messias versagt, dieser verkannte Mensch, ὁ υἱὸς τοῦ ἀνθρώπου, ist doch der Messias, ἔστιν ὁ υἱὸς τοῦ θεοῦ Matth. 16, 13—16. So ist auch der Inhalt des Begriffs der Gottessohnschaft Jesu der der Erwählung, nämlich zum Messias. Jesus ist der, den der Vater zum Messias erwählt und gegeben hat. Woran das erkannt wird, was das in sich schließt, daß er ὁ υἱὸς τοῦ θεοῦ ist — Matth. 26, 63 — ist eine Frage für sich. Hier kommt es für uns darauf an, daß er es ist, und daß so in ihm, in seinem Messiasnamen sich alles das zu einer großen und seligen Einheit zusammenschließt, was Israel erhoffte und erwartete: Vaterschaft Gottes, heilbringendes, Recht schaffendes Gericht, Gotteskindschaft und Erwählung.

3.
Die Heilsordnung.

Dem entspricht nun auch die Ordnung, an die Jesus in seiner Verkündigung das Heil, das Reich Gottes mit all seinem Gut bindet. Die Synoptiker berichten seine Verkündigung von der Gefangensetzung des Täufers an. Als er diese vernommen, begiebt er sich in den Schutz der heimatlichen Nichtachtung nach Galiläa (Matth. 3, 12; Mark. 1, 14 f.) und nimmt das Amt dieses Propheten Gottes auf (Matth. 3, 17), der sein Werk (Luk. 1, 16. 17) nicht hatte zu Ende führen können. Er sieht aus, wie ein zweiter Johannes, hinter dem er drein kommt, wie sein Jünger und Schüler, der sein Werk fortsetzt, während der Meister gehindert ist, mehr nicht. Und doch — er redete zwar dieselben Worte, aber es war ganz anders, wie bei Johannes. Dieselben Worte hatten in seinem Munde einen andern Sinn. Er wiederholte Johannis Forderung, wie man dies von den Jüngern und Schülern dieses Mannes gewohnt war, aber er wies die, die ihn hörten, nicht weg von sich auf einen anderen, mächtigeren hin, der nach ihm kommen sollte. Er redete von sich selbst in engster Verbindung mit dem Reiche Gottes, dem Himmelreich. Es konnte verstanden werden, was er damit sagen wollte, so gut, wie es bei Johannes verstanden wurde, daß er nur der Vorläufer, aber auch wirklich der Vorläufer sei. Aber es wurde nur von wenigen verstanden, daß er, Jesus, der Messias sei. Danach sah er zu wenig aus. Schon in der Bergpredigt hatte er sich in den Mittelpunkt gestellt, nicht bloß mit seinem „ich aber sage euch", sondern indem er seine Jünger selig pries, weil sie um seinetwillen geschmäht und verfolgt würden (Matth. 5, 11), und indem er von sich als dem bereinstigen Weltrichter redete (7, 21 ff.). Zu sich rief er die Mühseligen und

Beladenen, um sie zu erquicken; bei ihm sollten sie Ruhe finden für ihre Seelen (Matth. 11, 28—30). Daß er die Macht habe, sein Wort zu halten, bewies er durch seine Wunder (Matth. 9, 6). Diese waren ja freilich nur Zeichen von Höherem und Größerem, was er vermöge, aber eben im Zusammenhange mit seinem Worte (Matth. 11, 5) vollgültige und genügende Zeichen, daß er, wenn die Zeit werde gekommen sein, im weitesten Umfange alles Leid und Elend zu wenden, alles zu erneuern imstande sei, also daß er der Messias sei, nicht bloß sein Prophet. Johannes hatte kein Wunder gethan, er that sie. Johannes hatte geredet von dem, der nach ihm kommen sollte, Jesus redete von sich selbst. Johannes hatte von sich gesagt, er taufe mit Wasser, symbolisierend und verbürgend; der nach ihm komme, werde die Sünden wirklich abwaschen in der Kraft Gottes, im heiligen Geiste, — Jesus that dies. Zu dem Gichtbrüchigen sprach er: „dir sind deine Sünden vergeben", nicht als einer, der bloß Gottes Rat über den Menschen wußte, sondern der selbst die Macht hatte, die Sünden wegzunehmen und der seinen Jüngern die Schlüssel des Himmelreichs gab. Grund genug, nicht bloß zu denken, ob er am Ende der Messias sei, sondern zu erkennen, daß er es sei, es zu glauben und sein Heil zu suchen, — an ihn zu glauben.

Glauben verlangt er, nichts als Glauben. Das ist die Heilsordnung, an die er das Heil, das Reich, das Recht schaffende Gericht Gottes bindet für alle, die sich danach sehnen. Auch der von Matthäus berichtete Inhalt seiner Verkündigung, welcher wörtlich die Verkündigung des Täufers wiederholt: $\mu\varepsilon\tau\alpha\nuo\varepsilon\tilde{\iota}\tau\varepsilon, \ \ddot{\eta}\gamma\gamma\iota\kappa\varepsilon \ \gamma\dot{\alpha}\rho \ \dot{\eta} \ \beta\alpha\sigma\iota\lambda\varepsilon\dot{\iota}\alpha \ \tau\tilde{\omega}\nu \ o\dot{\upsilon}\rho\alpha\nu\tilde{\omega}\nu$ (4, 17) ist nicht dagegen, denn die Aufforderung zur $\mu\varepsilon\tau\acute{\alpha}\nuo\iota\alpha$ hat nur Erfolg bei denen, die der Botschaft von der Nähe der $\beta\alpha\sigma\iota\lambda\varepsilon\dot{\iota}\alpha$ $\tau\tilde{\omega}\nu$ $o\dot{\upsilon}\rho\alpha\nu\tilde{\omega}\nu$ Glauben schenken. Dieser Glaube ist aber, sobald Jesus, der Messias, diese Botschaft verkündet, Glaube an Jesus, und darum hat Markus vollkommen Recht, die Verkündigung Jesu in die Worte 1, 15 zusammenzufassen: $\pi\varepsilon\pi\lambda\acute{\eta}\rho\omega\tau\alpha\iota \ \dot{o}$ $\kappa\alpha\iota\rho\dot{o}\varsigma \ \kappa\alpha\dot{\iota} \ \ddot{\eta}\gamma\gamma\iota\kappa\varepsilon\nu \ \dot{\eta} \ \beta\alpha\sigma\iota\lambda\varepsilon\dot{\iota}\alpha \ \tau o\tilde{\upsilon} \ \vartheta\varepsilon o\tilde{\upsilon}\cdot \ \mu\varepsilon\tau\alpha\nuo\varepsilon\tilde{\iota}\tau\varepsilon \ \kappa\alpha\dot{\iota}$ $\pi\iota\sigma\tau\varepsilon\acute{\upsilon}\varepsilon\tau\varepsilon \ \dot{\varepsilon}\nu \ \tau\tilde{\omega} \ \varepsilon\dot{\upsilon}\alpha\gamma\gamma\varepsilon\lambda\acute{\iota}\omega$! Nicht als wenn Jesus ein zweifaches, Buße und Glauben, und noch dazu in dieser Ordnung, gefordert hätte. Er fordert Glauben, ohne daß er es sagt, wenn er nur von sich, von dem, was er will und wozu er da ist, redet. Er fordert Glauben, — die Bußfertigen glauben, die andern macht der Glaube bußfertig und wirkt bei ihnen Buße. Schon der Täufer mußte Glauben in Anspruch nehmen (Matth. 21, 25. 32; vgl. S. 175), und dieser Glaube bewirkte die Buße bei den einen, vertiefte sie bei den andern. Aber es war doch nur ein Glaube an die Wahrheit seines Wortes, ein $\pi\iota\sigma\tau\epsilon\upsilon\epsilon\iota\nu$ $\alpha\upsilon\tau\tilde{\omega}$. Bei Jesus wurde das ihm glauben zum Glauben an ihn, $\epsilon\iota\varsigma$ $\alpha\upsilon\tau\acute{o}\nu$, Matth. 18, 6; Mark. 9, 42, oder $\epsilon\pi'$ $\alpha\upsilon\tau\acute{o}\nu$, Matth. 27, 42, zum Glauben an seine Person, zum Vertrauen auf sein Messiastum, auf sein messianisches Handeln, auf das Gericht, das zu halten er gekommen, zur Erwartung des Heiles und Friedens im Anschluß an ihn und in Gemeinschaft mit ihm. Kurz, er forderte, ohne es zu sagen, Glauben, wie nie ein Mensch ihn gefordert hat und fordern konnte, Glauben, wie man ihn nur Gott leisten kann, wenn man an ihn glauben darf. Dies zeigt seine Aufnahme des Gichtbrüchigen und seiner Träger (Matth. 9, 2 und Parall.), sein Wort über den Hauptmann von Kapernaum: $o\upsilon\delta\grave{\epsilon}$ $\dot{\epsilon}\nu$ $\tau\tilde{\omega}$ $\mathrm{'I}\sigma\rho\alpha\eta\lambda$ $\tau o\sigma\alpha\acute{\upsilon}\tau\eta\nu$ $\pi\acute{\iota}\sigma\tau\iota\nu$ $\epsilon\tilde{\upsilon}\rho o\nu$ Matth. 8, 10, das $\acute{\eta}$ $\pi\acute{\iota}\sigma\tau\iota\varsigma$ $\sigma o\upsilon$ $\sigma\acute{\epsilon}\sigma\omega\kappa\acute{\epsilon}$ $\sigma\epsilon$ Matth. 9, 22; Mark. 5, 34; 10, 52; Luk. 7, 50; 8, 48; 17, 19; 18, 42, seine Frage: $\pi\lambda\grave{\eta}\nu$ $\acute{o}$ $\upsilon\acute{\iota}\grave{o}\varsigma$ $\tau o\tilde{\upsilon}$ $\dot{\alpha}\nu\vartheta\rho\acute{\omega}\pi o\upsilon$ $\dot{\epsilon}\lambda\vartheta\grave{\omega}\nu$ $\tilde{\alpha}\rho\alpha$ $\epsilon\upsilon\rho\acute{\eta}\sigma\epsilon\iota$ $\tau\grave{\eta}\nu$ $\pi\acute{\iota}\sigma\tau\iota\nu$ $\dot{\epsilon}\pi\grave{\iota}$ $\tau\tilde{\eta}\varsigma$ $\gamma\tilde{\eta}\varsigma$ Luk. 18, 8 oder: $\pi\tilde{\omega}\varsigma$ $o\upsilon\kappa$ $\check{\epsilon}\chi\epsilon\tau\epsilon$ $\pi\acute{\iota}\sigma\tau\iota\nu$ Mark. 4, 30 oder $\pi o\tilde{\upsilon}$ $\check{\epsilon}\sigma\tau\iota\nu$ $\acute{\eta}$ $\pi\acute{\iota}\sigma\tau\iota\varsigma$ $\upsilon\mu\tilde{\omega}\nu$, seine Fürbitte für Petrus Luk. 22, 32: $\dot{\epsilon}\gamma\grave{\omega}$ $\dot{\epsilon}\delta\epsilon\acute{\eta}\vartheta\eta\nu$ $\pi\epsilon\rho\grave{\iota}$ $\sigma o\tilde{\upsilon}$ $\tilde{\iota}\nu\alpha$ $\mu\grave{\eta}$ $\dot{\epsilon}\kappa\lambda\epsilon\acute{\iota}\pi\eta$ $\acute{\eta}$ $\pi\acute{\iota}\sigma\tau\iota\varsigma$ $\sigma o\upsilon$, und seine Verheißung: $\kappa\alpha\tau\grave{\alpha}$ $\tau\grave{\eta}\nu$ $\pi\acute{\iota}\sigma\tau\iota\nu$ $\upsilon\mu\tilde{\omega}\nu$ $\gamma\epsilon\nu\eta\vartheta\acute{\eta}\tau\omega$ $\upsilon\mu\tilde{\iota}\nu$ Matth. 9, 29; vgl. 8, 13; 21, 22; Mark. 9, 23; 11, 23. 24; Matth. 21, 21; Luk. 17, 6. Die diesen Glauben beweisen, sind die $\pi\iota\sigma\tau\epsilon\acute{\upsilon}o\nu\tau\epsilon\varsigma$ $\epsilon\iota\varsigma$ $\alpha\upsilon\tau\acute{o}\nu$ Matth. 18, 6; Mark. 9, 42, oder $\dot{\epsilon}\pi'$ $\alpha\upsilon\tau\acute{o}\nu$ resp. $\dot{\epsilon}\pi'$ $\alpha\upsilon\tau\tilde{\omega}$ Matth. 27, 42 (statt des bloßen Dativs $\alpha\upsilon\tau\tilde{\omega}$, wie mehrere Handschriften lesen).[1])

---

[1]) Liest man hier $\pi\iota\sigma\tau\epsilon\acute{\upsilon}\sigma o\mu\epsilon\nu$ $\dot{\epsilon}\pi'$ $\alpha\upsilon\tau\tilde{\omega}$, so ist das zunächst nicht anders gemeint wie das $\pi\iota\sigma\tau\epsilon\acute{\upsilon}\epsilon\iota\nu$ $\dot{\epsilon}\pi\grave{\iota}$ $\pi\tilde{\alpha}\sigma\iota\nu$ $o\tilde{\iota}\varsigma$ $\dot{\epsilon}\lambda\acute{\alpha}\lambda\eta\sigma\alpha\nu$ $o\iota$ $\pi\rho o\varphi\tilde{\eta}\tau\alpha\iota$ Luk. 24, 25, wo $\pi\iota\sigma\tau\epsilon\acute{\upsilon}\epsilon\iota\nu$ absolut — glauben, trauen auf Grund von rc. Aber es ist Jesus, welcher diesen Grund bildet, und darum wird das $\pi\iota\sigma\tau\epsilon\acute{\upsilon}\epsilon\iota\nu$ $\dot{\epsilon}\pi'$ $\alpha\upsilon\tau\tilde{\omega}$ — eine ohnehin seltene Verbindung — zum $\pi\iota\sigma\tau\epsilon\acute{\upsilon}\epsilon\iota\nu$ $\dot{\epsilon}\pi'$ $\alpha\upsilon\tau\acute{o}\nu$.

Wir wissen vom Alten Testament her, was dort glauben ist, wie dort, wenn auch selten, so doch immer in entscheidenden Zeiten vom glauben und namentlich vom nicht glauben geredet wird (Pf. 27, 13; 2 Kön. 17, 14; Pf. 78, 22. 32; 106, 24; Num. 20, 12; Deut. 9, 23; Jef. 7, 9; 53, 1; Num. 14, 11), so daß auch für das Alte Testament der Glaube als das religiöse Grundverhalten angesehen werden muß. Denn wenn nicht glauben die Grundsünde ist, um derentwillen stets das Gericht Gottes über Israel kommt, die Sünde, aus der dann alle andere Sünde, die das Gericht herbeiruft, quillt, so ist glauben, an Gott festhalten und auf seine Hülfe, sein Heil warten, das religiöse Grundverhalten. Glauben aber ist dasjenige Verhalten, welches in entscheidender Zeit, die Versuchung und Anfechtung überwindend und allem Entgegenstehenden Trotz bietend, Gott ergreift, festhält und so ihn hat und dadurch selbst erhalten wird. Nicht glauben ist ein Aufgeben Gottes, darum ein Auf= geben des einzigen festen Haltes, den es giebt, darum die Ursache des Verderbens. Nun ist Christus gekommen, von Gott gesandt, der Welt Hülfe und Rettung zu bringen. Wer darum an Gott glaubt, erkennt auch Christum und glaubt an ihn, und um= gekehrt; daher Mark. 11, 22: ἔχετε πίστιν θεοῦ, wo Matthäus ἐὰν ἔχητε πίστιν hat. Nie ist der Glaube, und zwar der das Heil erwartende Gottesglaube, so gefordert worden. Es ist das Zeichen der messianischen Zeit, daß er so gefordert wird, und zwar gefordert für Christus und von ihm. Er, der das Größte leisten und geben will, der da spricht: εἰ ἐν πνεύματι θεοῦ ἐκ= βάλλω τὰ δαιμόνια, ἄρα ἔφθασεν ἐφ' ὑμᾶς ἡ βασιλεία τοῦ θεοῦ (Matth. 12, 28), er fragt nicht bloß: πιστεύετε ὅτι δύναμαι τοῦτο ποιῆσαι (Matth. 9, 28), sondern ohne daß er es aus= spricht, fordert er nicht bloß für das, was er sagt, Glauben, sondern fordert ihn für sich, für seine Person, fordert ihn als einen Glauben, der wie zu Gott so zu ihm und wie zu ihm so zu Gott sich verhält.

Damit ist nun gegeben, daß der Glaube den Herrn und in ihm alles hat, was er zu bringen und zu wirken gekommen ist. Dem scheint aber manches in den evangelischen Berichten zu widersprechen. Nicht so sehr das Gleichnis vom Pharisäer und Zöllner Luk. 18, 9—14, welches das Gerechtfertigtsein dem Zöllner zuspricht, der nicht danken, sondern nur bitten konnte und bat: Gott sei mir Sünder gnädig! Denn seine Bitte war ein Ausdruck des, wenn auch zagenden, doch sich an Gott festhaltenden Glaubens, wie die Bitte Jakobs am Jabbok: ich lasse dich nicht, du segnest mich denn! Der Pharisäer aber, der es für unmöglich hält, daß der Zöllner Gnade finde, hat eben deshalb gar keinen Glauben an Gottes Gnade. Denn er denkt nicht groß genug von Gottes Gnade, indem er für die Erfahrung Gott preist, daß er sie habe, und ausspricht, daß der Zöllner sie nicht finden werde. Ebensowenig spricht dagegen die Erzählung von der großen Sünderin, denn sie schließt ab mit dem Worte Jesu: ἡ πίστις σου σέσωκέ σε Luk. 7, 47, und das Wort V. 47: ἀφέωνται αἱ ἁμαρτίαι αὐτῆς αἱ πολλαί, ὅτι ἠγάπησεν πολύ giebt den Erkenntnis- bezw. Beweisgrund für die ihr widerfahrene Vergebung an, wie es auch der Schlußsatz ausspricht: ᾧ δὲ ὀλίγον ἀφίεται, ὀλίγον ἀγαπᾷ, vgl. V. 41—43.

Schwerer dagegen fällt ins Gewicht, daß Jesus die Heilsverheißung und Heilserfahrung an die Forderung seiner Nachfolge bindet, wenn darunter die imitatio „des armen Lebens Christi" zu verstehen ist. Aber ist dies der Fall? Bei der Nachfolge, zu der Jesus selbst Einzelne (Matth. 9, 9; 19, 21) oder im allgemeinen (Matth. 10, 38; 16, 24) auffordert oder die ihm von einzelnen angetragen wird (Matth. 8, 19; Luk. 9, 57. 61), ist es zunächst klar, daß es sich um eine bleibende Gemeinschaft mit ihm handelt, und zwar nicht um die Gemeinschaft des Schülers mit dem Lehrer behufs Lernens — wogegen schon Matth. 8, 19: ἀκολουθήσω σοι ὅπου ἐὰν ἀπέρχῃ spricht — sondern um in dieser Gemeinschaft mit ihm das erkannte oder erwartete Heil zu finden. Überall in den synoptischen Evangelien aber, mit Ausnahme von Matth. 10, 38; 16, 24 u. Parall., schließt das ἀκολουθεῖν den äußeren Anschluß an Jesus ein; so Matth. 8, 19. 22; 9, 9; 19, 21. 27. 28; Mark. 2, 14; 10, 21. 28; Luk. 5, 11. 27. 28; 9, 57. 59. 61; 18, 22. 28, und gerade dadurch ergiebt sich, daß die Grundvorstellung die des vertrauens- und erwartungsvollen Anschlusses an ihn ist. Daß man in diesem Anschluß, in der Verbindung und Gemeinschaft mit ihm auch sein Leiden, seine Verkennung, sein Kreuz mittragen muß, ist Folge, nicht Beweggrund des Anschlusses. Wie sehr man anderes suchte und Leiden und Entbehrung nur mitnahm, weil es nicht anders ging, zeigt das Wort des Petrus: ἰδοὺ ἡμεῖς ἀφήκαμεν πάντα καὶ ἠκολουθήσαμέν σοι· τί ἄρα ἔσται ἡμῖν; (Matth. 19, 27), — ein Wort, welches durch seine Verbindung mit der sogleich zu besprechenden voraufgehenden Erzählung vom reichen Jüngling erst ganz deutlich wird. Nach Mark. 10, 17 ff. u. Parall. kommt einer, ein νεανίσκος und ἄρχων (Matth. 19, 20; Luk. 18, 18) eilends, fällt Jesu zu Füßen und fragt: „guter Lehrer, was muß ich thun, daß ich das ewige Leben ererbe?" oder nach Matthäus: „Lehrer, was muß ich Gutes d. i. Heilbringendes thun?" worauf der Herr erwidert: „was heißest du mich gut?" oder nach Matthäus: „was fragest du mich um das Gute, Heilbringende? Niemand ist gut, als einer, Gott." Er wendet sich unbefriedigt an Jesus als einen Lehrer, bei dem man wirklich lernen kann, was zum Heile dient, — mag er Jesum als solchen Lehrer bezeichnet oder ihn um das Heil= bringende befragt haben. Er begehrt etwas Entscheidendes zu erfahren, denn all sein bisheriges Leben und Ringen hat ihm den Frieden nicht gegeben. Jesus verweist ihm nicht seine Anrede, als lehnte er das Prädikat der Sündlosigkeit ab — das heißt ἀγαθός nie im Neuen Testament — und ebensowenig verweist er ihm seine Frage, sondern erinnert ihn, zu bedenken, was er sagt, wenn er ihn den rechten, das Heil und zum Heil weisenden Lehrer nennt oder ihn um das Heilbringende fragt. Nur einer ist die Quelle alles Heils, nur einer giebt das Heil, nur Gott, der längst gesagt und geboten hat, was zum Heile dient; dessen Gebote müssen gehalten werden. Das genügt dem Fragenden nicht, denn von Jugend auf hat er sie gehalten und hat doch nicht Frieden. Was fehlt noch? Man versteht die seelsorgerische Liebe des Herrn zu diesem Jüngling, dem wirklich das Eine noch fehlt, was ihm Frieden geben könnte, der Anschluß an Jesus. Nicht als ob er ihn aufforderte, seinen bisherigen Wandel in Gottes Geboten damit zu krönen, daß er alles ver= kaufe und den Armen gebe, um Jesu nachfolgen zu können. Eine solche Forderung stellt Jesus nie. Er kennt keine consilia evangelica für die Erlangung einer sonderlichen Heiligkeit. Jesus will ihn wie einst den Matthäus und andere, die er auf= gefordert hat, sich ihm anzuschließen, in seinen besonderen Dienst nehmen. „Gehe hin; was du haſt, verkaufe und gieb's den Armen, und du wirſt einen Schatz im Himmel haben, und komm her und folge mir, das Kreuz tragend." Da ſtellt ſich heraus, wo es fehlt, denn den Preis kann er nicht zahlen, ſo ſehr es ihm auch um das Heil zu thun iſt. Der irdiſche Reichtum hält ihn zu feſt. Die Jünger aber, die bis dahin gemeint haben, die Armut erſchwere die Sorge um das Heil oder den Weg zum Reiche Gottes, erfahren nun, daß der Reichtum ebenſo und noch mehr den Weg erſchwert, ſo daß alle Ausſicht darauf ſchwinden würde, wenn Gott nicht wäre, bei dem nichts unmöglich iſt. Was iſt aber das ἀκολούθει μοι ἄρας τὸν σταυρόν anders, als der Ausdruck unbedingten Glaubens und Vertrauens auf den, den die Welt von ſich ausſtößt? Es iſt nichts anderes, als was wir Matth. 10, 32. 33 gefordert finden, nichts anderes, als das rück= haltloſe Bekenntnis zu Chriſto auch angeſichts des Todes, den dasſelbe einträgt, — überall, in jeder Lage, in jedem Berufe, von jedermann wird dieſer Glaube erfordert. Weder iſt es etwas zum Glauben Hinzukommendes, noch etwas anderes als Glauben, was Jeſus verlangt, — er verlangt nur Glauben, deſſen Er= ſcheinung nach Gelegenheit, Beruf und Lage verſchieden iſt.

Anders könnte es zu ſein ſcheinen in dem Gleichnis vom barmherzigen Samariter Luk. 10, 25—37. Auch dort die Frage: „was thuend werde ich ewiges Leben ererben?" worauf der Herr auch ihn auf das Geſetz verweiſt, deſſen Zuſammenfaſſung in die beiden Gebote der Gottes= und Nächſtenliebe der geſetzeskundige Schriftgelehrte zwar wohl kennt, ſich aber vor zu ernſten und großen Anforderungen ſchützt durch die Begrenzung des Begriffs „Nächſter", über den er mit Jeſu zu disputieren bereit iſt. Jeſus erwidert ihm, daß ſeine Frage falſch geſtellt ſei. Nicht wer ſein Nächſter ſei, nicht bei wem die Pflicht aufhöre, ſei zu fragen, ſondern wem er der Nächſte ſei? So ſolle er handeln wie der Samariter, der ſich als der Nächſte dem bewieſen, der unter die Mörder gefallen war, der ſeiner bedurfte. Alſo Geſetzeserfüllung ohne jede Einſchränkung im weiteſten Umfange, das ſei der Weg zum ewigen Leben, der Weg ins Reich Gottes. „Gehe hin und thue desgleichen," übe Barmherzigkeit an den Armen und Elenden auf deinen Wegen. Iſt das Glaube? Ja auch das, auch dieſe Geſetzeserfüllung iſt Glaube oder führt zum Glauben an Christus. Erinnern wir uns der צְדָקָה und ihres Wertes, ihrer Ursache und Bedeutung im Alten Testament als Zurüstung auf die zukünftige Heilsoffenbarung (s. oben S. 37 ff.), so wird uns klar, daß nichts so die Erkenntnis und das Verständnis der Heilsoffenbarung fördert und bewirkt, als solche Übung der Liebe, und daß wiederum nichts so sehr die Liebe fordert und fördert, als die erkannte und geglaubte Heilsoffenbarung. Die Liebe wirkt den Glauben an Jesus, wo er noch nicht ist, wo er aber ist, da ist sie sein Zeichen. So bleibt es doch bei der Seligpreisung derer, die Jesum sehen, an welche diese Ezählung anschließt (Luk. 10, 21—24).

Damit kommen wir zu der Frage nach der Bedeutung der Gesetzeserfüllung, an welche Jesus in der Bergpredigt die Erlangung des Heiles im Reiche Gottes zu knüpfen scheint. Bedingungslos hat er das Heil den Armen, den Leidtragenden, den Duldern zugesagt, — dann beginnt er, wie man sagt, das Gesetz auszulegen, und fordert Gerechtigkeit, die weit hinausgeht über die Gerechtigkeit derer, die ihr ganzes Leben dem Studium und der Beobachtung des Gesetzes geweiht haben. Liegt hier nicht ein Selbstwiderspruch Jesu vor? Oder sind die Armen, die Leidtragenden, die nach Gerechtigkeit Hungernden und Dürstenden solche, die diesen Forderungen schon gerecht geworden sind, wie die, die um seinetwillen geschmäht und verfolgt werden (Matth. 5, 11), während die Ausführungen von V. 17 ab die andern gewinnen sollen? Oder beruhen gar V. 17—19 auf einem völligen Mißverständnis des Evangelisten und hat Jesus genau das Gegenteil gesagt, so daß er von V. 20 ab sein Gesetz dem alten Gesetz entgegenstellt? Aber bindet er dann nicht doch den Eingang in das Reich Gottes, die Erlangung desselben an eine ganz andere Heilsordnung, als an die des Glaubens?

Das Verständnis der Bergpredigt ist abhängig von dem Verständnis ihrer Bestimmung. Sie ist bestimmt für die $\pi\tau\omega\chi o\acute{\iota}$ $\tau\tilde{\omega}$ $\pi\nu\varepsilon\acute{\upsilon}\mu\alpha\tau\iota$, $\pi\rho\alpha\varepsilon\tilde{\iota}\varsigma$, $\pi\varepsilon\nu\vartheta o\tilde{\upsilon}\nu\tau\varepsilon\varsigma$ ꝛc. Ihnen bringt Jesus die Aussicht und nicht bloß die Aussicht auf ihre Erlösung, auf das Reich und Gericht Gottes, sondern die Wirklichkeit derselben, den Anfang und die Bürgschaft der Zukunft. Die in der Welt zu leiden haben, ohne daß ein irdischer Richter sich ihrer annimmt und ihnen Recht schafft, deren einzige Hoffnung die Gerechtigkeit

Gottes ist, die haben an ihm ihren Erlöser, auch wenn es noch
ist wie früher, ja schlimmer als früher, sofern sie nun um seinet=
willen leiden und so erleben müssen, daß die Welt ihnen den
Beweis von der Unzulänglichkeit ihres Erlösers und ihres Er=
lösungsglaubens führt. Für sie gilt es, so sehr Ernst zu machen
mit ihrem Glauben und ihrer Hoffnung, daß sie durchaus darauf
verzichten, sich selbst zu helfen, daß sie sich vergewaltigen lassen,
vergeben, Unbill mit Liebe, Fluch mit Segen vergelten, und nicht
denen in ihrem Volke gleichen, die sich mit der $\mu\acute{o}\rho\varphi\omega\sigma\iota\varsigma\ \tau\tilde{\eta}\varsigma$
$\varepsilon\dot{\upsilon}\sigma\varepsilon\beta\varepsilon\acute{\iota}\alpha\varsigma$ begnügen und das Gesetz mißbrauchen, wie die Schrift=
gelehrten und Pharisäer, die teils bei dem Buchstaben des Ge=
botes oder Verbotes stehen bleiben und den Weg, der zur Über=
tretung führt, sich gestatten, teils die für die Rechtspflege bezw.
den Richter gegebenen Ordnungen, Auge um Auge, Zahn um
Zahn, übertragen auf Recht und Pflicht jedes Einzelnen im
täglichen Leben. Ihnen tritt sein „ich aber sage euch" entgegen,
nicht Moses, nicht dem Gesetz, denn sie waren es, die ihre Lehre
mit der Autorität des Altertums stützten und doch das Gesetz
mißbrauchten, und gegen diesen Mißbrauch des Gesetzes, nicht
gegen das Gesetz selbst und seinen Inhalt, richtet sich Jesus.
Er emanzipiert niemanden vom Gesetz, von der Religion — denn
Gesetz und Religion fallen in Israel zusammen, — er tritt auch
keinem Mißverständnis seiner Rede und seiner Wirksamkeit ent=
gegen, wenn er sagt: „meinet nicht, daß ich gekommen sei, das Ge=
setz oder die Propheten aufzulösen; nicht bin ich gekommen, aufzu=
lösen, sondern zu erfüllen." Der Verdacht, Jesus wolle das Gesetz
auflösen, hat sich stets nur schüchtern an ihn herangewagt und hat
stets sofort, wie die Verhandlungen über seine Sabbathsheilungen
zeigen (Luk. 14, 2—6), wieder verstummen müssen. Nicht einmal
die falschen Zeugen, die zuletzt wider ihn auftreten, wagen etwas
Derartiges zu behaupten. Als die Jünger Ähren ausraufen an
einem Sabbath, wird er zum Schutze des Gesetzes aufgerufen,
und gegenüber der judaistischen Verführung der Christen sagt
Paulus von Christus, er sei unter das Gesetz gethan gewesen.
So widerspruchslos ist Jesu Einheit mit dem Gesetz gewesen.
Versucht hat man es, ihn zum Gegner des Gesetzes zu machen,
aber der falschen Zeugen Zeugnis stimmte nicht überein. Man
mußte es fallen lassen.

Aber wie kommt dann Jesus zu dem Wort Matth. 5, 17? Die Bergpredigt selbst muß darüber Aufschluß geben. Jesus bekämpft die Auflösung des Gesetzes, V. 19, wie Pharisäer und Schriftgelehrte sie üben, V. 20. Denn deren Praxis ist die Ausübung der Sünde bis an die im Gesetz benannte Grenze, die Benutzung der für die Rechtspflege gegebenen Ordnung zur Befriedigung der eigenen Gelüste und der Mißbrauch der zum Schutze der Bedrohten erlassenen Ordnung zu einem Rechte der eigenen Willkür. Dazu steht Jesus, seine Gabe — das Heil — und seine Forderung — die Heilsordnung — in schärfstem Gegensatze. Was er sagt, ist nichts Neues, nicht eine Vertiefung des Gesetzes, denn wenn er das Gesetz hätte vertiefen müssen, wie konnte er dann Israel einen Vorwurf daraus machen, daß es bis dahin das Gesetz nicht gehalten? Die Situation in Israel ist genau dieselbe wie Röm. 2. Das Gesetz wird gebraucht, um durch dasselbe die Sünde bis zu einem gewissen Grade zu rechtfertigen und nur gewisse Erscheinungen derselben zu unterdrücken. Dem tritt Jesus entgegen. Er redet aber für die, die das Himmelreich begehren und die, um das Himmelreich zu erlangen, umsomehr zu allem bereit sind, als ihre Lage im Weltzusammenhange sie auf Verzichtleistung verweist und zur Verzichtleistung nötigt, — er redet für die, die um seines Namens willen leiden müssen, also für die, die ihm glauben und an ihn glauben. Von denen fordert er jene Gerechtigkeit, die besser ist, als die Gerechtigkeit der Schriftgelehrten und Pharisäer, also als Bewährung des Glaubens. Denn der Glaube an Jesus wirkt nach rückwärts und vorwärts ein bestimmtes Verhalten. Nach rückwärts wirkt er Buße, nach vorwärts bewirkt er den Gehorsam gegen Gottes Gebote, und dies erst recht in Israel. Darum ist die Forderung: „gehet ein durch die enge Pforte" (7, 13) und die Regel: „an ihren Früchten sollt ihr sie erkennen" (7, 16) kein Widerspruch gegen die Forderung des Glaubens, auf welcher die Ausführungen 5, 38 ff.; 6, 1 ff.; 7, 1 ff. beruhen. Wer wird ohne Glauben der Aufforderung folgen: „suchet am ersten das Reich und die Gerechtigkeit Gottes, und dies alles wird euch beigelegt werden" (6, 33)? „Bittet, so wird euch gegeben, suchet, so werdet ihr finden, klopfet an, so wird euch aufgethan," denn „so ihr, die ihr arg seid, wisset euren Kindern gute Gaben zu geben, um wievielmehr wird euer Vater in den Himmeln Gutes geben denen, die ihn bitten" (7, 7 ff.) — diese Verheißung gilt es um Jesu willen zu glauben und also an den zu glauben, der sich am Schlusse der Bergpredigt als den Weltrichter hinstellt. Nie hat er sich dem Gesetz gegenüber, nie außerhalb des Gesetzes, nie über das Gesetz gestellt. Er fordert stets Glauben und im Glauben den Gehorsam gegen das Gesetz. Er kann gar nicht anders, — am wenigsten aber kann er Gehorsam ohne Glauben fordern.

Darum steht die Bergpredigt, vor Israeliten gehalten, die Gottes Ordnung zwar kennen, aber selten thun, durchaus in Einklang mit dem sofort folgenden Bericht von dem Glauben des Hauptmanns von Kapernaum. So aber ist es in der Geschichte Jesu bis zum Schluß. „Ich habe für dich gebeten, daß dein Glaube nicht aufhöre," sagt Jesus in der Leidensnacht zu Petrus (Luk. 22, 32), nachdem er unmittelbar vorher seinen Jüngern verheißen hat, daß sie würden auf Thronen sitzen und richten die zwölf Geschlechter Israels. Glaube ist die Bedingung, um selbst die $βασιλεία$ zu empfangen. Petrus aber verleugnete Jesum.

Um Glauben handelt sich's erst recht beim Tode des Herrn. Da aber fand er ihn nicht; im Gegenteil: „da verließen ihn alle Jünger und flohen," in Erfüllung der Voraussage Jesu: „in dieser Nacht werdet ihr euch alle an mir ärgern" (Mark. 14, 50 vgl. mit V. 27), denn das $σκανδαλίζεσθαι$, Ärgernis nehmen, ist das Verhalten des Unglaubens, welcher die Wahrheit aufgiebt (vgl. Luk. 8, 13 mit Matth. 13, 21). Daher kam dann die verzweifelte Trauer der Jünger, die mit Jesu all ihren Halt und ihre Hoffnung verloren hatten, so daß Jesus die Emmausjünger schelten mußte: „o ihr Thoren und träges Herzens zu glauben auf Grund dessen, was die Propheten geredet haben" (Luk. 24, 25). Er ist doch der Messias, er ist gerade so der Messias, obwohl er nicht danach aussieht, — so hätte es heißen sollen und so hätten sie warten sollen auf seine Rückkehr von den Toten. Nun steht er wieder lebendig vor ihnen; sie haben ihn wieder, anders als vordem, als einen, den ihnen nichts und niemand mehr rauben kann, und ob er sie gleich wieder verläßt, sind sie doch seiner sicher und gewiß, denn sie wissen nun, daß es "also geschrieben ist, daß der Messias leiden müsse und am dritten Tage auferstehn von den Toten, und daß geprediget werden müsse in seinem Namen Buße und Vergebung der Sünden allen Völkern, und daß sie damit anfangen müßten zu Jerusalem" (Luk. 24, 46 f.). Darum bleibt die Heilsordnung des Glaubens bestehen, und der unechte Schluß des Markusevangeliums hat sachlich vollkommen recht, wenn er Jesum sagen läßt: "gehet hin in die Welt und predigt das Evangelium aller Kreatur; wer da glaubet und getauft, von Sünden abgewaschen wird, der wird gerettet werden, wer aber ungläubig ist, wird verdammt werden ($\kappa\alpha\tau\alpha\kappa\rho\iota\vartheta\acute{\eta}\sigma\epsilon\tau\alpha\iota$)," Mark. 16, 15 f. Denn es muß und wird "geprediget werden das Evangelium vom Reiche in der ganzen Welt zu einem Zeugnis allen Völkern, und dann wird das Ende kommen" (Matth. 24, 14; Mark. 13, 10). Korrelat der Predigt des Evangeliums ist und bleibt der Glaube an den, den das Evangelium, die Botschaft von der erfüllten Verheißung, verkündigt. Korrelat aber des Glaubens ist die Taufe (Matth. 28, 19), die Entsündigung im Namen des Vaters, des Sohnes und des heiligen Geistes, welche damit das Ewigkeitsgut in dies Leben hineinstellt und die ewige Erlösung verbürgt.

Die in der Verwendung des Lohnbegriffs enthaltene Anschauung widerspricht dem bisher gefundenen Ergebnis nicht im geringsten. Denn die Offenbarung seiner rettenden Gerechtigkeit — also seiner Gnade — ist die Vergeltung, welche Gott denen gewährt, die auf ihn hoffen und warten. So wird die heilschaffende Offenbarung der Gerechtigkeit Gottes in der messianischen Zeit denen, die leidend und glaubend darauf gewartet haben, den Lohn bringen, Jes. 40, 10; 62, 11; Jer. 31, 16; Gen. 15, 1. Denn die göttliche Gnade ist Erweisung der Gerechtigkeit Gottes, welcher ein gerechter Richter ist für alle, deren sich kein Richter auf Erden annimmt, und die Erweisung dieser Gerechtigkeit ist Gnade, auf die niemand einen andern Anspruch hat, als den die Verheißung gegeben. Was Gott verheißen und was er gewährt, ist alles Gnade und ist alles Gerechtigkeit, je nach dem Gesichtspunkte, der im Vordergrunde steht, und darum empfangen die einst ihren großen Lohn, die um Jesu willen gelitten haben, Matth. 5, 12, und diejenigen werden den Lohn eines Propheten, eines Gerechten empfangen, die einen Propheten in eines Propheten Namen, einen Gerechten in eines Gerechten Namen aufnehmen (Matth. 10, 41 f. vgl. Mark. 9, 41; Luk. 6, 23. 25), sowie diejenigen ihren Lohn dahin haben, die da beten, fasten, wohlthun, um von den Menschen gesehen zu werden (Matth. 6, 1. 2. 5. 16; vgl. 5, 46; 19, 27 ff.; 20, 1 ff.). Es liegt hier durchaus nicht die Anschauung vor, daß Leistung und Lohn einander entsprechen müssen, denn es handelt sich weder hier noch in den alttestamentlichen Stellen um Leistungen, welche einen abschätzbaren Wert haben, sondern nur um die Erfahrung der göttlichen Gerechtigkeit, welche vergilt und auch in ihrer Vergeltung nur Erweisung der Gnade ist. S. unter I, 1, S. 40 ff.

B. Die Verkündigung Jesu nach Johannes.

1.
Das Reich Gottes und die Vaterschaft Gottes.

Es unterliegt keinem Zweifel, daß auch nach Johannes das μετανοεῖτε ἤγγικε γὰρ ἡ βασιλεία τοῦ θεοῦ das Thema der Verkündigung Jesu wie des Täufers gebildet habe, obwohl das Wort vom Reiche sich mit zwei Ausnahmen nirgends findet. Aber diese beiden Ausnahmen sind entscheidend. Das erste Mal redet Jesus vom Reiche Gottes, als Nikodemus bei der Nacht zu ihm kommt, eine Frage auf dem Herzen, die ihn wie viele seiner Genossen (Joh. 12, 42) und doch auch wieder anders als die Mehrzahl derselben (Luk. 17, 20) bewegt, die er aber nicht auszusprechen wagt. Er steht vor der Entscheidung, die Jesus ihm geben soll. Da sagt ihm Jesus, indem er ihm zugleich zeigt, daß er ihn ebenso gut kennt wie vordem den Nathanael: „wahrlich, wahrlich, ich sage dir, wenn einer nicht von neuem geboren wird, kann er das Reich Gottes nicht sehen" (3, 3), und wiederholt dies V. 5, indem er genauer sagt, was das sei und wie das zustande komme, das „von neuem geboren werden": „wahrlich, wahrlich, ich sage dir, wenn einer nicht aus Wasser und Geist geboren wird, kann er nicht in das Reich Gottes (das Himmelreich) eingehen." Wann kommt das Reich Gottes? Wie kommt man in das Reich Gottes? Wie komme ich hinein? Das war die Frage, die jeden Pharisäer bewegte, diesen Pharisäer aber viel tiefer bewegte und viel ernster in Anspruch nahm, als seine Genossen im Synedrium (7, 50). Wir haben keinen Grund anzunehmen, daß Nikodemus anders über das Reich Gottes dachte, als die andern. Ebensowenig haben wir Grund, dies von Jesu anzunehmen, zumal nachdem er sich hat das Bekenntnis Nathanaels gefallen lassen: „Rabbi, du bist der Sohn Gottes, du bist der König Israels" (1, 50 f.). Das Reich Gottes ist das Reich der Gerechtigkeit und des Friedens für alle Bedrängten und Bedrückten, es wird durch die Vergebung der Sünden allen denen zu teil, die darauf warten, und giebt ihnen das ewige Leben. Die Gerechtigkeit Gottes rettet sie (vgl. 16, 10), der Messias ist es, der diesen Gotteswillen ausführt. Die Entscheidung steht bevor, wie schon der Täufer gesagt hatte. Wie wird es nun werden? Komme ich hinein? und wie komme ich hinein? Das war die unausgesprochene Frage, die diesen Pharisäer mit seinem Verlangen nach dem Reiche Gottes und mit seiner Angst vor dem Gerichte Gottes bewegte, und auf die Jesus noch viel ernster antwortet, als er sich gedacht, und doch so trostreich, daß er eigentlich erkennen muß: dieser ist es, von dem der Täufer gesagt hat, daß er taufen, von Sünden abwaschen würde in Kraft des heiligen Geistes.

Sodann redet Jesus noch einmal von seinem Reiche in der Verhandlung mit Pilatus, 18, 33—38. Bist du der König der Juden? fragt Pilatus und empfängt zunächst die Gegenfrage, ob er das von sich selber sage, oder ob ihm andere von Jesu gesagt hätten, damit Pilatus sich klar werde über die Tragweite dieser Verhandlung (vgl. 19, 9). Pilatus hat die Frage nur auf Grund der wider Jesus erhobenen Anklage gestellt und empfängt nun die Antwort: „mein Reich ist nicht von dieser Welt; wenn von dieser Welt mein Reich wäre, so würden meine Diener kämpfen, daß ich nicht den Juden überantwortet würde. Nun aber ist mein Reich nicht von dannen." Pilatus hat damit den Beweis in Händen, daß Jesus nicht König im weltlichen Sinne (Matth. 20, 25) sein will und ist. Indes Jesus erhebt doch Anspruch auf den Königstitel. Dies muß erst festgestellt werden. Darum fragt er unter Absehen von der Beschaffenheit des Reiches: „so bist du doch ein König?" worauf Jesus erwidert: „du sagst es, ich bin König; ich bin dazu geboren und dazu in die Welt gekommen, daß ich für die Wahrheit, für das, was allein und ewig gilt und alleinige ewige Realität hat, Zeugnis ablegen soll; jeder, der aus der Wahrheit ist, der hört meine Stimme." Mit solchem Standpunkt rechnet ein Mann wie Pilatus nicht, aber schuldig kann er Jesum auch nicht finden.

Was will nun Jesus mit seiner doppelten Antwort sagen: mein Reich ist nicht von dieser Welt, und: ich bin ein König, dazu geboren und in die Welt gekommen, daß ich der Wahrheit Zeugnis geben, für sie eintreten soll? Jesus spricht damit ein Urteil aus über alles, was von dieser Welt ist, das Urteil, daß ὁ κόσμος παράγεται καὶ ἡ ἐπιθυμία αὐτοῦ 1 Joh. 2, 17. Seinem Reiche muß schließlich die ganze sündige Welt weichen. Wie sich das vollziehen wird, darüber sagt er weiter nichts, als daß er jede Analogie mit dem Kampf zwischen zwei Weltreichen ausschließt, und daß damit der Gedanke einer bloßen Fortsetzung des irdischen Daseins unter der Sicherung durch seine mächtige Hand abgewiesen ist. Sein Wort ist eine Verurteilung alles dessen, was ἐν τῷ κόσμῳ ἐκ τοῦ κόσμου ist und eröffnet Hoffnungsblicke nur denen, die für das, was die Welt ist und in sich schließt, für der Augen Lust, des Fleisches Lust und Lebensübermut Auge und Urteil haben, nur den Stillen im Lande. Damit fallen unter das Thema dieses Wortes alle Gleichnisse vom Himmelreich, die uns die Synoptiker berichten.

Das Wort an Nikodemus entstammt dem Anfange der Wirksamkeit Jesu und bezeugt uns, daß er vom Reiche Gottes zu reden pflegte. Das Bekenntnis vor Pilatus erfolgt am Ende seines Lebens und bestätigt in Zusammenhang mit der erhobenen Anklage (18, 35), daß Jesus von seinem bezw. des Vaters Reich geredet hat und zu reden pflegte, obgleich das Evangelium selbst diese Reden nicht berichtet. Indes es ist ja auch gar nicht der Zweck des Evangeliums, uns die Reden, die Verkündigung Jesu zu berichten. Nur die Verhandlungen über seine Person will es bringen, ob er der Χριστός, der Messias, der König sei, der doch als Menschensohn gar nicht danach aussehe, Verhandlungen, die an seine entweder gar nicht oder nur summarisch angegebene Verkündigung (vgl. z. B. 7, 14) anknüpfen. Das Fehlen der Reden vom Reich Gottes spricht nicht dagegen, daß der Gedanke desselben doch den Grundbegriff in der Verkündigung Jesu gebildet habe. Im Gegenteil: die Frage ist immer wieder, ob er der Χριστός sei (4, 25; 7, 26. 41; 9, 22; 10, 24; 11, 27; 12, 34; 17, 3; 20, 31), und sobald es sich um den Χριστός handelt, handelt sich's um sein Königtum, — denn als König heißt er so —, und damit um das Königtum Gottes und um das Reich Gottes. Dazu kommt nun noch die Bezeichnung Jesu als des Sohnes Gottes, die das Evangelium mit Vorliebe gebraucht. Auch dieser „sein Name" (2, 23), ὁ υἱὸς τοῦ θεοῦ, weist auf sein Königtum hin, denn Sohn Gottes heißt der, den Gott zum Messias erkoren (2 Sam. 7, 14), und dieser Name ist ebenso mit dem Begriffe der βασιλεία τοῦ θεοῦ zusammengehörig, wie der Begriff der Vaterschaft Gottes, vgl. Joh. 1, 34. 50; 10, 34—36. Es ist der auf jene Verheißung gegründete Messiasname, den Jesus als mit demselben Rechte ihm zukommend behandelt, mit welchem er Gott Vater nennt, wenn er sagt: „mein Vater wirket bisher und ich wirke auch; der Sohn kann nichts von ihm selber thun, wenn er nicht den Vater es thun sieht, denn was jener thut, das thut auch der Sohn gleicherweise" (5, 17. 19). Er ist der einziggeborne echte Sohn des Vaters, ὁ ὢν εἰς τὸν κόλπον τοῦ πατρός (1, 18; s. mein Wörterb. unter κόλπος), mit dem der Vater und der mit dem Vater alles teilt, der König Israels (1, 50), in dessen Hand der Vater alles gegeben hat (3, 35), bis zur Ausführung der Auferweckung der Toten (5, 20 ff.), zu dessen Verherrlichung Krankheit und Tod des Lazarus dienen müssen (11, 4), und in dem der Vater selbst verherrlicht wird (14, 13, vgl. 17, 1). Er, der Menschensohn, der gar nicht danach aussieht, dieser Sohn Gottes zu sein, hat sich selbst zum Sohne Gottes gemacht, — das ist Gotteslästerung, um die er sterben muß (19, 7), — wir aber sollen erkennen und glauben, daß er wirklich der Messias, also der König des Reiches Gottes und also der Sohn Gottes ist, und sollen durch solchen Glauben das Leben haben in seinem Namen, nämlich das Leben im Reiche Gottes, befreit von aller Bedrängnis, allem Druck und aller Furcht, oder das ewige Leben. Denn überall ist an das Reich Gottes gedacht, wo in dieser Weise von Jesu und von dem die Rede ist, was er für uns ist und was wir durch ihn haben sollen, und gerade die Gabe des ewigen Lebens ersetzt neben der Frage um das, was Jesus ist, ob er der Christus, der Sohn Gottes sei, im vierten Evangelium das Reich Gottes oder Himmelreich der Synoptiker.

Dazu kommt im Evangelium Johannis noch eins, nämlich die Benennung Gottes als Vater, die in ihm noch häufiger ist, als in den drei synoptischen Evangelien zusammen. Jesus wird verstanden, wenn er vom Vater redet, so gut wie bei den Synoptikern, und nur das erregt den Zorn der Juden, daß er ihn zugleich als seinen Vater bezeichnet und damit ein sonderliches Verhältnis zu ihm in Anspruch nimmt, in welchem er sich ihm gleich setzt (Joh. 5, 17. 18). Er gebraucht der Samariterin gegenüber ebenso wie bei den Juden den Vaternamen Gottes (4, 21. 23), und im Zusammenhange damit, daß er von des Vaters Willen redet, solche Anbeter zu haben, die ihn in Geist und Wahrheit anbeten, fragt das Weib ihn, wann der Messias komme, eine Frage, die sich sofort versteht, sobald man die an den Vaternamen Gottes anschließende messianische Hoffnung sich vergegenwärtigt. Die Werke, welche Jesus thut, sollen erkannt und geglaubt werden als Werke, die er im Namen des Vaters thut, der nun endlich das Heil gegeben hat (10, 25; 5, 36). Gott ist der Vater, der Jesum gesandt hat, also der den Heiland gesandt und damit sich zu dem Gebet der Seinen bekannt hat (8, 16). Der Sohn Gottes aber, Jesus, kann deshalb auch nichts anderes thun, als was er sieht den Vater thun (5, 19), denn das muß jeder zugeben, daß der Sohn Gottes nur dazu da und ausgerüstet ist, des Vaters Willen, also den Heilswillen Gottes seinen Willen sein zu lassen. Dieser Heilswille Gottes und Jesu aber, der an dem Kranken am Teiche Bethesda offenbar geworden ist, umfaßt das ganze Heilswerk bis zur Auferstehung der Toten, und darum hat Jesus ein Recht, sich als den besonderen, echten Sohn des Vaters zu wissen (5, 20 ff.). Des Vaters Heilswille bringt es mit sich, daß er dem zum Messias erkorenen Sohne alles in die Hände gegeben hat (13, 3; 3, 35). Darum ist es auch der Wille des Vaters, des Gottes der Erlösung, daß, wer den Sohn sieht, den er zum Messias erkoren und zu dem er sich bekennt, und wer an diesen Sohn glaubt, das ewige Leben habe und daß Jesus ihn auferweckt am jüngsten Tage (6, 40). Wer Jesu dient, diesem zum Messias erkorenen Sohne, den wird der Vater eben um deswillen ehren, weil das Verhältnis zum Sohne Gottes das Verhältnis zum Vater einschließt (12, 26; 5, 23). Darum fragt Jesus so vorwurfsvoll den Philippus: „so lange bin ich bei euch, und du kennest mich nicht?" (14, 9). Denn wenn die Jünger von der Messianität

Jesu wirklich ganz überzeugt sind und völlig an ihn glauben, dann wissen sie auch, daß, wer den Sohn gesehen hat, auch den Vater siehet, vgl. 6, 40. Erst wenn man dies festhält, daß „der Vater" diejenige Bezeichnung Gottes ist, durch die ausgedrückt wird, daß er endlich sein Wort eingelöst und die That gethan, die man von ihm begehrte, die Erlösungsthat, daß es also messianische Bezeichnung Gottes ist, erst dann werden solche Aussagen ganz klar, wie 16, 10: „der Paraklet wird die Welt strafen um die Gerechtigkeit, daß ich zum Vater gehe und ihr mich hinfort nicht sehet"; 17, 1. 2: „Vater, die Stunde ist gekommen; verherrliche deinen Sohn, damit der Sohn dich verherrliche, gemäß dem, daß du ihm Macht gegeben hast über alles Fleisch, damit er allem, was du ihm gegeben hast, ewiges Leben gebe." Darum, weil er der Heiland, der Messias, der Sohn Gottes ist, darum will er den Vater bitten, und der wird einen andern Parakleten geben, 14, 16. Der Vater und Jesus werden sich denen offenbaren, die Jesum lieben und seine Worte bewahren, 14, 21 ff., — so giebt Jesus seinen Jüngern Frieden, wie ihn die Welt nicht geben kann, das Zeichen des Reiches Gottes, 14, 27. Die ungläubigen Juden aber sollen wissen, daß nicht er, der Sohn, der Messias, sie beim Vater verklagen wird, sondern der Moses, auf den sie hoffen, 5, 45. Überall und ausnahmslos ist, wo Jesus vom „Vater" redet, nicht in erster Linie an das metaphysische Verhältnis zwischen Vater und Sohn gedacht, sondern wo Jesus sagt „der Vater", erinnert er an die Verheißung und Hoffnung seines Volkes, die jetzt erfüllt ist; so z. B. 3, 35, wenn er sagt: „der Vater hat den Sohn — den erkorenen Messias — lieb und hat alles in seine Hand gegeben." Wo er sagt: „mein Vater", tritt er seiner eigenen Verkennung, der Verkennung seiner Messianität entgegen. Dadurch erst wird die ganze Fülle des in diesem Gebrauche liegenden Sinnes, die ganze Liebe und der ganze Ernst klar.

So steht der Vatername Gottes im Evangelium Johannis wesentlich in demselben Sinne, wie in den synoptischen Evangelien, und ist der Beweis dafür, daß und wie ernst Jesus vom Reiche Gottes, dem Reiche des Vaters geredet hat. Indem er sagt: „der Vater", spricht er aus: $\mathring{\alpha}\rho\alpha$ $\mathring{\epsilon}\varphi\vartheta\alpha\sigma\epsilon\nu$ $\mathring{\epsilon}\varphi'$ $\mathring{\upsilon}\mu\tilde{\alpha}\varsigma$ $\mathring{\eta}$ $\beta\alpha\sigma\iota\lambda\epsilon\iota\alpha$ $\tau o\tilde{\upsilon}$ $\vartheta\epsilon o\tilde{\upsilon}$. Der Streit aber, von dem das vierte

Evangelium gemäß dem Wort berichtet, daß er in sein Eigentum gekommen und von den Seinen nicht aufgenommen sei (1, 11), ist ein Streit darum, ob er der Sohn Gottes, der Messias ist oder nicht. Es ist ein Streit nicht um die Sache, sondern um die Person, und das von Anfang an. Deshalb berichtet das Evangelium nicht, was Jesus vom Reiche Gottes, sondern was er vom Vater und von sich gesagt hat.

Durch den Glauben an ihn soll man das ewige Leben empfangen und hat es schon, jenes Leben, um welches es sich auch bei den Synoptikern im Zusammenhange mit dem Reiche Gottes handelt, wie wir oben gesehen, vgl. 3, 15. 16. 36; 5, 24. 39; 10, 27; 17, 2; wer den Sohn siehet und glaubet an ihn, hat das ewige Leben, 6, 40. 47. 54. Der Unterschied von den Synoptikern besteht nur darin, daß bei ihnen das ewige Leben Objekt des auf die Heilszukunft gerichteten Verlangens ist, ein Objekt, welches als messianisches Heilsgut dem αἰὼν ἐρχόμενος angehört, Mark. 10, 30; Luk. 18, 30, und von welchem genau wie vom Reiche Gottes ein Ererben, κληρονομεῖν, ein Hineinkommen, εἰσελθεῖν, in dasselbe ausgesagt wird (Matth. 19, 29; Mark. 10, 17; Luk. 10, 25; 18, 18; Matth. 18, 8. 9; 19, 17; Mark. 9, 43. 45; Matth. 7, 14; 25, 46). In dem johanneischen Evangelium dagegen ist dasselbe zwar gleicherweise der Zukunft eigentümlich — Joh. 4, 14. 36; 5, 29; 6, 27; 12, 25, — gehört aber schon gegenwärtig denen, welchen die Zukunft gehört, weil ihnen der Messias und was er bringt gehört, so daß sie die Macht empfangen, Kinder Gottes zu heißen und das ewige Leben schon in diesem Leben anzufangen, 3, 36; 15, 16; 6, 40 u. a. Gerade darin aber zeigt sich die Gleichheit mit dem Reiche Gottes, welches bei den Synoptikern auch ein zukünftiges ist und bleibt und doch schon gegenwärtig ist. Auch das ewige Leben ist da; man hat es, indem man Jesum hat und festhält, und doch wird es eigentlich und ganz erst an dem letzten Tage in der Totenauferweckung offenbar, wie dies namentlich 6, 40. 54; 5, 21 ff. aussprechen.

Dieser Zusammenhang und dieser Unterschied zwischen der Gegenwart und Zukunft seines Reiches oder des Heilsgutes ist nun ebenso wie in den synoptischen Evangelien der springende Punkt in der Verkündigung Christi. Jesus ist der Messias, und die an ihn glauben, **haben** das ewige Leben, aber das ist und giebt doch erst Bürgschaft und Gewähr für die Zukunft, für den Tag der Auferstehung der Toten, 6, 40. 47. 50. Auf diese Zukunft und daß in ihr die Erlösung offenbar wird, kommt alles an, denn der Tag dieser Zukunft ist der Tag, an dem Jesus seinen Heilandsberuf und sein Heilandsvermögen ungehemmt und ungehindert bethätigen wird, 5, 25. 28. 29. In der Welt haben die Seinen Angst, aber sie sollen getrost sein, denn er hat die Welt überwunden, 16, 53. Seine Parusie erst wird alles bringen, alles verwirklichen, was vom Messias verheißen ist, 14, 3. 18. 28; 16, 16 ff.; 17, 24. Sie ist der Trost für die Seinen, daß sie dereinst unbeirrt und unbedrängt sich seiner und damit zugleich ihres Gottes in seliger Freiheit von aller gegenwärtigen Unterdrückung freuen werden, 16, 22 ff. Dann soll ihr bisheriges Verhältnis zur Welt und umgekehrt das Verhältnis der Welt zu ihnen, unter dem sie leiden, ein Ende haben, 14, 27; 15, 18 ff.; 16, 2 ff. Sie dürfen und sollen hoffen auf die Zeit, in der sie mit Jesus zusammen sich seiner und ihrer gerechten Sache, der gerechten Sache dessen freuen werden, der in der Welt nicht zu seinem Rechte kommen konnte und deshalb jetzt zum Vater gegangen ist, so daß seine gegenwärtige Unsichtbarkeit, sein Sein beim Vater, welches der heilige Geist strafend und überführend bezeugt, der Beweis seiner gerechten Sache ist. Kommt er wieder, so nimmt er die Seinen zu sich, 17, 24; 14, 3; vgl. Matth. 24, 14. 31. Die andern verfallen dem Strafgericht, d. h. sie bleiben in der Ferne von ihm, dem Lichte, sie bleiben im Tode und müssen, obgleich auch sie auferstehen, zurück in den Tod, 8, 21. 24. 51; 5, 29.

Woher kommt nun diese Unterscheidung zwischen dem, was man gegenwärtig schon vom Messias hat und was er zukünftig geben wird? Der Messias ist da, Jesus ist es, ihn hat der Vater bestätigt, der ihm die Werke, die er thut, gegeben hat, und der durch ihn zu uns redet, so redet, daß wir wohl wissen können, ob seine Lehre von Gott sei und damit zugleich, ob er selbst vom Vater ausgegangen, vom Vater gesandt sei, 7, 16. 17; 16, 28; 6, 27. Wenn er aber so zweifellos der Messias ist, woher kommt dann die Unterscheidung zwischen jetzt und dereinst in seinem Wirken? Liegt sie daran, daß der Evangelist deut=

licher als die Synoptiker mit der Thatsache rechnet, daß alle großen weltgeschichtlichen Erfolge sich langsam vorbereiten, bis sie dann endlich mit einem Schlage eintreten? Ober daran, daß der Evangelist von einem späteren Standorte aus Jesum mit der Erkenntnis reden läßt, daß er mit seinem Evangelium langsam, langsam die Menschen überwinden und zuerst innerlich an sich binden werde, bis sie endlich nach 12, 32 alle an ihn gebunden seien? Der Evangelist giebt einen andern Grund an.

2.
Das Gericht und die Erben des Heils.

Auch nach dem vierten Evangelisten rechnet Jesus von Anfang an mit dem Gedanken der Notwendigkeit seines Todes. Schon bei dem ersten Auftreten in Jerusalem ist dies der Fall. Jesus kann nicht anders, er muß für seines Vaters Haus eintreten, die Jünger aber erschrecken und gedenken des Wortes Pf. 69, 10: „der Eifer um dein Haus verzehrt mich," insonderheit als sie sehen und hören, daß es den Juden nicht um das sachliche Recht zu solchem Vorgehen zu thun ist, welches sie nicht leugnen können, sondern lediglich um das persönliche Recht. Dies soll Jesus ihnen beweisen und verweist sie dafür auf seine Auferstehung mit jenem Rätselwort: brechet diesen Tempel, und in drei Tagen will ich ihn aufrichten. „Er redete aber von dem Tempel seines Leibes." Jesus tritt somit seinen Weg in vollem Bewußtsein des Ausgangs desselben, des Todes und der Auferstehung an. Ebenso äußert er sich in der Unterredung mit Nikodemus sowohl, indem er auf seine Himmelfahrt, 3, 13, als auf seine Erhöhung nach dem Vorbilde der von Moses erhöhten ehernen Schlange verweist, 3, 14 f. Er weiß ganz genau, daß er ein größeres Zeugnis für sich hat, als der Täufer, aber er weiß auch: „ich bin gekommen in meines Vaters Namen und ihr nehmt mich nicht auf; wenn ein anderer kommen wird in dem eignen Namen, den werden sie aufnehmen," 5, 43. Nach der wunderbaren, bedeutungsvollen Speisung muß er sich dem Volk entziehen, das ihn zum Könige machen will, und redet dann am folgenden Tage von dem lebendigen Brot, das sie sich verschaffen sollen, von dem Essen und Trinken seines Fleisches und Blutes, von dem Glauben an ihn trotz seines Todes und wegen seines Todes, den er ebenso deutlich vor sich sieht, wie er den Jünger kennt, der ihn verraten wird. Ist dieses Rechnen mit seinem Tode, dieser Todesgedanke gleich im Anfang seiner Wirksamkeit ungeschichtlich, wie man behauptet?

Die Thatsache, daß Jesus nie in Zweifel gewesen ist über den Ausgang, den er nehmen würde, steht nach allen Evangelisten, also nach allen uns zugänglichen Quellen fest. Es müßten starke Gründe sein, die uns bestimmen könnten, trotzdem die Thatsache für ungeschichtlich zu halten. Aber unsere Quellen, und so auch das vierte Evangelium, lassen uns deutlich erkennen, wie wunderbar den Zeugen diese Thatsache gewesen, ja geblieben ist bis zuletzt, zu einer Zeit, als Jesus schon ganz offen und rückhaltlos von dem unausbleiblichen Widerfahrnis seines Todes mit ihnen geredet hat, 11, 16. Sie haben auch diese Thatsache erst verstanden und damit ihre Bedeutung erst erkannt, als ihnen selbst von der Auferstehung her alles klar geworden ist. Wir aber haben schlechterdings keinen Grund zu denken, daß Jesus mit Illusionen, wenn auch mit Illusionen der Liebe, seinen Weg begonnen habe. Denn wem die Aufgabe gestellt ist und wer die Aufgabe sich stellt, die Jesus sich stellte, — wer gekommen ist, den Sündern, der ganzen Sünderwelt zu helfen, der muß in die Abgrundstiefe der Sünde klar sehen. Darum heißt es auch von dem ersten Aufenthalte Jesu in Jerusalem, daß daselbst zwar viele waren, die an seinen Namen glaubten, da sie die Zeichen sahen, die er that, daß aber Jesus sich ihnen nicht anvertraute, „weil er alle kannte und nicht nötig hatte, daß ihm jemand Zeugnis gäbe von dem Menschen, denn er selbst wußte, was in dem Menschen war," 2, 23 ff. Und aus demselben Grunde haben wir keinen Anlaß, die Notiz 6, 64 zu bezweifeln, daß Jesus von Anfang an wußte, wer die seien, die nicht an ihn glaubten, und wer ihn verraten werde.

Wenn aber Jesus von Anfang an mit seinem Tode rechnete, und dennoch nicht verzweifelte an seinem Beruf und Werk, so hat dies nicht den Grund, daß er auf eine Fortwirkung seines Auftretens und seines Zeugnisses hoffte, dessen Wahrheit doch schließlich werde anerkannt werden, — also nicht den Grund des Glaubens an die Kraft des Märtyrerblutes. Vielmehr gehört sein Sterben zu seinem Beruf, zur Ausrichtung seines Werkes, damit man an ihn glauben könne, 3, 16; er läßt sein Leben zum Besten der Schafe, 10, 15; er muß sterben, damit er die zerstreuten Kinder Gottes zusammenbringe, 11, 52. Darauf beruht es, daß seine eigentliche messianische Wirksamkeit erst danach eintreten kann (12, 32; 20, 17), wenngleich auch jetzt schon erlebt werden kann, wozu er da ist. Aber niemand versteht ihn, wenn er davon redet, und als Thomas wenigstens versteht, daß er vom Sterben redet, will er in der Verzweiflung mit ihm sterben, 11, 16. Denn wohl warten die Jünger auf die ungehemmte, uneingeschränkte Offenbarung seiner Messianität und setzen dabei voraus, daß dieselbe erfolge, wenn Israel nur erst an ihn glaube, und ebenso, daß dieser Tag und die Messiasthat, die er thun werde, Glauben bewirken werde. Darum prägen sich ihnen auch die Worte von der schon gegenwärtigen Wirkung Christi, ihrer Identität und doch ihrem Unterschiede von der zukünftigen Wirkung ein. Welches aber die Bedeutung seines Todes und seiner damit in Zusammenhang ebenfalls zuvor verkündigten Auferstehung sei für das Messiaswerk, davon haben sie keine Ahnung, gehen vielmehr mit ihm seinem Leiden entgegen und ärgern sich an ihm, wie die Verleugnung Petri beweist, 13, 38. Nachher sind die Worte Jesu von seiner Auferstehung und Wiederkunft, vom Parakleten und seiner Erinnerung an ihn, von ihrem Leiden um der Bezeugung Jesu willen und von dem Glauben, den sie selbst bewirken werden, wieder lebendig geworden. Vorher aber haben sie nichts davon verstanden, obwohl sie es hätten verstehen können, wenn sie ihres Meisters rätselhafte Wege mit seinem messianischen Beruf und ihrer eigenen Hoffnung in Einklang zu bringen versucht hätten. Bis zu Ende aber haben sie es nicht begriffen, weshalb Jesus auf alle Selbsthülfe, auf jeden Weg und Ausweg, der scheinbar zu einem andern Ergebnis geführt hätte, verzichtete. Als Griechen Jesum zu sehen begehrten und dadurch namentlich gegenüber dem Mißverhalten Israels sich die Möglichkeit zu bieten schien, auf diese sich zu stützen, da spricht Jesus das Wort vom Weizenkorn, welches ersterben muß, wenn es Frucht bringen soll, — dies angesichts der Thatsache, daß dieses Verlangen der Griechen ihm ein Zeichen seiner bevorstehenden Verklärung ist.

Jesus hat stets nicht bloß mit der Thatsache seines Todes und der unausbleiblichen Notwendigkeit desselben, sondern mit seiner Aufgabe zu sterben gerechnet, weil er, wie die synoptische Überlieferung angiebt, nicht gekommen ist, der Menschen Seelen zu verderben, sondern zu erretten. Dies spricht er in dem johanneischen Bericht in dem eigentümlichsten Satze desselben aus, daß er nicht gekommen sei, um zu richten. Dies ist anscheinend die entschiedenste Verneinung der bisherigen alttestamentlichen Hoffnung, eine ebenso entschiedene Verneinung, wie der von den Synoptikern berichtete Zweck seines Daseins und sein Verhalten, Sünder zu rufen und nicht Gerechte, eine Verneinung der alttestamentlichen Hoffnung auf die endliche Rechtfertigung der Gerechten zu sein scheint. „Gott hat seinen Sohn nicht gesandt in die Welt, daß er die Welt richte, sondern daß die Welt durch ihn gerettet werde," heißt es 3, 17, und dies wiederholt er 12, 47: „ich bin nicht gekommen, daß ich die Welt richte, sondern daß ich die Welt rette." Die Rettung erscheint somit als Verneinung des Gerichts. Freilich Gericht muß sein und wird sein, aber der Messias lehnt die Vollziehung desselben von sich ab; es soll sich von selbst vollziehen an denen, deren Sünde — daß sie nicht ans Licht kommen — zugleich schon Strafe ist. Denn „das ist das Gericht, daß das Licht in die Welt gekommen ist, und die Menschen liebten die Finsternis mehr denn das Licht, denn ihre Werke waren böse" (3, 19).

Daneben freilich finden sich auch Aussprüche, in welchen Jesus sich die Aufgabe des Gerichtes zuschreibt. So 5, 27, wo er sagt, der Vater habe dem Sohne Macht gegeben, Gericht auszuüben, weil er Menschensohn, ein Mensch von Menschen her, d. i. weil er so niedrig geworden sei, oder weil er den Weg zur Erfüllung seines Berufes durch Leiden und Tod gehe. Dann fährt er B. 28 ff. fort: „die Stunde kommt, wo alle, die in den Gräbern sind, werden seine Stimme hören, und werden hervorgehen, die Heilbringendes gethan haben, zur Auferstehung des Lebens, die Übles gethan haben, zur Auferstehung des Gerichts. Ich kann nichts von mir selber thun; wie ich höre, richte ich, und mein Gericht ist gerecht." Er wiederholt 8, 15: „ihr richtet nach dem Fleisch, ich richte niemand," fährt aber B. 16 sogleich fort: „aber wenn ich auch richte, so ist mein Gericht voller Wahrheit." Während er 12, 48 sagt: „wer mich verwirft und meine Worte nicht annimmt, der hat den, der ihn

17*

richtet: das Wort, das ich geredet habe, das wird ihn richten am letzten Tage," spricht er 9, 39 ausdrücklich aus: „zum Gericht bin ich in diese Welt gekommen, damit die Nichtsehenden sehen und die Sehenden blind werden." Wie kommt Jesus dazu, von sich, von seiner Aufgabe, von seinem Zwecke das Gericht abzulehnen und dann doch wieder sich nicht bloß die Fähigkeit, sondern auch die Aufgabe des Gerichtes zuzuschreiben?

Die Antwort liegt in der Bedeutung des Wortes. Schon seit Ezechiel ist der Sprachgebrauch, welcher vom Gericht in heilschaffendem Sinne redete, fast verschwunden. Auch bei den Synoptikern finden sich nur noch Reminiscenzen wie Matth. 19, 28; 12, 18. 20; Luk. 11, 42; Act. 8, 33, die freilich noch gleich verstanden wurden, weil man sich die Aufgabe des Richters nicht verbergen konnte, den Schutz des Rechtes allen denen zu gewähren, die ihn bedurften. Im Gedanken aber an das messianische Gericht des letzten Tages war dasselbe nur noch Strafgericht, vgl. Mark. 3, 29; Matth. 10, 15; 11, 22. 24; 12, 36; Luk. 11, 31. 32. Denn wer hat Gott gegenüber Recht? Freilich hat das schon der Psalmist Ps. 143, 2 ausgesprochen und dennoch V. 1 gebetet: „erhöre mich um deiner Gerechtigkeit willen," und V. 11: „durch deine Gerechtigkeit führe meine Seele aus der Not." Aber dieses specifisch israelitische Bewußtsein, daß man trotz seiner Sünde ein Recht bei Gott haben und im Rechte sein könne, ist geschwunden. Unsägliche Angst erfüllt die, deren ganzes Bestreben darin aufgeht, im Gerichte zu bestehen, Angst vor dem Gerichte, auf welches sie hoffen. Sie hoffen auf das Gericht als auf ein Strafgericht über ihre Bedränger, glauben aber nicht an ihre eigene gerechte Sache, sondern nur daran, daß Gott ihnen durch die Offenbarung des Gesetzes die Möglichkeit gegeben habe, selbst im Gerichte zu bestehen. Dann aber ist es nur folgerichtig, daß auch sie das Gericht nur zu fürchten haben. „Was hilft es uns," klagt der Verfasser des 4. Buchs Esra, „daß unsterbliches Leben uns verheißen ist, wenn wir Werke gethan haben, die uns den Tod bringen?" „Rechtfertige uns im Gericht," wird täglich in Israel gebetet. Die aber sich selbst für gerecht halten (Luk. 18, 9), sind auf verkehrtem Wege, und anderseits: wer kann gerechtfertigt werden, wenn das Gesetz und zwar das ganze Gesetz, ohne daß es an

einem fehlt, gehalten werden soll? Die Virtuosen der Religion
suchen es zu halten, aber können nicht. An die wirklich Armen
und Geringen, die so viel Überhebung, Bedrückung und Vergewaltigung leiden müssen, und daß ihnen zum Trost die Verheißung da ist, denkt man nicht, denn dann müßte man dem
עַם הָאָרֶץ zu große Konzessionen machen, und der eigene Eifer
um Gott und seinen Willen, das mühevolle Studium des
Gesetzes, die bis ins Kleinste gehende Sorgfalt um seine tadellose
Erfüllung nach seinem Buchstaben — denn weiter konnte man
doch wieder nicht wagen zu gehen — würde wertlos. Man denkt
zwar an die um der Gerechtigkeit willen Verfolgten, aber man
hat dabei den Unterschied zwischen den Gerechten, nämlich den
Juden, und den Sündern, nämlich den Heiden, im Auge. Ja,
man denkt auch noch an den Unterschied zwischen denen, die bloß
Recht haben, und denen, die Ernst machen mit ihrer Religion,
aber dies deckt sich sofort mit dem Unterschiede zwischen
Sadducäern und Pharisäern, zwischen den Vertretern des alt-
berechtigten, aber weltförmigen Adelsgeschlechtes der Priester und
zwischen den Trägern und Vertretern des Gesetzes und der Hoffnung
Israels. Der übrigbleibende עַם הָאָרֶץ „ist verflucht" (7, 49)
und kommt nur in Betracht, wenn man seiner bedarf. Und
doch — die Edelsten und Besten unter den Pharisäern konnten
sich nicht verbergen, daß ihre Gerechtigkeit noch immer nicht, ja
nie genüge. Den Glauben aber der Stillen im Lande, die an
ihnen hinaufsahen, teilten sie nicht und konnten nicht wie diese
nach dem Muster des 143. Psalms beten. Was diese vereinigten,
die Anrufung der Gerechtigkeit Gottes und das Bekenntnis der
eignen Ungerechtigkeit, das schien ihnen unvereinbar. Sie hätten
eigentlich alle Jünger Jesu werden müssen, aber obgleich von den
Obersten viele an ihn glaubten, bekannten sie es nicht, denn sie
hatten die Ehre bei den Menschen lieber denn die Ehre bei Gott
(12, 42), und des eignen Herzens bittere Erfahrungen von der
Macht der Sünde, des eignen Herzens Verzweiflung auch nur sich
selbst zu gestehen (Röm. 7), wagte kein Pharisäer. Darum kam
Nikodemus bei der Nacht zu Jesu, — es ließ ihm keine Ruhe, —
darum wagt er nicht zu sagen, was ihn bewegt und was er bei
Jesu sucht. Darum kommt ihm Jesus entgegen, — darum krönt
er seine Unterredung mit dem Wort: nicht daß er die Welt

richte, sondern daß die Welt gerettet werde vom Strafgericht, sei der Sohn vom Vater gesandt.

Dies Wort wirft ein ganz neues Licht auf seine Erscheinung und ist doch nichts wesentlich Neues. Die alte Wahrheit, die alte Hoffnung auf das rettende Gericht wurde nicht mehr verstanden. Man hoffte noch auf das messianische Gericht, weil es Gericht über die Feinde sein sollte; für sich selbst fürchtete man es. Das war das Verkehrte, daß man es wesentlich für ein Strafgericht hielt, statt für ein heilbringendes Gericht. Dem tritt Jesu Wort entgegen. Es lautet wie die unbedingteste Verneinung der alttestamentlichen Verheißung und Hoffnung und ist doch nur ihre Bejahung. Retten sollte nach der Verheißung der Messias, nur retten durch Gericht, hier ist seine Aufgabe Gegenwirkung gegen das Gericht, — aber eben doch nur, weil das Gericht als Strafgericht gedacht ist, dem alle unterliegen, nicht als rettendes Gericht. Die Ablehnung des Strafgerichts schließt weder aus, daß ein solches sich dem Messias gegenüber vollzieht, ja auch nicht einmal, daß er selbst es ist bezw. sein wird, von dem es ausgeht, noch schließt sie aus, daß er ein Reich aufrichtet, in welchem Gerechtigkeit wohnet. Der jüngste Tag bringt die Auferstehung des Gerichts (5, 29), aber nur für die, die des Heiles nicht teilhaftig geworden sind. Die eigentliche Bedeutung des jüngsten Tages ist die Offenbarung des Heiles (6, 39. 40. 44). Aber seit der Messias da ist, ist nicht mehr die erste Frage, was er thun wird, sondern was er thut, woran er erkannt wird, und da gilt, daß er nicht gekommen ist, zu richten, sondern zu retten, oder synoptisch ausgedrückt: „nicht gekommen, der Menschen Seelen zu verderben, sondern zu erretten," wie der Zusatz zu Luk. 9, 56 lautet. Das Bild des Gerichts hat sich im Laufe der Zeit gewandelt in das eines Strafgerichts und darum tritt es zurück; die Sache aber, die Rettung bleibt, und das Heilsgut im Reiche Gottes ist genau wie bei den Synoptikern das ewige Leben, nur daß dasselbe bei den Synoptikern wesentlich als zukünftiges, wenn auch nicht bloß als zukünftiges erscheint, bei Johannes (vgl. 3, 36) als zukünftiges und doch schon gegenwärtiges, als vom Verderben, vom Tode errettetes Leben (8, 51). Jesus selbst ist es, der Gewalt leidet und dem geholfen wird, Sach. 9, 9; Joh. 12, 14 ff., wie wollen seine

Jünger es anders erwarten? (15, 19 ff.). Seiner gerechten Sache nimmt der Vater sich an, 16, 10, — auch ihrer gerechten Sache wird gedacht werden, 16, 1—4. 33, denn das Reich Gottes ist auf Gerechtigkeit und Gericht gegründet (Pf. 89, 15 u. a.).

Dazu kommt noch eins. Diejenigen, für die das Reich kommt, sind solche, die, obwohl sie Sünder sind, doch Recht haben, Bedrängte und Bedrückte, die im Weltzusammenhange ihres Lebens nicht froh werden können und deshalb ihre Hoffnung auf Gott setzen. Dies die alttestamentliche Verheißung und Hoffnung. Wer sind nun im Evangelium Johannis die, für die Christus gekommen ist „nicht zu richten, sondern zu retten"? Wer sind die Erben des Reiches? „Wer die Wahrheit thut," heißt es 3, 21, „kommt an das Licht, damit seine Werke offenbar werden, denn sie sind in Gott gethan." Was heißt das, „die Wahrheit thun"? Welches sind die in Gott gethanen, gewirkten Werke? Und was heißt dem gegenüber V. 20: ὁ φαῦλα πράσσων? „Wer aus der Wahrheit ist," sagt Jesus 18, 37, „der höret meine Stimme," und 6, 29 spricht er: „das ist das Werk Gottes, daß ihr glaubet an den, den er gesandt hat." Hiernach ist das Kommen zu Jesu, 6, 35, ebenso wie das Glauben an ihn das Thun der Wahrheit oder die Ausübung dessen, was Bestand und Geltung hat, und Nathanael, der ἀληθῶς Ἰσραηλίτης, ἐν ᾧ δόλος οὐκ ἔστιν, ist dies, weil er seine Sünde bekannte und Vergebung suchte (vgl. Pf. 32, 2—5). Dann ist ὁ φαῦλα πράσσων derjenige, welcher Böses übt (nicht bloß thut), dasselbe nicht erkennen und anerkennen will und deshalb außer Berührung mit dem Lichte des Lebens sich hält und im Tode bleibt. Dies stimmt mit der Beschreibung der alttestamentlichen Gerechten, deren Gerechtigkeit auch nicht in ihrer Sündlosigkeit, sondern kurz zu sagen in der Stellung zu ihrer Sünde und zu Gott in seiner Verheißung bestand, nur daß sie hier nicht unter forensischem, sondern unter sittlich=religiösem Gesichtspunkte beschrieben werden. Dies aber war erforderlich, sobald mit dem Begriffe des Gerichts als eines Strafgerichts und nur mit diesem gerechnet wurde. Ist aber dieses Gericht nicht ein solches, welches der Messias selbst hält und zu halten gekommen ist, sondern vollzieht es sich in dem Verhalten derer, deren Sünde zugleich ihre Strafe ist und dem Messias gegenüber zur Strafe sich gestaltet, so erhellt, daß die messianische Wirksamkeit des βαπτίζων ἐν πνεύματι ἁγίῳ wohl unter den Begriff eines Recht schaffenden Gerichtes befaßt werden kann. Der Evangelist thut es nicht, sondern bleibt bei der Gegenwirkung gegen das Strafgericht stehen, weil Jesus diesen Begriff von κρίνειν, κρίσις aus dem Volksmunde — auch in den synoptischen Evangelien — aufnahm. Das σώζειν τὸν κόσμον, 3, 17; 12, 47, ist und bleibt eine That des rettenden Gerichts, wie auch schon das βαπτίζων ἐν πνεύματι ἁγίῳ, 1, 33 zeigt, die nur deshalb als das Gegenteil einer Gerichtsthat bezeichnet wird, weil das Gericht als Strafgericht angesehen wurde. Unter diesem Gesichtspunkte bleibt nichts anderes übrig, als die Heilswirksamkeit Jesu als solche entgegengesetzte Wirksamkeit zu bezeichnen, ohne daß sie aber inhaltlich irgendwie verändert oder gar „vertieft" würde. Es bleibt beim σώζειν, ῥύεσθαι, λυτροῦν und wie die Synonyma im Alten Testamente sonst lauten, — sie erscheinen nur nicht mehr als Synonyma des Gerichtes, weil das Gericht nur als Strafgericht gedacht und empfunden wird. In Wirklichkeit aber ist das σώζειν doch eine Thätigkeit des Richters. Daß Jesus aufs bestimmteste verneint, zur Ausführung des Strafgerichts gekommen zu sein, ist nur insofern eine Vertiefung des alttestamentlichen Gedankens, als dies die Antwort auf die Bitte ist: „gehe nicht ins Gericht mit deinem Knecht, denn vor dir ist kein Lebendiger gerecht," Pf. 143, 2, unter Absehen von dem unmittelbar voraufgegangenen: „erhöre mich um deiner Gerechtigkeit willen." Die einstige Rettung der Seinen, die zuerst weinen und heulen werden, wenn Jesus von ihnen genommen wird und die Welt triumphiert, deren Freude aber unvergänglich und überschwenglich sein wird, wenn er wieder zu ihnen kommt, ist doch in der That nichts anderes, als was wir auf dem Grunde des Alten Testaments und nach der synoptischen Überlieferung als rettendes Gericht bezeichnen mußten. Das Werk, das Jesus übt, die That, die er thut, die Menschen, deren er sich annimmt, alles ist gleich. Es wird nur noch darauf ankommen, an welche Heilsordnung er das Heil bindet, denn dann erst wird sich ganz beurteilen lassen, wie Jesus seinen Beruf und seine Aufgabe auffaßt.

3.
Die Heilsordnung. Glaube, Gotteskindschaft, Wiedergeburt.

„Gleichwie Moses in der Wüste die Schlange erhöhte, so muß des Menschen Sohn erhöhet werden, damit jeder, der an ihn glaubt, ewiges Leben habe. Denn also hat Gott die Welt geliebt, daß er den eingebornen Sohn gab, damit jeder, der an ihn glaubt, nicht verloren sei, sondern ewiges Leben habe," 3, 15. 16. „Wer an ihn glaubt, wird nicht gerichtet," V. 18. „Wer an den Sohn glaubt, hat ewiges Leben, wer dem Sohne nicht glaubt, wird Leben nicht sehen, sondern der Zorn Gottes bleibt über ihm," V. 36. „Dies ist geschrieben, damit ihr glaubet, daß Jesus der Messias, der Sohn Gottes ist und daß ihr glaubend Leben habt in seinem Namen," 20, 31. Nichts als Glaube wird verlangt, um zu haben, was Jesus für uns ist und was er giebt; Glaube ist die Heilsordnung.

Auf der andern Seite sagt Jesus: „wahrlich, wahrlich, ich sage dir, wenn einer nicht von neuem geboren wird, kann er das Reich Gottes nicht sehen," 3, 3, und wiederholt dies V. 5 dahin, daß er sagt: wahrlich, wahrlich, ich sage dir, wenn einer nicht aus Wasser und Geist geboren wird, kann er nicht hineinkommen in das Reich Gottes," in das Himmelreich. Also neu geboren werden, das ist die Bedingung für die Teilnahme an den Gütern des Messias bezw. des messianischen Reiches. Geboren werden ist ein Widerfahrnis, ein Erlebnis; wir sind dafür verantwortlich, daß wir von neuem oder aus Wasser und Geist geboren werden, aber immerhin ist es nicht ein Thun und Verhalten, sondern ein Erlebnis, wovon der Heilsstand, der Heilsbesitz, die Erlangung des Reiches Gottes abhängig gemacht wird. Dort ein Verhalten: Glaube; hier das Widerfahrnis: die Wiedergeburt. Wie verträgt sich beides?

Untersuchen wir zuerst, was der vierte Evangelist unter Glauben versteht. Wie sehr er alttestamentlich geschult ist und in der Sprache und in den Gedankenkreisen des Alten Testamentes lebt, ergiebt auch das Wort glauben. Das Substantivum πίστις findet sich — abgesehen von seinem Vorkommen in der Apokalypse — nur 1 Joh. 5, 4, sonst stets das Verbum πιστεύειν, hierin also dem Alten Testament gleich, in welchem sich nur das Verbum findet, während der Gebrauch des Substantivs, auch des hebräischen resp. aramäischen הֵימָנוּתָא, אֲמָנָה, הֵימְנֵי, späteren Ursprungs ist. Darin ist nun der johanneische Bericht mit dem synoptischen völlig eins, daß Jesu gegenüber, um seiner selbst und durch ihn alles Heiles teilhaftig zu werden, nichts als Glaube erforderlich ist, nur daß dies im johanneischen Evangelium von Anfang bis zu Ende noch stärker hervortritt. Denn wie sein Zweck ist, Glauben zu wirken (20, 31), so handelt es sich in allem, was es von Jesu berichtet, in seinen Worten und bei seinen Werken stets um die Frage: glauben oder nicht glauben. Johannes der Täufer ist zum Zeugnis gekommen, damit alle durch ihn glauben sollten (1, 7), — glauben steht also absolut und heißt, wo es so steht, an den Messias glauben, der denen, die ihn aufnahmen und hinnahmen (ἔλαβον), Macht gab, Kinder Gottes zu werden, nämlich denen, die an seinen Namen glauben, die nicht vom Geblüt, auch nicht vom Willen des Fleisches, auch nicht vom Willen eines Mannes, sondern von oder aus Gott geboren sind (1, 12. 13). Nathanael hat seine Überzeugung bekannt: „Rabbi, du bist der Sohn Gottes, du bist der König Israels"; da sagt Jesus: „weil ich dir gesagt habe, daß ich dich unter dem Feigenbaum gesehen habe, so glaubest du" (1, 51), — also wieder absolut, so daß glauben, gläubig sein ein durchaus messianischer Begriff ist. Von den Samaritern heißt es 4, 41. 42: „viel mehrere glaubten um seines Wortes willen und sagten zu dem Weibe: nicht mehr um deiner Rede willen glauben wir, denn selbst haben wir gehört und wissen, daß dieser ist wahrhaftig der Retter der Welt," und von dem Königischen 4, 53: „er und sein ganzes Haus glaubten." „Wie könnt ihr glauben, die ihr Ehre voneinander nehmt, und die Ehre von Gott allein suchet ihr nicht?" fragt Jesus 5, 44, nachdem er zuvor gesagt: „ich bin gekommen in meines Vaters

Namen, und ihr habt mich nicht angenommen; wenn ein anderer kommt in seinem eigenen Namen, den werdet ihr annehmen." „Ihr habt gesehen und glaubet nicht," schilt er 6, 36, und V. 64 sagt er: „es sind einige unter euch, die nicht glauben," denn von Anfang an wußte Jesus, „wer die Nichtglaubenden seien." „Ich glaube, Herr," sagte der geheilte Blindgeborene und betete an, 9, 38, nachdem der Herr ihn zuvor gefragt, ob er an den Menschensohn glaube. „Ihr glaubet nicht, denn ihr seid nicht von meinen Schafen," wirft Jesus den Juden vor, 10, 25. 26, denn „meine Schafe hören meine Stimme, und ich kenne sie, und sie folgen mir." „Ich freue mich um euretwillen, daß ich nicht dort war, damit ihr glaubet", sagt er 11, 15, als er seinen Jüngern den Tod des Lazarus verkündet, und spricht V. 40 zu Martha: „so du glauben würdest, solltest du die Herrlichkeit Gottes sehen." „Jetzt habe ich es euch gesagt, bevor es geschieht, damit wenn es geschieht, ihr glaubet," sagt er mit Beziehung auf die Ankündigung seines Hingangs zum Vater 14, 29, und 16, 31 spricht er: „jetzt glaubet ihr," unter Verweisung auf die kommende Stunde, wo sie zerstreuet werden und ihn allein lassen. „Damit auch ihr glaubet," bezeichnet 19, 35 den Zweck des Berichtes des Evangelisten über den Tod Jesu. „Selig sind, die nicht sehen und doch glauben, οἱ μὴ ἰδόντες καὶ πιστεύσαντες," lauten 20, 29 die Worte des Herrn, mit denen er die Unterredung mit Thomas abschließt.

Dieses selbständige πιστεύειν ist nichts anderes, als das πιστεύειν εἰς αὐτόν vermittelt durch das πιστεύειν αὐτῷ, wie wir jenes 1, 12; 2, 11; 3, 16. 18. 36; 4, 39; 6, 29. 35. 40. 47; 7, 5. 31. 38. 39. 48; 8, 30; 9, 35. 36; 10, 42; 11, 25. 26. 45. 48; 12, 11. 36. 37. 42. 44. 46; 14, 1. 12; 16, 9; 17, 20, dieses 4, 21. 50; 5, 38. 46. 47; 6, 30; 8, 29. 31. 45. 46; 10, 37. 38; 14, 11 finden, vgl. 11, 26. 27; 2, 22; 4, 41 f. 50; 5, 24; 12, 38. Denn wie 5, 46. 47; 12, 38 zeigen, schließen sich das Schriftzeugnis und Jesu Zeugnis und nach 5, 24 das Zeugnis Gottes in Jesu Zeugnis zusammen und bewirken, daß Glaube an Gott zugleich Glaube an Jesus ist und dazu wird. Was aber Glaube an Jesus ist, ergiebt sich von hier aus. Glaube ist Glaube an Jesus, Glaube an Jesus aber ist Bethätigung der Anerkennung der Messianität Jesu durch Anschluß an ihn, Be=

kenntnis zu ihm, Hoffnung auf ihn und Vertrauen auf ihn, wie es namentlich 12, 42. 43 deutlich wird. Erkennen und anerkennen gehört zusammen, Erkenntnis und Anerkenntnis der Messianität Jesu, weshalb auch πιστεύειν und γινώσκειν miteinander verbunden erscheinen, z. B. 6, 6. 9; 10, 37. 38. Denn als das Objekt des Glaubens, als das, was geglaubt wird, erscheint ausdrücklich die Messianität Jesu, ὅτι σὺ εἶ ὁ Χριστὸς ὁ υἱὸς τοῦ θεοῦ ὁ εἰς τὸν κόσμον εἰσερχόμενος, 11, 27, oder ὅτι ἐγώ εἰμι, 8, 24; 13, 19, oder ὅτι ἐν ἐμοὶ ὁ πατὴρ κἀγὼ ἐν τῷ πατρί, 10, 38; vgl. 14, 10. 11; 11, 42; 16, 27. 30; 17, 8. 21. Es giebt keinen Glauben, der nicht solche Erkenntnis und Anerkennung oder Überzeugung wäre, — aber freilich eine sich durch das entsprechende Verhalten zu Jesu im Anschluß an ihn. 10, 27, in der Anbetung, 9, 38, im Anhangen, im Bekenntnis, 12, 42. 43, zu ihm sich bethätigende, sich äußernde Überzeugung. Die Anerkennung setzt und schließt in sich ein Verhältnis zu Christus, in welchem man alles, was Gott verheißen und was Gott für uns ist, in Christus hat und von Christus hofft, also ein Verhältnis unbedingten und unbegrenzten Vertrauens, — nicht wie man es sonst nur zu Gott haben kann und hat, sondern ein Verhältnis, in welchem man erst Gott hat. Vgl. 12, 46; 8, 12; 11, 40.

So ist es der Glaube, welcher alles hat und bekommt, was Jesus als Messias für uns ist und hat, vor allen Dingen, welcher erfährt, daß er tauft, von Sünden abwäscht, nicht mehr symbolisch und vorbildlich, sondern wirklich, nämlich in Kraft des heiligen Geistes, 1, 33, wodurch die, die ihn aufnehmen oder hinnehmen oder die an seinen Namen glauben, Kinder Gottes werden, bei Gott in Gnaden, aus Gott geboren, 1, 12. 13. Denn daß das βαπτισθῆναι ἐν πνεύματι ἁγίῳ die ἐξουσίαν τέκνα θεοῦ γενέσθαι verleiht, ist klar. Es fragt sich nur, ob mit diesem βαπτισθῆναι und ἐκ θεοῦ γεγεννῆσθαι ein zweites an den Glauben anschließendes Stück, eine weitere Stufe der Heilsordnung bezeichnet sei, oder ob das Verhältnis ein anderes sei.

Dieselbe Frage kehrt wieder bei dem Gespräch mit Nikodemus, Kap. 3, und es wird sich empfehlen, sie hier zu untersuchen, weil hier das von neuem oder aus Gott geboren werden ausdrücklich als Bedingung des Eingangs in das Reich Gottes erscheint. Wer ins Reich Gottes eingegangen ist, ist ein Kind Gottes, und umgekehrt, wer ein Kind Gottes ist, geht ein ins Reich Gottes, 11, 52, vgl. mit 10, 16. Wie wird man ein Kind Gottes? Wer ist ein Kind Gottes? Wie wird man von neuem geboren? Wer ist von neuem geboren?

Das kann kaum fraglich sein, daß γεννηθῆναι ἄνωθεν heißt wiederum oder von neuem geboren werden, und nicht: von oben geboren werden. Daß ἄνωθεν sonst bei Johannes — nämlich dreimal, 3, 31; 19, 11. 23 — im örtlichen Sinne = von oben her, vom Himmel her, stehe, — spricht nicht dagegen, denn ἄνωθεν steht je nach dem Zusammenhange im örtlichen oder zeitlichen Sinne, so daß der Zusammenhang und allein dieser entscheiden muß. Ein Unterschied im Gebrauch je nach den Schriftstellern, wie bei Xenophon, der es nur lokal gebraucht, ist für die spätere Zeit nicht mehr nachzuweisen. Daß es aber thatsächlich an unserer Stelle nicht = von oben, sondern = wiedergeboren werden bedeutet, macht V. 12 unzweifelhaft, denn dort wird, was Jesus gesagt und wofür er noch keinen Glauben gefunden, unter die ἐπίγεια gerechnet, während die ἐπουράνια sich auf das Himmelreich beziehen, von dem der Herr gesagt, es könne es niemand sehen, er sei denn neu geboren. Dann kann ἄνωθεν γεννηθῆναι nicht = „von oben her geboren werden" sein. Ebenso spricht dafür, daß Nikodemus es offenbar so verstanden hat, wenn er V. 4 fragt: „wie kann ein Mensch geboren werden, wenn er alt ist? Kann er auch zum zweiten Male in seiner Mutter Leib gehen und geboren werden?" Aber was ist nun damit gemeint?

Unsere Erzählung schließt mit dem Wort: „gleichwie Moses in der Wüste die Schlange erhöhte, also muß des Menschen Sohn erhöht werden, auf daß jeder Glaubende in ihm ewiges Leben habe. Denn also hat Gott die Welt geliebt, daß er seinen eingeborenen Sohn gab, damit jeder an ihn Glaubende nicht verloren gehe, sondern ewiges Leben habe." Ewiges Leben haben und ins Reich Gottes kommen ist gleich, denn im Reiche Gottes ist das ewige Leben. So wird benn auch glauben und wiedergeboren werden zusammenfallen. Aber wie? Wird der Glaube als neuer Lebensanfang Wiedergeburt genannt? Und wenn das der Fall wäre, in welchem Sinne käme er dann als neuer Lebensanfang in Betracht?

Auf das Befremden des Nikodemus über die Forderung der Wiedergeburt antwortet Jesus V. 5: „wahrlich, wahrlich, ich sage dir, wenn einer nicht aus Wasser und Geist geboren wird, kann er nicht in das Reich Gottes kommen." An die Stelle des allgemeineren Ausdrucks in V. 3 tritt der besondere, an die Stelle des „das Reich Gottes sehen" jetzt „in das Reich Gottes kommen," und so an die Stelle des „wiederum geboren werden" das „geboren werden aus Wasser und Geist". Die Verbindung „Wasser und Geist" aber war dem Nikodemus bekannt, selbst wenn er nicht von Johannes dem Täufer gewußt hätte. Denn daß in dieser Verbindung Wasser das Symbol, Geist die Wirklichkeit des göttlichen Handelns bezeichnen sollte, das stand ihm als einem Schüler des Alten Testaments und Theologen Israels fest. Das Wasser als Symbol kannte er von der jüdischen Reinigung her, die Reinigung aber bezweckte die Entfernung aller Verunreinigung durch die Sünde, die Entfernung aller Schuld. Nun hatte der Täufer gesagt 1, 26: „ich taufe mit Wasser," und V. 33: „der mich gesandt hat mit Wasser zu taufen, der hat zu mir gesagt: auf wen du siehst den Geist herabkommen und auf ihm bleiben, der ist es, der mit dem heiligen Geiste tauft." Hieran erinnert Jesus. Nikodemus soll wissen, daß er der Reinigung von der Sündenschuld, nicht bloß der sinnbildlichen, sondern der wirklichen Reinigung in Kraft des heiligen Geistes bedarf, dann sieht er das Reich Gottes, diejenige Ordnung der Dinge, in welcher der ganze Heilswille Gottes zu Gunsten seines Volkes in machtvoller Gerechtigkeit verwirklicht ist, dann kommt er in das Reich Gottes. Hat er diese Reinigung gesucht und gefunden, ist er dadurch ein Teilhaber des Reiches Gottes geworden, so wird er es auch erkennen, obgleich es niemand sonst sieht oder wahrnimmt. Denn was vom Fleisch geboren ist, das ist Fleisch und hat mit dem Reiche Gottes nichts zu thun, und was vom Geist geboren ist, das ist Geist. Den Geist zu erkennen, wo und wie er wirkt, und ihn auf sich wirken lassen, das ist jetzt die Aufgabe, die jeder hat, und darum eine Aufgabe, die Nikodemus als Lehrer Israels muß lösen können, es sei denn, daß der Unglaube, in dem er bis dahin sich noch befindet, ihn daran hindert. Läßt er aber den Geist auf sich wirken, läßt er sich in Kraft des Geistes Gottes geben, was er haben muß, so ist er aus dem Geist geboren. Also die Reinigung oder Abwaschung von Sünden, die Vergebung derselben, die Taufe gilt es begehren und empfangen, gerade das, was Johannes und Jesus bieten, wozu sie gekommen sind, dann ist der Mensch wiedergeboren, auch wenn er alt ist.

Es ist thatsächlich richtig: wer Vergebung der Sünden empfangen hat, der ist im Reiche Gottes, der sieht das Reich Gottes. Aber ist es auch richtig, daß er wiedergeboren ist? Wir haben uns an einen andern Begriff von Wiedergeburt gewöhnt. Was will der Herr hier sagen? Will er sagen: du mußt erst in Kraft des heiligen Geistes zu einem neuen Menschen geworden sein mit neuen Trieben und neuem Handeln, mit neuem Fühlen, Denken, Wollen, ein neues Ich, dann erst kannst du etwas wahrnehmen vom Reiche Gottes? Oder ist wirklich die Vergebung der Sünden die Wiedergeburt?

Zunächst denke man an die Ablehnung der Johannistaufe seitens der ἀρχιερεῖς und πρεσβύτεροι, also vor allem der Mitglieder des Synedriums, deren eines Nikodemus war, Matth. 21, 23 ff. Dann ergiebt sich schon, was für einen Eindruck die Forderung Jesu auf Nikodemus machen mußte, daß er müsse aus Wasser und Geist wiedergeboren werden, sobald er sie verstand. Dann begreift sich auch die Frage V. 9: „wie kann das geschehen?" und die Gegenfrage: „du bist der Lehrer Israels und weißt das nicht?" sowie die unmittelbar daran anschließende Weiterführung der Rede im Plural: „wir reden, was wir wissen" 2c. Daß Johannis Auftreten und Taufe von solcher Bedeutung sein soll und daß Jesus und Jesu Auftreten in solchem Verhältnis zum Täufer stehe, daran hatte er nicht gedacht. Das aber hätte er verstehen müssen, was mit dem Gegensatz bezw. mit der Verbindung von Wasser und Geist gemeint sei, und wenn er das verstand, dann konnte er auch verstehen, was der Herr mit dem Geboren werden aus Wasser und Geist meine. Nur durch Vergebung der Sünden, wie sie der Täufer symbolisiert und verbürgt und Christus wirklich mitteilt, kann man eingehen in das Reich Gottes. Das stand ja freilich auch dem Pharisäer fest. Aber daß die Vergebung der Sünden eine solche Bedeutung für das Personleben habe, das war's, was ihm gerade als Pharisäer nicht in den Sinn wollte. Das verstand sich für ihn von selbst, daß die Erfüllung der messianischen Hoffnung auch Vergebung bringen werde denen, die ihrer wert sind; „der Herr reinigt jeden heiligen Mann," πάντα ἄνδρα ὅσιον, heißt es im salomonischen Psalter, 3, 10; „er wird verschonen seine Heiligen und ihre Sünde wird er austilgen in Zucht," 13, 9, und 17, 11: „nach ihren Werken wird sich Gott ihrer erbarmen." Aber das war das Befremdende, daß des Herrn Wort nicht eine Vergebung meint, welche ergänzend — wenn auch zur eigenen Überraschung des Empfängers — hinzutritt zu der erworbenen Gerechtigkeit, sondern daß das ganze auf nichts als Gerechtigkeit gerichtete Streben des Pharisäers vergeblich sein soll, daß das ganze Leben durch Vergebung ausgetilgt werden muß, um als ein neugeborner Mensch im Reiche Gottes die Erfüllung aller Heilshoffnung zu erleben. Nirgend galt das Fleisch mehr, als in Israel; von Abraham herzukommen, war des Israeliten Stolz, und nun sollte das nichts sein, nichts als Vergebung sollte helfen. Die Möglichkeit einer Kontinuität, einer einfachen Überführung des bisher geführten Lebens in die neue Ordnung der Dinge konnte nicht stärker verneint werden.

Somit liegt schlechterdings keine Veranlassung vor, die Forderung der Wiedergeburt durch die die Vergebung bringende Taufe „vertiefen" zu wollen durch die Auffassung derselben als Setzung eines neuen Ich oder ähnlich. Im Gegenteil, jede dahin gehende Auffassung, welche doch schließlich keine andere Stütze hat, als die einer Deutung des Bildes vom Geborenwerden, tritt mit den sonstigen Ausführungen Jesu, insbesondere auch mit den Ausführungen unseres Kapitels, in Widerspruch. Wem wirkliche Vergebung zu teil wird, dem wird sein dem Gericht verfallenes Leben neu geschenkt, der ist wiedergeboren (vgl. mein Wörterb., 8. Aufl., unter παλιγγενεσία S. 231 f.; πνεῦμα S. 839 ff.), und das Verhalten dessen, dem diese Gnade der Rettung (V. 17) zu teil wird, ist der Glaube, — genau wie 1, 12. 13, wo diejenigen, denen die Macht gegeben wurde, Gottes Kinder, aus Gott geboren zu heißen, die sind, „die an seinen Namen glauben."

So steht die Forderung der Wiedergeburt nicht im geringsten in Widerspruch mit der des Glaubens, und es ist auch nicht nötig, den Begriff des Glaubens anders zu fassen, als es geschehen ist, etwa als Anfang eines sittlich neu befähigten, ausgerüsteten und auf andere Ziele gerichteten Lebens. Dies ist gar nicht der Gegensatz des richtigen Glaubensbegriffes zu dem der Annahme einer Theorie und kommt hier durchaus nicht in Betracht. Der Glaube ist das Verhältnis, welches jemand zu Jesu einnimmt, indem er ihn erkennt und anerkennt als den von Gott gesandten Heiland und ihn sich zum Heiland dienen läßt. In diesem Verhältnis empfängt er, wozu Jesus gekommen ist, die Rettung durch die Vergebung. Bezeichnet der Glaube die subjektive Heilsordnung, so ist die Wiedergeburt durch die Taufe nur die objektive Heilsordnung, der sich jeder untergeben muß und untergiebt, wer teil haben will an dem erkannten Messias und seinem Reich.

Das liegt nun freilich auch in diesen Ausführungen, daß, wer so an Jesus glaubt und von Jesu in der Kraft seines Geistes Vergebung der Sünden erhält, schon jetzt im Besitze des ewigen Lebens ist, 3, 36. Damit ist er eingegangen in das Reich Gottes und nimmt wahr, was dazu gehört (3, 5. 3). Aber: $\dot{\varepsilon}\nu$ $\tau\tilde{\wp}$ $\varkappa\dot{o}\sigma\mu\wp$ $\vartheta\lambda\tilde{\iota}\psi\iota\nu$ $\ddot{\varepsilon}\chi\varepsilon\tau\varepsilon$ 16, 33, „in der Welt habt ihr Angst." Noch ist die Gerechtigkeit, der Sieg der gerechten Sache nicht eingetreten. Jesus muß leiden; die Jünger müssen leiden um des Namens Jesu willen. Darum betet Jesus für sie und für alle, die durch ihr Wort an ihn glauben werden, daß sie bewahrt werden und daß sie dahin kommen mögen, wo er ist, damit sie seine Herrlichkeit sehen, Kap. 17.

Nun bleibt nur noch zu fragen, ob Jesus mit seinem „neuen Gebot", dem Gebot der Liebe, nicht sowohl eine neue Heilsordnung daneben habe aufrichten, als vielmehr nur denjenigen Glauben als den rechten Glauben, welcher „Princip der Liebe" sei, habe beschreiben wollen, also fides caritate formata? Denn schwerlich kann es sich um eine neue Heilsordnung oder um einen zweiten Weg zur Erlangung der Güter seines Reiches handeln, wo so entschieden wie im johanneischen Evangelium der Glaube als dieser Weg bezeichnet worden ist. Aber das könnte ja sein, daß durch die Betonung dieser Forderung nur der Glaube als der rechte und wirksame Glaube bezeichnet werden sollte, der diese Liebe übt und der um dieser Liebe willen

das Heil vermittele. Indes diesen Eindruck machen die Aus=
sagen des Herrn nicht. Er denkt gar nicht an ein Verhältnis
zum Glauben, wenn er 15, 34 f. sagt: „ein neues Gebot gebe
ich euch, daß ihr einander liebet, wie ich euch geliebet habe,
damit auch ihr einander liebet. Daran werden alle erkennen,
daß ihr mir Jünger seid, wenn ihr Liebe untereinander habt."
Und ebensowenig denkt er an ein solches Verhältnis, wenn er
15, 17 ff. sagt: „das gebiete ich euch, daß ihr einander liebet.
Wenn die Welt euch haßt, so wisset, daß sie mich zuerst gehaßt
hat. Wenn ihr von der Welt wäret, so würde die Welt ihr
eigenes lieb haben." Nun läßt sich zwar sagen, daß solche Liebe
ja thatsächlich Erweisung oder Bethätigung des Glaubens ist oder
auch, daß sie der auf die andern angewandte Glaube an Jesus
ist. Ob aber das die Tendenz der Worte Jesu ist, dies den
Jüngern zum Bewußtsein zu bringen, ist doch fraglich. Eher
kann man noch daran erinnern, daß diese Liebe, welche nicht das
Ihre sucht, sondern das, was des andern ist, das eigentliche
völlige Gegenteil der Sünde ist, welche nur das Ihre sucht und
darum den andern täuscht und betrügt und nun insbesondere die=
jenigen bedrängt und bedrückt, die anders gesinnt sind. Aber
überhaupt handelt es sich in diesen Worten nicht um eine Aus=
sage über die Heilsordnung, sondern um eine Aufforderung an
die, die seine Jünger sind, ihren Zusammenhang mit ihm da=
durch zu beweisen, daß sie auch untereinander so stehen, wie er
zu ihnen steht. Daß damit ihr Anteil am Heile steht und fällt,
ist selbstverständlich, aber er fällt doch nur, weil ihr Glaube hin=
fällig wird, wo ein liebloses Verhalten in Nichtachtung Jesu
platz greift. Daher das Gebet um die Einheit der Seinen, gleich=
wie der Vater und Jesus eins sind, 17, 11, um die Einheit der
Gläubigen, sowohl derer, die schon an ihn glauben, der Jünger,
die in der Welt sind, wie auch derer, die durch ihr Wort noch
glauben werden. Gerade hier erhellt deutlich, daß Heilsordnung
nur der Glaube ist, Einheit, Gemeinschaft, Liebe aber das selbst=
verständliche Verhalten, die selbstverständliche Forderung an die=
jenigen, die die Liebe des Vaters zu Jesu und Jesum selbst
im Glauben in sich tragen und zu der großen Gemeinschaft der
zusammengebrachten Kinder Gottes (11, 52) gehören.

V.
Die vorpaulinische apostolische Verkündigung.

Je näher der Herr auf seiner letzten Reise Jerusalem kam, desto dunkler wurde das Rätsel seines Weges für die Jünger. Einer unter ihnen, Thomas, sah den Ausgang, den dieser Weg nehmen mußte, so klar vor sich, daß er sagte: „laßt uns mit ihm gehen, daß wir mit ihm sterben" (Joh. 11, 16). Aber des Herrn Worte von seiner Parusie und vom Parakleten, die Zuversicht zu seinem messianischen Beruf, die er immer wieder aussprach, bewirkte doch, daß sie noch am Abend des letzten Tages stritten über den Vorsitz bei Verteilung der Plätze im Reiche Gottes (Luk. 22, 24 ff.). Nach der Einsetzung des Abendmahls, welche noch unverstanden blieb, sagt Jesus unter Berufung auf Sach. 13, 7 den Jüngern voraus, daß sie in der bevorstehenden Nacht alle von ihm abfallen werden. Petrus vermißt sich, nötigenfalls ganz allein bei ihm auszuharren und selbst mit ihm in den Tod zu gehen, — so fest steht ihm die Messianität Jesu. Jesus nimmt ihn und die beiden Zebedaiden mit in den Teil des Gartens Gethsemaneh, in welchem er allein sein wollte und beten. Sie sollen mit ihm wachen und beten, damit er, komme, was da wolle, gerüstet sei. Sie sind aber nicht imstande, die Leidenstiefe zu durchkosten, die Jesu Seele ergriffen hat, da er daran denkt, was seiner Jünger einer, der ihn verrät, und sein Volk, das der Vater erwählt hat, ihm anzuthun bereit ist. Noch nie haben sie ihren Herrn, den Messias, in solcher Lage, in solcher Not gesehen. Das war nicht mehr ein Beten, wie es ihnen als Muster eines gläubigen, zuversichtlichen Gebetes vorschwebte, wie sie es von ihm zu lernen begehrten (Luk. 11, 1) und wie er es ihnen noch vor wenigen Stunden verheißen hatte, daß sie einmal sollten beten lernen in seinem Namen, in völligem Glauben, in der Zuversicht unbedingter Erhörung (Joh. 14, 13. 14; 15, 7. 16; 16, 23. 24). Das war nichts mehr von der Majestät, mit der er einst dem Sturm und See sein „schweig und verstumme" zu= gerufen (Mark. 4, 39), auch nichts mehr von dem Ernst des Fastens und Betens, mit dem er sich gerüstet hatte, den Teufel auszutreiben von dem für mondsüchtig gehaltenen Knaben (Matth. 17, 31). Es galt nicht mehr ein Thun, wie bei den Wunder= thaten, die er verrichtete, auch nicht mehr ein Leiden, wie es der Fall war, solange er umherzog und wohlthat (Matth. 8, 17). Er hatte nichts mehr vor sich als Leiden, Leiden von denen, die er liebte; darin sollte er sich finden, daß er der von der Herde selbst getötete Hirte sein müsse. Die Jünger verstehen ihn nicht, sie entschlafen, er aber muß seinen Gebetskampf allein auskämpfen und kämpft ihn aus und steht gestärkt und willig den Kelch zu trinken wieder auf. Da kommt, geführt von dem Verräter, die Schar, die ihn gefangen nehmen sollte. Jesus verweist mit der Frage der Liebe dem Judas den Weg, den er eingeschlagen, zeigt, daß keine Macht der Welt imstande sei, ihn wider seinen Willen auch nur anzurühren, heilt den von Petrus verwundeten Malchus und — giebt sich freiwillig in der Häscher Hände, nur um das eine besorgt, daß seine Jünger frei ausgehen.

Das ist das vollendete Gegenteil dessen, was man sich vom Messias versehen konnte. Eben noch ein freier Mann und Herr aller Dinge, dem auch des Himmels Heer, wenn er nur will, zu gebote steht (Matth. 26, 53), und nun gefangen mit seinem eigenen Willen! Oder war es Täuschung? Gab es doch eine Grenze für ihn? „Da verließen ihn alle Jünger und flohen" (Mark. 14, 50 f.). Petrus mit Johannes folgte nach in des Hohenpriesters Haus, um zu sehen, was geschehen würde, und nach kurzer Zeit wieder verließ er das Haus, — ein gebrochener Mann, denn seiner Flucht hatte er die wiederholte Verleugnung hinzugefügt, indem er „anhub, sich zu verfluchen und zu schwören: ich kenne des Menschen nicht," während Jesus soeben noch an= gesichts des Todesurteils beschworen hatte, er sei der Messias, der Retter der Welt.

Von nun ab geht Jesus vollständig allein und verlassen seinen Weg, erträgt, was man ihm von Hohn und Spott anthut, weist das weichliche Mitleid der Töchter von Jerusalem in seine Schranken, indem er ihnen weissagt, was ihrer wartet, und wird gekreuzigt. Er muß es sich gefallen lassen, daß ihm zugerufen wird: „bist du Gottes Sohn, der Messias, so steig herab vom Kreuz!" und steigt nicht hernieder, um machtvoll eine Welt zu richten, in der auch nicht einer ihm treu geblieben ist. Still und stiller wird es um sein Kreuz, bis endlich seine Stunde kommt und er seinen Geist in seines Vaters Hände befiehlt und stirbt. Der heidnische Centurio giebt seinem Empfinden Ausdruck, das auch andere gehabt, daß hier ein Justizmord begangen ist, und „alles Volk, das dabei war und zusah und sahen, was da geschah, schlugen sie an ihre Brust und wandten wieder um" (Luk. 23, 48). Aber was half das? Er war gemordet, und den Seinen blieb nur übrig, für seine Bestattung zu sorgen. Sie wußten: er war der Messias, mächtig von Thaten und Worten, aber nicht mächtig genug, Israel zu erlösen; die Sünde Israels ging über seine Kraft. Nun gab es überhaupt keine Erlösung. Es war eine wunderbar schöne Zeit, die sie mit ihm durchlebt hatten, so ernst sie auch gewesen war. Wer hatte je so geredet, des rechten Wortes und des Willens Gottes mächtig wie er! Nun war alles dahin, alles vergangen.

Da erfahren die Frauen, die ihm gedient hatten und nun nach dem Sabbath gegangen waren, seinen Leichnam zu salben, von Boten aus der unsichtbaren Welt, daß er auferstanden sei, wie er selbst es ihnen vorausgesagt habe. Magdalena sieht ihn, die Emmausjünger finden ihn, Jesus erscheint bei den Jüngern, da die Thüren verschlossen waren, und nach acht Tagen erscheint er abermals, um den Thomas zu überzeugen, der sich's nicht denken kann, daß der sollte ihnen wiedergegeben sein, den sie verlassen und aufgegeben hatten, und von Stund an ist alles nicht wieder gut, das ist zu wenig, sondern es ist alles anders. Die Jünger haben den Messias, den Retter wieder, denselben, den sie vordem gehabt, und doch anders, ganz anders, von nun ab unverlierbar, den auch die Himmelfahrt nicht von ihnen scheidet, vielmehr nur noch völliger mit ihnen verbindet (Luk. 24, 49; Joh. 20, 17), mächtiger als Sünde und Tod, ein Fürst des

Lebens, der heute noch und ewig lebendig zu jedem Worte steht, das er jemals geredet hat, um es zu erfüllen. Nicht zu seinem Erinnerungsbilde ruft der Heimgegangene, sondern zu sich ruft der Gekreuzigte, Gestorbene und wieder lebendig Gewordene alle, die mühselig und beladen sind, damit er sie erquicke. Nun endlich sind die Rätsel gelöst, die auf seinen Jüngern lasteten von dem Tage der Tempelreinigung in Jerusalem an (Joh. 2, 22) bis zu seinem letzten Einzuge in diese seine Stadt (Joh. 12, 16) und weiterhin. Nun löst sich ihnen auch das Rätsel seines Todes und sie wissen, daß sie nicht einen Toten beklagen, wenn sie ihn den Gekreuzigten nennen, sondern daß das der Auferstandene ist, der die Schmach nicht achtete und das Kreuz erduldete, um die Welt nicht aufzugeben, die er liebte, und der nun als der Lebendige mit den Zeichen seines Leidens vor uns steht, um uns mit seinem Siege der Vergebung unsrer Sünden zu versichern, um derentwillen er gestorben ist. Nun liegt das ganze Leben, das ganze Sein des Messias als ein Sein und Leben zu unsrer Erlösung klar vor ihren Augen da, von der Geburt in Armut und Niedrigkeit, der Flucht aus der Heimat, der Rückkehr nicht nach Bethlehem, sondern nach Nazareth an, weil man von dorther nichts Heilbringendes erwartete, dann die dreißigjährige Stille, der Gang zur Taufe und von der Taufe in die Wüste und aus der Wüste wieder zurück nach Nazareth und Kapernaum, — alles ist nun klar. Lauter Paradoxa sind es, die sein Leben aufweist; er ist der Messias, und doch stimmt nicht bloß in seinem Erleben, sondern auch in seinem Verhalten nichts dazu, wie die Versuchung zeigt, deren Bestehen seinem ganzen Leben den Charakter der Niedrigkeit und des Entbehrens aufprägt. Nicht freudig, nicht selig, sondern mit tiefem Schmerz ist er seine Wege gegangen, — jetzt wissen sie, weshalb, und wissen, was das heißt: das Lamm Gottes, welches der Welt Sünde trägt.

Noch aber schweigen sie und zeugen nicht von ihrem Herrn und Meister. Er selbst hat ihnen geboten, daß sie nicht von Jerusalem weichen sollten, bis daß sie angethan würden mit Kraft aus der Höhe (Luk. 24, 49) und sie den Parakleten, den Geist der Wahrheit empfingen, der Jesum ihnen verklären, alles

Zukünftige ihnen verkündigen und sie in alle Wahrheit leiten sollte (Joh. 14, 26; 15, 26; 16, 5. 13. 14). Denn erst vom Himmel her kann er, der Messias, es ihnen bethätigen und beweisen, daß er der Messias ist. Sie meinten, jetzt die Parusie erwarten zu dürfen, wurden aber vom Herrn mit dieser ihrer Erwartung in die Stille gewiesen, nur daß ihnen das bereinstige Eintreten der Parusie bestätigt wurde (Act. 1, 7—11). Was sie zu erwarten hatten, war die Kraft des heiligen Geistes und in ihr die Ausrüstung für ihren Zeugendienst. Wie das sein würde, wußten sie nicht, aber als es nun kam, war ihnen alles klar. Jesus der Christ, der Gestorbene und Auferstandene und Erhöhte stand ihnen vor Augen in seiner ganzen Hoheit und Herrlichkeit, als der sie und die ganze Welt erlöst hatte und um dessentwillen oder in dem sie mit der ganzen Welt einen freien, offenen Zugang zu Gott hatten, und der einst vom Himmel herab wiederkommen werde und sich und seines Reiches Herrlichkeit offenbaren. Ja, im Glauben konnten sie sich seiner jetzt schon getrösten, im Glauben hatten sie ihn und seine Zukunft, im Glauben konnte und sollte die ganze Welt ihn haben und mit ihm den Vater, und alle, die an ihn glaubten und noch glauben lernen würden, bildeten die Gemeinde Gottes, der die endliche Heilszukunft in der Parusie gehören würde. Solche Erkenntnis, solchen Glauben lernten sie durch den heiligen Geist, in welchem das innerste Wesen Gottes mit ihnen in Verbindung trat und auf sie und in ihnen wirkte. Es war das erstemal, daß Menschen die Erlösung erlebten, die von jetzt an und von ihnen, von der Gemeinde der Erlösten her in der Welt erlebt werden sollte. Ihrem Erleben entsprach die erste Äußerung desselben in dem Lobpreis Gottes mit neuen Zungen, wie die Seligen im Himmel Gott preisen, die aus allen Völkern und Geschlechtern und Sprachen dort gesammelt sind und ein neues Lied singen Gott und dem Lamm, das niemand lernen kann, als die erkauft sind von der Erde. Daran aber schloß sich sofort in der Kraft desselben Geistes die erste Bezeugung des Evangeliums durch Petrus. Denn nun redete er nicht mehr bloß von dem, was sie im Umgange mit Jesus gehört, gesehen und erlebt hatten, auch nicht mehr bloß in der durch die Auferstehung bewirkten

Gewißheit, daß Jesus der Gekreuzigte doch der Heiland sei, den der Tod nicht habe töten können, sondern wiedergeben müssen und der nun dereinst vom Himmel kommen werde, um die alte Verheißung zu erfüllen. Er redete vielmehr nun von dem, dessen ganze und volle Erkenntnis er jetzt erst mit dem ganzen vollen Glauben durch den heiligen Geist gewonnen hatte. Mit seinen Worten aber deckte sich die Wirklichkeit; es war Wahrheit, was er sagte, denn jedes Wort, welches er redete, fand seine Bestätigung durch die Gegenwart Gottes und Jesu im heiligen Geiste, welcher diese Wirklichkeit und Wahrheit tröstend und strafend allen bezeugte, die es hörten und hören wollten.

So entstand nun das apostolische Zeugnis von Jesu, es war nicht eine Wiederholung nur, eine Reproduktion seines Zeugnisses und seiner Verkündigung, sondern mehr als das, — es war das Zeugnis von Jesu, dem geschichtlichen und übergeschichtlichen Heilande der Welt; es war die Bezeugung, daß er allein und er wirklich der Heiland sei, an dem sie, die Apostel, sich so schwer versündigt, als sie alle ihn bei seiner Überantwortung zum Tode verließen und flohen, und daß er gerade als der Gekreuzigte wieder auferstanden sei und nunmehr sich als solcher bethätige und offenbare. Eben darum war das Zeugnis auch anders als die Verkündigung Jesu. Es handelte nicht von der $\beta\alpha\sigma\iota\lambda\varepsilon\acute{\iota}\alpha$ $\tau o\tilde{v}$ $\vartheta\varepsilon o\tilde{v}$, sondern von dem $\beta\alpha\sigma\iota\lambda\varepsilon\acute{v}\varsigma$, dem $X\varrho\iota\sigma\tau\acute{o}\varsigma$, und nicht mehr in der Form von Gleichnissen redeten sie von diesem Reich, sondern klar und unzweideutig sagten sie, was wir jetzt sehen und dereinst ewig von und an diesem König Christus haben können und sollen, und ebenso von dem, was wir zu thun haben, um dies zu erlangen und zu haben.

Sie begannen aber dort, wo sie des Geistes teilhaftig geworden waren, inmitten der Gemeinschaft des erwählten Volkes Gottes, dem sie mit allen übrigen Jüngern und Jüngerinnen Jesu angehörten und als dessen Erstlinge sie den Geist und in ihm die Güter der Erlösung empfangen hatten. Denn noch war Israel trotz seiner Versündigung an Jesus nicht verworfen. Wie Israel, so hatten sich auch die Jünger an Jesus versündigt, und wie die Jünger wieder Gnade gefunden hatten, so sollte auch Israel noch Gnade finden. Wohl hatte Jesus seines Volkes Verhalten vorausgesehen und ihm geweissagt, welches Ende dies Verhalten nehmen werde, allein es sollte und mußte wie bei Judas nichts unversucht bleiben, um dies Ende abzuwenden. Zu dem Ende sollte ihm das Heil und zwar jetzt das vollendete, gegenwärtig gewordene Heil in dem von Israel gekreuzigten und doch auferstandenen, in dem erhöhten und doch gegenwärtigen Heilande in der Kraft und Gegenwart Gottes nochmals dargeboten werden, damit entweder alle seine Sünden und Sünde bedeckt oder ihm behalten würde. Anheben mußte aber die Verkündigung von dem von Gott gegebenen Heilande und Heile zu Jerusalem, um die den Vätern gegebene Verheißung, das Wort Gottes an Israel zu bestätigen. Denn obwohl es ein Volk ist, dem Gott die Verheißung nicht zu erfüllen braucht, soll es doch die Erfüllung erfahren, damit auch die Weltvölker glauben lernen an den Gott, der in absoluter Freiheit ungenötigt doch sein Wort hält und die Erlösung denen darbietet, die ihrer nicht wert sind.

Israel aber erfüllte seinen Weg. Es war nur ein Rest von dem noch übrigen Reste des Volkes, welcher das Evangelium annahm; das Volk als solches wehrte sich mit seinen Führern gegen dasselbe, und so kam es dahin, daß die für Israel zunächst erkorenen Apostel schließlich dort nichts mehr zu thun fanden, und einen andern Wirkungskreis zu suchen hatten. Für die Verkündigung des Evangeliums an die ἔθνη, welche Petrus von Israel aus und unter Beharrung bei Israel begonnen hatte, hatte der Herr sich einen andern erwählt, Saulus von Tarsus, der auch Paulus heißt. Für die Verkündigung, wie sie von den Aposteln Israels sowohl für Israel als für die ἔθνη von Paulus geübt wurde, steht uns außer dem ersten Teil der Apostelgeschichte nur der Brief Jakobi zu Gebote. Zwar haben wir noch ein neutestamentliches für messiasgläubige Juden bestimmtes Schriftstück, den Brief an die Hebräer, der aber viel zu spät liegt, um für die vorpaulinische Verkündigung maßgebend sein zu können, so wichtig und ohne paulinischen Einfluß verständlich sein Inhalt auch ist. Ebenso sehen wir von der Apokalypse ab, so stark auch ihre Reprobuktion der alttestamentlichen Anschauung von der durch Gerichte das Heil seiner Gemeinde schaffenden Gerechtigkeit Gottes ins Gewicht fallen könnte, denn auch sie kann als geschichtliche Voraussetzung der paulinischen Verkündigung nicht in Frage kommen. Ebensowenig ist dies der Fall mit den Briefen des Johannes, Petrus und Judas, so daß uns in der That nur die Verkündigung des Petrus in der Apostelgeschichte und der Brief des Jakobus übrig bleiben. Sehen wir zu, was diese uns bieten.

1.
Die Heilsbezeugung des Petrus nach der Apostelgeschichte.

Es kann keinem Zweifel unterliegen, daß die Berichte der Apostelgeschichte über die Reden des Petrus, wenngleich nicht wortgetreu, doch sinngetreu den Inhalt derselben wiedergeben. Es ist nicht bloß kein Wort in ihnen enthalten, welches Petrus nicht gesagt haben könnte, sondern auch das, was als von ihm gesagt berichtet wird, geht nach Form und Inhalt nicht hinaus über das Verständnis der Heilsbedeutung Jesu, seines Todes, seiner Auferstehung und Erhöhung, welches wir unter Voraussetzung der Thatsache seiner Auferstehung und der oben beschriebenen Ausgießung des heiligen Geistes erwarten dürfen.

Was Petrus bezeugt, ist die Messianität Jesu, des von Israel zum Tode gebrachten, dessen Tötung nicht eine Durchkreuzung der göttlichen Absichten, geschweige denn ein Beweis für den Ungrund der messianischen Ansprüche Jesu war, da sein Volk ihn nur hinnehmen und kreuzigen konnte auf Grund des vorbedachten Rates und Willens Gottes (2, 13). Denn obwohl Israel sich durch die Verleugnung des Heiligen und Gerechten aufs schwerste versündigt hat, so gilt doch, daß es seinen Zweck nur durch Gottes sonderliche Zulassung erreichen konnte und daß also Gott selbst erfüllt habe, was er vom Leiden des Messias durch den Mund aller Propheten vorher verkündigt und was sein Volk unwissentlich ausgeführt habe (3, 13—18). Immer wieder betont er diese Versündigung Israels an Jesus (4, 10, vgl. V. 26 f.; 5, 30 f.; 10, 39), die aber Gott wieder gut gemacht habe durch seine Auferweckung von den Toten (2, 24. 32. 36; 3, 13. 26; 4, 10; 5, 30 f.; 10, 40 ff.), welche zusammen mit seiner Erhöhung zur Rechten Gottes (2, 33 ff.; 3, 13. 21; 5, 31) die Erhöhung zum $\kappa\acute{\upsilon}\varrho\iota o\varsigma$ $\kappa\alpha\grave{\iota}$ $X\varrho\iota\sigma\tau\acute{o}\varsigma$ 2, 36, zum $\dot{\alpha}\varrho\chi\eta\gamma\acute{o}\varsigma$ $\kappa\alpha\grave{\iota}$ $\sigma\omega\tau\acute{\eta}\varrho$ 5, 31 ist, in welcher der von Israel getötete $\dot{\alpha}\varrho\chi\eta\gamma\grave{o}\varsigma$ $\tau\tilde{\eta}\varsigma$ $\zeta\omega\tilde{\eta}\varsigma$ (3, 15) von Gott bestimmt, $\dot{\omega}\varrho\iota\sigma\mu\acute{\epsilon}\nu o\varsigma$ ist zum $\kappa\varrho\iota\tau\grave{\eta}\varsigma$ $\zeta\acute{\omega}\nu\tau\omega\nu$ $\kappa\alpha\grave{\iota}$ $\nu\epsilon\kappa\varrho\tilde{\omega}\nu$. Also der König Messias ist es, den Israel getötet und Gott auferweckt und verherrlicht hat (3, 13; 10, 36 ff.), sein Reich das Reich der Gerechtigkeit und des Friedens, das Reich Gottes, welches das Heil Israels und der ganzen Welt sein soll. So oft Jesus der Christ, also der Messias genannt wird, so oft haben wir uns zu erinnern, daß dies der Königsname ist und dabei gedacht wird an das Reich Gottes, das aufzurichten er gekommen ist. Nun handelt er vom Himmel her, von dannen er einst wiederkommen und die $\kappa\alpha\iota\varrho o\acute{\iota}$ $\dot{\alpha}\nu\alpha\psi\acute{\upsilon}\xi\epsilon\omega\varsigma$ bringen wird, 3, 20, die Zeiten der Erquickung Jes. 35, 10; 52, 7; 57, 15, die Zeiten des Reiches Gottes, auf die das ganze Volk Israel getreu dem Wort aller Propheten bis dahin gewartet hat und wartet. Daß er es ist, der diese Zeiten herbeiführen wird, das bezeugt der heilige Geist, den er ausgegossen hat und denen giebt, die an ihn glauben. Durch ihn giebt er Vergebung der Sünden, 5, 31 f.; 10, 43, um sie zu bewahren für den Tag des Gerichts, 10, 42; 3, 19. 20. Das ist, wie es der Verfasser der Apostelgeschichte bei seinem Bericht über die Arbeit des Diakonen Philippus zusammenfaßt (8, 12), „das Evangelium vom Reiche Gottes und dem Namen Jesu des Messias," also des Königs dieses Reiches, oder wie es 5, 42 heißt, „das Evangelium von Jesu dem Christus."

Das entspricht genau sowohl der Verkündigung wie dem Verhalten Jesu, seinem Tode, seiner Auferstehung und Rückkehr zu den Seinen. Wie Jesus gekommen ist, Sünder zu rufen und nicht Gerechte, so kann auch Petrus nicht anders, er muß bezeugen, daß ausnahmslos jeder nur durch diesen Jesus Vergebung der Sünden empfange, ja daß ganz Israel Vergebung der Sünden durch diesen Jesus bedürfe (2, 38 f.; 5, 31; 10, 43). Gerechte, denen Jesus zur Rechtfertigung gekommen wäre, kennt Petrus so wenig, wie die Evangelisten, — im Gegenteil: „euch zuerst hat Gott seinen Knecht auferweckt und gesandt, euch zu segnen in dem, daß ein jeder sich bekehre von seinen Bosheiten" (3, 26). Nur durch Buße und Bekehrung zu ihm kann Israel Vergebung der Sünden erlangen (3, 20; 2, 38). Wer aber so Vergebung erlangt, der kann warten auf die Zeiten der Erquickung, wenn Gott ihn wiedersenden wird vom Himmel her (3, 20) als den Richter der Lebendigen und der Toten. Es ist genau die Lage, wie zur Zeit der Wirksamkeit Jesu unter Israel, auf die Petrus Act. 10, 36 ff. verweist, nur ist sie jetzt schärfer gezeichnet und klarer erkennbar. Dort das Wort, daß er nicht gekommen sei, Gerechte zu rufen, sondern Sünder, und dazu doch immer wieder die Zurückverweisung auf das Alte Testament und seine Forderungen, — also wie es scheinen konnte, eine Auffassung, wie die in dem Gebet um das Gericht der Gerechtigkeit Gottes oder um Gericht nach der Gerechtigkeit des Betenden in Verbindung mit dem Bekenntnis der Ungerechtigkeit (Pf. 143, 1. 2; 7, 9) Hier dagegen, nachdem Jesus gekreuzigt ist, kann von Gerechtigkeit in keinem Sinne mehr die Rede sein, nachdem Israel, statt sich zu bekehren, sich so versündigt, seine Sünde so auf die Spitze getrieben hat. Und doch ist noch von Heil die Rede, denn dem Volke, welches sich so versündigt hat, und welches in keinem seiner Glieder rein und frei von solcher Schuld ist, wird Jesus, der Gekreuzigte, Auferstandene und Erhöhte verkündigt und in ihm die Vergebung der Sünden dargeboten. Dort das Wort, daß er nicht gekommen sei, die Welt zu richten, sondern zu retten, hier die Verkündigung der Wiederkunft des Richters der Lebendigen und der Toten und zugleich für die Zeit bis dahin die Erfüllung jenes Wortes. Was jenes Wort wahr macht, ist der nach Gottes Willen geschehene und darum unter Gottes Zulassung vollbrachte Tod Jesu, mit dem — so dürfen wir schließen — zwar alle Sünde gekrönt, aber auch alle Sünde bedeckt ist; denn daß sie vergeben sein soll, das hat der Auferstandene bewiesen durch die Ausgießung des heiligen Geistes.

Die Heilsordnung ist auch die gleiche wie die, die wir aus den Reden Jesu kennen gelernt haben: Glaube und Taufe. Glauben verlangt Petrus, wenn er Buße und Bekehrung fordert, 2, 38; 3, 19; 10, 43, Glauben an das, was er von Christo verkündigt, Glauben an den Christus, den er verkündigt, den Glauben, daß in keinem andern Heil und kein andrer Name den Menschen gegeben ist, darin sie sollen selig werden, 4, 12, als der Name des von Israel gekreuzigten, aber von Gott wieder auferweckten Jesus, 4, 10, des von den Bauleuten verworfenen, aber zum Eckstein gewordenen Steines, 4, 11, den Glauben, daß dieser Jesus es sei, der sich bezeugt habe (2, 33) und sich bezeuge (10, 44) durch die Ausgießung des heiligen Geistes. Diese Gabe soll allen zu teil werden, die die Taufe, die Abwaschung der Sünden im Namen Jesu begehren, 2, 38 ff., und wird ihnen allen zu teil, denn nunmehr ist es mit der Taufe nicht mehr wie früher, als Johannes mit dieser Heilsordnung auftrat, daß sie nur ein Sinnbild und eine Verbürgung dessen war, was der Messias selbst in Kraft des Geistes denen thun werde, die sich taufen ließen. Jetzt ist die Taufe, die ja nur im Namen Jesu oder im Namen des Vaters und des Sohnes und des heiligen Geistes noch geschehen kann, eine Sündenabwaschung in Kraft des Geistes oder durch den Geist. Denn wo der Name Jesu jetzt verkündigt wird, da ist das Heil, da ist der Geist wirklich gegenwärtig (Matth. 5, 11; Luk. 11, 13). Der Glaube vor der Taufe glaubt, daß Jesus der Heiland für alle, für die ganze Welt ist, — der Glaube nach der Taufe spricht: mir ist Barmherzigkeit widerfahren.

So kommt eine durch die Verkündigung des Evangeliums gesammelte Gemeinde derer zu stande, die den Namen des Herrn Jesu anrufen (9, 14. 22), die sich helfen, sich retten lassen ἀπὸ τῆς γενεᾶς τῆς σκολιᾶς ταύτης 2, 40. Denn das stellte sich mehr und mehr heraus und wurde schon nach wenigen Tagen durch die Verhandlung vor dem Synedrium, insbesondere aber durch die zweite Verhandlung und Gamaliels furchtsame Schutzrede mit ihrem Erfolge (5, 38—40) unzweideutig klar: zwar sollte ganz Israel die Rettung von seiner Schuld an Jesu Tod und damit die Rettung von all seinen Sünden, volle Vergebung haben, aber obwohl es am ersten Tage bei breitausend Seelen waren, die hinzugethan wurden, 2, 41, vgl. V. 47, und nachher noch die Zahl der Jünger sehr groß ward, auch viel Priester dem Glauben gehorsam wurden, 6, 7, — es war doch nur eine Auswahl aus Israel. Die große Menge blieb ungläubig. So entstand der Unterschied zwischen der συναγωγή der Juden und der ἐκκλησία derer, die an Jesus den Messias glaubten oder den Namen des Herrn Jesu anriefen. Mit dieser Thatsache einer von Israel sich unterscheidenden messiasgläubigen Gemeinde mußte nun gerechnet werden, und damit rechnet auch Petrus und überläßt die Ungläubigen dem Gericht deſſen, der wiederkommen und die Zeiten der Erquickung für die Glaubenden herbeiführen wird.

Von der Verkündigung des Petrus unterſcheidet ſich inhaltlich die Rede des Stephanus nicht, deſſen letzte Worte und Sterbegebet ein Gebet zu Jeſus war, zu dem Jeſus, der, ob er gleich des Menſchen Sohn iſt, doch bereit iſt, richtend und rettend ſich zu ſeinen Knechten zu bekennen (7, 55 ff.).

So iſt das Ergebnis dies, daß durch Jeſus jetzt Vergebung der Sünden und bereinſt ein rettendes Gericht für diejenigen kommt, die ihm gehören, während die andern verloren ſind. Aber von einer Rechtfertigung der Gerechten iſt nicht mehr die Rede, denn es giebt nur Sünder, die Vergebung haben müſſen. Jeſus iſt der Gerechte, der Gottes Urteil für ſich hat, für den Gott eingetreten iſt, 3, 13. 14; vgl. 7, 52. Später hat Petrus noch einmal (1 Petr. 4, 18) von Gerechten geredet, indem er im Blick auf den Tag der Paruſie und das am Hauſe Gottes beginnende Gericht ſagt: „wenn der Gerechte kaum gerettet wird, wo wird der Gottloſe und Sünder erſcheinen?" Außerdem redet er zweimal von der Gerechtigkeit, der wir leben ſollen, oder um deretwillen wir leiden müſſen (1 Petr. 2, 24; 3, 14) — abgeſehen von den wenigen Stellen des zweiten Briefes (2 Petr. 2, 7. 8; 1, 1; 2, 5. 21; 3, 13). Man ſieht aber, wie man vielleicht ſagen darf, aus 4, 18, was ihn abgehalten hat, von einer Rechtfertigung der Gerechten zu reden. Das Gericht der Paruſie iſt und bleibt ein gnädiges Gericht für die, die Jeſu angehören, aber es iſt doch nur ein gnädiges Gericht für die, die Vergebung der Sünden empfangen haben, nicht mehr für die Gerechten in Israel, die Ernſt gemacht haben mit ihrer Religion im Unterſchiede von denen, welche bloß Recht hatten damit. Denn von Gerechten in Israel, die Ernſt machen mit ihrer Religion, kann nicht mehr die Rede ſein, nachdem ganz Israel ausnahmslos ſich an Jeſu verſündigt hat. Daran, daß man durch Vergebung der Sünden gerecht werden kann, denkt Petrus nicht, wenngleich er, wie wiederum 4, 18 zeigt, nichts dagegen einwenden würde.

2.
Das Zeugnis des Jakobus.

In dem Briefe des Jakobus haben wir ein Sendschreiben des Vorstehers der jerusalemischen Gemeinde, Jakobus des Gerechten, an das ganze messiasgläubige und darum „in der Zerstreuung" befindliche Israel in Palästina. Er ist das älteste christliche Schriftstück unseres neutestamentlichen Kanons, und nicht etwa eine durch zwei Interpolationen weniger Worte (1, 1: Ἰησοῦ Χριστοῦ δοῦλος. 2, 1: Ἰησοῦ Χριστοῦ τῆς δόξης) christlich gemachte Schrift eines Juden für jüdische Leser (Spitta). Von dieser Annahme hätte schon die Vergleichung des Briefes mit nachweisbar jüdischen Schriften aus den beiden ersten Jahrhunderten unserer Zeitrechnung zurückhalten sollen. Für einen jüdischen Verfasser, welcher so lautere, ungefärbte Wahrheit im lautersten Ernste schreibt, ist ebensowenig im Judentum jener Zeit Raum, wie für jüdische Leser, die solche Wahrheitsbezeugung vertragen. Hätte etwa ein Gamaliel so geschrieben, wie dieser als Jude und gar als schriftstellernder Jude und Lehrer seiner Volksgenossen in weitestem Umkreise dennoch unbekannte Jude Jakob? Das aber ist richtig, daß unser Brief keine andere als nur gelegentlich andeutende Bezeugung der Messianität Jesu enthält, kein Nachweis, was und wie aus der Messianität Jesu zu folgern wäre, keine Ausführungen über seine Person und sein Werk, über seinen Tod und seine Auferstehung. Es kommt dem Verfasser nur darauf an, daß das auf die Ewigkeit, auf des Herrn Wiederkunft gerichtete Leben sich in allen Stücken bewähre. Gewiß hätten ein Petrus, Johannes, Paulus anders geschrieben, ihre Ermahnungen anders begründet, hätten für dieselben reicher und tiefer geschöpft aus dem „Geheimnis Christi". Unser Ver=

faffer begnügt sich mit dem Aussprechen der nötigen Ermahnungen und Forderungen, weil sie ihm selbstverständlich sind und er sie als selbstverständlich seinen Lesern einleuchtend ansieht. Sie werden selbst schon sich des Zusammenhanges mit ihrem Christenstande und ihrem Christenglauben bewußt sein. Wie aber den Verfasser, so finden wir eine solche israelitische messiasgläubige Christenheit, welche keiner Ausführungen über den Inhalt ihres Glaubens bedurfte, auch nur in den ersten beiden Jahrzehnten, nicht als schon Paulus seine mächtige Wirksamkeit entfaltet und „viele Widerwärtige" allerorten entfesselt hatte. Nicht gegen Paulus ist die Ausführung 2, 17 ff. gerichtet, sondern gegen eine dem Juden und darum auch dem messiasgläubigen Juden nahe liegende Versuchung, den Glauben auf den Besitz der richtigen Theorie (s. oben S. 137 ff.) zu beschränken.

Wenn somit unser Brief von der Gestalt der christlichen Verkündigung in den Kreisen des messiasgläubigen Judentums wenig erkennen läßt, so ist doch gerade das deutlich, daß er mit der Parusie (5, 7), mit der Verheißung des Reiches (2, 5) und mit der Rechtfertigung (2, 17 ff.) rechnet, also gerade mit den unter sich zusammenhängenden Gedanken, welche, soweit wir bis jetzt gesehen haben, überall angeschlagen werden, wo Christentum ist. In Kap. 5, 7—9 ermahnt der Verfasser, geduldig der nahen Parusie des Herrn zu harren und nicht widereinander zu seufzen, damit sie nicht gerichtet werden, denn der Richter stehe vor den Thoren. Daß er hier von der Wiederkunft Christi redet, ist zweifellos. Wichtig aber ist, daß er ihn als Strafrichter kommen sieht, freilich als strafenden Richter nur für die, die Strafe zu erwarten haben, während das voraufgehende Bild vom Landmann, der die köstliche Frucht der Erde geduldig erwartet, seine Parusie als die heilbringende Frucht des Wartens seiner Gemeinde darstellt. Er kommt als strafender Richter für die, wider die sich V. 1 ff. wendet und die den Gerechten, ohne Widerstand zu erfahren, verurteilt und getötet haben, für alle, die statt in Einigkeit und Frieden zu wandeln, unmutig widereinander seufzen, heilbringend nur für die, die Gottes Art und Verfahren bei ihrer Erwählung nicht vergessen haben (2, 5 ff.). Wenn auch gewiß nicht zu sagen ist, daß der Verfasser ein heilbringendes Gericht nicht kenne, so erhellt hier doch, daß ihm wie überhaupt im späteren Judentum die Parusie des Messias wesentlich unter bem Gesichtspunkte des Strafgerichts stand. Nur dadurch unterscheidet er sich ganz bedeutsam von diesem Judentum und kennzeichnet damit seinen Christenstand, daß er zum geduldig ausharrenden Erwarten der Parusie in der 2, 5 gezeichneten Gewißheit und dementsprechenden Wandel auffordert. Von der Angst vor der Parusie, die jeden Juden kennzeichnet, finden wir keine Spur.

Gott hat die $πτωχοί\ τῷ\ κόσμῳ$ erwählt, daß sie reich seien im Glauben und daß sie Erben des Reiches werden, welches er verheißen hat denen, die ihn lieben, 2, 5. Das ist das Reich Gottes, auf welches Israel gewartet hat, das Reich der Gerechtigkeit und des Friedens, in welchem alle Bedrückung und Vergewaltigung ein Ende hat, so daß auch der Reiche, der von Gott erwählt ist, sich seiner Zuzählung zu diesen Niedrigen, seiner $ταπείνωσις$ zu rühmen hat; denn was er vor den Armen voraus hat, das wird vergehen wie des Grases Blume, 1, 9. Damit haben wir in einem Zuge vollständig das Bild des Reiches Gottes, welches die Sehnsucht aller Armen und Gedrückten war und ist und welches seine unwiderstehliche Anziehungskraft in der israelitischen Christenheit ebenso wie z. B. in Korinth (1 Kor. 1, 26 ff.) ausübte. Noch ist dies Reich eine Verheißung, aber die Erben sind schon erwählt vor andern, sind in Gnaden; sie sollen nur ihren Stand, die ihnen widerfahrene Gnade festhalten und in ihrem gesamten Verhalten, also namentlich in den Stücken bewähren, in denen sie erfahrungsmäßig den Versuchungen zur Untreue, zur Oberflächlichkeit, zur Gleichgültigkeit ausgesetzt sind, und sollen sorgen, daß das Gesetz, mit welchem ihre Freiheit steht und fällt, nicht wider sie geltend gemacht werde, V. 9 ff.; 1, 25.[1])

---

[1]) $Νόμος\ ἐλευθερίας$, $νόμος\ τέλειος\ τῆς\ ἐλευθερίας$ ist, wie 2, 8 ff. zeigt, kein anderes Gesetz, als der Dekalog. Er heißt so als das Gesetz, welches gerade von den Erlösten erfüllt sein will (vgl. Röm. 8, 4). Denn ein solcher Genetiv bei $νόμος$ bezeichnet das, worauf sich das Gesetz bezieht und wonach es deshalb benannt wird, wie $νόμος\ τῆς\ ζηλοτυπίας$ Lev. 11, 46, $τῆς\ λέπρας$ Num. 5, 29, $τοῦ\ ἀνδρός$ Röm. 7, 2. Qui legem facit liber est, sagt Bengel. Während bei Paulus entsprechend seiner Betrachtungsweise des Gesetzes die Begriffe $νόμος$ und $ἐλευθερία$ einander ausschließen, gehören sie für Jakobus zusammen, denn er schreibt für eine

Hierzu aber ist ein im Werk sich erweisender Glaube erforderlich, denn alles, was der Verfasser bespricht und fordert, ist Werk des Glaubens und darum unerläßlich. Man sieht aus dem Briefe, wie sehr an klein geachteten Dingen nicht die Erlangung, sondern die Bewahrung unseres Heiles bezw. der Verlust desselben hängt. Im Glauben ist man gerecht, der Glaube wird zur Gerechtigkeit gerechnet, 2, 23, und nur wer gerecht ist, besteht vor Gott und dem Urteil Gottes, aber dies gilt nur von einem Glauben, der sich im Werke erweist, V. 24, nicht von einem Glauben, der nichts thut, als den Satz anerkennen, um den sich's handelt, V. 19, und so sich als zu nichts nütze erweist. Ein vom Werk getrennter Glaube kann nicht retten, wenn das Gericht hereinbricht, V. 14, und ist so wenig wirklicher Glaube, wie Werke den Glauben ersetzen können, V. 18. Damit ist der Verfasser an die einzige dogmatische und zugleich polemische Partie seines Briefes gelangt, denn in dieser Frage lag die Versuchung für seine Leser. Nicht als wäre es eine Versuchung, die in falscher Lehre gelegen hätte, — von Irrlehre finden wir im ganzen Briefe keine Spur und die Ausführungen in Kap. 3 haben es mehr mit der Seelsorge, als mit der rechten Lehre zu thun. Die Versuchung liegt überall vor, wo man im Glauben an Christus Vergebung der Sünden gefunden hat und nun gleichgültig wird gegen die Aufgaben, die das tägliche Leben dem Glauben stellt. Darum sagt der Verfasser in anscheinend befremdendem Anschluß an Gen. 15, 6 in V. 24: ὁρᾶτε ὅτι ἐξ ἔργων δικαιοῦται ἄνθρωπος καὶ οὐκ ἐκ πίστεως μόνον, d. i. ἐκ πίστεως νεκρᾶς. Abraham ist aus Werken, infolge von Werken gerechtfertigt, denn er hat seinen Sohn auf dem Altar dargebracht; so ist Rahab gerechtfertigt, da sie die Boten aufnahm und auf einem andern Wege hinausließ. Was für Werke hiermit gemeint sind, und was für ein Glaube das ist, der nicht genügen soll, ist leicht zu sehen. Daß Abraham den Isaak opferte, war nicht ein Werk, welches seinem Glauben als ein zweites, als notwendige Ergänzung zur Seite trat, sondern war Werk oder That seines Glaubens; daß Rahab sich der Kund-

---

Christenheit aus Israel, welche noch gar nicht in die Lage gekommen war, sich vom Gesetz emanzipieren zu wollen; vgl. Act. 15; 21, 20 ff.: Röm. 13, 8 ff.

schafter annahm, war eine That ihres Glaubens, wie es auch der Hebräerbrief 11, 17. 31 darstellt. Hätten beide dies nicht gethan, so hätten sie ihren Glauben gelöst von dem Werk, der That, in der sie ihn bethätigen sollten; er wäre $\pi\iota\sigma\tau\iota\varsigma$ $\nu\epsilon\kappa\rho\dot{\alpha}$ und darum $\dot{\alpha}\rho\gamma\dot{\eta}$ gewesen, keine $\pi\iota\sigma\tau\iota\varsigma$ $\tau\epsilon\lambda\epsilon\dot{\iota}\alpha$ oder $\tau\epsilon\tau\epsilon\lambda\epsilon\iota\omega\mu\dot{\epsilon}\nu\eta$, 2, 22. 17. 20. Es ist weder sein eigener, noch z. B. der paulinische Glaubensbegriff, von dem er das absichtsvoll paradoxe Wort sagt: $o\dot{v}\kappa$ $\dot{\epsilon}\kappa$ $\pi\iota\sigma\tau\epsilon\omega\varsigma$ $\mu\dot{o}\nu o\nu$ — paradox wegen des alttestamentlichen Vorgangs und wegen der von Jesu selbst stets betonten und geforderten Heilsordnung. Gerade mit den Reden Jesu, mit denen der Verfasser sich sonst so überaus bedeutsam berührt, würde er sich in Widerspruch setzen, wenn er von dem von Jesu geforderten und gepriesenen Glauben sagte: $o\dot{v}\kappa$ $\dot{\epsilon}\kappa$ $\pi\iota\sigma\tau\epsilon\omega\varsigma$ $\mu\dot{o}\nu o\nu$. Aber es ist vielmehr der falsche, gemißbrauchte Glaubensbegriff, zu dem die Versuchung schon z. B. Luk. 9, 57—62 nahe lag. Alle dem Christen gestellten Aufgaben sind seinem Glauben gestellt, der Glaube muß sie lösen, nicht bloß einmal, sondern täglich. Löst er sie, so ist das Werk vorhanden, ohne welches er eine $\pi\iota\sigma\tau\iota\varsigma$ $\nu\epsilon\kappa\rho\dot{\alpha}$ wäre, nicht $\pi\iota\sigma\tau\iota\varsigma$ $\tau\epsilon\tau\epsilon\lambda\epsilon\iota\omega\mu\dot{\epsilon}\nu\eta$, B. 22. Der Glaube hilft dem Werk, daß es als Glaubenswerk vor Gott bestehe. So ist es zu verstehen, wenn es in der Schrift von Abraham heißt: „er hat Gott geglaubt, und das ist ihm zur Gerechtigkeit gerechnet und er ein Freund Gottes genannt worden." Es wird hier nicht Gen. 15, 6 als eine Weissagung auf zukünftige Glaubensbewährung gefaßt, sondern die Verbindung dieser Stelle mit der Benennung Abrahams als $\varphi\iota\lambda o\varsigma$ $\vartheta\epsilon o\tilde{v}$ (2 Chr. 20, 7; Geb. Asarj. 11) beruht darauf, daß in ganz Israel die Opferung Isaaks als die bedeutsamste Glaubensthat Abrahams angesehen worden ist (vgl. Schlatter, der Glaube im Neuen Testament, 2. Aufl. S. 20).

Was Jakobus sagt, ist im Christentum eine durchaus selbstverständliche Wahrheit, die aber unter den täglichen Anforderungen und Versuchungen um so leichter in Vergessenheit gerät, als man sich im Glauben an Jesus seines Heiles und der dereinstigen Rettung in der Parusie getröstet. Daß dieser Glaube seinen Namen nicht verdiene, wenn er sich nicht täglich beweise, nicht täglich Glaubenswerke hervorbringe, das ist es, was Jakobus betont, um damit alles, was er bis dahin gesagt und

gefordert hat, und was er noch weiter zu fordern hat, zur
Gewiſſensſache des Chriſten zu machen. Bedeutſam aber iſt, daß
er ſeinen Satz von der Rechtfertigung, welcher, abgeſehen von
Luk. 18, 14, durchaus alttestamentlich formuliert iſt, auch nur
alttestamentlich begründet. Auf die Rechtfertigung kommt alles
an, und darum auf die Frage, ob denn der Glaube an Chriſtus
den Menſchen rechtfertige. Dieſe Frage beantwortet Jakobus mit
Ja, indem er nur unterſcheidet zwiſchen einem Glauben, der nur
ſo heißt, und einem Glauben, der ſich als ſolcher erweiſt.
Dieſer Glaube iſt eine im Alten wie im Neuen Bunde ſtets
gleiche Größe. Der Glaube an Jeſus Chriſtus, den Herrn der
Herrlichkeit, und der Glaube, den Abraham bewies, wie der
Glaube, in dem Rahab handelte, haben in Wirklichkeit ein
Objekt, ein Ziel, einen Zweck. Glaube an Chriſtus iſt Glaube
an den lebendigen Gott, Glaube an den Gott, der Sünden ver=
giebt, 5, 15, der Gebete erhört, 1, 5; 4, 3; 5, 16, vor den das
Schreien der Vergewaltigten kommt, 5, 4, der die Krone des
Lebens verheißen hat denen, die ihn lieb haben, 1, 12; 2, 5,
Glaube an den Gott der Offenbarung und darum der Ver=
heißung. Deshalb iſt Glaube gerade das Verhalten, welches dem
Meſſias gegenüber erfordert wird, 2, 1. Dieſer ſich täglich neu
bethätigende Glaube wird zur Gerechtigkeit gerechnet und rettet
den, der ihn hat, vom Verderben, von dem unbarmherzigen
Gericht, 2, 13. Solcher Glaube iſt es, den Gott verlangt, den
Jeſus ſucht, dem die Verheißung des Reiches gehört. Er iſt die
Heilsordnung, durch welche man Anteil hat an allem, was
Gottes und Jeſu iſt, Anteil an dem Herrn, der kommt, in ſeiner
Paruſie.

So ſchließt ſich für den Verfaſſer ſeine principielle Stellung
zu Chriſtus in dieſem Satze von der Rechtfertigung zuſammen.
Er nimmt damit die alttestamentliche Formel wieder auf, auf
deren Gebrauch Chriſtus verzichtet hatte. Denn angeſichts nicht
bloß der Sünden des ganzen Volkes, welche die Bußpredigt des
Täufers und Jeſu nötig machten, ſondern der Sünde, welche
Jeſu noch von ganz Israel her, ſeine Jünger eingeſchloſſen, wider=
fahren ſollte, konnte Chriſtus nicht von der Rechtfertigung reden.
Bei der grundlegenden Bedeutung aber, welche der Recht=
fertigungsgedanke im Alten Bunde hatte, lag es unabweisbar

nahe, daß Jesu begnadigte Jünger, die begnadigte Gemeinde denselben wieder aufnahmen, und zwar zunächst in der Form, in welcher er uns im Briefe Jakobi vorliegt. Nicht wie der Sünder gerecht wird, ist die Frage, sondern wie, in was für einem Glauben der Christ gerecht ist. Darauf giebt Jakobus Antwort, und in dieser Fragestellung und Antwort würden alle Apostel mit ihm unbedingt einig sein. Jene andere Frage stellte man nicht; aber wo man sie stellte und als man sie stellte, da ergab sich auch, wenn auch nicht sogleich, doch bald, die Antwort und die Einheit in der Beantwortung.

VI.
Das paulinische Evangelium.

1.
Die erste Fragestellung.

Israel war das erkorene Volk Gottes. Ihm gilt die Gnadenbotschaft von dem Auferstandenen, den es gekreuzigt hat, den der Vater zum Herrn und Christus gemacht und erhöht hat, zu geben Israel Buße und Vergebung der Sünden, Act. 2, 36 ff.; 3, 18 ff.; 5, 31. Wer diese Botschaft nicht aufnimmt, weist den Messias zurück, weist Gott selbst mit seinen Gnaden=absichten zurück. Wer sich nicht zu Jesu dem Messias bekehrt und bekennt, beharrt in seiner Sünde und verliert seine Zu=gehörigkeit zu dem Volke, zu der Gemeinde Gottes. Erst von Israel aus kommt der Segen über alle Völker, Act. 2, 39; 3, 25, und zwar durch Hinzufügung dieser Völker zu Israel, Act. 2, 29. 30. Dies war die, wie es schien, auch durch die alt=testamentliche Weissagung, z. B. Jes. 2; Mich. 4 u. a. gegebene Vorstellung, auf die auch das Verhalten Jesu selbst hinzuweisen schien, wenn er z. B. seinen Jüngern zuerst die Mission unter den Heiden verbot, dann aber, nachdem er gekreuzigt und auf=erstanden war, gebot mit der Maßgabe, zuerst Israel zu evan=gelisieren, Luk. 24, 47. Man denke auch daran, wie er seine Weigerung, sich der Tochter des kananäischen Weibes zu er=barmen, mit den Worten motiviert: „ich bin nicht gesandt, denn nur zu den verlorenen Schafen vom Hause Israel," und: „es ist nicht fein, daß man den Kindern ihr Brot nehme und werfe es vor die Hunde." Jesus weist die Versuchung von sich, sich einen

Anhang unter den Heiden zu schaffen und von Israel sich zurückzuziehen, und erst als das Weib nichts begehrt, als Brosamen, die vom Tische fallen, hilft er ihr. Aber er giebt den Gedanken der Weltmission nicht auf, im Gegenteil: „allen Völkern muß zuvor das Evangelium gepredigt werden," Mark. 13, 10, ehe nämlich das Ende kommt. Freilich eröffneten Matth. 21, 43 die Worte: „das Reich Gottes wird von euch genommen und einem Volk gegeben werden, das seine Früchte bringt," eine andere Aussicht, nämlich statt des Anschlusses der andern Völker an Israel die des gerichtlichen Ausschlusses Israels. Aber diese Drohung ist, wie Act. 1, 6 zeigt, vorerst gar nicht als eine Drohung für das Volk Israel verstanden worden. Es hängt mit dem eigentümlichen Verhältnis der Samariter zu Israel zusammen, daß sie den heiligen Geist, das messianische Heilsgut, nicht anders empfangen können, als durch Vermittlung der Apostel Israels, Act. 8, 14—17, so daß sie an Stelle aller Selbständigkeitsgelüste gerade jetzt, wo es sich um ihre ganze Hoffnung handelt, erst recht darauf verzichten müssen, ohne Israel oder gar Israel gegenüber den Messias und sein Heil zu haben. Dies könnte aussehen wie eine Bestätigung der auf den Anschluß der Heiden an Israel gerichteten Gedanken, so daß sich etwa als der Gang, den die Heiden zu nehmen hätten, der Eintritt in die Gemeinschaft Israels als Proselyten ergäbe. Dazu aber werde es erst kommen, wenn Israel werde eingegangen sein in das Reich Gottes.

Indes der Verlauf der Geschichte zeigte bald einen andern Weg. Die Steinigung des Stephanus bedeutet weit mehr als ein Beispiel von dem, was die erste Gemeinde zu erdulden hatte. Sie ist der Abschluß des von dem Synedrium Act. 4, 1 ff.; 5, 17 ff. eingeschlagenen Verfahrens, welches nun, nachdem der schwächliche Vermittlungsversuch Gamaliels fehlgeschlagen, zum Ziele führt, indem sie ihn nicht wie Jesum der heidnischen Obrigkeit übergeben, sondern selbst die Vollstreckung des Todesurteils in die Hand nehmen. „Und die Zeugen legten ihre Kleider ab zu den Füßen eines Jünglings, der hieß Saulus," 7, 57. Im Anschluß daran erhob sich eine große Verfolgung über die Gemeinde zu Jerusalem, und Saulus zerstörte die Gemeinde, indem er in die Häuser drang, Männer und Weiber hervorzog und ins Gefängnis überantwortete, 8, 1. 3, und dann sich, ausgerüstet mit amtlichen Briefen, nach Damaskus wandte, damit, wenn er etliche dieses Weges fände, er sie gebunden führte nach Jerusalem, 9, 1. 2. Es war die Entscheidung Israels gegen den Messias Jesus, den es trotz des ersten Erfolges der Verkündigung seiner Messianität ablehnt. Israel will diesen Messias nicht, es lehnt die Vergebung seiner Sünden ab, denn, wie Paulus Röm. 9, 31 f. und 10, 3 sagt, es jagt seiner eigenen Gerechtigkeit nach. Die erste Entscheidung gegen Jesus war wieder gut gemacht durch den, der Jesum von den Toten auferweckt hatte und nun Israel Buße und Vergebung der Sünden verkündigen ließ. Die diese Verkündigung aufnahmen, bildeten aber nur einen Bruchteil des Volkes und noch dazu einen sehr geringen. Es verschlug auch nichts, daß viele Priester dem Glauben gehorsam wurden, 6, 7, — die Priesterschaft Israels war so groß und so verfestigt in ihrer ablehnenden Stellung, daß der Versuch, das Volk und die Ältesten und die Schriftgelehrten wider Stephanus aufzuwiegeln, ebenso gelang, wie vordem der gleiche Versuch, der gegen Jesus unternommen wurde.

Nachdem Stephanus getötet war und die Verfolgung sich erhoben hatte, war die Frage, ob die Zeit nun gekommen sei, den $\check{\epsilon}\vartheta\nu\eta$ das Heil zu verkündigen. Noch ehe diese Frage aufgeworfen war, wurde sie entschieden durch jenes Gesicht, in welchem Petrus das Tuch mit unreinem Getier der Erde vom Himmel herabkommen sah und hörte eine Stimme, die ihm sagte: „stehe auf, Petrus, schlachte und iß." Gleichzeitig kamen die Boten des Centurio der italischen Schar in Cäsarea, Namens Cornelius, eines $\mathring{\alpha}\nu\dot{\eta}\varrho$ $\varepsilon\dot{v}\sigma\epsilon\beta\dot{\eta}\varsigma$ $\varkappa\alpha\grave{\iota}$ $\varphi o\beta o\dot{v}\mu\varepsilon\nu o\varsigma$ $\tau\dot{o}\nu$ $\vartheta\varepsilon\dot{o}\nu$ $\sigma\grave{v}\nu$ $\pi\alpha\nu\tau\grave{\iota}$ $\tau\tilde{\omega}$ $o\check{\iota}\varkappa\omega$ $\alpha\dot{v}\tau o\tilde{v}$, $\pi o\iota\tilde{\omega}\nu$ $\dot{\varepsilon}\lambda\varepsilon\eta\mu o\sigma\dot{v}\nu\alpha\varsigma$ $\pi o\lambda\lambda\dot{\alpha}\varsigma$ $\tau\tilde{\omega}$ $\lambda\alpha\tilde{\omega}$ $\varkappa\alpha\grave{\iota}$ $\delta\varepsilon\dot{o}\mu\varepsilon\nu o\varsigma$ $\tau o\tilde{v}$ $\vartheta\varepsilon o\tilde{v}$ $\delta\iota\alpha\pi\alpha\nu\tau\dot{o}\varsigma$, 10, 2, welcher durch das Gesicht eines Engels Gottes zu Simon Petrus nach Joppe gewiesen war. Petrus wurde durch den Geist angewiesen, ihnen unbedenklich zu folgen, denn Gott habe sie gesandt. Als Petrus sie nach der Ursache ihres Kommens fragt, erfährt er, wie Cornelius zu ihm gewiesen worden sei und erkennt, daß hier der Herr etwas Besonderes vorhabe, daß es sich hier um die $\dot{\varepsilon}\pi\iota\sigma\tau\varrho o\varphi\dot{\eta}$ $\tau\tilde{\omega}\nu$ $\dot{\varepsilon}\vartheta\nu\tilde{\omega}\nu$ handle, 11, 1. 18; 15, 7. 14. Dies spricht er aus, nachdem er auf Befragen von Cornelius selbst gehört hat, weshalb er zu ihm gesandt hat. „Nun sind wir alle vor Gott gegenwärtig zu hören alles, was dir vom Herrn aufgetragen ist," sagt Cornelius. Alles greift so ineinander, daß Petrus nicht anders kann, als bekennen: „ich begreife in Wahrheit, in offenbarer Wirklichkeit, daß Gott nicht einer ist, der die Person ansieht, sondern ἐν παντὶ ἔθνει ὁ φοβούμενος αὐτὸν καὶ ἐργαζόμενος δικαιοσύνην δεκτὸς αὐτῷ ἐστίν," und beginnt damit, ihm das Evangelium von dem auferstandenen Christus zu sagen, den Gott, nachdem die Juden ihn gekreuzigt haben, „am dritten Tage auferweckt und offenbar hat werden lassen, nicht allem Volk, sondern uns, den zuvor von Gott erwählten Zeugen, die wir mit ihm gegessen und getrunken haben nach seiner Auferstehung von den Toten. Und er hat uns geboten, zu predigen dem Volk und zu bezeugen, daß er ist der von Gott bestimmte Richter der Lebendigen und Toten. Für diesen zeugen alle Propheten, daß durch seinen Namen Vergebung der Sünden empfangen soll jeder, der an ihn glaubt." Und nun geschah das Wunderbare. Petrus ist bereit, wie er auf Weisung des Geistes Gottes schon zu dem Heiden ins Haus gegangen ist, um ihm das Wort des Lebens zu sagen, so auch weiter an ihm zu handeln. Nur das Wie ist ihm noch unklar. Daß der Zeitpunkt da ist, wo auch die Heiden Anteil am Messias und seinen Gütern empfangen sollen, steht ihm fest und hat er schon ausgesprochen. Nun fällt der heilige Geist auf alle, die dem Wort zuhörten, und sie fingen an mit Zungen zu reden und Gott zu preisen, so daß die Gläubigen aus der Beschneidung, die mit Petrus doch schon in das heidnische Haus eingetreten waren, betroffen waren darüber, daß auch über die ἔθνη die Gabe des heiligen Geistes ausgegossen war. Das hatten sie sich nicht gedacht, daß die Heiden sollten genau den gleichen Anteil an dem Messias und seinem Gut haben, daß Gottes Heilsgnade genau im gleichen Verhältnis zu den Heiden stünde, wie zu den gläubigen Israeliten, daß auch kein Schatten eines Abhängigkeitsverhältnisses der ἔθνη von Israel bestehe. Es war ganz anders, als früher mit den Samaritern, die gerade als Messiasgläubige erst wieder gebunden wurden an Israel. Petrus aber sieht nun völlig klar, was das bedeutet, fragt: „kann auch jemand das Wasser wehren, daß diese nicht getauft würden, die doch den heiligen Geist und durch ihn die Vergebung der Sünden empfangen haben gleichwie wir? und gebot, daß sie in dem Namen Jesu Christi getauft würden," um so die völlige Gleichheit mit den messiasgläubigen Israeliten zum Ausdruck zu bringen.

Damit war die Frage entschieden, wie die Heiden Anteil am Heile erlangen könnten. Weder dadurch, daß sie erst Proselyten Israels würden, noch auf irgend welche Weise, welche sie erst in die Gemeinschaft Israels und damit in die Abhängigkeit von Israel brachte. Die einzige Abhängigkeit von Israel war die Abhängigkeit vom Worte, welches ihnen nur durch israelitische Zeugen gebracht werden konnte. Alle weitere Abhängigkeit war aber offensichtlich ausgeschlossen durch die Begnadigung des Cornelius, noch ehe an ihm und den Seinen die Taufe vollzogen war. Denn wenn auch im gewöhnlichen Lauf der Dinge das Heil und was dazu gehört, von Mensch zu Mensch übertragen werden soll, — daß damit überhaupt nicht, erst recht aber nicht im Falle der Bekehrung der Heiden eine Abhängigkeit oder Gebundenheit der Heiden an Israel gesetzt sei, das war hier klar zu Tage getreten. Mit der Bekehrung des ersten Heiden war sofort die Frage durch Gottes That entschieden. Es gab noch ein großes Aufsehen in Judäa und speciell in Jerusalem unter den Aposteln und Brüdern (11, 1 ff.), und Petrus mußte sich verantworten, daß er zu unbeschnittenen Heiden gegangen war und mit ihnen gegessen hatte. Erst als er alles berichtet hatte, schwiegen sie still, lobten Gott und sprachen: "so hat Gott auch den Heiden Buße zum Leben gegeben!" Fast gleichzeitig predigten von denen, die anläßlich der Verfolgung, die nach Stephanus' Tod sich erhoben hatte, zerstreut waren, etliche auch den Griechen in Antiochien den Herrn Jesum, so daß sich eine große Zahl zum Herrn bekehrte. Zu ihnen wurde von der Gemeinde in Jerusalem Barnabas geschickt, nicht um durch Handauflegung ihnen, wie einst die Apostel den Samaritern, den Geist mitzuteilen, sondern um die Sache zu erkunden. Als er aber die Gnade Gottes bei diesen Brüdern gefunden hatte, ermahnte er sie nur, mit festem Herzen bei dem Herrn zu bleiben.

Daß es mit Israel zu Ende gekommen sei, auch wenn immer noch einzelne gläubig wurden, sagte sich noch niemand.

Das ergab sich erst später. Nur das war entschieden, daß die Heiden auch nicht im geringsten eine andere Bedingung zu erfüllen hatten, um das Heil zu erlangen, als daß sie glaubten an Jesus. Wer an den glaubt, für den ist Gott, für den tritt Gott ein, der ist gerecht. Man muß nicht erst ein Gerechter werden, nicht erst in irgend welchen Zusammenhang mit Israel treten, um auch ein Gerechter zu werden, Recht zu haben vor Gott, so daß Gott sich zu ihm bekennen kann, sondern ein Sünder aus den Heiden wird gerecht durch den Glauben an Jesus. Das ist die gerechte Sache, mit der er vor Gott besteht und für die sich Gott zu ihm bekennt. Bei der centralen Stellung und Bedeutung, welche die Frage nach dem Erwerb der Gerechtigkeit vor Gott und nach der Rechtfertigung, die man von Gott erhoffte, im Leben Israels hatte, war es unumgänglich, daß jetzt diese Erkenntnis sich Bahn brach. Für den Juden war der Glaube an Jesus die Konsequenz des rechten israelitischen Verhaltens, und auch mit der Buße, die von ihm gefordert wurde wegen der an Jesus begangenen Sünde, blieb er im Zusammenhange dieses israelitischen Verhaltens. Er war dann ein bußfertiger Gerechter, für dessen Recht Gott eintrat. Der Heide aber hatte nichts, am wenigsten jenes Anrecht des Israeliten, welches ihm Gott aus Gnaden verliehen und auf welches sich die Fürbitte Mosis Exod. 32, 11—13 und Daniels Dan. 9, 16—19 berief. Er konnte nur durch den Glauben werden, was er nie gewesen war.

Noch freilich wurde dies nicht ausgesprochen. Das Wort des Petrus Act. 10, 35, daß in jedem Volk, wer Gott fürchte und Gerechtigkeit übe, Objekt göttlicher Erwählung sei, sagt noch nicht dasselbe, stellt es nur in Aussicht. Ausgesprochen wird es erst durch die Heilsverkündigung des Apostels Paulus. Das Neue, was dieser im Verhältnis zur bisherigen Verkündigung sagt, betrifft weder die Thatsache der Messianität Jesu, noch Inhalt, Umfang und Bestimmung des von ihm beschafften Heilsgutes, sondern nur die Heilsordnung und damit insbesondere das Verhältnis der neutestamentlichen zur alttestamentlichen Heilsordnung.

2.
Pauli Bekehrung als die Voraussetzung seiner Heilserkenntnis und Heilsverkündigung.

Der Ausgangspunkt für das eigentümlich paulinische Heilszeugnis und für das Verständnis seiner Entstehung bildet die Bekehrung Pauli und damit sein Unterschied von den übrigen Aposteln und seine durchaus eigenartige Stellung unter ihnen und neben ihnen. Diese, die zunächst für die Evangelisierung Israels erwählten Apostel, haben und beweisen von Anfang an ihren Glauben an den Messias Jesus in folgerichtiger Bethätigung ihres normalen israelitischen Verhaltens, durch welches sie in Gegensatz zu stehen kommen zu dem abnorm sich verhaltenden ungläubigen Israel. Paulus dagegen kommt durch seinen nachherigen Glauben in Gegensatz gegen sich selbst zu stehen; er durchlebt den Gegensatz der übrigen Jünger Jesu zu ihrem Volk in seiner eigenen Person. Er ist ein Pharisäer, eines Pharisäers Sohn (Act. 23, 6), also ein Genosse derer, die als die eigentlichen und eifrigsten Vertreter des Gesetzes und der Hoffnung Israels (vgl. Act. 23, 6) sehr bald sich von dem Täufer abgestoßen fühlten und dem Messias Jesus grundsätzlich Opposition machten. Vielleicht war keiner unter ihnen ein so bewußter, ja man darf sagen wütender Gegner Jesu als dieser Saulus, zu dessen Füßen die Zeugen, welche wider Stephanus aufgetreten waren und nun auch die ersten sein mußten bei der Vollstreckung des Todesurteils, ihre Kleider niederlegten, der „mit Dräuen und Morden schnaubte wider die Jünger des Herrn" (Act. 9, 1), der da meinte, er müsse viel zuwider thun dem Namen Jesu des Nazareners, und das Urteil sprechen half über die Heiligen, die er selbst ins Gefängnis gebracht hatte, und in allen Synagogen racheschnaubend sie zwang, zu lästern und über die Maßen wütend sie verfolgte bis in die fremden Städte (26, 10. 11). Er nennt sich selbst in seiner Verantwortung vor den Juden in Jerusalem „einen Eiferer um Gott, wie ihr alle heute seid, der diesen Weg — den Glauben an den Messias Jesus — verfolgt hat bis in den Tod" (Act. 22, 1—5), und gedenkt noch in spätester Zeit nur mit tiefster Scham daran, daß er „ein Lästerer, Verfolger und Schmäher" gewesen ist und daß nur die grundlose Barmherzigkeit Gottes diese Sünde zugedeckt hat (1 Tim. 1, 13). Obwohl unwissend, hat er dies alles doch nie mit gutem Gewissen gethan, sondern nur, um ein gutes Gewissen zu bekommen, ohne es je zu finden. Denn nach seinen Selbstbekenntnissen in Röm. 7 ist er einer jener Pharisäer gewesen, die wie im 4. Buch Esra es sich selbst nicht zu gestehen, geschweige denn andern zu sagen wagen, wie es innerlich bei ihnen aussieht und wofür auch er erst das rechte Wort fand, als ihm die erfahrene Gnade den Mund geöffnet hatte. Er ist ein Vertreter der pharisäischen Verkehrung des israelitischen Bewußtseins; er hat es erlebt, daß auch dem strengsten Israeliten all sein Eifer um das Gesetz nichts hilft, um anders als wie aus Gnaden des Heiles teilhaftig zu werden. Er ist der einzige unter den Aposteln, der aus eigener Erfahrung weiß, was es heißt, alle Verheißungen Gottes kennen und haben und doch nicht Teil noch Erbe an ihnen haben, sondern dem Verderben verfallen sein, und der dieses Bewußtsein der Verlorenheit als die Grundstimmung seiner Seele mit sich herumtrug in all seinem Eifer um die Gerechtigkeit, die das Gesetz erforderte.

Anders die übrigen Apostel. Sie entstammen zwar gewiß nicht alle den Kreisen der Stillen im Lande, z. B. schwerlich Matthäus, Matth. 9, 9—13, und hatten alle ausnahmslos mit der Sünde zu kämpfen, die sie um jede Hoffnung auf den Frieden des messianischen Reiches zu bringen drohte. Bei der Berufung des Petrus zur Nachfolge Jesu giebt das den Ausschlag, daß Jesus mit seiner Verheißung: „du bist Simon, der Sohn Johannes, du sollst Kephas heißen, das ist verdolmetschet ein Felsenmann," das tiefste Geheimnis seines Personlebens berührt und ihm damit die Aussicht eröffnet, daß er von seiner

Unbeständigkeit und seinem Wankelmut, von der Herrschaft der Sünde in ihm soll frei werden, die ihn sonst, wie er wohl weiß, zu Grunde richten müßte. So werden wir es uns bei allen zu denken haben, die sich Jesu anschlossen, speciell bei den Aposteln. Sie sind nicht dadurch so hochbegnadigt, daß sie weniger wie andere der Sünde Knechte waren, als sie berufen wurden. Im Gegenteil haben sie ebenso wie jeder andere die Macht der Sünde an sich selbst erkannt, wenn sie auch nicht so gesündigt haben, wie andere. Nur finden die $εὐθεῖς τῇ καρδίᾳ$ sich leichter zurecht. Es kommt ihnen nicht in den Sinn, ihre Sünde zu verbergen und zu verschweigen (Joh. 1, 48 ff.). Aber sie wissen, daß „denen zu Zion ein Erlöser kommen soll und denen, die sich bekehren von den Sünden in Jakob" (Jes. 59, 20). Darum warten sie auf den Messias, darum glauben sie an den Menschensohn, der nicht nach dem Messias aussieht, aber gerade so sich ihrer erbarmt, darum schließen sich diejenigen ihm an, die er in seine besondere Nachfolge beruft und Apostel nennt (Luk. 6, 13), und die in der nächsten Verbindung mit ihm nun all die Rätsel durchleben, die seine Erscheinung aufgiebt, bis sie sich alle ihnen lösen in Kraft und Folge seiner Auferstehung.

Ganz anders Paulus. Hat sich jeder Jünger bekehren müssen zu Jesus, wie sich noch heute ausnahmslos jeder zu ihm bekehren muß und auch für diejenigen keine Ausnahme besteht, die wie man zu sagen pflegt, „von Jugend auf in der Taufgnade geblieben sind," so ist doch der in sich und seiner Bedeutung gleiche Vorgang der Bekehrung in seiner Erscheinung und ihrem Verhältnis zu dem, was ihr voraufgegangen, verschieden. Bei jenen ist kein schwerer Bruch mit ihrer Vergangenheit eingetreten. Ihre Bekehrung war bei den meisten wenigstens nur die normale Erscheinung israelitischer Frömmigkeit. Bei Paulus dagegen wurde alles das, was bisher sein Leben bestimmt und gestaltet hatte, so sehr anders, daß er noch gegen Ende seines Lebens davon im Brief an die Philipper schreibt: „was mir Gewinn war, das habe ich um Christi willen für Schaden geachtet und achte es noch alles für Schaden gegen die überschwengliche Erkenntnis Christi Jesu meines Herrn" (Phil. 3, 7. 8). In die psychologische Vorbereitung dieser seiner Bekehrung läßt uns Röm. 7 einen Blick thun, der uns zeitgeschicht=

lich klar wird durch die Vergleichung der mit Röm. 7 so nah verwandten und doch davon so weit unterschiedenen Äußerungen des 4. Esrabuches (s. oben S. 117 ff.). Paulus mußte sich bekehren; ob es aber, wenn er sich so bekehrt hätte, wie er es nachmals von jedem forderte, zu jener Aussage über die Heils= ordnung, zu jener weltüberwindenden Klarheit und Bestimmtheit seines Zeugnisses gekommen wäre, darf billig bezweifelt werden. Trotz aller Sünden waltete über ihm die Geduld Gottes, damit er sich bekehre, und hätte er sich bekehrt in endlicher Erkenntnis dieser Geduld und Treue Gottes (Röm. 2, 4), so wäre er der demütigste unter den messiasgläubigen Juden geworden, nicht aber jener mächtige Zeuge Jesu, als der er vor uns steht.

Dies ist er geworden durch die sonderliche göttliche Be= wirkung seiner Bekehrung, die uns zu drei Malen in der Apostelgeschichte berichtet wird und deren Macht wir im Zu= sammenhange mit der erwähnten psychologischen Vorbereitung seiner Bekehrung begreifen. Auf dem Wege nach Damaskus, nahe am Ziele, um seinem Eifer Genüge zu thun und seinen Durst nach Rache zu stillen an denen, die wie er meinte, Gottes Zorn über sein Volk vom Himmel herabzögen, umleuchtet ihn plötzlich ein Licht vom Himmel, und eine Stimme sprach zu ihm: „Saul, Saul, was verfolgest du mich?" Das war Jesu Stimme, denn auf die Frage: „Herr, wer bist du?" sprach der Herr: „ich bin Jesus, den du verfolgest; schwer ist es dir, wider den Stachel zu löcken oder auszuschlagen." Wenn Weizsäcker sagt: „als ge= schichtlich steht nur fest, daß Paulus auf dem Wege nach Damaskus, vgl. Gal. 1, 17, diese Erscheinung erlebt hat, die ihm als ein Ruf von Christus und Beweis von dessen Auferstehung galt; die Blendung, welche dabei erfolgte und die Heilung der= selben durch Ananias ist eine Erzählung von durchsichtiger Sym= bolik; zu denken giebt immerhin, daß Paulus nach Gal. 4, 15 wenigstens später ein schweres Augenleiden gehabt zu haben scheint," so spricht hier nicht der Historiker, sondern der negativ interessierte Kritiker. Paulus ist sich bewußt, den Herrn und zwar den Auferstandenen, der im Himmel zur Rechten Gottes ist, gesehen zu haben. Dies bezeugt er 1 Kor. 15, 8, wo er die ihm gewordene Christuserscheinung vollständig gleichstellt mit den Er= scheinungen des Auferstandenen auf Erden. Daß nur er sah, hörte und verstand, was geschah, seine Begleiter aber nur wahrnahmen, daß etwas, nicht aber was geschah (Act. 9, 7; 22, 9; 26, 13), berechtigt uns nicht, den ganzen Vorgang in das Gebiet der subjektiven Visionen zu verweisen, sondern ist geartet, wie bei den Erscheinungen des Auferstandenen auf Erden, den die verschlossenen Thüren nicht abhielten, bei den Seinen zu erscheinen, und der doch keinem andern wahrnehmbar und auch den Seinen nicht eher kenntlich war, als bis er sich ihnen kenntlich machte (Luk. 24, 16. 31; Mark. 16, 12; Joh. 20, 14; Act. 10, 41). Die einzigen Analogien, nach denen diese Erscheinung zu beurteilen wäre, liegen auf dem Gebiete der für den Historiker unzugänglichen Offenbarungsgeschichte, welche erkennen läßt, daß es für die Wahrnehmung der der übersinnlichen Welt angehörigen Dinge und Vorgänge einer Öffnung der Sinne bedarf, und daß solche Wahrnehmung wie die entsprechende Öffnung der Sinne nur den Offenbarungszeiten angehört. Wir können deshalb nichts anderes, als die Thatsache feststellen, die so wie sie in der Apostelgeschichte erzählt ist, dem Apostel noch in spätester Zeit feststand, und darum auch feststellen, daß er nicht mit lebhaftester Phantasie einen Vorgang seines inneren Lebens in die äußere Wirklichkeit versetzt hat. Denn daß dem Menschen die Wahrnehmungsfähigkeit für eine andere Welt einwohnt, kann der nicht leugnen, der in der Überzeugung von einem Leben nach dem Tode diese Wahrnehmungsfähigkeit mit dem Tode in Wirksamkeit treten läßt. Von hier aus begreift sich, daß sie bei Lebzeiten nur unter Stillstellung der anderweiten Sinnesthätigkeit (2 Kor. 12, 2. 3) eintreten kann, sei es, daß die Thatsache eines Vorgangs, aber weder das Was noch das Wie auch andern bemerkbar wird (vgl. Joh. 12, 29), sei es, daß der Vorgang selbst überhaupt nur von dem Betroffenen erfahren wird. Was vorgegangen ist, prägt sich dem, der es erlebt hat, unauslöschlich ein, und ebenso klar ist er sich der Abweichung von allen der sinnenfälligen Wirklichkeit angehörigen Vorgängen bewußt.

So weiß Paulus noch bis in seine späteste Zeit (Act. 26) von dieser Thatsache. Er hat Jesum gesehen. Freilich ἔσχατον πάντων ὡσπερεὶ τῷ ἐκτρώματι ὤφθη κἀμοί (1 Kor. 15, 8), wie einer unzeitigen Geburt ist der Herr ihm erschienen. Denn sonst ist der Auferstandene niemanden außer den vorher erwählten

Zeugen erschienen. Das weiß Paulus ganz genau. Es war für ihn, als wäre der Tag des Gerichts angebrochen. Daß die andern nichts davon wahrnahmen, als was uns berichtet wird, hat Paulus erst nachher bemerkt. „Was verfolgst du mich?" die Worte sprechen ihm das Urteil. Aber — es ist nicht das Gericht, welches er bis dahin erwartet, ersehnt und mit geheimem Grauen gefürchtet hat. Gleich die Worte: „es wird dir schwer, wider den Stachel zu löcken," lassen ihn ahnen, daß es ein Gericht der Barmherzigkeit, — ein Gericht heilbringender Gerechtigkeit ist. Es hat Gott gefallen, der ihn von Mutterleibe an erwählt und ihn durch seine Gnade berufen hat, daß er seinen Sohn, den erkorenen König Messias, in ihm offenbare, damit er ihn den Völkern verkündige, schreibt er Gal. 1, 15 ff. von dieser Bekehrung. Nicht um den Vorgang rein in das Gebiet des inneren Lebens zu verlegen, drückt er sich so aus, sondern in $\dot{\alpha}\pi o\varkappa\alpha\lambda\dot{\upsilon}\psi\alpha\iota$ $\tau\dot{o}\nu$ $\upsilon\dot{\iota}\dot{o}\nu$ $\alpha\dot{\upsilon}\tau o\tilde{\upsilon}$ $\dot{\varepsilon}\nu$ $\dot{\varepsilon}\mu o\dot{\iota}$ bezeichnet das $\dot{\varepsilon}\nu$ $\dot{\varepsilon}\mu o\dot{\iota}$ ganz in derselben Weise das entferntere Objekt, wie das $\dot{\varepsilon}\nu$ $\tau o\tilde{\iota}\varsigma$ $\ddot{\varepsilon}\vartheta\nu\varepsilon\sigma\iota\nu$ in dem sofort folgenden: $\ddot{\iota}\nu\alpha$ $\varepsilon\dot{\upsilon}\alpha\gamma\gamma\varepsilon\lambda\dot{\iota}\zeta\omega\mu\alpha\iota$ $\alpha\dot{\upsilon}\tau\dot{o}\nu$ $\dot{\varepsilon}\nu$ $\tau o\tilde{\iota}\varsigma$ $\ddot{\varepsilon}\vartheta\nu\varepsilon\sigma\iota\nu$. Von der sonderlichen Weise der Offenbarung sagt es nichts aus, am wenigsten, daß sie nur im Geiste des Apostels stattgefunden habe. Es steht aber nicht $\mu o\iota$, sondern $\dot{\varepsilon}\nu$ $\dot{\varepsilon}\mu o\dot{\iota}$, um hervorzuheben, daß diese Offenbarung für Paulus sonderlich bestimmt war, um ihn in den Stand zu setzen, zu thun, was nun sein Beruf ist. Die Übersetzung des Petrus Lombardus: „an mir," ist trotz ihrer Wiederauffrischung durch Weizsäcker u. a. falsch und läßt sich durch 1 Kor. 3, 13 oder Gal. 1, 24 ebensowenig rechtfertigen, wie die Übersetzung: „durch mich." Die Verbindung $\dot{\alpha}\pi o\varkappa\alpha\lambda\dot{\upsilon}\psi\alpha\iota$ $\dot{\varepsilon}\nu$ $\dot{\varepsilon}\mu o\dot{\iota}$ ist durchaus einzigartig, hat auch an Ezech. 22, 10 vgl. mit V. 5—9 nicht ihresgleichen, und drückt nur noch stärker wie sonst der bloße Dativ aus, daß diese Offenbarung im Innern des Paulus den Boden gefunden habe, den sie erstrebte, oder daß sie ihren Zweck erreicht habe. Es ist eine göttliche Erscheinung, die ihm zu teil geworden ist, und auf seine Frage: „Herr, wer bist du?" erfährt er: „ich bin Jesus." Gerade der Gegensatz gegen sein Thun, gegen sein Verfolgen, und die überirdische Macht, mit der dieser Gegensatz sich an ihm geltend macht, bewirken sofort seine Überzeugung von der Wahrheit dieser nicht aus seiner Phantasie hervorgegangenen Er=

scheinung. Für einen inneren Kampf mit sich selbst in betreff seiner Messiashoffnung, welche ihm nicht ein sicheres Gut, sondern die Ursache innerer Unruhe gewesen sein soll, nämlich ob dieselbe überhaupt in Erfüllung gehen und ob die Heidenbekehrung eintreten werde, spricht nichts. Der Apostel läßt auch nicht einmal ahnen, daß seine Gedanken in dieser Richtung gegangen sind. Im Gegenteil: je fester ihm die bereinstige Erfüllung der messianischen Hoffnung stand, je näher er sie als Pharisäer erwartete, je eifriger er gerade deshalb wachte über das Gesetz und seine Erfüllung, desto unvermittelter trifft ihn in dieser Beziehung die Erscheinung, desto mächtiger aber ist ihr Eindruck, der Eindruck des Gerichtes, und zwar der Eindruck eines wunderbaren, all seinen Erwartungen widersprechenden Gerichtes, desto gewaltiger ist nun aber auch die Veränderung, welche zugleich bewirkte, daß nunmehr auch der Apostel endlich das Wort und die Lösung des Rätsels fand, welches seit Jahren schon sein Inneres bewegte (Röm. 7). Nur dies und nichts anderes, nur die Frage nach der Gerechtigkeit, mit der er vor Gott bestehen und dem Gericht des Messias entgehen könne, hat ihn bewegt; sie hat ihn getrieben zu der Verfolgung, sie wird beantwortet durch die Erscheinung auf dem Wege nach Damaskus, aber nun so, daß er völlig zerbrochen am Boden liegt. Für die Blendung sich, wenn auch verschämt, auf Gal. 4, 15 und das daraus sehr kühn vermutete Augenleiden des Apostels zu berufen, ist — um nicht mehr zu sagen — schlechthin unzulässig.

Paulus wird vom Herrn nach Damaskus gewiesen, wohin er ja auch wollte, nunmehr aber um dort zu erfahren, was er thun soll. Denn vorläufig ist ihm nichts anderes klar, als daß es mit ihm, mit dem Eifer um das Gesetz, mit seiner Hoffnung für sich und sein Volk völlig zu Ende ist. Er läßt sich hinführen von seinen Begleitern. Drei Tage lang war er dort im Hause eines gewissen Judas, völlig geblendet, aß nicht und trank nicht. Da kommt auf des Herrn Geheiß — wiederum ein Zeichen der besonderen Absichten Gottes mit diesem zu einem sonderlichen Rüstzeuge auserwählten Manne — ein Jünger, also einer der an den Messias Jesus gläubigen Israeliten, mit Namen Ananias, zu ihm, um ihn durch Handauflegung von seiner Blindheit zu heilen. Ananias weiß, mit welchen Absichten

Paulus nach Damaskus gezogen ist, glaubt aber dem Herrn, der
ihn trotzdem gehen heißt, legt ihm die Hände auf, daß er wieder
sehend wird, und erschließt ihm den Willen Gottes, der nichts
menschlich Großes, Schönes und Hohes ihm in Aussicht stellt,
nur Schmach und Leiden über dem Werk, das ihm befohlen ist,
für den Herrn ein Zeuge zu sein allen Menschen von dem, was
er gesehen und gehört habe, nämlich, daß Jesus wirklich und
wahrhaftig der Messias sei und zwar für alle (Act. 22, 14 ff.;
9, 15 ff.). „Der Gott unserer Väter — also dem auch er
dienen wollte, aber bis dahin mit aller Macht entgegen gearbeitet
hatte, — hat dich erwählt, seinen Willen zu erkennen und zu
sehen den Gerechten, der ewig Recht hat, und zu hören eine
Stimme aus seinem Munde . . . und nun, was zauderst du?
Stehe auf, laß dich taufen und abwaschen deine Sünden, und
rufe fortan seinen Namen an." Und er stand auf und ließ sich
taufen zur Abwaschung seiner Sünden in Kraft des gekreuzigten,
auferstandenen und erhöhten Messias Jesus, denn das bedeutet
und wirkt dem Apostel die Taufe im Namen Jesu. Weshalb
dieser Dienst des Ananias in Widerspruch stehen soll mit Gal.
1, 12. 15. 16, wie Weizsäcker meint, ist gar nicht abzusehen.
Denn „was er gesehen und gehört hat," ist ja das Evangelium,
welches er verkündet, und daß ihm dies ohne irgendwie geartete
menschliche Vermittlung kund geworden sei, wird durch die Worte
des Ananias nur bestätigt.

So war es für ihn entschieden, daß Jesus der Gekreuzigte
doch der Messias, der ganzen Welt Helfer und Retter sei. Denn
der Gekreuzigte ist es, der auferstanden und von Gott legitimiert
ist. Zu dem Gekreuzigten bekennt sich Paulus nun. An dem
Gekreuzigten hat er den Heiland. Was bedeutet das? Es ist
doch nicht bloß das Bekenntnis, daß dem Gekreuzigten Unrecht
widerfahren ist und daß der Apostel sich davon hat überzeugen
lassen, daß er also sich nunmehr in Gegensatz zu sich selbst stellt,
indem er den Gekreuzigten als den Auferstandenen erkennt und
anerkennt. Er thut dies auch, er verurteilt sich, das gehört zu
seinem Glauben und ist unabtrennbar von demselben, aber das
ist doch nicht alles. Die Thatsache der Auferstehung Christi sagt
ihm mehr, und sagt ihm deshalb mehr, weil, wenn sie nichts
anderes bedeutete als eine göttliche wunderbare Legitimation des

von den Menschen verworfenen Jesus, dann der Tod Jesu über=
flüssig war, und weil eine wunderbare Rettung Jesu vom Tode
mehr gewirkt hätte, als diese Auferweckung, die niemand, und
zwar gerade von den Gegnern niemand gesehen. Warum mußte
der Messias sterben? Warum hat Gott seinen Tod zugelassen,
nein, warum hat er ihn hingegeben in den Tod? Das ist die
Frage, und daß dies die eigentliche Frage war, bezeugt Act.
26, 23, wo er als das Thema, das ihn erfüllte, bezeichnet: $εἰ$
$παθητὸς\ ὁ\ Χριστός,\ εἰ\ πρῶτος\ ἐξ\ ἀναστάσεως\ νεκρῶν\ φῶς$
$μέλλει\ καταγγέλειν\ τῷ\ τε\ λαῷ\ καὶ\ τοῖς\ ἔθνεσιν$. Daß diese
Äußerung des Apostels erst seiner Verantwortung vor Agrippa,
also etwa dem Jahre 61 angehört, darf uns nicht hindern, sie
als die Frage zu betrachten, um die sich von Anfang an alles
drehte. Paulus selbst bringt sie ja in unmittelbare Verbindung
mit der Erzählung von seiner Bekehrung.

Der Kreuzestod Christi war der jüdische Beweis gegen die
Messianität Jesu, die Auferstehung war der göttliche Thaterweis,
daß er trotzdem und dennoch der Messias sei. Dann hatte aber
alles, sein ganzes Leben und Wirken in der Niedrigkeit und Ver=
kennung seinen mit der Messianität zusammenhängenden Zweck,
und wie sich für den Apostel Petrus das Rätsel des Todes Jesu
gelöst hatte, so löste es sich auch für Paulus. Ja, Christi
Tod war ein Werk der Sünde, aber war zugleich die
Bedeckung der Sünde. Hätte er sich dagegen gewehrt oder hätte
der Vater mit einer Machtthat die Hände seiner Feinde gelähmt,
so wäre ihre Sünde nicht bedeckt worden. Sie wäre in der
Ausführung gehemmt worden, aber die Schuld wäre geblieben.
Gerade daß er den Tod litt und daß der Vater ihn dem Tode
übergab, das war zugleich die Vergebung. Lieber den
Tod leiden, als richten, das war Christi Sinn gewesen. Wäre
er im Tode geblieben und nach dem Tode an seinen Ort ge=
gangen, der erste und einzige der Seligen, so wäre auch die
Menschheit verloren gewesen und geblieben. Denn dann war
sein Tod ein Zeichen, daß selbst Jesus der Macht der Sünde
nicht hatte Herr werden können. Seine Auferstehung aber, seine
Rückkehr in das Leben, in unser Leben, — denn das ist Auf=
erstehung —, und zwar nunmehr auf ewig, — denn niemand
kann den antasten, der so von der Sünde und ihrer Macht

errettet ist —, ist der Beweis, daß er nicht umsonst gestorben ist, daß all diese Sünde vergeben ist. Gott hat sie vergeben, denn Gott hat ihn auferwecket, der allein töten und lebendig machen kann. Es ist fraglich, ob man in Israel den Märtyrerleiden befreiende, stellvertretende Bedeutung für das Volk zugeschrieben hat. Weber a. a. O. S. 361 leugnet es, Delitzsch (Römerbrief, S. 82 f.) führt eine merkwürdige Stelle für diese Auffassung der Leiden des Messias an, deren Echtheit jedoch fraglich ist. Nicht fraglich aber ist es, daß die Leiden der Gerechten, Abrahams, Hiobs, Ezechiels ec. dem Volke zu gute kommen, ja daß ihr Tod — nicht nur ihr Märtyrertod — sühnende Wirkung hat; מיתת צדיקים מכפרת, der Tod der Gerechten sühnt, heißt es einmal (in Tanchuma Achare moth 7, s. Weber, 2. Aufl. S. 328). Auch vom Märtyrerleiden gilt dies, insofern ihr geduldiges Leiden ein Zeichen davon ist, daß sie lieber den Tod leiden wollen oder sollen, statt daß das Gericht Gottes eintrete. Freilich blieb es dunkel, wie nun das Verhältnis zwischen Israel und den Heiden stand, von denen die Märtyrer litten. Israel sollte ihr Leiden zu gute kommen, nicht den Heiden. Nun tritt für Paulus das Leiden und Sterben Jesu in dies Licht, aber mehr als dies. Die Sünde des Volkes, die Jesum verwarf und zum Tode brachte, war der Gipfelpunkt aller Sünde, über den hinaus es nur noch die definitive Verwerfung des Heils und der Gnade Gottes geben kann. In diese Sünde war auch Paulus verflochten, obgleich er nicht dabei mitgewirkt hatte. In diese Sünde gegen den Messias Jesus ist jeder verflochten, dem er nicht gefällt, der etwas wider ihn hat, also jeder Mensch, der mit ihm in Berührung kommt. Denn jeder macht mindestens die Erfahrung, daß dies der Helfer ist, der uns eigentlich unsympathisch ist, uns nicht gefällt. So ist alle Sünde der Welt einig in der Sünde wider Jesus, und diese Einheit aller Sünde ist es, die den Apostel der Vergebung aller Sünde gewiß macht. Unter der Sünde der ganzen Welt leidet und stirbt Jesus, statt die Welt zu richten, und muß leiden und sterben, wenn er nicht richten will. Für die ganze Welt ist er auferstanden, weil all ihre Sünde vergeben sein soll und ist.

Dies wird der innere Zusammenhang sein, in dem sich für Paulus das Rätsel des Todes Jesu löst. Es war dasselbe

Rätsel wie für die übrigen Apostel und Jünger Jesu, aber für ihn mehr als ein Rätsel. Was diese erst in letzter Stunde wirklich irre machte an Jesus, bis sie dessen gewiß wurden, daß die ganze Schuld doch nur auf ihrer Seite lag (Luk. 24, 20 ff.) und Jesus zwar der Messias, sie aber mit ganz Israel seiner nicht wert gewesen seien, das war für Paulus ein Ärgernis, ein σκάνδαλον (1 Kor. 1, 23). Es war kein bloßer Anstoß, den er zu überwinden hatte. Der Tod war, wie er meinte, Jesu mit Recht angethan worden. Er sollte nicht Recht haben, denn er konnte nicht Recht haben. Ein Mann, der so vorging wie Jesus, so allen Eifer um das Gesetz verurteilte, so sich und seine Autorität, wie es schien, wider die Autorität des Gesetzes geltend machte, die Pharisäer als Übertreter schalt und Zöllner und Sünder zu sich rief und mit ihnen aß, der nichts, auch gar nichts that, um das politische Joch zu zerbrechen, sondern nur aufforderte, wie dort in der Erzählung vom Zinsgroschen, sich willig unter Gottes Gericht zu beugen (Matth. 22, 21), — ein Mann, der in das Vorrecht Gottes eingriff und Sünden vergab und noch im Verhör vor dem Synedrium trotz seiner augenscheinlichen und offenbaren Niedrigkeit dabei blieb, er sei der Messias, der Sohn des lebendigen Gottes, — ein solcher Mann sollte und konnte nicht der Messias sein. Und nun war er es doch und hatte sich dem Paulus als Messias gezeigt. Das zerbrach ihn völlig. Nun lag sein ganzes Leben nicht bloß als verfehlt, sondern als eine große Sünde vor ihm, so daß er noch gegen Ende seines Lebens, als er von seiner Belehrung sprach, sagte: Χριστὸς Ἰησοῦς ἦλθεν εἰς τὸν κόσμον ἁμαρτωλοὺς σῶσαι, ὧν πρῶτός εἰμι ἐγώ (1 Tim. 1, 15). Und diese ganze große Sünde war bedeckt durch den Kreuzestod, den sie Jesus angethan! Sein Glaube an den Gekreuzigten war es, der ihn von der Schuld an dem Gekreuzigten befreite.

Es war dieselbe Freude und doch eine andere, als die der übrigen Jünger. So verloren wie Paulus hatten sie sich doch noch nie gefühlt. Paulus stand unmittelbar vor der letzten Entscheidung: entweder ewig verloren als Feind Gottes und Jesu, oder ewig gerettet durch diesen Jesus. Jedes Schwanken wäre nicht bloß Sünde gewesen, sondern hätte ihn auf ewig dem Verderben überliefert. Aber das war es nicht allein. Seine ganze

Weltbeurteilung wurde eine andere. Nun sah er die ganze Welt, Israel und die Weltvölker, in die gleiche Sünde verflochten. Jeder noch so große Vorzug Israels wurde durch die an Jesus begangene Sünde zu nichte, für Israel gab es kein anderes Heil, als nur in der Gnade des Gekreuzigten, die jedem galt, der in diese Sünde beschlossen war. Für Israel und die Weltvölker gab es nur eine Möglichkeit der Erlösung, nur einen Weg zur Erlösung, zur Gemeinschaft mit dem Messias, dem König Christus, nur einen Weg ins Reich Gottes, — den Weg des bußfertigen Glaubens, der dankbar das Heil hinnimmt, das die Gnade ihm bietet.

Die Frage, die Paulus bewegte, seine Lebensfrage, war die Frage nach der Gerechtigkeit, die ihn vor dem Gericht des Messias erretten könnte. Immer eifriger im Gesetz, immer eifriger in der Verfolgung der Gemeinde derer, die den Namen des Herrn Jesu anriefen, so glaubte, so hoffte er, sich vielleicht einen Schatz guter Werke erwerben zu können, der es möglich machte, daß er mit dem Gericht verschont würde. Die Frage nach der Gerechtigkeit, mit der er vor Gott bestehen und dem Gericht entgehen könne, blieb der Angelpunkt seines Strebens und Denkens, aber nun nicht mehr als ewig unbeantwortete. Die Antwort war gefunden. Die Gerechtigkeit, mit der er bestehen könne, bestand in der Vergebung der Sünden, die er im Glauben an den Gekreuzigten gefunden. Die Vergebung der Sünden war die Rechtfertigung, die ihm zu teil geworden war, — eine Rechtfertigung des Gottlosen. Daß er sein Christentum und die Gnade Gottes, die er der Welt zu verkündigen hatte, in dieser Form zum Ausdruck bringen mußte, daß er nur so ihre wunderbare Größe, nur so die Einheit und Übereinstimmung der Offenbarungsgeschichte mit sich selbst, nur so die Treue Gottes zum Ausdruck bringen konnte, verstand sich für ihn ganz von selbst. Denn eben dieselbe Erfahrung, die er gemacht, sollte die ganze Welt, die ganze Menschheit machen. Israel war in seinem Unglauben geblieben; es hatte nichts mehr zu hoffen von seiner Erwählung, was ihm vor andern ein Recht auf den Messias gegeben hätte. Das war nun alles zu Ende. Das ist die Bedeutung davon, daß nunmehr die organisierte Verfolgung der Gemeinde eingetreten war und — gerade das

Haupt dieser Verfolgung überwunden war. So blieb Israel keine andere Aussicht, doch noch Teil und Erbe von dem Messias und den Gütern seines Reiches zu gewinnen, als so wie Paulus glauben zu lernen, — und genau die gleiche Aussicht und der gleiche Weg eröffnete sich für die Heiden. Paulus ist durch seine Bekehrung der berufene $\mathrm{\mathring{\alpha}\pi\acute{o}\sigma\tau o\lambda o\varsigma\ \mathring{e}\vartheta\nu\tilde{\omega}\nu}$ (Röm. 11, 13) geworden und seine Verkündigung der Höhepunkt der christlichen Verkündigung überhaupt, ebenso wie seines Lebens Arbeit die gesegnetste unter allen Aposteln gewesen ist. Es ist nicht ein Urteil bescheidener, aber unwahrer Selbstschätzung, wenn er sagt: „ich habe mehr gearbeitet, denn sie alle" (1 Kor. 15, 10), sondern er hat in der That mehr gearbeitet als sie alle, denn er hat mehr arbeiten müssen und dürfen, und setzt darum auch hinzu: „nicht aber ich, sondern Gottes Gnade, die mit mir ist." Vor ihm lag die ganze Welt, Juden und Heiden, die alle von ihm, von seinem Fall und Aufstehen, von seinem Glauben das Glauben lernen sollten. Die andern Apostel hatten Israel nicht gewinnen können; es war eine Gnade Gottes, daß nun ein anderer kam, der nochmals ihnen und gleichzeitig auch den Heiden das Evangelium brachte, — daß sein Erfolg rein bei den Heiden zu Tage trat, dort aber nur um so reicher, das war Israels Schuld und Gottes Gnade. Begriffen aber wird es aus Form und Inhalt seiner Verkündigung.

3.
Der Glaube des Apostels.

Glauben hatte Saulus gelernt, glauben, sowohl wie diejenigen glauben, als was und woran diejenigen glauben, die er bis dahin um ihres Glaubens willen verfolgt hatte, glauben, daß Jesus der Gekreuzigte doch der Messias, der von Gott gegebene Helfer und Retter sei, und daß er es gerade so, gerade als der Gekreuzigte und nunmehr von Gott Gerechtfertigte sei, und daß niemand das Leben anders finden und besitzen könne, als durch diesen Glauben, der sich an ihn hange und durch ihn und mit ihm zu leben begehre. Diesen Glauben, den er vor dem verfolgt, verkündigte er jetzt als den Glauben, durch welchen und in welchem man die Erfüllung der Verheißungen habe, Gal. 1, 23. Er hatte ja den Auferstandenen gesehen, den Sohn Gottes, den von Gott erkorenen Messias, der geboren aus dem Samen Davids nach dem Fleische, als Sohn Gottes machtvoll erwiesen war in Kraft des Geistes der Heiligkeit, kraft dessen er vom Tode auferweckt war (Röm. 1, 3), und dieser Auferstandene war niemand anders als der Gekreuzigte, der von Israel verworfene und getötete Nazarener, der dies hatte leiden müssen und hatte auferstehen müssen als der Erstgeborne von den Toten (Act. 26, 23), um der Messias, der Retter und Helfer zu sein. Er war, wie wir später sehen werden, „wegen unsrer Sünden oder aus Ursach derselben dahingegeben, und wegen unsrer dadurch geschehenen oder zustande gebrachten Rechtfertigung auferweckt worden" (Röm. 4, 25).

Wohin Paulus kommt, verkündigt er diesen Jesus (Act. 9, 20. 27; 17, 18; 19, 4; 20, 24; 28, 23), bezeugt, daß Jesus niemand anders als er der Messias sei; nichts weiß er als ihn, den Gekreuzigten, den Juden ein Ärgernis, den Griechen eine

Thorheit; denen aber, die berufen sind, ist gerade er, Jesus der
Gekreuzigte, Gottes Kraft und Gottes Weisheit (1 Kor. 1, 23. 24;
2, 2). Glaube an diesen Jesus, an den Nazarener, an den
Gekreuzigten, Glaube der sich zu ihm hin glaubt und in ihm
ruht, der ihn hat und sich mit ihm und nur mit ihm zu thun
macht, das ist der Glaube, der ihn, sein ganzes Herz und Leben,
sein Denken, Reden und Thun ausfüllt, zu dem er Juden und
Heiden, für die er bestimmt ist, bewegen möchte. Gerade daß
dieser Jesus, Jesus der Gekreuzigte, das Objekt seiner Heils=
verkündigung ist, beweist, daß die $\pi\iota\sigma\tau\iota\varsigma$ Ἰησοῦ — die einzige
Stelle in den paulinischen Schriften, in der Ἰησοῦ ohne den
näher bestimmenden Zusatz τοῦ Χριστοῦ oder bloß Χριστοῦ mit
$\pi\iota\sigma\tau\iota\varsigma$ verbunden erscheint — nicht wie Haußleiter (Neue kirchl.
Zeitschr. II, 2. 3) will, den Glauben bezeichnet, den Jesus ge=
leistet, geübt und bewiesen hat, sondern den Glauben, der es mit
Jesus zu thun hat, der auf ihn sich richtet, also was Paulus
sonst bezeichnet als Glaube, der es mit Jesus, daß er der Christ
sei, oder mit Jesus Christus zu thun habe. Anderwärts sagt
derselbe Apostel: Gott wird uns mit Jesu auferwecken, 2 Kor.
5, 14; einen andern Jesum kann niemand verkündigen 2 Kor.
11, 4; Wahrheit ist es in Jesu, daß seine Leser den alten
Menschen in der Taufe abgelegt haben, Eph. 4, 21; Jesus er=
rettet uns von dem zukünftigen Zorn 1 Theff. 1, 10. Wenn der
Apostel sich so ausdrücken kann, ohne ein ὁ Χριστός oder
Χριστός oder κύριος hinzuzusetzen, so kann er auch Röm. 3, 26
sagen, daß Gott den rechtfertige, der ἐκ πίστεως Ἰησοῦ oder von
dem Glauben an Jesus her sei, und das nicht bloß ohne der
Würde der Diktion etwas zu vergeben, sondern um mit besonderem
Nachdruck hervorzuheben, was für ein Glaube das sei, um dessent=
willen Gott jemanden rechtfertige, ein Glaube, der es zu thun
hat mit dem, den sein Volk verworfen hat und den die Welt
verwirft. Es klingt paradoxer und soll paradoxer klingen zu
sagen τὸν ἐκ πίστεως Ἰησοῦ als τὸν ἐκ πίστεως Χριστοῦ,
was im übrigen auch eine Paradoxie ist, aber noch lange nicht so
paradox als 4, 5, daß Gott rechtfertige τὸν ἀσεβῆ, was geradezu
im Gesetz verboten und vom Propheten (Jes. 5, 23) mit dem
Weheruf belegt ist. Die Fassung oder vielmehr Erklärung von
Ἰησοῦ als Subjekts=Genetiv wird auch nicht durch 1, 17 und

3, 25 gestützt, denn weder ist ἐκ πίστεως 1, 17, noch διὰ πίστεως 3, 25 auf den Glauben, den Jesus geleistet hat, zu beziehen. Wo bei Paulus πίστις ohne nähere Bestimmung steht, ist es genau wie überall, wo es in irgend welcher Weise näher bestimmt ist, stets von dem Glauben gemeint, welcher dem Sünder zur Gerechtigkeit gerechnet wird. Wäre Ἰησοῦ Subjekts-Genetiv wie in πίστις Ἀβραάμ 4, 16, so würden wir jedenfalls mit einem anderen Begriff vom Glauben zu rechnen haben, als in letzterem Ausdruck. Bezeichnet dies einen Glauben, dessen Subjekt der Sünder ist, und mittels dessen der Sünder Vergebung bekommt, so wäre π. Ἰησοῦ der Glaube des einzigen Gerechten, Jesus, der überzeugt ist und sein kann, daß Gott für ihn ist, und ihn gegenüber dem Unrecht, das ihm von seinem Volke widerfährt, rechtfertigen wird. Solchen Glauben hat Jesus allerdings nicht bloß nach dem Hohnwort seiner Gegner Matth. 27, 43, sondern auch nach dem Zeugnis des Petrus 1 Petr. 2, 23 bewiesen, und hat sich nicht getäuscht. Aber damit ist nicht der Glaube, der dem Sünder, dem ἀσεβής, zur Gerechtigkeit gerechnet wird, in Parallele zu setzen; auch ist es nicht dieser Glaube, durch den er der Mittler unseres Heils und Gnadenstandes ist, sondern die Liebe, in der er sich selbst dahingegeben hat, und in der er für uns lebt zur Rechten Gottes, und der Glaubende hat nicht den Umweg über den Glauben Jesu zu machen, um zu dem heilbringenden Glauben an Jesus zu gelangen. Πίστις ist bei Paulus ein so fest ausgeprägter Begriff zur Bezeichnung des Glaubens, welcher dem Sünder als Gerechtigkeit in Anrechnung gebracht wird, daß die Hinzufügung des Genetivs dessen, der sonst Objekt des Glaubens ist, auch nur diesen als Objekt desselben, nicht als Subjekt kennzeichnen kann (vgl. Krüger, Grammatik § 47, 7, 2), ob man nun einen sogenannten Objekts-Genetiv anerkennt oder nicht. Πίστις Ἰησοῦ ist Glaube, der von Jesus bestimmt ist; der Zusammenhang oder die Gesamtanschauung vom Glauben muß ergeben, in welcher Weise er von Jesu bestimmt ist, ob Jesus ihn wirkt, oder ob er wegen seiner Beziehung auf Jesus so heißt. Nach Analogie des sonstigen paulinischen Sprachgebrauchs ist nur das letztere der Fall. Daß es aber nicht den Glauben, den Jesus hat, oder vielmehr hatte, bezeichnet, ist klar. Demgemäß ist die πίστις Ἰησοῦ

Röm. 3, 26 gemeint wie Apok. 14, 12: ὧδε οἱ τηροῦντες . . . τὴν πίστιν Ἰησοῦ. Sollte Ἰησοῦ Jesum als Subjekt der πίστις bezeichnen, so würde πίστις wie in πίστις θεοῦ Pf. 3, 3 in der Bedeutung „Treue" stehen (wogegen es Mark. 11, 22 in der Bedeutung „Glauben an Gott" steht). Dann aber müßte auch diese Bedeutung sich ebenso selbstverständlich aufnötigen wie Röm. 3, 3.

So bleibt es denn dabei, daß Röm. 3, 26 den Glauben an Jesus meint, der so, und nicht als Glaube an Jesus den Messias (3, 22) bezeichnet wird, um hervorzuheben, in welche Tiefe der Glaube hinabsteigen muß, um den zu finden und zu haben, um dessentwillen er gerechtfertigt wird. Sonst bezeichnet er diesen Glauben als Glauben, der es mit Jesu dem Messias oder der es mit dem Messias zu thun hat. Paulus hat den Auferstandenen gesehen, der ihm gesagt hat: ich bin Jesus, den du verfolgst. Das hat ihn genötigt, zu erkennen und anzuerkennen, daß Jesus, der verworfene und gekreuzigte Jesus doch der Messias sei. Indem er nun sofort nach seiner Bekehrung in den Synagogen von Damaskus verkündigte, daß Jesus der Sohn Gottes sei (Act. 9, 20) und die in Damaskus wohnenden Juden dadurch in Verwirrung brachte, indem er sie überführte, daß Jesus der Messias sei (9, 22), ergiebt sich, daß die **Anerkennung der Messianität Jesu** das erste Moment in dem Begriff des Glaubens ist. Aber nicht das einzige. Paulus kennt keine Anerkennung der Messianität Jesu, welche dabei stehen bleibt, und damit den Glauben erniedrigt zu dem Besitze eines Lehrsatzes oder der richtigen Lehre. Ist Jesus der Messias und ich erkenne das an, so fragt sich, wodurch oder wie ich das anerkenne. Gewiß giebt es keinen Glauben, der nicht mit dem Bekenntnis verbunden wäre (Röm. 10, 9 ff.), aber das Bekenntnis ist nicht bloße Zustimmung zu einem Lehrsatze, sondern Ausdruck des persönlichen Verhältnisses zu dem, den man bekennt oder zu dem man sich bekennt. Erkenne ich Jesum als den Messias an, so halte ich mich zu ihm, hange ihm an, fasse und halte ihn als den, der der Welt und darum auch mein Helfer und Retter ist. So heißt es Gal. 2, 16: οὐ δικαιοῦται ἄνθρωπος ἐὰν μὴ διὰ πίστεως Χριστοῦ Ἰησοῦ . . . ἵνα δικαιωθῶμεν ἐκ πίστεως Χριστοῦ. Es ist der Glaube, in dem ein Mensch von Christus bestimmt ist; er hängt an Christus, er hofft auf Christus, er hat und hält Christus als ihm, als uns gehörig fest, so daß er sagt: „ich bin mit Christus zusammen gekreuzigt; ich lebe, aber nicht mehr ich, es lebt in mir Christus; was ich jetzt im Fleische lebe, lebe ich im Glauben des Sohnes Gottes, der mich geliebet hat, und sich selbst für mich gegeben," Gal. 2, 20; vgl. Röm. 3, 22; Gal. 3, 22; Phil. 3, 9; Eph. 3, 12. Von diesem Glauben wird πιστεύειν εἰς Χριστὸν Ἰησοῦν Gal. 2, 16; Röm. 10, 14; Phil. 1, 29), und πίστις ἐν Χριστῷ Ἰησοῦ Eph. 1, 15; Kol. 1, 4; 1 Tim. 1, 14; 3, 13; 2 Tim. 1, 13; 3, 15 gesagt, ἡ εἰς Χριστὸν πίστις nur Kol. 2, 5, und πίστις πρὸς τὸν κύριον Ἰησοῦν nur Philem. 5. Nun steht Gal. 2, 15 die πίστις Χριστοῦ Ἰησοῦ durchaus gleich dem sofort folgenden καὶ ἡμεῖς εἰς Χριστὸν Ἰησοῦν ἐπιστεύσαμεν, sodaß es verwehrt ist, jene πίστις als von Jesu Christo bewirkte anzusehen, trotz des unbedingt richtigen Satzes, daß der Glaube durch sein Objekt bewirkt wird. Es ist also Jesus Christus, wie man den Genetiv auch erklären mag, als Objekt des Glaubens gedacht, somit, wie wir es richtig deutsch wiedergeben: Glaube an Jesus Christus. Der Apostel hat sich der Verbindung von πιστεύειν mit εἰς angeschlossen, die sich noch nicht bei den LXX[1]), wohl aber bei den neutestamentlichen Schriftstellern findet, und für seine Verbindung πίστις ἐν Χριστῷ liegt nur ein Vorgang vor aus Ps. 78, 22: ὀργὴ ἀνέβη ἐπὶ τὸν Ἰσραήλ, ὅτι οὐκ ἐπίστευσαν ἐν τῷ θεῷ οὐδὲ ἤλπισαν ἐπὶ τὸ σωτήριον αὐτοῦ. Dies hat seinen Grund in dem Verhältnis, welches der Glaube zu Christus einnimmt. Man glaubt sich zu Christus hin, und thut dies immer aufs neue, um mit ihm eins, oder wie Luther sagt, „ein Kuchen" zu werden; als Glaube der so sich zu Christus hin geglaubten ruht er in Christus. Diese von dem Glaubenden stets begehrte und im Glauben vorhandene Verbindung mit Christus ist eine so innige, daß ihre Aufhebung, ihre Zerreißung, das Aufgeben oder Verlieren des Glaubens den Untergang des bis dahin glaubenden zur Folge hat, (vgl. Act. 13, 8; 1 Tim. 1, 19; 4, 1; 5, 8. 12; 6, 10. 21; 2 Tim. 2, 8; 3, 8); aber diese Verbindung ist nicht etwas außer oder neben dem Glauben Vor-

---

[1]) Indes vgl. Sir. 38, 31: πάντες οὗτοι εἰς χεῖρας αὐτῶν ἐπίστευσαν.

handenes, nicht Frucht des Glaubens, sondern sie ist nur als Glaube, und darum nur im Glauben und für den Glauben Wirklichkeit, der ein $\pi\iota\sigma\tau\epsilon\iota\epsilon\iota\nu\ \epsilon\pi'\ \alpha\iota\tau\tilde{\omega}$ ist (Röm. 9, 33; 1 Tim. 1, 16) und im ewigen Leben sein Ziel hat ($\epsilon\iota\varsigma\ \zeta\omega\eta\nu\ \alpha\iota\dot\omega\nu\iota\sigma\nu$ 1 Tim. 1, 16).

So ergiebt sich zunächst, daß der Glaube an Jesus, zu dem der Apostel sich durch Gottes Einwirkung genötigt sieht und den er nun verkündigt, die beiden Momente der Anerkennung Christi und des Vertrauens, des Sichverlassens auf ihn in sich beschließt. Die Messianität Jesu nötigt auch, die Folgerungen zu ziehen, nämlich daß unser Heil in der Verbindung mit ihm beruht, daß man glücklich ausruht und für ewig geborgen ist in der Verbindung mit ihm, und daß der Glaube an ihn, das Hinnehmen unserer Rettung aus seiner Hand, diese Verbindung mit ihm ist. **Er verlangt nichts, er giebt alles, er ist alles, — das sollen wir glauben, um es zu haben, um ihn zu haben.** Es ist das mehr, als sein Anhänger werden; gerade die zuletzt erwähnte Verbindung $\pi\iota\sigma\tau\epsilon\iota\epsilon\iota\nu\ \epsilon\pi'\ \alpha\iota\tau\tilde{\omega}$ bringt dieses Moment des völligen Vertrauens zum Ausdruck, in welchem ich die in Christo vorhandene und sich darbietende bezw. dargebotene Gnade als mir gehörig erkenne, hinnehme, habe und halte als meines Lebens einzige und wirkliche Rettung für alle Ewigkeit, — als mir gehörig, nicht nachdem ich gewisse Bedingungen erfüllt habe, sondern ohne jede Bedingung, sodaß ich nichts anderes zu thun vermag, als dankbar zu glauben. Darum ist dieser Glaube vor allem auch etwas ganz anderes, als „die stetige Richtung des Willens auf den Endzweck Gottes und Christi, welche der Gläubige um seiner selbst willen inne hält" und fällt nicht „unter den Umfang des Begriffs der Liebe" (Ritschl³ 3, 560) denn er übt wohl die Liebe und wird in bestimmter Beziehung zur Liebe, ist dies aber nicht. Und ebenso macht er zwar die Zwecke Gottes zu seinen Zwecken, aber dies thut er nur als das Werk, welches er wirkt, nicht als das Werk, in welchem er sich eigentlich und wesentlich bethätigt.

Der auf Christus gerichtete, in Christo zur Ruhe gekommene Glaube, oder der Glaube, der Christum hat, ist nun auch der Glaube, den Gott für sich von uns verlangt. Der Glaube an Christus ist Glaube an Gott, und der Glaube an Gott ist Glaube

an Christus, oder wie Petrus in der durch die Heilung des
Lahmen veranlaßten Verantwortung vor dem Synedrium sagt:
ἡ πίστις ἡ δι' αὐτοῦ ἔδωκεν αὐτῷ τὴν ὁλοκληρίαν ταύτην
(Act. 3, 16), nachdem er unmittelbar vorher gesagt hat: ἐπὶ τῇ
πίστει τοῦ ὀνόματος αὐτοῦ τοῦτον ἐστερέωσε τὸ ὄνομα αὐτῷ.
Es ist durch Christus vermittelter Glaube. Der Glaube, der sich
auf Christus richtet, will damit nicht bloß der Forderung Gottes
für Christus entsprechen, sondern er sieht in Christus die Verwirk=
lichung der Heilsverheißung und Heilshoffnung, oder die That=
sache, daß Gott eingetreten ist für die Welt, und damit für alle,
die an Christus glauben, denn „Gott war in Christo der die
Welt mit sich versöhnende, indem er ihnen ihre Sünden nicht
zurechnete, und unter uns das Wort von der Versöhnung auf=
gerichtet hat," 2 Kor. 5, 19. Das ist das Wort, welches geglaubt
werden soll. Der Glaube, der sich auf Christus bezieht, bezieht
sich dadurch zugleich auf Gott. Denn der Glaube an Jesus den
Gekreuzigten und Gestorbenen, daß er der Messias, mein, unser,
der Welt Retter und Helfer sei, kann dies nur sein, weil er
Glaube an den Auferstandenen ist. Der Glaube aber an den
Auferstandenen ist Glaube an den, der ihn auferweckt hat von
den Toten, vgl. Röm. 10, 9, wo das Bekenntnis, daß Jesus der
Herr sei, zusammengeordnet wird mit dem Glauben, daß Gott
ihn von den Toten auferweckt habe. Nach Eph. 1, 19 ff. glauben
wir in Kraft der Macht seiner Stärke, welche er kräftig bewiesen
hat in Christo, indem er ihn auferweckt hat von den Toten und
ihn gesetzt im Himmel zu seiner Rechten, oder wie er Kol. 2, 12
sagt: mitbegraben mit ihm in der Taufe seid ihr in derselben
auch mit auferweckt durch den Glauben der Wirkungskräftigkeit
Gottes, der ihn auferweckt hat von den Toten, διὰ τῆς πίστεως
τῆς ἐνεργείας τοῦ θεοῦ, d. i. durch den Glauben, welcher von
der Wirkungskräftigkeit Gottes bestimmt, oder hier: hervorgebracht,
gewirkt ist. Denn indem betont wird, was an ihnen geschehen
ist, nämlich mitbegraben und mitauferstanden zu sein, giebt διὰ
τῆς πίστεως nicht die Bedingung eines Verhaltens an, unter
welcher dies geschehen ist, sondern die Form, in der diese Gemein=
schaft stattfindet, und dann ist τῆς ἐνεργείας nicht der das Objekt
der πίστις anzeigende Genetiv, auch nicht Apposition zu τῆς
πίστεως, wie Hofmann zuletzt gemeint hat, sondern es ist der

Genetiv des Subjekts, durch welches der Glaube charakterisiert wird. Vgl. Röm. 6, 3. Nach Röm. 4, 24 ist gerade diese Bethätigung Gottes in der Auferweckung Jesu Motiv und Inhalt jenes Glaubens an Gott, der in dem ganzen Kapitel als der Rechtfertigungsglaube betont und beschrieben und in der Art auf Jesum bezogen wird, wie V. 25 es ausspricht: „welcher ist dahin gegeben wegen unsrer Sünden, und auferweckt wegen unsrer Rechtfertigung," nämlich so, daß mit dem Tode Christi unsre Sünden gerichtet und unsre Rechtfertigung zustande gebracht ist, auf Grund deren er auferweckt ist. Wir wissen, heißt es 2 Kor. 4, 14 von dem glaubenden Apostel, daß der den Herrn Jesum auferweckt hat von den Toten, auch uns mit Jesu auferwecken und mit euch darstellen wird. Gott ist es, der durch den Glauben Christum in unsren Herzen zu wohnen giebt, Eph. 3, 17.

So ist der Glaube an Christus zugleich Glaube an Gott, wie er Glaube ist, der von Gott dem Vater und dem Herrn Jesu Christo kommt, Eph. 6, 23, und den meint der Apostel nun überall, wo er ohne jeden weiteren Zusatz vom Glauben oder von denen, die da glauben, redet. Wir begreifen nun beides, sowohl daß er den Glauben erst mit Christo und durch ihn eingetreten ansieht (Gal. 3, 23), als auch, daß er diesen Glauben in Abrahams Glauben (Röm. 4) wie überhaupt dort wiederfindet, wo ihn auch das Alte Testament sieht. Dies ist aber nur da der Fall, wo Gottes Verheißungen das Objekt bilden, also wo der Glaube sich in die Heilszukunft richtet, denn nur der Glaube gilt dem Apostel als Glaube, der Christum und durch Christum Gott hat. Er kennt gegenwärtig keinen andern Glauben, als diesen das Heil in Christo ergreifenden Glauben. Diesen Glauben hat Abraham bewiesen, obwohl er Christum noch nicht hatte und kannte; denn was er glaubte war die Verheißung, daß er der Welt Erbe sein sollte, denn „er glaubte angesichts des Gottes, der die Toten lebendig macht und dem, was nicht ist, ruft, daß es sei" Röm. 4, 17, „auf Hoffnung wider Hoffnung", und dieser Glaube ist ihm zur Gerechtigkeit gerechnet. Es ist nicht so, daß er bloß geglaubt hätte, Gott könne ihm noch im Alter einen Sohn schenken, sondern sein Glaube geht auf alle damit verbundene Verheißung, denn „er gab Gott die Ehre und

wußte aufs allergewisseste, daß, was Gott verheißen hat — ὃ
ἐπήγγελται —, er auch mächtig ist zu thun," Röm. 4, 21.
Paulus ist weit davon entfernt, die Aussagen des Alten Testa=
mentes irgendwie berichtigen oder in irgend einem Punkte be=
streiten zu wollen. Er sieht aber in dem Glauben überall, wo
von ihm geredet wird, ein neutestamentliches Element, das Ver=
halten hingebenden Vertrauens und vertrauensvoller Erwartung
gegen den Gott des Heiles, welches jetzt, nachdem Gott in Christo
seine Verheißungen erfüllt hat, sich zu dem Glauben gestaltet, der
Christum ergreift, hat und hält. So kann er von Abrahams
Glauben reden und doch sagen: πρὸ τοῦ δὲ ἐλθεῖν τὴν πίστιν
ὑπὸ νόμον ἐφρουρούμεθα συγκλειόμενοι εἰς τὴν μέλλουσαν
πίστιν ἀποκαλυφθῆναι (Gal. 3, 23), denn das Gesetz schloß den
Glauben nicht aus, sondern brachte die Stillen im Lande dazu,
im Glauben auf die Zukunft zu warten, die ihnen mehr und
besseres geben würde als das Gesetz, vgl. Röm. 3, 31.

Deshalb kann nun der Apostel, dessen Anknüpfung an das
Alte Testament bezüglich des Glaubensbegriffs in seinen Citaten
(Röm. 1, 17; Gal. 3, 11 aus Hab. 2, 4; Röm. 4, 3 und Gal.
3, 6 aus Gen. 15, 6; Röm. 9, 33 aus Jes. 28, 16; Röm. 10, 16
aus Jes. 53, 1; 2 Kor. 4, 13 aus Ps. 116, 10) zu Tage liegt,
das Evangelium, welches er verkündigt in den aus Hab. 2, 4
entnommenen Satz zusammenfassen: ὁ δίκαιος ἐκ πίστεως ζήσεται, Gal. 3, 11; Röm. 1, 17. Dieser Satz spricht schon im Alten
Testament es aus, daß ἐν νόμῳ οὐδεὶς δικαιοῦται παρὰ τῷ
θεῷ. Es heißt Hab. 2, 4: וְצַדִּיק יִהְיֶה בֶּאֱמוּנָתוֹ. Es ist ja
richtig und schon oben (S. 60 ff.) ausgeführt, daß אֱמוּנָה dort
die Treue bezeichnet, mit welcher der Gerechte in anfechtungsvoller
Zeit festhält und sich festhält an seinem Gott, also nicht sein
Verhalten, sondern eine Eigenschaft, die er in seinem Verhalten
bewährt. Dem Alten Testament fehlt noch das Substantivum
zu הֶאֱמִין; erst die Synagoge bezeichnet mit הֵימָנוּתָא, הֵימִין,
den vertrauenden, aushaltenden Glauben selbst, ja sogar den
bloßen assensus. Aber nicht das ist es, was die Frage nach
der Richtigkeit oder Angemessenheit dieses Citates nahe legt, denn
von der Treue im Glauben zum Glauben selbst ist ein nahe=
liegender Schritt. Ein andres aber ist die dem Glauben gegebene
Verheißung, welche die Treue im Glauben voraussetzt. Die

Erfüllung dieser Verheißung ist das Ziel, welches man im Glauben erreichen soll. Der Glaube geht dem Erleben des Zieles voran. Überall, wo im Alten Testament vom Glauben, הֶאֱמִין, die Rede ist, handelt es sich zwar um eine Entscheidung, aber um eine Entscheidung, deren Folgen erst die Zukunft aufweist. Es gilt einen Gegensatz zu überwinden, und האמין ist Bezeichnung desjenigen Verhaltens, welches in entscheidender Zeit die Versuchung oder Anfechtung überwindet, allem entgegenstehenden Trotz bietet und so Gott ergreift, festhält und hat. Es ist ein Verhalten, welches sich in Gegensatz stellt zu demjenigen Verhalten, zu dem man versucht wird, und welches darum auch erleben wird, was verheißen ist. „Trotzdem" und „dennoch" bleibe ich stets an dir, — das ist die Losung dessen, der glaubt, von der grundlegenden Anerkennung des göttlichen Wortes an in treuem Ausharren weiter bis zum Eintritt der Erfüllungszeit. Mit diesem Glaubensbegriff rechnen mehr oder weniger die übrigen neutestamentlichen Schriften, namentlich der Brief an die Hebräer. Anders aber, wie es scheint, Paulus. Für ihn ist der Glaube höchstens die logische, nicht aber die temporäre Voraussetzung für das Erleben der Verheißungserfüllung, und im Grunde ist er nicht einmal die Voraussetzung, sondern die Form, in der man diese Erfüllung hat. Wenn Paulus sagt: ὁ δίκαιος ἐκ πίστεως ζήσεται, so ist es nicht sowohl das Objekt des Glaubens, denn dieses verhält sich zu dem des Alten Testaments wie die Erfüllung zur Verheißung, — sondern der Glaube selbst ist anders gedacht. **Paulus schreibt dem Glauben sofort, nicht erst am Ende, das zu, was die Verheißung Hab. 2, 4; Jes. 7, 9 als das Endergebnis hinstellt.** Der Glaube ist für Paulus das Mittel, dies zu ergreifen und zu haben, einerlei, ob jemand bis dahin ein gläubiger oder ungläubiger Israelit oder ein Sünder aus den Heiden gewesen ist. Jetzt giebt es nur noch eine Möglichkeit, die Verheißungserfüllung zu haben: den Glauben. Kann Paulus dies mit den Worten aus Hab. 2, 4 als auch dort gemeint zum Ausdruck bringen?

Gewiß kann er das. Die Zeit ist zu Ende, in der man warten mußte auf die Erfüllung der Verheißung (Gal. 4, 4); die Verheißung ist nun erfüllt, und zwar nicht bloß für diejenigen, die darauf gewartet haben, sondern von jetzt ab auch für diejenigen, die noch nicht darauf warten konnten, weil sie noch nicht lebten. Auch für sie ist der Glaube das einzige Mittel, die Erfüllung zu haben; der Glaube ergreift die Erfüllung und getröstet sich ihrer, — er ergreift Jesum und in Jesus seine Begnadigung, er hat ihn und getröstet sich seiner. So wird zunächst klar, daß und weshalb das bisherige zeitliche Verhältnis des Glaubens und seines Zieles sich wandelt, und der Glaube nicht als Bewährung gedacht wird, sondern als das Mittel des Besitzes, als Besitzergreifung und Besitzbehauptung. Doch das ist noch nicht alles. Die Geschichte hat ergeben, daß auch nicht einer jenen sich bis ans Ende bewährenden Glauben bewiesen hat. Die Jünger haben Jesum in der Todesnacht alle verlassen und sind geflohen. Damit war ihre Aussicht auf Erfüllung der Verheißung zu Ende. Dennoch haben sie dieselbe erlebt, aber nur so, daß diese Erfüllung ihnen half, wieder glauben. Hatten sie bis dahin in ihrem Umgange mit dem Täufer und mit Jesus erlebt, daß die ganze alttestamentliche Heilsordnung ihnen das Heil nicht gebracht, weil sie die Ordnung nicht erfüllt hatten, und daß dennoch das Heil gekommen sei, — jetzt wurden sie inne, daß in der That nichts, gar nichts ihnen half das Heil haben, als die Gnade, die ihnen der Glaube wiedergab. Und das hatten Normal=Israeliten erlebt! Dann gab's für den Normal=Juden erst recht keine andere Möglichkeit, des Heiles teilhaftig zu werden, — es gab überhaupt für keinen Menschen, Juden oder Heiden, eine andere Möglichkeit, als in dankbarem Glauben die sich darbietende Gnade zu ergreifen und so zu haben. Damit war aber gegeben, daß der Glaube nunmehr in Betracht kam als dieses Mittel der Besitzergreifung und Besitzbehauptung, und zwar letzteres nur in demselben Sinne und in derselben Weise der Besitzergreifung, nicht der Glaubensbewährung, sondern der Glaubensbewahrung, wie es 2 Tim. 4, 7 heißt: „Den guten Kampf habe ich gekämpft, den Lauf habe ich vollendet, den Glauben habe ich bewahrt." Bei den übrigen Jüngern des Herrn wirkte der Friedensgruß des Auferstandenen eine Wiederherstellung ihres früheren Glaubensverhaltens und eine Erhebung desselben auf die rechte Höhe des Besitzes. Darum tritt bei ihnen nur der Unterschied gewisser Erfüllung und Verheißung im Begriff des Glaubens hervor, wenn sie auch alle darin eins sind, daß für die neutestamentliche Zeit der Glaube, welcher Jesum ergreift und hat und hält, das Grundverhalten ist, auf welches alles ankommt. Paulus aber, bei dem es sich nicht um eine Wiederherstellung oder Erneuerung des Glaubens handelte, sondern der überhaupt erst zum Glauben bekehrt werden mußte, macht nun vollen Ernst damit, daß es auf diesen, den Unglauben ablösenden, durch den auferstandenen Jesus erst bewirkten Glauben ankomme für Juden und Griechen, und giebt so erst auf Grund seiner persönlichen Erfahrung dem Begriff den Inhalt, den er seitdem hat und behält. Damit aber ist er imstande, alles, was vom Glauben im Alten Testament steht, anerkennen zu können und zu müssen, ebenso wie er den Glauben der übrigen Jünger vollkommen anerkannte. Denn Glaube war's, Anerkennung Gottes und Vertrauen auf ihn und auf seine Heilsverheißung, Anerkennung seines Wortes und Vertrauen auf sein Wort, dessen Endzweck das Heil in Christo ist. Glaube ist überall im Alten Testament ein messianischer Begriff, denn alle heilsmäßige göttliche Führung, alle Bethätigung seiner Güte und Gnade steht irgendwie in Zusammenhang mit dem messianischen Heil, und zielt schließlich ebenso wie der Glaube in Israel auf dasselbe hinaus. Vgl. z. B. Pf. 26, 1 3; Jes. 28, 16; Gen. 15, 6 mit Ex. 14, 31; Num. 20, 12; Pf. 78, 32 u. a.

So ist für Paulus erst die neutestamentliche Zeit die Zeit des Glaubens und dadurch des Habens, des Besitzes der in Christo erschienenen und gegenwärtig gewordenen Gnade Gottes, und doch sieht er auch in der Zeit des Alten Bundes diesen Glauben, und sieht ihn nicht bloß bei Abraham, sondern er schließt auf ihn zurück überall, wo er Vergebung der Sünden findet. Dies ist der Zweck und Inhalt des Citates aus Pf. 32, 1 f. in Röm. 4, 6 ff. Daß er ihn auf Grund der Schrift bei Abraham nachweisen kann, hat freilich für ihn besondere Bedeutung, denn Abraham steht mit dem Glauben, der ihm zur Gerechtigkeit gerechnet ist, noch vor dem Gesetze. Nachher tritt das Gesetz ein, welches „verwahren und verschließen soll auf den Glauben, der offenbar werden soll," Gal. 3, 23. Darum kann er in dieser Zeit nur einen Glauben finden, welcher hofft und wartet, daß er das Heil erlangen werde, keinen Glauben, der es schon hat, und wenn er es schon hat, wie der Psalmist in Pf. 32, so hat er es doch nur so im voraus und in Hoffnung der Zukunft, wie dies im Alten Bunde möglich ist, und in jenen Stillen im Lande Luk. 1 uns entgegentritt.

Paulus hat nun seinen Glauben durch Wirkung Christi bezw. durch Wirkung Gottes empfangen. Gott hat ihn dazu genötigt; Christus hat ihn ergriffen, und nun ist Paulus darüber aus, Christum zu ergreifen Phil. 3, 12. Denn, wie schon der Täufer gesagt hat, der Mensch kann sich selbst nichts nehmen, es werde ihm denn gegeben vom Himmel her, Joh. 3, 27. Jeder, der den Glauben hat, erkennt Gott, oder ist vielmehr von Gott erkannt, Gal. 4, 9, vgl. 1 Kor. 8, 3; Gott hat ihn erwählt und berufen, Röm. 8, 28—30. Dies ist von großer Wichtigkeit für den paulinischen Glaubensbegriff. Gott bietet allen den Glauben dar, Act. 17, 31; er wirkt denselben in den Menschen, Eph. 1, 19 ff., und zwar durch die Kraft, in der er Christum von den Toten auferweckt hat. Es ist nicht eine Kraftwirkung analog dieser Bethätigung Gottes an seinem Sohne, nicht eine der Auferweckung Christi gleichstehende Wirkung desselben Gottes. Davon könnte nicht gesagt werden: Gott hat uns mit Christo lebendig gemacht, mit ihm auferweckt, mit ihm in das himmlische Wesen versetzt, Eph. 2, 5. 6. Sondern indem Gott Christum auferweckt hat und in diesem von den Toten erweckten Christus uns den Heiland und das Heil als uns gehörig darbietet, geht von dieser Gottesthat der Auferweckung Jesu die Kraft aus, die uns gläubig macht. Und zwar geht diese Kraft nicht von dem Ereignis als solchem aus, als wenn dasselbe dazu da wäre, uns diese Kraft zu zeigen, sondern sie geht von dem auferweckten, von dem auferstandenen Christus aus, den Gott als gegenwärtigen uns darbietet, damit wir ihn annehmen und aufnehmen und mit ihm dem Auferweckten in dem gleichen, vom Tode und Gericht befreiten Leben stehen. So ist es Gott, der unsern Glauben bewirkt. Von sich selbst kann niemand glauben, — er weiß ja nicht einmal, was er glauben und worauf er sich verlassen soll, geschweige denn, wie er es machen soll zu glauben. Das kann er nur durch Gottes besondere Veranstaltung erfahren und inne werden. Wo jemand durch solche Veranstaltung erfährt, was er glauben soll und daß er glauben soll, da wirkt Gott, da ist Gott, der Gott der berufenden Gnade, — der

Gott der erwählenden Liebe gegenwärtig, und handelt mit dem Menschen und wirkt auf ihn ein, bietet ihm den Glauben dar. Dies ist die Bedeutung davon, daß Gott im ganzen Neuen Testament der Berufende ist, vgl. 1 Kor. 1, 8. 9; Röm. 8, 30 u. a., der, welcher allen den Glauben darbietet Act. 17, 31. Durch solche Darbietung, durch die Berufung wirkt Gott den Glauben in uns Eph. 1, 19 ff.; Kol. 2, 12; Phil. 2, 13, weshalb Paulus es betont: θεοῦ τὸ δῶρον Eph. 2, 8, nämlich nicht bloß das χάριτί ἐστε σεσωσμένοι, sondern auch das damit sofort zusammengeschlossene διὰ πίστεως, denn οὐκ ἐξ ἔργων, fährt er fort, ἵνα μή τις καυχήσεται. So kann der Glaubende sich seiner Berufung, ja seiner ewigen Erwählung getrösten Eph. 1, 4, denn die Thatsache derselben hat er als in der Zeit verwirklicht in dem Glauben, den Gott in ihm gewirkt hat, und so hat der Glaubende durch den von Gott selbst in ihm gewirkten Glauben die Thatsache, daß er von Gott geliebt und von dem Herrn Christus erlöst ist, — er hat sein Heil, seinen Gnadenstand im Glauben und durch den Glauben. So ist Paulus selbst zum Glauben gekommen, da es Gott gefiel, seinen Sohn in ihm zu offenbaren Gal. 1, 15. 16 (s. oben S. 306), so und nur so kommt jeder zum Glauben. Darum ist auch der Unglaube, durch den die Menschen sich nicht wert achten des ewigen Lebens (Act. 13, 46), eine so große Sünde. Denn weil und wenn nun ein Mensch durch Gottes Wirkung glauben kann — und das kann nun jeder, an den das Wort Gottes oder die Sendung Gottes kommt (Röm. 10, 13—15), — so ist es nur des Menschen eigene Schuld, wenn er verloren geht und nun der Gott dieser Welt auch seine wie aller Ungläubigen Sinne verblendet, damit nicht erglänze das Licht des Evangeliums von der Herrlichkeit Christi 2 Kor. 4, 5.

Ist so der Glaube an Jesum Wirkung und Gabe Gottes, die wir wohl von uns weisen, nicht aber selbst hervorbringen können, so hat der Apostel erst recht Ursache, ihn als eine Gehorsamsthat zu erwarten, indem er sagt, daß er Gnade und Apostolat empfangen habe für den Zweck des Glaubensgehorsams, εἰς ὑπακοὴν πίστεως ἐν πᾶσι τοῖς ἔθνεσιν Röm. 1, 5, oder von Christo, daß er nach Befehl des ewigen Gottes an alle Heiden kundgemacht sei εἰς ὑπακοὴν πίστεως. Er meint einen

Gehorsam, welcher dadurch geleistet wird oder darin besteht, daß man glaubt, und er betont, daß dies ein Gehorsam sei, im Andenken an die verpflichtende Kraft, die dem Evangelium innewohnt, und damit im Gedanken an die Verantwortung, welche die Versagung des Glaubens mit sich führt, nicht aber um ihn als das eigene Produkt der Völker hinzustellen. Mit dem Augenblicke, wo ihnen das Evangelium verkündigt wird, sind die Völker, die bis dahin ihre eigenen Wege gingen und gehen mußten (Act. 17, 27; 14, 16), in Pflicht genommen, und entsprechen dieser Pflicht nur dadurch, daß sie Gott den Glauben in sich wirken lassen. In diesem Sinne schreibt er Röm. 15, 18, er werde nicht wagen, irgend etwas zu reden, was nicht Christus durch ihn εἰς ὑπακοὴν ἐθνῶν gewirkt habe, indem er daran denkt, daß sie „dem Evangelium gehorsam geworden sind," indem sie der Verkündigung der Heilsbotschaft geglaubt haben, Röm. 10, 16 vgl. m. 2 Thess. 1, 8. Der Unglaube ist Ungehorsam und Widersetzlichkeit gegen den sich darbietenden Willen Gottes, ἀπείθεια, Röm. 11, 30. 32, und die Ungläubigen, d. h. die den Glauben versagen, sind υἱοὶ τῆς ἀπειθείας, in denen ein andrer Geist, der ἄρχων τῆς ἐξουσίας τοῦ ἀέρος, wirksam ist Eph. 2, 3; 5, 6. Darum ist der Glaube ein Gehorsam, wie denn auch z. B. Lukas in Act. 6, 7 von Priestern berichtet, die „dem Glauben gehorsam" wurden. Aber es ist ein Gehorsam, wie der, den Paulus Phil. 2, 12. 13 verlangt, ein Gehorsam, den Gott wirkt und der Mensch versagen kann.

So steht Paulus mit seinem Evangelium der Heidenwelt gegenüber. Er hat nichts anderes als dies; ein wunderbares Eingreifen, wie in seinem Falle, hat niemand zu erwarten, denn seine wunderbare Bekehrung erfolgte eben nicht zum Zwecke seiner Bekehrung, sondern zum Zwecke seiner Berufung zum Heidenapostolat. Aber die Heiden, und wer sein Evangelium hören mag, hat auch genug daran, denn es ist nicht sein, sondern Gottes Wort 1 Thess. 2, 13, welches mächtig wirksam ist in denen, die da glauben. Gott selbst ist es, der mit ihnen zu handeln beginnt, der ihnen zeigt, was sie glauben dürfen und daß sie glauben dürfen, der selbst den Glauben in ihnen wirkt, den Glauben, in welchem und durch welchen man sein Heil hat.

4.
Die Rechtfertigung allein durch den Glauben und allein aus Gnaden.

Ist das der Glaube, daß man den uns dargebotenen Christus und in ihm das Heil, die Begnadigung, die Erlösung ergreift, wie steht es dann mit dem rechtfertigenden Gericht Gottes, auf welches der Pharisäer so lange und immer vergeblich sich gerüstet hatte? Ist der ganze Gedanke, von der richtenden Gerechtigkeit Gottes eine Rechtfertigungsthat und damit das Heil zu erwarten, falsch gewesen? Nein, es bleibt bei dem, was die Propheten davon verkündigt haben, Gott rechtfertigt, aber — er rechtfertigt den, der da ist des Glaubens an Jesus. Mag seine Sündenschuld noch so groß sein, Gott spricht ihn los davon; Gott bietet der ganzen Welt den Glauben an Jesus dar, damit sie in diesem Glauben Gerechtigkeit habe oder gerechtfertigt werde. Das ist das rechtfertigende Gericht Gottes, auf welches der Pharisäer Saulus so lange vergebens gewartet und dessen Tag er dort vor den Thoren von Damaskus gekommen sah, und welches sich vollenden wird am Tage der Parusie. Ein wunderbares Gericht! Eine Thatsache, ein thatsächlicher, wirklicher Sachverhalt ist es, den er nun verkündigen muß und den er selbst selig verkündigt. Er hat keine Lehre geprebigt; in diesem Sinne ist es falsch, von paulinischer Rechtfertigungslehre zu reden. Er hat überhaupt keine neue Dogmatik aufgestellt; seine Dogmatik ist freilich mit einem Schlage eine andre geworden als bisher, so gründlich anders, daß in seinen Schriften keine Spur mehr von pharisäischer Dogmatik zu finden ist und alle darauf gerichteten Versuche durch sich selbst gerichtet sind. Aber sie ist wieder rein die Dogmatik des Alten Testamentes und der Stillen im Lande geworden, und zwar so viel deutlicher als bis dahin, weil sie sich im Lichte ihrer thatsächlichen Erfüllung gestaltete. In dieser Dogmatik bildet der Satz von der thatsächlichen Rechtfertigung des Sünders allein durch den Glauben und allein aus Gnaden den alles beherrschenden Mittelpunkt, die Erkenntnis, von der aus alles, aber auch wirklich alles ganz anders wurde, als er es sich bisher gedacht.

Was er predigte, faßt der erste eingehende Bericht über seine Predigt in der Synagoge zu Antiochien und Pisidien Act. 13, 38—39 kurz zusammen: γνωστὸν οὖν ἔστω ὑμῖν, ἄνδρες ἀδελφοί, ὅτι διὰ τούτου ἡμῖν ἄφεσις ἁμαρτιῶν καταγγέλλεται· ἀπὸ πάντων ὧν οὐκ ἠδυνήθητε ἐν νόμῳ Μωϋσέως δικαιωθῆναι, ἐν τούτῳ πᾶς ὁ πιστεύων δικαιοῦται. Er spricht damit eine sich überall wiederholende, von jedem, wer nur mag, zu erlebende Thatsache aus. Wir haben keinen Grund, diesen Bericht zu bezweifeln, denn, wie wir gesehen haben, unter diesem Gesichtspunkte mußte sich Paulus von Anfang an das Christentum darstellen. Es war der vollkommenste Gegensatz zu seiner bisherigen Auffassung, mit derselben nur darin übereinstimmend, daß man durch das Gesetz oder im Gesetz, in Kraft desselben und mit ihm nicht gerecht werden, nie eine gerechte Sache vor Gott haben könne. Aber dies gerade wagte man nicht, sich zu sagen, und darum sagte er es jetzt sich und andern, nachdem ihm die Gnade den Mund geöffnet hatte. Er fügte dann die weitere Thatsache hinzu: ἐν τούτῳ πᾶς ὁ πιστεύων δικαιοῦται, um sie einzuladen, sich diesen Messias gefallen zu lassen.

Was mit δικαιοῦται gemeint ist, ob man nun übersetzt: „wird gerechtfertigt" oder „wird gerecht", ist klar. Das Wort kommt in der Profangräcität wie in der biblischen Gräcität nur im forensischen Sinne vor.[1]) In der Profangräcität heißt es aliquid justum censere, für recht und billig erachten, begehren, fordern, wollen, urteilen, in der spätern Gräcität verurteilen, strafen, bei Dio Cassius von der Verhängung und Vollziehung der Todesstrafe. Auch wo es mit persönlichem Objekt steht, wie in dem Gebrauch von verurteilen und strafen, bezeichnet es nie aliquem justum reddere, sondern in betreff jemandes ein δίκαιον bewirken, urteilen was Rechtens ist, das Passiv von dem-

---

[1]) Vgl. mein biblisch-theologisch Wörterbuch der neutestamentlichen Gräcität, 8. Aufl. unter δικαιόω.

jenigen, dem geschieht, was Recht ist. Bei den LXX ist es wie das hebräische צדק הצדיק, ein durchaus forensischer Begriff (s. S. 37), nur daß es von ihnen stets — mit verschwindenden Ausnahmen (Mich. 7, 9: τὴν δίκην. Ps. 19, 10: κρίματα. 73, 13: τὴν καρδίαν. Jer. 3, 11: ψυχήν) — mit persönlichem Objekt verbunden wird. Es ist ferner bei ihnen nie s. v. a. strafen, sondern bezeichnet stets ein richterliches Handeln zu Gunsten dessen, dem es gilt, seine Einsetzung ins Recht, ihm zum Recht verhelfen, ihm Recht zuerkennen. Darum wird auch als Objekt der δίκαιος selbst gedacht: jemanden als gerecht hinstellen, ihn richterlich recht= fertigen. Wie nahe dieser Übergang von dem δίκαιον zum δίκαιος liegt, erhellt Jes. 5, 23: οἱ δικαιοῦντες τὸν ἀσεβῆ ἕνεκεν δώρων καὶ τὸ δίκαιον τοῦ δικαίου αἴροντες. Exod. 23, 7: οὐ δικαιώσεις τὸν ἀσεβῆ ἕνεκεν δώρων, jemanden durch richter= liches Erkenntnis von der Schuld, von dem, was dem δίκαιος εἶναι oder ἀναφαίνεσθαι im Wege steht, entbinden, ihn frei= sprechen, ihn für gerecht erklären. Wie das Urteil zustande kommt, ob durch ein Urteil oder eine Handlung, ist Neben= sache. Der Wiedergabe des Hiphil und Piel von צדק durch δικαιοῦν entspricht die Übersetzung des Kal durch δεδικαιῶσθαι, δεδικαιωμένος εἶναι, δικαιωθῆναι, wo dann das Perf. Pass. Ausdruck ist für den durch die Handlung gewordenen Zu= stand, wie κεκλῆσθαι heißen, δεδικαιῶσθαι als gerecht — nämlich durch die erfahrene Rechtfertigung — dastehen. Im Psalterium Salomonis findet es sich stets (vgl. S. 129) mit dem Objekt Gottes (vgl. Luk. 7, 29) von der Anerkennung der Gerechtigkeit Gottes in seinen Gerichten seitens der Gerechten, die auf ihn vertrauen, — nie freilich, so oft sich auch die Gelegenheit dazu geboten hätte, mit dem Subjekt Gottes von seiner durch Gericht recht= fertigenden Thätigkeit, — aus leicht zu ersehendem Grunde, denn daran wagte man nicht zu denken. Das hat erst Paulus mit der ganzen großen Freude des ersten, der es erlebte, ausgesprochen. Nirgend im Alten Testament steht es im Sinne von jemanden zu einem δίκαιος im griechischen Sinne, zu einem Inhaber der Tu= gend der Gerechtigkeit machen. Auch an der einzigen dafür an= scheinend mit Grund angezogenen Stelle Ps. 73, 13 steht es nicht so, denn das ἄρα ματαίως ἐδικαίωσα τὴν καρδίαν μου καὶ ἐνιψάμην ἐν ἀθώοις τὰς χεῖράς μου bezieht sich auf die Schuld=

losigkeit, nicht auf die Herstellung einer sittlichen Befähigung oder auf das, was man Heiligung nennt.

Nicht anders liegt die Sache in den nichtpaulinischen Schriften des Neuen Testamentes, in denen aber das Wort sich äußerst selten findet. Daß Luk. 7, 29: οἱ τελῶναι ἐδικαίωσαν τὸν θεόν zu übersetzen ist: „sie gaben Gott recht," ist klar und wird durch den Zusatz βαπτισθέντες τὸ βάπτισμα Ἰωάννου sowie durch das V. 30 entgegengesetzte Verhalten der Pharisäer und Gesetzeslehrer: τὴν βουλὴν τοῦ θεοῦ ἠθέτησαν εἰς ἑαυτούς bestätigt. Ebenso ergiebt Luk. 18, 14: κατέβη οὗτος δεδικαιωμένος παρ' ἐκεῖνον der Zusatz: ὅτι ὁ ταπεινῶν ἑαυτὸν ὑψωθήσεται, daß an etwas, was dem Zöllner widerfahren ist, nicht aber an eine Beschreibung seiner sittlichen Beschaffenheit zu denken ist, also: „er ging hinab als einer, dem Recht gegeben, der gerechtfertigt worden ist" (vgl. Jes. 45, 25). Das gleiche gilt selbstverständlich Matth. 12, 37, wo es, wie der Gegensatz zeigt, das göttliche Urteil über den, der vor Gericht steht, bezeichnet und nicht eine Einwirkung auf seine Qualität: ἐκ τῶν λόγων σου δικαιωθήσῃ καὶ ἐκ τῶν λόγων σου καταδικασθήσῃ. Ebenmäßig steht es auch Luk. 10, 29; 16, 15. Wenn der Herr Matth. 11, 19 sagt: ἐδικαιώθη ἡ σοφία ἀπὸ τῶν τέκνων αὐτῆς, — welcher Ausspruch trotz seiner Beglaubigung durch Luk. 7, 35 früh schon aus Mißverstand in ἀπὸ τῶν ἔργων αὐτῆς geändert wurde, — so heißt dies einfach: die Weisheit ist gerechtfertigt, das ist ohne Schuld an ihren Kindern, denen sie in jeder Weise entgegengekommen ist sowohl durch Johannes und seine Askese wie durch den Menschensohn und seine Freiheit und Freundlichkeit. Die Verbindung mit ἀπό ist auch sonst nicht ungewöhnlich, z. B. Sir. 26, 20: οὐ δικαιωθήσεται κάπηλος ἀπὸ ἁμαρτίας. Test. XII patr. Sim. 6: ὅπως δικαιωθῶ ἀπὸ τῆς ἁμαρτίας τῶν ψυχῶν ὑμῶν.

Daß nun Act. 13, 39 gerade so gemeint ist, liegt auf der Hand. Nicht um Befähigung zu einem sittlichen Verhalten, sondern um Erlangung der Vergebung der Sünden handelt es sich und damit um Aufnahme oder Eintritt in den Gnadenstand. Es könnte sich nur fragen, ob das Wort in dem spezifisch paulinischen Sprachgebrauch der Briefe einen anderen Sinn hätte, also ob z. B. Röm. 3, 26: εἰς τὸ εἶναι αὐτὸν (sc. τὸν θεόν) δίκαιον καὶ δικαιοῦντα τὸν ἐκ πίστεως Ἰησοῦ, oder 3, 23: δικαιούμενοι δωρεὰν τῇ αὐτοῦ χάριτι διὰ τῆς ἀπολυτρώσεως τῆς ἐν Χριστῷ Ἰησοῦ im Sinne einer schöpferischen innerlichen Umwandlung des Menschen stehe, oder ebenfalls im Sinne der richterlichen Rechtfertigung, der Lossprechung von Sünden. Daß das Objekt des δικαιοῦν ein anderes ist, als im Alten Testament, ist richtig. Dort hieß es: οὐ δικαιώσεις τὸν ἀσεβῆ, hier ist Objekt des Glaubens Gott ὁ δικαιῶν τὸν ἀσεβῆ, Röm. 4, 5, also Objekt des göttlichen δικαιοῦν gerade der ἀσεβής. Aber genügt das, um dem Worte eine im ganzen Bereich des Sprachgebrauchs durchaus neue Bedeutung zuzuschreiben? Dazu müßte das Vorkommen des Wortes geradezu zwingen. Nichts aber ist weniger der Fall. Gerade Röm. 4, 5 macht die Sache völlig klar. Wie es dort heißt: τῷ δὲ μὴ ἐργαζομένῳ, πιστεύοντι δὲ ἐπὶ τὸν δικαιοῦντα τὸν ἀσεβῆ, λογίζεται ἡ πίστις αὐτοῦ εἰς δικαιοσύνην, so besteht hiernach das göttliche δικαιοῦν τὸν ἀσεβῆ in der Anrechnung des Glaubens als Gerechtigkeit, und dies wird V. 6—8 durch die Parallele aus dem 32. Psalm auf die Vergebung der Sünden bezogen. Die Anrechnung des Glaubens als Gerechtigkeit befreit also den Gottlosen von der Zurechnung seiner Sünden und ist ein richterlicher Akt Gottes. Es wäre auch wunderbar, wenn nun im paulinischen Sprachgebrauch das δικαιοῦν auf einmal eine andere Bedeutung haben sollte, als im ganzen biblischen Sprachgebrauch und Gedankenkreise, in welchem sich doch Paulus nach seiner eignen Aussage bewegt und bewegen will (Röm. 3, 21). Ob Gott oder Menschen das Objekt des δικαιοῦν, bleibt sich dabei völlig gleich, und wenn der Apostel aus Pf. 51, 6 citiert: ὅπως ἂν δικαιωθῇς ἐν τοῖς λόγοις σου καὶ νικήσῃς ἐν τῷ κρίνεσθαί σε, so ist dies derselbe Gebrauch von δικαιοῦν mit dem Objekt Gottes, den wir z. B. aus dem Psalt. Sal. kennen, und bezeichnet die lobpreisende Anerkennung der Gerechtigkeit des richtenden Gottes. Daraus geht hervor, daß auch das δικαιοῦν mit dem Objekt des Menschen nicht von dieser Bedeutung abweichen wird und δικαιοῦν τὸν ἀσεβῆ dieselbe Bedeutung hat wie das οὐ δικαιώσεις τὸν ἀσεβῆ Ex. 23, 7 vgl. Jef. 5, 23, also daß Röm. 4, 5 der ἀσεβής als Objekt erscheint, während Röm. 3, 26 ὁ ἐκ πίστεως Ἰησοῦ Objekt ist, eben wegen der ungeheuren Paradoxie, die darin liegt und die Röm. 4, 5 unbedingt hervorgehoben werden mußte, um die ganze Tragweite des Vorgangs Abrahams und der Vergebung der Sünden zum Ausdruck zu bringen. Der Gottlose wird gerechtfertigt, er wird freigesprochen, er empfängt Vergebung, — das ist das Evangelium, welches Paulus der Welt von Gottlosen zu verkündigen hat. Nichts anderes wird dafür von ihr verlangt als Glaube und zwar Glaube an Jesus, Röm. 3, 26. Gott rechtfertigt $\pi\varepsilon\varrho\iota\tau o\mu\dot{\eta}\nu$ $\dot{\varepsilon}\varkappa$ $\pi\iota\sigma\tau\varepsilon\omega\varsigma$ $\varkappa a\dot{\iota}$ $\dot{a}\varkappa\varrho o\beta v\sigma\tau\dot{\iota}a\nu$ $\delta\iota\dot{a}$ $\tau\tilde{\eta}\varsigma$ $\pi\dot{\iota}\sigma\tau\varepsilon\omega\varsigma$ (Röm. 3, 30), denn bei der $\pi\varepsilon\varrho\iota\tau o\mu\dot{\eta}$ kann er den Glauben voraussetzen, der ihn in seiner Heilswirksamkeit erkennt und anerkennt, bei der $\dot{a}\varkappa\varrho o\beta v\sigma\tau\dot{\iota}a$ muß er ihn erst wirken und wirkt ihn durch seine Heilsoffenbarung. Darum drückt er hier den Gegensatz zwischen $'Iov\delta a\tilde{\iota}o\iota$ und $\ddot{\varepsilon}\vartheta\nu\eta$, von dem er V. 29 redete, heilsgeschichtlich als Gegensatz zwischen $\pi\varepsilon\varrho\iota\tau o\mu\dot{\eta}$ und $\dot{a}\varkappa\varrho o\beta v\sigma\tau\dot{\iota}a$ aus, um hervorzuheben, daß bei der $\pi\varepsilon\varrho\iota\tau o\mu\dot{\eta}$ eben auf Grund und infolge derselben der Glaube gesucht bezw. gefunden wird, während die $\dot{a}\varkappa\varrho o\beta v\sigma\tau\dot{\iota}a$ in ihrer Gottesferne ihn nur bekommen kann durch dasjenige Verhalten Gottes, welches zugleich mit dem Glauben die Rechtfertigung wirkt, — übrigens eine bedeutsame Stelle für das psychologisch verschiedene Verhältnis zwischen Glauben und Rechtfertigung. Wo nicht das letztere, die Bewirkung des Glaubens durch die zugleich rechtfertigende Selbstbethätigung Gottes an den Sünder, hervorgehoben werden soll, wird das Verhältnis dieser Bethätigung Gottes auch durch $\dot{\varepsilon}\varkappa$ ausgedrückt, weil dies das Verhältnis von Ursache und Folge bezeichnet, Gal. 3, 8; $\pi\varrho o\ddot{\iota}\delta o\tilde{v}\sigma a$ $\dot{\eta}$ $\gamma\varrho a\varphi\dot{\eta}$, $\ddot{o}\tau\iota$ $\dot{\varepsilon}\varkappa$ $\pi\dot{\iota}\sigma\tau\varepsilon\omega\varsigma$ $\delta\iota\varkappa a\iota o\tilde{\iota}$ $\tau\dot{a}$ $\ddot{\varepsilon}\vartheta\nu\eta$ $\dot{o}$ $\vartheta\varepsilon\acute{o}\varsigma$, und ebenso Gal. 2, 16, wo es von der Rechtfertigung der Juden heißt: $o\dot{v}$ $\delta\iota\varkappa a\iota o\tilde{v}\tau a\iota$ $\ddot{a}\nu\vartheta\varrho\omega\pi o\varsigma$ $\dot{\varepsilon}\xi$ $\ddot{\varepsilon}\varrho\gamma\omega\nu$ $\nu\acute{o}\mu ov$, $\dot{\varepsilon}\dot{a}\nu$ $\mu\dot{\eta}$ $\delta\iota\dot{a}$ $\pi\dot{\iota}\sigma\tau\varepsilon\omega\varsigma$ $X\varrho\iota\sigma\tau o\tilde{v}$ $'I\eta\sigma o\tilde{v}$, und ebenso 3, 24: $\ddot{\iota}\nu a$ $\dot{\varepsilon}\varkappa$ $\pi\dot{\iota}\sigma\tau\varepsilon\omega\varsigma$ $\delta\iota\varkappa a\iota\omega\vartheta\tilde{\omega}\mu\varepsilon\nu$. Wenn wir noch nötig hätten, nach einer Bestätigung dieser in der profanen wie biblischen Gräcität durchaus gleichen Bedeutung von $\delta\iota\varkappa a\iota o\tilde{v}\nu$ = rechtfertigen zu suchen, so würde dieselbe durch Röm. 8, 33 gegeben, wo der Apostel die von ihm selbst aufgeworfene Frage $\tau\dot{\iota}\varsigma$ $\dot{\varepsilon}\gamma\varkappa a\lambda\acute{\varepsilon}\sigma\varepsilon\iota$ $\varkappa a\tau\dot{a}$ $\dot{\varepsilon}\varkappa\lambda\varepsilon\varkappa\tau\tilde{\omega}\nu$ $\vartheta\varepsilon o\tilde{v}$ zurückweist mit den Worten $\vartheta\varepsilon\grave{o}\varsigma$ $\dot{o}$ $\delta\iota\varkappa a\iota\tilde{\omega}\nu$, und deshalb fortfährt: $\tau\dot{\iota}\varsigma$ $\dot{o}$ $\varkappa a\tau a\varkappa\varrho\dot{\iota}\nu\omega\nu$; $X\varrho\iota\sigma\tau\grave{o}\varsigma$ $'I\eta\sigma o\tilde{v}\varsigma$ $\dot{o}$ $\dot{a}\pi o\vartheta a\nu\grave{\omega}\nu$ $\varkappa\tau\lambda$. Wenn selbst in der Profangräcität, die einen ganz anderen Begriff vom $\delta\dot{\iota}\varkappa a\iota o\varsigma$ und der $\delta\iota\varkappa a\iota o\sigma\dot{v}\nu\eta$ hatte, $\delta\iota\varkappa a\iota o\tilde{v}\nu$ nur im forensischen Sinne vorkommt, wie will man das Gegenteil für den Sprachgebrauch des Apostels beweisen, der ⸗ nachgewiesenermaßen nicht mit dem griechischen, sondern dem biblischen Begriff der Gerechtigkeit rechnet!

Darum steht auch das Passiv δικαιοῦσθαι im Sinne von gerecht werden von dem, der das Urteil, er sei ein Gerechter, empfangen hat oder der gerechtfertigt ist, das Perf. Pass. = gerecht sein, der Aor. Pass. = gerecht geworden sein. Vgl. 1 Kor. 4, 4: οὐδὲν γὰρ ἐμαυτῷ σύνοιδα, ἀλλ' οὐκ ἐν τούτῳ δεδικαίωμαι· ὁ δὲ ἀνακρίνων με κύριός ἐστιν. So heißt es Gal. 3, 11: ἐν νόμῳ οὐδεὶς δικαιοῦται παρὰ τῷ θεῷ, wo das παρὰ τῷ θεῷ die Unmöglichkeit zeigt, es durch gerechtfertigt werden zu übersetzen. Vgl. auch Röm. 3, 20: ἐξ ἔργων νόμου οὐ δικαιωθήσεται πᾶσα σὰρξ ἐνώπιον αὐτοῦ. Darin liegt aber nicht, daß dieses δικαιοῦσθαι nun eine sittliche Beschaffenheit anzeige, denn δίκαιος ist und bleibt stets ein Verhältnisbegriff und zeigt an, daß jemand den Anforderungen entspricht, welche das Verhältnis stellt. Δικαιοῦσθαι παρὰ τῷ θεῷ heißt gerecht werden indem oder dadurch, daß man das Urteil Gottes für sich hat. Daß dies innerhalb des Gesetzes oder in Kraft des Gesetzes unmöglich ist, daß Gottes Urteil dann nicht für uns sein kann, liegt auf der Hand, denn, wie es Röm. 2, 13 heißt: οὐ γὰρ οἱ ἀκροαταὶ νόμου δίκαιοι παρὰ τῷ θεῷ, ἀλλ' οἱ ποιηταὶ νόμου δικαιωθήσονται. Sie werden als gerecht anerkannt, weil sie den Anforderungen des Gesetzes entsprochen haben, — das gilt für das Gebiet des Gesetzes und darum wird eben in Kraft des Gesetzes niemand gerecht, sondern nur in Kraft der Gnade, wie es Röm. 3, 24 heißt: δικαιούμενοι δωρεὰν τῇ αὐτοῦ χάριτι διὰ τῆς ἀπολυτρώσεως τῆς ἐν Χριστῷ Ἰησοῦ, und Tit. 3, 7: ἵνα δικαιωθέντες τῇ ἐκείνου χάριτι κληρονόμοι γενηθῶμεν κτλ., sobaß von den Christen, welche sich zum Gesetz zurück wenden, um dadurch vor Gottes Urteil zu bestehen, Gal. 5, 4 gilt: κατηργήθητε ἀπὸ τοῦ Χριστοῦ, οἵτινες ἐν νόμῳ δικαιοῦσθε· τῆς χάριτος ἐξεπέσατε. Die an Jesum Glaubenden sind δικαιωθέντες ἐκ πίστεως, haben als solche Frieden mit Gott durch unsern Herrn Jesum Christum Röm. 5, 1 und werden als δικαιωθέντες ἐν τῷ αἵματι αὐτοῦ, als gerecht geworden in Kraft seines Blutes durch ihn gerettet werden vor dem Zorn V. 9. Demgemäß kann Paulus an die Korinther

1 Kor. 6, 11 die ihnen widerfahrene Gnadenthat mit den Worten ausdrücken: ἀπελούσασθε, ἡγιάσθητε, ἐδικαιώθητε ἐν τῷ ὀνόματι τοῦ κυρίου Ἰησοῦ Χριστοῦ καὶ ἐν τῷ πνεύματι τοῦ θεοῦ ἡμῶν. Es ist eine dreifache Beschreibung ein und desselben Vorgangs: sie sind abgewaschen durch die Taufe, sie sind der Gemeinschaft mit der in Sünden verlornen Welt entnommen und in die Gemeinschaft des Gottes der Erlösung versetzt, dessen Urteil sie seitdem für sich haben, und dies ist geschehen in Kraft des Namens Jesu, in welchem sie getauft sind, und in Kraft des Geistes unsres Gottes, welcher die Gnade Gottes uns zueignet, der die Wirklichkeit dessen bewirkt, was die Taufe symbolisiert. Die aber so gerecht geworden sind, die gerechtfertigten Sünder stehn nach rückwärts und vorwärts in dem großen Zusammenhange der heilzueignenden Gnade, in welchem Vergangenheit und Zukunft Gegenwart sind, so daß der Apostel Röm. 8, 29. 30 sagen kann: οὓς προέγνω, καὶ προώρισεν . . ., οὓς δὲ προώρισεν, τούτους καὶ ἐκάλεσεν, καὶ οὓς ἐκάλεσεν, τούτους καὶ ἐδικαίωσεν· οὓς δὲ ἐδικαίωσεν, τούτους καὶ ἐδόξασεν. Denn was Gott gethan hat und thut, indem er die Sünden vergiebt oder jemanden den Glauben als Gerechtigkeit anrechnet, das thut er im Zusammenhange seines ewigen Willensratschlusses, zu dessen Ausführung dann auch das δοξάζειν gehört.

So gilt denn der Satz δικαιοῦσθαι πίστει ἄνθρωπον χωρὶς ἔργων νόμου Röm. 3, 28, also daß des Gesetzes Werke nicht bloß nicht mehr erforderlich, sondern, wie dies dann namentlich an den betreffenden Stellen des Galaterbriefs nachgewiesen wird, hinderlich sind, um ein gnädiges, ein aus Gnaden uns rechtfertigendes Urteil Gottes zu erlangen. Denn das Gesetz ist immer wider uns; unter dem Gesetz sein heißt unter dem Fluch sein. Für uns ist nur eine Gerechtigkeit möglich, die Wiederherstellung unsrer Unschuld durch die Vergebung unsrer Sünden, durch deren gnadenreiche Darbietung in Christo Gott den Glauben in uns wirkt und mit dem Glauben die Vergebung uns zueignet. Darum gilt von dem, der in Christo ist, mit ihm verbunden durch den Glauben und die Gnade, daß er καινὴ κτίσις ist, τὰ ἀρχαῖα παρῆλθεν, denn alles ist vergeben und damit γέγονεν καινά 2 Kor. 5, 17. Denn daß dies sich nicht auf eine sittliche Umwandlung bezieht, ergiebt die folgende Ausführung, welche

V. 21 auf ihrem Höhepunkte damit schließt: τὸν μὴ γνόντα ἁμαρτίαν ὑπὲρ ἡμῶν ἁμαρτίαν ἐποίησεν, ἵνα ἡμεῖς γενώμεθα δικαιοσύνη θεοῦ ἐν αὐτῷ, d. i. den, der mit Sünde nichts zu thun hatte, den hat er für uns, an unsrer Statt zur Sünde gemacht und hat ihn behandelt, als hätte er nichts als Sünde vor sich, damit wir in der Verbindung mit ihm Gerechtigkeit Gottes würden, ein Ausdruck, der uns, obwohl er von Paulus selbst neu geprägt ist, doch zurückweist ins Alte Testament.

Indem nämlich Gott den von ihm dargebotenen (Act. 17, 31), vom Menschen ergriffenen Glauben als Gerechtigkeit anstatt unsrer Sünden in Anrechnung bringt oder sein gnädiges Urteil über uns ergehen läßt, durch welches er uns aller Schuld entbindet, haben wir eine von Gott herrührende Gerechtigkeit, wie der Apostel im Brief an die Philipper 3, 9 sagt: ich achte alles für Kot, damit ich Christum gewinne καὶ εὑρεθῶ ἐν αὐτῷ μὴ ἔχων ἐμὴν δικαιοσύνην τὴν ἐκ νόμου, ἀλλὰ τὴν διὰ πίστεως Χριστοῦ, τὴν ἐκ θεοῦ δικαιοσύνην ἐπὶ τῇ πίστει. Was er im Galaterbriefe — einem seiner ersten Briefe, wenn nicht dem ersten, sagt, nur daß er es dort negativ ausdrückt: „ihr habt Christum nicht mehr, die ihr in Kraft des Gesetzes gerecht werden wollt, ihr seid aus der Gnade gefallen" (5, 4), das spricht er hier in einem seiner letzten Schreiben positiv aus: er will als einer erfunden werden, der nicht wie früher seine eigene aus dem Gesetze stammende Gerechtigkeit habe, — vgl. Phil. 3, 6 — sondern die durch den Glauben an Christus, die von Gott stammende, dem Glauben gegebene Gerechtigkeit. Damit nimmt der Apostel einen Ausdruck aus Jes. 54, 17 auf, wo Israel verheißen ist, daß es im Streit mit all seinen Widersachern triumphieren werde: זֹאת נַחֲלַת עַבְדֵי יְהוָה וְצִדְקָתָם מֵאִתִּי נְאֻם־יְהוָה, „ihre Gerechtigkeit von mir her," indem Jahveh für Israel eingetreten ist und sich mit ewiger Gnade sein erbarmt hat (V. 6 ff.). Es ist die durch die Gerichts= und Rechtfertigungsthat Gottes erlangte Gerechtigkeit (vgl. S. 56—59), aufs nächste verwandt mit ἡ παρὰ τοῦ θεοῦ δικαιοσύνη, wie das Buch Baruch die durch Gottes gerichtliches Eintreten ans Licht gebrachte gerechte Sache Israels nennt (s. oben S. 104). In wie weit ein Unterschied besteht zwischen dieser und zwischen jener Gerechtigkeit, wird sich weiterhin ergeben. Zunächst stellen wir nur Herkunft und Sinn des Ausdrucks fest, dem noch Jes. 45, 24. 25 zur Seite geht: „nur in Jahveh ist Gerechtigkeit und Kraft, in Jahveh wird gerechtfertigt aller Same Israels," vgl. 60, 21.

Diese so als $\delta\iota\kappa\alpha\iota o\sigma\acute{v}\nu\eta\ \dot{\epsilon}\kappa\ \vartheta\epsilon o\tilde{v}\ \dot{\epsilon}\pi\grave{\iota}\ \tau\tilde{\eta}\ \pi\acute{\iota}\sigma\tau\epsilon\iota$ bezeichnete Gerechtigkeit, die Gerechtigkeit, welche Gabe Gottes, $\delta\omega\varrho\epsilon\acute{\alpha}$ ist, Röm. 5, 17, steht gegenüber der $\dot{\iota}\delta\acute{\iota}\alpha\ \delta\iota\kappa\alpha\iota o\sigma\acute{v}\nu\eta$, Röm. 10, 3, welche dem Gesetze entstammt, V. 5. Gal. 3, 21, oder welche $\delta\iota\grave{\alpha}\ \nu\acute{o}\mu ov$ vermittelt wird, Gal. 2, 21 oder welche $\dot{\epsilon}\nu\ \nu\acute{o}\mu\omega$ gesucht wird. Die $\dot{\iota}\delta\acute{\iota}\alpha\ \delta\iota\kappa\alpha\iota o\sigma\acute{v}\nu\eta$ wird so bezeichnet ihrer Herkunft nach als bewirkt durch den Menschen bezw. durch sein eigenes Thun, als eine $\dot{\epsilon}\xi\ \ddot{\epsilon}\varrho\gamma\omega\nu$ bezw. $\dot{\epsilon}\xi\ \ddot{\epsilon}\varrho\gamma\omega\nu\ \nu\acute{o}\mu ov$ stammende (s. oben), die zugleich im Gegensatze gegen dies Urteil Gottes auf dem eignen Urteil des Menschen beruht, Röm. 10, 3. Von ihr schreibt Moses, daß der Mensch, welcher die dem Gesetz entstammende Gerechtigkeit — $\tau\grave{\eta}\nu\ \delta\iota\kappa\alpha\iota o\sigma\acute{v}\nu\eta\nu\ \tau\grave{\eta}\nu\ \dot{\epsilon}\kappa\ \nu\acute{o}\mu ov$ — thue, in ihrer Kraft leben würde, wogegen $\dot{\eta}\ \dot{\epsilon}\kappa\ \pi\acute{\iota}\sigma\tau\epsilon\omega\varsigma\ \delta\iota\kappa\alpha\iota o\sigma\acute{v}\nu\eta$, die vom Glauben her dem Menschen eignende Gerechtigkeit lediglich Christum suche und habe. Diese $\delta\iota\kappa\alpha\iota o\sigma\acute{v}\nu\eta\ \dot{\epsilon}\kappa\ \pi\acute{\iota}\sigma\tau\epsilon\omega\varsigma$ oder diese Gerechtigkeit, welche dem Glauben entstammt, vom Glauben her dem Menschen eignet, — vgl. Röm. 10, 10: $\pi\iota\sigma\tau\epsilon\acute{v}\epsilon\tau\alpha\iota\ \epsilon\dot{\iota}\varsigma\ \delta\iota\kappa\alpha\iota o\sigma\acute{v}\nu\eta\nu$ — heißt denn auch $\delta\iota\kappa.\ \pi\acute{\iota}\sigma\tau\epsilon\omega\varsigma$ Röm. 4, 11 ff. als Gerechtigkeit, welche der Glaube hat und besitzt resp. welche in dem Glauben besteht, der zur Gerechtigkeit gerechnet wird, Röm. 4, 3. 5. 6. 9. 11. 22; 10, 4: $\tau\acute{\epsilon}\lambda o\varsigma\ \gamma\grave{\alpha}\varrho\ \nu\acute{o}\mu ov\ X\varrho\iota\sigma\tau\acute{o}\varsigma\ \epsilon\dot{\iota}\varsigma\ \delta\iota\kappa\alpha\iota o\sigma\acute{v}\nu\eta\nu\ \pi\alpha\nu\tau\grave{\iota}\ \tau\tilde{\omega}\ \pi\iota\sigma\tau\epsilon\acute{v}o\nu\tau\iota$.

Diese durch göttliches Richten oder göttliches Urteil hergestellte Gerechtigkeit des Glaubens ist es nun, welche Paulus als $\delta\iota\kappa\alpha\iota o\sigma\acute{v}\nu\eta\ \vartheta\epsilon o\tilde{v}$ bezeichnet mit einem von ihm erst geprägten Ausdruck. Derselbe könnte an und für sich die Gerechtigkeit, welche Gott eignet und in seiner Heilsoffenbarung bethätigt, bezeichnen, die Gerechtigkeit Gottes, welche seinem Volke Gerechtigkeit und Heil schafft oder welche für diejenigen eintritt, die darauf gewartet haben. Aber das Subjekt dieser $\delta\iota\kappa\alpha\iota o\sigma\acute{v}\nu\eta\ \vartheta\epsilon o\tilde{v}$ ist der Mensch, wie gerade 2 Kor. 5, 21 deutlich erhellt: $\ddot{\iota}\nu\alpha\ \dot{\eta}\mu\epsilon\tilde{\iota}\varsigma\ \gamma\epsilon\nu\acute{\omega}\mu\epsilon\vartheta\alpha\ \delta\iota\kappa\alpha\iota o\sigma\acute{v}\nu\eta\ \vartheta\epsilon o\tilde{v}\ \dot{\epsilon}\nu\ \alpha\dot{v}\tau\tilde{\omega}$, und wie es Röm. 10, 3—6 durch die Parallelisierung von $\dot{\eta}\ \tau o\tilde{v}\ \vartheta\epsilon o\tilde{v}\ \delta\iota\kappa\alpha\iota o\sigma\acute{v}\nu\eta$ und $\dot{\eta}\ \dot{\epsilon}\kappa\ \pi\acute{\iota}\sigma\tau\epsilon\omega\varsigma\ \delta\iota\kappa\alpha\iota o\sigma\acute{v}\nu\eta$ bestätigt wird; denn dort steht der $\delta\iota\kappa.\ \tau o\tilde{v}\ \vartheta\epsilon o\tilde{v}$ die $\dot{\iota}\delta\acute{\iota}\alpha\ \delta\iota\kappa.$ gegenüber, welche V. 5 als $\dot{\eta}\ \dot{\epsilon}\kappa\ \nu\acute{o}\mu ov\ \delta\iota\kappa.$

der ἐκ πίστεως δικ. B. 6 gegenüber gestellt wird und B. 4 die Aussage ergiebt: τέλος γὰρ νόμου Χριστὸς εἰς δικαιοσύνην παντὶ τῷ πιστεύοντι. Diese Stellen sind entscheidend. Die Gerechtigkeit ist als eine von Gott, durch göttliches Urteil oder Gericht hergestellte auch nach Gott benannt, und heißt so Röm. 1, 17: δικαιοσύνη γὰρ θεοῦ ἐν τῷ εὐαγγελίῳ ἀποκαλύπτεται ἐκ πίστεως εἰς πίστιν, wo das ἐκ πίστεως unter Vergleichung von 9, 30. 10, 6 diese Auffassung bestätigt und damit auch für 3, 21. 22 festlegt, wo wir dem an die Spitze dieser Untersuchungen gestellten Satze begegnen: Νυνὶ δὲ χωρὶς νόμου δικαιοσύνη θεοῦ πεφανέρωται μαρτυρουμένη ὑπὸ τοῦ νόμου καὶ τῶν προφητῶν, δικαιοσύνη δὲ θεοῦ διὰ πίστεως Ἰησοῦ Χριστοῦ εἰς πάντας τοὺς πιστεύοντας. Daß δικ. θεοῦ hier eine Gerechtigkeit bezeichnet, deren Subjekt der Mensch ist, wird unzweifelhaft gemacht durch den Participialsatz μαρτυρουμένη κτλ. Denn eine Gerechtigkeit, deren Subjekt Gott ist, bedarf dieser Bestätigung durch Gesetz und Propheten nicht, durch das Gesetz nicht, da es, wie B. 10—20 zeigen, zwar Gerechtigkeit verlangt, aber auch bezeugt, daß sie nirgend vorhanden ist, so daß wenn das Gesetz eine Gerechtigkeit als vorhanden anerkennt, dann auch die Bestätigung derselben durch die Prophetie da ist. Dagegen aber erkennt das Gesetz die in Christo für uns beschaffte Gerechtigkeit, die Befreiung von aller Schuld unbedingt an. Denn es kann auf der anderen Seite keine stärkere Bejahung des Gesetzes geben, als durch die Vergebungsgnade, so daß jeder Widerspruch des Gesetzes verstummen muß. Gottes Urteil, welches durch Anrechnung des Glaubens als Gerechtigkeit oder durch Substitution des Glaubens an Stelle der sonst nicht vorhandenen Gerechtigkeit in Vergebung der Sünden besteht, stellt damit die Gerechtigkeit des Glaubenden her, und diese durch Gottes Urteil hergestellte Gerechtigkeit des Menschen heißt nun δικαιοσύνη θεοῦ. Des weiteren wird diese Auffassung bestätigt durch B. 24, wo in Bezug auf die B. 21 genannte Gerechtigkeit von den Sündern gesagt wird, welche der Anerkennung Gottes entbehren: δικαιούμενοι δωρεὰν τῇ αὐτοῦ χάριτι διὰ τῆς ἀπολυτρώσεως κτλ.

Dagegen ist B. 25. 26 die ἔνδειξις τῆς δικαιοσύνης αὐτοῦ entsprechend dem Ersatz des Genetivs θεοῦ durch αὐτοῦ und dem Zusammenhange gemäß wie Matth. 6, 33 die Erweisung der

Gerechtigkeit, deren Subjekt Gott ist, wie der Schlußsatz: εἰς τὸ εἶναι αὐτὸν δίκαιον καὶ δικαιοῦντα τὸν ἐκ πίστεως Ἰησοῦ, V. 26, beweist. Diese Gerechtigkeit ist nicht justitia distributiva secundum jus talionis, sondern ist jene justitia salvifica oder salutifera, von der S. 33 ff. die Rede war, die einzige, welche die heilige Schrift kennt und vermöge deren Gott ist δίκαιος καὶ δικαιῶν und zwar τὸν ἐκ πίστεως Ἰησοῦ. Das war ja das Problem, wie Gott der gerechte Richter, dessen Amt es ist, Recht zu schaffen dem, der Recht hat, denen Recht schaffen könne, welche seiner Anerkennung ermangeln, ὑστεροῦνται τῆς δόξης τοῦ θεοῦ. Dies Problem ist gelöst dadurch, daß Gott den Messias Jesus vorgestellt hat als ἱλαστήριον — sei es als Kapporeth, Gnadenstuhl, wie Luther übersetzt, sei es als Sühnmittel oder als Sühnopfer — durch den Glauben in seinem Blute. Denn nun ist Gott gerecht, wenn er vergiebt, und seine Gerechtigkeit ist es, welche in Kraft seiner Geduld die vorhergeschehenen Sünden ungestraft gelassen hat und in der Jetztzeit sich offenbart, nicht indem er Strafe und Begnadigung vertritt, Christum die Strafe tragen läßt, die Glaubenden aber begnadigt, sondern indem er seine Gerechtigkeit erweist durch Rechtfertigung, durch Vergebung. Das ist der Sinn dieser Ausführung, welcher sich ergiebt, sobald man den Begriff der Gerechtigkeit Gottes einsetzt, der im Alten Testament und in den Reden Jesu vorliegt und von dem abzuweichen nur starke Gründe uns bewegen könnten, wie sie hier nicht vorliegen. Auch der Pharisäer Saulus rechnete mit diesem Begriff der Gerechtigkeit Gottes, die nur angesichts seiner sündigen Wirklichkeit sich in Strafgerechtigkeit verwandelte, bis ihm die Augen aufgingen und er erkannte, daß sie doch einen Weg gefunden habe, auf dem sie sich rechtfertigend und rettend bethätigen könne, nämlich den Weg des Glaubens an Jesus.

Die ἔνδειξις τῆς δικαιοσύνης αὐτοῦ ist die Erweisung der rettenden Gerechtigkeit Gottes; die Rechtfertigung oder das rettende Gericht Gottes stellt die Gerechtigkeit derer her, die es trifft, so daß ihre Gerechtigkeit benannt wird nach dem, der sie gegeben, um zugleich, wie das צִדְקָתָם מֵאִתִּי Jes. 54, 17 oder das יְהוָה צִדְקֵנוּ Jer. 23, 6. 33, 16 zeigt, ihre sieghafte Unüberwindlichkeit, ihre endgültige Freiheit von jeder Bezweiflung, von jeder Hand oder jedem Mund, der sich wider sie erheben könnte, zum Ausdruck zu bringen. Gott erweist sie, indem er den Glauben wirkt, welchen er als Gerechtigkeit in Anrechnung bringt, Röm. 3, 30. 4, 3 ff., weshalb auch als das Objekt dieser rechtfertigenden Thätigkeit Gottes nicht bloß ὁ ἐκ πίστεως Ἰησοῦ, sondern ὁ ἀσεβής erscheint, denn dieser ist es, welcher glaubt und welcher dadurch eine gerechte Sache hat, indem er Vergebung der Sünden empfängt. Vgl. 9, 30: ἔθνη τὰ μὴ διώκοντα δικαιοσύνην κατέλαβεν δικαιοσύνην, δικαιοσύνην δὲ τὴν ἐκ πίστεως. An und für sich ist er weit davon entfernt, gerecht zu sein, denn die Werke, welche ihm den Ruhm eines Gerechten eintragen sollen, hat er als ἀσεβής nicht. Ihm bleibt nichts übrig, als glaubend hinzunehmen, was Gott ihm darbietet, nämlich Vergebung der Sünden in Christo. Indem er diese im Glauben hinnimmt, ist er frei von aller Schuld, ist er gerecht, hat er Gottes Urteil für sich. Dem ἀσεβής wird sein Glaube der mangelnden Gerechtigkeit substituiert, — dies ist der Sinn des Ausdrucks: ἡ πίστις λογίζεται εἰς δικαιοσύνην, Röm. 4, 5. So wird die ἀκροβυστία für περιτομή gerechnet, Röm. 2, 26, und nicht die τέκνα τῆς σαρκός, sondern die τέκνα τῆς ἐπαγγελίας werden als σπέρμα gerechnet, Röm. 9, 8; der ἄβυσσος wird für einen περίπατος geachtet, Hi. 41, 24 u. s. w. Es wird dem betreffenden Subjekt etwas in Anrechnung gebracht per substitutionem. Das in Anrechnung gebrachte Objekt vertritt die Stelle dessen, für das es gilt. Der Glaube vertritt die Stelle der Gerechtigkeit und gilt bei Gott als solche, Röm. 4, 6, ᾧ ὁ θεὸς λογίζεται δικαιοσύνην χωρὶς ἔργων, — vollständiger (vgl. V. 3—5) τὴν πίστιν εἰς δικαιοσύνην, vgl. Gal. 3, 6: Ἀβραὰμ ἐπίστευσε τῷ θεῷ καὶ ἐλογίσθη αὐτῷ εἰς δικαιοσύνην, woraus sich dann der kurze Ausdruck ergiebt ἡ δικαιοσύνη λογίζεται, V. 11 vgl. mit V. 9, bezw. bloß λογίζεσθαι V. 10. 23. 24. Der Glaube gilt aber als Gerechtigkeit dadurch, daß ihm Vergebung der Sünden zu teil wird V. 6—8, denn die Seligpreisung des Menschen, dem die Sünden vergeben sind, in Pf. 32, 1 ist Seligpreisung dessen, ᾧ ὁ θεὸς λογίζεται δικαιοσύνην χωρὶς ἔργων, V. 6. Diese so zugerechnete Gerechtigkeit haben wir, indem wir Christum haben, der uns von Gott her geworden ist zur Weisheit, zur Gerechtigkeit und Heiligung und zur Erlösung, 1 Kor. 1, 30. Sie ist es, welche die bleibende Grundlage unsres Heilsstandes und unsrer Heilshoffnung bildet, so daß Paulus ebenso gut sagen kann Röm. 8, 10: τὸ μὲν σῶμα νεκρὸν δι' ἁμαρτίαν, τὸ δὲ πνεῦμα ζωὴ διὰ δικαιοσύνην, wie Gal. 5, 5: ἡμεῖς γὰρ πνεύματι ἐκ πίστεως ἐλπίδα δικαιοσύνης ἀπεκδεχόμεθα, wir warten aus Glauben auf die Hoffnung, welche die Gerechtigkeit hat, nämlich auf den στέφανος τῆς δικ., auf welchen die Zuversicht des Paulus gerichtet war, der gegen Ende seines Lebens sagte: den guten Kampf habe ich gekämpft, den Lauf habe ich vollendet, den Glauben habe ich bewahrt, 2 Tim. 4, 7. 8. Das ist die Gerechtigkeit, welche das große Heilsgut des Reiches Gottes ist und in welcher das Reich Gottes schon vorhanden ist nach Röm. 14, 17: ἡ βασιλεία τοῦ θεοῦ (ἐστιν) δικαιοσύνη καὶ εἰρήνη καὶ χαρὰ ἐν πνεύματι ἁγίῳ, obwohl es zur selben Zeit noch zukünftig ist, 2 Theff. 1, 5. 2 Tim. 4, 1. 18.

Darum faßt Paulus seine Verkündigung dahin zusammen, daß das Evangelium, die frohe Botschaft von der erfüllten Heilsverheißung sei „eine Kraft Gottes zur Rettung für jeden, der da glaube, denn Gottesgerechtigkeit werde darin geoffenbart, und zwar Gottesgerechtigkeit aus Glauben in Glauben gemäß dem, daß geschrieben stehet: der Gerechte wird aus Glauben leben," Röm. 1, 16. 17; denn „daß im Gesetz niemand gerecht wird vor Gott, ist offenbar, denn der Gerechte wird aus Glauben leben. Das Gesetz aber ist nicht aus Glauben, sondern der es thut, wird in Kraft davon leben," Gal. 3, 11. 12. Diese Gottesgerechtigkeit, welche vom Glauben her ihren Ursprung hat und für den Glauben da ist, ihn zu erzeugen, zu mehren und zu stärken — das heißt ἐκ πίστεως εἰς πίστιν —, hat Paulus im Evangelium gefunden. Darin liegt für ihn der Inhalt, Zweck und Wert des Evangeliums im Unterschiede von der vorangegangenen Gottesordnung des Gesetzes, welches genau das Gegenteil wirkt, denn „das Gesetz richtet nur Zorn an," bewirkt nur Heilsversagung, Röm. 4, 15, das Evangelium aber bringt Heil, indem es Gerechtigkeit bringt, δικαιωθέντες σωθησόμεθα ἀπὸ τῆς ὀργῆς, 5, 9, so daß die alte von den Propheten her bekannte Verbindung von Gerechtigkeit und Heil doch Wahrheit ist, nur freilich in ganz wunderbarer ungeahnter Weise! Es giebt jetzt eine Gerechtigkeit, mit der wir vor Gott bestehen können, weil sie von ihm gewirkt ist, und gleichwie durch den Ungehorsam des einen Adam die vielen zu Sündern geworden sind, die das Urteil Gottes wider sich haben, so werden durch den Gehorsam des einen, nämlich Jesu, die vielen zu Gerechten, die das Urteil Gottes für sich haben, 5, 19. Das Amt des Neuen Testamentes unterscheidet sich deshalb auch von dem Amte Mosis als διακονία τοῦ πνεύματος von der διακονία τοῦ θανάτου, als διακονία τῆς δικαιοσύνης von der διακονία κατακρίσεως, 2 Kor. 3, 7, womit wiederum bestätigt wird, daß diese Diakonie die Aufhebung der κατάκρισις und also die Vergebung der Sünden bringt.

So redet Paulus von der Rechtfertigung allein aus dem Glauben und allein aus Gnaden, die er gefunden hat, als er den Heiland und die Bedeutung seines Todes erkannte. Nicht als wenn er es nun immer so ausgedrückt hätte. Er konnte auch z. B. bloß sagen, in Christo haben wir die Erlösung durch sein Blut oder ähnlich. Aber wo er, wie im Galaterbrief der Einwirkung judaisierender Irrlehrer entgegenzutreten hatte, welche die galatischen Christen in der Sorge um das Heil ihrer Seelen auf das Gesetz verwiesen, durch dessen Beobachtung sie den Schrecken der Anfechtung und des zukünftigen Gerichtes entgehen könnten, da konnte er nicht anders, da mußte er den Unterschied zwischen Gesetz und Evangelium in der Gerechtigkeit darlegen, die das Gesetz fordert, aber nicht bewirkt, das Evangelium dagegen darbietet durch die Vergebung der Sünden. Das Gesetz ist nur ein Pädagog auf Christum hin, der die einen, wie jene ersten Jünger des Herrn, von vornherein dazu gebracht hat, von der Erfüllung der messianischen Hoffnung die Vergebung der Sünden zu erwarten, die sie im Gesetz nicht fanden, die andern aber wie Paulus zu immer größerem verzweifelten Eifer anspornten, bis es zu jenem lange zurückgewiesenen, und endlich schmerzlich zugestandenem Erlebnis kam, daß in ihnen, das ist in ihrem Fleische nichts Gutes wohne, daß sie also nur noch den einen Weg übrig behielten, den Weg zu Christus hin, Gal. 3, 24. 25. Darum faßt er auch im Galaterbrief das Gesetz in seinen Institutionen als Heilsordnung ins Auge und erinnert daran, wie ohnmächtig diese seien, 3, 10 ff. 5, 2 ff., gegenüber der Heilsthat Christi, deren Bedeutung ja die Galater noch anerkennen, 3, 13 ff., deren Wirkung für sie aber verloren zu gehen droht, wenn sie sich zum Gesetz zurückholen lassen, 5, 4; 2, 21. Ebenso muß er im Briefe an die Römer die Bedeutung des Evangeliums unter diesem Gesichtspunkte der Glaubensgerechtigkeit oder der Rechtfertigung aus dem Glauben darlegen, wo er beabsichtigt, der römischen Gemeinde mit seinem für Juden und Heiden gleichmäßig bestimmten Evangelium nahe zu treten. Denn gerade bei diesem Gegensatze, Juden und Hellenen, handelt es sich darum, ob der Jude mit seinem Gesetz den Heiden voraus sei. Dies ist aber so wenig der Fall, daß das Gesetz vielmehr den Juden unter denselben Zorn Gottes verhaftet (3, 9—20), der über den Heiden lagert (1, 18 ff.), so daß für alle, Juden wie Heiden, nur eine Gerechtigkeit und nur ein Weg zur Gerechtigkeit möglich ist. Demgemäß handelt Paulus im Römerbrief auch nicht von den Institutionen, der Heilsordnung des Gesetzes, sondern von den Werken, die es verlangt, aber nicht findet und nach Röm. 7 nicht finden kann.

Wie sehr ihm der Gedanke der göttlichen Rechtfertigung des Glaubenden im Mittelpunkte steht, ergiebt das $\dot{\alpha}\lambda\lambda\dot{\alpha}\ \dot{\alpha}\pi\epsilon\lambda o\dot{\nu}\sigma\alpha\sigma\vartheta\epsilon$, $\dot{\alpha}\lambda\lambda\dot{\alpha}\ \dot{\eta}\gamma\iota\dot{\alpha}\sigma\vartheta\eta\tau\epsilon$, $\dot{\alpha}\lambda\lambda\dot{\alpha}\ \dot{\epsilon}\delta\iota\kappa\alpha\iota\dot{\omega}\vartheta\eta\tau\epsilon$ in 1 Kor. 6, 11 in Bezug auf diejenigen, von denen er unmittelbar zuvor gesagt, sie seien solche gewesen, welche das Reich Gottes nicht ererben werden, dies in einem Briefe, in welchem er sonst nicht weiter von der Rechtfertigung redet als Kap. 1, 30, und auch da nur mit einem einzigen Wort. Reich Gottes und rechtfertigendes Gericht gehören ihm zusammen, obwohl er z. B. im Briefe an die Galater vom Reiche Gottes gar nicht redet, im Briefe an die Römer erst Kap. 14, 17 und auch da nur ganz beiläufig, aber so, daß man sieht, wie unabtrennbar für ihn von dem Gedanken der Rechtfertigung und der Glaubensgerechtigkeit der Gedanke des Reiches Gottes ist. Gott ist es ja, der rechtfertigt, also der ein rechtfertigendes, rettendes Gericht vollzieht, — Gott ist es, der in der Rechtfertigung königlich handelt, — Gott ist es, der in der Rechtfertigung sein Reich offenbart, — Gott ist es, der in seinem rechtfertigenden Handeln den König seines Reiches, seinen Gesalbten, unsern Herrn Jesum Christum offenbart. So ergiebt sich zugleich, warum Paulus wie alle Apostel so wenig vom Reiche Gottes, diesem Grundbegriff in der Verkündigung Jesu redet. Wo er von Christus, dem Messias, dem Gesalbten redet, wo er den

Gekreuzigten als den Christus verkündet und bezeugt, da redet er damit von dem Reiche dieses Königs. Denn Christus oder Messias heißt er nach der königlichen Salbung, die ihm vom Vater zu teil geworden (Act. 10, 38). Darum verklagen die Juden den Paulus und Silas, welche verkündigt haben, ὅτι τὸν Χριστὸν ἔδει παθεῖν καὶ ἀναστῆναι ἐκ νεκρῶν καὶ ὅτι οὗτός ἐστιν Χριστὸς Ἰησοῦς, ὃν ἐγὼ καταγγέλλω ὑμῖν, daß sie βασιλέα ἕτερον λέγοντες εἶναι Ἰησοῦν Act. 17, 7. Jesus selbst, der sich in seiner Verkündigung absichtlich nicht Christus nannte, bis er es beschwören mußte, daß er dies sei, mußte deshalb vom Reiche Gottes reden und es den Hörern überlassen, ob sie dieses Reiches Gegenwart in seiner Person erkännten oder nicht. Jetzt aber, wo es galt, Jesum als den zu bezeugen, in dem alle Gottesverheißungen Ja und Amen seien (2 Kor. 1, 20 ff.), jetzt konnte nicht mehr gepredigt werden, das Reich Gottes sei nah, sondern **Jesus sei der Christus**, — dies die **apostolische Gestalt der Reichspredigt Christi**, nicht ein weniger, sondern ein mehr im Verhältnis zu Christi Predigt, wobei es auch dann noch verbleibt, wenn es einst heißen wird, die Reiche der Welt seien unsres Gottes und seines Christus geworden.

So bezeugt auch Paulus das Reich Gottes, indem er Christum predigt und im Galater- und Römerbrief darthut, daß in ihm Gott dem Glauben seine richtende und rettende Gerechtigkeit darbiete, während er anderwärts nur von Christo und dem, was er für uns ist, zu reden braucht, um sofort die ganze Anschauung wach zu rufen, die er in den genannten Briefen in extenso und ex professo zum Ausdruck bringt. Anderwärts sagt er bloß: ihr seid gerettet durch den Glauben, wie z. B. Eph. 2, 5. 8, — die Rettung aber, יְשׁוּעָה, תְּשׁוּעָה, steht in so selbstverständlicher Verbindung mit der Gerechtigkeit Gottes wie der Menschen, daß allein schon mit diesem Wort der ganze vom Alten Testamente her bekannte Gedankenzusammenhang sich einstellt. Zum Überfluß kommt Eph. 2, 8. 9 noch die Betonung des οὐκ ἐξ ὑμῶν, οὐκ ἐξ ἔργων hinzu, sowie 1, 4 ff. der ebenfalls mit der alttestamentlichen Hoffnung in engster Verbindung stehende Gedankenkreis der Erwählung und Bestimmung zur Gotteskindschaft, über den später noch zu reden sein wird. Im Brief an die Kolosser dankt er dem Vater, „der uns errettet hat von der Obrigkeit der Finsternis und versetzt in das Reich des Sohnes seiner Liebe, in welchem wir haben die Erlösung, die Vergebung der Sünden" (1, 12 f.). Auch dies Wort entstammt dem Gedankenzusammenhange von der rettenden Gerechtigkeit Gottes, auf die sich die $\mathit{\dot{\alpha}\pi o\lambda \acute{v}\tau \rho \omega \sigma \iota \varsigma}$, die $\mathit{\ddot{\alpha}\varphi\varepsilon\sigma\iota\varsigma\ \dot{\alpha}\mu\alpha\rho\tau\iota\tilde{\omega}\nu}$ ebenso zurückführt, wie der $\mathit{X\rho\iota\sigma\tau \acute{o}\varsigma\ \dot{\varepsilon}\nu\ \dot{v}\mu \tilde{\iota}\nu}$, $\mathit{\dot{\eta}\ \dot{\varepsilon}\lambda\pi\iota\varsigma\ \tau \tilde{\eta}\varsigma\ \delta \acute{o}\xi\eta\varsigma}$ V. 27. Wenn er aber in Kap. 2, 6 ff. darthut, daß wir in Christo die ganze Fülle der Gottheit wirklich, nicht mehr bloß $\mathit{\dot{\varepsilon}\nu\ \sigma\kappa\iota\tilde{\alpha}}$ haben (V. 9. 17), und nun nachweist, daß wir in ihm die Beschneidung, in unsrer Taufe die Teilnahme an seinem Begräbnis, in unserm Glauben an die Macht Gottes, die ihn auferweckt hat von den Toten, unser Mitauferwecktsein haben, so ist diese Gedankenreihe hier zwar bestimmt von dem Gegensatze gegen die „Philosophie" und weist nach, daß wir in Christo alles haben, was die Philosophie mit ihren gewagtesten Spekulationen und Terminologieen nicht bieten kann. Aber dies alles ist doch nichts anderes als die Vergebung der Sünden und die Entrechtung aller Herrschaft durch den einen, dessen eigen wir sind (2, 10 ff.), der das Haupt des Leibes ist, dessen Glieder wir sind und der als $\mathit{\dot{o}\ X\rho\iota\sigma\tau \acute{o}\varsigma}$, als der gesalbte König bereinst offenbar werden wird im Gericht zu Gunsten der Seinen (3, 4 ff. 15 ff). Im ersten Thessalonicherbriefe fordert er seine Leser auf, daß sie würdig wandeln sollen Gottes, der sie beruft zu seinem Reich und seiner Herrlichkeit (2, 12), der also von ihnen geglaubt und gehofft wird als der gerechte Richter zu Gunsten derer, die auf ihn gehofft haben, — denn nichts anderes ist hier das Reich Gottes, als was wir sonst im Neuen Testament davon lesen, vgl. 4, 17 ff.; 5, 23, und was wir im 2. Thessalonicherbriefe wiederfinden, 2 Thess. 1, 5 ff. Wie er im ersten Briefe an Timotheus davon redet, daß das Gesetz nicht den Gerechten gilt, sondern den Gesetzlosen, Unbotmäßigen u. s. w. „nach dem Evangelium der Herrlichkeit des seligen Gottes, welches mir anvertraut ist" (1, 9. 12), dessen Inhalt ist, „daß Christus Jesus gekommen sei in die Welt, Sünder zu retten, $\mathit{\tilde{\omega}\nu\ \pi\rho\tilde{\omega}\tau \acute{o}\varsigma\ \varepsilon\dot{\iota}\mu\iota\ \dot{\varepsilon}\gamma \acute{\omega}}$" (V. 15), oder wenn er 4, 10 sagt: „wir haben gehofft auf den lebendigen Gott, welcher ist $\mathit{\sigma\omega\tau \grave{\eta}\rho\ \pi \acute{\alpha}\nu\tau\omega\nu\ \dot{\alpha}\nu\vartheta\rho \acute{\omega}\pi\omega\nu\ \mu \acute{\alpha}\lambda\iota\sigma\tau\alpha\ \pi\iota\sigma\tau\tilde{\omega}\nu}$," so weist dies auf dieselbe Grundanschauung vom Reiche Gottes, von dem Gericht zu Gunsten der Seinen u. s. w. hin, wie die Berufung auf Gott und Christus Jesus und die auserwählten Engel, 5, 21.

6, 13—15. Der Gegensatz zwischen dem an uns sich offenbarenden seligmachenden Thun Gottes und unsern Werken kehrt 2 Tim. 1, 8—10 wieder, und die Krone der Gerechtigkeit als die Hoffnung des Glaubens begegnet uns 4, 8. Im Briefe an Titus aber erscheint das unverkürzte paulinische Evangelium in der Aussage von der Taufe 3, 5 ff.: „nicht infolge von Werken der Gerechtigkeit, die wir gethan, sondern nach seiner Barmherzigkeit hat er uns gerettet durch ein Bad der Wiedergeburt und Erneuerung des heiligen Geistes," sowie in den Worten 2, 13. 14 von der Herrlichkeit „unsres großen Gottes und Heilandes Jesu Christi, der sich selbst für uns gegeben hat, daß er uns erlösete von aller Ungerechtigkeit und reinigte ihm selbst ein Volk zum Eigentum," womit er das עַם סְגֻלָּה Deut. 7, 6. 26, 17. 18. Ex. 19, 5 und damit den Gedanken des Königtums Jahvehs sowie der Erwählung aufnimmt. So wird nun auch klar, daß auch der Friedenswunsch, mit dem der Apostel Röm. 1, 7. 1 Kor. 1, 3. 2 Kor. 1, 2. Eph. 1, 2, kurz überall mit Ausnahme des Galaterbriefs beginnt, lediglich aus dem Zusammenhange dieser Anschauungen von der richtenden und darum friedebringenden Gerechtigkeit Gottes für die Glaubenden quillt.

Die Gerechtigkeit ist für den Apostel weder eine Tugend, die man ausübt, noch die Fähigkeit zur Tugend, Tugendkraft. Dies ist sie für den Griechen, für den sie mit der σωφροσύνη die erste Stelle unter den Cardinaltugenden einnahm und von woher die Römer diese Anschauung übernahmen, — eine Anschauung, die aber erst der späteren Zeit der reflektierenden Philosophie angehört. Für den Apostel Paulus ist sie wie für den Herrn Christus und wie für das Alte Testament sowohl Inbegriff dessen, was, wie Zustand dessen, der das Urteil Gottes für sich hat. Gott ist gerecht als König und darum als Richter seines Volkes, der Recht schafft denen, die es bedürfen und begehren. Der Mensch ist gerecht, der das Urteil Gottes für sich hat. Der Gott, welcher als seines Reiches König gerecht richtet, schafft Recht. Hier setzt nun, wenn man so sagen will, eine Weiterbildung der alttestamentlichen Anschauung ein. Abgesehen von Gen. 15, 6 ist dort der Gerechte, wie es oben S. 45 ff. beschrieben ist, derjenige, der im Unterschiede von seinen gottvergessenen, treulosen und alles Recht mit Füßen tretenden Bedrängern Gott fürchtet, an ihm sich festhält, auf ihn vertraut, auf seine Verheißungen hofft, sich beugt unter Gottes Gericht, seine Sünde nicht verbirgt, sondern erkennt und bekennt, um Vergebung bittet und durch Vergebung Heil begehrt und erwartet. Von diesem Gerechten sagt Hab. 2, 4, daß er nicht vergeblich glaube, sondern durch den Glauben leben werde. Es ist nun nicht zu verkennen, daß Paulus dies Wort anscheinend in einem anderen Sinne citiert, als es dort, wo es steht, gemeint ist. Hab. 2, 4 redet von dem, der Recht hat und Ernst macht mit seiner Religion, von dem Sünder, welcher gerecht ist. Paulus redet von solchen, die erst durch den Glauben gerecht werden, — nicht von gerechten Kindern Israels, sondern von ungerechten Heiden und Juden. Die Gerechten im Alten Testament sind, obwohl Sünder, doch Gerechte und werden als solche des Heiles teilhaftig, welches ihre Gerechtigkeit, ihre gerechte Sache ans Licht bringt, ihre Ungerechtigkeit bedeckt und sie dadurch als Gerechte hinstellt. Also es sind Gerechte, die durch das Gericht Gottes gerechtfertigt werden, Vergebung ihrer Sünden, Heil und Rettung erlangen. Anders bei Paulus. Πάντες ἥμαρτον καὶ ὑστεροῦνται τῆς δόξης τοῦ θεοῦ, δικαιούμενοι δωρεάν, Röm. 3, 23. Denn ὅτι ὁ νόμος λέγει τοῖς ἐν τῷ νόμῳ λαλεῖ, ἵνα πᾶν στόμα φραγῇ καὶ ὑπόδικος γένηται πᾶς ὁ κόσμος τῷ θεῷ Röm. 3, 19. Nachdem Israel den Heiland gekreuzigt hat und niemand ihm treu geblieben ist, gilt von Israel dasselbe, was von der Heidenschaft gilt. Nicht auf das Gerechtsein, sondern auf das Gerechtwerden kommt es jetzt an. Wie wird aus einem Sünder ein Gerechter? Auf keinem andern Wege, als auf dem man bis dahin ein Gerechter war: nur durch den Glauben, und so schließen sich Gen. 15, 6 und Gal. 2, 4 zusammen und zwar nicht künstlich, sondern nach der eigentlichen Grundanschauung des Alten Testaments. Denn auch der Gerechte, wie wir ihn oben beschrieben haben und wie Hab. 2, 4 von ihm redet, hätte doch keine gerechte Sache gehabt und damit kein Recht, auf Gott zu hoffen, wenn Gott sie ihm nicht zuvor gegeben hätte. Dies ist es, wodurch sich Gebete wie das des Pf. 143 erschließen. Die gerechte Sache aber, die er hat, ist der Bund, den Gott mit ihm geschlossen, die Zusage, die Gott ihm gegeben, die Verheißungen, kurz das ihm aus Gnaden verliehene Recht. Dies Recht hat er, indem er glaubt. Dies war die Gerechtigkeit, die Abraham dadurch zu teil wurde, daß ihm sein Glaube zur Gerechtigkeit gerechnet ward, — eine Gerechtigkeit, die vor dem Gesetz und unabhängig von demselben da war und zu deren Bewahrung und Bethätigung das Gesetz dienen sollte, aber nicht diente. Solche durch seine Gnade verliehene Gerechtigkeit ist nun auch die Gerechtigkeit des Neuen Bundes. Gott verleiht sie als Gabe seiner Gnade, indem er den Glauben wirkt, der zur Gerechtigkeit gerechnet wird. So werden wir gerecht, und dies ist es, was er verkündigt. Alle haben gesündigt und mangeln des Ruhmes, den sie bei Gott haben sollen und werden ohne Verdienst gerecht aus seiner Gnade durch den Glauben, den er darbietet, der sein Werk ist.

So ist es doch nur scheinbar ein andrer Sinn, in welchem Paulus sich auf Hab. 2, 4 beruft. Dort ist der Gerechte gemeint, der seine Gerechtigkeit beweist und bewährt in seinem Festhalten an Gott. Aber wodurch ist er ein Gerechter geworden? Er würde überhaupt kein Recht haben, an Gott sich festzuhalten, auf Gott zu vertrauen, denn vor ihm ist kein Lebendiger gerecht, wenn Gott ihm nicht das Recht gegeben, ihn damit trotz seiner Sünde ins Recht gesetzt hätte. Das hat er gethan durch Abrahams Erwählung und durch alle die Thaten, durch welche er seinem Volke seine Treue verbürgt hat. Darum besteht auch diese verliehene Gerechtigkeit, die uns jetzt wieder dargeboten wird, in der Vergebung der Sünden.

Dies Ergebnis wird noch klarer, wenn wir uns den Zusammenhang, in dem es steht, und die Folgerungen, die sich daraus ergeben, vergegenwärtigen. Das erste, was sich uns hier darbietet, ist der Zusammenhang mit der Hoffnung auf die Wiederkunft Christi.

5.
Zusammenhang mit der Hoffnung auf die Wiederkunft Christi.

Auch wenn Paulus nicht geschrieben hätte, was wir Gal. 5, 5 lesen: ἡμεῖς πνεύματι ἐκ πίστεως ἐλπίδα δικαιοσύνης ἀπεκδεχόμεθα, würden wir doch von vornherein sagen, daß sein Glaube an die richtende und rettende Gerechtigkeit Gottes in Zusammenhang stehen müsse mit der Erwartung der Wiederkunft Christi oder der Parusie. Nur war das der Unterschied des gläubig gewordenen Saulus von dem Pharisäer, daß er als Pharisäer auf die Parusie wartete und deshalb Jesum verwarf, während er jetzt gerade auf die Parusie des verworfenen Jesus wartete, weil Jesus der von Gott legitimierte, gerechtfertigte Messias war (Röm. 1, 3; 1 Tim. 3, 16). Es hat von Anfang an keinen Glauben an Jesus als den Messias gegeben, der nicht Glaube an seine Parusie gewesen wäre, vgl. Act. 3, 19 ff.; vgl. 6, 14; 10, 42. Darum konnte Paulus nicht bezeugen, daß Jesus der Messias sei, ohne zugleich von dem Tage zu reden, da Gott den ganzen Kreis des Erdbodens richten wolle in Gerechtigkeit durch einen Mann, den er bestimmt habe, indem er ihn auferweckt habe von den Toten, Act. 17, 31. Gerechtigkeit, Gericht, Parusie gehören unauflöslich zusammen, und wenn die dem Apostel in seiner Bekehrung aufgegangene Erkenntnis die ist, daß Jesus der Messias ist, und daß der Glaube an ihn zur Gerechtigkeit gerechnet wird, so ergiebt sich ihm nun, daß diese so von Gott mit Glauben und Gerechtigkeit begabten nunmehr in Frieden und mit Freuden den erwarten können, der da kommt, zu richten. Wo er von der Parusie redet, da denkt er an das rettende rechtfertigende Gericht, an die Erlösung durch Gericht, welche denen, die auf den Herrn gewartet haben, Rettung und Heil bringt. Die Parusiehoffnung ist wie bei den Propheten und wie in den Parusiereden des Herrn Hoffnung auf die rettende Gerechtigkeit Gottes. Damit ergiebt sich, daß die gesamte apostolische Verkündigung es mit der Rechtfertigung der glaubenden Gemeinde zu thun hat, auch wo sie diesen Gedanken nicht ausspricht, und es begreift sich, daß und weshalb die Apokalypse diesen Gedanken so stark hervorhebt, wenn sie z. B. 19, 11 von dem, der auf weißem Rosse kommt und des Name treu und wahrhaftig ist, sagt: „er richtet und streitet in Gerechtigkeit" und dies Gericht über die Feinde nun τὰ δικαιώματα τῶν ἁγίων V. 8 ans Licht bringt. Wohl erscheinen die Gerichte als Strafgerichte über die Feinde und Bedrücker der Gemeinde Gottes, vgl. 16, 5. 7; 19, 2; 15, 3. Die Feinde werden gerichtet, die Gläubigen — 13, 10; 14, 12 — gerettet, und es sieht aus, als wäre dies ein entgegengesetztes Thun Gottes. Aber ihr eigentlicher Zweck ist doch, denen Recht zu geben, die „den Sieg behalten haben an dem Tier," das Blut der Heiligen und Propheten zu rächen 16, 6 und die zu erquicken, die da „kommen aus großer Trübsal" 7, 14 ff. und nun „geweidet und geleitet werden zu den lebendigen Wasserbrunnen" 7, 17; 21, 3. 4. Daß „richten" im Sinne von „das Strafgericht vollziehen" genommen und nicht wie im Alten Testamente mit dem Objekte des Bedrängten verbunden wird, ist durch die Zeitlage veranlaßt. Daß aber die Gerichte doch „die Gerechtigkeit der Heiligen" zu Tage bringen, ist nicht bloß 19, 8 gesagt, sondern ist auch enthalten in 22, 11: ὁ δίκαιος δικαιοσύνην ποιησάτω ἔτι, und was 12, 10 ff. gesagt ist: „nun ist das Heil und die Macht und das Reich unsres Gottes und die Macht seines Christus geworden, weil der Verkläger unsrer Brüder verworfen ist, der sie vor unserm Gott verklagte Tag und Nacht, und sie haben ihn überwunden durch des Lammes Blut und das Wort ihres Zeugnisses und haben ihr Leben nicht geliebt bis in den Tod; darum freuet euch, ihr Himmel und die darin wohnen," ist doch nichts anderes, als daß ihnen endlich Recht und ihrem Verkläger Unrecht gegeben ist.

Paulus dagegen kennt nicht bloß gegenüber dem Sprachgebrauch, sondern auch der gemeinen Anschauung ein Richten Gottes zu Gunsten der Menschen und benennt dieses Richten mit δικαιοῦν, dem alten Wort dafür. Wenn er nun von der Parusie redet, so ist es für ihn selbstverständlich, daß dieselbe als die

Vollendung des mit δικαιοῦν bezeichneten Heilswerkes Gottes erscheint. Gewiß kennt er sie als Strafgericht zunächst an dem Menschen der Sünde 2 Theff. 2, 6—12, dem gegenüber er die Leser darauf hinweist, daß Gott sie von Anfang an zur σωτηρία erwählt habe; aber er bezeichnet doch die Thatsache ihres Aushaltens der Drangsale als ein Anzeichen des gerechten Gerichtes Gottes, damit sie des Reiches Gottes gewürdigt werden, wegen dessen sie leiden, „wenn anders es gerecht ist vor Gott, denen Trübsal zu vergelten, die euch betrüben, und euch den Betrübten Befreiung mit uns in der Offenbarung Jesu Christi vom Himmel her mit seinem Engelheer." Das Gericht, welches der wiederkehrende Jesus vollzieht, ist ein Strafgericht, welches den Gottlosen und Ungläubigen Verderben bringt, dessen eigentlicher Zweck aber ein andrer ist, wie dies der Satz V. 10 ausspricht: ὅταν ἔλθῃ ἐνδοξασθῆναι ἐν τοῖς ἁγίοις αὐτοῦ καὶ θαυμασθῆναι ἐν πᾶσιν τοῖς πιστεύσασιν, „wenn er kommt verherrlicht zu werden an seinen Heiligen und bewundert zu werden an allen, die geglaubt haben." Wenn dies der Zweck der Wiederkunft Christi ist, so begreift sich, daß der Apostel die Heilswirkung an den Gläubigen als δικαιοῦν bezeichnet, denn was Gott jetzt an ihnen thut, steht in solchem innern Zusammenhange mit dem, was er thun wird, daß es ἀπαρχή, Anfang und Erstlingsgabe vom Ganzen, von der Vollendung Röm. 8, 23, und damit ein Unterpfand der Zukunft ist, ἵνα δικαιωθέντες τῇ ἐκείνου χάριτι κληρονόμοι γενηθῶμεν κατ' ἐλπίδα ζωῆς αἰωνίου Tit. 3, 6. 7, vgl. 2. Kor. 1, 22; 5, 5; Eph. 1, 14. Wer die Liebe zur Wahrheit annimmt, erreicht seinen Zweck gerettet zu werden durch die Parusie des Herrn, welcher mit dem Hauch seines Mundes dem Menschen der Sünde sein Ende bereitet 2 Theff. 2, 10.

Es ist bei Paulus genau, wie wir es in der ersten apostolischen Verkündigung bei Petrus finden: die Parusie ist Parusie des wieder auferstandenen gekreuzigten Christus, welcher als Richter der Lebendigen und der Toten gemäß den Aussagen aller Propheten wiederkommt, nicht aber um nun justitia distributiva nach dem jus talionis auszuüben, sondern um der gerechten Sache der Seinen zum Recht zu verhelfen, womit dann freilich die Kehrseite, das Strafgericht über die Gegner gegeben ist. Der Zweck aber ist nicht das Strafgericht, sondern die Herbeiführung der Zeiten der Erquickung, und indem diese Zeiten herbeigeführt werden durch den, der die Seinen gerechtfertigt und damit die Sünden vergeben hat, kann der Apostel auch nicht anders, als die Parusie im alten prophetischen Lichte der Hoffnung auf das rechtfertigende und rettende Gericht Gottes ansehen im Gegensatze zu der Furcht vor demselben, welche seine pharisäische Hoffnung charakterisierte. Ja wir werden sagen können, daß gerade diese Wandlung seiner Furcht vor der Parusie in Glauben und Hoffnung ihm den Ausdruck an die Hand gegeben hat, mit dem er das gerechte Gericht des Gottes bezeichnet, der den an Jesus Glaubenden rechtfertigt. Alttestamentlich ist, wie wir sahen, die Hoffnung auf das Gericht der rettenden Gerechtigkeit Gottes, die Hoffnung auf den Tag des Herrn der Heerscharen, der da kommt, um königlich an seinem Volke und für dasselbe zu handeln. Paulus erkennt, daß Jesus der Messias, Jesus derjenige ist, der einst wiederkommen wird „in seinem Reiche", wie der Schächer am Kreuze gesagt hat. Im Glauben an diesen Jesus hat er jetzt schon, was die Zukunft offenbaren wird: das gerechte, ihn rettende Gericht Gottes, und das wunderbare, was ihm jetzt klar wird, ist dies, daß dieses Gericht der rettenden Gerechtigkeit Gottes sich vollzieht in der Rechtfertigung des Sünders, in der Vergebung der Sünden.

Daß er so die Parusie ansieht, ergiebt sich auch 1 Thess. 1, 10; 4, 14 ff.; 5, 2 ff. V. 23 f. Sie ist ihm eine fröhliche Hoffnung auch für die schon gestorbenen Glieder der messiasgläubigen Gemeinde, denen die nicht vorkommen sollen, die da leben und übrig bleiben, sondern jene werden zuerst auferstehen, wenn der Herr kommt, danach werden die andern ihm entgegengerückt werden und werden mit ihm sein allezeit 4, 14 ff. Die Erstwirkung der Parusie geht also auf die Glieder der Gemeinde, welche den Sohn Gottes vom Himmel her erwarten, den, „der unser Retter ist von dem zukünftigen Zorn". Sie werden von dem Strafgericht errettet an dem Tage, der da kommt wie ein Dieb in der Nacht, „denn Gott hat uns nicht gesetzt zum Zorn, sondern zur Gewinnung des Heils durch unsern Herrn Jesum Christum" 5, 9. Darum schließt er auch mit dem Wunsche, daß der Gott des Friedens sie vollkommen heiligen möge und Geist,

Leib und Seele unversehrt möge bewahrt werden untadelig für die Parusie unsers Herrn Jesu Christi" 5, 23. Wenn er im Kolosserbriefe 3, 3. 4 von dem gegenwärtig mit Christo in Gott verborgenen Leben redet, in welchem seine Gläubigen mit Christo am Tage seiner Offenbarung in Herrlichkeit sollen offenbar werden, so wissen wir aus 1, 12—14, in welchem Zusammenhange diese Zukunft mit unsrer Errettung von der Obrigkeit der Finsternis und Versetzung in das Königreich des Sohnes seiner Liebe steht, und die Erlösung, die Vergebung der Sünden, die wir in ihm haben, giebt uns die Gewißheit eines dereinstigen heilbringenden Gerichtes, welches mit seinem Reiche verbunden ist. Im Briefe an die Philipper blickt er von Anfang an hinaus auf den Tag Jesu Christi, auf den Gottes Werk in den Seinigen gerichtet ist (1, 6), für den sich die Leser lauter und unanstößig erhalten sollen (1, 10), an dem sie dem Apostel zum Ruhme offenbar werden sollen (2, 16) und sollen ihre Mildigkeit jedermann beweisen, denn der Herr ist nahe (4, 5), dessen wir vom Himmel her warten, daß er unsern nichtigen Leib verkläre gemäß der Kraft, mit der er imstande ist, auch alles ihm unterthan zu machen (3, 20 f.), — und dies alles schreibt derselbe Mann, der das, was er in Christo hat und zu haben begehrt, als die Gerechtigkeit bezeichnet, die nicht aus dem Gesetz kommt, sondern die eine Gerechtigkeit von Gott ist, die dem Glauben verliehen wird, und zwar dem Glauben an Jesum Christum, dem Glauben, welcher darauf bedacht ist, der Auferstehung von den Toten entgegenzukommen (3, 9 ff.). So unmittelbar und unzweideutig gehört ihm die Rechtfertigung aus dem Glauben, die er jetzt schon hat, zusammen mit der Erlösung am Tage des Herrn, wenn derselbe kommt, die Seinen zu erlösen und ihre Erlösung offenbar zu machen. Daß er sich den wiederkommenden Herrn als Richter denkt, ist nach 4, 5 offenbar.

Genau so redet er auch im ersten Brief an die Korinther, wo er seine dankbare Freude dafür ausdrückt, daß sie keinen Mangel haben an irgend welchem Charisma als Leute, die da warten auf die Offenbarung unsers Herrn Jesu Christi (1, 7), welcher das Gericht halten wird (1, 8). Er selbst, der Apostel, will nicht von Menschen oder von einem menschlichen Tage gerichtet werden, auch richtet er nicht sich selbst; obwohl er sich keiner Schuld bewußt ist, ist er darum noch nicht gerecht, — der ihn richtet, ist der Herr, der an seinem Tage kommen und das Verborgene ans Licht ziehen und den Rat der Herzen offenbaren wird. Es bedarf kaum des Hinweises auf die Heilszueignung 6, 11, um den Zusammenhang zwischen dem Rechtfertigungsglauben und dieser Hoffnung zu erkennen, der Kap. 15 in der Verbindung der gegenwärtigen Sündenvergebung mit dem Tage der Wiederkunft des auferstandenen Christus und der Auferstehung der Toten sich ausspricht und in dem Ererben des Reiches Gottes (15, 50) als Hoffnung auf das gerechte Gericht Gottes erscheint. Dieses Gericht, welches das Reich Gottes herbeiführt, wird dann beschrieben V. 51 ff., und zwar so, daß dadurch Sünde und Gesetz abgethan werden, — womit wir mit einem Schlage wieder in den Gedankenkreis der Rechtfertigung ohne des Gesetzes Werke allein durch den Glauben versetzt werden. Derselbe Zusammenhang der Grundanschauungen liegt im zweiten Korintherbriefe vor, wo er die $\delta\iota\alpha\kappa o\nu\iota\alpha$ $\kappa\alpha\iota\nu\bar\eta\varsigma$ $\delta\iota\alpha\vartheta\dot\eta\kappa\eta\varsigma$ als $\dot\eta$ $\delta\iota\alpha\kappa o\nu\iota\alpha$ $\tau\bar\eta\varsigma$ $\delta\iota\kappa\alpha\iota o\sigma\upsilon\nu\eta\varsigma$ der im alttestamentlichen Amte Mosis als der $\delta\iota\alpha\kappa o\nu\iota\alpha$ $\tau\bar\eta\varsigma$ $\kappa\alpha\tau\alpha\kappa\rho\iota\sigma\epsilon\omega\varsigma$ gegenübergestellt und zugleich hinausblickt auf den Tag unsers Herrn Jesu in Kraft des in unsre Herzen als Pfand gegebenen Geistes (3, 6 ff.; 1, 14. 22). Gerade diese Stelle von dem Amt der Gerechtigkeit, worin der Apostel zusammenfaßt, was wir Christo verdanken und was er z. B. 5, 18—20 mit $\kappa\alpha\tau\alpha\lambda\lambda\alpha\gamma\eta$, $\kappa\alpha\tau\alpha\lambda\lambda\alpha\gamma\bar\eta\nu\alpha\iota$ oder V. 14 dadurch ausdrückt, daß, so einer für alle gestorben ist, sie alle gestorben sind, zeigt, wie ihn diese Grundanschauung von der Gerechtigkeit des Glaubens oder der Rechtfertigung aus dem Glauben ganz durchdringt. Er lebt in ihr, auch wo er nicht oder nur gelegentlich davon redet, und giebt uns damit das Recht, sie unmittelbar mit der Erwartung der Parusie zu verknüpfen. Wenn er von letzterer im Galaterbrief gar nicht oder doch nur andeutungsweise redet (1, 4. 10; 6, 9), so ist damit, wie von niemanden geleugnet wird, weder diese Erwartung in den Hintergrund gedrängt noch dieser Zusammenhang verkannt. Was die Galater bedurften, war jene grundlegende Zurechtweisung, welche der Apostel ihnen mit solchem Ernste zu teil werden läßt, daß darüber jede andere Rücksicht schwindet. Entweder Gnade oder Gesetz, darum handelt es sich, — das beweist er, der von sich selbst sagt: οὐκ ἀθετῶ τὴν χάριν τοῦ θεοῦ, den Galatern dadurch, daß er ihnen die neue Bindung an das Gesetz mit ihren schon für die Gegenwart verhängnisvollen Folgen des Verlustes der Gnade und der Knechtung unter die „schwachen und dürftigen Satzungen" vor Augen stellt.

Im Römerbrief dagegen, in welchem der Apostel den Inhalt des Evangeliums lehrhaft darlegt, und welcher deshalb für die Rechtfertigungslehre als dem Centrum seiner Verkündigung von besonderer Wichtigkeit ist, handelt er von der Bedeutung der Rechtfertigung für die Hoffnung des Christen Kap. 5, 1—9. „Nun wir denn sind gerecht geworden durch den Glauben — — rühmen wir uns der Hoffnung auf die Herrlichkeit Gottes," denn die ganze Fülle des Guten, das Gott für uns ist, wird am Tage der Parusie erst offenbar; auf Grund aber der Vergebung der Sünden und nur auf diesem Grunde ist es möglich, sich dieser Zukunft und damit der vollendeten Erlösung jetzt schon zu getrösten. Auch der größte Heilige hat keinen andern Rechtstitel, als die Vergebung der Sünden, das Freigesprochensein und =bleiben von aller Schuld, die Begnadigung. Auch in der Trübsal bleibt es bei diesem Troste, denn das ist das Wesen der christlichen Hoffnung im Unterschiede von allem, was sonst Hoffnung genannt wird, daß sie ein zweifelloses sicheres Gut ist, dessen man in Geduld und Zuversicht harren kann; sie läßt nicht zu schanden werden, „denn die Liebe Gottes ist ausgegossen in unsere Herzen durch den uns gegebenen heiligen Geist." Nicht unsre Liebe zu Gott ist es, welche diese Gewißheit uns giebt, sondern die Liebe Gottes zu uns ist es, die uns dargeboten ist durch den heiligen Geist, die wir glauben und als geglaubte, für uns geglaubte durch denselben heiligen Geist in unserm Herzen tragen und die uns Bürgschaft der Zukunft ist. Denn da „Gott seine Liebe gegen uns preist, daß Christus für uns gestorben ist, da wir noch Sünder waren, wievielmehr werden wir als jetzt in Kraft seines Blutes Gerechtfertigte durch ihn vor dem Zorn bewahrt werden." Gerade dem das Heil versagenden Zorne Gottes sind wir durch die Gnade Jesu Christi entronnen und sollen dies an seinem Tage erfahren. Denn wenn wir als Feinde und Widersacher Gottes, die nichts als Gericht und Verderben zu erwarten hatten, mit Gott versöhnt sind durch den Tod seines Sohnes, wievielmehr werden wir als Versöhnte — denn so stehen wir nun da, nachdem die Versöhnung durch die rechtfertigende Gnade Gottes im Glauben unser eigen geworden ist — gerettet werden in Kraft seines Lebens." Τῇ γὰρ ἐλπίδι ἐσώθημεν, sagt der Apostel 8, 24, und so wir hoffen, was wir nicht sehen, so warten wir sein durch Geduld. Was wir aber hoffen und worauf wir warten, ist die ἐλευθερία τῆς δόξης τῶν τέκνων τοῦ θεοῦ, wo wir ungehemmt und ungehindert durch eine Leiblichkeit, welche uns die ganze Gegnerschaft der Welt und dessen, was in der Welt ist, erfahren läßt, in neuer Leiblichkeit uns Gottes unseres Heilandes und einer neu gewordenen Welt erfreuen werden.

Außer 13, 11. 12, wo er sagt: „jetzt ist unsere σωτηρία näher gekommen, als da wir gläubig wurden; die Nacht ist vorgeschritten, der Tag ist nahe", spricht der Apostel nie ausdrücklich von dem Tage der Parusie, dem Tage des Herrn; wie stark aber der durch den Glauben gerechtfertigte innerlich auf diese Zukunft gewiesen und an sie gebunden ist, erhellt aus diesen Ausführungen, welche nur geben, was die Parusie des Herrn bringen wird. Sie, nicht eine ungewisse Hoffnung, welche nur das Beste hofft, ohne zu wissen, was und von wem, sondern die gewisse und fröhliche Hoffnung auf den Herrn, der da kommt seine Gemeinde zu erlösen, ist auch gemeint, wenn der Apostel 13, 12 schreibt: „seid fröhlich in Hoffnung, geduldig in Trübsal, haltet an am Gebet," und ebenso ist sie gemeint 15, 13, wo er sagt: „der Gott der Hoffnung erfülle euch mit lauter Freude und Friede in dem, daß ihr glaubet, damit ihr reichlich zunehmt an der Hoffnung in Kraft des heiligen Geistes." Gerade das „in dem, daß ihr glaubet, ἐν τῷ πιστεύειν" und die Anknüpfung an den Stand der Heidenschaft im Unterschiede von Israel und in der Gemeinschaft des gläubigen Israel beweist den engen Zusammenhang zwischen der Rechtfertigung aus Gnaden durch den Glauben und dieser Hoffnung. Was der wiederkehrende Christus thut und bringt, ist nichts anders, als die Offenbarung und Ausgestaltung dessen, was der Gerechtfertigte an seiner Rechtfertigung, an seinem Gnadenstande hat. Es ist alttestamentlich zu reden das gerechte Gericht Gottes zu Gunsten derer, die Recht haben mit ihrem Glauben, nur daß die Kehrseite dieses Gerichtes, die Heilsversagung, nur angedeutet wird, wie z. B. 11, 22: „schaue an die Güte und den

Ernst Gottes, an benen, bie gefallen ſinb, ben Ernſt, an bir bie Güte, wenn bu an ber Güte bleibeſt, ſonſt wirſt auch bu ausgehauen werben." Das aber ſtimmt zur Haltung eines Briefes, deſſen Thema 1, 16 angegeben iſt: „das Evangelium eine Kraft Gottes für jeden, ber ba glaubt" unb ber bieſe „Kraft Gottes" bargethan hat als Errettung von bem ſchon gegenwärtig ſich offenbarenben Zorn 1, 18 ff. unb bamit zugleich von bem ſchon im voraus empfunbenen Gericht 2, 15 f. Es beſtätigt aufs neue unb ſo entſchieben wie möglich, baß ber eigentliche Zweck bes Gerichtes bie Rettung iſt, welche beginnt mit ber $\delta\iota\varkappa\alpha\iota\omega\sigma\iota\varsigma$ unb ausgeführt wirb am Tage Jeſu Chriſti. Auch barin ergiebt ſich ber Römerbrief bezw. bie pauliniſche Verkünbigung von ber Rechtfertigung allein aus Gnaben unb allein burch ben Glauben als ber erfüllenbe Abſchluß ber altteſtamentlichen Verheißung unb Hoffnung, bie $\delta\iota\varkappa\alpha\iota\sigma\sigma\upsilon\nu\eta\ \vartheta\varepsilon\sigma\upsilon$ als $\mu\alpha\rho\tau\upsilon\rho\sigma\upsilon\mu\varepsilon\nu\eta\ \upsilon\pi\sigma\ \tau\sigma\upsilon\ \nu\sigma\mu\sigma\upsilon\ \varkappa\alpha\iota\ \tau\omega\nu\ \pi\rho\sigma\varphi\eta\tau\omega\nu$.

Steht bie rechtfertigenbe Gnabe unb ber rechtfertigenbe ober richtiger ber gerechtfertigte Glaube in bieſer Verbinbung mit bem Tage ber Paruſie, bes rettenben Gerichtes, ſo wirb ſich nun auch entſcheiben laſſen, was es für ben glaubenben Chriſten mit bem Gericht nach ben Werken auf ſich habe.

6.
Das Gericht nach den Werken.

Es scheint ein dem Rechtfertigungsglauben und der Predigt dieses Glaubens seitens des Apostels ganz entgegengesetzter, diesen Glauben geradezu aufhebender Gedanke zu sein, wenn Paulus Röm. 2, 6 ff. das Gericht Gottes, d. h. das Endgericht an die Werke bindet: „nach deiner Härtigkeit und deines Herzens Unbußfertigkeit häufest du dir selbst Zorn auf den Tag des Zornes und der Offenbarung des Recht schaffenden Gerichtes Gottes ($\delta\iota\kappa\alpha\iota o\kappa\varrho\iota\sigma\iota\alpha\ \tau o\tilde{v}\ \vartheta\varepsilon o\tilde{v}$) auf, welcher geben wird einem jeden nach seinen Werken." Die Auskunft, daß hier nur die Rede sei von dem Zorntage, also dem Tage der Heilsversagung, welche sich naturgemäß nach den Werken richte, weil der Glaube versagt sei, und deshalb wider den Menschen erfolge, wird unmöglich gemacht durch V. 7 und 10. Denn hier wird denen, die „mit Geduld guten Werkes" Preis und Ehre und Unvergänglichkeit suchen, das ewige Leben gerade als Gottes Vergeltung an jenem Tage in Aussicht gestellt, den andern aber Ungnade und Zorn. Ebensowenig führt der Ausweg weiter, daß, wie V. 11 ff. zeige, nur von denen die Rede sei, die unter dem Gesetze seien; für diese gelte jene Regel, die aber nur in thesi Gutes, in Wirklichkeit aber nur Böses, nur Heilsversagung in Aussicht stelle. Denn nach V. 16 ist der Gerichtstag der Tag, „an welchem Gott das Verborgene der Menschen richten wird nach meinem Evangelium durch Christum Jesum," und dieses Gericht stimmt mit dem Gericht, welches durch die das Gesetz erfüllende Vorhaut ausgesprochen wird über den, der gerade durch das geltende Gesetz und durch die Beschneidung als Übertreter gekennzeichnet ist V. 27. Um so weniger aber kann dieser Ausweg die Schwierigkeit lösen, als Paulus dieselbe Anschauung auch anderwärts vertritt. Er redet 2 Kor. 5, 10 davon, daß wir alle offenbar werden müssen vor dem Richterstuhl des Christus, ἵνα κομίσηται ἕκαστος τὰ διὰ τοῦ σώματος πρὸς ἃ ἔπραξεν, εἴτε ἀγαθόν εἴτε φαῦλον, „damit ein jeder davon trage das, was er bei Leibesleben gewirkt hat, es sei gut oder böse." Wir sollen nicht ermüden im Gutes thun, damit wir zu seiner Zeit ernten, Gal. 6, 9, dieser καιρὸς ἴδιος aber ist der Tag Jesu Christi, an welchem, wer auf sein Fleisch gesäet hat, vom Fleische Verderben ernten, wer auf den Geist gesäet hat, vom Geiste ewiges Leben ernten wird. „Was ihr thut, sagt der Apostel Kol. 3, 23 f., thut es von Herzen als dem Herrn und nicht Menschen, als die da wissen, daß ihr vom Herrn die Vergeltung des Erbes empfangen werdet; dienet dem Herrn Christo, denn wer Unrecht thut, wird davon tragen, was er Unrecht gethan hat, und es findet kein Ansehn der Person statt." Hier ist so deutlich wie möglich gesagt, daß das schließliche Gericht nach den Werken erfolgt. Ebenso handelt der Apostel 1 Kor. 3, 12 ff. von dem Gericht am Tage Jesu Christi und sagt V. 13 ff.: eines jeglichen Werk wird offenbar werden, denn der Tag wird es offenbaren, ... wenn jemandes Werk bleiben wird, welches er (auf dem gelegten Grunde) aufgebaut hat, so wird er Lohn empfangen, wenn jemandes Werk verbrennen wird, so wird er Schaden leiden, er selbst aber wird gerettet werden, jedoch so wie durch Feuer." Was besagt Röm. 14, 10 anders, als daß im vereinstigen Gericht, wenn wir vor dem Richterstuhl Christi erscheinen werden, unser Verhältnis und Verhalten gegen die Brüder seine Vergeltung finden wird? Und was erfahren wir aus 1 Kor. 9, 25 anders, als daß erst im Gericht sich entscheiden wird, ob wir die unvergängliche Krone empfangen, wenn wir jenen Weg hinter uns haben, von dem Paulus Phil. 3, 10 ff. schreibt und V. 14 sagt: „ich jage nach dem Kleinod der oberen Berufung Gottes in Christo Jesu?" Ja das Wort Röm. 8, 13: „wenn ihr nach dem Fleische lebet, sollet ihr sterben; wenn ihr aber durch den Geist des Leibes Geschäfte tötet, werdet ihr leben," bindet es nicht auch das Endergebnis des Gerichts an unser Werk, an unser Wirken? Überhaupt alle Ermahnungen und Warnungen des Apostels, alles, was er von uns gethan und gelassen wissen will, — es ist doch nur dadurch so ernst, weil das Ergebnis des Gerichtes sich danach richtet. Wie steht es nun mit diesem Gericht nach den Werken gegenüber der Rechtfertigung ohne Werke?

Es ist für uns vollständig ausgeschlossen, darin „eine jener ungelösten Antinomien" zu finden, deren uns in der paulinischen Verkündigung mehrere begegnen sollen, „jener durch die paulinische Dogmatik sich fortwährend hindurchziehende Gegensatz von christlicher Denkweise, welche das Verhältnis des Menschen zu Gott unter den Gesichtspunkt der Gnade und Kindschaft auffaßt, und von jüdischen Voraussetzungen, welche in dem Rechtsverhältnis von Leistung und Lohn wurzeln" (Pfleiderer, Der Paulinismus. 2. Aufl. 1890. S. 281). Denn wenn mit diesen „jüdischen Voraussetzungen" die Anschauungen des Pharisäismus gemeint sind, so hat Paulus mit diesen so vollständig gebrochen, daß seine Auffassung vom Lohne vielmehr die alttestamentliche ist und er nicht Lohn und Gnade einander entgegensetzt, sondern $\chi\acute{\alpha}\varrho\iota\varsigma$ und $\dot{o}\varphi\epsilon\acute{\iota}\lambda\eta\mu\alpha$, und daß er durchaus den alttestamentlichen Anschauungen entsprechend nur von einer Anrechnung des Lohnes $\varkappa\alpha\tau\grave{\alpha}$ $\chi\acute{\alpha}\varrho\iota\nu$ und nicht $\varkappa\alpha\tau'$ $\dot{o}\varphi\epsilon\acute{\iota}\lambda\eta\mu\alpha$ etwas wissen will. Wenn aber für Paulus seine Verkündigung der Rechtfertigung durch den Glauben in engstem Zusammenhange mit der Erwartung der Parusie steht und die Parusie Gerichtshoffnung ist, so ist es unmöglich hier eine „Inkompatibilität beider Vorstellungsreihen", nämlich der Rechtfertigung aus dem Glauben und des Gerichtes nach den Werken anzuerkennen (Holtzmann, Neutestamentliche Theologie II, 201). Steht es so, daß einerseits „die Wirkung des göttlichen Rechtfertigungsurteils sich auf alle Zukunft erstreckt" und andrerseits „erst das göttliche mit der Auferstehung gefällte Endurteil Gewißheit bringt und dieses Endurteil sich nach dem thatsächlichen Befund der auf ihre Güte oder Verwerflichkeit geprüften Gedanken und Handlungen richtet" (Holtzmann a. a. O.), so wäre es mehr als wunderbar, daß einem Manne wie Paulus solcher Widerspruch, wenn er vorläge, nicht sollte aufgefallen sein. Freilich das ist falsch, daß das göttliche Rechtfertigungsurteil bezw. die Glaubensgerechtigkeit nur für den Eintritt in das Heilsleben gelte, aber nicht die Norm für das Endgericht bilde (Godet). Das göttliche Rechtfertigungsurteil ist weder ein solches, welches seine Wirkung auf alle Zukunft erstreckt, noch ein solches, welches nur für den Eintritt in das „Heilsleben" gelte. Es ist ein (übergeschichtliches) Urteil, welches für den Menschen bleibend eintritt und vom Menschen in bleibendem Glauben ergriffen und festgehalten werden will. Deshalb lautet Frage und Antwort Röm. 8, 33: τίς ἐγκαλέσει κατὰ ἐκλεκτῶν θεοῦ; θεὸς ὁ δικαιῶν. Es besteht nicht in der Vergebung der bis zu seinem Eintritt geschehenen Sünden, sondern ist, solange es gilt, die Vergebung aller Sünden, und darum gilt dem Menschen die Aufgabe, bis ans Ende den Glauben zu bewahren (2 Tim. 4, 7), in dieser Gnade zu stehen und sich der Hoffnung auf die Herrlichkeit Gottes zu rühmen (Röm. 5, 2), um so als Begnadigter einzugehen in das himmlische Reich. Ist dies aber die paulinische Anschauung, so erhellt, daß der Konflikt mit seiner Anschauung von dem Gericht nach den Werken sich dem Apostel aufdrängen mußte, wenn ein solcher vorlag. Nun ist das aber thatsächlich nicht der Fall, und wir haben nur die Aufgabe, den anscheinenden Widerspruch, der für den Apostel nicht vorhanden war, zu lösen und den inneren Zusammenhang zwischen der Gerechtigkeit aus dem Glauben ohne Werke und dem Gericht nach den Werken nachzuweisen.

Daß ein solcher Zusammenhang bestehen muß, ist dem von vornherein gewiß, der die Wahrheit beider Gedanken vorbehaltlos anerkennt und nicht etwa das Gericht nach den Werken nur gelten läßt, bis die Rechtfertigungsgnade erkannt und angenommen bezw. wo sie nicht angenommen ist. Jedem einfachen betenden und glaubenden Christen steht aber beides als unumstößliche Wahrheit fest, und „weil er den als Vater anruft, der ohne Ansehen der Person richtet nach eines jeglichen Werk, so führt er seinen Wandel, solange er hier wallet, mit Furcht" (1 Petr. 1, 17), und „schafft sein Heil mit Furcht und Zittern, weil Gott es ist, der in ihm wirkt, beides das Wollen und das Vollbringen" (Phil. 2, 12. 13), und weil er solche Verheißungen hat, reinigt er sich von aller Befleckung des Fleisches und des Geistes und vollendet die Heiligkeit in Gottesfurcht (2 Kor. 7, 1). Der glaubende und betende Christ weiß im Glauben sich bei Gott in Gnaden (2 Tim. 1, 12) und behütet doch sein Herz mit allem Fleiß, weil er weiß, daß er vor dem Richterstuhl Christi erscheinen und Rechenschaft geben muß von seinem Thun und Lassen. Ist nun die Gewißheit der göttlichen Gnade, die alle Sünden vergiebt und die

Furcht des Christen vor dem letzten Gericht nicht unvereinbar, so wird auch wahrscheinlich das Gericht nach den Werken nicht unvereinbar sein mit dem Rechtfertigungsurteil allein aus Gnaden und allein aus dem Glauben.

Die Werke, deren Mitwirkung Paulus für die Erlangung der Heilsgnade durch das göttliche Rechtfertigungsurteil unbedingt ausschließt, sind die Werke des Gesetzes, die ἔργα τοῦ νόμου. Er sagt Röm. 3, 28: λογιζόμεθα δικαιοῦσθαι πίστει ἄνθρωπον χωρὶς ἔργων νόμου, und so oft er von dem Verhältnis von Rechtfertigung und Werken redet, sind es immer die ἔργα νόμου. Sie — das höchste, was ein Israelit hätte haben können, während der Heide von selbst schon ausgeschlossen und dem göttlichen Gericht verfallen war — sie mußte er ausschließen, weil die offenkundige Frucht des Gesetzes das Gegenteil der Rechtfertigungsgnade, die Versagung der Gnade war. Wo das Gesetz in Wirksamkeit steht, giebt es eine Rechtfertigung nur als abstrakte Möglichkeit, in Wirklichkeit nur das Gegenteil. Darum sagt er Gal. 3, 11: „daß in Kraft von Gesetz niemand gerecht wird bei Gott ist offenbar" und Röm. 3, 19. 20: „wir wissen, so viel das Gesetz sagt, sagt es denen, die in dem Gesetze sind, damit jeder Mund gestopft und die ganze Welt Gotte Genugthuung schuldig werde, weil aus des Gesetzes Werken kein Fleisch vor ihm gerecht sein wird, denn durchs Gesetz kommt Erkenntnis der Sünde" oder wie er 4, 15 sagt: „das Gesetz richtet Zorn an," bewirkt nur Heilsversagung. Überall ist es das Gesetz und des Gesetzes Werke, die der Rechtfertigung entgegenstehen, — nicht weil sie nicht gut genug wären oder weil Gott etwas anderes von uns begehrte als Gehorsam gegen „das statutarische Gesetz", sondern weil das Gesetz, das zum Leben gegeben ist, dies nicht wirken konnte, vielmehr die Sünde durch das Gesetz den Tod bewirkt (Röm. 7, 9 ff.). Nicht die mangelhafte Erfüllung, sondern die Nichterfüllung, die positive Übertretung bewirkt Urteile, wie die Röm. 3, 10 ff. angeführten, so daß unter dem Gesetz sein so viel ist wie unter dem Fluch sein Gal. 3, 10. Der Unterschied zwischen Israel und den Heiden, den Weltvölkern ist der, daß diese überhaupt nicht der Gerechtigkeit nachjagten und nachjagen konnten, weil sie das Gesetz nicht hatten und Gott sie ihre eignen Wege gehen ließ, und sie nun doch Gerechtigkeit erlangt haben, nämlich die Gerechtigkeit aus dem Glauben, daß Israel aber, welches einem Gesetz der Gerechtigkeit nachjagt, dies Gesetz und sein rechtfertigendes Urteil nicht erlangt hat, weil es nicht aus dem Glauben, sondern aus Werken die Gerechtigkeit suchte, Röm. 9, 30 ff. Die Gerechtigkeit aus dem Gesetz ist Gerechtigkeit dessen, der es thut, und solche giebt es nicht, 10, 5. Nicht durch des Gesetzes Werke, sondern durch die Predigt vom Glauben wird der Geist dargereicht Gal. 3, 5. Darum sagt der Apostel auch Tit. 3, 4 ff., daß die Freundlichkeit und Leutseligkeit Gottes unsres Heilandes erschienen sei und uns nicht infolge von Werken, die wir in Gerechtigkeit gethan hätten, sondern gemäß seiner Barmherzigkeit gerettet habe. Überall ist der Gegensatz zwischen Werken und Gerechtigkeit aus Glauben oder der Gegensatz zwischen Werk und Glauben der Gegensatz der Gesetzeswerke, welche die Gerechtigkeit nicht bringen können, sondern den Menschen im Tode festhalten (Röm. 5, 14).

Wenn aber Paulus nur in diesem Gegensatze so redet und stets ausnahmslos nur Werke des Gesetzes im Auge hat, so ist damit noch lange nicht gesagt, daß er nicht auch andre Werke kenne, die er Röm. 2, 6; 2 Kor. 5, 10; 1 Kor. 3, 12 ff.; Kol. 3, 23 f. und anderwärts im Auge habe. Paulus kennt solche Werke, — Werke die nicht vom Gesetz, von der in Kraft stehenden göttlichen Rechtsordnung gewirkt sind und doch mit den vom Gesetz erforderten Werken stimmen Röm. 2, 15 ff., denn „in Rücksicht auf die Unfähigkeit des Gesetzes, weil es durch das Fleisch schwach war, sandte Gott seinen Sohn in einer Gleichgestalt des Fleisches der Sünde und um der Sünde willen, und vollzog das Verdammungsurteil über die Sünde im Fleische, ἵνα τὸ δικαίωμα τοῦ νόμου πληρωθῇ ἐν ἡμῖν, damit die Rechtsordnung des Gesetzes in uns erfüllt würde," Röm. 8, 3. 4. Das ergiebt aber Werke, welche Gott gefallen an Stelle der Werke des Gesetzes, oder sagen wir lieber statt Werke: ein Lebenswerk, denn ἔργον oder ἔργα, Singular oder Plural, bezeichnen beide, wo sie nicht vom Gesetze stehen, die sittliche Gesamtleistung des Menschen. Nun ist aber bedeutsam, daß Paulus gerade mit solchem Werk des glaubenden Abraham rechnet Röm. 4, 18. Es ist nicht einfach des Herzens Verhalten, von dem er sagt, daß Abraham geglaubt habe auf Hoffnung, da nichts zu hoffen war, sondern er hat dies, wie wir sagen würden, durch die That bewiesen. Und ebenso sind die, die in Geduld guten Werkes Preis, Ehre und Unvergänglichkeit suchen, nicht solche, welche das Gesetz ausüben, sondern „welche glauben, daß Gott sei und denen, die ihn suchen, ein Vergelter sein werde." Paulus gedenkt an die Thessalonicher und ihr „Werk des Glaubens und ihre Arbeit der Liebe und ihre Geduld der Hoffnung auf unsern Herrn Jesum Christum" 1 Theff. 1, 3. Und ebenso redet er 2 Theff. 1, 11 von einem ἔργον πίστεως, welches Gott in den Lesern erfüllen möge, nicht um den Glauben selbst als ein Werk zu bezeichnen, vielleicht gar als die einzige dem sündigen Menschen noch mögliche Leistung, an welcher Gott noch Wohlgefallen haben könne, sondern um daran zu erinnern, daß der Glaube sich in solchem Werk zeige und beweise. Wenn er Gal. 6, 2 ff. verlangt, daß einer des anderen Last tragen soll, um das Gesetz Christi zu erfüllen, und dies damit begründet, daß, wenn einer etwas zu sein scheine, während er nichts sei, er sich selbst betrüge, so wird auch B. 4 solche Beweisung und Bewährung des Glaubens, der ὑπακοὴ πίστεως gemeint sein, wie V. 2, und in diesem Sinne wird der Apostel auffordern: „das eigene Werk aber prüfe ein jeder, und dann wird er an sich selbst Ruhm haben und nicht an dem andern," — ein Satz, den er nie hätte schreiben können, wenn er unter ἔργον, ἔργα nur des Gesetzes Werke verstanden hätte.

Nun ist die Sachlage die: Glauben wird vom Menschen verlangt, damit er das rechtfertigende, freisprechende Urteil Gottes nicht bloß für sich bekomme, sondern für sich habe und behalte. Im Glauben soll er bleiben; im bleibenden Glauben steht er in der Gnade Röm. 5, 1. 2. Solcher Glaube ist aber kein thatenloses Verhalten, auch kein Verhalten, welches neben sich Werke fordert, sondern solcher Glaube ist ein Handeln, sei es das Handeln dessen, der sich selbst richtet, Buße thut und die Taufe begehrt, sei es, daß er die Versuchung und Anfechtung überwindet, oder daß er in täglicher treuer Pflichterfüllung im täglichen Leben sich in dienender Liebe beweist und bewährt, oder daß er noch in der letzten Not festhält an seinem Gotte und Heilande und selig stirbt. Es ist ein Leben aus dem Glauben, ein Handeln im Glauben, ein Leiden im Glauben, ein Lieben im Glauben, ein Sterben im Glauben; Leben und Sterben ist des Glaubens

Werk. Was nicht aus dem Glauben geht, ist Sünde, so hoch auch sonst die Leistung gewertet werden mag. Was aber aus dem Glauben kommt, davon gilt: „leben wir, so leben wir dem Herrn, sterben wir, so sterben wir dem Herrn, darum wir leben nun oder sterben, so sind wir des Herrn" Röm. 14, 8. Dann aber werden wir „nach unsern Werken" gerichtet und es kommt z. B. darauf an, wie einer die Gemeinde gebaut hat u. s. w. Ist das Leben ein Glaubensleben und wird dies im Endgericht festgestellt oder werden wir danach gerichtet, so ist die innere Einheit des begnadigenden Rechtfertigungsurteils Gottes mit dem ebenfalls begnadigenden endgerichtlichen Urteil in Gemäßheit der Werke des Glaubens dargethan und es ergiebt sich, daß das Urteil des Christen über die Wahrheit dieses vermeintlich doppelten, in Wahrheit aber durchaus einheitlichen Gesichtspunktes ebensowenig angetastet werden kann, wie die betreffenden Aussagen des Apostels. Die geltend gemachte Unterscheidung zwischen Glaubens- und Lebensgerechtigkeit ist vom Übel. Denn wenn die Glaubensgerechtigkeit einer Ergänzung bedarf durch die Lebensgerechtigkeit, um im Endgerichte zu bestehen, so ist ihre Anrechnung als Gerechtigkeit nichts in sich Vollkommenes, Vollendetes, sondern sie wird erst im Zusammenhange mit der später erworbenen Lebensgerechtigkeit eine genügende Unterlage für das Urteil Gottes. Sie erscheint dann als die erste, die Vergangenheit abschließende Gabe Gottes, während das Rechtfertigungsurteil Gottes ein fortgehendes, bleibendes ist, welches den Glauben, in welchem der Mensch ist bezw. bleibt, fort und fort zur Gerechtigkeit rechnet und welches deshalb auch der begnadigte Sünder nur täglich aufs neue anrufen kann zur täglich neuen und doch bleibenden Vergebung seiner Sünde und Schuld. Es giebt keine andre Lebensgerechtigkeit, als welche die Gerechtigkeit des im Glauben geführten Lebens ist. Der Satz aber, daß Gott einen jeglichen richten wird nach seinen Werken, mußte so ausgedrückt werden, um die Einheitlichkeit des Endgerichtes zur Anschauung zu bringen. Die, die nicht glauben und deshalb verloren gehen, werden nach ihren Werken gerichtet, sofern ihnen ihre Sünden behalten werden. Die, die glauben, werden nach ihren Werken gerichtet, in denen sie ihren Glauben bewiesen haben.

Von hier aus wird auch verständlich, was der Apostel Gal. 5, 5. 6 sagt. Wenn es dort heißt: ἡμεῖς γὰρ πνεύματι ἐκ πίστεως ἐλπίδα δικαιοσύνης ἀπεκδεχόμεθα, so fragt es sich, ob ἐλπίς δικαιοσύνης Hoffnung auf Gerechtigkeit ist oder ob es eine Hoffnung bezeichnet, welche die Gerechtigkeit hat oder welche man als Gerechter hat, also ob δικαιοσύνης Genetiv des Objekts oder des Subjekts ist. Im ersteren Falle wäre es gemeint, wie im Alten Testament die Gerechtigkeit Gottes, welche Israel Recht und dadurch Heil schafft (s. o. S. 26), nur daß entsprechend dem paulinischen Sprachgebrauch das Subjekt der δικαιοσύνη der Mensch wäre, dem sie zu teil würde. Es wäre also die Hoffnung darauf gemeint, daß man am Tage des Herrn vor ihm bestehen würde; ἐλπίς würde dann im subjektiven Sinne stehen, nicht im objektiven vom gehofften Gut. Luther erklärt in seinem Kommentar zum Galaterbrief beide Fassungen für möglich. Er sagt: utraque sententia bona est, sed prior de affectu sperante uberiorem affert consolationem; justitia enim mea nondum est perfecta neque sensibilis, ideo tamen non despero, sed fides monstrat mihi Christum, quo confido. Indes er übersieht dabei, daß von der Hoffnung im subjektiven Sinne, dem affectus sperans nicht gesagt werden kann ἀπεκδεχόμεθα ἐλπίδα, wir warten sie ab; dies gilt nur in Beziehung auf das gehoffte Gut. Bezeichnet aber ἐλπίς dies, so fragt sich weiter, ob δικαιοσύνης epexegetischer Genetiv ist, oder Genetiv des Subjekts, also ob es heißt: Hoffnung, welche in Gerechtigkeit besteht, oder Hoffnung, welche die Gerechtigkeit hat, welche Besitz der Gerechtigkeit ist. Für jene Erklärung beruft sich Hofmann auf στέφανος τῆς δικαιοσύνης 2 Tim. 4, 11, welches aber mindestens ebenso gut, wenn nicht viel besser erklärt werden kann als „Kranz, der der Gerechtigkeit gebührt". Entscheidend aber ist das vorauf=
gehende οἵτινες ἐν νόμῳ δικαιοῦσθε, wodurch die im Gesetz vorhandene Rechtfertigung als etwas Gegenwärtiges hingestellt wird, der nicht eine zukünftig erst zu erlangende Gerechtigkeit gegenübergestellt werden kann. Die gerechtfertigten Galater (3, 5), welche jetzt ihre Gerechtigkeit im Gesetz suchen, auf dasselbe zu= rückführen, sind damit von der Gnade gefallen. Wir aber warten, sagt der Apostel, durch den Geist auf das Gut der Hoffnung, welches der Gerechtigkeit eignet. Der Gegenwart der Galater

und ihrem Verlust setzt er den bis in die Zukunft reichenden Besitz der Glaubenden entgegen. Denn, fährt er fort, in Christo Jesu, in dessen Gemeinschaft wir uns befinden und bleiben wollen, gilt weder Beschneidung noch Vorhaut etwas, sondern Glaube, der durch Liebe sich kräftig erweist, also handelnder Glaube, der zur Gerechtigkeit gerechnet wird, nicht wegen seines Handelns, sondern weil er sich als Glaube beweist.

Denn das ist überall die Voraussetzung, die Paulus macht: der Glaube ist nicht träge, unthätig, unlebendig, sondern, wie Luther sagt, „ein lebendig, kräftig, schäftig, thätig Ding" und die Liebe ist es, in der er sich erweist, denn Liebe ist der auf andre und auf das Verhältnis zu andern angewandte Glaube. Die Gnade Gottes, die allen gilt, wendet der Glaube auf sich an; was er aber für sich glaubt, wendet er in der Liebe auf alle an, so daß thatsächlich der Glaube nichts nützt und zu Grunde gehen oder zu schanden werden muß, wo er nicht sich in der Liebe mächtig erweist (vgl. 1 Kor. 13, 2). So begreift sich, daß und weshalb das Neue Testament an die Stelle der Gerechtigkeit der Griechen die Liebe treten läßt und doch die Erweisung der Liebe nicht als „Lebensgerechtigkeit" ansieht, weil auch die Liebe die Glaubensgerechtigkeit weder aufhebt noch ergänzt, sondern nur ein Zeichen für das Vorhandensein des Glaubens ist, der an Stelle der nicht vorhandenen Gerechtigkeit als Gerechtigkeit in Anrechnung gebracht wird. Das Subjekt des Glaubens wie der Liebe ist immer der Sünder, der $\dot{\alpha}\sigma\varepsilon\beta\acute{\eta}\varsigma$, der auch durch Lieben nicht gerecht wird. Was ihn gerecht erscheinen läßt, ihn rechtfertigt, ist auch in seinem Lieben der Glaube und nur der Glaube, und gerade so wird klar, daß auch das nach den Werken ergehende Endgericht nach den Werken dessen fragt, der glaubt und seinen Glauben zu beweisen hat. Auf diese Weise schwindet nun auch die eine Differenz zwischen Paulus und Jakobus, indem Paulus fürs Endgericht dieselben Werke verlangt, die Jakobus für die Rechtfertigung verlangt, nämlich Werke des Glaubens. Die andere Differenz bleibt bestehen, daß es sich für Jakobus um die Frage handelt, wie einer gerecht ist und bleibt, für Paulus um die Frage, wie einer gerecht wird und bleibt.

7.
Die Erwählung und die Gotteskindschaft.

Wenn noch ein Beweis für die alttestamentliche Grundlage der paulinischen Rechtfertigungslehre erforderlich wäre, so würde er durch den Zusammenhang geliefert, in welchem für Paulus die Rechtfertigung mit dem Gedanken der Gotteskindschaft und der Erwählung steht. Und nicht bloß für die alttestamentliche Grundlage, sondern für die Thatsache des vollständigen Bruches mit der pharisäischen Theologie und den pharisäischen Traditionen liegt in diesem Zusammenhange der Beweis vor. Denn während für den Pharisäismus und das Schriftgelehrtentum die Thatsache der Erwählung Israels die Aufgabe stellte, der "eignen Gerechtigkeit" nachzujagen und sich über alle anderen Völker im Bewußtsein seines Vorzuges zu erheben, ist für Paulus die Erwählung als Beweisung der freien Gnade Gottes der Tod aller eignen Gerechtigkeit und damit zugleich aller Überhebung (Röm. 9, 31. 32; 11, 25 ff.). Man hat nach Motiv und Zweck der Ausführung über die göttliche Erwählung gefragt, welche der Apostel Röm. 9—11 giebt. Während die einen diese Kapitel als einen Anhang zu der Behandlung des Hauptthemas betrachtet haben, andre als einen zweiten Teil, in welchem ein nachträglich geltend gemachtes Bedenken gehoben werden solle, das Bedenken nämlich, wie es komme, daß die Gotteskraft des Evangeliums nicht an Israel, dem Volke heilsgeschichtlichen Berufs offenbar geworden sei, sah bekanntlich Baur (Paulus, 1. Aufl. S. 332 ff.) in diesen Kapiteln die Ausführung des eigentlichen Themas des Römerbriefes. Ist dies nun auch entschieden zu weit gegangen, so ist doch so viel richtig, daß Paulus dort, wo er das Evangelium beschrieb als δύναμις θεοῦ εἰς σωτηρίαν παντὶ τῷ πιστεύοντι nach dem Schriftwort: ὁ δίκαιος ἐκ πίστεως ζήσεται, gar nicht umhin konnte, den Zusammenhang mit der Erwählung und der Gotteskindschaft zu berühren. Wir haben uns früher (s. oben S. 80 f.) gesagt, daß alles Recht Israels auf Gottes gerechtes Gericht im letzten Grunde nur beruht auf dem ihm durch die Erwählung verliehenen Recht. Diesem Recht zum Rechte zu verhelfen sei die Absicht und der Zweck der Heilsoffenbarung. Diese Heilsoffenbarung ist nun zwar in Christo erfolgt und vorhanden, aber wie es scheint ist ihr Zweck nicht erreicht. Gott rechtfertigt Juden und Heiden, Beschnittenheit und Vorhaut, jene infolge von Glauben, diese mittels Glaubens, im Grunde genommen beide in gleicher Weise, aber — Israel ist darüber, wie es scheint, der Verheißung verlustig gegangen. Und doch gilt, daß Gott seine Gaben und Berufung nicht gereuen mögen (11, 29), — ein von alters her geltender Satz, z. B. Exod. 32, 11 ff.; Jes. 14, 1; 41, 9; Sach. 1, 17; 2, 16; Dan. 9, 15—19 u. a. Wie löst sich dies? Die Frage mußte Paulus angesichts der Geschichte und ihres bisherigen Verlaufes beantworten.

Paulus thut dies, indem er ausgeht von dem Unterschiede zwischen Israeliten, die zwar Recht haben mit ihrer Religion, aber von diesem Rechte nichts haben, weil sie nicht zu den Israeliten gehören, die Ernst machen mit ihrer Religion, oder zwischen Israeliten nach dem Fleisch, die zwar einen Anspruch haben auf all das Gute, was Israel vor anderen Völkern voraus hat (9, 4. 5), aber nichts davon haben, und den Israeliten, welche schließlich Erben der Verheißung werden. Er weist nach, daß von Anfang an Israel gebunden ist an die freie göttliche Erwählungsliebe, derentwegen Gott nicht der Vorwurf der Ungerechtigkeit gemacht werden könne. So ist's gewesen mit der Isaak erwählenden Verheißung, so mit der auf Jakob sich richtenden Verheißung. Nirgend ist Verdienst der Werke der Grund der Berufung, sondern freie Gnade (V. 11. 12). Bis heute gilt: so liegt es nun nicht an jemandes Wollen oder Laufen, sondern an Gottes Erbarmen (V. 16), und zwar an einem Erbarmen, dessen Walten nur den einen Zweck hat, kund zu thun den Reichtum seiner Herrlichkeit an den Gefäßen der Barmherzigkeit, welche er zuvor bereitet hat zur Herrlichkeit (V. 23). Gott thut niemanden Unrecht, den er verdammt; er thut noch weniger Unrecht, wenn er jemanden erwählt und ihm verhilft zum Glauben und dadurch zur Gerechtigkeit des Glaubens. Ganz Israel hätte dieselbe erlangen können, hat sie aber nicht erlangt, weil es das Gesetz mißbrauchte zu dem Streben, eine eigne Gerechtigkeit aufzurichten, und statt durchs Gesetz sich in den Glauben weisen zu lassen, vielmehr seine Gerechtigkeit in Werken des Gesetzes suchte (V. 30 ff.).

Damit hat der Apostel schon den Zusammenhang zwischen der Rechtfertigungsgnade und der Erwählungsgnade, welche jetzt auch die Heiden, die ἔθνη umfaßt (V. 24), aufgewiesen. Es giebt überhaupt keine andere Verbindung Gottes mit den Menschen als in frei erwählender Gnade, und hat nie eine andere gegeben, wie die Geschichte des einzigen Volkes ausweist, mit welchem Gott in Verbindung gestanden, die Geschichte Israels. Darauf beruht es, daß auf Seiten der Menschen nichts anderes dieser Erwählung, die sich durch Berufung geltend macht, entsprechen kann, als Glaube, und zwar Glaube, welcher die That Gottes dankbar hinnimmt. Solcher Glaube ist es, durch den der Mensch, der ihn leistet, mit ihm die Vergebung seiner Sünden hat, — also rechtfertigender Glaube oder Gerechtigkeit aus Glauben, und solcher Glaube ist es, in welchem der Mensch sofort die Erfahrung macht, daß es eine Gerechtigkeit aus Gesetzes Werken nicht gebe. Israels große Verschuldung ist es, daß es hierfür die Augen nicht aufgethan hat und daß es die eigne Gerechtigkeit hat aufrichten wollen und dadurch den Gehorsam des Glaubens versagt hat oder der Gottesgerechtigkeit nicht unterthan geworden ist. Des Gesetzes Ende ist Christus zur Gerechtigkeit für jeden, der da glaubt. Nichts andres wird nun gepredigt und muß gepredigt werden, als der gestorbene und auferstandene Christus, denn mit dem Herzen wird geglaubt zur Gerechtigkeit, mit dem Munde wird bekannt zum Heil, zur Rettung, wie geschrieben steht: keiner, der an ihn glaubt, wird zu schanden; wer den Namen des Herrn anruft, wird gerettet werden. Das ist die sich allen, Juden und Heiden jetzt darbietende Erwählungsgnade Gottes, von der Israel nichts hat, weil es ungehorsam ist und widerspricht (10, 1—21). Das ist keine Verstoßung, keine Aufhebung der Erwählung für das Volk, wie der auch jetzt noch vorhandene Rest, das λεῖμμα beweist, welches dies κατ' ἐκλογὴν χάριτος geworden ist. Denn jenen andern ist die Verblendung und Verhärtung und dadurch die Verstoßung nur widerfahren um ihres Mißverhältnisses zur Gnade willen. Sie sollten nicht fallen, sondern durch ihren Fall ist den Weltvölkern, die bis dahin ihre eignen Wege gegangen waren, das Heil zu teil geworden, um Israel dadurch zur Nacheiferung zu reizen. Wenn Israels Fall der Welt Reichtum, und sein Verlust, sein Ausfall der Reichtum der Weltvölker geworden ist, wievielmehr würde seine Vollzahl wirken (B. 12—16)! Nun ist es die ernsteste Aufgabe der Gläubigen aus den Weltvölkern, im Glauben und dadurch in der Gemeinschaft Gottes, in der Gnade zu bleiben, damit sie nicht einst aus dem Ölbaum ausgehauen und Israel, wenn es nicht bleibt in Unglauben, wieder eingepflanzt werde. Das aber sollen seine Leser wissen, daß doch noch einmal ganz Israel gerettet werden wird nach dem Wort: es wird aus Zion ein Retter kommen, der wird abwenden die Sünden von Jakob. So wird doch wieder wahr werden, daß Gott seine Gaben und Berufung nicht gereuen mögen. Inhalt und Zweck aller Wege und Gerichte Gottes ist nun der: „er hat alle zu=sammengeschlossen in die Sünde, damit er sich aller erbarme." Das ist das Ende seiner Wege, die er in frei erwählender Liebe geht und verfolgt. Ende und Ziel der Erwählung der Einzelnen ist das Erbarmen über alle, nicht als wenn es nun ein selbst=verständliches Recht wäre, welches jeder hätte, an ihn zu glauben, sondern wirklich glauben kann man nur an frei erwählende Liebe. Die Erwählung vollzieht sich partiell und successiv, um schließlich als universelle Erwählung zu erscheinen. Ihr geht nicht die Verwerfung der Nichterwählten zur Seite, sondern, wie ich an einem andern Orte (Wörterbuch unter ἐκλέγεσθαι) nachgewiesen habe, bezieht sich dieselbe nur auf die Erwählten, welche durch die Verwerfung aufhören, Erwählte zu sein. Dadurch ergiebt sich, daß sie in ihrem geschichtlichen Vollzuge immer nur als Erwählung der Erwählten erscheint, oder daß sie nur an den Erwählten offenbar wird, woraus sich dann erklärt, daß und weshalb Röm. 8, 29. 30 die Identität der Objekte der göttlichen Heilswirksamkeit, des προγινώσκειν, προορίζειν, καλεῖν, δικαιοῦν, δοξάζειν betont wird. Der Erwählte weiß sich als Objekt der ewigen Liebe, als herausgenommen aus der Zahl der andern, als gerechtfertigt, als verherrlicht, und das alles — auf Grund seiner Berufung und Rechtfertigung.

So ist es klar und ist und wird durch die Geschichte Is=raels und die Geschichte des Abfalls Israels und des an die ἔθνη gelangten Evangeliums klar: Rechtfertigung aus Gnaden oder Rechtfertigung aus dem Glauben und Erwählung sind schlechterdings nicht voneinander zu trennen. Es giebt keinen Rechtfertigungsglauben, der nicht Erwählungsglaube ist, keinen

Glauben, der nicht durch die Erwählungsgnade gewirkt ist. Im Galaterbrief, in welchem der Apostel es nur mit den Folgen des Rückfalls zum Gesetz zu thun hat, dem er wehren will, erinnert er doch mit einem Wort einmal an diesen Zusammenhang, wo er den Unterschied zwischen einst und jetzt seinen Lesern zu Gemüte führt und sie darauf hinweist: „damals, da ihr Gott nicht kanntet, dientet ihr denen, die von Natur nicht Götter sind, jetzt aber, wo ihr Gott erkannt habt, vielmehr aber von Gott erkannt seid." Denn dieses Erkennen seitens Gottes ist Ausdruck der göttlichen Erwählung wie Amos 3, 2; Num. 16, 5; 1 Kor. 8, 3; 2 Tim. 2, 19. Sonst aber geht er öfter auf sie zurück; so namentlich 1 Kor. 1, 26—31, wo er die Zusammensetzung der Gemeinde aus dem, was thöricht, schwach, unedel, verachtet ist vor der Welt, auf die göttliche Erwählung zurückführt, deren Zweck es ist, gerade so die ganze große Fülle und Fähigkeit der Gnade zu offenbaren. Oder wenn er an die Thessalonicher schreibt (1 Thess. 1, 4): „wir wissen eure Erwählung, daß unser Evangelium bei euch gewesen ist nicht im Worte allein, sondern in der Kraft und im heiligen Geiste," oder wenn er die Kolosser anredet als Auserwählte Gottes (3, 12), oder ihnen schreibt von dem seinen Heiligen geoffenbarten Geheimnisse Gottes, „indem er ihnen hat wollen kund thun den herrlichen Reichtum desselben" (1, 27), oder wenn er die Epheser darauf verweist, daß Gott ihn und sie schon vor der Zeit aus der geschichtlich dem Gerichte verfallenen Welt erwählt habe (1, 4 ff. 11; vgl. 2, 19 ff.; 3, 9 ff.) — überall ist seine Grundanschauung von der durch den Glauben rechtfertigenden Gnade verbunden mit dem Gedanken an die Erwählung bezw. wie Röm. 9, 11 an die erwählungsmäßig sich vollziehende göttliche Prothesis, den göttlichen Vorsatz, der sich dann auswirkt in der Berufung, Rechtfertigung, Verherrlichung, wie er dies Röm. 8, 29. 30 ausspricht.

Noch enger erscheint uns dieser Zusammenhang, wenn wir beachten, daß mit der göttlichen Erwählung der Kindschaftsgedanke in engster Verbindung steht. Dies ist schon, wie S. 79 nachgewiesen, im Alten Testamente der Fall und ist von dem Herrn Christus aufgenommen, von den Aposteln dann in den Vordergrund gerückt und von Paulus im engsten Zusammenhange mit seiner Rechtfertigungslehre ausgesprochen worden. Der Wieder=

geburtsgedanke hat damit nichts zu thun, weder daß derselbe von dem der Gotteskindschaft ausgegangen ist, wie Ritschl meinte, noch daß das Umgekehrte der Fall wäre. Unsere Gotteskindschaft ist υἱοθεσία, adoptio in filios; so war es schon mit dem Kindschaftsverhältnis Israels beschaffen, Röm. 9, 4 vgl. mit Deut. 14, 1; Exod. 4, 22; Hof. 11, 1; Jer. 31, 9, — es war begründet und erhalten lediglich durch die dieses Volk sich erwählende göttliche Liebe; so ist es auch mit dem Kindschaftsverhältnis, in welchem die Glieder des Neuen Bundes zu Gott stehen: sie sind in Gnaden angenommene Kinder Röm. 8, 15, wo das $πνεῦμα$ $υἱοθεσίας$ das $πνεῦμα$ eines auf Adoption beruhenden Kindesverhältnisses gegenüber dem $πνεῦμα$ $δουλείας$ ist. Wer bis dahin ein $δοῦλος$, nämlich $τῆς$ $ἁμαρτίας$ war, ist nun in den Stand eines Kindes versetzt, bis dahin ein Leben führend in Furcht, nun in Frieden. Christus, selbst dem Gesetze und damit dem Fluche untergeben, hat die, die unter dem Gesetz waren, losgekauft vom Fluche, damit wir diese Einsetzung in das Kindschaftsverhältnis empfingen oder Kinder Gottes würden (Gal. 4, 5), wozu Gott uns in seiner Gnade im voraus bestimmt hat (Eph. 1, 5). Hier ist der Zusammenhang zwischen der $υἱοθεσία$, der Adoption und der Erwählung ausdrücklich ausgesprochen. Die Erwählung ist bezw. setzt ein Liebesverhältnis Gottes zu uns, in welchem Gott alles, was er ist, für uns sein will, er unser Vater, wir seine Söhne und Töchter 2 Kor. 6, 18. So führt der Apostel Röm. 9, 7 ff. aus, daß nicht die $τέκνα$ $τῆς$ $σαρκός$ $ταῦτα$ $τέκνα$ $τοῦ$ $θεοῦ$ seien, sondern nur $τὰ$ $τέκνα$ $τῆς$ $ἐπαγγελίας$ $λογίζεται$ $εἰς$ $σπέρμα$, und weist dies nicht bloß an dem Sohne der Sara, sondern auch an Jakob, dem einen der Söhne der Rebbekka nach, welcher erwählt war noch ehe die Kinder geboren waren, „damit der erwählungsmäßige Vorsatz Gottes bliebe." Kinder Gottes sind die, die Gott erwählt und zu Gnaden angenommen oder die er berufen hat und deren Berufung erkennbar ist an dem Glauben, in dem sie stehen und in dem sie gerechtfertigt sind.

Der Zusammenhang mit der Rechtfertigungsgnade liegt Gal. 3, 26 deutlich vor Augen. Dort heißt es: „Alle seid ihr Söhne Gottes, $υἱοὶ$ $θεοῦ$, durch den Glauben in Christo Jesu." Dieses $υἱοὶ$ $θεοῦ$ ist inhaltlich gleich mit $δικαιωθέντες$, indem $υἱοὶ$

θεοῦ διὰ τῆς πίστεως mit ἵνα ἐκ πίστεως δικαιωθῶμεν B. 24 übereinkommt. Das Gesetz, sagt dort der Apostel, ist unser Zucht=
meister geworden auf Christum, damit wir aus Glauben gerecht würden. Nun ist der Glaube gekommen und wir sind nicht mehr unter dem Zuchtmeister, denn ihr seid alle Söhne Gottes durch den Glauben in Christo Jesu, denn so viele ihr in Rücksicht auf Christum getauft, von Sünden abgewaschen seid, habt ihr Christum angezogen und seid des Heiles teilhaftig geworden. Das „ihr seid alle Söhne Gottes" wird bewiesen durch die Er=
innerung an die Taufe und die in derselben geschehene Ab=
waschung von Sünden, also durch die Zueignung der Vergebung oder durch die Anrechnung des Glaubens als Gerechtigkeit nach Röm. 4, 5 ff., so daß also wer gerechtfertigt ist, ein Kind Gottes geworden oder bei Gott in Gnaden ist. Das Χριστὸν ἐνε-
δύσασθε besagt nicht, daß sie erscheinen als wären sie Christus oder Abbilder Christi, sondern nur, daß sie ἐν Χριστῷ sind, so daß sie und Christus zusammengehören. Es wird dadurch das ἐν Χριστῷ Ἰησοῦ des B. 26 erläutert. In ihrer Verbindung mit Christus sind sie Gottes Kinder, und diese Verbindung ist hergestellt durch die Taufe. Es ist ein Zustand, in den sie ge=
kommen sind und in dem sie sich nun befinden, und dieser Zu=
stand besteht darin, daß ihnen Christus zu gute kommt (siehe Wörterb. unter ἐνδύω). Auch die Entgegensetzung der υἱοθεσία bezw. des υἱὸς θεοῦ εἶναι mit dem Zustande des ὑπὸ νόμον εἶναι Gal. 4, 5—7 spricht für diesen Zusammenhang zwischen Rechtfertigung und Gotteskindschaft. Daß aber das πνεῦμα υἱοθεσίας, in Kraft dessen wir Abba, Vater rufen, und durch welches die getrieben werden, die υἱοί θεοῦ sind, nicht auf einen andern Gedanken führt, wird sich später ergeben. Denn dieses πνεῦμα, welches unserem Geiste bestätigt, was wir glauben, —
nämlich daß wir Gottes Kinder sind — ist das den Glauben er=
zeugende oder bewirkende πνεῦμα, welches Röm. 8, 2 ff. an die Stelle von πιστεύειν tritt, indem letzteres gleich κατὰ πνεῦμα εἶναι ist.

So erklärt sich denn auch die Aussage des Apostels, daß die Kinder Erben, nämlich Gottes Erben und Miterben Christi seien Röm. 8, 17 ff., womit er zurückgreift auf 4, 13. 14, daß nicht durch Gesetz, durch in Kraft gesetzte Rechtsordnung Abraham die Verheißung zu teil geworden sei, daß er solle die Welt

erben, sondern durch Vermittlung von Glaubensgerechtigkeit.
Denn das Gesetz bewirke nur Heilsversagung. Gerade dieser
Gegensatz zu dem, was vom Gesetze her ist oder kommt, weist
darauf hin, daß der Apostel sich mit diesem Terminus in dem
Gedankenzusammenhange des rechtfertigenden Glaubens bewegt.
Zum Überfluß aber werden wir noch durch das folgende auf
diesen Zusammenhang hingewiesen, wo der Apostel von der
υἱοθεσία im Sinne der ἐλευθερία τῆς δόξης τῶν τέκνων τοῦ
θεοῦ redet und diese zukünftige υἱοθεσία derer, die jetzt schon
Kinder Gottes sind, damit in Verbindung bringt, daß sie κατὰ
πρόθεσιν κλητοί bezw. δικαιωθέντες sind. Daß er daneben
Phil. 2, 15 von den Philippern erwartet, daß sie als τέκνα
θεοῦ ἄμωμα inmitten eines verkehrten und verderbten Geschlechts
dastehen, wo er also, wie wir sagen würden, von den Pflichten
redet, die ihr Stand ihnen auferlegt, spricht nicht für eine andre
Herkunft und Deutung dieses Begriffes.

Vor allem aber will nicht übersehen werden, daß im Zu=
sammenhange mit dem Begriffe der Gotteskindschaft der der
Vaterschaft Gottes noch in Betracht kommt, und daß, wenn der
Begriff der Gotteskindschaft mit dem der Erwählung und der
Rechtfertigung aufs engste zusammengehört, genau das Gleiche
gilt für den Begriff der Vaterschaft Gottes. Gott ist Vater in
seiner erwählenden Liebe, wie dies schon S. 79 ausgeführt ist.
Er ist aber der Vater unseres Herrn Jesu Christi, als der jetzt
in Christo seine erwählende Liebe durch Beschaffung der Erlösung
bethätigt hat, so daß er deshalb auch heißt ὁ πατὴρ τῶν
οἰκτιρμῶν 2 Kor. 1, 3. Und er ist unser Vater, als der uns
erwählt hat, Objekte seiner ewigen Liebe zu sein, die seine ver=
gebende, rechtfertigende Gnade an sich erfahren. Man kann
sagen, daß überall, wo der Apostel den Vaternamen Gottes
gebraucht, er dabei an die Erwählung denkt, wie sie als unsre
Erwählung im Evangelium zu uns gekommen und durch Be=
rufung und Rechtfertigung sich an uns vollzogen hat. Indem
er ihn ὁ θεὸς καὶ πατὴρ τοῦ κυρίου ἡμῶν Ἰησοῦ Χριστοῦ
(Röm. 15, 6; 2 Kor. 1, 3; 11, 31; Eph. 1, 3; Kol. 1, 3)
nennt, steht ihm diese Selbstbestimmung Gottes, das, was er ist,
ewig in seinem Verhältnis zu unserm Herrn Jesus Christus für
uns zu sein, objektiv vor Augen. Wie er Gottes nicht anders

gebenken kann, als in Verbindung mit Jesu Christo unserm Herrn und ebenso umgekehrt, so kann er auch nicht anders als daran gedenken, daß er in dieser Verbindung die That gethan, auf welche die Väter so lange und heiß gewartet, die Erlösungs=that, — und daß diese That dem Apostel als die Recht=fertigungsthat für uns, die Sünder vor Augen steht, ist selbst=verständlich. Wenn er ihn dann nennt $\vartheta\epsilon\acute{o}\varsigma$ $\acute{o}$ $\pi\alpha\tau\acute{\eta}\varrho$ $\acute{\eta}\mu\tilde{\omega}\nu$ (Röm. 1, 7; 1 Kor. 1, 3; 2 Kor. 1, 2; Gal. 1, 4; Eph. 1, 2; Phil. 1, 2; 4, 20; Kol. 1, 2; 1 Theff. 1, 1. 3; 3, 11. 13 u. a. St.), sowie wenn er noch kürzer sagt $\vartheta\epsilon\acute{o}\varsigma$ $\acute{o}$ $\pi\alpha\tau\acute{\eta}\varrho$ 1 Kor. 8, 6, oder $\vartheta\epsilon\acute{o}\varsigma$ $\pi\alpha\tau\acute{\eta}\varrho$ Gal. 1, 1. 3; Eph. 6, 23 u. a., oder $\vartheta\epsilon\acute{o}\varsigma$ $\varkappa\alpha\grave{\iota}$ $\pi\alpha\tau\acute{\eta}\varrho$ 1 Kor. 15, 24; Eph. 5, 20 oder bloß $\acute{o}$ $\pi\alpha\tau\acute{\eta}\varrho$ Röm. 6, 4; Eph. 2, 18, so denkt er dabei daran, daß er seine Erwählungsliebe an uns erwiesen, weshalb es auch vorzugsweise die Grußüberschriften mit ihrem $\chi\acute{\alpha}\varrho\iota\varsigma$ $\varkappa\alpha\grave{\iota}$ $\epsilon\grave{\iota}\varrho\acute{\eta}\nu\eta$ $\grave{\alpha}\pi\grave{o}$ $\vartheta\epsilon o\tilde{v}$ $\pi\alpha\tau\varrho\grave{o}\varsigma$ $\acute{\eta}\mu\tilde{\omega}\nu$ $\varkappa\alpha\grave{\iota}$ $\varkappa\upsilon\varrho\acute{\iota}o\upsilon$ $'I\eta\sigma o\tilde{\upsilon}$ $X\varrho\iota\sigma\tau o\tilde{\upsilon}$ sind, in denen er davon Gebrauch macht. Vaterschaft Gottes, Gottes=kindschaft, Erwählung, Rechtfertigung, Gnade, Friede, — das sind die unter sich zusammenhängenden Begriffe, in denen dem Apostel das ganze Christentum vor Augen steht. Und zwar sind es die Begriffe, die er vom Alten Testament her kannte, mit denen das System, aber nicht das Leben des Pharisäismus rechnete, am wenigsten das Leben eines Pharisäers, der Röm. 7, 9 ff. erfahren hatte. Es sind Begriffe, mit denen der Pharisäismus nur rechnete, indem er sie künstlich bezog auf die $\grave{\iota}\delta\acute{\iota}\alpha$ $\delta\iota\varkappa\alpha\iota o\sigma\acute{\upsilon}\nu\eta$, die aber dem Apostel sofort in ihrem ganzen gnadenreichen Inhalt und Zusammenhang sich klar legen, wie er schon im Alten Bunde vorhanden, nun aber im Neuen Bunde im Gegensatze gegen alle Verkehrung mit sieghafter Klarheit ans Licht getreten ist. Darum finden wir auch gerade in diesem Zusammenhange, wo Paulus von der Rechtfertigung aus auf die Erwählung und die Gotteskindschaft gekommen ist, Aussagen, welche mit denen des Pharisäismus schon im salo=monischen Psalter, geschweige denn im 4. Buch Esra in schnei=bendem Widerspruch stehen. Nirgend tritt derselbe schärfer zu Tage, als in dem Abschnitt des Römerbriefs Kap. 9—11, so daß nirgend weniger die Berufung auf „rabbinische Parallelen" angebracht ist, als hier.

8.
Die Bedeutung des Gesetzes.

Ist nichts erforderlich als Glaube, um das Rechtfertigungsurteil Gottes für sich zu haben, so ist es nichts mit der $\emph{ἰδία}$ $\emph{δικαιοσύνη}$, so kann das Gesetz nicht helfen, denn es richtet nur Zorn an, es bewirkt nur Heilsversagung Röm. 4, 15. Wer gestorben ist, heißt es Röm. 6, 7, der ist gerechtfertigt von der Sünde; wer gerechtfertigt ist, wider den vermag das Gesetz nichts mehr; wir die Getauften, die Glaubenden sind aber mit Christo gestorben, — das Gesetz vermag über uns nichts mehr. Wozu ist oder war nun das Gesetz da? War es nicht ein Irrtum, wenn es hieß: wer dasselbige thut, der wird leben (Gal. 3, 10)? War darum nicht das ganze Gesetz ein Irrtum, hervorgegangen aus Unkenntnis oder nur teilweise richtiger Erkenntnis Gottes? Ritschl wollte seiner Zeit aus dem $\emph{διαταγεὶς δι' ἀγγέλων}$ Gal. 3, 19 dem Apostel die Meinung zuschreiben, daß das Gesetz keine direkte Anordnung Gottes, sondern „eine Stiftung der niederen Engelmächte" sei und hat der Verweisung auf Röm. 7, 12 gegenüber sich darauf zurückgezogen, daß Paulus eben zu verschiedenen Zeiten verschieden über das Gesetz und seine Entstehung gelehrt oder gedacht habe. Dem gegenüber ist es überflüssig, darauf hinzuweisen, daß es dann $\emph{ὑπ' ἀγγέλων}$ statt $\emph{δι' ἀγγέλων}$ heißen müsse. Die Aussagen des Apostels lassen erkennen, daß das Gesetz ihm in allem Ernste Gesetz Gottes und heilig, recht und gut ist. Um so unabweisbarer nicht bloß zum Verständnis seiner Gedanken, sondern für alle, die seinem Evangelium glauben, ist deshalb die Frage nach dem Zweck des Gesetzes und die Frage, was es mit der Freiheit des Christen vom Gesetze auf sich habe. Hier muß sich endlich jene Frage beantworten, welche in der alttestamentlichen Zeit unbeantwortet blieb und bleiben mußte, und welche in der rätselhaften Zusammenschließung des sogenannten Kultusgesetzes mit dem Moralgesetz gipfelte, die immer wiederkehrende Frage nach dem Zwecke des Gesetzes, die in der Christenheit in der Frage nach der Giltigkeit des Gesetzes für den Christen sich ausspricht. Das Gesetz zu halten und doch des Heiles zu warten, welches steht in der Vergebung der Sünden (Luk. 1, 74—77), und so ständig beides zu verbinden, wie es die erste aus Israel stammende Christenheit, die Gemeinde von messiasgläubigen Juden that, das war auf die Dauer unmöglich, denn die nicht aus dem Gesetz stammende Gerechtigkeit litt es wohl noch, daß man sich unter bestimmter Deutung noch eine Zeit lang am Opferkultus beteiligte, aber nicht auf die Dauer. „Wir sind nicht Kinder der Magd, sondern der Freien" sagt Paulus Gal. 4, 31 und fordert 5, 1: „für die Freiheit hat uns Christus befreit; so stehet nun, und laßt euch nicht wieder in ein Joch der Knechtschaft gefangen halten." Wie also urteilt Paulus, wie urteilt der mit Paulus gerechtfertigte Christ über den Zweck des Gesetzes?

Vor allen Dingen zunächst so: das Gesetz hat die Gerechtigkeit nicht bewirkt, — das Gesetz kann sie nicht bewirken, es kann nicht bewirken, daß Gott für uns ist, denn er ist im Gesetz gegen uns; „wenn ein Gesetz gegeben wäre, welches im stande wäre lebendig zu machen, so käme die Gerechtigkeit wirklich aus dem Gesetz (Gal. 3, 21)". Denn wenn dann auch die Zahl der Gerechten eine noch so beschränkte wäre, ihre beschränkte Zahl bewiese doch, daß der Mensch durchs Gesetz gerecht werden könne, und dann wäre kein Raum da für eine anderweitige Heilsoffenbarung. Aber thatsächlich hat das Gesetz noch niemanden gerecht gemacht und wird niemand durchs Gesetz vor Gott gerecht, vgl. Gal. 3, 11, wo der Apostel sich durch $δῆλον$ auf die offenkundige Thatsache beruft: $ὅτι\ ἐν\ νόμῳ\ οὐδεὶς\ δικαιοῦται\ παρὰ\ τῷ\ θεῷ\ δῆλον$, denn $ὁ\ νόμος\ ὀργὴν\ κατεργάζεται$ Röm. 4, 15, und also gilt: $διὰ\ γὰρ\ νόμου\ ἐπίγνωσις\ ἁμαρτίας$ Röm. 3, 20.

Paulus hat an sich selbst erlebt, daß das Gesetz das Heil nicht bringen kann, daß das Streben nach einer $ἰδίᾳ\ δικαιοσύνῃ$ umsonst ist; er hat an sich selbst erlebt, daß das Gesetz nur Zorn, nur Heilsversagung bewirkt, hat dies aber erst eingesehen und sich klar gesagt und gestanden, als er das Heil ohne das

Gesetz gefunden hatte. Da ist ihm auch der Zweck des Gesetzes, ja da auch erst das Wesen des Gesetzes klar geworden. Bis dahin hatte er mit dem Begriff des „geoffenbarten Gesetzes" gerechnet und das Wesen desselben in erster Linie in der Formulierung der Forderung, der sittlichen, religiösen und politischen Verpflichtung gesehen. Erst seitdem das Gesetz gegeben, konnte man wissen, was man zu thun hatte, und nun kam es darauf an, daß man dies that. Jetzt dagegen erkannte er, daß nicht das Wissen um die Forderungen Gottes helfe, und daß es nicht der Zweck des Gesetzes sei, ein solches Wissen zu bewirken, sondern daß das Gesetz eine das Geschick wirksam gestaltende Macht sei und daß es darauf ankomme, was das Gesetz wirke. Das Gesetz fordert Werke und bewirkt die Vergeltung, denn es ist die mit Rechtskraft ausgestattete und in Geltung gesetzte Ordnung des Gemeinwesens, deren Wirksamkeit höchstens aufgehalten werden kann, vgl. S. 86 ff. Im Lichte der Gotteswirkung, die ihn getroffen, sieht Paulus diese Wirksamkeit des Gesetzes an sich selber in dem Verdammungsurteil, das er mit sich herumgetragen, ohne es sich gestehen zu wollen, sieht, daß es ihm schon längst, schon von Anfang an das Heil versagt hat, und erkennt damit, daß die, so mit des Gesetzes Werken umgehen, unter dem Fluche sind, ὅσοι ἐξ ἔργων νόμου εἰσίν, ὑπὸ κατάραν εἰσίν, Gal. 3, 10. Unter dem Gesetz sein heißt unter dem Fluch sein, Gal. 4, 4. 5. Wo kein Gesetz ist, da wird die Sünde nicht zugerechnet, Röm. 5, 13, da ist keine παράβασις Röm. 4, 15, d. h. keine schuldigmachende Übertretung, es sei denn, daß man sich selbst Gesetz sei und sich selbst die Sünde zurechnen müsse, Röm. 2, 14. Dies aber findet nur statt in Rücksicht auf den kommenden Gerichtstag. Im Gesetz Israels handelt sich's aber nicht erst darum, sondern um die Gegenwart, um die diesseitige Wirkung, und diese ist die Heilsversagung. Nur Erkenntnis der Sünde (Röm. 3, 20; 7, 13), das ist die einzige Wirkung bei denen, die es auf sich wirken lassen, was es wirken will.

Das sagt von seiner Erfahrung, die er von der Wirksamkeit des Gesetzes gemacht hat, derselbe Paulus, der Phil. 3, 6 von der Zeit vor seiner Bekehrung das auch nachher noch geltende Urteil abgibt: κατὰ δικαιοσύνην τὴν ἐν νόμῳ γενόμενος ἄμεμπτος, nach der im Gebiete des Gesetzes sich bewegenden und erforderten Gerechtigkeit untabelig. Wie ist das möglich? Sind jene und diese Auffassung „zwei unvereinbare Vorstellungsweisen"? Man wird doch einem Manne, dessen Anschauungen, soweit wir bis jetzt gesehen, in großartiger Weise zusammenhängen, erst dann den Vorwurf machen dürfen, — wenn man sich nicht entschließt, die Sache auf sich beruhen zu lassen, — wenn sich die Wirklichkeit solcher Unvereinbarkeit unzweifelhaft aufdrängt. Sehen wir deshalb genauer zu.

Das Gesetz rechnet damit, daß es Sünder sind, denen es gilt, und daß sie Sünder bleiben trotz des Gesetzes. Damit sie nun dennoch in Gnaden bleiben können, oder damit Gott nicht genötigt werde, seinen Zorn zu offenbaren und den Fluch des Gesetzes an ihnen zu verwirklichen, verband er mit dem Dekalog das Kultus- oder Heiligkeitsgesetz, ein Gesetz, welches die Erhaltung der Gnade bezw. des Bundes für den Sünder bezw. das sündige Volk bezweckt; vgl. oben S. 89 ff. So war es möglich, daß der Sünder, der seine Sünde erkannte und Vergebung begehrte, in Gnaden blieb. So ergab sich auch gerade dem Sünder, der wohl wußte, was Gott eigentlich von ihm begehre, die Pf. 40, 7; 50, 9 ff.; 51, 18 ff. ausgesprochene Erkenntnis: „Du hast nicht Lust zum Opfer, ich wollte dir's sonst wohl geben, und Brandopfer gefallen dir nicht; die Opfer, die Gott gefallen, sind ein geängsteter Geist; ein geängstetes und zerschlagenes Herz wirst du, Gott, nicht verachten." Dasselbe hatte schon Samuel Saul gegenüber ausgesprochen, wenn er betonte, Gehorsam sei besser als Opfer, 1 Sam. 15, 22, und Jeremia hatte betont, daß es Gott bei der Ausführung aus Ägypten nicht sowohl auf den Opferdienst angekommen sei, als auf ein gehorsames Volk, Jer. 7, 22; Exod. 19, 5; vgl. Mich. 6, 6—8. Aber diese Erkenntnis hatte niemanden abgehalten und konnte niemanden abhalten vom Opferkultus, vgl. Pf. 51, 9; Jer. 7, 30 u. a. Während nun die Stillen im Lande einfältig ihren Weg gingen im Gehorsam gegen das ganze Gesetz, (Luk. 1, 6) und auf den Retter warteten, der ihnen Vergebung der Sünden bringen sollte (Luk. 1, 77), ging der Pharisäismus anscheinend denselben Weg, aber mit dem Zweck, eine $ἰδία$ $δικαιοσύνη$ aufzurichten (Luk. 18, 9 ff.; Röm. 9, 30—32; 10, 3), damit ihnen um dieser Gerechtigkeit willen Gott die Verheißung erfülle und die nötige Vergebung ihnen deshalb zu teil werde, weil ihrer Gerechtigkeitsthaten mehr sei als ihrer Sünden, (s. oben S. 93). Ἰδία δικαιοσύνη ist nicht das gleiche wie δικαιοσύνη ἡ ἐν νόμῳ. Die letztere wird zur ersteren, wenn sie als ἐμὴ δικαιοσύνη ἡ ἐκ νόμου geltend gemacht wird (Phil. 3, 9). Paulus war in Rücksicht auf solche im Gesetz geforderte Gerechtigkeit unsträflich im Unterschiede von vielen seiner Genossen, als er sich nie die notwendige innere Triebfeder und Teilnahme des Herzens an seinen kultischen Leistungen verborgen und mit aufrichtigstem Ernste sich den παραδόσεις πρεσβυτέρων ꝛc. gefügt hatte. Vgl. die von ihm Röm. 7, 7 ff. ausgesprochene Erfahrung und seine Bemerkungen Akt. 22, 3; 26, 4. 5, in denen er sich darauf beruft, daß sein Leben von Jugend auf allen Juden bekannt sei, die ihn von früher her kannten und bezeugen könnten, wenn sie wollten, daß er κατὰ τὴν ἀκριβεστάτην αἵρεσιν τῆς ἡμετέρας θρησκείας als Pharisäer gelebt habe. Aber eben von dieser untadeligen Gerechtigkeit muß er jetzt nach seiner Bekehrung gleichzeitig bekennen, daß sie doch nicht die Gerechtigkeit gewesen, welche Gottes Urteil für sich habe. Seine Erfahrung ist die, daß er als Fleisch vom Fleische (σαρκινός) unter die Sünde verkauft sei, πεπραμένος ὑφ' ἁμαρτίαν, Röm. 7, 14, daß gerade das Gesetz, welches er so bis in's einzelnste genau habe erfüllen wollen, ihm diese Erkenntnis aufgenötigt habe, denn an demselben sei die Sünde lebendig geworden und habe lauter Lust, lauter böse Begierde in ihm erregt (Röm. 7, 8). Es ist aber nicht eine rein individuelle Erfahrung, die er damit beschreibt und die für seine Leser nur insofern ein Interesse hat, als sie daraus die eigentümliche Genesis seiner Evangeliumsverkündigung verstehen können, (so Ritschl, Rechtfertigung und Versöhnung 2, 313; 3. Aufl. S. 315; 1, 180). Wenn er Röm. 2, 27 sagt, daß die natürliche Vorhaut, die das Gesetz halte, den richten werde, der durch Vorschrift und Beschneidung ein Übertreter des Gesetzes sei — σὲ τὸν διὰ γράμματος καὶ περιτομῆς παραβάτην νόμου —, so meint er damit nicht, wie noch Lipsius im Kommentar zum Römerbrief annimmt, „die Lebensumstände, unter denen der Jude gleichwohl zum Gesetzesübertreter geworden ist," sondern er meint, was auch die Präposition διά ausdrückt, daß γράμμα und περιτομή die Mittel gewesen sind, um ihn zum παραβάτης νόμον zu machen. Denn wenn dies auch nicht der eigentliche Zweck des Gesetzes zu sein scheint, — die einzige Wirkung ist es, und somit legt der Apostel Röm. 7 nicht eine rein individuelle Erfahrung klar, sondern er rechnet auf Verständnis und Zustimmung aller derer, die wissen, was es mit Gesetz und Sünde auf sich hat.

Diese Erkenntnis hat Paulus mit einem Schlage gewonnen durch seine Bekehrung. Er hätte sie schon früher haben können, seit das Gesetz an ihn herangekommen ist. Aber er wollte sie nicht haben und gestand sich und anderen nicht, was in ihm vorging. Nun aber gestand er es sich und sprach es aus: das Gesetz wirkt nur Erkenntnis der Sünde und Heilsversagung. Beide, Juden und Heiden sind unter der Sünde, nicht bloß die Heiden, von denen es der Apostel Röm. 1, 18 ff. nachgewiesen hat, sondern auch die Juden, denen ihr eigenes Gesetz es bezeugt, „auf daß jeder Mund verstopft werde und alle Welt Gott schuldig sei" (Röm. 3, 19). Wenn so das Gesetz nicht seine Erfüllung bewirkt und nicht bewirken kann, weil die οἰκοῦσα ἐν ἐμοὶ ἁμαρτία (Röm. 7, 17) vorhanden ist, die an dem Gesetz nur Anlaß nimmt, sich zu äußern, so entsteht nun um so ernster die Frage: was soll denn das Gesetz? Gott ist es, der es gegeben hat, der Gott, von dem Paulus weiß, daß seine Offenbarung oder all sein Thun nur den Zweck hat, der Sünde entgegenzuwirken, um uns zu erlösen; darum ist auch das Gesetz heilig und das Gebot ist heilig, gerecht und gut; aber wenn das Gesetz nicht imstande ist, das Heil zu geben, weil es nicht imstande ist, Gehorsam zu wirken, wozu ist es denn da?

Die Antwort ergiebt sich dem Apostel von der Erwägung aus, wie viel Mühe es gekostet hat, um ihn selbst soweit zu bringen, daß er sich und anderen Rechenschaft über die Wirkungen des Gesetzes gab. Er hat es erlebt, daß das Gesetz ihn zum παραβάτης machte, — das sollte es auch. Nicht als wenn es dazu dagewesen wäre, παραβάσεις hervorzurufen, wie Gal. 3, 19 erklärt wird: τῶν παραβάσεων χάριν προσετέθη, was z. B. auch mit 1 Tim. 1, 9 nicht stimmen würde, wonach δικαίῳ νόμος οὐ κεῖται, es gilt ihm nicht, sondern den ἀνόμοις, ἀνυποτάκτοις ꝛc. Es ist dazu da, die Sünden, welche geschehen, zu παραβάσεις zu machen, welche zugerechnet werden, Röm. 5, 13, und dadurch, daß die Sünde Ursach nimmt am Gebot, sie καθ' ὑπερβολὴν ἁμαρτωλός zu machen, Röm. 7, 10—13, also daß es indirekt παραβάσεις bewirkt, sodaß dem Gesetz gegenüber die Sünde zunimmt, indem die ἁμαρτία bezw. das παράπτωμα, der Fall, den das sündigende Subjekt erleidet, zur παράβασις, zur verschuldenden Übertretung wird und so den Sünder unter den Fluch zwingt. Darum heißt unter dem Gesetze sein so viel als unter dem Fluch sein, Gal. 4, 4; 3, 10. Das war die Absicht Gottes bei der Gesetzgebung, auf diese Weise das Volk durch das Erleben des Fluches zur Erkenntnis der Sünde zu bringen, damit es im Glauben an die Gnade Gottes die Gerechtigkeit finde, deren es bedarf und die es doch nicht durch das Gesetz erlangt. Dies führt der Apostel Gal. 3, 10 ff.; Röm. 3, 27—31 aus. Das Gesetz — und nun ist es unerläßlich, sich zu vergegenwärtigen, daß Gesetz nicht die formulierte Forderung, sondern in Geltung und Wirksamkeit gesetzte Rechtsordnung ist, die sich jedem fühlbar macht, der es übertritt — das Gesetz ist im Zusammenhange der Wege Gottes nur zwischen eingeschoben. Es verheißt Leben, würde es auch geben, wenn irgend jemand da wäre, dem es das Leben geben könnte, giebt es aber nicht, weil niemand da ist, verhängt vielmehr von vornherein damit, daß es da ist, den Fluch. Und daß diese Thatsache erkannt und empfunden werde, das ist der Wille Gottes. Die Heiden sind so wie so unter dem Zorne Gottes, Röm. 1, 18 ff.; 2, 12 ff. Israel, so hoch bevorzugt durch die Gesetzgebung (Röm. 9, 4; Eph. 2, 12), soll durch das Gesetz lernen, daß es gleichfalls verloren ist, damit es sich im Ernste der Gnade zuwende. Denn — und das ist nun wichtig für das Verständnis — Israel hat ja außer dem Gesetz die Verheißung, ἐπαγγελία, deren Erfüllung τὸ εὐαγγέλιον ist. Diese Verheißung ist lediglich gebunden an den Glauben, der einfach und einfältig, indem er Ernst macht mit der Religion, hinnimmt, was Gott giebt. Aber es stellt sich heraus, daß der Same Abrahams, dem die Verheißung gilt, nicht in den Fußstapfen des Glaubens Abrahams wandelt, Gal. 3, 16; Röm. 4, 10—13. Nun gilt es, das Volk dazu zu erziehen, daß es im Glauben die Erfüllung der Verheißung empfängt und hinnimmt, Gal. 3, 23—25. Dazu dient das Gesetz. Es kann ihm deutlich machen, daß ihm nichts anders übrig bleibt, als Gnade Gottes und Glauben, und wem es diese Erkenntnis aufnötigt, der erkennt auch, daß es damit seinen Zweck erreicht hat, daß es nur eine Zwischenanstalt ist, Röm. 5, 20; Gal. 5, 22, gar nicht auf ewige Dauer berechnet. Dies kann gar nicht sein, weil die Verheißung nicht nur für eine endliche Minderzahl da ist, die, wie sie meinen könnte, das Gesetz endlich zu erfüllen gelernt hat, sondern weil sie aus Gnaden gegeben und aus Gnaden erfüllt ist. Es hat seinen Dienst an denen gethan, die gelernt haben, im Glauben die in Christo erschienene Gnade Gottes hinnehmen. Dies sind freilich nur wenige unter Israel. Den übrigen hat es nicht geholfen, und diese übrigen sind diejenigen, deren Führer die Pharisäer sind, die dem Gesetz die Macht zuschreiben, das Heil zu verwirklichen, weil sie ihre Ohnmacht und die Macht der Sünde in ihnen nicht verstehen — nein, weil sie dieselbe nicht erkennen und nicht erkennen wollen.

Denn das ist allerdings unabweisbares Erfordernis, daß man der von dem Gesetze aufgedrängten und aufgenötigten Erfahrung ernstlich und ehrlich ins Auge sieht, der Erfahrung, welche Paulus Röm. 7, 14 dahin ausspricht: ἐγὼ σαρκινός εἰμι πεπραμένος ὑπὸ τὴν ἁμαρτίαν, welche sich als Erfahrung des glaubenden Christen gestaltet zu der Erfahrung von dem Widerstreit zwischen Geist und Fleisch, zwischen dem Geiste Gottes und unserem Fleische, Röm. 8, 4 ff.; Gal. 5, 16 ff. Wer aber vor dieser Erfahrung die Augen nicht verschließt, dem wird auch der große beseligende Unterschied klar, der besteht zwischen Sünde und Tod, die von dem ersten Adam her über uns gekommen sind und sich als so mächtig erwiesen haben, daß wir rettungslos verloren sind, und zwischen der Gnade und dem Leben, das uns von dem anderen Adam, von Christus her zuteil wird, Röm. 5, 12 ff. Daß in dieser ganzen Ausführung des Apostels der Gedanke vorherrscht, daß wir ausnahmslos geborene Sünder sind, und deshalb auch der Gedanke unabweisbar ist, daß wir die Sünde nicht aus Gottes Hand, sondern durch den Fall des Erstgeschaffnen übertommen haben, liegt auf der Hand. Es bedarf des Aufwandes aller dialektischen Kunst, um die Thatsache der Erbsünde hinwegzuschaffen und die Möglichkeit einer sünblosen Entwicklung anzuerkennen, weil dieselbe weder a priori, noch gemäß den Bebingungen der Erfahrung — also nach dem Induktionsbeweis! — in Abrede zu stellen sei (Ritschl³ 3, 358), und demgemäß dann zu erklären, die an und für sich schon undeutliche Ausführung in Röm. 5, 12 ff. sei nur ein seiner pharisäischen Zeit entstammendes undeutliches Theologoumenon und in jedem Falle für uns unverbindlich.

Ist nun das die Bedeutung des Gesetzes, daß es als Zwischenanstalt hat wirken sollen, so ergiebt sich auch, daß und weshalb es mit der Vollbringung der Versöhnung und mit der Bewirkung unserer Rechtfertigung durch den Glauben seine Endschaft gefunden. Seit wir Christum haben können durch den Glauben, und seit Christus und damit der Glaube an ihn verkündigt und dargeboten wird, kurz seit als einzige Heilsordnung der Glaube gepredigt und geübt wird, kann niemand mehr angehalten werden, sich um der Erlangung des Heiles willen und doch fruchtlos dem Halten des Gesetzes zu unterziehen. Das Gesetz war Heilsordnung und sollte die Erkenntnis bewirken, daß es trotzdem das Heil nicht verschaffen könne, weil es außer stande sei, seine Erfüllung zu bewirken. Es hat nie etwas anderes gewirkt als Sündenerkenntnis, selbst bei den Pharisäern, die das nicht Wort haben wollen. Jetzt ist das Heil da ohne das Gesetz, jetzt hat die große göttliche Ordnung, die es festgesetzt und in großer Geduld es angewendet hat, ihre Endschaft erreicht, und zwar sowohl der Dekalog, als das Kultusgesetz, als das soziale Gesetz. Die Freiheit vom Dekalog führt der Apostel im Römerbrief, die vom Kultusgesetz im Galater= und Kolosserbrief aus. Was zuerst die Freiheit vom Kultusgesetz anbetrifft, so ist freilich zu unterscheiden, was dasselbe vom Heile gewährt und was es nicht leistet. Daß es das Heil nicht gewährt, das führt Paulus im Galater= und Kolosserbrief aus, während z. B. der Verfasser des Hebräerbriefes es mit dem zu thun hat, was es gewährt als δικαίωμα σαρκός, nämlich Verbleiben in der Bürgerschaft Israels und ein alljährliches Gedächtnis der Sünden. Der Standpunkt, wie man sagt, oder richtiger der Gesichtspunkt, unter dem es der Verfasser des Hebräerbriefes betrachtet, schließt den Gesichtspunkt des Paulus im Galater= und Kolosserbriefe nicht aus, wie denn auch beide einig sind in dem Urteil über die gegenwärtige Giltigkeit des Gesetzes. Während der Verfasser des Hebräerbriefes in Rücksicht schon auf die Verheißung Jer. 31, 31 ff. sagt: ἐν τῷ λέγειν καινήν, πεπαλαίωκε τὴν πρώτην· τὸ δὲ παλαιούμενον καὶ γηράσκον ἐγγὺς ἀφανισμοῦ, sagt Paulus Gal. 4, 9 nur noch deutlicher: „nachdem ihr jetzt Gott erkannt habt, vielmehr von Gott erkannt seid, wie kehret ihr wieder um zu den ἀσθενῆ καὶ πτωχὰ στοιχεῖα, denen ihr wiederum von vorn dienstbar sein wollt?" Es ist für die in Rede stehende Frage gleichgiltig, wie στοιχεῖα erklärt wird¹); so viel steht fest, daß der Apostel nicht scharf genug die Bedeutungslosigkeit, ja den Widerspruch dieser alttestamentlichen Heilsordnung, wenn sie von neuem aufgerichtet wird, gegen die jetzige Heilsordnung des Glaubens betonen kann. Denn wenn die alttestamentliche Heilsordnung jetzt wieder aufgerichtet wird, so ist das Ergebnis für den gläubigen Christen das, daß er dadurch die Gnade nicht bloß nicht bewahren kann, sondern sie geradezu verliert, Gal. 4, 30; 5, 4; 2, 21. Sie hat nichts genützt, des ist das ungläubig gebliebene Israel ebenso Zeuge, wie es die gläubig gewordenen Israeliten sind, denen nicht um ihres Gehorsams willen, sondern rein aus Gnaden als Vergebung all ihrer Sünden das Heil zuteil geworden ist. Sie nützt darum auch nichts, wenn sie den an Christum Gläubigen auferlegt werden soll, denn geben, was sie schon haben, könnte sie nicht, und helfen bewahren, was sie haben, kann sie auch nicht, denn sie ist in ihrem ganzen Bestande nur auf ein entweder — oder angelegt, entweder Segen oder Fluch, und da sie nicht den Segen bringen kann, würde sie uns von neuem unter den Fluch verhaften. So wäre es ein Abfall von Christo, zu dem alttestamentlichen Gesetz, der alttestamentlichen Heilsordnung zurückzukehren. In dieser Gefahr sind alle, die sich beschneiden lassen; sie sind dadurch das ganze Gesetz zu halten schuldig, sie sind von Christo weg zu nichte gemacht worden, sie haben Christum verloren. Was es wirklich leistete, ist nur Schatten von dem Zukünftigen, Körper ist Christus. In Christo, dem Haupte der Gemeinde, sind sie vollkommen das, was und so wie sie sein sollen, denn in ihm wohnet die Fülle der Gottheit nicht mehr wie in den Institutionen des Alten Bundes schattenhaft, sondern wirklich (Kol. 2, 9), und was die Institutionen des Alten Bundes

---

¹) Ich fasse es in der Bed. „Anfangsgründe" und habe den Beweis dafür zu liefern gesucht im Wörterbuch unter στοιχεῖον.

nur schattenhaft, nicht wirklich leisteten von der Beschneidung an, das ist in Wirklichkeit an uns geschehen in unserer Verbindung mit Christus und durch dieselbe. Denn was die Beschneidung abbildete, die Ablegung des Fleischesleibes, das ist an uns geschehen in der ohne Hände an uns vollzogenen Beschneidung Christi dadurch, daß wir in der Taufe mit ihm begraben, mit ihm auferweckt und lebendig gemacht sind, Kol. 2, 8 ff. Das ist die selige Freiheit eines Menschen, der an Jesum den Messias glaubt.

Indem so das Gesetz nicht aufgehoben, sondern von selbst an seiner eigenen Wirkungslosigkeit zu Ende gekommen und an seiner Statt die Gnade Gottes in Christo getreten ist, kann es in keiner Weise selbst dort nicht wieder aufgerichtet werden, wo man es versucht, und kann die Christenheit in keiner Weise wieder daran gebunden werden, auch nicht einmal an das Sabbatsgebot Kol. 2, 16. Es würde ja nur von neuem seine Wirkungslosigkeit erweisen, und mehr als das: es würde die in Christo selig gewordenen unselig machen. Wie verträgt sich aber damit, daß derselbe Apostel Röm. 13, 8—9 seine Forderung, niemanden etwas schuldig zu sein, als nur einander zu lieben, mit der Erinnerung an die Forderung des Gesetzes begründet? Das Gesetz gilt nicht mehr für den Glaubenden. Was heißt das? Hier gerade wird die gewonnene Erkenntnis von dem Wesen des Gesetzes besonders bedeutsam. Das Gesetz bindet das Heil an seine Erfüllung; das ist die eigentümliche in Israel in Geltung gesetzte Gottesordnung. Es besteht nicht in der Formulierung der sittlichen Wahrheit. Diese besteht vorher und nachher auch abgesehen von dem Gesetz. Aber das war das besondere, daß die Erfüllung der sittlichen Wahrheit und Israels Geschick miteinander in Verbindung gesetzt werden. Das Gesetz setzt diese Verbindung fest. Darum ist auch die sittliche Wahrheit in ihrer Beziehung auf Israel und in der besonderen Weise, wie sie gerade in dem Volkstum Israels, des von Gott zu besonderem Zwecke erwählten Volkes, geübt werden will und soll, ausgesprochen worden. Moralgesetz, Kultusgesetz, soziales Gesetz bilden ein in sich zusammenhängendes geschlossenes Ganzes. Wird es verwirklicht, so erlebt Israel das Heil auf Grund seiner in diesem Gesetz und durch dasselbe festgesetzten Gerechtigkeit. Wird es nicht verwirklicht, so hat es nichts anderes zu erwarten, als den Fluch. Es wurde nicht verwirklicht und war nie verwirklicht worden. Darum war Israel unter dem Fluch. Da kam die Gnade Gottes in Christo, also trotz dieser gesetzlichen Ordnung. Nun war es zu Ende. Das Gesetz, welches bis dahin nichts genützt hatte, nützte jetzt erst recht nichts mehr. War damit auch die im Gesetz zum Ausdruck gekommene sittliche Wahrheit zu Ende? Gewiß nicht. Die sittliche Wahrheit, der das Gesetz Ausdruck gegeben hatte, die sittliche Forderung abgesehen von ihrer besonderen, auf die Verwirklichung in Israel berechneten Gestalt, behielt und behält ihre verpflichtende Kraft, aber für die Erlangung des Heiles wirkt ihre Erfüllung nichts, denn sie kann ja nicht erfüllt werden von dem, der das Heil noch nicht hat. Nur wer das Heil hat, kann die sittliche Forderung verwirklichen, denn was Gott gethan hat in Anbetracht der Unfähigkeit des Gesetzes, weil es durch das Fleisch geschwächet war, das hat er gethan, ἵνα τὸ δικαίωμα τοῦ νόμου πληρωθῇ ἐν ἡμῖν Röm. 8, 4, damit die Rechtsordnung des Gesetzes in uns erfüllt würde. Der Apostel sagt aber „in uns", nicht von uns, weil es darauf ankommt — wie das folgende τοῖς μὴ κατὰ σάρκα περιπατοῦσιν ἀλλὰ κατὰ πνεῦμα zeigt, — daß unser Sein, nicht bloß das einzelne Thun, diesem δικαίωμα entspricht. Dies hat Gott bewirken wollen und bewirkt durch die Sendung und Hingabe seines Sohnes. So ist die Rechtsordnung des Gesetzes nicht durch uns und nicht durchs Gesetz erfüllt, und doch ist sie erfüllt, und der Wandel der Gläubigen kann nun nur die Aufgabe haben, dieses Gut zu bewahren und zu bewähren im Kampf des Geistes wider das Fleisch Röm. 8, 5—14. Es ist wie oben in Abschn. 6 dargelegt wurde. Das Gericht erfolgt nach den Werken, ob es Glaubenswerke bezw. ob unser ganzer Wandel ein Glaubenswerk ist. Ist er ein Glaubenswerk, so ist er Verwirklichung der sittlichen Wahrheit, welche ja auch den eigentlichen Inhalt des Gesetzes Israels bildete, aber diese Verwirklichung ist weder hervorgerufen durch das Gesetz, noch dient sie dem Zwecke des Gesetzes. Deshalb kann Paulus Röm. 13, 8. 9 seine Forderung begründen mit der Forderung des Gesetzes: du sollst deinen Nächsten lieben wie dich selbst, welche die Einzelforderungen alle umspannt. Aber er begründet sie nicht damit, daß das Gesetz sie verlangt, denn damit hätte er das alttestamentliche Gesetz, die alttestamentliche, nun zu Ende gekommene Heilsordnung wieder aufgerichtet.

Das Gesetz als Ausdruck der sittlichen Wahrheit bleibt unangetastet, aber das Gesetz als Heilsordnung ist definitiv zu Ende gekommen. Darum kann z. B. auch Paulus sich 1 Kor. 9, 9 mit der Forderung: „Du sollst dem Ochsen, der da drischet, das Maul nicht verbinden" ausdrücklich auf das Gesetz Moses und darauf, daß es δι' ἡμᾶς ἐγράφη, berufen. Die Übertreter haben es zu verantworten; wer aber gerecht ist, ist nicht durchs Gesetz gerecht und ist mit der Bewahrung und Bewährung seiner Gerechtigkeit nicht an das Gesetz, sondern an den Glauben gewiesen, durch den er sie hat.

Dazu kommt noch eins. Eine stärkere, rückhaltlosere Anerkennung des Gesetzes, als sie im Glauben enthalten ist, giebt es nicht und kann es nicht geben. Denn das Evangelium, welches auf Grund ihrer Gerichtsverhaftung denen, die unter dem Gesetz sind, und denen, die ohne Gesetz ebenfalls verloren sind, Gnade darbietet, und der Glaube, der im Gegensatze zu der Verlorenheit des Sünders solche Gnade hinnimmt, sie beide bejahen damit die Wirksamkeit des Gesetzes so stark wie möglich. Nur unter Voraussetzung dieser Anerkennung bezw. nur unter gleichzeitiger Bewirkung dieser Anerkennung kann es Glauben geben. Darum sagt der Apostel: „Machen wir nun das, was Gesetz ist, zu nichte durch den Glauben? Das sei ferne, sondern wir stellen es hin als unbedingt giltig" Röm. 3, 31, aber eben darum auch als nicht mehr wirksam für den Glauben, der, was das Gesetz fordert, in Kraft der Gnade thut und in Kraft der Gnade erlöst und frei ist von dem, was das Gesetz verhängt. Der Glaube nämlich, der sich dankbar frei weiß von der Wirksamkeit des Gesetzes, weiß und hält sich gebunden durch Gottes Gnade, in deren Licht er seine Lebensaufgabe erfaßt und ansieht. Diese Lebensaufgabe besteht darin, nicht wieder gebunden zu werden durch die Sünde, für die er in der Gemeinschaft mit dem für ihn, für seine Sünden gestorbenen Christus tot ist (Röm. 6, 2. 8 ff. 17. 18). Während bis dahin die Sünde herrschte, deren Kraft das Gesetz war (1 Kor. 15, 56), ist der Glaubende „Knecht der Gerechtigkeit" geworden, nämlich des Standes, in welchem er durch den Glauben Gottes Urteil für sich hat. Dafür muß er nun leben, nicht mehr für die Sünde, sondern in der Gemeinschaft Gottes Röm. 6, 18—22, also wieder nicht in

Kraft des Gesetzes, welches solches gar nicht wirken kann, sondern in Kraft des Glaubens.

Daß solches Glaubensleben, soweit es im Leben mit den Menschen und für die Menschen ist, ein Liebesleben sein soll und ist, mag sich dem Ausdruck nach auf das Gesetz und seine Forderung der Liebe zurückführen, beruht aber dem Wesen nach in der Erkenntnis der Liebe Gottes und Christi, Röm. 5, 8; Eph. 5, 2; Gal. 2, 20; Kol. 2, 12. 13. Mit der Erkenntnis, nicht bloß glauben zu müssen an den verworfenen Jesus, den Gott als Messias legitimiert hatte, sondern glauben zu dürfen an diese Liebe Gottes, die Gott selber preist, daß Christus für uns gestorben ist, da wir noch Sünder waren, hat sich ein solcher Strom von Liebe über den Apostel ergossen, wie ihn auch das Alte Testament in seinem Gebot der Liebe gar nicht ahnte. Eine Liebe, welche dem Gesetze entgegenwirkte und lieber den Sohn, lieber sich hingab, ehe sie uns dem Gerichte des Gesetzes überließ, war noch nie erhört worden, ja war nicht denkbar, weil man sich nicht denken durfte, was wider das Gesetz war. Nun wußte er, was geliebt sein heißt, — nun wußte er aber nicht bloß auch, was lieben heißt, sondern sein Glaube war ein Gebundensein an diese Liebe. Indem er nicht bloß für sich glaubte, sondern für sich nur glauben konnte, was er für die ganze Welt glaubte, und darum auf alle andern anwandte, was er im Glauben auf sich anwandte, ergab sich ihm das Wort, daß in Christo Jesu nur $\pi i\sigma\tau\iota\varsigma$ $\delta\iota'$ $\dot{\alpha}\gamma\dot{\alpha}\pi\eta\varsigma$ $\dot{\epsilon}\nu\epsilon\rho\gamma o\nu\mu\dot{\epsilon}\nu\eta$ (Gal. 5, 6) etwas gilt. Nicht $\delta\iota'$ $\dot{\alpha}\gamma\dot{\alpha}\pi\eta\nu$, nicht fides caritate formata, das liegt dem Apostel fern. Aber der Glaube kann nicht anders, als diejenigen lieben, für die er glaubt und mit denen er glaubt; thut jemand das nicht, so ist ihm der Glaube nichts nütze, 1 Kor. 13, 2, aber nur deshalb, weil er ihn dann auch nicht bewahren kann. Der Glaube hat und hält Gottes Heil als die Gnadengabe, die sich zum Menschen niederneigt nur aus Gnaden, aber eben dieser Glaube kann in Kraft der Gnade und muß in ihrer Kraft lieben, denn die Liebe ist nichts anders, als der auf alle angewandte Glaube. So aber ist der Glaube bezw. der Liebe übende Glaube ohne Gesetz doch des Gesetzes Erfüllung, und — um zu wiederholen was oben gesagt wurde — das Gesetz als Ausdruck der sittlichen Wahrheit bleibt unangetastet, ja bleibt Autorität, der wir nicht entwachsen, solange wir die Aufgabe haben, durch den Geist des

Fleisches Geschäfte zu töten; aber das Gesetz als Heilsordnung, wie es die sittliche Wahrheit in Bezug auf ihre geforderte Verwirklichung in Israel bezw. in Bezug auf ihre Nichtverwirklichung unverbrüchlich fordert, ist zu Ende gekommen. Die Bedeutung des alttestamentlichen Gesetzes beruht darin, daß es Heilsordnung ist. Es ist aber nicht unzulängliche Heilsordnung, weil es das Recht und die Rechtspflicht an die Stelle der Liebe setzt. Dieser Versuch, die Endschaft der Gesetzesherrschaft zu erklären, ist falsch. Es ist Heilsordnung, welche, weil es Heilsordnung ist, nicht im stande ist, zu geben was es verheißt, weil niemand da ist, dem es das Heil geben kann. So wird es zu einer Heilsordnung, die nur das Unheil herbeiführt. Zur entscheidenden Zeit hat Gott durch den Messias Jesus das Heil gegeben, welches das Gesetz nicht geben konnte, hat das Gesetz sich b. i. seinen Fluch auswirken lassen an dem Messias und diesen Messias vom Tode erweckt. Damit ist die Herrschaft des Gesetzes zu Ende und in jeder Beziehung tritt die das Heil an den Glauben bindende Ordnung nunmehr an die Stelle der dasselbe an die Werke bindenden Gottesordnung Röm. 3, 27.

Daß von hier aus auch die Fragen des kirchlichen Lebens sich lösen, sei hier nur angedeutet. Kein Staatsgesetz hat die Bedeutung des Gesetzes Israels, die Gott ihm beigelegt hat. Kein „Kirchengesetz" kann auch nur von ferne eine ähnliche Bedeutung beanspruchen. Israels Gesetz hat sie gehabt durch Gott, der es gegeben. Seine Bedeutung blieb unklar, bis daß in der entscheidenden Zeit Gott eine andere Ordnung aufrichtete. Da zeigte sich, daß es nur eine Zwischenanstalt war, die selbst ihrer Aufgabe, zum Glauben an Christus zu erziehen, nicht genügte. Das klar zu stellen war sein Zweck. Soweit es sich um solche Klarstellung handelt, kann und wird die kirchliche Unterweisung, welche Unterweisung in dem ganzen Wege Gottes sein soll (Act. 18, 24. 26), auch unterweisen im Gesetz, aber eben auch nur, um dadurch im Glauben zu unterweisen, welcher unbedingte Anerkennung des Gesetzes in sich schließt, diese Anerkennung aber nur leistet in Kraft der neuen Heilsordnung. Es zur Heilsordnung zu machen, nachdem es in seiner Unfähigkeit erwiesen ist, hat niemand die Macht.

9.
Israel und die Völkerwelt.

Die Erfahrung, welche Paulus gemacht hatte und welche er sich nach seiner Bekehrung gestand, war die, daß beide, Juden und Heiden, gleichermaßen unter der Sünde sind, ja die Juden noch mehr, als die Heiden, die Völkerwelt, weil den Juden soviel mehr gegeben war. An ihm selbst war ihm das Ergebnis all der Vorzüge, die ein Israelit vor den Gliedern der Völkerwelt hatte, klar geworden. Waren die Heiden dem Gerichtszorn Gottes verhaftet, so die Juden erst recht. Für beide gab es nur eine Möglichkeit, gerettet zu werden von dem Verderben, Gottes Gnade, die Gnade, welche sich Israel trotz seiner doppelten Versündigung am Gesetz und am Messias darbot, und welche zu den Heiden in ihrer bis zur Scheußlichkeit gewachsenen Gottesvergessenheit und Gottesverachtung sich niederneigte. Durch seine Erfahrung im Zusammenhange seiner Bekehrung war Paulus derjenige, der gerade diesen „Universalismus" des Evangeliums zu vertreten geeignet war. Auch die übrigen Apostel vertraten ihn, aber nur neben ihrem Verhältnis zu Israel bezw. erst nachdem Israel den Glauben versagt hatte. Paulus aber war bei seiner Berufung zum Apostolat darauf hingewiesen, ἀπόστολος ἐθνῶν zu sein, Act. 9, 15; 22, 21; 26, 19; Gal. 1, 16; Röm. 1, 5. Es beruht das nicht auf einem tieferen Eingedrungensein in die christliche Wahrheit, sondern auf der von ihm im Unterschiede von den übrigen Aposteln gemachten Sündenerfahrung und gewonnenen Sündenerkenntnis, von der oben unter 2, S. 301 ff. die Rede war. Diese Erfahrung und Erkenntnis gab ihm die Formulierung seines Evangeliums an die Hand, und mit diesem Evangelium hatte er die Erkenntnis gewonnen, daß nunmehr die

Israel und die Heiden trennende Schranke, das Gesetz, gefallen sei, daß Israel gerecht werde ohne des Gesetzes Werke allein durch den Glauben, und daß auch der Heide ohne Werke allein durch den Glauben gerecht werde.

Τὸ εὐαγγέλιον δύναμις θεοῦ ἐστιν εἰς σωτηρίαν παντὶ τῷ πιστεύοντι, Ἰουδαίῳ τε πρῶτον καὶ Ἕλληνι sagt der Apostel. An erster Stelle steht der Jude, ihm gleich, aber an zweiter Stelle der Grieche. Die Erkenntnis, daß es nur eine Heilsordnung für die ganze Welt, für Juden und Heiden gebe, schließt durchaus kein abschätziges Urteil über die bisherigen Prärogative Israels ein. Es ist kein partikularistisches Vorurteil, wenn die Juden ihr Volk nicht bloß für von Gott vor andern geliebt und gepflegt, sondern sich für das einzige von Gott erwählte und im Zusammenhang mit der Erwählung begnadete Volk hielten. Überall wendet er sich in der Ausrichtung seines Berufes zuerst an Israel und erst danach, wenn die Juden das Evangelium ablehnen, bringt er es den Heiden, den ἔθνη, vgl. Act. 13, 46, wo er auf seiner ersten Missionsreise zu Antiochien in Pisidien in der Synagoge daselbst den Juden die Erfüllung der den Vätern gegebenen Verheißung verkündigte und am zweiten Sabbat dem Widerspruch gegenüber sagte: „euch mußte zuerst das Wort Gottes gesagt werden; da ihr es von euch stoßet und euch selbst nicht wert achtet des ewigen Lebens, siehe, so wenden wir uns zu den ἔθνη." Ebenso handelte er auf seiner zweiten Reise in Korinth, wo er in der Synagoge Juden und Griechen das Evangelium verkündigte und endlich, nachdem er den Juden nochmals ernstlich bezeugt hatte, daß Jesus der Messias sei, ihrer Abweisung gegenüber sagte: „euer Blut komme über euer Haupt; rein werde ich von jetzt ab zu den ἔθνη gehen" 18, 6. In Ephesus Act. 19 und noch zuletzt in Rom Act. 28 verfährt er geradeso. Überall verkündigt er das Evangelium zuerst den Juden und zunächst im Anschluß daran den in die Synagoge kommenden Heiden, und erst wo ihn die Judenschaft zurückgewiesen hat, nur den letzteren. Denn das erfordert das Evangelium. Es ist Erfüllung der den Vätern gegebenen Verheißung, die von den Heiden doch nur dann geglaubt werden konnte, wenn Gott Israel sein Wort gehalten hatte. Ein anderes Anrecht hatten die Heiden ja nicht, am wenigsten ein aus der Gerechtigkeit Gottes fließendes Anrecht. Gott braucht sich niemandes von ihnen anzunehmen. Es ist, wie der Apostel Röm. 9—11 nachweist, freie Gnade, wenn er das thut. Thut er es aber, so kann er es nur so, daß dem Volke, welches sein Wort, sein Versprechen hat, zuerst die Erfüllung dargeboten wird. Erst wenn das geschehen — einerlei zunächst, mit welchem Erfolge — können auch die Heiden an die in jedem Falle wunderbare Gnade glauben, die genau so wie Israel auch ihnen gilt. Die Erfüllung für Israel ist ein Glaubensmotiv für die ἔθνη, vgl. Röm. 11, 11 ff. Daß es anders geworden ist, daß ihr Ausfall der Welt Reichtum geworden ist, hebt dies nicht auf, V. 15. Das war der in dem Zusammenhange der Wege Gottes liegende Grund für das „Ἰουδαίῳ τε πρῶτον" des Apostels. Daß Israel dennoch Jesum verwarf, lag an seinem Verhältnis oder vielmehr Mißverhältnis zum Gesetze Gottes, dessen Endzweck, durch das Erleben der Sünde und Schuld für Christum und den Glauben an ihn zu erziehen nicht verstanden wurde. Hätte Israel mit seinem διώκειν νόμον δικαιοσύνης oder ζητεῖν τὴν ἰδίαν δικαιοσύνην Röm. 9, 31; 10, 3 recht gehabt, so hätte für die ἔθνη die einzige Möglichkeit der Teilnahme am Heile in dem Durchgange durch Israels alttestamentliche Religion gelegen. Nun aber das Gesetz Israel unter die Sünde und damit unter den Fluch verschloß, unter welchem die Heiden von Anfang an gefangen waren, und Christus gekommen war, „um die, so unter dem Gesetz waren, zu erlösen, damit wir die Einsetzung in das Kindschaftsverhältnis empfingen" (Gal. 4, 6), nun gab es für Juden und Heiden nur einen und denselben Weg, nur eine und dieselbe Heilsordnung, den Glauben und nichts als den Glauben. Damit war der Vorzug Israels zu nichte, um so mehr zu nichte, als Israel sich das Gesetz nicht einmal dazu hatte dienen lassen, zuerst zum Glauben, zum Besitze des Heiles im Glauben zu gelangen.

So begreift sich, wie hoch Paulus den Vorzug bezw. die Vorzüge Israels vor den Weltvölkern einschätzt und wie bereitwillig er doch darauf verzichtet, wie wenig sich ihm daraus ein bleibender Vorzug Israels ergiebt. Israel sind die Worte Gottes anvertraut, ἐπιστεύθησαν τὰ λόγια τοῦ θεοῦ, durch welche Gott sich ihm und durch Israel der Welt verpflichtet hat

Röm. 3, 2. Sein ist die Kindschaft, in der es vor allen andern Völkern stand und der Vaterschaft Gottes sich getröstete und auf die Beweisung derselben hoffte, Ex. 4, 22; Jes. 63, 16; s. oben S. 79. Sein ist die δόξα, die Offenbarung all des Guten, das Gott für sie sein will, sein αἱ διαθῆκαι — der Plural gemäß dem Sprachgebrauch der Prof. Gräcität von der Erb= verfügung, dem Testament, durch welches Gott sich seinem Volke verpflichtet hat — und die Gesetzgebung und der Gottesdienst und die Verheißungen, sein die Väter, und ihm entstammt dem Fleische nach der Messias, der da ist über alles Gott hochgelobt in Ewigkeit. Das sind wirkliche wertvolle Vorzüge, denn von dem allen hatte kein anderes Volk etwas. Kein Volk kannte Gott, den sie alle vergessen und aufgegeben hatten (Röm. 1, 21 ff.), kein Volk hatte einen Bund mit Gott, in welchem Gott sich ihm verpflichtet hatte, kein Volk war, welches der Welt den Retter geben sollte, — Vorzüge so groß, daß das nachherige Ergebnis um so tragischer ist, indem alle diese Vorzüge dem Volke Israel nichts geholfen haben und nichts ihm übrig geblieben ist, als der Fluch, der nun darauf lastet. Dagegen die Heiden, zu der früheren Zeit ausgeschlossen von der Bürgerschaft Israels und dem Testamente der Verheißung fremd, ohne Hoffnung und ohne Gott in der Welt — jetzt waren sie, die einst fern von Gott und den Heils= gütern waren, nahe geworden in Kraft des Blutes Christi, weil Christus das, was beide trennte, das Gesetz der in Verordnungen bestehenden Gebote, abgethan hat, Eph. 2, 12. Also auch hier das Abthun des Gesetzes und die Einsetzung des Glaubens als neue Heilsordnung (V. 5. 8) an Stelle der vom Gesetz erforderten Werke der entscheidende Punkt, an welchem die thatsächlich be= stehenden großen Vorzüge zuletzt in nichts zusammensinken, ohne daß den Heiden ein Recht auf die Gnade Gottes gegeben würde. Ihre Annahme, ihre Erwählung ist und bleibt Gnade, wie es die Erwählung Israels war. Israel ist nicht verstoßen, das sei ferne! Denn Paulus selbst ist ja ein Israelit, (Röm. 11, 1 ff.) und die ganze Gottesgemeinde Neuen Bundes ruht auf israelitischer Grundlage. Aber wie es noch mit Israel werden wird, das ruht im Schoße der Zukunft. Soviel ist dem Apostel durch Offenbarung kund geworden, daß die Zeit noch kommen wird, wo die den Heiden widerfahrene Gnade Israel reizen wird, auch seinerseits sich zum Messias zu bekehren. Dies aber wird erst am Ende der Zeiten geschehen, und wie es geschehen, wie der Vorgang sich gestalten wird, das ist noch verborgen. Für die Gegenwart gilt nur, daß Paulus der ἀπόστολος ἐθνῶν ist, (Act. 22, 21; 26, 17; 28, 28; Röm. 1, 5. 13; 11, 13; 15, 16. 18; 16, 26; Gal. 1, 16; 2, 2. 8. 9; 3, 14; Eph. 3, 8; 1 Theff. 2, 16; 1 Tim. 2, 7; 2 Tim. 1, 11), der überall bei Israel anfängt, um dann mit den wenigen, die da glauben, sich von ihnen zu trennen und zu den Heiden zu gehen. Das ihm anvertraute Evangelium besagt in dieser Beziehung, daß die Heiden gleicherweise wie die Juden συγκληρονόμα καὶ σύσσωμα καὶ συμμέτοχα τῆς ἐπαγγελίας in Christo Jesu sind vermittels des Evangeliums, dessen Diener Paulus nach der Gnade Gottes geworden ist. Sie sind Miterben und mit Israel ein Leib (vgl. Eph. 1, 26) und Mitteilhaber an der Verheißung, so daß irgend etwas anderes, etwa ein Anschluß an das Judentum, schlechterdings nicht bloß nichts helfen kann, sondern hinderlich, ja mehr als hinderlich ist, Eph. 3, 6 ff.

Das dem Apostel aufgegangene und anvertraute Evangelium war somit von ungeheurer Tragweite. Wohl hatte man sich auch in Israel mit dem Gedanken der „Weltreligion", der universellen Wahrheit des Gottesglaubens und Gottesdienstes Israels getragen und die Weltmission begonnen. Aber ohne jegliche Berechtigung. Israel vertrug wohl Proselyten, die von selbst kamen und Gott bei Israel suchten, aber Mission zu treiben und Proselyten zu machen, dazu hatte es kein Recht und keine Vollmacht. Daher auch die scharfen Worte Jesu wider diesen Missionsbetrieb Matth. 23, 15, — daher auch sein Verbot an die Jünger, die er aussandte, Israel den Anbruch der Erfüllungszeit zu verkündigen, und denen er ausdrücklich verwehrte, auf die Straße zu den Heiden oder in die Samariter Städte zu ziehen Matth. 10, 5. Denn noch war die Messiasthat, auf die man wartete und warten mußte, nicht geschehen. Erst als sie geschehen war, — jene Messiasthat, durch welche er sein unter dem Fluche gefangenes Volk erlöste, — als er gestorben und von Gott wieder auferweckt war, da gebietet er seinen Jüngern die Missionierung der ganzen Welt, mit der sie anheben sollten zu Jerusalem, Matth. 28, 19; Luk. 24, 47. Daß sie sich aber so gestalten würde, wie nun Paulus sie beschrieb und betrieb, das hatte sich keiner der Jünger gedacht, auch Petrus nicht bei der Bekehrung des Cornelius, denn hier fand doch immer der Anschluß an die Gemeinde der messiasgläubigen Israeliten statt, wenn auch die Selbständigkeit des Heidenchristentums durch die Geistesausgießung vor der Taufe gewährleistet war. Erst später wurde auch dem Apostel Petrus und den übrigen die Thatsache einer von Israel unabhängigen Heidenchristengemeinde klar (Act. 15). Aber seine Versündigung bei den Judenchristen in Antiochien (Gal. 2, 11 ff.) zeigt, wie schwer es ihm auch da noch wurde, sich darin zu finden. Er hat sich darin gefunden, wie auch die anderen Apostel, von denen wir wissen, aber so wie Paulus keiner. Die vollständige Veränderung des Horizontes war für den Juden so groß und gewaltig, daß die eigene Erfahrung des Paulus von dem Werte und dem schließlichen Unwerte der Vorzüge Israels (Phil. 3, 2 ff.), seine eigene Erfahrung von dem Unvermögen des Gesetzes, seine Erfahrung, in nichts besser daran zu sein als ein Heide, dazu gehörte, um nun mit dem Evangelium für die Heiden auch bei den Juden Mission zu treiben.

Wir können nun begreifen, daß überall, in Galatien, in Korinth, in Rom, in Philippi sich Irrlehrer einstellten wie in Antiochien, die nicht wie Petrus sich vor dem strafenden Worte des Apostels beugten, sondern bald wider den Apostel auftraten und ihrerseits den Kampf begannen. Es waren die ersten Lehrstreitigkeiten in der christlichen Kirche. Ihre Entstehung können wir in der Apostelgeschichte deutlich wahrnehmen, vgl. Act. 11, 1 ff.; 15, 1 ff. Die Messianität Jesu und seine Person stand nicht in Frage. In keiner der paulinischen Schriften finden wir eine Andeutung, daß diese Gegner des paulinischen Heidenapostolates in diesem Stücke auch nur den Versuch einer anderen Auffassung als die des Apostels vertreten hätten. Namentlich bezeugt dies der Philipperbrief mit seinem entschiedenen christologischen Zeugnis. Aber was die judaisirenden Irrlehrer forderten, war geradezu grundstürzend nicht bloß für den Bestand der Kirche, sondern für das Evangelium überhaupt. Es war die Forderung, durch das Judentum hindurch in die christliche Gemeinde einzugehen oder sich der messiasgläubigen Judenschaft durch Übernahme der Beschneidung und des Gesetzesgehorsams anzuschließen. Hier galt es einen Kampf auf Leben und Tod, wie ihn Paulus im Galaterbriefe führt. Anderwärts, wie in Kolossä, kam er noch mit Warnungen aus, zumal die jüdischen Irrlehrer dort, wie es scheint, mit alexandrinischer, religions=philosophischer Weisheit auf die Gemeinde einzubringen versuchten. In Korinth war die Gefahr auf der einen Seite geringer wegen der größeren Zerklüftung, welche die Gemeinde bedrohte, aber auf der anderen Seite doch so groß, daß der Apostel mit schärfstem Wort denen entgegentritt, die „falsche Apostel, trügliche Arbeiter sind, sich verstellen zu Christi Aposteln; und das ist kein Wunder, denn er selbst, der Satan, verstellt sich in einen Engel des Lichtes; so ist es nun nichts Großes, wenn sich auch seine Diener verstellen wie Diener der Gerechtigkeit, — deren Ende nach ihren Werken sein wird," 2 Kor. 11, 13—16. Man sieht deutlich, worauf es ankommt; „Diener der Gerechtigkeit" wollen sie sein in demselben Sinne, wie jeder Apostel Christi ein solcher ist, und gerade um diese Gerechtigkeit geht der Kampf, wie auch 3, 2 ff. zeigt; aber der Apostel hat in dieser Hinsicht so viel Anlaß, den Korinthern zu trauen (3, 18), daß es einer weiteren sachlichen Polemik, als sie in diesen Worten enthalten ist, nicht bedarf. Ebenso steht es in der Gemeinde zu Philippi, in der sie freilich ihr Wesen mit solchem Nachdruck zu treiben versuchen, daß Paulus mit hohem heiligen Ernste auf seinen eigenen Glauben und sein eigenes Glaubensleben hinweisen und damit schließen muß, daß er 3, 15 sagt: ὅσοι οὖν τέλειοι, τοῦτο φρονῶμεν. Anders dagegen im Römer= und Galaterbrief. In beiden Briefen handelt es sich um Kern und Stern des Evangeliums, welches er verkündigt. Die Gemeinde zu Rom kennt er noch nicht; durch seinen Brief will er sich den Weg zu ihr bahnen. Es ist eine aus messiasgläubigen Juden und aus Heidenchristen bestehende Gemeinde, die aber entsprechend der Größe der Hauptstadt wenig oder gar keine Fühlung hatte mit dem Synagogengottesdienst in Rom (Apg. 28, 17 ff). Ihr legt er lehrhaft sein Evangelium von der Gottesgerechtigkeit für den Glauben, von der Erwählung der Heiden und der Geschichte, welche dazu geführt hat, dar. Die galatischen Gemeinden dagegen stehen in höchster Gefahr. Darum geht er hier näher darauf ein, indem er ihnen die ungeahnten Folgen darstellt, wenn sie den judaisierenden Irrlehrern folgen. Sein Urteil über diese selbst ist gerade so hart und herb, wie im zweiten Brief an die Korinther; aber er kann nicht anders, denn „so auch wir oder ein Engel vom Himmel Evangelium predigen würde anders, als wir euch verkündigt haben, der sei verflucht" 1, 7 ff. Schon damals, als Petrus sich in Antiochien versündigte, hatte er gesagt: „sollten wir, die da suchen in Christo gerecht zu sein, auch als Sünder — als noch nicht gerechtfertigt erfunden werden, so wäre Christus ein Beförderer der Sünde, das sei ferne!" (Gal. 2, 17). Das aber ist die Behauptung derer, die wie dort Petrus handeln. Petrus wollte das nicht behaupten, that es aber und leugnete damit die Gerechtigkeit der Heidenchristen. Viel bewußter gehen die jüdischen Irrlehrer jetzt vor, und darum handelt nun Paulus um so eingehender mit den Gemeinden selbst und zeigt ihnen, daß sie in Gefahr stehen, Christum und das Heil Gottes, das sie im Glauben empfangen haben, völlig zu verlieren, und gerade hier sehen wir deutlich, worum sich's handelte. Es war das paulinische Evangelium und damit das Evangelium überhaupt, welches in Frage stand, das Evangelium, welches jetzt offenbar geworden ist, nämlich daß das Gesetz Israel nichts, rein gar nichts geholfen hat, und daß die Gnade hat kommen müssen, welche für Juden und Heiden deshalb auch die gleiche ist, und daß deshalb jede wie auch immer geartete Zurückführung unter das Gesetz das Evangelium und das Heil in Frage stelle.

Die Bewegung reichte fast in alle Gemeinden hinein, unterschied sich höchstens wie palästinensisches und alexandrinisches Judentum, stand auch in letzterer Form dem Christentum nicht näher, sondern verhält sich gleich angreifend gegen dasselbe. Aber gerade angesichts dieser Bewegung ergiebt sich die weittragende, grundlegende Bedeutung der Rechtfertigung allein aus Gnaden und allein durch den Glauben. Dies ist der Inhalt des Evangeliums von Christo, dies ist das gleiche Evangelium nicht bloß für Hellenen und Barbaren, Gebildete und Ungebildete, sondern vor allen Dingen für Juden und Griechen, für Israel und die Heiden. Es ist nicht eine individuell paulinische Form, der Wahrheit Ausdruck zu geben und darum immerhin eine beschränkte Form, an deren Stelle auch eine andere treten könnte, sondern dies ist das Evangelium für Israel, welches im Gesetz und durchs Gesetz ausnahmslos und günstigstenfalls nur das Gegenteil fand und finden konnte von dem, was es suchte. Es ist aber auch genau so das Evangelium für die Heiden, welche genau so wie Israel unter der Sünde und darum unter dem Zorn Gottes stehen und welche genau dieselbe Erlösung, dasselbe Heil bedürfen wie Israel. „Wenn du mit deinem Munde bekennest Jesum, daß er der Herr sei, und in deinem Herzen glaubest, daß Gott ihn von den Toten auferweckt habe, so wirst du gerettet werden. Denn mit dem Herzen wird er geglaubt zur Gerechtigkeit, mit dem Munde aber bekannt zum Heile. Denn die Schrift sagt: keiner, der an ihn glaubt, wird zu schanden werden. Denn es ist kein Unterschied zwischen einem Juden und einem Griechen, denn aller ist ein und derselbe Herr, reich über alle, die ihn anrufen" (Röm. 10, 9—12).

10.
Die Rechtfertigung und die Taufe.

Wie vollzieht sich nun an dem Glaubenden das Recht=
fertigungsurteil Gottes? Was geschieht an ihm, um ihn einzu=
setzen in den Stand der Gnade? Wie wird ihm die Gnade, die
Begnadigung zu teil? Antwort: durch die Taufe. Die neue
Heilsordnung, welche der Täufer an die Stelle der unfähigen
Heilsordnung des Gesetzes gesetzt hatte, bezeugte beides, sowohl
die Fruchtlosigkeit und Unfähigkeit der bisherigen, für den Erwerb
der Gnade getroffenen Institutionen, wie die Thatsache, daß trotz=
dem Gott sein Volk noch nicht verstoßen, daß seine Gnade noch
über ihm walte, und ihm das verheißene messianische Heil auch
jetzt noch zugedacht habe. Diese Heilsordnung hatte Christus
anerkannt, indem er sich ihr untergab, und hatte sie aufgenommen,
indem er durch seine Jünger ebenfalls taufen ließ (Joh. 3, 22;
4, 1. 2) und sie ihnen bei ihrer Aussendung in alle Welt für
alle Folgezeit auftrug (Matth. 28, 19). Als Saulus, von der
Erscheinung des Herrn auf dem Wege nach Damaskus zu Boden
geworfen, sich hatte nach Damaskus leiten lassen, und dort fastend
und betend drei Tage verbrachte, kam Ananias zu ihm und
sprach: „und nun, was verziehest du? stehe auf, laß dich taufen
und abwaschen deine Sünden als einen, der den Namen des
Herrn anruft" (Act. 22, 16). Paulus aber stand auf und ließ
sich taufen, und predigte alsbald in den Synagogen, daß Jesus
Gottes Sohn sei, und trieb insonderheit die Juden in Damaskus
in die Enge, und bewährte es, daß Jesus sei der Christ. Auf
seiner ersten Missionsreise sprach er zu Antiochien in Pisidien zu
den Juden in der Synagoge: „so sei es nun euch kund, daß
Vergebung der Sünden durch diesen Jesus euch verkündigt wird;

von allem, wovon ihr im Geſetz Moſis nicht gerecht werden
konntet, wird in dieſem jeder, der da glaubt, gerecht" (Act. 13,
38 f.). So ſteht ſeine eigene Taufe und ſeine Verkündigung der
Meſſianität Jeſu und der Rechtfertigung, der Vergebung der
Sünden durch den Glauben an ihn im engſten Zuſammenhange.
Dieſer Zuſammenhang veranlaßt ihn, 1 Kor. 6, 11 zu ſagen:
„ihr habt euch abwaſchen laſſen, ihr ſeid geheiligt, ihr ſeid gerecht
geworden in Kraft des Namens des Herrn Jeſu Chriſti und in
Kraft des heiligen Geiſtes unſers Gottes." Ebenſo redet er im
Galaterbriefe von der Taufe im Zuſammenhange mit der Recht=
fertigung, wenn er 3, 27 die Freiheit des Glaubenden von dem
Zuchtmeiſter des Geſetzes mit der Erinnerung begründet: „denn
in Chriſto Jeſu ſeid ihr alle Gottes Kinder durch den Glauben,
denn ſo viele ihr in Chriſtus getauft ſeid, habt ihr Chriſtum an=
gezogen." Nun gilt, daß alle die ſonſt beſtehenden Unterſchiede,
ob Hellene oder Barbar, ob Knecht oder Freier, ob Mann oder
Weib, dafür nichts ausmachen, „denn alle ſeid ihr einer in Chriſto
Jeſu, Abrahams Samen, und nach der Verheißung Erben," alſo
eine Nachkommenſchaft, ein Same, eines Stammes und Ge=
ſchlechtes. Im Briefe an die Koloſſer ſtellt er den Segen der
neuen Heilsordnung dem Mangel der alten gegenüber, betont,
daß in Chriſto die ganze Fülle der Gottheit nicht ſchattenhaft,
wie in jener, ſondern in Wirklichkeit wohne, und führt aus, daß
ſeine Leſer mit Chriſto begraben ſeien durch die Taufe, und in
ihr auch mit ihm auferweckt ſeien mittels des von Gott gewirkten
Glaubens (2, 12), — ganz alſo wie Röm. 6, 3. Dort weiſt er
den Gedanken, in der Sünde zu beharren, damit die Gnade
— nämlich die Rechtfertigungsgnade 5, 19. 20. 21 — deſto mächtiger
werde, mit der Erinnerung an die Taufe zurück, welche als Taufe
in Rückſicht auf Chriſtum Jeſum eine Taufe in Rückſicht auf
ſeinen Tod geweſen ſei, damit wir in Kraft derſelben Herrlichkeit
des Vaters, die ſich an ihm erwieſen, ebenfalls nun in Neuheit
des Lebens wandeln ſollen. Wir ſind dadurch mit der an uns
vollzogenen Gleichgeſtalt ſeines Todes verwachſen, damit wir auch
mit der Gleichgeſtalt ſeiner Auferſtehung verwachſen ſeien. „Denn
wer geſtorben iſt, der iſt gerechtfertigt von der Sünde" (6, 7),
ſodaß dieſelbe weiter keinen Anſpruch an ihn hat. Wer mit
Chriſto geſtorben iſt und nun lebt, der lebt nicht für die Sünde,

sondern für Gott, — das ist die Folgerung und die Forderung, die denen gilt, welche durch den Glauben in der Rechtfertigungsgnade stehen, oder durch die Taufe begnadigt sind. Dann redet der Apostel Eph. 5, 26 von dem Verhältnis Christi zu der Gemeinde, also zu denen, von denen er 1, 13 gesagt hat, daß sie, da sie glaubten, versiegelt worden seien mit dem heiligen Geiste der Verheißung, und welche er 1, 23 als „seinen Leib" bezeichnet hat, in welchem alles zur Erscheinung kommt, was Christus ist. Hiervon sagt er nun, daß Christus sich selbst gegeben habe für sie, um sie zu heiligen durch die in der Taufe, dem Wasserbade in Kraft seines Wortes geschehene Reinigung. Dies aber gilt denen, denen er 2, 8 gesagt hat: „durch Gnade seid ihr gerettet mittels Glaubens", und deshalb kann er die Aufforderung zur Einigkeit 4, 5 damit begründen, daß er sie erinnert an das, was sie gemeinschaftlich haben: einen Herrn, einen Glauben, eine Taufe. Im Briefe an Titus endlich betont er, daß wir durch die Güte und Freundlichkeit Gottes gerettet seien, nicht infolge von in Gerechtigkeit gethanen Werken, sondern „durch das Bad der Wiedergeburt", „damit wir als durch seine Gnade gerecht geworden in Hoffnung Erben würden des ewigen Lebens" (Tit. 3, 5 ff.). Überall also, wo Glaube und Gerechtigkeit ist, da ist sie vorhanden durch die Taufe, oder mittels der Taufe. Wie kommt das?

Die Taufe ist das, was sie symbolisiert. Sie symbolisiert die Reinigung von der Schuldverhaftung; sie war nur Symbol bei Johannes dem Täufer, indem sie zugleich die Verwirklichung dieser Reinigung, die Wirklichkeit der Vergebung durch den kommenden Messias verbürgte. Darum sagte er: ich taufe mit Wasser, der aber, der nach mir kommt, wird mit heiligem Geiste, in Kraft des heiligen Geistes taufen, Matth. 3, 11; Mark. 3, 8; Luk. 3, 16; Joh. 1, 26. 33. Ist Jesus aber der Messias, so muß die von ihm aufgenommene und seinen Jüngern aufgetragene Taufe mit dem Symbol die Wirklichkeit verbinden, sie muß die Vergebung der Sünden mitteilen, nicht eine Verheißung derselben, nicht ein Anrecht darauf unter gewissen noch erst zu erfüllenden Bedingungen, sondern wirkliche Vergebung muß sie zueignen in Kraft des Geistes, welcher der Geist der Heilswirksamkeit Gottes, der Geist der Heilszueignung ist, vgl. Abschn. 11. Ein bloßes ~~bol, wie zur Zeit und in der Hand des Täufers kann sie nicht mehr sein. Sie bedeutet dasselbe, wie in der Hand des Täufers, aber sie giebt nunmehr, was sie bedeutet. Der Herr aber hat sie aufgenommen und beibehalten, damit die Menschen durch sie ein Zeichen und Siegel seiner Gnade hätten, wie einst Abraham und Israel an der Beschneidung Röm. 4, 11; Kol. 2, 11. Er bedarf des Symbols nicht, um zu geben, was er verheißt, wir aber bedürfen des Symbols, der Versinnbildlichung der himmlischen Gabe, weil wir, gebunden an diese Welt und Zeit, solcher Unterstützung und Versiegelung des Glaubens bedürfen, mit dem wir von der unsichtbaren Welt und für dieselbe leben.

Giebt aber die Taufe die Vergebung der Sünden, so bewirkt sie damit, was der Apostel Röm. 4, 5 sagt, die Anrechnung des Glaubens als Gerechtigkeit. Sie ist das Band zwischen Glauben und Gerechtigkeit. Man wird noch kein Christ, kein Kind Gottes, kein begnadigter Sünder durch das Hören des Wortes und durch die innere Zustimmung. Die Hörer der Pfingstpredigt Petri gaben ihm Recht und gaben Gott die Ehre, und fragten: was sollen wir thun? Darauf antwortete ihnen Petrus: „thut Buße und lasse sich ein jeder von euch taufen auf den Namen Jesu Christi zur Vergebung der Sünden, und ihr werdet empfangen die Gabe des heiligen Geistes." Erst durch die Taufe in Kraft des heiligen Geistes wurden sie, die Sünder, begnadigte Kinder Gottes, wurden sie gerechtfertigt. Überall hat dies die Taufe bewirkt. Alle Leser der apostolischen Briefe sind Christen, stehen im Stande der Gnade, soviel Sündiges auch noch an ihnen ist und in Kraft der Gnade abgethan werden muß. Denn kein Christ hört damit, daß er noch sündigt, auf, ein Christ, ein begnadigter Sünder zu sein. Daß man erst durch die Taufe ein Christ, ein Kind und Erbe Gottes wird — denn das sind die Christen, die Gläubigen nach Paulus —, wird durch die beiden Ausnahmen Act. 8, 12—17 und 10, 44 nicht widerlegt. Denn diese Ausnahmen haben ihren bestimmten Zweck, und berechtigen in keiner Beziehung, den Ausgangspunkt für Regeln zu bilden. Die Leute in Samaria sollten erfahren, daß sie gebunden seien an das von Israel ausgehende Heil Gottes (Joh. 4, 22), und der Geistesempfang des Cornelius vor der Taufe sollte Petrus überführen, daß die Heiden nicht erst Juden zu werden brauchten, um des Heils teilhaftig zu werden. Beide Ausnahmen haben ihren Zweck erreicht und berechtigen somit weder zu einer „Konfirmation", in welcher der Geist nach der Taufe verliehen werden soll, noch zu einer Unterschätzung der Taufe um des ohne sie erfolgenden Geistesempfanges willen. Es bleibt trotz — ja wegen dieser Ausnahme dabei, daß nur die Taufe den Christenstand oder die Anrechnung des Glaubens als Gerechtigkeit vermittelt.

Ist dies der Fall, so werden die Getauften oder die Gerechtfertigten erst dadurch, daß sie so gerechtfertigt werden, oder daß sie so das Urteil Gottes für sich erlangen, Glieder der christlichen Gemeinde. Sie werden durch die Rechtfertigung hinzugethan zu der Gemeinde der σωζόμενοι Act. 2, 41. 47. Durch ihre Taufe vollzieht sich an ihnen das Urteil Gottes, daß sie zu seiner Gemeinde, bezw. zur Gemeinde seiner Auserwählten gehören. In dieser ihrer Zugehörigkeit zur Gemeinde haben sie Gott stets für sich als den, der sie rechtfertigt Röm. 8, 33. 34, nicht bloß als den, der sie gerechtfertigt hat. Denn das Urteil Gottes, welches für sie ergangen ist, ist ein bleibendes, wie ihr Glaube ein bleibender ist, bezw. solange ihr Glaube da ist.

Von hier aus erledigt sich dann auch die Frage nach dem Verhältnis der Rechtfertigung zu der Zugehörigkeit zur Gemeinde. Ritschl sagt: „über die Rechtfertigung des Einzelnen kann objektiv nichts weiter gelehrt werden, als daß sie innerhalb der Gemeinde der Gläubigen gemäß der Fortpflanzung des Evangeliums und der spezifischen Fortwirkung der persönlichen Eigentümlichkeit in der Gemeinde erfolgt, indem in dem Einzelnen der Glaube an Christus und das Vertrauen zu Gott als dem Vater hervorgerufen wird, welches die gesamte Weltanschauung und Selbstbeurteilung bei der Fortdauer des Schuldgefühls über die Sünde beherrscht" (3³, 573). An diesem Satze ist alles falsch. Sehen wir zunächst ab von den innerhalb der Gemeinde Gebornen und Getauften, so ist es Thatsache, daß die Zugehörigkeit zur Gemeinde bedingt ist durch die im Glauben ergriffene und von Gott an uns bethätigte Rechtfertigungsgnade. Alle apostolische Gemeinden bestehen aus Leuten, welche durch die Taufe zu Christen gemacht sind. Es wird überall vorausgesetzt, daß ihrer Taufe bezw. ihrem Christenstande auch ihr Glaube entspricht. Sie sind nicht erst Christen, erst Glieder der Gemeinde geworden, und dann auf Grund ihrer allmählich gewordenen und zustande gekommenen

Gemeinschaft mit dem Glauben der Gemeinde, auf Grund ihrer „Aneignung der Motive und Zwecke Christi" gerechtfertigt oder von der Schuld entbunden worden. Sondern sie sind durch Glaube und Taufe, Glaube und Vergebung, Glaube und Rechtfertigung Christen geworden, Glieder der Gemeinde der Auserwählten Gottes. Dies ist für die paulinische Anschauung und Stellung zu den Gemeinden zweifellos. Wird daran nun etwas geändert in Rücksicht auf die als Kinder in die Gemeinde hineingebornen, als Kinder getauften Christen? Wir müssen sagen: nur wenn ihre Taufe etwas anderes ist, als die Taufe, durch welche die apostolischen Gemeinden gesammelt wurden. Die Frage ist also, ob die Kindertaufe eine andere ist, als die in der apostolischen Zeit geübte Taufe. Wird diese Frage bejaht, dann ergiebt sich, daß unsre durch die Kindertaufe hergestellten Gemeinden nicht die Gemeinden Gottes sind. Denn die Gemeinde Gottes wird nur gesammelt und gebaut durch Wort und Sakrament. Sind unsre Gemeinden nicht die Gemeinde Gottes, so ist es möglich, daß die in diesen sogenannten Gemeinden herrschende Gesamtanschauung den Einfluß hat, etliche ihrer Glieder gläubig zu machen, denen dann ihr Glaube zur Gerechtigkeit gerechnet wird, ohne daß sie — aus Not — getauft werden mit der Taufe Christi. Aber auch dann ist es nicht die Gemeinde Gottes, von der aus die Rechtfertigung auch ihnen gilt, sondern dann ist ihre Rechtfertigung der Grund ihrer Zugehörigkeit zu einer unsichtbar vorhandenen Gemeinde Gottes. Ist aber die Kindertaufe wirkliche Taufe, die von Christus gewollte und in seinem Namen geübte Taufe, so entsteht nun eine andere Frage, nämlich ob die Vergebung der Sünden, die Rechtfertigungsgnade dem Glauben oder der Bewirkung des Glaubens vorangehen könne, und diese Frage will allen Ernstes erwogen werden.

Mit der dogmatischen Fiktion eines Glaubens der Kinder, fides infantum, können wir nicht rechnen. Wir können nicht sagen, wann ein Kind anfangen kann zu glauben. Aber ebensowenig wie wir mit Ritschl sagen können: „der Glaube an Christus kann nur im reiferen Lebensalter erwartet werden" (3^3, 566), ebensowenig können wir von einem Glauben der eben gebornen und zur Taufe gebrachten Kindlein reden. Deshalb ist die Frage, ob die persönliche Zueignung der Heilsgnade erfolgen kann, bevor der Glaube da sein kann. Indes ist diese Fragestellung nicht ganz genau. Man wird keinem Heiden, auch keinem Heidenkinde, das unter Heiden aufwächst, heidnisch leben, heidnisch denken lernt, die Heilsgnade zueignen wollen und können. Die Frage muß dahin gestellt werden, ob die persönliche Heilszueignung innerhalb der Kirche oder Gemeinde erfolgen könne vor dem Glauben? Und diese Frage muß bejaht werden. Das innerhalb der Gemeinde geborne Kind ist gerade so Objekt des Heilswillens und der Heilsgnade Gottes, wie seine glaubenden Eltern, und es soll von Anfang seines bewußten Lebens an teilnehmen an dem ganzen geistigen Besitze der Eltern. Was denen gehört, gehört ihm auch, und weil es ihm gehört und die Eltern für das Kind glauben können, so wird es getauft, damit es zu jeder Zeit glauben könne an seine Erlösung. Das ist der große Wert der Geburt innerhalb der christlichen Gemeinde. Dem Kinde gehört alles, was den Eltern gehört, und es wird vorausgesetzt, daß es dasselbe brauchen lerne. Lernt es diesen Gebrauch nicht, — also lernt es nicht glauben, so ist das sein Schade, und schließlich, wenn es selbst daran schuld ist, seine eigne Sünde, aber die Sünde ist keine andre, als bei denen, die überhaupt das angebotene Evangelium verwerfen. Daß ihm die Gnade zugeeignet war, war keine Vergewaltigung, denn das Geschenk der Gnade ist keine Vergewaltigung. Daß ihm, wenn es beharrlich den Glauben versagt, die Gnade wieder entzogen wird, ist kein andrer Vorgang als die Aufhebung der Erwählung, die Verwerfung für die Erwählten, welche dadurch aufhören, erwählt zu sein.

Indem sich so nicht bloß die Zulässigkeit, sondern die — natürlich nicht rechtliche, sondern sittliche Notwendigkeit der Taufe, der persönlichen Heilszueignung von dem Glauben innerhalb der Gemeinde ergiebt, folgt nun doch nicht die Richtigkeit der Ritschl'schen Aufstellungen. Im Gegenteil: der so Getaufte lernt im Zusammenhange der Gemeinde, mit ihr und von ihr glauben, sei es ohne Erfahrung eines großen, schmerzlichen Risses in seinem Personleben, sei es mit und nach solcher Erfahrung. Er lernt dann aber immer nur glauben, was er längst gehabt hat, und daß er es längst hat und längst hätte glauben können, das bezeugt ihm seine Taufe, in der ihm die Gnade persönlich zu eigen geschenkt ist, und in diesem

Lichte lernt er dann auch die mannigfachen Führungen der Treue Gottes verstehen, ja auch das, wenn es der Fall ist, als Treue Gottes preisen, daß sie ihn, der nicht anders gewollt hat, hat sinken lassen, um ihn vor dem Versinken zu bewahren, um ihn zu halten, zu retten. Alle Gnade Gottes ist Taufgnade, Vergebungsgnade, sei es Gnade, die sich erst darbietet, oder Gnade, die sich zueignet. Alle Gnade ist auch zuvorkommende Gnade, die all unserm Thun, selbst all unserm Glauben zuvor- und entgegenkommt. Unser Glaube ist nur das Hinnehmen dieser Gnade, nichts anderes, vor allen Dingen kein Thun, keine Äußerung irgend welchen Verhaltens, welcher ein selbständiger Wert zukomme. Wert hat der Glaube, das Glaubensverhalten nur durch sein Objekt, weshalb die Bestimmung des Objektes auch durchaus nicht gleichgültig ist für den Glauben. Gerade dieser Erkenntnis entspricht die Heilszueignung an die Kinder der Christen, bevor sie glauben können, und in der Erwartung, daß sie glauben lernen. Aber wie gesagt: nur an die Kinder der Christen. Das ist der nicht fortzuschaffende Segen ihrer Geburt innerhalb der Christenheit. Davon ist ja freilich die Frage zu trennen, ob oder wann die Zeit gekommen sei, daß nicht die Kindertaufe, sondern nur die Allgemeinheit der Kindertaufe, die einst sich mit Notwendigkeit geltend machte und durchsetzte, wieder aufgehoben werde, — eine Frage, die, so brennend sie auch wird, hier nicht zur Entscheidung steht. Wir rechnen hier nur mit der Thatsache der Kindertaufe, und ihren, wenn man so will idealen Motiven. Diese aber ergiebt nicht bloß die Möglichkeit, sondern die Thatsache der Heilszueignung, bevor der Glaube sie ergreifen kann, aber unter Voraussetzung dieses Glaubens, und die That= sache des Verlustes des gegebenen Heiles, wenn der Glaube ver= sagt wird. Ist aber die Taufe auch als Kindertaufe **Einglie= derung in die Gemeinde Gottes durch die Heils= zueignung, durch die Rechtfertigung**, so ist die Ritschl'sche Anschauung in allen ihren Teilen zu verwerfen.

In diesem Zusammenhange erledigt sich nun auch die Frage nach der Wirksamkeit des heiligen Geistes in der Rechtfertigungs= gnade, oder die Frage nach dem Verhältnis von Rechtfertigung und Wiedergeburt.

11.
Die Wirksamkeit des heiligen Geistes in der Rechtfertigungsgnade oder das Verhältnis von Rechtfertigung und Wiedergeburt.

Daß die Rechtfertigung des Sünders, die Anrechnung seines Glaubens als Gerechtigkeit, die Mitteilung der Vergebungsgnade durch den heiligen Geist oder in Kraft desselben geschieht, sagt Paulus ausdrücklich 1 Kor. 6, 11; nachdem er die Ungerechten benannt hat, die das Reich Gottes nicht ererben, fährt er fort: „und das sind euer etliche gewesen, aber ihr habt euch abwaschen lassen, ihr seid geheiligt, ihr seid gerecht geworden in Kraft des Namens des Herrn Jesu Christi und in Kraft des Geistes unsers Gottes." Alle Heilswirksamkeit Gottes erfolgt durch den heiligen Geist als den Geist der Gnaden- und Heilsgegenwart Gottes, oder durch den Geist, in welchem Gott der Welt in neuer Weise gegenwärtig ist, in der Gemeinde und von der Gemeinde aus in der Welt und auf die Welt wirkt. Dieser Geist ist die Heilsgabe des Neuen Bundes, die ἐπαγγελία τοῦ πνεύματος, die wir διὰ πίστεως empfangen, Gal. 3, 2. 5. 14, durch den oder in der Begabung mit dem die Liebe Gottes ausgegossen wird in unsre Herzen Röm. 5, 5, mit dem uns die Vergebung unsrer Sünden zu teil wird Act. 2, 38 und durch den wir, die Glaubenden, versiegelt werden auf den Tag unsrer Erlösung Eph. 1, 13 f.; 2 Kor. 1, 22; 5, 5. Ihn meint der Apostel, wenn er Tit. 3, 4—7 von der Taufe als dem λουτρὸν παλιγγενεσίας καὶ ἀνακαινώσεως πνεύματος ἁγίου redet, den Gott der Herr reichlich über uns ausgegossen habe durch Jesum Christum unsern Retter, damit wir gerecht geworden durch seine Gnade Erben würden des ewigen Lebens. Hier und 1 Kor. 6, 11 ist die Verbindung mit der Rechtfertigung ausdrücklich hervorgehoben, und zwar eine Verbindung, welche nicht beides, die Rechtfertigung und die Wirksamkeit des heiligen Geistes voneinander unterscheidet, und als unterschiedene Akte dann aneinander bindet, sondern in welcher die Rechtfertigung sich vollzieht **durch** den heiligen Geist. Es fragt sich, wie wir uns diese wie überhaupt die Wirksamkeit des heiligen Geistes zu denken haben?

Gestützt auf Ausdrücke wie $\beta\alpha\pi\tau i\zeta\epsilon\iota\nu$, $\beta\alpha\pi\tau i\zeta\epsilon\sigma\vartheta\alpha\iota$ $\dot{\epsilon}\nu$ $\pi\nu\epsilon\dot{\nu}\mu\alpha\tau\iota$ $\dot{\alpha}\gamma i\omega$ Mark. 3, 8 und Parallelen, $\pi\nu\epsilon\dot{\nu}\mu\alpha\tau\iota$ $\vartheta\epsilon o\tilde{\nu}$ $\ddot{\alpha}\gamma\epsilon\sigma\vartheta\alpha\iota$ Röm. 8, 14, auf die Sendung des Geistes vom Vater in unsre Herzen Gal. 4, 6 vgl. 2 Kor. 1, 22; Eph. 1, 13, auf das dem entsprechende $oi\kappa\epsilon\tilde{\iota}\nu$ desselben in uns Röm. 8, 9. 11 u. a. hat man sich die Begabung mit dem heiligen Geiste gedacht als Begabung mit einem neuen, in uns wirksamen, von innen heraus sich entfaltenden Lebensprincip, in übernatürlicher Kraft naturhaft wirkend und sich zusammenschließend mit unserm Geiste, welcher Geist von Gottes Geist ist. Dadurch soll derselbe eine Neugeburt oder Umgeburt, die Wiedergeburt bewirken, die Herstellung eines von Gott geschaffenen und darum auch Gott wohlgefälligen inneren Lebens, in welchem „die Kräfte der zukünftigen Welt" (Hebr. 6, 4) in uns wirksam sind, und jene Früchte des Geistes hervorbringen, welche Paulus Gal. 5, 22 nennt, und zu denen noch Lust und Trieb zum Glauben, zum Gebet, zum Lieben und zum Hoffen kommt. Wie wenn im Frühjahr der Saft von neuem aufsteigt in den Bäumen und Blätter, Blüten und Früchte hervortreibt, so soll dieser unser neu uns gegebene Geist jene gottgefälligen Früchte hervorbringen, die Bethätigung eines „neuen Ich", welches durch denselben gesetzt sein soll. Dieses „neue Ich" oder die Erfahrung der Wiedergeburt soll dann für den Christen der Beweis für die Wahrheit der christlichen Verkündigung sein, auf Grund dessen dann die Wissenschaft ein „System der christlichen Gewißheit" aufzuerbauen vermag. In Kraft der Wiedergeburt soll dann der Weg des Christen aufwärts, dem Himmelreich entgegen gehen.

Ist dies Wesen und Bedeutung der Wiedergeburt, so ist nicht mehr die Rechtfertigung oder die Anrechnung des Glaubens als Gerechtigkeit die eigentliche Hauptsache im Christentum, sondern diese Herstellung eines neuen Ich durch die Kraft des heiligen Geistes. Die Anrechnung des Glaubens als Gerechtigkeit hat dann nur die Bedeutung, die notwendige und unabweisbare Voraussetzung für diese „Wiedergeburt" zu sein, die dann auf Grund der Rechtfertigung durch die den Menschen eingesenkte Kraft des heiligen Geistes erfolgt. Diese „Wiedergeburt" erst giebt dem Menschen einen wirklichen Wert vor Gott, in Rücksicht auf den die Rechtfertigung erfolgt ist. Dies die eine Möglichkeit. Die andere ist die, den Begriff der Rechtfertigung nicht aufgehen zu lassen in den der Anrechnung des Glaubens als Gerechtigkeit, oder in den der Vergebung der Sünden, sondern ihn vermeintlich zu vertiefen zu dem einer Gerechtmachung, welche mehr oder weniger — je nach der Fassung des Begriffs der Gerechtigkeit — anklingt an die infusio justitiae der mittelalterlichen und später der römischen Theologie. Diese Auffassung aber steht so sehr in Widerspruch mit den bisher gewonnenen Ergebnissen, daß wir von ihr hier absehen können. Auch jene erste Auffassung befindet sich in Widerspruch mit unsern bisherigen Ergebnissen; indessen wird zu untersuchen sein, ob sie an den Aussagen der Schrift speziell des Apostels Paulus über die Wirksamkeit des heiligen Geistes irgend welchen Halt hat, bezw. ob von dort aus sich die Notwendigkeit einer Korrektur der bisherigen Ausführungen ergeben. Bis dahin können alle anderweitigen Bedenken auf sich beruhen.

Was nun die paulinischen Aussagen über die Wirksamkeit des heiligen Geistes im Zusammenhange des göttlichen Heilswerkes anbetrifft, so erwecken zwar die angeführten Ausdrücke den Schein, als ob es sich bei Empfang des heiligen Geistes um den Beginn eines neuen Lebensprincips, bezw. also um eine Erstarkung unsres ohnmächtigen πνεῦμα durch eine neue Einigung des göttlichen πνεῦμα mit ihm handle. Es sieht zuerst so aus, als benännte das πνεύματι θεοῦ ἄγεσθαι eine wenn auch nicht naturhafte, doch naturartige Wirksamkeit des uns zu eigen gegebenen heiligen Geistes, durch welche jene vermeintlichen Triebe, Gott zu lieben, den Brüdern zu dienen und der Vollendung entgegenzustreben, in uns entstehen sollen. „Wer Christi Geist nicht hat, ist nicht sein," sagt der Apostel Röm. 8, 9. Woran aber soll man anders den Geist erkennen, als an der treibenden Kraft, in der er sich äußert?

Und doch ist diese Auffassung falsch. Zunächst wird die Deutung all dieser Ausdrucksweisen auf eine naturartige übernatürliche Wirksamkeit des Geistes in uns als Princip unsres neuen Lebens ganz entschieden eingeschränkt durch die Thatsache, daß dieser uns gegebene, in unsre Herzen ausgegossene, uns „Zeugnis gebende" Geist nie unser Geist genannt wird. Im Gegenteil, er ist und bleibt uns gegenüber immer selbständig und wird, obwohl wir ihn empfangen haben" (1 Kor. 2, 12; Röm. 8, 15), geradezu von unserm Geiste unterschieden Röm. 8, 16, indem ihm ein συμμαρτυρεῖν τῷ πνεύματι ἡμῶν beigelegt wird, nicht ein gemeinschaftliches Zeugen in der Einheit einer sich uns aufdrängenden Aussage oder Thatsache, sondern eine Bestätigung dessen, was unser Geist uns sagt. Er ist auch denen gegenüber, die ihn empfangen haben als das Unterpfand ihres Erbes und Erstlingsgabe der Erlösung, so sehr selbständig, daß er nach Röm. 8, 26 für uns eintritt mit für uns unaussprechlichen Seufzern, wenn wir nicht wissen, was wir beten sollen. Endlich ist in dem Gegensatz von πνεῦμα und σάρξ zu unterscheiden zwischen dem Gegensatz des menschlichen und des göttlichen πνεῦμα zur σάρξ, und in diesem letzteren, mit Ausnahme von Joh. 3, 6 nur den paulinischen Schriften eigentümlichen Gegensatze ist πνεῦμα stets der dem Christen eignende, mit ihm in sonderlicher, nicht aber naturartiger Verbindung stehende heilige Geist, den der Christ hat, weil er Glauben hat, der als Geist Gottes wirkt, ihn erkennen lehrt, was Gott uns gegeben u. s. w., aber immer unterschieden wird von unserm Geiste. Mit ihm in Gemeinschaft zu stehen und zu bleiben, soll des Christen ernstestes Anliegen sein; durch ihn stark zu werden an dem inwendigen Menschen ist sein Gebet.

Deshalb haben wir uns zu fragen, wie denn die Wirksamkeit dieses Geistes zu denken ist, durch den die Liebe Gottes ausgegossen ist in unsere Herzen, durch den wir leben und durch den wir deshalb auch wandeln sollen (Gal. 5, 22; 2 Kor. 12, 18), und an dem wir die Erstlingsgabe der Erlösung besitzen, der der Gemeinde einwohnt, welche κατοικητήριον τοῦ θεοῦ ἐν πνεύματι ist (Eph. 2, 22; 1 Kor. 3, 16), und ebenso ihren einzelnen Gliedern, welche sogar in der Lage sind, den Geist, kraft dessen sie versiegelt sind auf den Tag ihrer Erlösung, betrüben zu können (Eph. 4, 30).

Es ist eine Persongemeinschaft, in der er mit uns und wir mit ihm stehen, eine Persongemeinschaft der denkbar innigsten Art. „Ihr seid nicht in Kraft des Fleisches, sondern in Kraft des Geistes, wenn anders Gottes Geist in euch wohnet" sagt der Apostel Röm. 8, 9, um die bestimmende Macht des Geistes der bestimmenden Macht des Fleisches gegenüberzustellen, ohne aber damit irgend etwas über die Art, wie der Geist wirkt, zu sagen. Es sind bekannte Größen, mit denen die Vorstellung von der Art ihrer Wirksamkeit gegeben ist. Daß der Geist nicht nach Art des Fleisches als im Menschen vorhandene Größe wirkt, ergiebt sich sofort aus dem unmittelbar daran anschließenden: „wenn aber einer den Geist Christi nicht hat, der ist nicht sein; wenn aber Christus in uns ist, so ist der Leib zwar tot oder dem Tode verfallen wegen der Sünde, der Geist aber — nämlich unser Geist ist Leben wegen Gerechtigkeit." Der Geist Gottes ist auch der Geist Christi, und des Geistes Wohnen in uns ist Christi Wohnen, ist Gottes Wohnen in uns. Daß dies nicht nach Analogie unsers natürlichen Geistbesitzes zu denken ist, liegt auf der Hand. Gott ist uns als der Gott unsres Heiles in seinem Geiste gegenwärtig geworden, handelt mit uns, wirkt auf uns, bewirkt den Glauben in uns, und mit dem Glauben die Erkenntnis dessen, was uns von Gott gegeben ist 1 Kor. 2, 10—12; Röm. 8, 15; 2 Kor. 4, 13. Er ist in diesem Geiste und mit diesem Geiste überall gegenwärtig, wo seine Gemeinde ihn bezeugt, verkündigt oder bekennt. Diejenigen, die sich davon bestimmen lassen, sind κατὰ πνεῦμα im Gegensatze gegen κατὰ σάρκα Röm. 8, 5; sie wandeln κατὰ πνεῦμα 8, 4, töten durch diesen Geist des Leibes Praktiken 8, 13, empfangen von diesem Geist die Bestätigung dessen, was sie glauben, nämlich daß sie Kinder Gottes sind. Diese Gemeinschaft mit dem heiligen Geiste bezw. des Geistes mit uns, unser Haben des Geistes, sein Ausgegossensein in uns, sind Ausdrücke, welche jene denkbar innigste Persongemeinschaft bezeichnen, in der wir z. B. auch einen Freund, einen Mann, dem wir alles verdanken u. s. w. unser eigen nennen, und in der man seinen Glauben an Christus, das Haben Christi als ein „Leben Christi in uns" (Gal. 2, 20; Röm. 8, 10) bezeichnet. Persongemeinschaft ist etwas viel Höheres, Größeres, Innigeres und Seligeres als Naturgemeinschaft, die von einer Person auf uns ausgehende, an uns ausgeübte, uns mit sich fortziehende oder zum Aushalten stärkende Kraft etwas ganz anderes, weit Mächtigeres, als eine Naturkraft. Auf solche Persongemeinschaft ist es abgesehen in dem gesamten Offenbarungs= wirken Gottes. In seinem Geiste oder in Kraft des Geistes handelt Gott mit den Menschen in der Berufung, in Kraft des Geistes wirkt er in uns den Glauben, in welchem wir ihn in der Gegenwart und Kraft seines Geistes ergreifen und haben und uns alles dessen, was er uns zu gute ist und sein will, erfreuen und getrösten. Soweit es auf unser Verhalten ankommt, wird vom Glauben geredet; so weit es auf Gottes Wirken in uns und an uns ankommt, wird vom Geist geredet, und so verstehen wir, wes= halb Röm. 8 auf einmal an die Stelle des Glaubensbegriffes der Geistbegriff tritt. Beide Begriffe sind gleichwertig; es giebt keinen Glauben ohne den Geist, und wo der Geist ist, und sein Wirken wahrgenommen wird, da ist Glauben; Röm. 8 aber kommt es darauf an, den Stand des Erlösten, den er im Glauben inne hat, als durch Gott bewirkt und erhalten darzustellen, und dazu ist vom Geiste die Rede. Nicht anders steht es mit der Art, wie in den übrigen Briefen vom Geiste geredet wird. Wenn Paulus Gal. 4, 6 sagt: „weil ihr Kinder seid, hat Gott gesandt den Geist seines Sohnes in unsre Herzen, der da ruft: Abba, Vater;" oder 5, 25: „wenn wir durch den Geist leben, so lasset uns auch durch den Geist wandeln," so ist das nicht anders gemeint wie die ganz analoge Redeweise im Briefe an die Römer. Wenn er 5, 17 redet von dem Widereinandersein von Fleisch und Geist, und daß die Galater, wenn sie durch den Geist getrieben werden, nicht unter dem Gesetz, und also unter dem Fluch sind, so sind sie, wie wir früher gesehen haben, nicht unter dem Gesetz, weil sie Glauben haben und ihren Glauben beweisen in den Früchten des Geistes. Denn „durch den Geist warten wir aus Glauben auf die Hoffnung der Gerechtigkeit," Gal. 5, 5. Im Epheserbrief, in welchem er so stark die Versiegelung der Gläubigen mit dem heiligen Geiste der Verheißung betont (1, 13 f.; 4, 30), bezeichnet er die Gemeinde als ein κατοικητήριον τοῦ θεοῦ ἐν πνεύματι (2, 22), in welchem beide, Juden und Heiden in eines Geistes Kraft den Zugang zum Vater haben (2, 18), und bittet 1, 17, daß Gott seinen Lesern geben möge Geist der Wahrheit und der Offenbarung in seiner Erkenntnis, ober 3, 16, daß Gott ihnen geben möge stark zu werden durch seinen Geist an dem inwendigen Menschen. Und nun erst die Ausführung 1 Kor. 2, 10 ff., wo er von dem Geiste redet, durch den Gott sich und all das Gute, das er für uns ist und sein will, offenbart, der alles erforscht, auch die Tiefen der Gottheit, und den wir empfangen haben, „damit wir das von Gott uns aus Gnaden Gegebene wissen." Dieser Geist ist nach V. 11 Gottes innerstes Wesen —, so wie des Menschen Geist das Innerste des Menschen, das sich erschließen muß, wenn das Innerste kund werden soll. Darum schließt der Apostel auch den zweiten Brief an die Korinther 13, 13 mit dem dreigestaltigen Votum: „die Gnade des Herrn Jesu Christi und die Liebe Gottes und die Gemeinschaft des heiligen Geistes sei mit euch allen."

In dieser Gemeinschaft bewirkt der heilige Geist unseren Glauben, erweckt und stärkt unsere Entschlüsse, fordert und fördert unseren Widerstand gegen alle Versuchungen und Anfechtungen, unsere Treue im Gebet, unsern Eifer im Lieben, unsere Geduld im Hoffen, aber — immer als der Geist, in welchem wir die Gnadengegenwart Gottes haben, oder als der Geist, welcher den Glauben in uns wirkt, nicht aber, welcher unterschieden vom Glauben ein „neues Leben" in uns wirkt, oder welcher uns zu „neuen Subjekten" macht. Wir haben Gott und den Heiland nicht anders gegenwärtig und können ihn nicht anders haben als im Glauben, und nicht anders als im Geist, und indem wir ihn im Glauben haben, haben wir ihn in dem Geist, durch welchen er den Glauben in uns wirkt, und daß es bei diesem Haben Gottes verbleibe, das ist unsere Aufgabe.

Er wirkt aber — und dies ist nun das endlich entscheidende — den Glauben durch seine Gegenwart, oder durch seinen Geist im Worte, d. i. in dem Worte der Heilsbezeugung. Wer dem Worte glaubt, der hat den, von dem es zeugt, den Gott unseres Heiles, den in Gnaden gegenwärtigen Gott. Dem Worte trauen heißt Gott trauen, der in seinem Worte uns ein πιστόν darbietet, worauf wir trauen können, oder sich uns als den absolut zuverlässigen πιστός dargiebt. Darum fragt Paulus die Galater, ob sie den Geist empfangen hätten infolge von Gesetzeswerken, oder infolge von Glaubenspredigt 3, 2 ff., womit zu vergleichen ist, was er Röm. 10, 14 sagt: „wie sollen sie anrufen, an den sie nicht gläubig geworden sind? wie sollen sie glauben, wovon sie nichts gehört haben? wie sollen sie hören ohne Prediger? wie sollen sie predigen, wo sie nicht gesandt werden?" Dem Worte glauben wir, im Worte haben wir den heiligen Geist, im Worte haben wir die Gnadengegenwart Gottes, im Worte hat Gott, hat Christus, hat der heilige Geist Gemeinschaft mit uns, im Worte wirkt er auf uns. Durch das Wort regiert er uns, durch das Wort tröstet er uns, durch das Wort treibt er uns. Das ist leben durch den Geist und wandeln durch den Geist.

Ist dies die Art der Geisteswirksamkeit Gottes, so kann das „aus dem Geist geboren werden" oder die Wiedergeburt aus dem Geiste nicht in der Umschaffung unsrer Person in Kraft des von Gott uns verliehenen Geistes bestehen. Es geht eine Änderung mit dem Menschen vor, der glauben lernt, oder in dem der Geist den Glauben wirkt. Aber diese Änderung besteht eben in dem Glauben und in der Bewahrung und Bewährung des Glaubens in allen Lagen und Aufgaben des Lebens, denn der Glaube ist „ein mächtig, thätig, unruhig, geschäftig Ding." Es giebt kein neues Leben, als welches in der Beweisung und Bewährung des Glaubens besteht. Der Glaube, welcher unsre Gerechtigkeit ist, bringet auch dazu, daß man der Heiligung nachjagt; er ist unsre Heiligung. Es giebt keine vom Glauben unterschiedene Wiedergeburt als Erneuerung der treibenden Principien und Kräfte unsres inneren Lebens. Die „Erneuerung" ist Aufgabe des Christen, der sich nicht gleichstellen soll dem gegenwärtigen Weltlauf, sondern sich umgestalten durch Erneuerung des Sinnes, um zu prüfen, was der Wille Gottes sei Röm. 12, 2. Dem Glaubenden gilt die Aufgabe, seine Glieder der Gerechtigkeit zum Zweck der Heiligung zu Dienst zu stellen 6, 19, denn wie sein „alter Mensch" mit Christo gekreuzigt, gestorben und begraben ist, so ist er auch durch Glauben und Taufe mit Christo auferstanden und lebt und wandelt in Neuheit des Lebens 6, 3 ff. Den alten Menschen hat er abgelegt, den neuen angezogen eben dadurch, daß er glaubt und im Glauben die Sünden meidet und meiden kann, die ihn vom ewigen Leben scheiden würden, Eph. 4, 20 ff.; Kol. 3, 9 ff. Aus dem Glauben folgt, daß, die da glauben, sich in allen Stücken als Diener Gottes beweisen 2 Kor. 6, 4, denen auch auf ihr Gebet im Leiden Antwort wird durch Stärkung ihres Glaubens 2 Kor. 12, 9. Der Apostel, der Phil. 3, 7 ff. beschreibt, wie er alles um Christi willen habe für Schaden geachtet, und nun ausführt, wie er unablässig dem Kleinod der himmlischen Berufung Gottes in Christo Jesu nachjage, bekennt, daß er alles deshalb für Schaden achte, damit er „Christum gewinne und in ihm erfunden werde, als der ich nicht habe meine Gerechtigkeit, die aus dem Gesetz, sondern die durch den Glauben an Christum kommt, die Gerechtigkeit von Gott auf Grund des Glaubens." Der aber solches von sich bezeugt, ermahnt 2, 12. 13, daß die Philipper ihre Seligkeit schaffen sollen mit Furcht und Zittern, weil Gott es ist, der in ihnen das Wollen und das Vollbringen wirkt, nämlich durch den Glauben. Darum beschreibt er 2 Tim. 4, 7 angesichts des Todes sein Leben nicht als ein durch „Wiedergeburt" erneuertes, sondern er sagt: „den guten Kampf habe ich gekämpft, den Lauf habe ich vollendet, den Glauben habe ich bewahrt." Im Zusammenhange eines solchen Lebens ist dann die Taufe nach Tit. 3, 5 ein λουτρὸν παλιγγενεσίας καὶ ἀνακαινώσεως πνεύματος ἁγίου . . . ἵνα δικαιωθέντες τῇ ἐκείνου χάριτι κληρονόμοι γενηθῶμεν κατ' ἐλπίδα ζωῆς αἰωνίου, d. h. die Taufe giebt das Leben wieder, das verloren war, erlöst vom Gericht und vom Tode (vgl. Pf. 103, 4), und der Geist, durch den sie wirkt, läßt uns neu aufatmen als vom Tod und Gericht erlöste. Dies ist der Sinn der einzigen Stelle, an der in den paulinischen Schriften der Begriff der Wiedergeburt sich findet, eins mit dem συνεγερθῆναι συνζωοποιηθῆναι σὺν Χριστῷ Kol. 3, 1; 2, 12; Eph. 2, 5. 6; Röm. 6, 3 ff., und wird bestätigt durch den Finalsatz: ἵνα δικαιωθέντες τῇ ἐκείνου χάριτι κτλ., welcher so klar und deutlich den Rechtfertigungsgedanken ausspricht, wie in der ganzen nachapostolischen Litteratur niemand.[1]) Von hier aus erklärt sich dann in gleicher Weise 2 Kor.

---

[1]) Das Wort παλιγγενεσία ist in der Profangräcität durchaus eschatologischen Sinnes, und wird von Cicero z. B. übertragen auf seine Rückkehr aus der Verbannung, die er als Palingenesie bezeichnet. So erscheint es auch bei Josephus übertragen auf die gewährte Rückkehr aus der babylonischen Gefangenschaft, bei Philo von der Überwindung der Todesfurcht καθάπερ ἐκ παλιγγενεσίας ἀνήγερμαι Leg. ad Caj. 503. 32. Olympiodor sagt einmal: παλιγγενεσία τῆς γνώσεώς ἐστιν ἡ ἀνάμνησις. Bei den LXX

5, 17: εἴ τις ἐν Χριστῷ, καινὴ κτίσις· τὰ ἀρχαῖα παρῆλθεν, ἰδοὺ γέγονε καινά. Dies ist entgegengesetzt dem τινὰ εἰδέναι κατὰ σάρκα und begründet durch V. 18: τὰ πάντα ἐκ τοῦ θεοῦ τοῦ καταλλάξαντος ἡμᾶς ἑαυτῷ, wonach es also dem Apostel darauf ankommt, zu sagen, in welchem Lichte der vor ihm steht, der ἐν Χριστῷ ist durch den Glauben.

Steht es somit fest, daß Paulus einen Begriff der Wiedergeburt außer Tit. 3, 5 nicht kennt, und daß der Begriff, wie er an dieser Stelle vorliegt, mit den Gedanken einer religiös-sittlichen Erneuerung nichts zu thun hat, daß der Apostel vielmehr die religiös-sittliche Erneuerung als die im Glauben und durch den Glauben ständig zu lösende sittliche Aufgabe des Glaubenden betrachtet, so ist von dieser Seite her unsere Aufgabe gelöst. Aber damit bleibt sie doch noch in soweit bestehen, als im kirchlichen Sprachgebrauch namentlich seit der Zeit Speners der Begriff der Wiedergeburt, vermeintlich gestützt auf das anderweitige Vorkommen desselben im Neuen Testament, den Sinn einer religiös-sittlichen Erneuerung unsrer Kräfte und Fähigkeiten, überhaupt unseres ganzen inneren Wesens hat, welche durch den heiligen Geist bewirkt werden soll. Es fragt sich, ob wirklich in gewissen Schriften des Neuen Testamentes eine solche Anschauung vorliegt.

Der Begriff der Wiedergeburt findet sich nur noch zweimal im Neuen Testament, das eine Mal in der Unterredung Jesu mit Nikodemus Joh. 3, 3. 5, das andere Mal im ersten Brief Petri 1, 3. 23. Außerdem begegnet uns im ersten Brief Johannis der Begriff des aus Gott geboren seins 3, 9; 4, 7; 5, 1. 4. 18; Ev. Joh. 1, 13. Der letztere Begriff ist offenbar nicht identisch mit dem Begriff der Wiedergeburt im johanneischen Evangelium, wenn er auch damit verwandt sein mag, sodaß wir zunächst die Stellen im Evangelium und die im ersten Petrusbriefe ins Auge zu fassen haben.

---

findet sich einmal πάλιν γενέσθαι im eschatologischen Sinne Hi. 14, 14. Im N. T. steht παλιγγενεσία von der Auferstehung bezw. der ἀποκατάστασις Matth. 19, 28, wo Markus und Lukas ἐν τῷ αἰῶνι τῷ ἐρχομένῳ haben, vgl. Act. 3, 21; Matth. 22, 30; Apok. 21, 5. Außerdem nur noch an unsrer Stelle, wo es die Wiederherstellung des Lebens als Besitz und Gut bezeichnet.

Die Stelle Joh. 3, 3. 5 ist schon früher S. 268 ff. erörtert worden, und diese Erörterung hat ergeben, daß der Herr von Nikodemus nicht ein zweites Erfordernis außer dem Glauben verlangt, um in das Reich Gottes eingehen zu können und das ewige Leben zu erlangen, sondern daß er hier nur betont, was an dem oder mit dem geschehen muß, der in das Reich Gottes will. Er muß sich der Taufe untergeben, die Sündenvergebung suchen, welche Johannes symbolisiert und Jesus giebt, dann ist er von neuem geboren; dann ist das Alte vergangen; er besitzt und hat das Leben, wie er es nie besessen hat, und hat es für ewig, und weiß nun, was es mit dem Reiche Gottes und mit allen Veranstaltungen Gottes auf sich hat, die dazu gehören, um sein Reich zu offenbaren. Es ist nicht die Forderung einer religiös-sittlichen Erneuerung, die der Herr hier ausspricht, sondern die Forderung, die Vergebung der Sünden im Glauben dort zu suchen und zu empfangen, wo sie sich ihm darbietet.

Im ersten Briefe Petri sagt der Apostel 1, 3: „Gelobet sei der Gott und Vater unsers Herrn Jesu Christi, der nach seiner großen Barmherzigkeit uns wiedergeboren hat zu einer lebendigen Hoffnung mittels der Auferstehung Jesu Christi von den Toten." Ἀναγεννᾶν wieder erzeugen, wieder gebären, ein nur 1 Petr. 1, 3. 23 und in der kirchlichen Gräcität sowie bei Josephus einmal (ant. 4, 2, 1: τὰ ἐκ τοῦ στασιάζειν αὐτοῖς ἀναγεννώμενα δεινά) sich findendes Wort, ist kein Begriff, dessen Inhalt von anderswoher feststände; wir müssen aus dem Zusammenhange ersehen, in welchem Sinne er gemeint ist. Was dem Apostel und seinen Lesern widerfahren ist und was sie seitdem sind und haben, wird auf die Auferstehung Christi zurückgeführt, durch welche Gott an ihnen gehandelt hat. „Wieder erzeugt oder wiedergeboren zu lebendiger Hoffnung, zu einem unvergänglichen und unbefleckten und unverwelklichen Erbe," sagt er, „das behalten wird im Himmel ür euch, die ihr in der Kraft Gottes bewahrt werdet durch den Glauben zu dem Heil, welches bereitet ist offenbar zu werden in der letzten Zeit." Die Frage ist nun, wie das mit ἀναγεννήσας ἡμᾶς εἰς ἐλπίδα ζῶσαν bezeichnete Erlebnis sich zu dem Glauben verhält, durch den sie in der Kraft Gottes bewahrt werden für die σωτηρία bezw. für die κληρονομία ἄφθαρτος? Als Jesus gestorben war, war es mit allen Hoffnungen der Seinen zu Ende. Sie hatten nur noch Erinnerungen an unersetzlich verlorne Güter, denn alle „Lehren" Jesu, jedes Wort der Ermutigung, des Trostes, war nun hinfällig, und zwar durch ihre eigene Schuld. Sie waren es ja, die dem Herrn die Treue nicht gehalten hatten, nicht einmal sie hatten zu ihm gestanden. Nun war alles verloren und sie mit. Da erstand der Herr und erschien ihnen und grüßte sie mit seinem Friedensgruß. Nun hatten sie ihn wieder und hatten ihn anders als früher, nämlich für ewig, und wußten, daß er mit seiner Macht sie auch von Tod und Verderben retten würde. Ihre begrabene Hoffnung kehrte wieder als lebendige Hoffnung, und sie konnten wieder glauben und nun erst recht glauben. Das ist das wiedergeboren sein zu einer lebendigen Hoffnung; während man bis dahin tot war, dem Tode für ewig, wie es schien, verfallen, gilt nun durch die Barmherzigkeit Gottes, die den Heiland wiedergegeben hat, daß man wieder lebt und zwar lebt im Glauben an ihn, frei von Tod und Gericht.

Es ist also auch hier nicht die Rede von einer religiös-sittlichen Erneuerung, die außer dem Glauben noch mit uns vorgegangen wäre durch die Auferstehung Christi. Anders ist auch der Begriff der Wiedergeburt 1, 23 nicht gemeint, wo die Leser ermahnt werden, sich einander von Herzen anhaltend oder innig lieb zu haben als *ἀναγεγεννημένοι οὐκ ἐκ σπορᾶς φθαρτῆς ἀλλὰ ἀφθάρτου, διὰ λόγου ζῶντος θεοῦ καὶ μένοντος*. Sie werden nicht erinnert an die mit ihnen vorgegangene religiössittliche Erneuerung, die ihnen das Vermögen gäbe, und die Pflicht auferlegte zum Wandel in der Liebe, sondern an das unter ihnen verkündigte Wort, welches ihnen ihr Leben als ein für ewig gerettetes wiedergegeben hat, und welches sie nun in gegenseitiger Liebe bewahren und bethätigen sollen. Man verschiebt die Energie der Ermahnung vollständig, wenn man den Apostel erinnern läßt an das „neue Ich", welches sie geworden seien, und bei dem dann die Erinnerung an den unvergänglichen Samen des Wortes Gottes zwar willkommen über seine Entstehung orientierte, aber für die Ermahnung selbst wertlos wäre.

So ergiebt sich, daß dieser Begriff nichts anderes besagt, als was Paulus Eph. 2, 5. 6 ausdrückt: „da wir tot, dem Tode verfallen waren durch Sünden, hat er uns mit Christo lebendig

gemacht, — aus Gnaden seid ihr Gerettete — und hat uns mit
auferweckt und in Christo Jesu mit verseht in das himmlische
Wesen." Hier ist es deutlich ausgesprochen, daß das „mit Christo
lebendig gemacht sein", $συνζωοποιηθῆναι$, in der Aufhebung des
Todesgerichts, in der Rettung vom Verderben bestehe, und diese
geschieht durch Vergebung der Sünden. Dem entspricht auch,
was derselbe Apostel Kol. 2, 12; 3, 1.; Röm. 6, 3 über das mit=
begraben und mitauferstanden sein in der Taufe sagt, welche
nichts ist, als wirkliche Abwaschung, wirkliche Vergebung der
Sünden.

Nun erübrigt nur noch das $ἐκ θεοῦ γεννηθῆναι$ in 1 Joh.
3, 9; 4, 7; 5, 1. 4. 18. Was dies besagen soll, wird 5, 1 klar:
„jeder der glaubt, daß Jesus der Messias ist, ist aus Gott ge=
boren, und wer da liebt den, der ihn erzeugt oder geboren hat,
der liebt auch den, der von ihm geboren ist." Hier wird deut=
lich, daß der Glaube dem Lieben 4, 7 und damit dem nicht
Sünde thun und dem nicht sündigen können vorangeht. Die
Ordnung ist also folgende: wer glaubt, ist aus Gott geboren;
wer aus Gott geboren ist, liebt; wer aus Gott geboren, ist thut
nicht Sünde und kann nicht sündigen. Diese Ordnung ergiebt
nun auch den Sinn des aus Gott geboren seins. Glauben, daß
Jesus der Messias ist, und durch den Glauben das Leben haben
in seinem Namen (Ev. Joh. 3, 36; 20, 31), heißt aus Gott ge=
boren sein: in einem Leben stehen, welches Gott oder der Gnade
Gottes sein Dasein verdankt, das Leben, $ζωή$, für ewig wieder
geschenkt erhalten haben. Daraus folgt das Lieben; daraus
folgt, daß man die Sünde nicht übt, nicht weil es eine physische,
sondern weil es eine sittliche Unmöglichkeit ist, dieses Leben zu
haben und haben zu wollen, und doch in der Sünde beharren zu
wollen, — nicht als wenn nun Sünde überhaupt nicht mehr
vorkäme, wogegen schon 1, 8. 9; 2, 1. 2 genügend spricht. Aus
Gott geboren sein wird also von denen gesagt, welche begnadigt
sind oder Vergebung ihrer Sünden empfangen haben. Sie werden
durch diesen Ausdruck gekennzeichnet nach dem Verhältnis, in
welchem sie nun zu Gott stehen, dem sie ihr Leben thatsächlich
verdanken. Sie sind Kinder Gottes, welche das, was sie sind,
nicht dem Naturzusammenhange und nicht Menschenwillen, sondern
Gott, der Gnade Gottes bezw. dem verdanken, der ihnen die

Macht gegeben hat, durch den Glauben an seinen Namen Kinder Gottes zu werden, Joh. 1, 12. 13. Ein Kind Gottes sein heißt aber in der ganzen heiligen Schrift und so auch Joh. 1, 12 und 1 Joh. 3, 1 bei Gott in Gnaden sein und gehört mit dem Gedanken der Erwählung und dadurch mit dem des Königtums Gottes aufs engste zusammen.

Während so im ersten Brief Johannis wie im Evangelium der Gedanke des aus Gott geboren seins sich auf den Begriff der Gotteskindschaft zurückführt, besagt der Gedanke der Wiedergeburt Joh. 3, 3. 5 ebenso wie 1 Petr. 1, 3. 23 den neuen Lebensbesitz, der sich auf die Taufe, damit auf die Vergebung der Sünden und damit auf die Auferstehung Christi zurückführt. Nirgend aber ist damit, sei's eine vom Glauben unterschiedene, sei's eine im Glauben beschlossene religiös-sittliche Erneuerung gemeint, deren Notwendigkeit damit nicht geleugnet sein soll, deren Vorgang nur anders geartet ist und in anderem Verhältnis zur Rechtfertigung steht, als gewöhnlich ausgeführt wird. Was bei Johannes und Petrus Wiedergeburt heißt und was Paulus einmal so mit dem von der Eschatologie her genommenen und auf die Taufe angewandten Begriff bezeichnet, ist nichts anderes, als was Paulus ein mit Christo auferweckt sein oder mit Christo begraben und auferweckt sein nennt. Wer durch die Erlösungs- oder Vergebungsgnade gerettet ist, wer befreit ist von Tod und Gericht, dem ist sein Leben neu geschenkt, der besitzt es nicht bloß von neuem, sondern jetzt erst recht, so wie er es bis dahin noch nie besessen hat; der hat jetzt einen freien offenen Zugang zum Vater; er lebt das ewige Leben für die Ewigkeit, — der ist neu geboren oder wiedergeboren, und zwar dadurch, daß ihm in Kraft des heiligen Geistes die Vergebung der Sünden durch die Taufe persönlich zugeeignet ist. In der Taufe ist ihm diese Barmherzigkeit widerfahren, kraft deren er sich als der Erlösung teilhaftig achten soll, auch wenn er erst später glauben lernt. Man hat seine Wiedergeburt nur im Glauben, — man kann an seine Wiedergeburt nur glauben; eine anderweite Erfahrung oder Gewißheit von ihr giebt es nicht. Wiedergeburt ist somit ein bildlicher Ausdruck, aber sofort mehr als bildlich, weil es die wirkliche Entstehung des Lebens als eines ewigen im Auge hat oder weil es wirklich das Leben ist, was jemanden geschenkt wird, und was er vorher deshalb nicht besaß, obwohl er es hatte, weil sein Leben dem Tode und Gerichte verfallen war. Ebenso ist auch „aus Gott geboren sein" ein bildlicher Ausdruck, der aus demselben Grunde doch sofort mehr als bildlich ist.

Demgemäß ergiebt sich nun das Verhältnis zwischen Rechtfertigung und Wiedergeburt, welche beide auf den heiligen Geist zurückgeführt werden (Joh. 3, 4. 5. 1 Kor. 6, 11. Tit. 3, 5), in denen beiden derselbe Geist und in beiden in gleicher Weise wirkt. In der Rechtfertigung wird der Glaube angerechnet als Gerechtigkeit oder ihm das gnädige Urteil Gottes, die Vergebung der Sünden zugesprochen, oder Gottes Urteil erkennt den Sünder, den Gottlosen um des Glaubens willen als gerecht an. Nichts und niemand kann ihn hinfort verdammen, denn er hat Gott für sich; Gott tritt immerdar für ihn ein, wie er für ihn eingetreten ist. Hat er aber Gottes Urteil für sich, so ist dadurch sein Leben vom Verderben errettet; er ist frei vom Tod und Gericht, sein Leben ist ihm neu geschenkt und zwar geschenkt mit dieser Freiheit von Tod und Gericht, also als ein ewiges. Das heißt: er ist wiedergeboren. Rechtfertigung und Wiedergeburt gehören somit untrennbar zusammen. Die Rechtfertigung bewirkt die Wiedergeburt und ist die Wiedergeburt, weil sie den Menschen begnadigt und rettet. Bringt die Rechtfertigung das Verhältnis zu Gott bezw. das Urteil Gottes zum Ausdruck, so spricht der Begriff der Wiedergeburt den durch Gottes Gnade uns zu teil gewordenen Besitz des Lebens oder das, was durch das gnädige Urteil Gottes zu stande gekommen ist, aus. Der heilige Geist aber bewirkt die Rechtfertigung, sofern es die Gegenwart Gottes nach seinem innersten Wesen ist, in der er mit uns handelt, indem er uns die Gnade darbietet, den Glauben in uns wirkt und durch diese Wirkung des Glaubens uns von aller Schuld entbindet und uns der Gnade in Christo teilhaftig macht. Er bewirkt die Wiedergeburt, indem er durch die Zueignung der Gnade unser Leben vom Verderben errettet. Derselbe heilige Geist bewirkt auch die Erneuerung oder sittlich religiöse Wandlung, das Angezogenhaben des neuen Menschen, und zwar sowohl die erste grundlegende Erneuerung, wie die tägliche Erneuerung, aber — nicht als neues Lebensprincip, sondern dadurch, daß er uns nötigt und hilft zum Glauben und zur Beweisung, Bewährung und Bewahrung des Glaubens bis ans Ende. Will man diese Erneuerung Wiedergeburt nennen, so mache man sich klar, daß das dann nicht der schriftmäßige Begriff von der Wiedergeburt ist. Nur von dem schriftmäßigen Begriff der Wiedergeburt gilt, was Melanchthon in der Apologie (II, 117) sagt: quod sola fide justificemur, hoc est ex injustis justi efficiamur seu regeneremur, cf. II, 45. 72. 78. Deshalb will auch die Konkordienformel (epit. III, 5, 8) diese regeneratio von der renovatio unterscheiden, welche auch regeneratio genannt werde. Nur muß man sich dann gegenwärtig halten, daß justificatio und regeneratio ein Werk des heiligen Geistes an uns ist, daß aber das, was die F. C. renovatio nennt, aus dem vom heiligen Geiste gewirkten Glauben erst als Fähigkeit und Aufgabe folgt und stets Werk und Aufgabe der Bewährung des Glaubens ist und bleibt.

12.
Zusammenhang der Rechtfertigung mit dem Tode und der Auferstehung Christi.

Die Rechtfertigung oder die Vollziehung eines ihm günstigen Urteils Gottes in der messianischen Erlösung hatte Paulus unter dem Gesetz vergeblich gesucht. Statt dessen hatte er sich vielmehr dem Gerichte und Fluche, dem Verwerfungsurteil Gottes verhaftet gefunden. Die Erfahrung von dieser Wirkung des Gesetzes, die er von Jugend auf gemacht, aber weder sich noch andern gestanden hatte, gestand er sich seit dem Tage von Damaskus rückhaltlos. Mit seinem rastlosen Jagen nach der eigenen Gerechtigkeit hing seine Verwerfung der Messianität Jesu und die Verfolgung des Glaubens an ihn unauflöslich zusammen. Da erscheint ihm der Verfolgte, der Gekreuzigte, aber Wiederauferstandene auf dem Wege nach Damaskus. „Ich bin Jesus, den du verfolgst," spricht er zu ihm. Paulus ist von Anfang an überzeugt, daß es wirklich Jesus ist, der gekreuzigte Jesus, von Gott gerechtfertigt als der wirkliche Messias durch seine Auferweckung. Zu ihm, dem Gekreuzigten und Auferstandenen soll er sich bekehren, zu ihm soll er beten, an ihn glauben, dann soll all seiner Sünde nicht mehr gedacht werden. Denn „um unserer Rechtfertigung willen ist er auferweckt" und lebt er (Röm. 4, 25). So ist es der Auferstandene, der lebendige und erhöhte Heiland, an den er glaubt und der selbst seine Rechtfertigung ist (Röm. 8, 34). Aber dieser Glaube an den Auferstandenen ist Glaube an den Gekreuzigten, von seinem Volke Verworfenen und wird als solcher Glaube gerechtfertigt. Die Rechtfertigung des Gekreuzigten durch seine Auferstehung (1 Tim. 3, 16) ist zugleich Rechtfertigung derer, die an ihn, den Gekreuzigten glauben. Sie glauben aber nicht trotz seines Kreuzes an ihn, wie man voreilig schließen könnte, sondern wegen seines Kreuzes, denn παθητός ὁ Χριστός (Act. 26, 23). Gewiß, hätten die Obersten dieser Weltzeit Gottes Weisheit erkannt, so hätten sie den Herrn der Herrlichkeit nicht gekreuzigt (1 Kor. 2, 8). Aber sie haben sie nicht erkannt und haben ihn gekreuzigt und Gott hat das zugelassen und hat ihn in ihre Hände gegeben, der gekreuzigt ist infolge von Schwachheit, aber lebt infolge von Kraft Gottes (2 Kor. 13, 4), damit er so der Welt ihre Sünde nicht zurechnete, sondern lieber Christum behandelte, als habe er lauter Sünde vor sich (2 Kor. 5, 19. 21). So ist unsere Rechtfertigung, die Vergebung unserer Sünden an Tod und Auferstehung Christi gebunden, und zwar nicht an seinen Tod und seine Auferstehung als geschichtliche, der Vergangenheit angehörige Ereignisse, sondern an den Auferstandenen, der ewig als der Gekreuzigte uns vor Augen steht und sich uns darbietet. Darum sagt Paulus: οὐ γὰρ ἔκρινα εἰδέναι τι ἐν ὑμῖν εἰ μὴ Ἰησοῦν Χριστὸν καὶ τοῦτον ἐσταυρωμένον (1 Kor. 2, 2), der das heute noch ist.

Es ist nun schon angedeutet, welches der Zusammenhang ist, in dem die Vergebung unserer Sünde mit dem Tode Christi steht. Gott hat ihn dem Tode übergeben oder überlassen, hat ihn leiden lassen, anstatt der Welt ihre Sünden, die in der Verwerfung Christi gipfelten, zuzurechnen, und hat dies deshalb gethan, um der Welt ihre Sünden nicht zuzurechnen. Dies scheint verständlich zu sein, denn wie oft läßt Gott Unschuldige leiden, statt die Schuldigen zu strafen, um mit den Schuldigen Geduld zu haben und ihnen vergeben zu können! Aber wenn auch Israel selbst in der Synagoge die Theorie von der sühnenden Kraft der Märtyrerleiden ausgebildet hat, — die Märtyrerleiden sühnen bloß die Sünden der Märtyrer, nicht der Fremden. Und wenn Gott einst alles unschuldig vergossene Blut rächen wird an denen, die auf Erden wohnen, wird er dann nicht auch dieses Blut rächen? Woraus soll das hervorgehen, daß Jesus den Tod gelitten hat nicht bloß anstatt daß der Welt ihre Sünde zugerechnet wurde — darauf gäbe es noch eine Antwort, wenn auch keine trostreiche, — sondern damit der Welt ihre Sünde nicht zugerechnet werde? Jesus oder die Welt, die sich an ihm versündigte, Juden und Heiden und selbst seine Jünger, die ihn alle verließen, Jesus auf der einen Seite, die Welt auf der

andern, und nun soll die ganze Welt erkennen, daß das ihr zu
gut geschehen ist?

Das kann nur sein, wenn Jesu Leiden sich zugleich von
allem unschuldigen Leiden abhebt. Aber wodurch soll es sich
davon abheben? Durch seine Unschuld? Dadurch hebt es sich
ab; es hat nie jemand so absolut unschuldig gelitten wie er,
aber daraus würde sich höchstens die Größe unserer Verschuldung,
nie die sühnende Bedeutung ergeben. Die Bedeutung, daß uns
um des Leidens Christi willen die Sünden vergeben sein sollen,
oder daß Christus gelitten hat, damit dadurch unsere Sünden
vergeben seien, bekommt sein Leiden nur von der Bedeutung
seiner Person her. Nicht von dem Werte seiner Person im Ver=
hältnis zu unserm Unwerte. Er ist der Sohn Gottes, der
Messias für die ganze Welt. Den stößt die Welt hinaus und
übergiebt ihn dem Tode. Das läßt er sich gefallen und läßt der
Vater zu, — wozu das geschieht, ist so lange ein Rätsel, als
nur das Kreuz da steht, bis er auferstanden ist und läßt der
Welt in seinem Namen Buße und Vergebung der Sünden ver=
kündigen. Da ist es klar: um das zu können, um zu vergeben,
hat er gelitten, statt sich selbst zu helfen und die Welt zu richten.
So dient sein Erleiden der Sünde der Welt dazu, die Sünden=
schuld der ganzen Welt, welche sich darin darstellt, zugleich zu
bedecken. Dem Apostel ergiebt sich von der Erkenntnis und An=
erkennung der Messianität Jesu aus die Erkenntnis von der
rechtfertigenden, Sündenvergebung bewirkenden Bedeutung des
Glaubens an ihn, und von dieser Bedeutung aus ergiebt sich
ihm nicht bloß die göttliche Zulassung seines Todes und der
Versündigung der Welt an ihm, sondern daß das Erleben und
Erleiden Christi ebenso zu seiner Messianität gehört, wie seine
Auferstehung. So geht ihm das Verständnis auf für die gött=
liche Ordnung des Todes, den ihm die Menschen anthun, wie er
z. B. das eine betont Röm. 8, 25, das andere 1 Kor. 2, 8, und
diese menschliche That hat das Ergebnis, die göttliche Ordnung
den Zweck der Vergebung unserer Sünden. Ist Jesus der
Messias für die ganze Welt, so hat sein Tod auch für die ganze
Welt Bedeutung, und diese Bedeutung, dieser Zweck ist die Ver=
gebung der Sünden der ganzen Welt.

Hiervon redet der Apostel zunächst 2 Kor. 5, 19—21. Dort sagt er: θεὸς ἦν ἐν Χριστῷ κόσμον καταλλάσσων ἑαυτῷ, μὴ λογιζόμενος αὐτοῖς τὰ παραπτώματα αὐτῶν. Daß dieses ἦν ἐν Χριστῷ κόσμον καταλλάσσων ἑαυτῷ die Umstimmung der Welt, die Wandlung ihrer Gesinnung gegen Gott durch das Mittel der Nichtzurechnung ihrer Sünde bezeichnen soll, wird weder durch das daran anschließende θέμενος ἐν ἡμῖν τὸν λόγον τῆς καταλλαγῆς noch durch das καταλλάγητε τῷ θεῷ in V. 20 bewiesen, durch das ἦν καταλλάσσων aber ganz unmöglich gemacht. An und für sich kann ja καταλλάσσειν, vertauschen, ausgleichen, versöhnen, sowohl bei wechselseitiger, als bei einseitiger Feindschaft stehen, und in letzterem Falle hat lediglich der Zusammenhang, der überall entscheidet, zu ergeben, ob der Verfeindete Subjekt oder Objekt des καταλλάσσειν ist. Nun weist aber ἦν καταλλάσσων auf die V. 21 erwähnte geschichtliche Thatsache hin, durch welche das καταλλάσσειν geschah, und es dürfte nicht ἦν, sondern müßte ἐστί καταλλάσσων heißen, wenn damit die Bekehrung der Welt gemeint wäre. Gott stand der Welt als ἀντίδικος (vgl. Matth. 5, 24. 25) gegenüber; statt dessen hörte er dies auf zu sein und versöhnte sich die Welt, indem er ihnen ihre Sünden nicht zurechnete. Die Versöhnung ist also die Herstellung nicht eines Verhaltens der Welt zu Gott, sondern eines Friedensverhältnisses, in welchem Gott nicht sowohl aufhört wider die Welt zu sein — denn das ist er nie gewesen —, sondern entscheidend davon Abstand nimmt, wider die Welt sein zu wollen. Ist dies die Versöhnung, so benennt das durch καί angeschlossene zweite Participium, welches nicht wie λογιζόμενος im Präsens steht und deshalb dem verb. fin. nicht gleichzeitig zu denken ist, eine mit dem ἦν καταλλάσσων verbundene, davon abhängige That Gottes, aus der nun die Bitte der Gesandten Christi folgt, als mahnte Gott durch sie: καταλλάγητε τῷ θεῷ, ein Imperativ wie σώθητε Act. 2, 40: „lasset euch versöhnt sein mit Gott." Die That aber, welche Gott als καταλλάσσων τὸν κόσμον gethan hat, ist V. 21 angegeben: „den, der von Sünde nichts wußte, mit ihr auch nicht im entferntesten etwas zu thun hatte, den hat er uns zu gute zur Sünde gemacht, oder ist mit ihm umgegangen, als hätte er lauter Sünde vor sich, damit wir würden Gerechtigkeit Gottes in ihm." Das heißt also, daß Gott in Christo uns als Subjekte der δικαιοσύνη θεοῦ ansehen will, weil er mit Christo umgegangen ist, als hätte er lauter Sünde vor sich. Erforderlich ist dazu nichts als der Gehorsam gegen das σώζητε V. 20. Lassen wir uns diesen für uns in den Tod gegebenen Christus gefallen, so haben wir das Urteil Gottes für uns oder haben im Glauben die nach Gott benannte Gerechtigkeit. Wegen dieses engen Verhältnisses unseres Gerechtigkeitsstandes zu dem Christus, der wie lauter Sünde in den Tod gegeben ist, hat der Apostel vorher (V. 15) geurteilt, daß einer allen zu gut gestorben sei, also diese alle gestorben seien, und daß er darum für alle gestorben sei, damit die Lebenden nicht mehr sich leben, sondern dem, der für sie gestorben und auferstanden ist. Also er sieht den Tod Christi, in welchen ihn Gott um der Sünde willen hingab, an als uns zu gute kommend, darum uns alle als gestorben oder als die ihr Urteil empfangen haben, und zieht daraus jene Folgerung. Dies ist die Versöhnungsthat Gottes.

Ganz ähnlich redet derselbe Apostel Röm. 5, 6—10. „Gott preiset," sagt er dort, „seine Liebe gegen uns, daß, da wir noch Sünder waren, Christus für uns gestorben ist. Um wieviel mehr nun werden wir jetzt als in Kraft seines Blutes Gerechtfertigte durch ihn gerettet werden vor dem Zorn! Denn da wir als Feinde, d. i. als Gott feindlich Gesinnte, die nichts zu hoffen hatten, dennoch mit Gott versöhnt sind durch den Tod seines Sohnes, wievielmehr werden wir als Versöhnte gerettet werden in Kraft seines Lebens?" Zunächst werden Sünder und Gerechtfertigte einander gegenübergestellt, dann Feinde und Versöhnte, und zwar nicht Feinde, deren Gesinnung oder Verhalten umgewandelt ist, sondern Feinde, die in ein ganz anderes Verhältnis zu stehen gekommen sind, als sie zu erwarten hatten. Wir sind gerechtfertigt, und was uns gerechtfertigt hat, das Blut Christi, wird uns deshalb auch retten vor dem Zorn, vor der dereinstigen Heilsversagung. Ja, als Gerechtfertigte müssen wir noch weiter zurückgehen und sagen: wir sind versöhnt; Gott hat sich, statt uns unsere Feindschaft zu vergelten, durch den Tod seines Sohnes uns gnädig erwiesen oder in und mit diesem Tode uns unsere Sünden vergeben. Wieviel mehr, da schon sein Tod uns zu gute gekommen ist, wird nun uns, den Versöhnten, sein Leben zu gute kommen und uns retten? Es ist dieselbe Betrachtungsweise, die wir 4, 25 finden: „Christus ist wegen unserer Sünden dahingegeben und wegen unserer Rechtfertigung wieder auferweckt worden."

An diesen beiden Stellen also spricht Paulus aus, daß Christus unseren Tod oder den Tod für unsere Sünden erlitten habe, damit wir in dem damit bewirkten Friedensverhältnis zu Gott stehend das Urteil Gottes für uns hätten. Christus hat in seinem Tod von Gott her etwas erlitten, was nicht ihm, sondern uns zugekommen wäre, wodurch wir aber verloren gewesen wären. Christus ist es, der das Gottesgericht über unsere Sünde erlitten hat. Wie das denkbar ist, wird sich nachher zeigen müssen. Zunächst gilt es die übrigen paulinischen Aussagen ins Auge zu fassen.

Den Gedanken, daß Christus seinen Tod zum Zwecke unserer Versöhnung gelitten habe, damit uns, die wir die Gnade Gottes annehmen, das Gottesgericht nicht treffe, drückt Paulus Röm. 3, 24—26 durch Verwendung des im alttestamentlichen Kultus gebräuchlichen Begriffs aus. „Wir werden gerecht, von der Schuld entbunden aus seiner Gnade durch die in Christo Jesu beschaffte Erlösung, welchen Gott hingestellt hat zum $\iota\lambda\alpha\sigma\tau\eta\rho\iota o\nu$ durch den Glauben in seinem Blute zur Erweisung seiner Gerechtigkeit wegen der Vorüberlassung der zuvor geschehenen Sünden unter der Geduld Gottes ꝛc." Ob man $\iota\lambda\alpha\sigma\tau\eta\rho\iota o\nu$ = כַּפֹּרֶת faßt, oder es als Neutrum = Sühnmittel, Sühnopfer, oder es als acc. masc. = sühnend erklärt, ist für unsern Zweck hier einerlei. Der Apostel schreibt dem Tode Christi ($\epsilon\nu\ \tau\tilde{\omega}\ \alpha\iota\mu\alpha\tau\iota\ \alpha\iota\tau o\nu$) sühnende Bedeutung zu, sieht ihn also an als ein Sühnopfer; Gott hat ihn als $\iota\lambda\alpha\sigma\tau\eta\rho\iota o\nu$ in seinem Blute so hingestellt, daß man ihn durch den Glauben haben und dadurch der Vergebung der Sünden teilhaftig sein soll, oder damit die richtende Gerechtigkeit Gottes sich durch Rettung oder Befreiung an uns bethätigen könne. Paulus hat im 2. Brief an die Korinther den Ausdruck $\kappa\alpha\tau\alpha\lambda\lambda\alpha\sigma\sigma\epsilon\iota\nu$ gewählt, nicht $\iota\lambda\alpha\sigma\kappa\epsilon\sigma\vartheta\alpha\iota$, weil er mit den heidnischen Vorstellungen von dem Wesen und Zweck der Sühne nichts zu thun haben konnte und weil er in der Gemeinde in Korinth schwerlich eine solche Vertrautheit mit den alttestamentlichen Vorstellungen voraussetzen konnte, daß man eventuell sofort an den Gebrauch von ἱλάσκεσθαι oder ἐξιλάσκεσθαι im alttestamentlichen Sinne gedacht hätte. Darum gebraucht er dort jenes andere Wort, welches überdies nicht bloß dem Wesen des alttestamentlichen Kultus gemäßer war, sondern welches — vgl. den Gebrauch von καταλλαγή Röm. 11, 15 und ἀποκαταλλάσσειν Kol. 1, 20 f.; Eph. 2, 16 — ihm auch nach anderer Seite hin für seine Zwecke dienlich war. Dieses selbe καταλλάσσειν und καταλλαγή gebraucht er auch Röm. 5 für seine Darlegung von der großen segensvollen Bedeutung des Todes Christi. Röm. 3, 25 aber greift er auf den alttestamentlich gedachten Ausdruck zurück, weil er es mit einer Gemeinde zu thun hat, in der er nicht befürchten muß, deswegen mißverstanden zu werden. Ἱλάσκεσθαι resp. ἐξιλάσκεσθαι bezeichnet im alttestamentlichen Kultus nicht wie sonst im Griechischen „die Gottheit geneigt machen"; nie ist Gott das Objekt der betreffenden Handlung. Es liegen der Sühne auf außertestamentischem Gebiete Vorstellungen zu Grunde, die der Offenbarungsreligion vollständig fremd sind. Gottes Gesinnung bedarf nicht der Wandlung. Dagegen bedarf es einer Opfersühne zu dem Zwecke, damit Gott nicht genötigt werde, ein anderes Verhalten einzuschlagen. Mit dieser allerdings fundamentalen Veränderung ist ἱλάσκεσθαι, ἐξιλάσκεσθαι in den biblischen Sprachschatz übergegangen, nicht ohne daß diese Änderung klaren Ausdruck in der durchaus verschiedenen Konstruktion des Wortes gefunden hätte.[1]) Die Sühne ist göttliche Institution und Gabe; durch Annahme der Sühne entgeht Israel oder der Israelit der Offenbarung des Zornes Gottes und bleibt im Bunde der Gnade. Aber diese Sühne gilt nur für Israel, nur im Zusammenhange des Offenbarungswirkens Gottes. Außerhalb Israels giebt es solche Sühne nicht. Da kommt die Endzeit und in ihr der Messias. In ihm kommt Gottes Liebe Israel und den Heiden entgegen und legt den Tod auf ihn, daß er das Sühnopfer für die ganze Welt sei, damit wir, die wir ihn und was er für uns gethan und ist, dankbar hinnehmen, in ihm die Gerechtigkeit haben, die von Gott kommt, nach Gott benannt ist und vor seinem Urteil besteht.

---

[1]) Vgl. mein Wörterbuch unter ἱλάσκομαι und καταλλάσσω.

Man sieht, weshalb dem Apostel das Wort ἱλάσκεσθαι und seine Derivate nicht passen. Er hat ein anderes Wort, welches zwar nicht den Vorzug hat, der für die Sühnhandlungen auch im heidnischen Kultus geprägte solenne Ausdruck zu sein, welches ihm aber besser dient, die in Christi Sterben geschehene Gnadenthat Gottes zum Ausdruck zu bringen, eben jenes καταλλάσσειν. Das Passiv dieses Wortes wird 2 Makk. 1, 7; 7, 33; 8, 29 in einer dem biblischen Vorstellungskreise durchaus widersprechenden Weise verwendet; das Aktiv aber gebraucht der Apostel für das, was Gott damit gethan, daß er Christum in den Tod gab. Auch sonst finden wir bei Paulus nicht den vom Opferritus hergenommenen Ausdruck, obwohl er Christi Tod ausdrücklich als Opfertod ansieht, Eph. 5, 2; Tit. 2, 14. Bei καταλλάσσειν liegen die Verhältnisse gerade umgekehrt, wie bei dem profanen ἱλάσκεσθαι. Jenes schließt das ἱλάσκεσθαι, soweit es die biblischen Vorstellungen zum Ausdruck bringt, ein. Christus ist der ἱλασμός, aber Gott ist es, der ihn dazu gemacht hat. Drei Faktoren wirken im Tode Christi zusammen, die Welt, die ihn ausstößt, Gott, der ihn dem Tode überläßt oder übergiebt, Christus selbst, der den Tod übernimmt. Alle drei Faktoren zieht Paulus, wie nicht anders zu erwarten, in Betracht, die letztere Betrachtungsweise findet sich namentlich Gal. 2, 20; Tit. 2, 14; Phil. 2, 8. Daß aber Paulus der Kombination von Opfer und Priester in der Person Christi keinen Ausdruck verliehen und darum auch von dem dann fast unvermeidlichen ἱλάσκεσθαι nicht geredet hat, liegt wohl daran, daß es ihm vor allem auf die mit unserer Rechtfertigung im engsten Zusammenhang stehende That Gottes ankam, dessen Urteil uns zu gute kommen soll. In dem Zusammenhange, wo er vom Gesetz redet, verwendet er den Ausdruck ἱλαστήριον, sonst aber nie wieder.

Von dem, was Gott im Tode Christi gethan, sagt er Röm. 8, 3, daß er κατέκρινεν τὴν ἁμαρτίαν ἐν σαρκί, er vollzog das Verdammungsurteil über die Sünde innerhalb der ihr eigentümlichen Sphäre des Fleisches, indem er oder dadurch, daß er seinen Sohn sandte in der Gleichgestalt von Fleisch der Sünde und um der Sünde willen. Dies aber that er in Ansehung der Unfähigkeit des durch das Fleisch geschwächten Gesetzes, damit die Rechtsordnung des Gesetzes in uns erfüllt werde. Es ist dasselbe Thun Gottes, welches der Apostel 2 Kor. 5, 21 beschrieben hat als τὸν μὴ γνόντα ἁμαρτίαν ὑπὲρ ἡμῶν ἁμαρτίαν ἐποίησεν, nur daß er hier seinem Endzweck gemäß dieses Thun Gottes als Vollziehung eines Gerichtes über die in unserm Fleische herrschende Sünde bezeichnet.

Nehmen wir dazu noch Gal. 3, 13 vgl. mit 4, 4. 5, so haben wir die wesentlichsten Aussprüche Pauli über die Art des Zusammenhanges unserer Rechtfertigung mit dem Tode Christi. „Christus," heißt es 3, 13, „hat uns losgekauft von dem Fluch des Gesetzes, indem er geworden ist ein Fluch uns zu gut, denn es steht geschrieben: verflucht ist jeder, der am Holze hängt." Und 4, 4. 5 sagt der Apostel: „Gott sandte seinen Sohn, geboren von einem Weibe und unter das Gesetz gethan, damit er loskaufe, die unter dem Gesetz waren, damit wir die Kindschaft empfingen." Unter dem Gesetz sein heißt, wie früher nachgewiesen ist, unter dem Fluch sein. Christus ist innerhalb Israels als Israelit geboren, deshalb von Anfang an unter dem Gesetz, darum von Anfang an unter dem Fluch, um die, die mit ihm unter dem Gesetz waren, vom Fluche loszukaufen. Diese Untergebung unter das Gesetz bringt für ihn den Tod mit sich; diesen Tod stirbt er und zwar so, daß das Wort von dem Gehenkten, der verflucht ist, auf ihn zutrifft. Nicht als wenn dadurch die Art und Weise, wie er zum Tode gebracht ist, als vom Gesetze bewirkt angesehen werden sollte. Nur darauf kommt es dem Apostel an, seinen Tod als verursacht durch das Gesetz, dem er mit seinen Brüdern aus Israel untergeben war, darzustellen und an diesem Tode darauf Gewicht zu legen, daß er auch seiner Erscheinung nach ein Fluchtod war. Er sagt nicht, Christus sei ἐπικατάρατος für uns geworden, sondern folgert aus dieser Schriftstelle, daß er κατάρα uns zu gut geworden sei, also um dieselbe von uns abzuwenden; die Schriftstelle selbst hat im Grundtext das Abstraktum קְלָלָה und dem schließt sich Paulus an, um zu sagen, daß der uns geltende Fluch des Gesetzes und der für uns gestorbene Christus nicht zu trennen sei. Gott aber ist es, der Christum unter das Gesetz gegeben, also auch diesen Tod so geordnet hat.

Daß diese Aussagen nicht verschiedenen, unter sich unvereinbaren Betrachtungsweisen angehören, versteht sich von selbst. Es ist der gekreuzigte Christus, in dem Paulus den Messias erkennt und in dem er das Urteil Gottes für sich oder für uns, uns zu gut findet. Das ergiebt zunächst die Erkenntnis, daß Christus den Tod von Gott her für uns oder uns zu gut erlitten hat, damit dieser Tod uns nicht bringe, was wir verdient haben. Gott ist im Tode Christi der, der dadurch mit uns in ein Friedensverhältnis getreten, daß er Christum uns zu gut wie lauter Sünde behandelt hat oder der ihn zum Opfer für uns, für die Welt gemacht hat. Da hat er das Gericht über die Sünde vollzogen, mit dem nun jeder zusammengewachsen ist, der in Christi Tod getauft ist. Dieses Gericht über die Sünde ist zugleich der Fluch, den das Gesetz über den Übertreter verhängt. Damit ist Christus in seinem Tode von Gottes wegen eins geworden, damit die unter das Gesetz Verhafteten frei würden, also $\chi\omega\rho\iota\varsigma$ $\nu\acute{o}\mu o\nu$ bei Gott in Gnaden wären. So hat Christi Leiden und Sterben stellvertretende Bedeutung, indem sein Leiden an die Stelle des sonst über die Welt ergehenden Gerichtes getreten ist, welchem die Heiden von Anfang an verfallen waren, und welchem auch Israel nicht entgehen konnte.

Eine andere Frage ist nun die, weshalb dies so geschehen ist oder geschehen mußte. Hierauf lautet die Antwort, daß das Leiden und Sterben Christi die Vollziehung der Begnadigung der Welt oder der Welterlösung ist. Gott sendet in lauter Gnaden seinen Sohn. Die Gegenwart seines Sohnes ist die Begnadigung der Welt. Er hat ihn nicht erweckt und ausgerüstet, der Welt die endliche Kunde von der Gnade Gottes mitzuteilen, — das ist nicht paulinisch. Er hat ihn gesendet, damit er die Begnadigung der Welt sei. Er ist dies aber so, daß er alles leidet, was die Menschen in ihrer Gottesferne und ihrer Gottesfeindschaft ihm anthun, ohne ein Wort wider sie zu reden. Sein Leiden und schließlich sein Sterben ist die Ausübung der Vergebungsgnade an der Welt. Die Sünde, welche die Welt an ihm begeht, ist zugleich von Gottes wegen die Bedeckung oder Vergebung der Sünde; mit ihr verbindet sich sofort zur unlöslichen Einheit die Vergebung derselben. Denn schließlich geht alle Sünde zusammen in der einen Sünde der Verwerfung Christi, und dieser Sünde sind wir alle in dem $\varphi\rho\acute{o}\nu\eta\mu\alpha$ $\tau\tilde{\eta}\varsigma$ $\sigma\alpha\rho\kappa\acute{o}\varsigma$, welches $\check{\varepsilon}\chi\vartheta\rho\alpha$ $\varepsilon\mathord{i}\varsigma$ $\vartheta\varepsilon\acute{o}\nu$ ist, schuldig.

Auf diesem einfachen, aber im Zusammenhange seiner Geschichte verständlichen Wege ist das Resultat zu stande gekommen, daß sein Tod der Welt Versöhnung ist.

Sein Tod aber wird nun auch von Paulus als der Welt Versöhnung angesehen, nicht nur als Versöhnung oder Erlösung derer, die an ihn glauben. Röm. 5, 12—21 parallelisiert der Apostel Adam und Christus und führt aus, daß nicht wie der Fall, so auch die Gnadengabe sei, — diese sei größer. Denn wie das Urteil Gottes infolge der Sünde eines einzigen zum Verdammungsurteil geworden sei, so sei die Gnadengabe zum $\delta\iota\kappa\alpha\iota\omega\mu\alpha$ geworden, welches aus vielen und Vieler Sünden heraushelfe, wo $\delta\iota\kappa\alpha\iota\omega\mu\alpha$ im Gegensatze zu $\kappa\alpha\tau\acute{\alpha}\kappa\rho\iota\mu\alpha$ die Rechtfertigungsthat bezeichnet und das $\chi\acute{\alpha}\rho\iota\sigma\mu\alpha$ ergänzt und verstärkt. Es bezeichnet nach Aristot. Eth. Nikom: 5, 10 $\tau\grave{o}$ $\dot{\epsilon}\pi\alpha\nu\acute{o}\rho\vartheta\omega\mu\alpha$ $\tau o \tilde{v}$ $\dot{\alpha}\delta\iota\kappa\acute{\eta}\mu\alpha\tau o\varsigma$. Dies ergiebt für Paulus, welcher $\delta\iota\kappa\alpha\iota o \tilde{v}\nu$ mit persönlichem Objekt im Sinne von rechtfertigen verbindet, die Wendung, daß es sei $\dot{\epsilon}\pi\alpha\nu\acute{o}\rho\vartheta\omega\mu\alpha$ $\pi o \lambda \lambda \tilde{\omega} \nu$ $\dot{\alpha}\delta\iota\kappa\eta\sigma\acute{\alpha}\nu\tau\omega\nu$. Von diesem $\delta\iota\kappa\alpha\iota\omega\mu\alpha$ sagt nun V. 18, daß, wie durch eines Menschen Sünde es zu allen Menschen zur Verdammnis gekommen sei, so durch eines Menschen Rechtfertigungsthat zu allen Menschen zur Rechtfertigung des Lebens. **So sieht der Apostel also die ganze Welt der Sünder als gerechtfertigt an.** Das ist die Bedeutung Christi für sie. Darum hat er auch 4, 25 gesagt, Christus sei wegen unserer Sünden hingegeben und wegen unserer Rechtfertigung auferweckt worden. Das Rechtfertigungsurteil ist ergangen in der Auferweckung Christi, die nicht bloß seine Rechtfertigung war, sondern auf Grund der Rechtfertigung der Welt erfolgte. Diese Rechtfertigung wird nun der Welt verkündigt und dargeboten als für sie vorhandene, fertige Gabe. Wer sie glaubt, hat sie, — wer sie nicht glaubt, verliert sie und geht wegen des Verlustes der Gnade verloren. Vorhanden ist sie in Christus, darum gilt es, Christum haben und in ihm die Erlösung, die Vergebung der Sünden.

Denn nicht in der dahinter liegenden That als solcher ist unsere Erlösung beschlossen. Das ist der verbreitete Irrtum, daß dies einmalige Ereignis als solches unsere Erlösung bewirkt habe. Dem widerspricht schon, daß alle Aussagen vom Tode Christi und dem Werte dieses Todes Aussagen über den vom Tode erstandenen lebendigen Christus sind. Von ihm sagt der Apostel: „wer will verdammen? Christus Jesus ist der, der gestorben, ja vielmehr, der auferweckt ist, welcher ist zur Rechten Gottes und tritt für uns ein." Vom Auferstandenen sagt er 4, 25 ausdrücklich, daß er auf Grund unserer Rechtfertigung auferweckt sei, denn das $\mathrm{\delta\iota\grave{\alpha}}$ $\mathrm{\tau\grave{\eta}\nu}$ $\mathrm{\delta\iota\varkappa\alpha\iota\omega\sigma\iota\nu}$ $\mathrm{\dot{\eta}\mu\tilde{\omega}\nu}$ steht in demselben und nicht im umgekehrten Verhältnis zu $\mathrm{\dot{\eta}\gamma\acute{\epsilon}\varrho\vartheta\eta}$, wie $\mathrm{\delta\iota\grave{\alpha}}$ $\mathrm{\tau\grave{\alpha}}$ $\mathrm{\pi\alpha\varrho\alpha\pi\tau\acute{\omega}\mu\alpha\tau\alpha}$ $\mathrm{\dot{\eta}\mu\tilde{\omega}\nu}$ zu $\mathrm{\pi\alpha\varrho\epsilon\delta\acute{o}\vartheta\eta}$. Auf den Auferstandenen ist sein Blick gerichtet Phil. 3, 9. 10, wo er von der Gerechtigkeit des Glaubens redet, in der und um deretwillen er darüber aus sei, Christum zu erkennen und die Kraft seiner Auferstehung. Endlich aber sagt er 1 Kor. 15, 14. 15: „wenn aber Christus nicht auferweckt ist, so ist demgemäß auch unsere Predigt nichtig, nichtig auch euer Glaube." Darüber ist sich der Apostel völlig klar, daß seine ganze Verkündigung steht und fällt mit der Auferstehung Christi oder mit dem aus dem Tode wiedergekehrten und zu Gott erhöhten lebendigen Christus. Ist Christus nicht auferstanden, so ist Paulus und sind alle Apostel und Brüder, die den Herrn gesehen haben, falsche Zeugen Gottes, indem sie wider Gott gezeugt haben, daß derselbe den Christus von den Toten erweckt habe, den er doch nicht auferweckt habe. Darum legt er B. 1 ff. so großes Gewicht auf das den Korinthern geprebigte, durch Schrift und Wort bezeugte Evangelium von dem Christus, der nach der Schrift gestorben und nach der Schrift am dritten Tage wieder auferstanden sei.

Ist der gestorbene Christus der von Gott durch seine Auferweckung legitimierte, so müssen wir ihn als den Messias anerkennen. Sein Tod und seine Auferstehung gehören unauflöslich zusammen. Er ist vergeblich gestorben, wenn er nicht auferstanden ist. Ist er aber auferstanden, gehört er uns wieder, so haben wir in ihm auch unsere Erlösung, für die er gestorben ist. Denn der Glaube hat ihn und alles, was er für uns ist. Der Glaube, der in dem Auferstandenen den Messias erkennt und anerkennt, und zwar den, der der Messias ist und war, hat in ihm den, der für unsere Sünde in den Tod gegangen oder der für uns zum Fluch geworden ist. Der Auferstandene ist der Gekreuzigte, — das kennzeichnet ihn für ewig. Wer dies erkennt und glaubt, sieht sich mit ihm als zusammengewachsen, mit ihm verbunden an und ist dies auch. Mit Christo gekreuzigt, mit ihm begraben, mit ihm auferstanden, mit ihm lebendig, das ist's, was Paulus stets betont. Er mit uns und darum für uns, — dann wir mit ihm, nicht durch einen besondern Entschluß, durch den „Glaubensakt", „durch welchen der Mensch seinem Willen eine entgegengesetzte Richtung zu geben sich entschließt," nicht durch einen Glauben, durch welchen die Welt beweist, daß sie „die Reife zur rechten Würdigung der letzten Offenbarungen Gottes erlangt habe." Sondern wir sind mit ihm gestorben, mit ihm auferweckt, mit ihm lebendig gemacht, weil alles, was ihm geschehen ist, ihm für uns und in ihm uns geschehen ist, so daß wir es haben, sobald wir ihn uns gefallen lassen oder sobald wir an ihn glauben. Nur der Unglaube ist die That, die wir thun können und durch die wir alles, was in Christus für uns geschehen und vorhanden ist, unwirksam machen. Den Glauben, in welchem einer sich als erlöst erkennt und glaubt um Christi willen, wirkt die Gegenwart Gottes im heiligen Geiste. Darum ist es nur möglich, im Glauben und durch den Glauben die Erlösung, die Vergebung der Sünden, die ganze Gnade Gottes zu haben, nur möglich, im Glauben und durch den Glauben das Urteil Gottes für sich zu haben oder die Gerechtigkeit zu besitzen, die von Gott stammt und vor Gott gilt.

So hängt unsere Rechtfertigung mit dem gestorbenen und wieder auferstandenen Christus aufs engste zusammen. Christus ist es, nach dem unser Geschick sich richtet. Seine Zugehörigkeit zu uns bringt ihm den Tod, aber er leidet ihn, ohne sich von uns zu trennen und uns dem Gerichte zu überlassen, und der Vater läßt ihn den Tod leiden, oder übergiebt ihn dem Tode, damit wir, das Menschengeschlecht, verschont würden mit dem Gericht. Er giebt ihn aber uns wieder, damit wir in ihm den Retter und Helfer haben sollen. Das führt nun auf die besondere Bedeutung der Person Jesu.

Diese Bedeutung kommt ihm nicht deshalb zu, weil er „eine regelmäßige Erscheinung der Geschichte" ist. Im Gegenteil nur deshalb, weil er eine unregelmäßige und zwar die einzige unregelmäßige Erscheinung in der Menschheitsgeschichte ist. Er ist

Mensch wie wir, und doch anders wie wir. Er ist der Mensch, auf welchen das ganze Geschlecht angewiesen ist, — er ist der Herr, zu dem wir beten. Das steht dem Apostel fest seit jenem Tage vor Damaskus. Der Herr über alle und unser Bruder, das vereinigt sich für ihn in dem, der ἐπτώχευσε πλούσιος ὤν, ἵνα ὑμεῖς τῇ ἐκείνου πτωχείᾳ πλουτήσητε 2 Kor. 8, 9, oder in dem Χριστὸς ἐκ τῶν Ἰσραηλίτων τὸ κατὰ σάρκα, ὁ ὢν ἐπὶ πάντων θεὸς εὐλογητὸς εἰς τοὺς αἰῶνας Röm. 9, 5. Denn daß das ὁ ὢν ἐπὶ πάντων θεός Prädikat Christi ist im Gegensatze zu seiner Herkunft nach dem Fleisch, ist für den, der die biblische Art, בָּשָׂר und אֱלֹהִים oder בָּשָׂר und רוּחַ einander entgegenzusetzen kennt, zweifellos. Das ist das Große, daß der, der Gott über alles ist, dem Fleische nach Israel entstammt, und gerade an diesem hat der Glaube sein Heil. Er ist es, der, „da er in der Gestalt Gottes oder in gottheitlichem Stande, in göttlicher Seinsweise war, doch nicht seine Gottgleichheit für eins mit gewaltthätigem Auftreten hielt, sondern sich selbst entäußerte, indem er die Seinsweise, den Stand eines Knechtes annahm, wurde, was und wie Menschen werden und in seiner Gesamthaltung als ein Mensch erfunden wurde; er erniedrigte sich selbst, indem er gehorsam ward bis zum Tode und zwar bis zum Tode am Kreuze. Deshalb hat ihn auch Gott erhöhet und hat ihm einen Namen gegeben, der über alle Namen ist" (Phil. 2, 6 ff.). Er ist für uns alles, was er ist, weil er Mensch und deshalb unser Bruder ist; aber daß er eben nicht bloß dies und nicht bloß mehr, sondern zugleich etwas qualitativ anderes für uns ist, als einer unserer Brüder, daß er nicht unser Geschick nur wiederum bestätigt und besiegelt, sondern daß er, der einzige, uns von Gott gemacht ist zur Weisheit, zur Gerechtigkeit und Heiligung und zur Erlösung (1 Kor. 1, 30), das beruht darauf, daß er war, ehe er ward, oder daß er aus ewigem gottheitlichen Stande unseres Standes und Wesens geworden ist. Er ist nach dem, was er für uns ist, thatsächlich eine unregelmäßige Erscheinung in der Geschichte; er ist ewigen Wesens, während wir nur werden und geworden sind; so hat er mit uns geteilt, was Menschenlos ist, und hat mit Israel geteilt, was das Gesetz Gottes für Israel mitbringt, und hat auf diesem Wege die Liebe bewiesen, die der Sünden Menge thatsächlich zu bedecken und so aus der Welt zu schaffen im stande ist, daß man sie nicht finden wird, ob man sie gleich sucht.

So ergiebt sich für Paulus alles, was er von Gott und Christo, von Gottes und Christi Gnade der Welt zu bezeugen hat, aus der Erkenntnis der Messianität Jesu, die er — oder sagen wir lieber, die ihn auf dem Wege nach Damaskus gefunden hat. Er vergißt seine Theologie, dafür erschließt sich ihm die Schrift in neuer Weise und Fülle; er lernt die Wirklichkeit Christi verstehen, die niemand vorher verstand, und von da aus gewinnt er ein Schriftverständnis, wie er es bis dahin nicht geahnt hat. Mit der Erkenntnis, daß er im Glauben an diesen Messias aller Sünde und Schuld los und ledig sei, daß dieser Messias ihm alles abgenommen habe und nun ihm sein Leben wiedergebe, und daß der Glaube an diesen Messias alles sei, was Gott von ihm verlange, weil es alles sei, was Gott in wunderbarer Weise der Welt darbiete, war alles gegeben. Hierin war alles beschlossen, was er von Christi Leiden, Sterben und Auferstehen, was er von seiner Parusie zu sagen hatte, alles, was von seiner Person und nur von ihr gilt, was er im Unterschiede von uns und doch nur so ist, daß er einer der Unsern ist. Von hier aus, daß Jesus alles für uns ist und daß er das alles rein von Gottes Gnaden ist, ergab sich für den Apostel, daß er jetzt sich selbst und andern gestand, was er sich bis dahin nicht hatte gestehen wollen, und hatte seinen ganzen Mangel und sein ganzes Elend mit der Gerechtigkeit nach dem Gesetz zugedeckt, die doch nicht Gerechtigkeit von Gott und vor Gott war. Er gestand sich und andern die Fruchtlosigkeit seines Eifers um die Gerechtigkeit nach dem Gesetz, und daß der ganze Wert und die ganze Wirkung des Gesetzes nur in der Bewirkung der Sündenerkenntnis und in dem Fluch bestand, unter den es verhaftet. Die einzige Regel der Offenbarung für alles Thun, für alle Erbarmung Gottes war doch nur die: „wo die Sünde mächtig geworden ist, da ist doch die Gnade noch viel mächtiger geworden!" Νυνὶ δὲ χωρὶς νόμου δικαιοσύνη θεοῦ πεφανέρωται μαρτυρουμένη ὑπὸ τοῦ νόμου καὶ τῶν προφητῶν, δικαιοσύνη θεοῦ διὰ πίστεως Ἰησοῦ Χριστοῦ εἰς πάντας τοὺς πιστεύοντας, — das ist das die Welt überwindende paulinische Evangelium.

VII.
Schlußergebnis.

So giebt sich die paulinische Verkündigung der Rechtfertigung allein aus Gnaden und allein durch den Glauben als dasjenige Evangelium, auf welches es mit der göttlichen Offenbarung von Anfang an abgesehen war. Die besonderen, auf die Erscheinung Christi gerichteten Wege Gottes beginnen mit Abrahams Erwählung und der ihm gegebenen Verheißung. Nichts anderes als Wort und Verheißung Gottes hatte Abraham; in der vor Augen liegenden Wirklichkeit sprach alles dagegen, daß dies Wort jemals in Erfüllung gehen könne. Aber Abraham glaubte dem Herrn, und das ist ihm zur Gerechtigkeit gerechnet worden. Alles, was er durch sich selbst geworden war und gewonnen oder verloren hatte, war nun nichts; daß er diesem Wort traute und Gott Glauben schenkte, war nun alles, und darum hatte er Gottes Urteil für sich, sein Glaube wurde ihm zur Gerechtigkeit gerechnet, mit der er vor Gott bestand. Denn Gott ist Richter und tritt als solcher für die ein, die Recht haben. In der ganzen Welt war aber nur einer, der Recht hatte, Abraham, und sein Recht war einzig und allein der Glaube an Gottes Wort und Verheißung.

Um des Glaubens Abrahams willen blieb Gott dem Samen Abrahams treu auch in der Zeit der Knechtschaft in Ägypten. Da schloß er einen Bund mit Abrahams Kindern und gab ihnen das Gesetz, damit sie durch des Gesetzes Erfüllung sich rüsteten auf das Erleben des Heiles. Das Entscheidende in der Religion Israels blieb immer der Glaube, das Sichfesthalten an Gottes Wort und Verheißung. Dieser Glaube sollte ihnen zur Gerechtigkeit gerechnet werden und all ihre Sünden immer wieder gut machen. Das war die Treue, die von Israel verlangt wurde und in der Israel, auch wenn es gesündigt hatte, doch hoffen durfte auf Vergebung, denn es hatte Recht mit diesem Glauben, — ein Recht, welches Gott selbst in Gnaden ihm verliehen. Alle seine Bedrücker und Verfolger hatten Unrecht, Israel allein hatte Recht, und Gott als Israels König, der sich dies Volk erwählt hatte, mußte für dies Recht, für diese gerechte Sache Israels eintreten und Israel Recht verschaffen. Recht hat überhaupt nur der, dem Gott es gegeben, und daran sich zu halten, ist dann seine gerechte Sache, für die Gott eintritt oder der Gott zum Rechte verhilft. Israels Glaube war das Beharren bei dem Rechte seines Glaubens oder seine Treue. Diese Treue im Glauben sollte bereinst gelohnt werden; sie sollte selbst Vergebung empfangen, wenn die Verheißung in Erfüllung ginge und all seine Feinde mit Schanden bestehen würden. Denn ohne Vergebung kann niemand auch seinen Feinden gegenüber Recht bekommen. So richtet sich der Glaube auf ein zukünftiges Erleben der Gnade Gottes.

Mühsam hat Israel gelernt, seinem Gott glauben und nach seinem Gesetz sich richten. Als es das, wie es scheint, endlich gelernt hat, stellt sich sofort eine große Verkehrung ein. Nur die Stillen im Lande schauten nach der verheißenen Rettung, nach der Vergebung der Sünden aus, — das war die Sehnsucht, die das Gesetz selbst in ihnen wachgerufen. Denn es bewirkte nichts anderes und konnte nichts anderes bewirken, als Erkenntnis der Sünde, Demütigung unter die gewaltige Hand Gottes und Hoffnung auf den, der die Himmel zerreißen und sein gefangenes Volk, das Zwiefältiges empfangen hatte für seine Sünde, erlösen sollte. Aber es war nur ein geringer Bruchteil des Volkes, welcher so auf die Hülfe und Erbarmung Gottes wartete und trotz seiner Sünde und wegen seiner Sünde im Glauben sich festhielt an seinem Gott. Der Grundzug der israelitischen Frömmigkeit war ein anderer und wurde ein anderer, je entschiedener der Pharisäismus als Vertreter der Hoffnung und des Gesetzes Israels die Führung übernahm. Von der Erkenntnis, daß die Bedeutung des Gesetzes in der Bewirkung der Erkenntnis der Sünde und in der Heilsversagung bestehe, finden wir keine

Spur. Das Gesetz lehrt, was zu thun und zu meiden ist. Das zu wissen ist nun Israels Vorzug, dazu ist ihm das Gesetz gegeben. Nun gilt es, das auch zu thun. Alles Thun ist nur auf den Erwerb von Gerechtigkeit oder davon gerichtet, daß das Gesetz nicht wider den Menschen, sondern für ihn ist. Freilich ist dies unendlich schwer und einem Menschen gewöhnlichen Schlages nicht möglich. Dazu muß man Pharisäer oder Separatist sein, und auch diesem ist es kaum möglich. Seine ganze Hoffnung ist darauf gerichtet, daß in der messianischen Zukunft sich bei ihm ein geringes Mehr von Gerechtigkeitsthaten über die Anzahl der Sünden herausstellt. Man gesteht sich die Erfahrungen nicht, die man am Gesetz macht, die Erfahrung vom Erwachen der Sünde, von der Macht der in uns wohnenden Sünde, dem Widerstreit des Gesetzes in unsern Gliedern wider das Gesetz im Gemüte. Es sind nur wenige ernste Leute unter Schriftgelehrten und Pharisäern, die diesen Widerstreit mit sich herumtragen. Die andern sind darunter erlahmt, begnügen sich mit der buchstäblich begrenzten Erfüllung und Nichterfüllung und lösen so unter dem Schein des Gehorsams das Gesetz auf. Sie lassen den Satz von dem Gerechten, der durch die אֱמוּנָה leben wird, stehen, aber diese אֱמוּנָה ist ihnen entweder die Treue Gottes und der Gerechte der Gesetzestreue, oder es ist seine Gesetzestreue, durch die er leben wird. Davon, daß Abrahams Glaube ihm zur Gerechtigkeit gerechnet ward, konnte nur die Rede sein, weil Abraham das Gesetz noch nicht hatte.

Damit hatte der Pharisäismus die Wahrheitserkenntnis der Religion Israels preisgegeben. Dem Gesetz wurde er nicht gerecht und konnte er nicht gerecht werden; daß man auch als Sünder eine gerechte Sache haben und zu Gottes Gerechtigkeit seine Zuflucht nehmen, Gottes Gericht anrufen könne, glaubte er nicht. Den Weg zum Frieden wußte er nicht und wußte niemand. Nur jene Stillen im Lande hofften auf den Messias und auf Vergebung der Sünden. Was sie konnten und thaten, war nur, was jener Zöllner Luk. 18, 9 ff. that, der hinabging aus dem Tempel gerechtfertigt vor dem Pharisäer.

Da erscheint Johannes der Täufer, endlich wieder von Gottes Gnaden ein Prophet, der Prophet, der der Verheißungserfüllung vorhergehen sollte. Das Volk Gottes ist des Heiles und der Heilsoffenbarung nicht wert, darauf es wartet. Dennoch ist Gott seinem Volke gnädig und giebt das Heil. Johannes kündigt das unmittelbar bevorstehende Reich und Gericht Gottes an. Mit einer neuen Heilsordnung, mit der Taufe bietet er dem Volke die Erfüllung seiner Hoffnungen, die Offenbarung des Königtums Gottes über Israel, die Offenbarung des Reiches Gottes dar; er verbürgt symbolisch die Vergebung der Sünden, die sie von dem Messias in Wirklichkeit empfangen und des Reiches Gottes teilhaftig werden sollen. „Thut Buße, denn das Reich Gottes ist nahe herbeigekommen," ruft er dem ganzen Volke zu. Der Messias, der messianische König ist der von Gott gesandte Richter, der sich des Rechtes und der Bedrängnis Israels annehmen soll. Freilich — zu hoffen hat eigentlich von seinem Gericht niemand etwas. Gericht ist so gut wie Verderben. Furcht vor dem Gericht hat alle ergriffen. Aber trotzdem hofft der Täufer und hoffen alle ernsten Israeliten auf das Gericht des Messias, sofern er den Bösen, den Feinden und Bedrückern des armen und elenden Volkes ein Ende machen soll, und suchen deshalb für sich im Glauben an Johannis Wort Vergebung. Johannes spricht die alte Regel nicht aus, aber führt sie aus, indem er Buße predigt und tauft mit der Taufe der Buße zur Vergebung der Sünden.

Der Messias kommt, aber seine Erscheinung ist ein großes Rätsel. Er kommt zu Johannes, um getauft zu werden, während Johannes seinerseits die Taufe von ihm bedarf. Der Täufer fügt sich dem rätselvollen Verlangen dessen, für den er da ist und dem er Gehorsam zu leisten schuldig ist. Daß er recht daran gethan, wird er inne durch die darauf folgende Ausrüstung Jesu mit dem heiligen Geiste, die ganz anders ist, als alle bisherige Geistesausrüstung aller Knechte Gottes. Von nun ab bezeugt der Täufer, daß der Messias da ist, den niemand kennt. Er wartet darauf, daß er sich offenbaren werde. Aber diese Offenbarung verzieht, denn Jesus könnte nur richten und strafen, wenn er als Messias in königlicher Macht aufträte und Glauben erzwingen wollte. Das aber will er nicht; darum muß er seinen Weg unerkannt und unbekannt gehen, nur von wenigen begleitet, die ihn erkannt haben und auf seine Messiasthat warten. Er kann nur sagen, was er bringen und wirken will, und kann nur zeigen, daß er imstande ist, alles zu thun; aber niemand glaubt es ihm. Er verkündigt das Reich Gottes und damit Gottes Gericht allen zu gut, die unter der Sünde in der Welt leiden, — sie sollen nur an ihn glauben und auf ihn warten. Er verlangt nichts als Glauben, er verspricht dem Glauben die ganze Erfahrung seiner Messianität, nämlich das Reich Gottes und damit das rettende Gericht. Nur freilich den Ausdruck des rettenden Gerichtes oder der Rechtfertigung des Glaubens gebraucht er nicht. Das hätte das Volk gar nicht verstanden, welches ganz und gar voll banger Furcht vor dem Gerichte war.

Endlich scheint die Stunde gekommen zu sein, daß Jesus das Gericht in die Hand nehmen und offen als Messias zu gunsten der Unterdrückten auftreten muß, denn Johannes liegt im Gefängnis. Aber auch da ist diese Stunde noch nicht gekommen. Johannes soll glauben, daß er der Messias ist und dann sterben; Jesu Stunde ist noch nicht gekommen, — warum nicht, ist leicht zu sehen, denn wer würde übrig bleiben, wenn er anfinge zu richten? Sein Weg geht weiter in tiefem Dunkel. Das Reich Gottes ist da, der Richter ist da, aber das Gericht beginnt nicht. Es wird im Volke noch gar nicht verstanden, daß er der Messias ist. Ob es jemals verstanden werden wird? Bald kommt die Stunde, daß er auch sein Zeugnis vom Reiche Gottes verbergen muß in Gleichnisse, denn niemand versteht, daß es da ist und daß es Jesu Art an sich trägt, Gewalt zu leiden, um nicht Gewalt zu üben. Nun kann Jesus gar nicht mehr davon reden, daß nichts not ist, als Glaube, um das Gericht Gottes für sich zu haben, — es würde nicht verstanden werden. Denn alles bangt vor dem Gerichte und er muß bestätigen, daß man sich mit Recht davor bangt. Er wird einmal richten; er wird einmal kommen in großer Kraft und Herrlichkeit und alle Engel Gottes mit ihm, und wenn dann die Zeichen seines Kommens anheben zu geschehen, dann sollen seine Jünger ihre Häupter aufheben, weil sich ihre Erlösung naht. Das ist das rettende Gericht für die, die an ihn glauben. Für die andern aber, und das sind die meisten, ist sein Tag ein Tag der Furcht und des Grauens. Jesus tröstet damit seine Jünger und — geht den Weg zum Tode weiter. Denn das ist nun unzweifelhaft: er sah so wenig nach dem Messias aus, daß er sterben mußte. Das hat er von Anfang an gewußt und sich nie Illusionen über den Erfolg seines Zeugnisses hingegeben. Er wollte und sollte aber sich diesem Lose, dem geraden Gegenteil, wie es schien, seines messianischen Königtums nicht entziehen. Er wollte und sollte sterben, weil er das Gericht nicht in die Hand nehmen, sondern retten wollte. Dazu mußte er widerstandslos den Tod leiden, damit er so durch sein Verhalten auch diese Sünde und damit alle Sünde bedecke. An die Stelle des Zeugnisses von dem Rechte und der Gerechtigkeit des Glaubens tritt sein Sterben.

Auch die Jünger verstehen den Ausgang nicht. Nicht einer ist, der ihm die Treue gehalten hat. Nun ist Jesus gestorben und ein großes Verzagen kommt jetzt über sie alle. Das wird ihnen klar: recht haben sie doch gehabt mit ihrem Glauben, Jesus war doch der Messias, — aber nun ist alles aus, alles zu Ende. Er war gekommen, alle Gottesverheißungen zu erfüllen, aber er konnte es nicht, nicht weil ihm die Macht gefehlt hätte, sondern um ihres Unglaubens willen. Da in ihrer tiefsten Dunkelheit kommt Jesus aus dem Grabe wieder, grüßt sie mit seinem Friedensgruße, wie er immer gethan, und indem er sich ihnen zu erkennen giebt, macht er sie der Vergebung all ihrer Sünden, auch ihrer Verleugnung, gewiß. Nun kann nichts, nicht Tod noch Hölle, ihnen den Retter, den Messias wieder rauben. Nun wissen sie: wer an ihn glaubt, ist geborgen, gerettet; nichts als der Glaube an ihn rettet, der aber rettet auch wirklich. Ihre Erwartung, er werde nun baldigst vom Himmel her sein Reich aufrichten, ist irrig und wird zurecht gewiesen. Aber sie können nun warten auf ihn und seines Reiches Offenbarung, denn sie haben ihn ja schon, obschon niemand ihn gewahr wird.

Nun beginnen sie und müssen sie beginnen, von ihm Zeugnis zu geben. Ob sie bezeugen: wer an ihn glaubt, wird Vergebung der Sünden haben, oder: wer an ihn glaubt, wird die Gabe des heiligen Geistes empfangen, oder: wer an ihn glaubt, wird nicht gerichtet, ist einerlei. Der Glaube an Jesus giebt alles und hat alles, die ganze Gnade Gottes, die Gerechtigkeit, die vor ihm gilt. Aber im allgemeinen drückt man sich so nicht aus, denn vom Gerichte gerettet zu sein, ist das dankbare Be=

wußtfein des Glaubens, und nur die vom Gerichte errettet sind, freuen sich auf den Tag der Parusie, der sie aller Not und Bedrängnis entnehmen wird. Man denkt wohl daran, daß man erlöst sein wird von der Hand der Feinde, aber man denkt wesentlich an die Vergebung der Sünden, die man empfängt. Man glaubt an Jesus, ist durch ihn in Gnaden und wartet auf seine Wiederkunft. Man kennt auch den Satz und hält sich daran, daß Abraham sein Glaube zur Gerechtigkeit gerechnet ist, — das ist aber der sich bewährende Glaube, der als Gerechtigkeit gilt, der Glaube, zu dem die Werke gehören oder der den Werken hilft, daß sie gelten vor Gott. Als aber die Scheidung zwischen der Synagoge und denen, die an Jesus den Messias glauben, zu dem Ergebnis kommt, daß an eine Aufnahme des Evangeliums seitens der Judenschaft nicht mehr zu denken ist, da tritt die Verkündigung Pauli ein und zeigt, daß das Gericht Gottes sich jetzt schon vollzieht und zwar sich vollzieht in der Begnadigung derer, die an Jesum glauben. Das ist aber das messianische rettende Gericht, — nicht mehr ein Gericht zu gunsten Israels und der Treuen in Israel, — davon kann nicht mehr die Rede sein, wenn es auch noch dabei bleibt, daß Gott $\delta\iota\varkappa\alpha\iota o\tilde{\iota}$ $\tau\dot{\eta}\nu$ $\pi\varepsilon\varrho\iota\tau o\mu\dot{\eta}\nu$ $\dot{\varepsilon}\varkappa$ $\pi\acute{\iota}\sigma\tau\varepsilon\omega\varsigma$, $\tau\dot{\eta}\nu$ $\dot{\alpha}\varkappa\varrho o\beta v\sigma\tau\acute{\iota}\alpha\nu$ $\delta\iota\grave{\alpha}$ $\pi\acute{\iota}\sigma\tau\varepsilon\omega\varsigma$. Es ist ein Gericht, wie es die Weissagung nicht beschreibt, denn sie kennt nur ein Gericht zu Israels Gunsten, ein Gericht, welches der Treue im Glauben zum Rechte verhilft. Und doch ist es dasselbe Gericht, welches Jesus verheißen, wenn er von seinem Reiche als dem Troste der Bedrängten redete, und stimmt mit dem Gericht, welches auch die Weissagung in Aussicht stellt. Es ist das Gericht, welches der Messias oder der Vater jetzt ausübt, nachdem Israel dem Unglauben verfallen ist, — das Gericht, welches denen und nur denen Recht giebt, die an Jesum glauben, das Gericht also, wie es Abraham erlebt hat, von dem geschrieben steht: „er hat geglaubt auf Hoffnung wider Hoffnung, und das ist ihm zur Gerechtigkeit gerechnet. Es ist aber nicht um seinetwillen allein geschrieben, daß ihm zugerechnet worden ist, sondern auch um unsertwillen, welchen es soll zugerechnet werden, so wir glauben an den, der unsern Herrn Jesum von den Toten auferweckt hat, welcher ist wegen unserer Sünden dahingegeben und wegen unserer Rechtfertigung auferweckt worden." Es ist das Gericht, welches sich vollzieht in der Vergebung der Sünden, — auf weiteres ist zu warten in der Hoffnung auf die Parusie. Dies zu kennzeichnen, daß das Gericht Gottes sich jetzt schon vollzieht in der Begnadigung derer, die glauben, und daß dies die Regel sei, welche durch die ganze Geschichte der Offenbarung bestätigt wird und auf deren Herausstellung es mit der Heilsoffenbarung in Christo abgesehen sei, ist die bleibende Bedeutung der paulinischen Verkündigung: „so halten wir es nun, daß der Mensch gerecht werde ohne des Gesetzes Werke, allein durch den Glauben." Die Gerechtigkeit aber, die vor Gott gilt und die es gilt zu haben und zu bewahren durch Beweisung des Glaubens bis auf den Tag Jesu Christi, ist allein die Vergebung der Sünden.

www.ingramcontent.com/pod-product-compliance
Lightning Source LLC
Chambersburg PA
CBHW051240300426
44114CB00011B/829